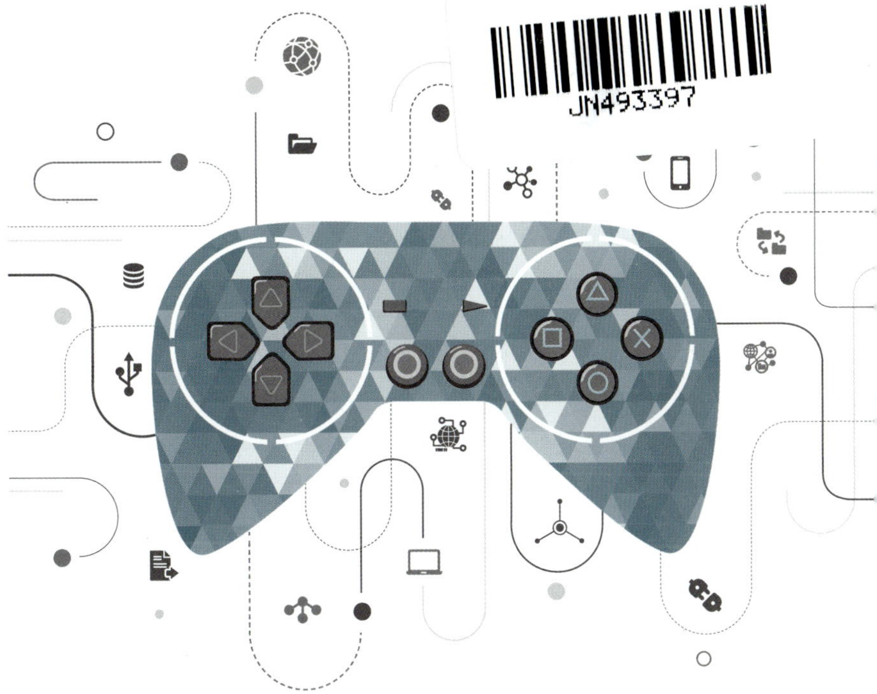

원리를 알면 IT가 맛있다

그림으로 배우는 구조와 원리

운영체제

개정 3판

구현회 지음

한빛아카데미
Hanbit Academy, Inc.

지은이 **구현회** koohhoe@gmail.com

배화여자대학교 스마트IT학과 명예교수로 연구와 집필 활동 중이다. 운영체제 외에도 유닉스 서버, 컴퓨터 보안, 데이터베이스 등에 관심이 많으며, 강의도 이 범주에서 진행했다. 저서로는 『생활 속 네트워크 보안』(글로벌, 2011), 『UNIX System(유닉스 시스템) 활용』(글로벌, 2006), 『컴퓨터 이해와 응용』(글로벌, 2006), 『신경향 전산학개론』(글로벌, 2003), 『비주얼베이직 6.0 프로그래밍』(영한출판사, 2002) 등이 있다.

그림으로 배우는 구조와 원리 **운영체제** 개정 3판

초판발행 2016년 6월 30일
9쇄발행 2024년 1월 20일

지은이 구현회 / **펴낸이** 전태호
펴낸곳 한빛아카데미(주) / **주소** 서울시 서대문구 연희로2길 62 한빛아카데미(주) 2층
전화 02-336-7112 / **팩스** 02-336-7199
등록 2013년 1월 14일 제2017-000063호 / **ISBN** 979-11-5664-245-9 93000

총괄 박현진 / **책임편집** 유경희 / **기획** 변소현 / **편집** 유경희, 김윤지 / **진행** 정지윤
디자인 표지 더그라프, 김연정 내지 김연정 / **제작** 박성우, 김정우
영업 김태진, 김성삼, 이정훈, 임현기, 이성훈, 김주성 / **마케팅** 길진철, 김호철, 심지연

이 책에 대한 의견이나 오탈자 및 잘못된 내용에 대한 수정 정보는 아래 이메일로 알려주십시오.
잘못된 책은 구입하신 서점에서 교환해 드립니다. 책값은 뒤표지에 표시되어 있습니다.

홈페이지 www.hanbit.co.kr / 이메일 question@hanbit.co.kr

원리를 알면 IT가 맛있다

IT COOKBOOK

1시간 강의를 위해 3시간을 준비하는 마음!

군더더기 없는 핵심 원리 + 말랑말랑 쉬운 컨텐츠

핵심 원리 하나만 제대로 알면 열 가지 상황도 해결할 수 있습니다.
친절한 설명과 명확한 기승전결식 내용 전개로 학습 의욕을 배가시켜줍니다.

핵심 원리 → 풍부한 예제와 연습문제 → 프로젝트로 이어지는 계단 학습법

기본 원리를 다져주는 예제, 본문에서 배운 내용을 촘촘하게 점검해볼 수 있는 연습문제,
현장에서 바로 응용할 수 있는 프로젝트를 단계별로 구성해 학습의 완성도를 높였습니다.

학습욕구를 높여주는 현장 이야기가 담긴 IT 교과서

필드 어드바이저의 인터뷰와 주옥 같은 현업 이야기를 담았습니다.
강의실 밖 현장의 요구를 접하는 기회를 제공하고,
학생들 스스로 필요한 공부를 할 수 있도록 방향을 제시합니다.

운영체제처럼 컴퓨터와 학습자 간 매개체가 되길 바라며……

운영체제는 컴퓨터 하드웨어와 소프트웨어를 총체적으로 관리하는 핵심 소프트웨어이므로 컴퓨터 교육에서 중요한 한 축을 담당하고 있습니다. 하지만 운영체제는 종류가 매우 다양할 뿐만 아니라, 빠르게 변화하는 컴퓨터 하드웨어의 여러 요구 사항을 지원하려고 끊임없이 발전을 거듭해왔습니다. 그래서 관련 이론이 매우 방대하여 대다수 학생이 이 과목을 무척 어려워합니다.

운영체제와 관련된 유명한 저서로 아브라함 실버샤츠Abraham Silberschatz, 피터 B. 갈빈Peter B. Galvin, 그렉 개그니Greg Gagne가 쓴 『Operating System Concepts』(John Wiley & Sons), 윌리엄 스탈링스William Stallings가 쓴 『Operating Systems: Internals and Design Principles』(Pearson)이 있습니다. 그렇지만 이 책들은 너무 방대하여 초보자에게는 부담이 큽니다. 그래서 필자는 초보자도 쉽게 이해할 수 있는 운영체제 저서를 집필하기로 결심했습니다.

책은 『Operating System Concepts』의 구성을 따르되 방대한 운영체제 이론 중 기본으로 알아야 할 내용을 중심으로 구성했습니다. 전반적으로 초보자가 이해하기 쉽게 설명하되 다소 어렵더라도 꼭 알아야 할 내용이라면 깊이 있게 설명합니다. 그리고 다양한 개념과 원리를 풍부한 그림과 함께 설명하므로 페이징이나 스케줄링 같은 어려운 개념도 쉽게 정복할 수 있습니다. 또 연습문제에서는 본문에서 익힌 내용을 다시 확인할 수 있으며, 지난 15년간 출제된 자격증 문제를 통합 정리할 수 있는 문제들을 제공합니다. 이 문제들로 관련 자격증 시험을 준비하는 데 도움을 받을 수 있고, 주요 이론은 주관식으로 정리하여 최종 마무리할 수 있도록 구성했습니다.

이번 개정 3판에서는 다음 세부 사항이 달라졌습니다.

- 초판과 비교하여 추가하거나 삭제한 장은 없지만, 모든 장에 걸쳐 기존 내용을 세밀하게 검토하여 최신 경향을 반영했습니다.
- 전체적으로 본문의 설명을 다듬어서 더 이해하기 쉽게 수정하고, 설명한 개념을 이해하는 데 최적이라고 생각한 형태로 그림과 표도 변경 · 교체했습니다.
- 내용 자체를 이해하는 데 방해가 되는 지나치게 심화된 내용은 적절한 수준으로 조절하고, 본문에 사용한 예제 코드는 새로운 형태로 재작성했습니다.
- 각 장별로 새로운 연습문제를 추가했습니다. 본문 내용을 확인하는 문제, 자격증 기출문제, 주요 이론을 주관식으로 정리하는 문제까지 다양한 수준의 연습문제를 경험할 수 있습니다.

운영체제를 강의하면서 학생들이 토로했던 어려움을 바탕으로 가능하면 쉽게 설명하려고 했습니다. 운영체제를 체계적으로 이해하려는 모든 독자에게 충실한 안내서 역할을 할 수 있도록 노력했으나, 필자의 역량 부족으로 충분치 못한 부분도 있으리라고 생각합니다. 이런 미진한 부분은 계속 수정하고 보완해 나갈 것을 약속합니다. 책을 출판하기까지 아낌없는 조언과 도움을 주신 동료 교수들과 더위에도 불구하고 그동안 편집에 힘쓴 한빛아카데미 식구들, 특히 이번 개정 3판에서 원고 검토를 도와준 서울대학교 컴퓨터 시스템 및 플랫폼 연구실의 조창연 님에게 고마움을 전합니다.

저자 **구현회**

누구를 위한 책인가

운영체제에 큰 벽을 느끼는 학생들에게 큰 그림을 그릴 수 있게 도와주는 책입니다. 운영체제 입문에 꼭 필요한 기본 개념과 원리를 그림을 중심으로 자세히 설명하므로 운영체제 강의 교재로 적합하며, 각종 자격증이나 취업을 준비하는 독학용으로도 활용할 수 있습니다. 특히 개정 3판에서는 풍부한 그림으로 원리를 이해한다는 이전 판의 콘셉트는 그대로 유지하면서, 최신 내용을 반영하고 설명이 난해했던 부분을 이해하기 쉽게 풀었습니다. 풍부한 그림에 명쾌한 설명이 더해져 운영체제라는 어려운 주제에 좀 더 쉽게 다가갈 수 있을 것입니다.

강의 보조 자료

한빛아카데미 홈페이지에서 '교수회원'으로 가입하신 분은 인증 후 교수용 강의 보조 자료를 제공받으실 수 있습니다. 한빛아카데미 상단의 〈교수회원전용〉 메뉴를 클릭해 주세요.

http://www.hanbit.co.kr/academy

연습문제 해답 안내

본 도서는 대학 강의용 교재로 개발되었으므로 연습문제 해답은 제공하지 않습니다.

이 책의 구성요소

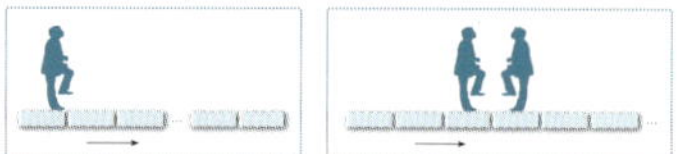

[그림 5-6]과 같이 강을 건너는 경우를 살펴보자. 징검다리의 돌 하나를 자원, 사람을 프로세스로 보고 돌 하나는 한 사람만 디딜 수 있다고 가정하자. 양쪽에서 두 명이 동시에 출발하여 징검다리 중간에서 만나면 교착 상태가 발생했다고 할 수 있다. 돌에 발을 딛는 것을 자원 할당, 돌에서 발을 떼는 것을 자원 해제로 볼 때 동시에 같은 돌을 디디려 하면 교착 상태가 되는 것이다.

그림 5-6 강 건너기 예로 살펴본 교착 상태

여기서 돌 하나를 한 사람만 디딜 수 있으므로 상호배제가 성립한다. 그리고 각 사람은 돌 하나를 딛고 다음 돌을 요구하므로 점유와 대기 조건도 만족한다. 또 사람이 딛고 있는 돌을 강제로 제거할 수 없으므로 비선점 조건도 만족한다. 끝으로 왼쪽에서 오는 사람은 오른쪽에서 오는 사람을 기다리고, 오른쪽에서 오는 사람도 왼쪽에서 오는 사람을 기다리므로 순환 대기 조건도 만족한다. 따라서 이런 환경에서는 누구도 앞으로 나아갈 수 없고 서로 상대방이 딛고 있는 돌에서 발을 뗄 때까지 기다려야 한다.

이때 교착 상태는 다음 방법으로 해결할 수 있다.

❶ 둘 중 한 사람이 되돌아간다(복귀).
❷ 징검다리 반대편을 먼저 확인하고 출발한다.
❸ 강의 한편에 우선순위를 부여한다.

개념 소개

주요 개념을 실생활에서 쉽게 접할 수 있는 예를 들거나 이해하기 쉬운 용어로 설명합니다.

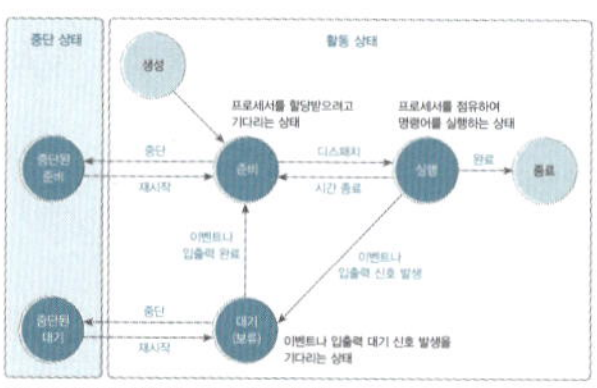

그림 3-10 중단과 재시작을 추가한 프로세스의 상태 변화

6 프로세스의 우선순위 변경

프로세스 스케줄러는 프로세스 제어 블록에 있는 우선순위를 이용하여 준비 리스트의 프로세스를 처리한다. 준비 리스트의 프로세스는 프로세서 중심 프로세스와 입출력 중심 프로세스로 구분할 수 있다. 입출력 중심 프로세스는 속도가 느리면서 빠른 응답을 요구하는 단말기 입출력 프로세스에 높은 우선순위를 부여하고, 속도가 빠른 디스크 입출력 프로세스에는 낮은 우선순위를 부여한다. 이때 우선순위가 낮은 프로세스에는 시간을 많이 할당하고, 우선순위가 높은 프로세스에는 시간을 적게 할당한다. 따라서 입출력 중심 프로세스는 프로세서를 짧게 자주 사용하도록 하고, 프로세서 중심 프로세스는 프로세서를 길게 사용하되 사용 횟수를 줄여서 균형을 유지할 수 있다.

그림과 표

개념 간의 관계를 명확히 보여 주고, 핵심 개념을 일목요연하게 정리합니다.

무엇을 다루는가

1~2장 : 컴퓨터 시스템과 운영체제 개요

프로세스를 중심으로 컴퓨터 시스템의 전반적인 요소를 다루며, 운영체제의 개념과 역할, 기능 등을 정리합니다.

3~6장 : 프로세스 관리

프로세스를 주제로 프로세스의 상태와 변환 관련 기술과 제어, 스레드, 병행 프로세스(상호배제 및 동기화), 교착 상태 등을 소개합니다. 이어서 프로세스 스케줄링도 설명합니다.

7~8장 : 메모리 관리

메모리 관리 전략, 메모리 할당 방법, 가상 메모리의 개념과 요구 페이징, 페이지 대치 알고리즘을 설명합니다.

9~10장 : 장치 관리 및 파일 관리

입출력 관리와 주변장치(디스크)의 공간 할당, 디스크 스케줄링을 설명합니다. 아울러 파일 관리 시스템의 구성, 디렉터리, 파일의 보조기억장치 할당을 설명합니다.

11~12장 : 분산 및 보호

분산 운영체제와 다중 처리, 클라이언트/서버, 클러스터를 살펴보고, 컴퓨터 보안과 보호, 신뢰 시스템을 설명합니다.

13장 : 유닉스 운영체제

운영체제의 한 예인 유닉스의 구조, 설계 목표를 설명합니다.

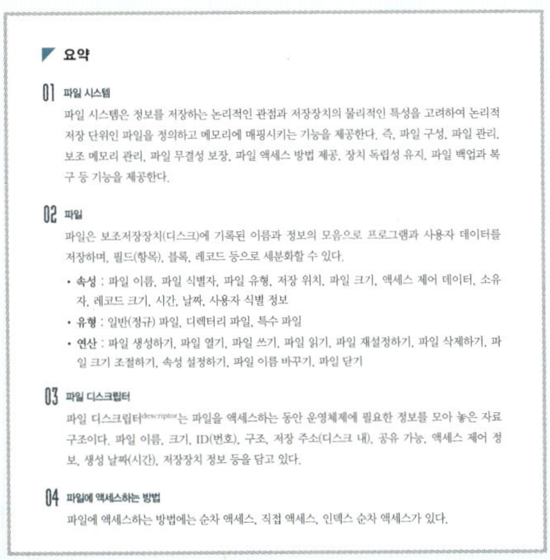

요약

01 파일 시스템

파일 시스템은 정보를 저장하는 논리적인 관점과 저장장치의 물리적인 특성을 고려하여 논리적 저장 단위인 파일을 정의하고 메모리에 매핑시키는 기능을 제공한다. 즉, 파일 구성, 파일 관리, 보조 메모리 관리, 파일 무결성 보장, 파일 액세스 방법 제공, 장치 독립성 유지, 파일 백업과 복구 등 기능을 제공한다.

02 파일

파일은 보조저장장치(디스크)에 기록된 이름과 정보의 모음으로 프로그램과 사용자 데이터를 저장하며, 필드(항목), 블록, 레코드 등으로 세분화할 수 있다.

- **속성** : 파일 이름, 파일 식별자, 파일 유형, 저장 위치, 파일 크기, 액세스 제어 데이터, 소유자, 레코드 크기, 시간, 날짜, 사용자 식별 정보
- **유형** : 일반(정규) 파일, 디렉터리 파일, 특수 파일
- **연산** : 파일 생성하기, 파일 열기, 파일 쓰기, 파일 읽기, 파일 재설정하기, 파일 삭제하기, 파일 크기 조절하기, 속성 설정하기, 파일 이름 바꾸기, 파일 닫기

03 파일 디스크립터

파일 디스크립터descriptor는 파일을 액세스하는 동안 운영체제에 필요한 정보를 모아 놓은 자료구조이다. 파일 이름, 크기, ID(번호), 구조, 저장 주소(디스크 내), 공유 가능, 액세스 제어 정보, 생성 날짜(시간), 저장장치 정보 등을 담고 있다.

04 파일에 액세스하는 방법

파일에 액세스하는 방법에는 순차 액세스, 직접 액세스, 인덱스 순차 액세스가 있다.

요약

본문의 핵심 내용을 요약해서 정리합니다. 본문에서 익힌 세분화된 지식을 다시 조립하여 전체적으로 완성할 수 있습니다.

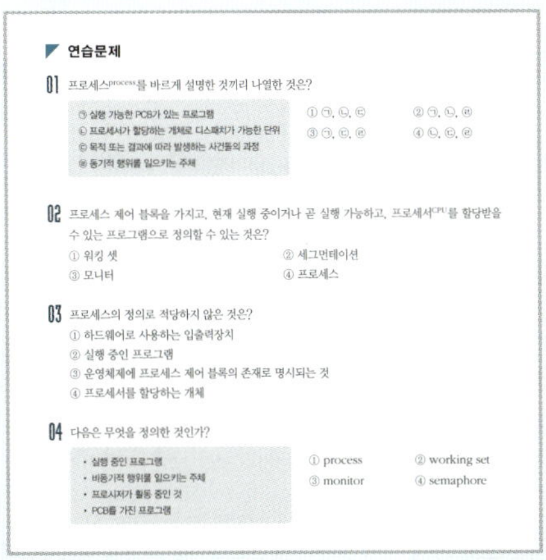

연습문제

01 프로세스process를 바르게 설명한 것끼리 나열한 것은?

㉠ 실행 가능한 PCB가 있는 프로그램
㉡ 프로세서가 할당하는 개체로 디스패치가 가능한 단위
㉢ 목적 또는 결과에 따라 발생하는 사건들의 과정
㉣ 동기적 행위를 일으키는 주체

① ㉠, ㉡, ㉢ ② ㉠, ㉡, ㉣
③ ㉠, ㉢, ㉣ ④ ㉡, ㉢, ㉣

02 프로세스 제어 블록을 가지고, 현재 실행 중이거나 곧 실행 가능하고, 프로세서CPU를 할당받을 수 있는 프로그램으로 정의할 수 있는 것은?

① 워킹 셋 ② 세그먼테이션
③ 모니터 ④ 프로세스

03 프로세스의 정의로 적당하지 않은 것은?

① 하드웨어로 사용하는 입출력장치
② 실행 중인 프로그램
③ 운영체제에 프로세스 제어 블록의 존재로 명시되는 것
④ 프로세서를 할당하는 개체

04 다음은 무엇을 정의한 것인가?

- 실행 중인 프로그램
- 비동기적 행위를 일으키는 주체
- 프로시저가 활동 중인 것
- PCB를 가진 프로그램

① process ② working set
③ monitor ④ semaphore

연습문제

본문에서 익힌 내용을 문제 형식으로 정리합니다. 본문 내용을 확인하는 문제뿐만 아니라 정보처리기사 등 자격증 문제 중 해당 장과 관련된 문제를 통합 · 정리해서 출제함으로써 자격증 시험을 대비하는 데 도움이 되도록 구성했습니다.

학습 로드맵

컴퓨터 시스템의 메모리, 프로세스, 장치, 파일 등 구성 요소를 자원이라고 합니다. 운영체제는 이 자원을 관리하는 기능과 시스템 보호, 네트워킹, 명령 해석기(인터페이스) 등 시스템 관리 기능을 지원합니다. 1장과 2장에서 컴퓨터 시스템, 운영체제의 개념과 구조를 살펴본 후 각 장별로 운영체제의 주요 기능을 설명합니다.

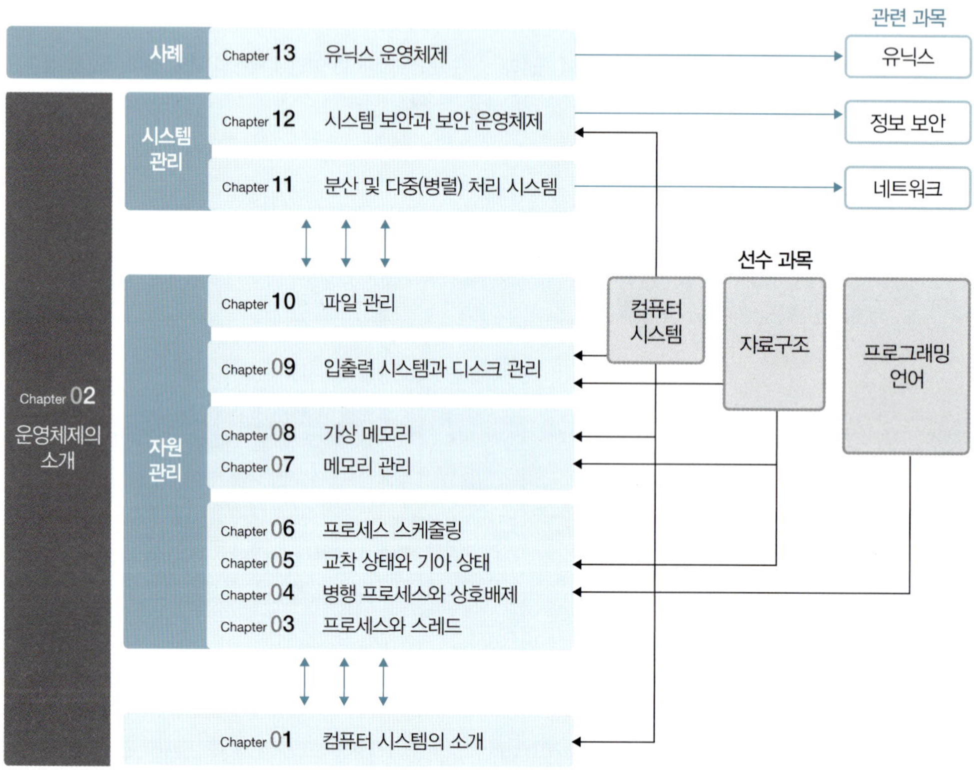

차례

Chapter 13 유닉스 운영체제 • 629

Chapter 01

컴퓨터 시스템의 소개

학습목표

- 컴퓨터 하드웨어를 구성하는 프로세서, 메모리, 주변장치, 시스템 버스를 알아본다.
- 메모리의 역할과 계층 구조를 알아본다.
- 컴퓨터 시스템의 동작 원리를 알아본다.
- 프로그램의 기본 단위인 명령어의 구성과 그 실행 주기를 알아본다.
- 인터럽트의 개념과 처리 과정을 알아본다.

01 컴퓨터 하드웨어의 구성

컴퓨터 시스템은 데이터를 처리하는 물리적인 기계장치인 하드웨어hardware와 어떤 작업을 지시하는 명령어로 작성한 프로그램인 소프트웨어software로 구성된다. 운영체제OS, Operating System는 컴퓨터 하드웨어를 관리하는 소프트웨어이다. 그러므로 운영체제를 이해하려면 먼저 하드웨어부터 알아야 하므로, 이 절에서는 컴퓨터 하드웨어를 간단히 살펴본다.

컴퓨터 하드웨어는 크게 프로세서, 메모리(기억장치), 주변장치로 구성되고, 이들은 시스템 버스로 연결한다.

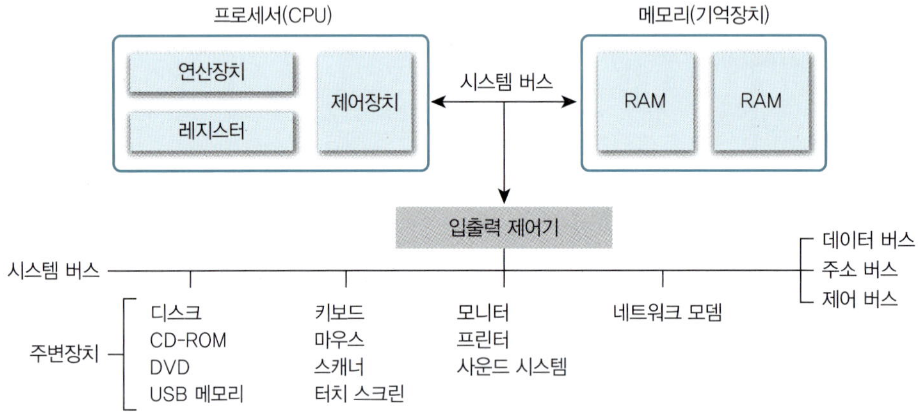

그림 1-1 컴퓨터 하드웨어의 구성

1 프로세서

프로세서processor는 컴퓨터 하드웨어에 부착한 모든 장치의 동작을 제어하고 명령을 실행한다. 중앙처리장치CPU, Central Processing Unit라고도 한다. 보통은 두 용어를 구분하지 않고 사용하는데, 책에서는 하드웨어보다 소프트웨어 관점이 더 강한 프로세서라는 용어를 사용할 것이다.

프로세서는 [그림 1-2]와 같이 연산장치와 제어장치, 레지스터로 구성되고, 이들은 내부 버스로 연결한다.

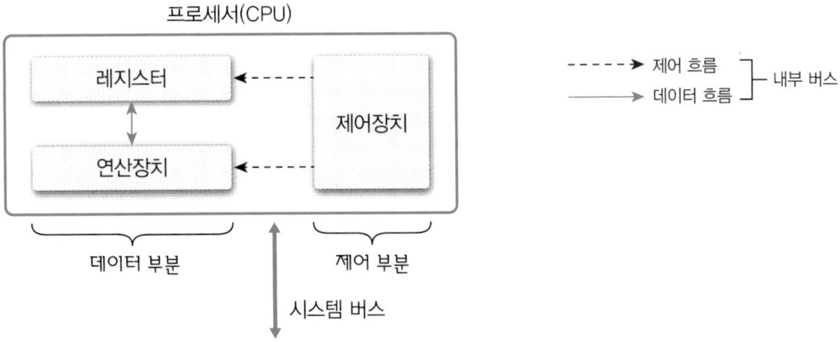

그림 1-2 프로세서의 구성

프로세서의 종류가 다양한 것처럼 레지스터의 종류와 크기도 다양하다. 레지스터는 여러 관점으로 구분할 수 있다. 용도에 따라 전용 레지스터와 범용 레지스터로 구분할 수 있고, 사용자가 정보를 변경할 수 있는지에 따라 사용자 가시user-visible 레지스터와 사용자 불가시user-invisible 레지스터로 구분할 수 있다. 그리고 저장하는 정보의 종류에 따라 데이터 레지스터, 주소 레지스터, 상태 레지스터 등으로 세분화할 수 있다.

사용자 가시 레지스터는 사용자가 운영체제와 사용자 프로그램을 이용하여 정보를 변경할 수 있는 레지스터이다. 그래서 접근이 가능한 데이터와 주소, 일부 조건 코드를 보관하는데, 그 종류는 [표 1-1]과 같다.

표 1-1 사용자 가시 레지스터

종류	설명	
데이터 레지스터 DR, Data Register	함수 연산에 필요한 데이터를 저장한다. 값, 문자 등을 저장하므로 산술 연산이나 논리 연산에 사용하며, 연산 결과로 플래그 값을 저장한다.	
주소 레지스터 AR, Address Register	주소나 유효 주소를 계산하는 데 필요한 주소의 일부분을 저장한다. 주소 레지스터에 저장한 값(값 데이터)을 사용하여 산술 연산을 할 수 있다.	
	기준 주소 레지스터	프로그램을 실행할 때 사용하는 기준 주소 값을 저장한다. 기준 주소는 하나의 프로그램이나 일부처럼 서로 관련 있는 정보를 저장하며, 연속된 저장 공간을 지정하는 데 참조할 수 있는 주소이다. 따라서 기준 주소 레지스터는 페이지나 세그먼트처럼 블록화된 정보에 접근하는 데 사용한다.
	인덱스 레지스터	유효 주소를 계산하는 데 사용하는 주소 정보를 저장한다.
	스택 포인터 레지스터	메모리에 프로세서 스택을 구현하는 데 사용한다. 많은 프로세서와 주소 레지스터를 데이터 스택 포인터와 큐 포인터로 사용한다. 보통 반환 주소, 프로세서 상태 정보, 서브루틴의 임시 변수를 저장한다.

사용자 불가시 레지스터는 사용자가 정보를 변경할 수 없는 레지스터이다. 프로세서의 상태와 제어를 관리하는데, 그 종류는 [표 1-2]와 같다.

표 1-2 사용자 불가시 레지스터

종류	설명
프로그램 카운터PC, Program Counter	다음에 실행할 명령어의 주소를 보관하는 레지스터이다. 계수기로 되어 있어 실행할 명령어를 메모리에서 읽으면 명령어의 길이만큼 증가하여 다음 명령어를 가리키며, 분기 명령어는 목적 주소로 갱신할 수 있다.
명령어 레지스터IR, Instruction Register	현재 실행하는 명령어를 보관하는 레지스터이다.
누산기ACC, ACCumulator	데이터를 일시적으로 저장하는 레지스터이다.
메모리 주소 레지스터MAR, Memory Address Register	프로세서가 참조하려는 데이터의 주소를 명시하여 메모리에 접근하는 버퍼 레지스터이다.
메모리 버퍼 레지스터MBR, Memory Buffer Register	프로세서가 메모리에서 읽거나 메모리에 저장할 데이터 자체를 보관하는 버퍼 레지스터이다. 메모리 데이터 레지스터MDR, Memory Data Register라고도 한다.

[그림 1-2]에서 보여 준 프로세서의 구성을 [표 1-1]과 [표 1-2]의 세부 레지스터로 다시 표현하면 [그림 1-3]과 같다.

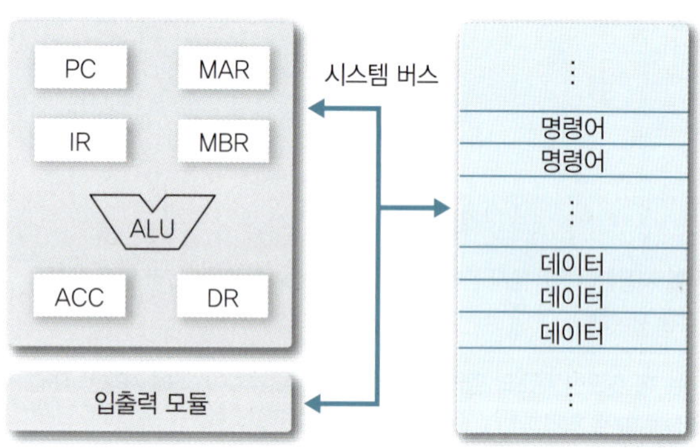

• ALUArithmetic Logic Unit : 산술 · 논리 연산장치

그림 1-3 프로세서의 기본 레지스터

NOTE_ 프로세서 수가 많을수록 처리 속도는 빠르다. 탑재한 프로세서 수가 한 개인 싱글코어single-core, 2개인 듀얼코어dual-core, 3개인 트리플코어triple-core, 4개인 쿼드코어quad-core가 있다. 또 프로세서 수가 6개인 헥사코어hexa-core, 8개인 옥타코어octa-core 등도 있다.

2 메모리

메모리는 컴퓨터 성능과 밀접한데, 사용자는 당연히 크고 빠르며 비용이 저렴한 메모리를 요구한다. 하지만 속도가 빠른 메모리는 가격이 비싸서 보통은 메모리 계층 구조를 구성하여 비용, 속도, 용량, 접근시간 등을 상호 보완한다.

속도는 느리나 용량이 큰 보조기억장치부터 속도는 빠르나 용량이 작은 레지스터까지 메모리의 종류는 다양하다. 메모리 계층 구조는 [그림 1-4]와 같이 메인 메모리를 중심으로 아래에는 대용량의 자기디스크, 이동이 편리한 광디스크, 파일을 저장하는 속도가 느린 자기테이프가 있다. 그리고 메인 메모리 위에는 메인 메모리와 프로세서의 속도 차이를 보완하는 캐시가 있다. 최상위에는 프로세서가 사용한 데이터를 보관하는 가장 빠른 레지스터가 있다.

메모리 계층 구조는 1950~1960년대 너무 비싼 메인 메모리의 가격 문제 때문에 제안한 방법이다. 프로그램을 실행하거나 데이터를 참조하려면 모두 메인 메모리에 올려야 한다. 그렇다고 고가인 메인 메모리를 무작정 크게 할 수 없는데, 불필요한 프로그램과 데이터는 보조기억장치에 저장했다가 실행 · 참조할 때만 메인 메모리로 옮기는 원리를 적용한 방법이다. 따라서 메모리 계층 구조는 비용, 속도, 크기(용량)가 다른 메모리를 효과적으로 사용함으로써 시스템의 성능을 향상시킨다.

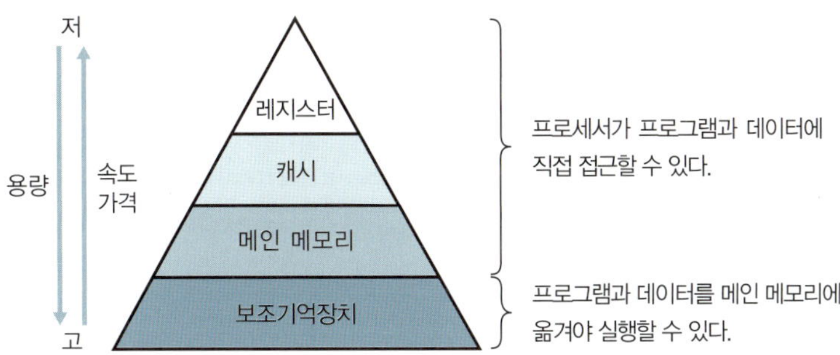

그림 1-4 **메모리 계층 구조**

> **NOTE_** 메모리 기술이 발달하면서 SSD[Solid State Disk], NVRAM[Non-Volatile RAM] 등도 등장했다. SSD는 자기디스크로 된 하드디스크를 대체하려고 개발한 보조저장장치로 플래시 메모리로 구성되어 있고, 하드디스크보다 데이터 입출력 속도가 빠르다. 하지만 하드디스크보다 용량이 작고 가격은 비싸 아직은 하드디스크가 대세이다. NVRAM은 외부 전원이 꺼지거나 상실되더라도 내용은 보존하는 RAM이다.

2.1 레지스터

프로세서 내부에 있으며, 프로세서가 사용할 데이터를 보관하는 가장 빠른 메모리이다. 종류는 [표 1-1], [표 1-2]와 같다.

2.2 메인 메모리

프로세서 외부에 있으며, 프로세서에서 즉각적으로 수행할 프로그램과 데이터를 저장하거나 프로세서에서 처리한 결과를 메인 메모리에 저장한다. 입출력장치도 메인 메모리에서 데이터를 받거나 저장한다.

주기억장치 또는 1차 기억장치라고도 한다. 저장 밀도가 높고 가격이 싼 DRAM^Dynamic RAM^을 많이 사용한다.

그림 1-5 메인 메모리의 역할 1

메인 메모리는 다수의 셀^cell^로 구성되며, 각 셀은 비트로 구성된다. 셀이 K비트이면 셀에 2^K 값을 저장할 수 있다. 메인 메모리에 데이터를 저장할 때는 셀 한 개나 여러 개에 나눠서 저장한다. 셀은 주소로 참조하는데, n비트이라면 주소 범위는 $0 \sim 2^n-1$이다.

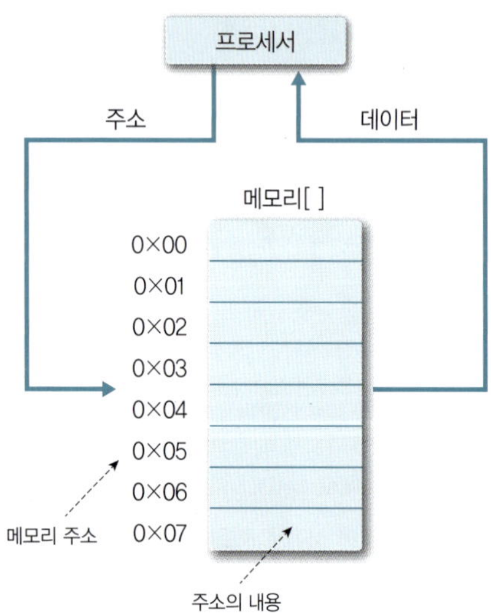

그림 1-6 메인 메모리의 주소 지정

이처럼 컴퓨터에 주어진 주소를 물리적 주소라고 하는데, 프로그래머는 물리적 주소 대신 수식이나 변수를 사용한다. 그리고 컴파일러가 프로그램을 기계 명령어로 변환할 때 변수와 명령어에 주소를 할당하는데, 이 주소를 논리적 주소(가상 주소, 프로그램 주소)라고 한다. 논리적 주소는 별도의 주소 공간에 나타난다. 컴파일로 논리적 주소를 물리적 주소로 변환하는데, 이 과정을 매핑mapping : 사상 또는 메모리 맵memory map이라고 한다.

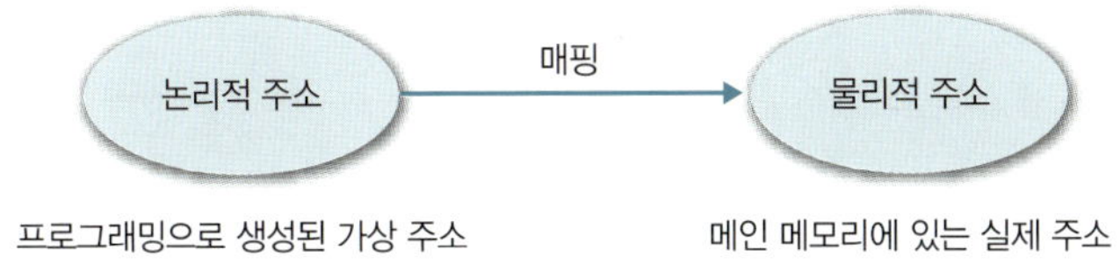

그림 1-7 메모리 매핑

운영체제는 가상 메모리virtual memory 방법을 사용하여 메인 메모리의 유효 크기를 늘릴 수 있는데, 이 내용은 8장에서 자세히 다룬다.

메모리 속도는 메모리 접근시간과 메모리 사이클 시간으로 표현할 수 있다. 메모리 접근시간은 명령이 발생한 후 목표 주소를 검색하여 데이터 쓰기(읽기)를 시작할 때까지 걸린 시간이다(예 : 읽기 제어 신호를 가한 후 데이터를 메모리 버퍼 레지스터에 저장할 때까지 걸린 시간). 메모리 사이클 시간은 두 번의 연속적인 메모리 동작 사이에 필요한 최소 지연시간이다(예 : 읽기 제어 신호를 가한 후 다음 읽기 제어 신호를 가할 수 있을 때까지 필요한 시간). 보통 사이클 시간이 접근시간보다 약간 길며, 메모리의 세부 구현 방법에 따라 다르다.

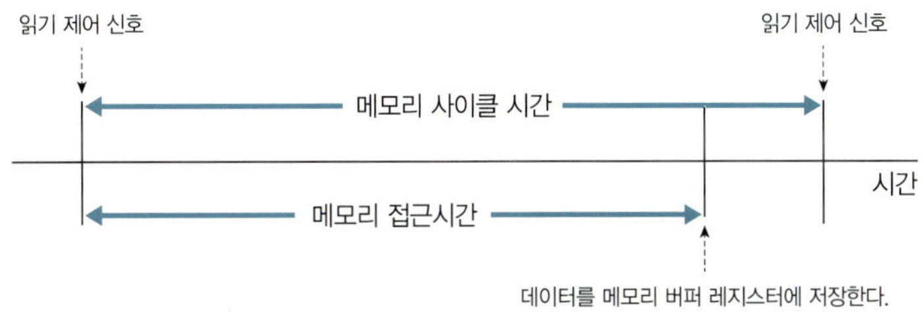

그림 1-8 메모리 접근시간과 메모리 사이클 시간

메인 메모리는 프로세서와 보조기억장치 사이에 있으며, 여기서 발생하는 디스크 입출력 병목 현상을 해결하는 역할도 한다. 그런데 프로세서와 메인 메모리 간에 속도 차이가 나면서 메인 메모리의 부담을 줄이려고 프로세서 내부나 외부에 [그림 1-9]와 같이 캐시를 구현하기도 한다.

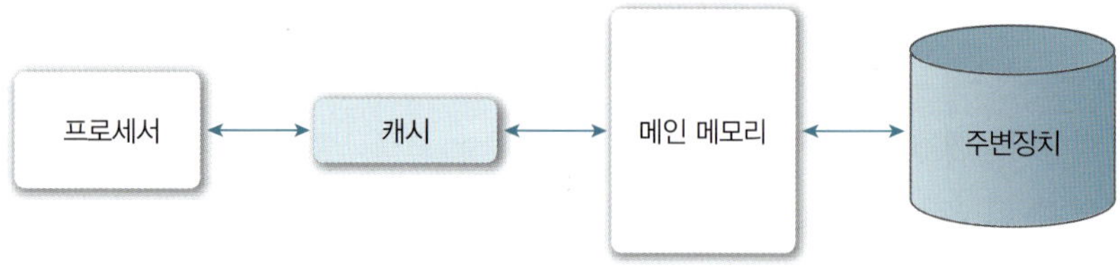

그림 1-9 메인 메모리의 역할 2 : 캐시 추가

NOTE_ 이후부터 메모리는 메인 메모리를 의미한다.

2.3 캐시

프로세서 내부나 외부에 있으며, 처리 속도가 빠른 프로세서와 상대적으로 느린 메인 메모리의 속도 차이를 보완하는 고속 버퍼이다. 캐시는 [그림 1-10]과 같이 메인 메모리에서 데이터를 블록 단위로 가져와 프로세서에 워드 단위로 전달하여 속도를 높인다. 그리고 데이터가 이동하는 통로(대역폭)를 확대하여 프로세서와 메모리의 속도 차이를 줄인다.

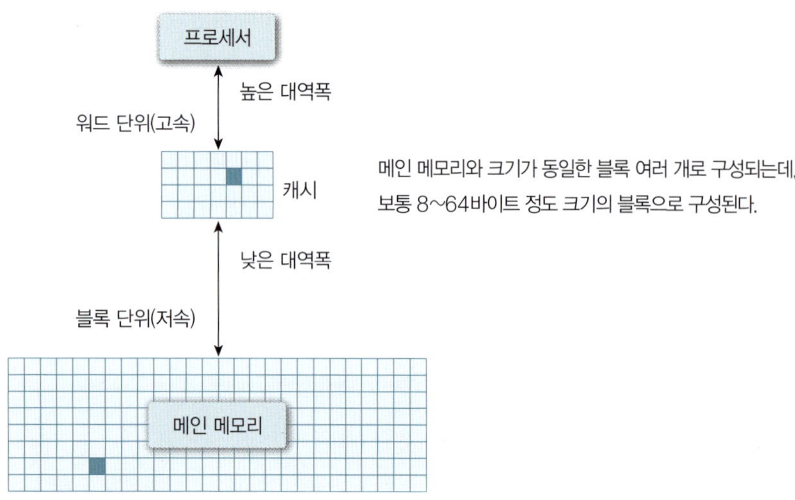

그림 1-10 캐시의 역할

캐시의 동작을 좀 더 구체적으로 살펴보자. 캐시는 주소 영역을 한 번 읽어 들일 수 있는 크기로 나눈 후 각 블록에 번호를 부여하여 이 번호를 태그로 저장한다.

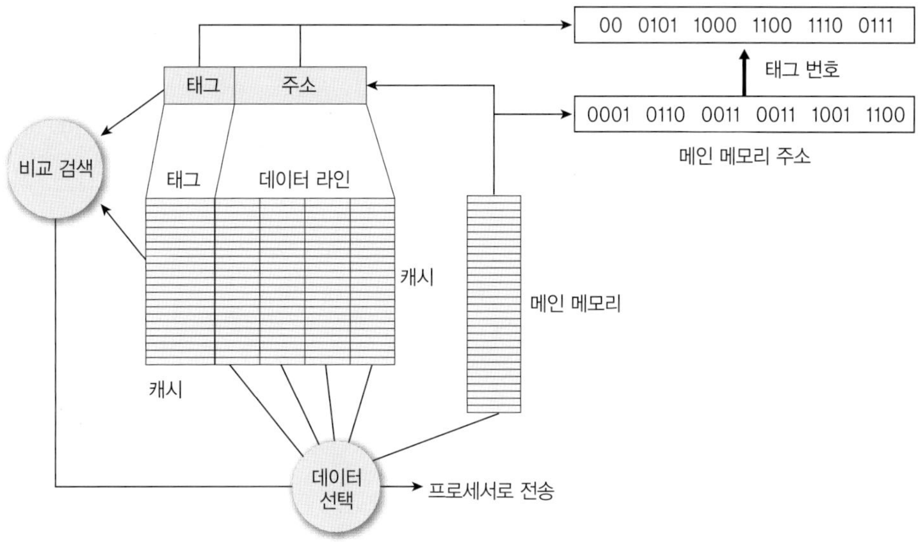

그림 1-11 캐시의 기본 동작

프로세서는 메인 메모리에 접근하기 전에 캐시에 해당 주소의 자료가 있는지 먼저 확인한다. 이를 위해 접근하려는 주소 24비트(0001 0110 0011 0011 1001 1100) 중 태그에 해당하는 처음 22비트(00 0101 1000 1100 1110 0111)를 캐시의 모든 라인과 비교하여 일치하는 라인을 찾는다. 일치하는 라인이 있으면, 주소의 나머지 2비트(00)를 이용하여 데이터 라인의 4개(00, 01, 10, 11) 바이트 중 해당하는 바이트를 가져온다.

캐시의 성능은 작은 용량의 캐시에 프로세서가 이후 참조할 정보가 얼마나 들어 있느냐로 좌우된다. 프로세서가 참조하려는 정보가 있을 때를 캐시 적중cache hit : 캐시 히트이라 하고, 반대로 없을 때를 캐시 실패cache miss : 캐시 미스라고 한다. 이때 블록의 크기는 캐시의 성능으로 좌우되는데, 실제 프로그램을 실행할 때 참조한 메모리에 대한 공간적 지역성(국부성)과 시간적 지역성(국부성)이 있기 때문이다. 공간적 지역성spatial locality은 대부분의 프로그램이 참조한 주소와 인접한 주소의 내용을 다시 참조하는 특성이고, 시간적 지역성temporal locality은 한 번 참조한 주소를 곧 다시 참조하는 특성이다. 다음 이유로 발생한다.

- 프로그램이 명령어를 순차적으로 실행하는 경향이 있어 명령어가 특정 지역 메모리에 인접해 있다.
- 순환(단일 순환, 중첩 순환 등) 때문에 프로그램을 반복하더라도 메모리는 일부 영역만 참조한다.

- 대부분의 컴파일러를 메모리에 인접한 블록에 배열로 저장한다. 따라서 프로그램이 배열 원소에 순차적으로 자주 접근하므로 지역적인 배열 접근 경향이 있다.

지역성은 블록이 크면 캐시의 히트율이 올라갈 수 있음을 의미하지만, 블록이 커지면 이에 따른 전송 부담과 캐시 데이터 교체 작업이 자주 일어나므로 블록 크기를 무작정 늘릴 수는 없다.

2.4 보조기억장치

주변장치 중 프로그램과 데이터를 저장하는 하드웨어로, 2차 기억장치 또는 외부기억장치라고도 한다. 자기디스크, 광디스크, 자기테이프 등이 있다.

3 시스템 버스

시스템 버스system bus는 하드웨어를 물리적으로 연결하여 서로 데이터를 주고받을 수 있게 하는 통로이다. 컴퓨터 내부의 다양한 신호(데이터 입출력 신호, 프로세서 상태 신호, 인터럽트 요구와 허가 신호, 클록clock 신호 등)를 시스템 버스로 전달한다. 시스템 버스는 기능에 따라 데이터 버스, 주소 버스, 제어 버스로 구분한다.

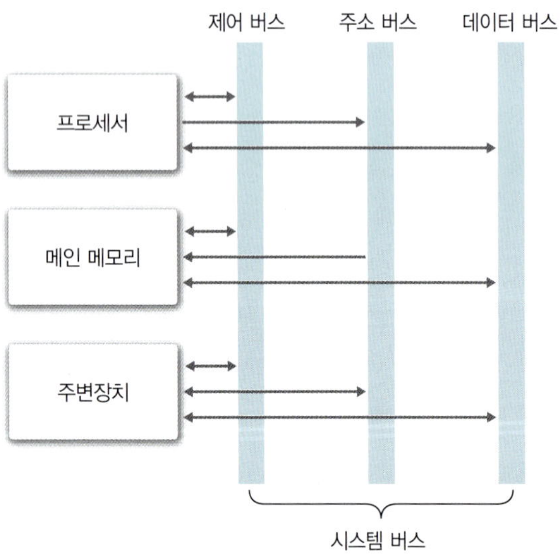

그림 1-12 **시스템 버스**

표 1-3 시스템 버스의 종류

종류	설명
데이터 버스	프로세서와 메인 메모리, 주변장치 사이에서 데이터를 전송한다. 데이터 버스를 구성하는 배선 수는 프로세서가 한 번에 전송할 수 있는 비트 수를 결정하는데, 이를 워드라고 한다.
주소 버스	프로세서가 시스템의 구성 요소를 식별하는 주소 정보를 전송한다. 주소 버스를 구성하는 배선 수는 프로세서와 접속할 수 있는 메인 메모리의 최대 용량을 결정한다.
제어 버스	프로세서가 시스템의 구성 요소를 제어하는 데 사용한다. 제어 신호로 연산장치의 연산 종류와 메인 메모리의 읽기나 쓰기 동작을 결정한다.

4 주변장치

주변장치는 프로세서와 메인 메모리를 제외한 나머지 하드웨어 구성 요소이다. 단순히 입출력장치라고도 하나, 크게 입력장치, 출력장치, 저장장치로 구분한다.

- **입력장치** : 컴퓨터에서 처리할 데이터를 외부에서 입력하는 장치이다.
- **출력장치** : 입력장치와 반대로 컴퓨터에서 처리한 데이터를 외부로 보내는 장치이다.
- **저장장치** : 메인 메모리와 달리 거의 영구적으로 데이터를 저장하는 장치이다. 데이터를 입력하여 저장하며, 저장한 데이터를 출력하는 공간이므로 입출력장치에 포함하기도 한다.

02 컴퓨터 시스템의 동작

컴퓨터 시스템으로 작업을 처리할 때는 다음 순서에 따라 동작하며, 제어장치가 이 동작을 제어한다.

❶ 입력장치로 정보를 입력받아 메모리에 저장한다.

❷ 메모리에 저장한 정보를 프로그램 제어에 따라 인출하여 연산장치에서 처리한다.

❸ 처리한 정보를 출력장치에 표시하거나 보조기억장치에 저장한다.

입력장치로 컴퓨터에 유입되는 정보는 명령어와 데이터로 분류한다. 명령어는 실행할 산술 · 논리 연산의 동작을 명시하는 문장으로, 어떤 작업을 수행하는 명령어 집합이 프로그램이다. 프로그램은 컴파일러 등을 이용하여 0과 1로 이진화된 기계 명령어로 변환해야 컴퓨터가 이해할 수 있다. 이 절에서는 명령어를 어떻게 구성하고, 어떤 과정을 거쳐 수행하는지 하나씩 살펴본다.

1 명령어의 구조

명령어는 프로세서가 실행할 연산인 연산 부호와 명령어가 처리할 데이터, 데이터를 저장한 레지스터나 메모리 주소인 피연산자로 구성된다. 명령어는 프로세서에 따라 고정 길이나 가변 길이를 구성한다. 연산 부호는 특별한 경우가 아니면 한 개이나 피연산자는 여러 개일 수 있다.

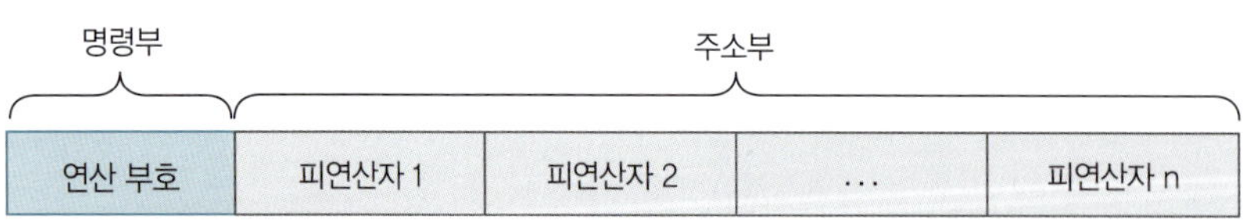

그림 1-13 명령어의 기본 구조

- **연산 부호**OPcode, OPeration code : 오피코드 : 프로세서가 실행할 동작인 연산을 지정한다. 예를 들어, 산술 연산(+, −, *, /), 논리 연산(AND, OR, NOT), 시프트shift, 보수 등 연산을 정의한다. 연산 부호가 n비트이면 최대 2^n개 연산이 가능하다.

- **피연산자**operand : 오퍼랜드 : 연산할 데이터 정보를 저장한다. 데이터는 레지스터나 메모리, 가상 기억장치, 입출력장치 등에 위치할 수 있다. 보통 데이터 자체보다는 데이터의 위치를 저장한다. 가장 일반적인 명령어 구조는 [그림 1-14]와 같다. 여기서는 피연산자가 2개로 하나는 소스 피연산자source operand이고, 다른 하나는 목적지 피연산자destination operand이다.

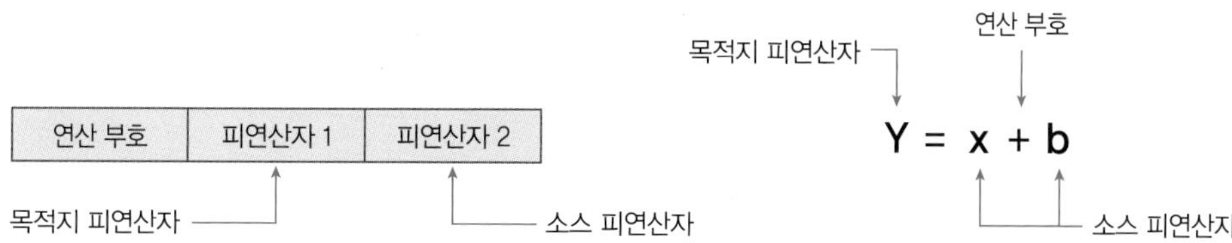

그림 1-14 소스 피연산자와 목적지 피연산자

명령어는 실행 전에 메인 메모리에 저장하며, 한 번에 하나씩 프로세서에 순차적으로 전송하여 해석 · 실행한다. 메인 메모리에 저장된 명령어 예는 [그림 1-15]와 같은데, 명령어는 피연산자를 여러 개 포함할 수도 있다. 피연산자 수에 따라 0-주소 명령어, 1-주소 명령어, 2-주소 명령어, 3-주소 명령어 등으로 구분한다.

그림 1-15 메인 메모리에 저장된 명령어 예

NOTE_ 누산기

메모리에서 읽은 피연산자를 레지스터에 저장된 데이터와 연산할 때 사용하는 프로세서의 레지스터이다. 누산기는 프로그램의 명령어 수행 중에 산술 · 논리 연산의 결과를 일시적으로 저장한다.

명령어에 [그림 1-16]과 같이 피연산자의 위치를 명시하는 방법(직접 주소 또는 간접 주소)을 나타내는 모드 비트mode bit I를 추가하거나, 다음 명령어의 위치를 나타내는 주소를 추가할 수도 있다. 피연산자에 데이터가 있는 레지스터나 메모리 주소를 지정하면 직접 주소direct address라 하고, 데이터가 있는 레지스터나 메모리 주소 정보를 지정하면 간접 주소indirect address라고 한다.

그림 1-16 모드 비트를 추가한 명령어 형식

모드가 1비트, 연산 부호가 3비트, 피연산자가 6비트인 명령어는 [그림 1-17]과 같다. 모드가 0이면 직접 주소, 1이면 간접 주소이다. (a)는 직접 주소 명령어이고 피연산자가 001001이므로 9번지에서 데이터를 찾는다. (b)는 간접 주소 명령어이므로 001001에 해당하는 9번지의 내용이 실제 데이터를 저장하고 있는 주소이다. 그러므로 9번지의 001110, 즉 14번지에서 데이터를 찾는다. 이처럼 간접 주소는 데이터의 주소를 읽을 때 한 번, 데이터를 읽을 때 한 번 총 두 번 메모리를 참조한다.

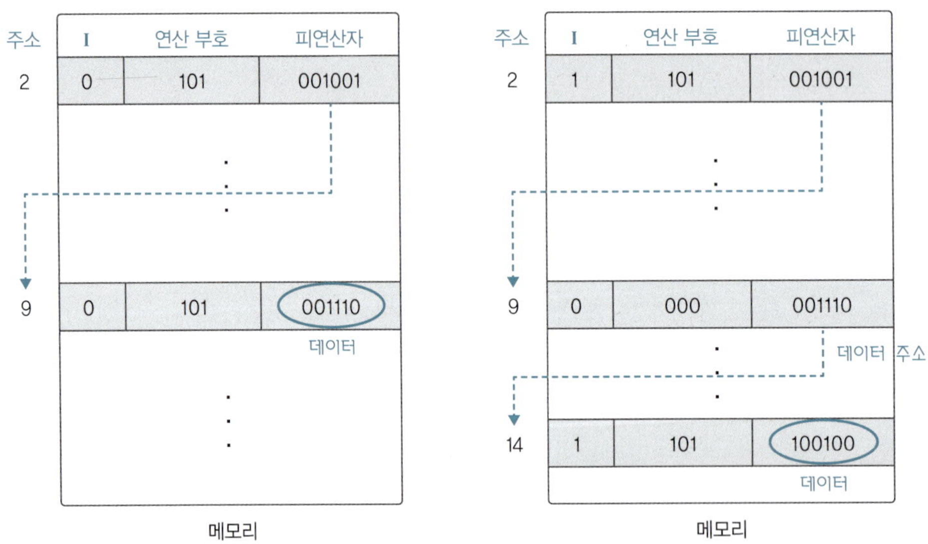

(a) 직접 주소 명령어

(b) 간접 주소 명령어

그림 1-17 직접 주소와 간접 주소를 사용한 명령어 예

2 명령어의 실행

명령어는 다음 과정을 거쳐 실행한다.

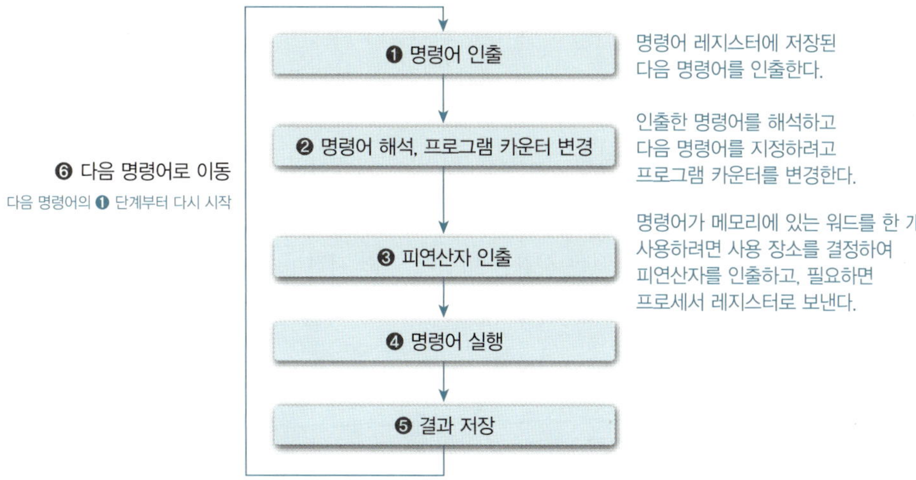

그림 1-18 **명령어 실행 과정**

프로세서의 제어장치가 명령어를 실행한다. 프로세서는 메모리에서 명령어를 한 번에 하나씩 인출하고 해석하여 연산한다. 명령어를 인출하여 연산 완료한 시점까지를 인출-해석-실행 사이클 또는 인출-실행 사이클이라고 한다. 간단히 명령어 실행 사이클(명령어 실행 주기)이라고도 한다.

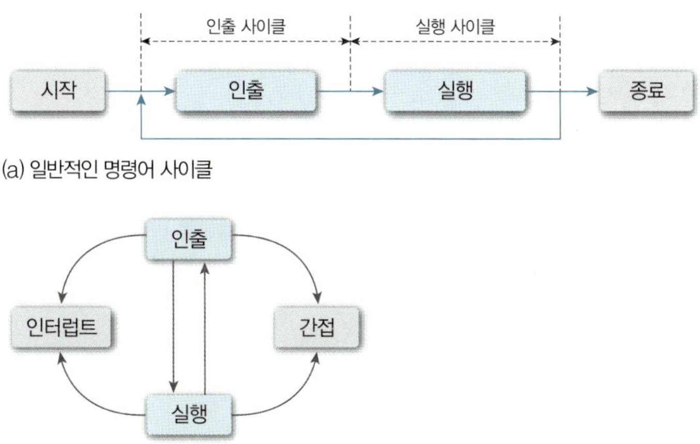

(a) 일반적인 명령어 사이클

(b) 세분화된 명령어 사이클

그림 1-19 **명령어 실행 사이클**

명령어 실행 사이클은 [그림 1-19]의 (a)와 같이 명령어의 인출과 실행을 반복하는데, 이는 가장 일반적인 명령어 사이클이다. 메모리 간접 주소 지정 방법은 (b)와 같이 실행 사이클을 시작하기 앞서 그 데이터의 실제 주소를 기억장치에서 읽어 오는 간접 사이클을 사용하기도 한다. 그리고 인터럽트를 처리하려고 인터럽트 사이클을 사용하기도 한다.

2.1 인출 사이클

인출 사이클fetch cycle은 명령어 실행 사이클의 첫 번째 단계이다. 인출 사이클은 메모리에서 명령어를 읽어 명령어 레지스터에 저장하고, 다음 명령어를 실행하려고 프로그램 카운터를 증가시킨다. 인출 사이클에 소요되는 시간을 명령어 인출 시간이라고 하는데, 이 사이클에서 시간에 따른 세부 동작은 [그림 1-20]과 같다.

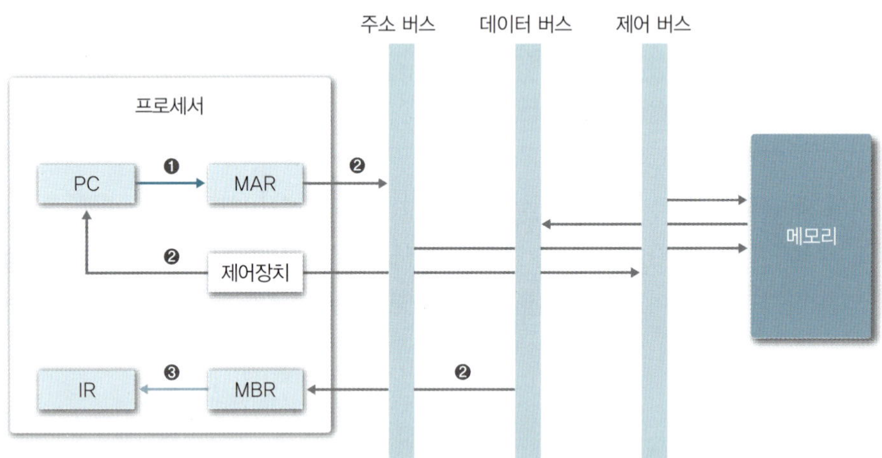

시간	레지스터 동작	설명
❶	PC → MAR	PC에 저장된 주소를 프로세서 내부 버스를 이용하여 MAR에 전달한다.
❷	$Memory^{MAR}$ → MBR	MAR에 저장된 주소에 해당하는 메모리 위치에서 명령어를 인출한 후 이 명령어를 MBR에 저장한다. 이때 제어장치는 메모리에 저장된 내용을 읽도록 제어 신호를 발생시킨다.
	PC + 1 → PC	다음 명령어를 인출하려고 PC를 증가시킨다.
❸	MBR → IR	MBR에 저장된 내용을 IR에 전달한다.

- PC : 프로그램 카운터
- MAR : 메모리 주소 레지스터
- MBR : 메모리 버퍼 레지스터
- IR : 명령어 레지스터

그림 1-20 **인출 사이클 과정**

2.2 실행 사이클

실행 사이클execution cycle에서는 인출한 명령어를 해독하고 그 결과에 따라 제어 신호를 발생시켜 명령어를 실행한다. 이 단계에서 소비되는 시간을 실행 시간이라고 한다.

2.3 간접 사이클

직접 주소 지정 방법을 사용하는 실행 사이클은 명령어를 즉시 수행하지만, 간접 주소 지정 방법을 사용하는 실행 사이클은 명령어를 수행하기 전에 실제 데이터가 저장된 주기억장치의 주소인 유효 주소를 한 번 더 읽어 온다. 간접 사이클indirect cycle에서 시간에 따른 세부 동작은 [그림 1-21]과 같다.

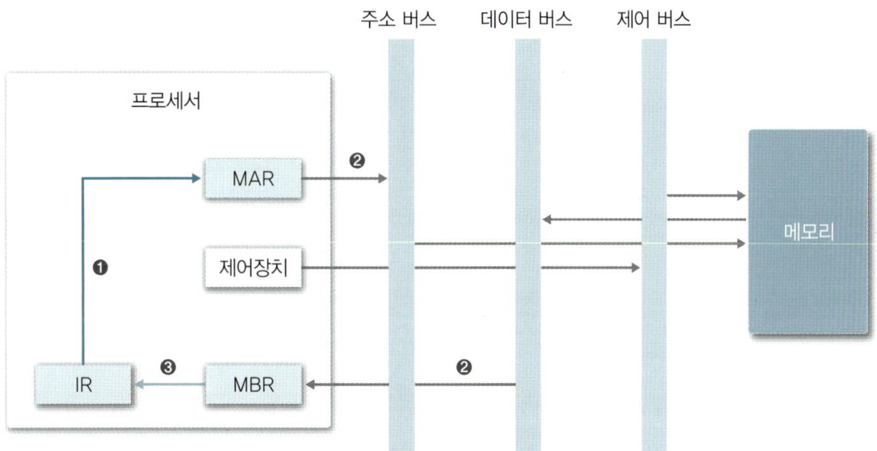

시간	레지스터 동작	설명
❶	IR^{addr} → MAR	IR에 저장된 명령어의 피연산자(주소부)를 MAR에 전달한다.
❷	$Memory^{MAR}$ → MBR	MAR에 저장된 주소에 해당하는 메모리 위치에서 데이터를 인출한 후 이 데이터를 MBR에 저장한다. 이때 제어장치는 메모리에 저장된 내용을 읽도록 제어 신호를 발생시킨다.
❸	MBR → IR^{addr}	MBR에 저장된 내용을 IR에 전달한다.

- IR : 명령어 레지스터
- MAR : 메모리 주소 레지스터
- MBR : 메모리 버퍼 레지스터

그림 1-21 **간접 사이클 과정**

2.4 인터럽트 사이클

인터럽트는 프로세서가 프로그램을 수행하는 동안 컴퓨터 시스템의 내부나 외부에서 발생하는 예기치 못한 사건을 의미한다. 프로세서는 실행 사이클을 완료한 후 인터럽트 요구가 있는지 검사한다. 인터럽트 요구가 없으면 다음 명령어를 인출하고, 인터럽트 요구가 있으면 현재 수행 중인 프로그램의 주소(프로그램 카운터) 값을 스택이나 메모리의 0번지와 같은 특정 장소에 저장한다. 그리고 프로그램 카운터에는 인터럽트 처리 루틴의 시작 주소를 저장해 두었다가 인터럽트 처리를 완료하면 중단된 프로그램으로 복귀하여 계속 수행한다. 인터럽트 사이클interrupt cycle의 세부 동작은 [그림 1-22]와 같다.

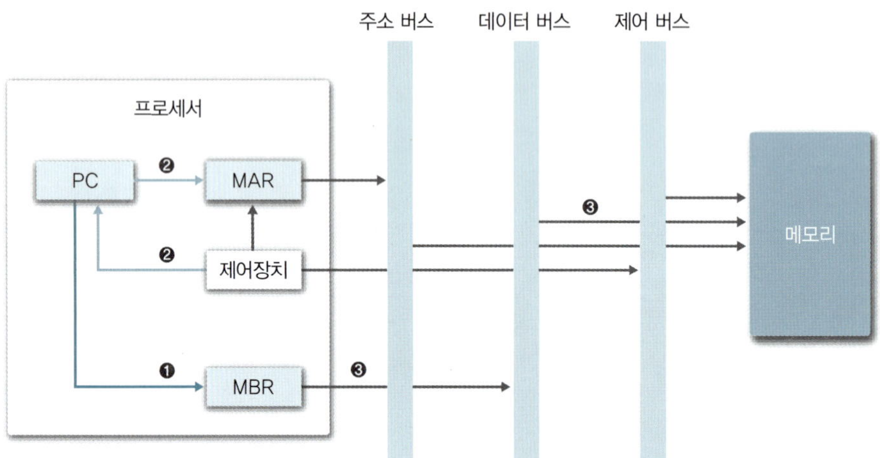

시간	레지스터 동작	설명
❶	PC → MBR	PC의 내용을 MBR에 저장한다.
❷	IntRoutine_Address → PC	인터럽트 루틴 주소를 PC에 저장한다.
	Save_Address → MAR	PC에 저장된 인터럽트 루틴 주소를 MAR에 저장한다.
❸	MBR → $Memory^{MAR}$	MBR의 주소에 있는 내용을 지시된 메모리 셀로 이동한다.

- PC : 프로그램 카운터
- MAR : 메모리 주소 레지스터
- MBR : 메모리 버퍼 레지스터

그림 1-22 인터럽트 사이클 과정

3 인터럽트 명령어

인터럽트는 현재 실행 중인 프로그램을 중단하고 다른 프로그램의 실행을 요구하는 명령어이다. 시스템의 처리 효율을 향상시키며, 프로그램이 실행 순서를 바꿔 가면서 처리하여 다중 프로그래밍에 사용한다.

또 인터럽트는 컴퓨터에 설치된 입출력장치나 프로그램 등에서 프로세서로 보내는 하드웨어 신호이다. 인터럽트를 받은 프로그램은 실행을 중단하고 다른 프로그램을 실행한다. 단일 프로세서의 컴퓨터는 명령어를 한 번에 한 개만 수행할 수 있지만, 인터럽트를 이용하면 중간에 다른 프로그램이나 명령어를 수행할 수 있다. 특히 인터럽트는 예상치 못한 사용자 입력, 갑작스런 정전, 컴퓨터 시스템에서 긴급 요청, 잘못된 명령어 수행, 입출력 작업 완료와 같은 상황을 시스템이 적절히 처리하는 데 필요하다.

인터럽트는 프로그램의 정상 실행을 일시 중단했다 다시 재개하는 과정이지만, 사용자가 별도로 인터럽트 조치를 할 필요가 없고 프로세서와 운영체제가 처리한다.

컴퓨터는 인터럽트를 외부장치의 동작과 자신의 동작을 조정하는 수단으로 사용한다. 예를 들어, 다중 사용자 시스템에 키보드를 여러 개 연결하면 각 키보드에서 입력되는 문자를 구분하여 처리해야 한다. 여러 키보드에서 동일한 문자를 동시에 입력해도 데이터를 손실하지 않고 수행해야 하므로, 컴퓨터는 해당 문자를 언제 입력했는지 알아야 한다. 프린터도 마찬가지이다. 프린터가 문자를 출력할 준비가 되어야 컴퓨터가 프린터로 문자를 전송할 수 있다. 그러므로 프로세서는 연결된 각 입출력장치의 현재 상태를 파악하고 있어야 하는데, 이 상태를 나타내려면 1비트 이상으로 표현한 준비 비트 또는 상태 비트가 필요하다. 입출력장치가 새로운 입출력 연산을 수행하려고 하면, 프로세서는 먼저 폴링polling으로 각 장치의 상태 비트를 검사한다. 그런데 인터럽트 개념이 없으면 장치의 상태를 계속 점검해야 해서 프로세서가 다른 연산을 수행할 수 없으므로, 오버헤드가 증가하여 수행 시간이 낭비된다. 이때 인터럽트를 사용하면 입출력장치가 준비 상태가 될 때까지 프로세서가 다른 작업을 수행할 수 있다. 즉, 입출력장치가 준비 상태가 되었을 때 프로세서에 인터럽트 신호를 보내면 된다.

제어 버스 중 이런 목적으로 사용하는 것이 바로 인터럽트 요청 회선IRQ, Interrupt ReQuest line이다. 인터럽트 요청 회선을 사용하면 키보드에서 입력이 발생했을 때만 프로세서에 통보하여 처리하므로, 프로세서가 이벤트 발생 여부를 일일이 감시하지 않아도 된다. 그리고 프로세서가 외부장치의 상태를 직접 점검할 필요가 없어 이 시간 동안 다른 연산을 수행하여 프로세서의 효율을 높일 수 있다.

인터럽트는 크게 인터럽트 요청과 인터럽트 서비스 루틴으로 구분할 수 있다. 인터럽트 요청 신호에 따라 수행하는 루틴이 인터럽트 처리 프로그램, 즉 인터럽트 서비스 루틴interrupt service routine이다.

인터럽트 요청 회선은 [그림 1-23]과 같이 단일 회선과 다중 회선으로 연결할 수 있다.

- **단일 회선** : 인터럽트 요청이 가능한 모든 장치를 공통의 단일 회선으로 프로세서에 연결하는 방법이다. 회선 하나에 장치를 여러 개 연결하여 인터럽트를 요청한 장치를 판별하는 기능이 필요하다.
- **다중 회선** : 모든 장치를 서로 다른 고유의 회선으로 프로세서와 연결하는 방법이다. 그러므로 인터럽트를 요청한 장치를 바로 판별할 수 있다.

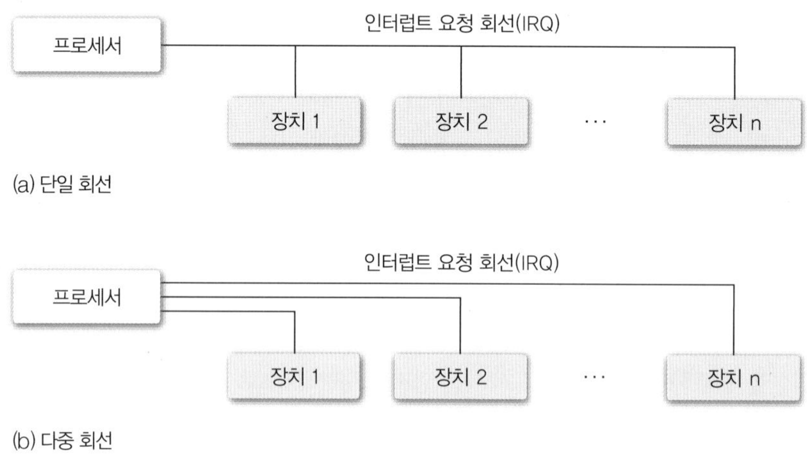

그림 1-23 **인터럽트 요청 회선 연결 방법**

인터럽트 요청 신호가 발생하면 대부분의 컴퓨터는 정보를 단일 명령어로 저장할 수 있으므로 실행 중인 프로그램을 메모리에 저장하고, 인터럽트 처리 프로그램으로 분기한다. 그리고 인터럽트 처리 프로그램을 완료하면 인터럽트를 발생시킨 프로그램에 제어를 돌려준다.

예를 들어, [그림 1-24]의 (a)와 같이 인터럽트가 도달하기 전에 프로그램 A를 실행한다고 하자. 프로그램 카운터[PC]는 현재 명령어를 가리킨다. (b)에서 프로세서에 인터럽트 신호가 도달하여 현재 명령어를 종료한다. 레지스터의 모든 내용을 스택 영역(또는 프로세스 제어 블록)에 보낸다. 그리고 프로그램 카운터에는 인터럽트 처리 프로그램(프로그램 B)의 시작 위치를 저장하고 제어를 넘긴 프로그램 B를 실행한다. (c)에서 인터럽트 처리 프로그램을 완료하면 스택 영역에 있던 내용을 레지스터에 다시 저장하며, 프로그램 A가 다시 시작하는 위치를 저장하고 중단했던 프로그램 A를 재실행한다.

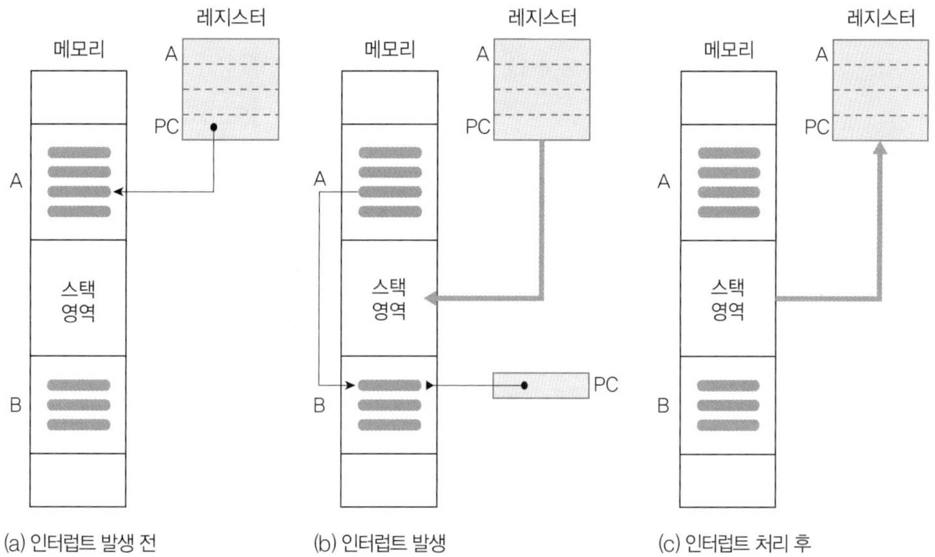

그림 1-24 인터럽트 처리 과정

인터럽트는 서브루틴 호출과 매우 비슷하지만, 몇 가지 면에서 다르다. 보통 서브루틴은 자신을 호출한 프로그램이 요구한 기능을 수행하지만, 인터럽트 처리 프로그램은 인터럽트가 발생했을 때 실행 중인 프로그램과 관련이 없을 수도 있다. 그러므로 프로세서는 인터럽트 프로그램을 처리하기 전에 프로그램 카운터를 비롯해 중단된 프로그램으로 복귀하여 실행할 때 영향을 미치는 정보를 저장해야 한다. 특히 인터럽트가 발생할 때의 상태 코드(상태 워드)를 임시 기억장치에 저장해 두었다가 나중에 복귀했을 때 이를 다시 적재해야 한다. 그래야 원래 프로그램을 인터럽트의 영향을 받지 않고 다시 실행할 수 있다.

요약

01 컴퓨터 시스템의 구성

컴퓨터 시스템은 프로세서, 메모리(기억장치), 주변장치의 하드웨어hardware와 명령어로 작성한 프로그램인 소프트웨어software로 구성된다. 이런 구성 요소는 컴퓨터의 주 기능인 프로그램을 실행하려고 버스로 상호 연결되어 있다.

02 프로세서의 개념

프로세서CPU(중앙처리장치)는 컴퓨터 하드웨어 구성 요소 중 운영체제와 가장 밀접한 부분으로, 컴퓨터의 모든 장치의 동작을 제어하고 연산을 수행한다.

03 프로세서의 구성

프로세서는 연산장치와 제어장치, 레지스터로 구성되며, 내부 버스로 연결되어 있다. 보통은 제어와 데이터 처리를 담당하며, 레지스터로 구성된다.

04 레지스터

레지스터는 용도에 따라 전용과 범용 레지스터로 구분하고, 저장하는 정보의 종류에 따라 데이터 레지스터, 주소 레지스터, 상태 레지스터로 세분화한다. 또 저장된 정보의 변경 여부에 따라 사용자 가시 레지스터와 사용자 불가시 레지스터로 구분한다.

05 메모리 종류

속도는 느리나 용량이 큰 자기디스크, 광디스크, 자기테이프 등 보조기억장치, 프로세서 외부에 있으면서 프로세서에서 수행할 프로그램과 데이터를 저장하거나 프로세서에서 처리한 결과를 저장하는 메인 메모리, 프로세서 내부나 외부에 있으면서 처리 속도가 빠른 프로세서와 상대적으로 속도가 느린 메인 메모리의 속도 차이를 보완하는 고속 버퍼의 캐시, 속도는 가장 빠르나 용량이 작은 레지스터 등이 있다.

06 메모리 계층 구조

메모리는 컴퓨터 성능과 밀접하여 사용자는 당연히 크고 빠르며 비용이 저렴한 메모리를 요구한다. 여러 계층의 메모리를 연결하여 비용, 속도, 용량, 접근시간 등을 상호 보완한 계층적 메모리 구조를 메모리 계층 구조라고 한다.

07 시스템 버스

시스템 버스system bus는 하드웨어를 물리적으로 연결하여 서로 데이터를 주고받을 수 있게 하는 통로이다. 컴퓨터 내부의 다양한 신호(데이터 입출력 신호, 프로세서 상태 신호, 인터럽트 요구와 허가 신호, 클록clock 신호 등)를 시스템 버스로 전달한다. 시스템 버스는 기능에 따라 데이터 버스, 주소 버스, 제어 버스로 구분한다([표 1-3] 참조).

08 주변장치

주변장치는 프로세서와 메인 메모리를 제외한 나머지 하드웨어 구성 요소이다. 단순히 입출력 장치라고도 하는데, 크게 입력장치, 출력장치, 저장장치로 구분한다.

09 명령어 구조

명령어는 사용자가 원하는 연산과 오퍼랜드, 처리 순서를 프로세서에 지시하는 것이다. 연산 부호OPcode와 명령어가 처리할 데이터, 데이터가 저장된 레지스터나 메모리 주소인 피연산자operand로 구성된다.

10 명령어 실행

컴퓨터 시스템의 메모리에 보관한다. 한 번에 한 개씩 프로세서로 전송하면서 해석 · 실행한다. 명령어는 명령어 인출과 명령어 실행 주기의 반복 처리로 실행한다. 명령어 실행 사이클은 인출 사이클, 간접 사이클, 실행 사이클, 인터럽트 사이클로 구성된다.

11 인터럽트

인터럽트는 현재 실행 중인 프로그램의 수행을 연기하고 다른 프로그램의 수행을 요구하는 명령이다. 시스템의 처리 효율을 향상시키며, 프로그램이 실행 순서를 바꿔 가면서 처리하여 다중 프로그래밍에 사용한다.

연습문제

01 컴퓨터 내부에서 프로세서 메모리 사이의 정보 전송에 사용하는 통로는?

① 버스 ② 레지스터
③ 블록 ④ 보조기억장치

02 프로세서에서 사용하는 버스 형태가 아닌 것은?

① 주소 버스 ② 제어 버스
③ 데이터 버스 ④ 시스템 버스

03 목적이 특수한 값 하나를 저장하거나 연산을 처리하다가 중간 값을 저장하는 프로세서에 위치하는 고속 메모리는?

① 버스 ② 레지스터
③ 메인 메모리 ④ 캐시

04 프로그램 수행을 제어하는 명령어 실행 순서, 즉 다음에 실행할 명령어의 주소를 저장하는 것은?

① 프로그램 카운터PC ② 주소 레지스터AR
③ 누산기AC ④ 명령어 레지스터IR

05 캐시는 메인 메모리의 접근시간과 프로세서의 어떤 것 사이의 차이를 줄이는 데 사용하는가?

① 지연시간 ② 설정 시간
③ 구조 ④ 속도

06 다음 중 OPcode의 기능이 아닌 것은?

① 주소 지정 ② 함수 연산
③ 전달 ④ 제어

07 인터럽트가 발생할 때 운영체제가 가장 먼저 하는 일은?

① 인터럽트 처리
② 인터럽트 발생 지점으로 복귀
③ 인터럽트 서비스 루틴으로 제어 이동
④ 현재까지 모든 프로그램 상태 저장

08 인터럽트를 처리하는 순서를 올바르게 나열한 것은?

a. 운영체제가 제어권을 받는다.
b. 인터럽트 처리 루틴이 인터럽트를 처리한다.
c. 인터럽트를 받은 프로세스의 상태를 저장한다.
d. 인터럽트에 걸린 프로세스의 상태를 복구한다.

① a – c – b – d
② b – c – a – d
③ c – b – d – a
④ c – b – a – d

09 인터럽트를 잘못 설명한 것은?

① 프로세서가 명령어를 수행하고 있을 때 다른 작업을 처리하려고 수행을 강제로 중단시키는 사건이다.
② 인터럽트가 발생하면 복귀 주소는 시스템 큐에 저장한다.
③ 인터럽트가 발생하면 해당 인터럽트 처리 루틴으로 가서 해당 루틴을 처리한 후 중단됐던 프로그램의 원래 지점으로 되돌아온다.
④ 입출력 하드웨어가 입출력 인터럽트를 발생시킨다.

10 프로세서가 명령어를 수행하는 순서는?

㉠ 인터럽트 조사
㉡ 명령어 해석
㉢ 명령어 인출
㉣ 피연산자 인출
㉤ 명령어 실행

① ㉢-㉠-㉡-㉣-㉤
② ㉢-㉡-㉣-㉤-㉠
③ ㉡-㉢-㉣-㉤-㉠
④ ㉣-㉢-㉡-㉤-㉠

11 명령어 실행 주기(사이클)에 해당하지 않는 것은?

① 인출 사이클
② 간접 사이클
③ 해석 사이클
④ 실행 사이클

12 하드웨어로 실현되는 서브루틴의 호출이라고 볼 수 있는 것은?

① 인출 사이클
② 간접 사이클
③ 실행 사이클
④ 인터럽트 사이클

13 인출 사이클의 첫 레지스터 동작은?

① MAR ← PC
② AC ← AC + MBR
③ MAR ← MBR
④ IR ← MBR

14 메모리에서 명령어를 읽어 프로세서로 가져오는 상태는?

① 인터럽트 상태
② 간접 상태
③ 실행 상태
④ 인출 상태

15 프로그램의 명령어 수행 중에 산술 및 논리 연산의 결과를 일시적으로 기억하는 레지스터는?

① 프로그램 카운터PC
② 주소 레지스터AR
③ 누산기AC
④ 명령어 레지스터IR

16 인터럽트 우선순위를 결정하는 polling 방법에 대한 설명으로 옳지 않은 것은?

① 많은 인터럽트가 발생할 때 처리 시간 및 반응시간이 매우 빠르다.
② S/W적으로 CPU가 각 장치를 하나씩 차례로 조사하는 방법이다.
③ 조사 순위가 우선순위가 된다.
④ 모든 인터럽트의 공통 서비스 루틴이 있다.

Chapter 02

운영체제의 소개

학습목표

- 운영체제의 개념과 발전 목적을 알아본다.
- 운영체제의 주요 기능을 알아본다.
- 운영체제의 발전 과정에 따른 주요 특징을 알아본다.
- 운영체제가 제공하는 주요 서비스를 알아본다.
- 운영체제 설계에 필요한 모듈과 계층 구조의 개념을 알아본다.

01 운영체제의 개념과 발전 목적

1 운영체제의 개념

컴퓨터 시스템은 [그림 2-1]과 같이 크게 사용자, 소프트웨어, 하드웨어로 구성된다. 운영체제는 여기서 사용자가 하드웨어에 접근할 수 있는 유일한 수단이다. 운영체제는 사용자가 응용 프로그램을 실행할 수 있는 기반 환경을 제공하여 컴퓨터를 편리하게 사용할 수 있도록 도와주고, 하드웨어를 효율적으로 사용할 수 있도록 다양한 기능을 제공하는 소프트웨어이다.

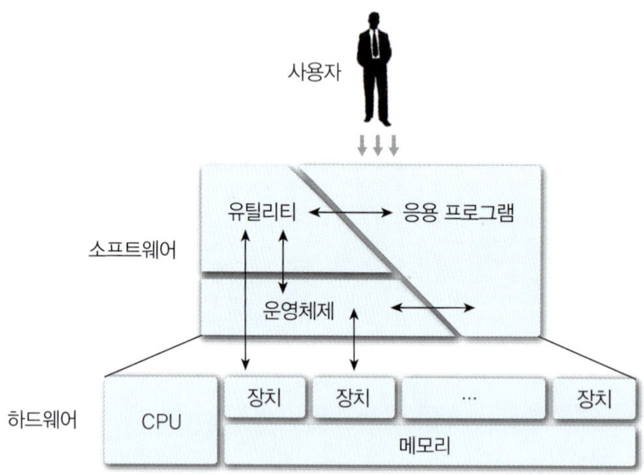

그림 2-1 **컴퓨터 시스템의 구성 요소와 운영체제**

■ **사용자**

어떤 일(작업)을 수행하려고 컴퓨터를 사용하는 사람이나 장치, 다른 컴퓨터를 의미한다.

■ **소프트웨어**

컴퓨터가 기능을 수행하는 데 필요한 모든 프로그램을 의미한다. 시스템 소프트웨어, 유틸리티, 응용 프로그램 등으로 구성된다.

- **시스템 소프트웨어** : 컴퓨터 자원을 관리하고 응용 프로그램의 실행을 지원하여 컴퓨터를 제어하는 프로그램이다. 운영체제를 비롯해 장치 드라이버 등으로 구성된다.
- **유틸리티** : 응용 프로그램보다 작지만 컴퓨터의 여러 처리 과정을 보조하여 시스템을 유지하고 성능을 개선하는 프로그램으로, 운영체제를 돕는 역할을 한다. 필요에 따라 사용자나 운영체제가 메모리 상주 프로그램으로 설치하기도 한다.
- **응용 프로그램** : 특정 작업을 수행하려는 목적, 즉 어떤 문제를 해결하려고 사용자나 전문가가 만든 프로그램이다. 웹 브라우저, 워드 프로세서, 게임, 이미지 편집 프로그램, 은행 시스템 및 항공 예약 시스템 등이 이에 해당한다.

■ 하드웨어

기본 연산 자원을 제공하는 프로세서(CPU, 중앙처리장치), 메모리, 주변장치 등으로 구성된다.

컴퓨터 시스템은 여러 사용자가 사용할 수 있으며, [그림 2-2]와 같이 다양한 응용 프로그램이 있을 수 있다. 운영체제는 다양한 응용 프로그램이 하드웨어, 즉 컴퓨터 자원을 효율적으로 사용할 수 있도록 관리하고 조정하는 역할을 한다.

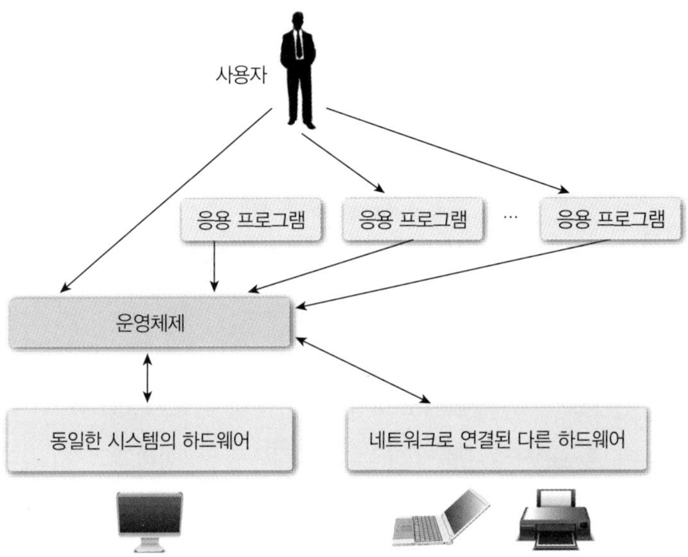

그림 2-2 운영체제의 역할

컴퓨터 자원을 관리하는 면에서 운영체제의 역할은 다음과 같다.

■ **조정자**

컴퓨터 시스템은 하드웨어와 소프트웨어, 이 둘 사이를 오가는 데이터로 운영된다. 운영체제는 이 운영 요소를 적절하게 사용할 수 있도록 제어하면서 사용자와 응용 프로그램 간에 통신할 수 있게 한다. 직접 다른 프로그램이 수행하는 특정 작업을 하는 것이 아니라 이 작업을 할 수 있는 환경만 제공하는 조정자인 셈이다. 예를 들어, 워드 프로세서 역할을 직접 하는 것이 아니라 워드 프로세서가 제 기능을 할 수 있도록 도와준다.

■ **자원 할당자나 관리자**

운영체제는 각 응용 프로그램에 필요한 자원을 할당하는 자원 할당자이다. 컴퓨터 자원을 올바른 순서로 할당해야 원하는 업무를 제대로 수행할 수 있는데, 여러 응용 프로그램이 동일한 컴퓨터 자원을 요구하면 충돌이 발생할 수 있다. 이때 운영체제는 컴퓨터 시스템을 공정하고 효율적으로 운영하려고 자원을 할당하는 방법을 결정하는 관리자 역할도 한다.

■ **응용 프로그램과 입출력장치 제어자**

운영체제는 다양한 입출력장치와 응용 프로그램을 제어하는 역할을 한다. 컴퓨터 시스템을 부적절하게 사용하거나 오류가 발생하는 것을 방지하려고 하드웨어 사용을 조정하고 응용 프로그램의 실행을 제어한다. 특히 입출력장치를 동작시키고 통제하는 핵심 역할을 한다.

이처럼 운영체제는 다양한 기능을 제공하여 여러 역할을 수행하기에 그 정의도 여러 가지이다. 보통은 "사용자와 하드웨어 사이의 중간 매개체로 응용 프로그램의 실행을 제어하고, 자원을 할당 및 관리하며, 입출력 제어 및 데이터 관리와 같은 서비스를 제공하는 소프트웨어"로 정의한다.

- 하드웨어 및 사용자, 응용 프로그램, 시스템 프로그램 사이에서 인터페이스를 제공한다.
- 프로세서, 메모리, 입출력장치, 통신장치 등 컴퓨터 자원을 효과적으로 활용하려고 조정 · 관리한다.
- 메일 전송, 파일 시스템 검사, 서버 작업 등 높은 수준의 서비스를 처리하는 응용 프로그램을 제어한다.
- 다양한 사용자에게서 컴퓨터 시스템을 보호하려고 입출력을 제어하며 데이터를 관리한다.

이후 자세히 살펴보겠지만, 운영체제는 커널, 장치 드라이버, 사용자 인터페이스, 시스템 유틸리티 등 4개의 주요 부분으로 구분한다. 커널은 시스템 호출, 인터럽트 및 예외에 응답하는 운영체제의 핵심 구성 요소로, 운영체제를 메모리에 적재할 때 제일 먼저 적재하고 운영체제가 종료될 때까지 메모리에 머문다. 그러므로 커널은 가능한 작게 구현하는 것이 좋다.

2 운영체제의 발전 목적

운영체제의 목적을 알면 운영체제의 설계 목표와 기능, 운영체제를 배우는 이유를 이해할 수 있을 것이다. 운영체제는 크게 다음 세 가지 목적에서 발전해 왔다. 이 중 편리성과 효율성 목적은 서로 상반될 수 있는데, 과거에는 편리성보다는 효율성을 중요시하여 대부분의 운영체제 이론은 컴퓨터 자원의 최적 이용에 더 관심을 기울였다.

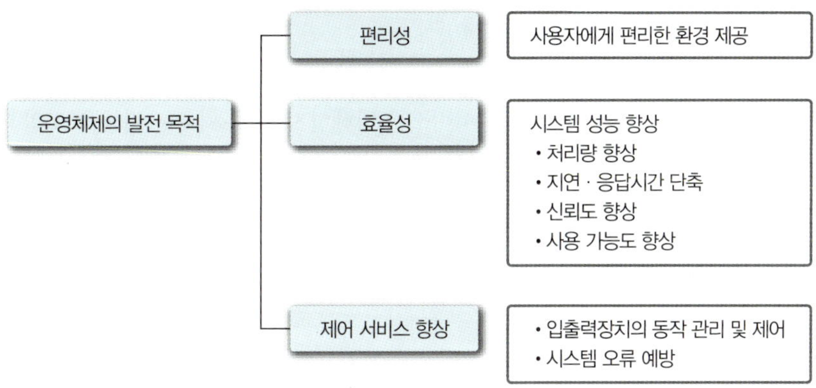

그림 2-3 운영체제의 발전 목적

■ **편리성 : 사용자에게 편리한 환경 제공**

운영체제는 사용자가 프로그램을 효율적으로 실행할 수 있는 환경을 제공해야 한다. 사용자가 프로그램을 편리하게 개발할 수 있는 환경뿐만 아니라 응용 프로그램에 대한 사용자 인터페이스, 즉 사용자와 컴퓨터 시스템이 정보 및 명령을 상호 교환할 수 있는 인터페이스를 제공해야 한다. 사용자 인터페이스는 4절에서 자세히 다룬다.

■ **효율성 : 시스템 성능 향상**

효율성은 사용자가 많은 대형 컴퓨터 시스템에서 특히 중요하다. 대형 컴퓨터 시스템은 대부분 고가이기 때문에 효율적으로 사용해야 하는데, 운영체제는 각 프로그램을 유기적으로 결합하여 시스템 전체 성능을 향상시켜 왔다. 보통 시스템의 성능은 다음 기준에 따라 평가한다.

- **처리량** : 시스템의 생산성을 나타내는 대표적인 지표로, 단위시간당 처리하는 작업량이다.
- **지연 · 응답시간** : 사용자가 시스템에 작업을 의뢰한 후 반응을 얻을 때까지 걸린 시간, 즉 작업을 완료하기까지 걸린 시간이다. 시분할 시스템과 온라인 시스템에서는 응답시간이라고 하며, 일괄 처리 시스템에서는 턴 어라운드 타임turn around time이라고 한다.
- **신뢰도** : 하드웨어(펌웨어), 소프트웨어가 실패 없이 주어진 기능을 수행할 수 있는 능력이다.
- **사용 가능도** : 가동률이라고도 한다. 사용자가 일정 기간 동안 컴퓨터를 실제로 사용한 시간(비율)이다. 고장으로 보수한 기간은 제외한다. 고장과 오류가 발생해도 그 영향을 최소화하여 시스템 전체를 중단하지 않고 운영할 수 있어야 한다.

■ 제어 서비스 향상

운영체제는 시스템을 확장하고 효율적으로 운영할 수 있도록 새로운 기능의 효과적인 개발을 허용하는 방법으로 발전해야 한다. 즉, 서비스를 방해하지 않고 새로운 기능을 도입하고 테스트할 수 있도록 발전해야 한다는 것이다. 그리고 입출력장치의 동작을 관리 및 제어하거나 시스템 오류 예방 등으로 컴퓨터 자원을 여러 사용자에게 효율적으로 할당하고 관리할 수 있도록 제어 서비스를 발전해 나가야 한다.

02 운영체제의 기능

운영체제는 다양한 역할을 수행한다. 그리고 이에 따라 제공하는 기능도 무척 다양한데, 주요 기능을 크게 자원 관리와 시스템 관리로 분류하여 살펴보자.

그림 2-4 **운영체제의 기능**

1 자원 관리

컴퓨터 시스템의 메모리, 프로세스, 장치, 파일 등 구성 요소를 자원이라고 하는데, 운영체제는 이 자원을 관리한다.

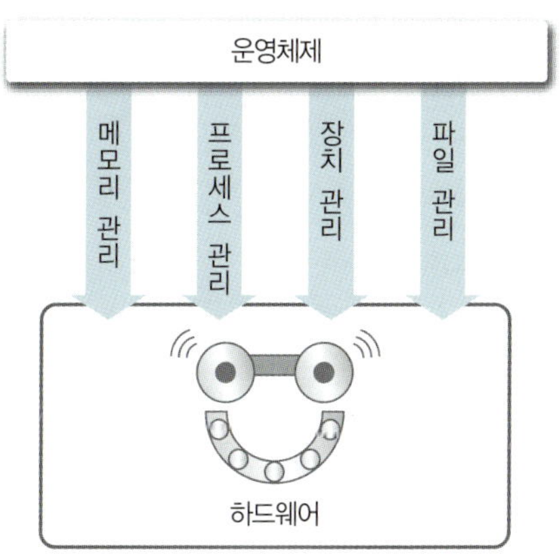

그림 2-5 **운영체제의 자원 관리 기능**

1.1 메모리 관리

운영체제의 메모리 관리 기능은 메인 메모리와 보조기억장치로 구분하여 설명할 수 있다.

■ 메인 메모리 관리

메인 메모리는 대개 프로세서가 직접 주소로 지정할 수 있는 유일한 메모리이다. 명령어가 메인 메모리에 있어야 프로세서가 명령어를 수행할 수 있으므로, 프로그램을 절대 주소로 맵핑하여 메인 메모리에 저장해야 한다. 그러므로 각 프로세스가 실행할 수 있도록 메인 메모리 공간을 충분히 확보하고, 더불어 각 프로세스가 효율적으로 실행할 수 있도록 메모리를 적절히 사용해야 한다. 메모리에 프로그램을 몇 개 저장해야 프로세서 이용률과 컴퓨터 응답 속도를 높일 수 있는데, 이를 위한 다양한 메모리 관리 방법을 개발했다.

운영체제는 다음 세부 기능을 수행하여 메인 메모리를 관리한다.

- 메모리의 어느 부분을 사용하고, 누가 사용하는지 점검한다.
- 메모리에 저장할 프로세스를 결정한다.
- 메모리를 할당하고 회수하는 방법을 결정한다.

■ 보조기억장치 관리

프로그램을 실행하려면 먼저 필요한 데이터와 함께 메인 메모리에 있어야 한다. 그런데 메인 메모리는 공간이 제한되어 있어 모든 데이터와 프로그램을 계속 저장할 수 없으므로 보조기억장치를 이용한다. 대부분의 응용 프로그램은 메인 메모리에 적재할 때까지는 보조기억장치에 저장하므로 보조기억장치에서 저장 방법은 매우 중요하다.

운영체제는 다음 세부 기능을 수행하여 보조기억장치를 관리한다.

- 빈 여유 공간을 관리한다.
- 새로운 파일을 작성할 때 저장 장소를 할당한다.
- 메모리 접근 요청을 스케줄링한다.
- 파일을 생성하고 삭제한다.

1.2 프로세스 관리

프로세스는 실행 중인 프로그램으로 보통 일괄 처리 작업 하나가 프로세스가 되며, 시분할 사용자 프로그램도 하나의 프로세스가 된다. 또 스풀링과 같은 시스템 작업도 프로세스가 된다. 하나의 프로세스는 프로세서, 메모리, 파일, 입출력장치와 같은 자원이 있어야 업무를 수행할 수 있는데, 자원은 프로세스를 생성할 때 제공하거나 실행 중에 할당할 수 있다. 시스템은 이 프로세스의 집합으로, 크게 시스템 코드를 수행하는 운영체제 프로세스와 사용자 코드를 수행하는 사용자 프로세스로 구분한다. 모든 프로세스는 프로세서를 분할 사용하여 병행 수행할 수 있다.

운영체제는 다음 세부 기능을 수행하여 프로세스를 관리한다.

- 프로세스와 스레드를 스케줄링한다.
- 사용자 프로세스와 시스템 프로세스를 생성하고 제거한다.
- 프로세스를 중지하고 재수행한다.
- 프로세스 동기화 방법을 제공한다.
- 프로세스 통신 방법을 제공한다.
- 교착 상태deadlock를 방지하는 방법을 제공한다.

1.3 주변장치(입출력장치) 관리

운영체제는 특수 프로그램인 장치 드라이브를 사용하여 입출력장치와 상호작용한다. 장치 드라이버는 특정 하드웨어장치와 통신할 수 있는 인터페이스를 제공하므로 특정 하드웨어에 종속된 프로그램이다.

운영체제는 다음 세부 기능을 수행하여 주변장치(입출력장치)를 관리한다.

- 임시 저장buffer-caching 시스템 기능을 제공한다.
- 일반 장치용 드라이버 인터페이스를 제공한다.
- 특정 장치 드라이버를 제공한다.

1.4 파일(데이터) 관리

파일 관리는 입출력 파일의 위치, 저장과 검색 관리를 의미한다. 컴퓨터 시스템은 물리적으로 다양한 형태로 파일을 저장할 수 있는데, 운영체제는 데이터를 효율적으로 사용할 수 있도록 단일화된 저장 형태를 제공한다. 운영체제는 파일을 쉽게 사용하려고 보통 디렉터리로 구성하며, 다수의 사용자가 여기에 접근하려고 할 때는 이 접근을 제어한다.

운영체제는 다음 세부 기능을 수행하여 파일을 관리한다.

- 파일을 생성하고 삭제한다.
- 디렉터리를 생성하고 삭제한다.
- 보조기억장치에 있는 파일을 맵핑한다.
- 안전한(비휘발성) 저장장치에 파일을 저장한다.

2 시스템 관리

운영체제는 추가로 시스템 보호, 네트워킹, 명령 해석기 등 기능을 지원한다.

2.1 시스템 보호(사용자 권한 부여)

보호는 컴퓨터 자원에서 프로그램, 프로세스, 사용자의 접근을 제어하는 방법이다. 운영체제는 파일 사용 권한 부여, 데이터 암호화 등 서비스를 제공하여 데이터와 시스템을 보안한다. 컴퓨터 시스템에서는 여러 프로세스를 동시에 실행할 수 있으므로 서로 보호해야 한다. 그리고 네트워크로 파일 공유 사이트에 접속할 때는 다른 사용자의 프로그램에서 보호해야 한다.

2.2 네트워킹(통신)

프로세서는 다양한 방법으로 구성된 네트워크를 이용하여 완전 접속과 부분 접속 방법으로 연결한다. 연결된 프로세서가 통신을 할 때는 경로 설정, 접속 정책, 충돌, 보안 등 문제를 고려해야 하는데, 이를 운영체제가 관리한다.

2.3 명령 해석기

명령 해석기command interpreter는 운영체제에서 중요한 시스템 프로그램이다. 또 사용자나 프로그램에서 대화형으로 입력한 명령어를 이해하고 실행하는 사용자와 운영체제의 인터페이스이다. 사용자가 입력한 명령은 제어문으로 운영체제에 전달하는데, 이 전달을 명령 해석기가 담당한다. 이렇게 명령 해석기는 인터페이스 역할을 할 뿐 운영체제는 아니다. 그리고 명령 해석기는 보통 커널과 분리하는 것이 좋다. 명령 해석기를 커널에서 분리하면 명령 해석기의 인터페이스를 변경할 수 있다. 하지만 분리하지 않으면 사용자가 커널의 코드를 변경할 수 없어 인터페이스를 변경할 수 없다. 명령 해석기가 커널의 일부이면 비정상 프로세스가 커널의 특정 부분에 접근할 수 있으므로 커널에서 분리하는 것이 좋다.

03 운영체제의 발전 과정과 유형

운영체제의 발전 과정을 살펴봄으로써 운영체제의 공통 요소와 운영체제가 어떻게, 왜 개발되어 왔는지 이해할 수 있다. 특히 운영체제와 하드웨어는 서로 밀접하게 연관되어 있으므로 하드웨어의 발전과 함께 살펴보자.

1 운영체제의 발전 과정

컴퓨터 시스템의 성능을 향상시키려고 운영체제는 계속 발전해 왔다. 그 발전 과정을 하나씩 살펴보면 현재 사용 중인 운영체제의 기능이 탄생한 배경을 이해할 수 있을 것이다. 운영체제의 발전 과정과 핵심 특징을 연도별로 정리하면 [표 2-1]과 같다.

표 2-1 운영체제의 발전 과정

연도	운영체제	특징
1940년대	운영체제 없음(작업별 순차 처리)	• 기계어를 직접 사용 • 단순 순차(직렬) 처리
1950년대	일괄 처리 시스템	• 운영체제의 효시인 IBM 701 개발 • 작업별로 일괄 처리 • 버퍼링, 스풀링 방법 등장
1960년대	• 다중 프로그래밍 시스템 • 시분할 시스템 • 다중 처리 시스템 • 실시간 처리 시스템	• 가상 기억장치 등장 • 다중 프로그래밍, 다중 처리, 시분할 처리 등 개념 등장 • 운영체제를 고급 언어로 작성 • 데이터 통신 지원용 운영체제 사용
1970년대 초반	• 다중 모드 시스템 • 범용 시스템	• 일괄 처리, 시분할 처리, 실시간 처리, 다중 프로그래밍 등을 제공하는 다중 모드 시스템 등장 • 장치의 독립성 제공 • TCP/IP 통신 표준 활성화 • 운영체제가 네트워크와 보안을 아우르는 수준으로 발전
1970년대 중반	분산 처리 시스템	• 각종 응용 프로그램 개발 및 데이터베이스 활용 확대 • 네트워크 기술의 발전 • 하드웨어에 운영체제 개념이 포함된 펌웨어 개념 등장

표 2-1 운영체제의 발전 과정(계속)

연도	운영체제	특징
1990년대	병렬 계산과 분산 계산	• 월드와이드웹의 등장으로 분산 컴퓨팅 증가 • GUI 강화 • 개인용과 서버용 운영체제의 보편화
2000년대 이후	• 모바일 및 임베디드 • 가상화 및 클라우드 컴퓨팅	• 네트워크 기반의 분산 및 병렬 운영체제의 보편화 • 모바일 장치와 가전제품을 위한 모바일 및 임베디드 운영체제의 보편화 • 다양한 기능, 확상성과 호환성 극대화 • 다양한 통신망의 확대와 개발형 시스템 발달 • 여러 운영체제가 한 시스템의 자원을 공유할 수 있게 해주는 서버 가상화 기술의 확산 • 컴퓨팅 자원, 스토리지, 소프트웨어 등을 사용자에게 서비스 형태로 제공하는 클라우드 컴퓨팅의 등장

NOTE_ 개인용 컴퓨터

하드웨어 가격이 저렴해지면서 컴퓨터 시스템 하나를 한 명이 사용하는 것이 일반화되었는데, 이를 개인용 컴퓨터 PC, Personal Computer라고 한다. 처음에는 다중 사용자나 다중 작업이 필요 없었으나, 사용자의 편리함과 빠른 응답을 제공하려고 다중 작업, 다중 사용자 환경으로 변했다.

1.1 1940년대 : 운영체제 없음(작업별 순차 처리)

사용자가 기계어로 직접 프로그램을 작성하여 실행하는 작업별 순차 처리 시스템을 사용했고, 아직 운영체제 개념은 존재하지 않았다. 컴퓨터에 필요한 모든 작업을 프로그램에 담았다. 카드 판독기에 판독의 시작 · 종료 시점, 데이터 해석 방법 등을 포함하고, 프로세서에는 명령어 저장 방법, 계산 대상, 결과 저장 위치와 방법, 출력 시점과 위치 등을 모두 명령어로 명시적으로 표현했다. 그러나 모든 작업을 예약으로 진행하여 문제가 발생했다. 예를 들어, 컴퓨터에 결함이 발생하여 예약한 1시간을 넘기면 하던 일을 멈추고 다른 사용자에게 넘겨주고 계속 기다려야 한다. 반대로 더 일찍 마치면 나머지 시간은 비어 있어 시간이 낭비된다.

1.2 1950년대 : 일괄 처리 시스템

자동차 제조회사 GM에서 1952년 초 운영체제의 효시인 IBM 701을 개발했다. 1955년에는 GM과 북아메리카 항공사가 IBM 704를 공동으로 개발했으며, IBM 사용자협회인

SABRE^Semi-Automatic Business Research Environment^가 1957년까지 IBM 704를 위한 자체 운영체제를 개발했다.

초기 운영체제인 일괄 처리 시스템^batch processing system^은 작업을 올리는 시간과 해제하는 시간 낭비를 줄이는 데 관심을 두었다. 그래서 데이터가 발생할 때마다 즉시 처리하지 않고 일정 기간 또는 일정량이 될 때까지 모아 두었다가 한꺼번에 처리하여 작업 준비 시간을 줄였다. 이를 위해 일괄 처리, 버퍼링, 스풀링 등 방법을 도입했다.

■ 일괄 처리

일괄^batch^ 처리는 직렬 처리 기술과 동일하다. 사용자가 펀치 카드와 같은 오프라인^off-line^ 장치에 작업을 저장하여 처리 시스템인 오퍼레이터에 제출한다. 그러면 오퍼레이터에서 비슷한 작업들을 그룹으로 묶어 함께 일괄 처리한다. 즉, 작업 준비 시간을 줄이려고 데이터가 발생할 때마다 즉시 처리하지 않고 데이터를 일정 기간 또는 일정량이 될 때까지 모아 두었다가 한꺼번에 처리하는 것이다. 예를 들어, 포트란, 코볼, 포트란 순으로 작업을 수행해야 한다고 하자. 이때 포트란, 포트란, 코볼 순으로 처리하면 포트란에서는 단 한 번만 준비 작업을 하면 되므로 준비 시간을 줄일 수 있다.

다음은 일괄 처리의 장점이다.

- 많은 사용자와 프로그램이 컴퓨터 자원을 공유할 수 있다.
- 컴퓨터 자원을 덜 사용 중일 때는 작업 처리 시간을 교대할 수 있다.
- 시시각각 수동으로 개입하고 감독하여 컴퓨터 자원의 유휴를 피할 수 있다.

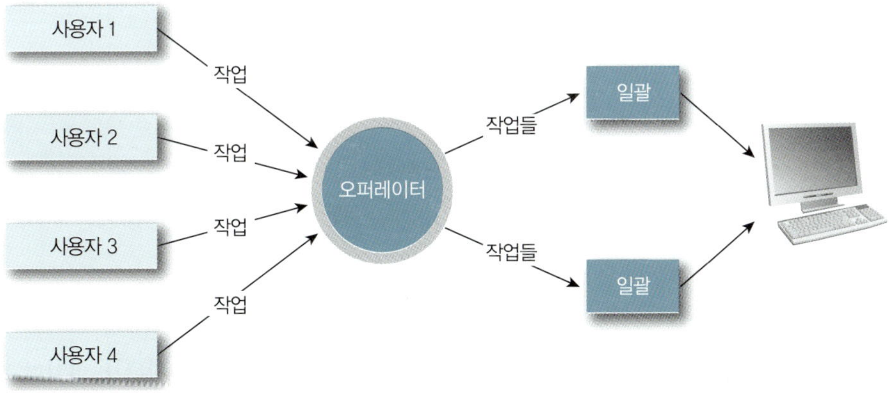

그림 2-6 **일괄 처리**

반대로 일괄 처리의 단점은 준비 작업들의 유형이 동일해야 하고, 작업에 모든 유형의 입력을 할 수 없다는 것이다. 그리고 입출력장치가 프로세서보다 속도가 느려 프로세서가 종종 유휴 상태가 된다. 작업에 우선순위를 주기도 어렵다.

이 문제점을 보완하려고 모니터링, 버퍼링, 스풀링 등 여러 방법이 등장했다.

■ 버퍼링

버퍼링buffering은 프로세서와 입출력장치의 속도 차이로 생긴 유휴시간이 없도록 입출력장치별로 입출력 버퍼를 두어, 프로세서에서 연산을 할 때 동시에 다른 작업을 입출력하는 아주 간단한 방법이다.

NOTE_ 버퍼

프로세서가 어떤 작업을 처리하는 동안 버퍼에 다음으로 처리할(또는 출력할) 작업을 미리 읽어 저장해 두는 메모리이다.

프로세서가 연산을 시작하기 직전 입력장치가 다음 입력을 즉시 받아들이도록 명령했다고 하자. 그러면 프로세서와 입력장치가 동시에 가동된다. 프로세서가 다음 데이터를 준비하고 있을 때 입력장치가 입력을 하면, 프로세서는 데이터를 바로 처리할 수 있고 입력장치는 다음 데이터를 읽어 들일 수 있어 시스템 성능이 향상된다. 출력에서도 이와 비슷한 버퍼링을 수행할 수 있다. 출력장치가 데이터를 받아들일 동안 프로세서가 데이터를 생성하여 버퍼에 넣는다.

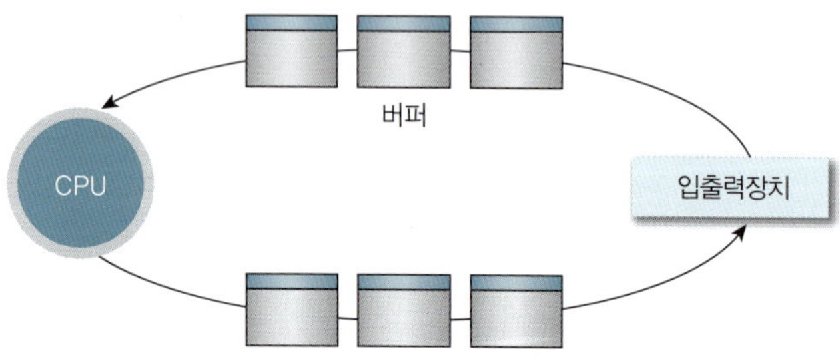

그림 2-7 버퍼링

■ 스풀링

스풀링spooling, simultaneous peripheral operation on-line은 속도가 빠른 디스크를 버퍼처럼 사용하여 입출력장치에서 미리 읽는 것이다. 버퍼링이 컴퓨터 하드웨어의 일부인 버퍼를 사용한다면, 스풀링은 별개의 오프라인 장치를 사용한다는 점이 다르다. 버퍼링이 하나의 입출력 작업과 그 작업의 계산만 함께 할 수 있는 반면에, 스풀링은 여러 작업의 입출력과 계산을 함께 할 수 있다.

스풀링은 성능에 직접적으로 도움을 준다. 프로세서에 일정한 디스크 공간과 테이블만 있으면 하나의 계산 작업과 다른 입출력 작업을 중복해서 처리할 수 있다. 이처럼 스풀링은 프로세서와 입출력장치가 고효율로 작업할 수 있도록 한다. 특히 프로세서 중심 작업과 입출력 중심 작업이 혼합된 경우에 더 좋다.

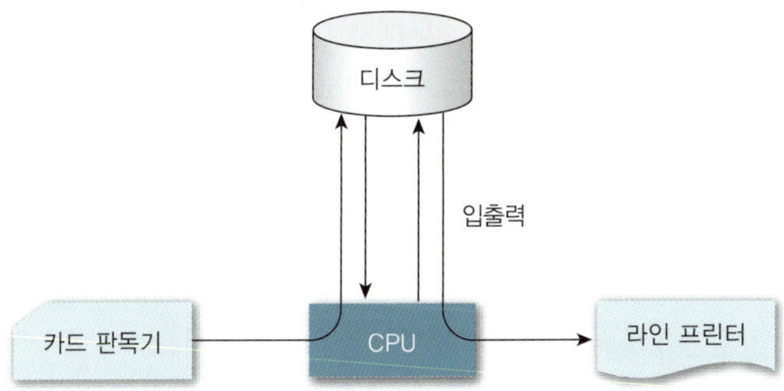

그림 2-8 **스풀링**

1.3 1960년대 : 다중 프로그래밍 · 시분할 · 다중 처리 · 실시간 시스템

이 시기 운영체제의 특징은 장치 독립성을 이용한 편리한 하드웨어 관리와 다중 프로그래밍, 시분할, 다중 처리, 실시간을 이용한 시스템의 처리 능력 향상이다. 다중 프로그래밍 시스템에서는 여러 프로그램을 메모리에 나눠 적재한 후 프로세서를 번갈아 할당하여 프로세서의 사용을 극대화하면서 여러 프로그램을 동시에 실행한다. 시분할 시스템은 다중 프로그래밍 시스템에 프로세서 스케줄링이라는 개념을 더한 것이다. 일정한 프로세서 사용 시간을 할당하여 빠른 응답이 가능하므로 사용자와 대화하는 방법으로 여러 프로그램을 실행한다. 그리고 다중 처리 시스템은 하나의 시스템에서 프로세서를 여러 개 사용하여 처리 능력을 높인 것이다. 마지막으로 실시간 처리 시스템은 즉시 응답한다는 특징이 있다.

NOTE_ 프로그램을 다른 입출력장치와 함께 실행할 수 있는 것이 장치 독립성의 개념이다.

이 시기에 미항공사의 SABRE 예약 시스템을 개발했다. 이 시스템은 멀리 떨어진 사용자가 단말기를 이용하여 중앙 컴퓨터 시스템과 통신하는 트랜잭션 처리 시스템의 효시이다. 트랜잭션 처리 시스템은 사용자와 컴퓨터 시스템이 서로 대화를 하되, 사용자의 비교적 간단한 요구에 컴퓨터가 빠르게 응답하는 것이다. 여기서 사용자 단말기를 컴퓨터의 온라인이라고 한다.

1.4 1970년대 초반 : 다중 모드 · 범용 시스템

이 시기는 1964년 IBM 시스템/360 계열 컴퓨터부터 시작됐다. 모든 사용자에게 모든 기능을 제공할 수 있도록 범용 시스템으로 설계했다. 일괄 처리, 시분할 처리, 실시간 처리, 다중 처리를 모두 제공하는 다중 모드 시스템도 등장했다. 하지만 해당 기능이 필요 없는 사용자에게도 동일하게 모든 기능을 제공하여 실행 시간의 과부하가 발생하고, 시스템을 이해하려면 고도의 훈련이 필요했다. 또 오류가 발생하면 수정하는 데 시간이 오래 걸렸으며, 시스템 유지 비용이 늘어나는 등 문제가 있었다.

상당히 고가이자 이런 기종은 처음으로 시도한 것이라 계획했던 시간과 예산을 훨씬 초과하여 완성했다. 또 사용에도 고도의 훈련이 필요했다. 컴퓨터가 더욱 복잡해져 사용자가 익숙해질 때까지 시간이 많이 걸렸다.

1.5 1970년대 중반~1990년대 : 분산 처리 시스템, 병렬 계산과 분산 계산

컴퓨터 네트워크와 온라인 처리 방법을 널리 사용했다. 네트워크를 이용하여 멀리 떨어진 컴퓨터를 사용할 수 있고, 마이크로프로세서가 등장하여 개인용 컴퓨터를 가질 수 있게 되었다. 사용자가 지역적으로 멀리 떨어진 여러 시스템과 통신할 수 있어 정보 보호가 중요한 관심사가 되었다. 그리고 1970년대 명령어 중심의 시스템 사용법이 1980년대에는 사용자에게 편리한 메뉴 지향적인 시스템으로 대체되었고, 1990년대에는 GUI^Graphical User Interface^ 시스템으로 발전했다.

분산 처리 개념을 확립하여 컴퓨터가 있는 곳으로 데이터를 가져가 처리하기보다는 데이터가 발생하는 곳으로 컴퓨터의 능력을 가져오는 데 관심을 갖게 되었다. 분산 처리 시스템은 다음 운영체제의 유형에서 자세히 살펴본다.

1.6 2000년대 이후 : 모바일 및 임베디드, 가상화 및 클라우드 컴퓨팅

21세기에 접어들어 개인의 생활 깊숙이 영향을 주는 변화 중 하나는 스마트폰이나 태블릿 같은 모바일 기기이고, 이 중심에는 모바일 운영체제Mobile Operating System가 있다. 모바일 운영체제는 모바일장치나 정보 기기를 제어하는 운영체제이다. 특히 스마트폰용으로는 노키아의 심비안, 구글의 안드로이드android, 애플의 iOS, RIM의 블랙베리 OS, 마이크로소프트의 윈도우 등이 대표적이다. 그리고 각종 사물에 컴퓨터 칩과 통신 기능을 내장하여 인터넷에 연결하는 사물인터넷IoT, Internet of Things 기술이 등장했다. 초기에는 시스코 등 네트워크 기업이, 나중에는 인텔, 퀄컴을 비롯한 반도체 칩 판매사가 사물인터넷을 열성적으로 전파하다가 이제는 애플이나 삼성전자 같은 제조사가 사물인터넷과 관련된 제품의 청사진과 플랫폼을 구상 중이다. 특히 구글이나 아마존 등은 인터넷과 클라우드 기반 플랫폼에서 우위를 바탕으로 사물인터넷 시장을 선도하려고 하루가 멀다 하고 다양한 관련 기술과 서비스를 발표한다.

이 시기에는 1960년대 후반 등장한 가상화virtualization 기술이 본격적으로 확산되었다. 가상화는 물리적 자원을 추상화하여 논리적 자원 형태로 표현하는 기술이다. 처음 등장했을 때는 도입 비용이 비싸고 사용 환경이 제한적이라 많이 사용하지 않았다. 그러다 기술 발달로 경제성이 높아지면서 성능, 안정성, 효율성 향상 등 강점으로 본격적으로 확산되었다. 가상화는 적용 대상에 따라 서버 가상화, 데스크톱 가상화, 스토리지 가상화, 네트워크 가상화, 소프트웨어 가상화로 구분할 수 있는데, 이 중 운영체제와 관련된 가상화 핵심은 서버 가상화이다.

서버 가상화는 물리적 서버 하나에 가상 서버를 여러 개 구성하는 방법이다. 서버 하나에서 각 응용 프로그램과 운영체제를 독립된 환경으로 사용할 수 있어 여러 운영체제가 한 시스템의

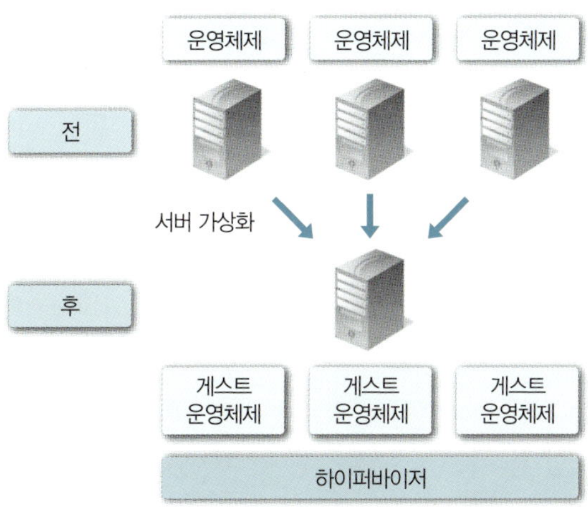

그림 2-9 서버 가상화의 개념

자원을 공유할 수 있다. 가상화 방법에 따라 호스트 운영체제에서 가상 머신을 구동하는 호스트 기반 가상화와 호스트 운영체제 설치 전에 가상화 솔루션을 탑재하여 가상의 CPU, 메모리, 디스크, 네트워크 카드 등을 생성하는 베어메탈bare-metal 기반 가상화로 분류할 수 있다.

호스트 기반 가상화는 설치가 쉽고 구성이 편리하다는 장점이 있지만, 성능이 떨어질 수 있다는 단점이 있다. 그리고 베어메탈 기반 가상화는 향상된 성능을 제공하고 실시간 운영체제를 지원할 수 있다는 장점이 있지만, 운영체제 위에 없기 때문에 디바이스용 드라이버, 하드웨어 플랫폼 드라이버 등을 포함해야 하고 설치와 구성이 어렵다는 단점이 있다.

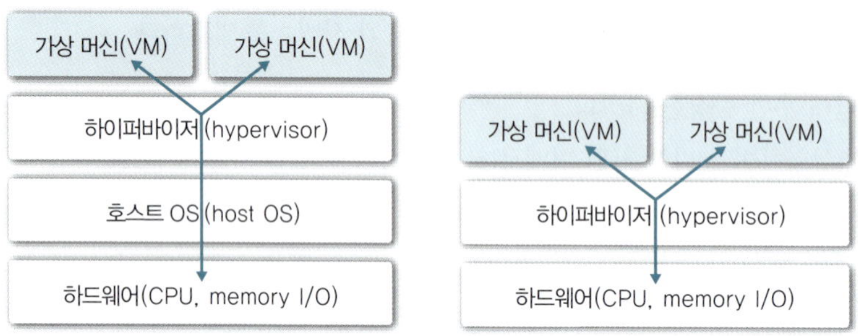

(a) 호스트 기반 가상화 (b) 베어메탈 기반 가상화

그림 2-10 서버 가상화 종류

서버 가상화 기술을 이용하여 사용자에게 컴퓨팅 자원, 스토리지, 소프트웨어 등을 서비스 형태로 제공하는 클라우드 컴퓨팅이 등장했다. 클라우드 컴퓨팅은 그리드 컴퓨팅grid computing, 유틸리티 컴퓨팅utility computing, 서버 기반 컴퓨팅server based computing의 특징을 조금씩 차용한 개념이다. 즉, 그리드 컴퓨팅의 분산 컴퓨팅 개념, 유틸리티 컴퓨팅의 과금 모델, 서버 기반 컴퓨팅의 처리 모델을 적용하여 다음 세 가지 특징을 보인다.

- 클라우드 데이터 센터에서 원하는 만큼 컴퓨터 자원을 무한대로 사용할 수 있다.
- 컴퓨터 자원을 원할 때 원하는 만큼 늘리거나 줄일 수 있다.
- 컴퓨터 자원을 사용한 만큼 사용료를 지불한다.

클라이드 컴퓨팅 기술을 이용한 서비스는 크게 IaaSInfrastructure as a Service, PaaSPlatform as a Service, SaaSSoftware as a Service로 분류할 수 있다.

- **IaaS** : 데이터 센터에 있는 서버, 스토리지, 네트워크 등 인프라나 자원을 가상화하여 인터넷으로 제공한다. 예로 아마존Amazon의 EC2Elastic Cloud Computing와 S3Simple Storage Service가 있다.

EC2는 개인의 가상 인스턴스를 생성, 관리, 실행하는 서비스이고, S3은 데이터를 저장하는 개인 스토리지 제공 서비스이다.

- **PaaS** : 응용 프로그램의 구축, 테스트 및 설치가 가능한 통합 개발 환경을 웹으로 제공한다. 구글, 다음, 네이버에서 제공하는 Open API가 PaaS의 일종이다. 구글 앱 엔진Google App Engine은 웹 서비스를 개발, 구축, 관리, 배포할 수 있는 플랫폼을 제공한다.
- **SaaS** : 특정 소프트웨어를 인터넷으로 제공한다. 해당 소프트웨어와 관련된 데이터를 클라우드에서 관리하고, 사용자는 웹 브라우저로 접속하여 소프트웨어를 사용한다. 이런 소프트웨어를 온디맨드on demand 소프트웨어라고 한다.

2 운영체제의 유형

컴퓨터 시스템의 발전 과정과 용도, 응답시간이나 데이터 입력 방법에 따라 운영체제를 [그림 2-11]과 같이 구분할 수 있다. 이 중 일괄 처리 시스템은 앞서 일괄 처리의 개념과 함께 이미 설명했으므로 여기서는 나머지 운영체제 유형을 하나씩 살펴보자.

NOTE_ 단일 작업 운영체제와 다중 작업 운영체제

운영체제는 동시 작업 지원 여부에 따라 단일 작업single tasking 운영체제와 다중 작업multitasking 운영체제로 구분할 수 있다. 단일 작업 운영체제는 한 번에 하나의 프로그램만 수행할 수 있는 운영체제로 도스가 이에 해당한다. 현재의 컴퓨터는 대부분 동시에 2개 이상의 프로그램을 수행할 수 있는 다중 작업 운영체제이다.

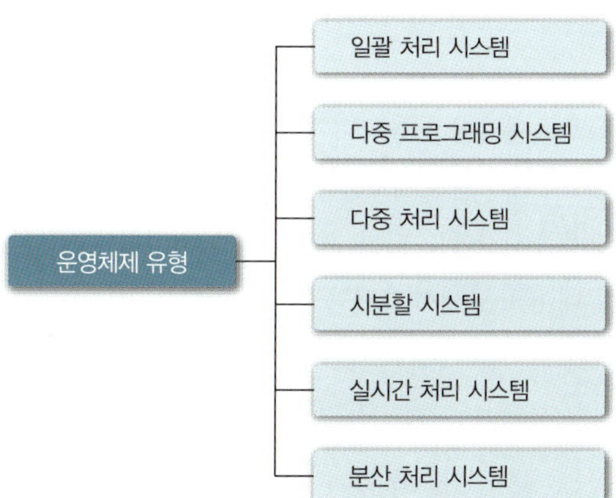

그림 2-11 운영체제의 유형

2.1 다중 프로그래밍 시스템

일괄 처리 시스템의 가장 큰 문제는 프로세스가 다른 작업을 하고 있을 때는 입출력 작업이 불가능하여 프로세서와 메인 메모리의 활용도가 떨어진다는 것이다. 이것은 다중 프로그래밍을 도입하여 해결했다.

다중 프로그래밍은 프로세서가 유휴 상태일 때 실행 중인 둘 이상의 작업이 프로세서를 전환(인터리빙)하여 사용할 수 있도록 동작한다. 즉, 여러 프로그램을 메모리에 적재한 후 하나의 프로그램이 프로세서를 사용하다가 입출력 동작 등을 하여 프로세서를 사용하지 않는 유휴 시간idle time 동안 다른 프로그램이 프로세서를 사용하도록 하는 시스템이다.

[그림 2-12]와 같이 작업 2가 프로세서를 사용하다가 입출력 동작 중이면 그동안 작업 1이 프로세서를 사용한다. 작업 3은 프로세서 실행 시간을 얻을 때까지 대기하도록 하여 프로세서가 쉬지 않게 함으로써 프로세서 사용을 극대화한다.

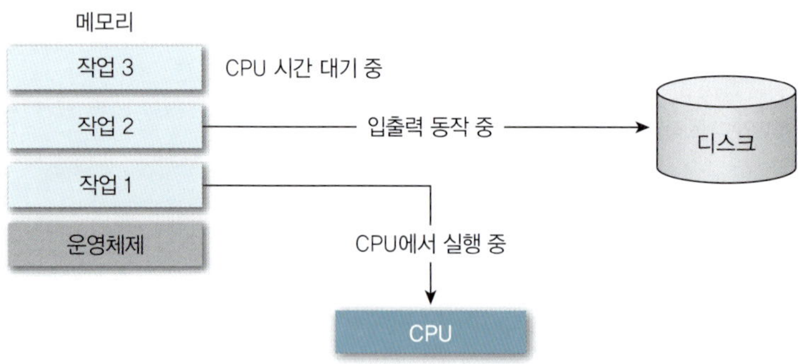

그림 2-12 **다중 프로그래밍 시스템**

예를 들어, [그림 2-13]에서 프로그램 A가 프로세서를 사용하다가 작업 중이거나 입출력을 하려고 대기하는 유휴시간이 발생하면 프로그램 B가 프로세서를 사용하는 방법으로 여러 프로그램을 순차적으로 실행한다. 프로세서의 유휴시간에도 다른 프로그램을 처리하여 동시에 여러 프로그램을 실행하는 것과 같은 효과를 내어 프로세서 효율을 극대화한다.

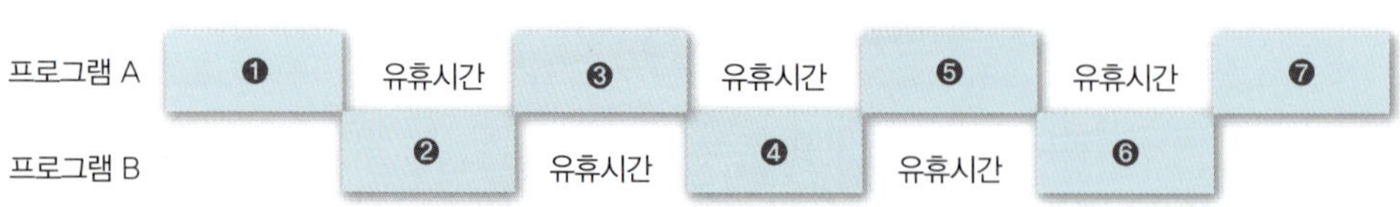

그림 2-13 **다중 프로그래밍 시스템의 처리 방법 예**

다중 프로그래밍의 장점은 높고 효율적인 프로세서 사용률(효율적인 운영)이 증가하여 마치 많은 사용자의 프로그램이 거의 동시에 프로세서를 할당받는 듯한 느낌을 준다. 따라서 다중 프로그래밍 운영체제는 아주 복잡하다. 여러 작업을 준비 상태로 두려면 이를 메모리에 보관해야 하고, 일정 형태의 메모리를 관리해야 한다. 더욱이 여러 작업이 수행할 준비를 갖추고 있으면, 이 중 하나를 선택하는 결정 방법이 필요하다. 이것이 바로 인터럽트를 이용하여 수행하는 프로세서 스케줄링의 다중 프로그래밍으로, 현재 운영체제의 중심 주제이다.

2.2 시분할 시스템

시분할 시스템TSS, Time Sharing System은 다중 프로그래밍을 논리적으로 확장한 개념으로, 프로세서가 다중 작업을 교대로 수행한다. 다수의 사용자가 동시에 컴퓨터의 자원을 공유할 수 있는 기술이다. 즉, 다양한 터미널에 위치한 많은 사용자가 특정 컴퓨터 시스템을 동시에 사용할 수 있게 한다.

시분할 시스템 아이디어는 1960년 이전에 제안했으며, 초기에 개발한 시스템 중 하나가 MIT에서 개발한 CTSSCompatible Time Sharing System이다. CTSS는 1961년 IBM 709에 탑재하여 사용했다. 1970년 초까지는 시분할 시스템을 만들기가 아주 어렵고 비용도 많이 들어 일반화하지는 못했으나, 이제는 대부분 다중 프로그래밍과 시분할 방법을 모두 지원한다.

프로세서에 적재된 여러 프로그램을 교대로 실행하지만, 각 프로그램에 일정한 프로세서 사용 시간time slice 또는 규정 시간량quantum을 할당하여 사용자가 주어진 시간 동안 컴퓨터와 대화하는 형식으로 실행한다. 여러 사용자에게 짧은 간격으로 프로세서를 번갈아 가며 할당해서 마치 자기 혼자 프로세서를 독점하고 있는 양 착각하게 하여 여러 사용자가 단일 컴퓨터 시스템을 동시에 사용할 수 있게 한다.

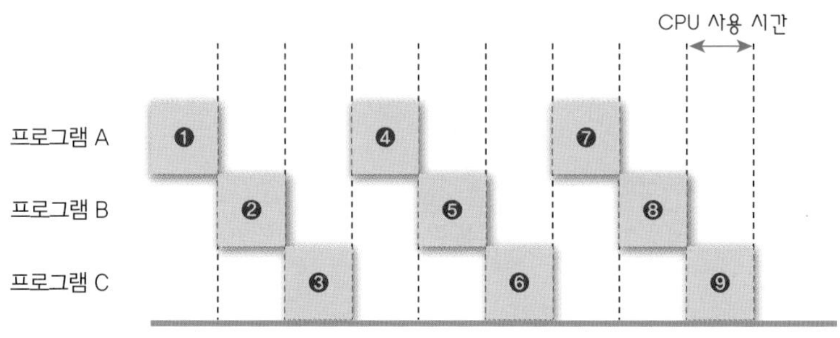

그림 2-14 시분할 시스템의 처리 방법 예

다중 프로그래밍 시스템과 시분할 시스템은 둘 다 메모리에 여러 프로그램을 적재하므로 메모리를 관리해야 하고, 어떤 프로그램을 먼저 실행할지 결정하는 스케줄링이라는 개념이 필요하다. 하지만 다중 프로그래밍 시스템이 프로세서 사용을 최대화하는 것이 목표라면, 시분할 시스템은 응답시간을 최소화하는 것이 목표라는 큰 차이가 있다.

시분할 시스템은 여러 작업(프로세스)을 메모리에 저장하므로 짧은 시간에 작업을 교체할 수 있도록 메모리를 적절하게 관리해야 하고, 한 작업이 다른 작업의 데이터를 변경하는 등 작업 보호가 필요하다. 특히 다수의 사용자가 접근하는 파일은 접근 권한을 두어 특정 권한이 있는 사용자만 접근할 수 있도록 파일 시스템을 보호해야 한다. 또 공유 자원에는 액세스 순서를 조정할 수 있는 기능도 제공해야 한다.

표 2-2 시분할 시스템의 장점과 단점

장점	• 빠른 응답 제공 • 소프트웨어의 중복 회피 가능 • 프로세서 유휴시간 감소
단점	• 신뢰성 문제 • 보안 의문 및 사용자 프로그램과 데이터의 무결성 • 데이터 통신의 문제

2.3 다중 처리 시스템

다중 처리multiprocessing 시스템은 단일 컴퓨터 시스템 내에서 둘 이상의 프로세서를 사용하여 동시에 둘 이상의 프로세스(프로그램)를 지원한다. 하나의 프로세서가 2개 이상의 프로그램을 전환하는 다중 프로그래밍과 혼동해서는 안 된다. 다중 처리 시스템은 [그림 2-15]와 같이 여러 프로세서와 시스템 버스, 클록, 메모리와 주변장치 등을 공유한다. 일단 프로세서가 둘 이상이므로 빠르고, 프로세서 하나가 고장이 나도 다른 프로세서를 사용하여 작업을 계속할 수 있어 신뢰성이 높다.

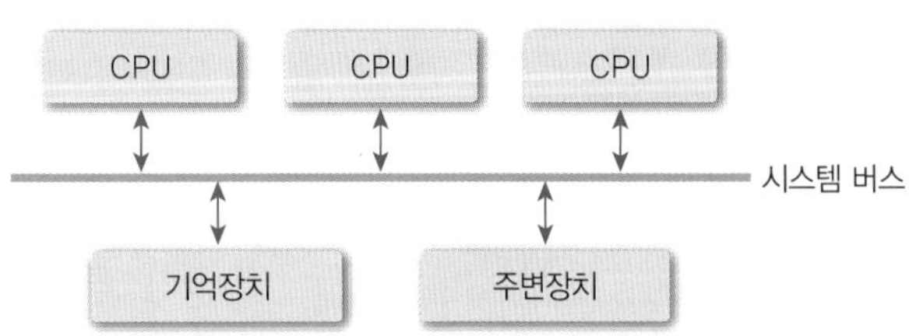

그림 2-15 다중 처리 시스템

다중 처리 시스템은 프로세서가 여러 개이므로 프로세서 간의 연결, 상호작용, 역할 분담 등을 고려해야 한다. 다중 처리 시스템을 구성하는 방법에는 비대칭(주종)적 구성과 대칭적 구성이 있는데, 이와 관련된 내용은 11장에서 자세히 다룬다.

2.4 실시간 처리 시스템

실시간 처리 시스템real time processing system은 데이터 처리 시스템으로 정의한다. 입력에 응답하는 데 필요한 시간 간격이 너무 짧아서 환경을 제어한다. 온라인 시스템은 실시간으로 할 필요가 없는 반면에, 실시간 처리 시스템은 항상 온라인 상태이어야 한다. 입력 및 업데이트된 정보 요구를 처리한 후 디스플레이에 응답하는 시스템에 소요되는 시간을 반응(응답)시간으로 한다. 반응시간은 프로세서에 이미 고정되어 있다. 따라서 반응시간이 온라인 처리에 비해 매우 짧다.

실시간 처리 시스템은 더 높은 적시 응답을 요구하는 장소에서 사용하거나 데이터 흐름 또는 프로세서 연산에 엄격한 시간 요구가 있을 때 사용할 수 있다. 또 전용 응용 프로그램의 제어 장치로도 사용한다. 실시간 처리 시스템은 고정 시간 제약을 잘 정의하지 않으면 시스템이 실패한다. 실시간 처리 시스템은 다음 두 가지 유형으로 분류할 수 있다.

- **경성 실시간 처리 시스템**

  경성 실시간 처리 시스템hard real time processing system은 작업의 실행 시작이나 완료에 대한 시간 제약 조건을 지키지 못할 때 시스템에 치명적인 영향을 주는 시스템이다. 예를 들어, 무기 제어, 발전소 제어, 철도 자동 제어, 미사일 자동 조준 등이 이에 해당한다. 보장되는 컴퓨팅, 시간의 정확성과 컴퓨팅 예측성을 갖게 해야 한다.

- **연성 실시간 처리 시스템**

  연성 실시간 처리 시스템soft real time processing system은 작업 실행에서 시간 제약 조건은 있으나, 이를 지키지 못해도 전체 시스템에 치명적인 영향을 미치지 않는 시스템이다. 예를 들어, 동영상은 초당 일정 프레임frame 이상의 영상을 재생해야 한다는 제약이 있으나, 일부 프레임을 건너뛰어도 동영상을 재생하는 시스템에는 큰 영향을 미치지 않는다.

2.5 분산 처리 시스템

분산 처리 시스템distributed processing system은 시스템마다 독립적인 운영체제와 메모리로 운영하며, 필요할 때 통신하는 시스템이다. 최근 컴퓨터 시스템은 여러 물리적 프로세서에 연산을 분산하는 경향이 있는데, 이는 자원 공유, 연산 속도 향상, 신뢰성과 통신 때문이다. 분산 처리 시스템은 사용자에게는 중앙집중식 시스템처럼 보이는데, 다수의 독립된 프로세서에서 실행한다. 그리고 데이터를 여러 위치에서 처리 · 저장하며, 여러 사용자가 공유할 수 있다. 하나의 프로그램을 여러 프로세서에서 동시에 실행할 수도 있다.

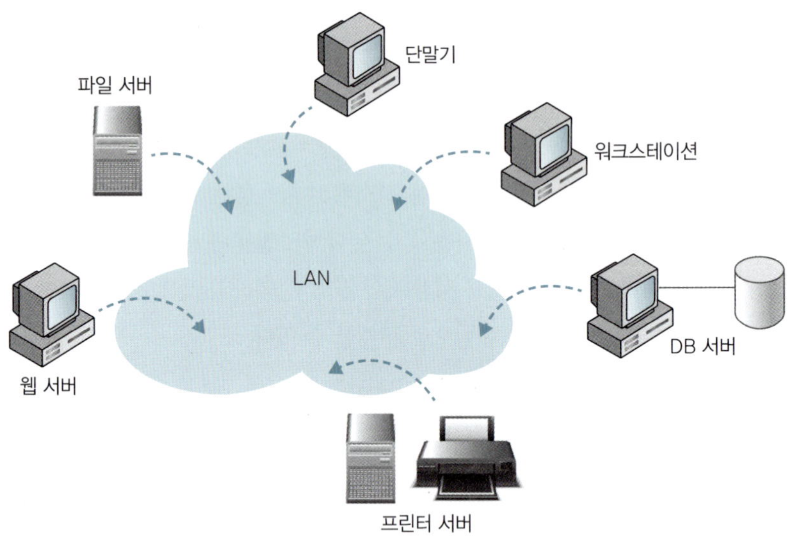

그림 2-16 **분산 처리 시스템**

04 운영체제의 서비스

앞서 운영체제의 기능을 살펴보았다. 이 절에서는 운영체제가 어떤 서비스를 제공하여 이 기능을 수행하는지 알아본다. 운영체제별로 차이는 있지만, 보통은 다음 네 가지로 제공한다.

- **부팅 서비스** : 컴퓨터 하드웨어를 관리하고 프로그램을 실행할 수 있도록 컴퓨터에 시동을 건다.
- **사용자 서비스** : 프로그래머가 프로그래밍 작업을 쉽게 수행할 수 있도록 한다.
- **시스템 서비스** : 시스템의 효율적인 동작을 보장한다.
- **시스템 호출** : 프로그램이 운영체제의 기능을 서비스받을 수 있는 프로그램과 운영체제 간의 인터페이스를 제공한다.

1 부팅 서비스

운영체제를 메인 메모리에 적재하는 과정을 부팅booting 또는 부트스트래핑bootstrapping이라고 한다. 부트 로더는 부트스트랩 로더bootstrap loader를 줄인 말로, 하드디스크와 같은 보조기억장치에 저장된 운영체제를 메인 메모리에 적재하는 ROM에 고정시킨 소규모 프로그램이다.

NOTE_ 메인 프레임과 같은 대형 컴퓨터에서는 부팅의 의미로 IPLInitial Program Load, 즉 초기 프로그램 적재라는 용어를 사용한다.

초기 운영체제는 하드웨어를 초기화하지 않고 컴퓨터를 작동시켰다. 하지만 메모리의 효율적인 활용 등에 관심을 가지면서 전체적인 초기화뿐만 아니라, 일시적인 하드웨어 오류로 활동 중인 작업이 손실되지 않도록 복구하거나 회복하는 방법과 비정상적인 작업을 처리하는 부분적인 초기화가 포함되었다.

초기화의 목적으로는 시스템 장치 초기화, 시간 설정, 명령 해석기 적재와 준비 등이 있다. 이 중 시스템 장치의 초기화는 디렉터리, 파일 등을 점검하고, 시스템 버퍼와 인터럽트 벡터를 초기화하며, 운영체제의 루틴 대부분을 메모리 하위 주소에 적재하도록 설정하는 것이다.

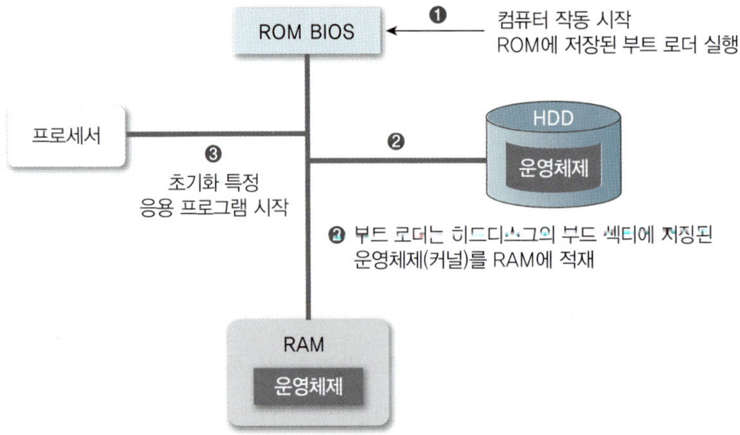

그림 2-17 **부팅 과정**

2 사용자 서비스

운영체제는 프로그래머가 프로그래밍 작업을 쉽게 수행할 수 있도록 다음 사용자 서비스를 제공한다.

2.1 사용자 인터페이스 제공

운영체제의 기능 중 상당수가 컴퓨터 화면에는 나타나지 않는다. 사용자가 보는 것은 사용자 인터페이스뿐이다. 사용자 인터페이스는 사용자와 컴퓨터 간의 상호작용이 발생하는 공간으로 CLI, 메뉴, GUI 등 형태로 구현할 수 있다.

■ **CLI**Command Line Interface**(명령 라인 인터페이스)**

CLI는 사용자가 키보드 등으로 명령어를 입력하여 시스템에서 응답을 받은 후, 또 다른 명령어를 입력하여 시스템을 동작하게 하는 텍스트 전용 인터페이스이다. 사용자가 프롬프트에서 명령어를 입력하여 컴퓨터와 상호작용할 수 있고, 명령어를 입력한 후에는 반드시 Enter를 눌러야 한다.

NOTE_ 프롬프트prompt

컴퓨터가 입력을 기다리고 있음을 가리키려고 화면에 나타나는 표시이다. 유닉스에서는 $ 또는 %를 사용하며, 도스에서는 C:₩> 등으로 표시한다.

■ **메뉴 인터페이스**

메뉴 등을 사용하여 시스템과 상호작용한다. 사용이 매우 편리하며, 배우거나 기억해야 할 명령이 없다. iPad나 휴대폰, 현금 자동 인출기ATM 등이 대표적인 예이다.

■ **GUIGraphical User Interface(그래픽 사용자 인터페이스)**

GUI는 윈도우 환경에서 사용자에게 정보와 작업을 표현하는 텍스트, 레이블이나 텍스트 탐색과 함께 그래픽 아이콘과 시각적 표시기, 버튼이나 스크롤바와 같은 위젯widget 그래픽 제어 요소를 사용하여 컴퓨터와 상호작용할 수 있는 가장 보편적인 유형이다. 마이크로소프트의 윈도우나 애플의 맥 OS에 사용하는 방법이 대표적인 예이다.

2.2 프로그램 실행

프로그램을 실행하려면 먼저 메모리에 적재해야 하고, 프로세서 시간을 할당해야 한다. 운영체제는 프로그램을 실행하려고 메모리 할당이나 해제, 프로세서 스케줄링과 같은 중요 작업을 처리한다.

2.3 입출력 동작 수행

수행 중인 프로그램은 입력이 필요하며, 사용자가 제공하는 입력을 처리한 후에는 출력을 생성해야 한다. 운영체제는 입출력 동작을 직접 수행할 수 없는 사용자 프로그램의 입출력 동작 방법을 제공한다.

2.4 파일 시스템 조작

사용자는 디스크에서 파일을 열고, 파일을 저장하며, 파일을 삭제하는 등 다양하게 파일을 조작한다. 디스크에 파일을 저장하면 특정 블록에 할당해서 저장하고, 이 파일을 삭제하면 파일 이름이 제거되면서 할당한 블록이 자유롭게 된다. 운영체제는 파일 시스템 조작 서비스를 제공하여 사용자가 이런 파일 관련 작업을 쉽게 할 수 있도록 한다.

2.5 통신(네트워크)

프로세스가 다른 프로세스와 정보를 교환하는 방법은 크게 두 가지이다. 첫 번째는 동일한 컴퓨터에서 수행하는 프로세스 간의 정보 교환이고, 두 번째는 네트워크로 연결된 컴퓨터 시스템에서 수행하는 프로세스 간의 정보 교환이다. 운영체제는 다중 작업 환경에서 공유 메모리를 이용하거나 메시지 전달로 다양한 유형의 프로세스와 통신을 지원한다.

2.6 오류 탐지

운영체제는 가능한 모든 하드웨어와 소프트웨어 수준에서 오류를 탐지하고, 시스템을 모니터링하여 조정함으로써 하드웨어 문제를 예방한다. 입출력 장치에 관련된 오류와 메모리 오버플로, 하드디스크의 불량 섹터 검출, 부적당한 메모리 접근과 데이터 손상 등이 그 예이다. 그리고 운영체제는 다음 오류 유형을 감지한 후 유형별로 적절히 조치한다.

- **프로세서, 메모리 하드웨어와 관련된 오류** : 기억장치 메모리 오류, 정전
- **입출력장치 오류** : 테이프의 패리티 오류, 카드 판독기의 카드 체증jam, 프린터의 종이 부족
- **사용자 프로그램 오류** : 연산의 오버플로, 부적당한 기억장치 장소 접근, 프로세서 시간을 지나치게 많이 사용

3 시스템 서비스

시스템 서비스는 사용자가 아닌 시스템 자체의 효율적인 동작을 보장하는 기능이다. 여러 사용자가 사용하는 시스템에서는 컴퓨터 자원을 공유하여 시스템 자체의 효율성을 높일 수 있다.

3.1 자원 할당

운영체제는 다수의 사용자나 작업을 동시에 실행할 때는 운영체제가 자원을 각각 할당하도록 관리한다. 프로세서 사이클, 메인 메모리, 파일 저장 장치 등은 특수한 할당 코드를 갖지만, 입출력장치 등은 더 일반적인 요청과 해제 코드를 가질 수 있다.

3.2 계정

운영체제는 각 사용자가 어떤 컴퓨터 자원을 얼마나 많이 사용하는지 정보를 저장하고 추적한다. 이 정보는 사용자 서비스를 개선하려고 시스템을 재구성하는 연구자에게는 귀중한 도구가 될 수 있다.

3.3 보호와 보안

운영체제는 다중 사용자 컴퓨터 시스템에 저장된 정보 소유자의 사용을 제한할 수도 있다. 서로 관련이 없는 여러 작업을 동시에 수행할 때는 한 작업이 다른 작업이나 운영체제를 방해하

지 못하게 해야 한다. 즉, 사용자가 다수인 컴퓨터 시스템에서 여러 프로세스의 동시 실행을 허용하려면 각 프로세스를 서로의 활동에서 보호해야 한다. 보호는 시스템 호출을 하려고 전달한 모든 매개변수의 타당성을 검사하고, 시스템 자원에 모든 사용자 접근을 제어하도록 보장하는 것이다. 보안은 잘못된 접근 시도에서 외부 입출력장치를 방어하며, 외부에 사용자 인증을 요구하는 것이다.

4 시스템 호출

시스템 호출system call은 실행 중인 프로그램과 운영체제 간의 인터페이스로, APIApplication Programming Interfaces라고도 한다. 사용자 프로그램은 시스템 호출을 하여 운영체제의 기능을 제공받는다. 즉, 응용 프로그램이 사용자 수준에서 지원하지 않는 기능을 운영체제의 루틴을 호출하여 제공받는 방법이다.

시스템 호출에는 핵심 커널 서비스와 통신, 새로운 프로세스의 생성과 실행, 하드웨어 관련 서비스 등이 있다. 시스템과 상호작용하는 동작은 대개 사용자 수준 프로세스에서는 사용할 수 없으나, 시스템 호출을 하여 운영체제에 서비스를 요청할 수 있다. 예를 들어, 입출력 프로세스는 특정 영역에 읽거나 작성하는 시스템 호출을 요청하고, 이 요청을 운영체제가 처리한다. 시스템 호출의 예는 [그림 2-18]과 같다.

시스템 호출 방법에는 두 가지가 있다. 첫 번째는 프로그램에서 명령이나 서브루틴의 호출 형태로 호출하는 방법이다. 보통은 어셈블리어로 제공하지만, 고급 언어(C, C++)로 작성한 프로그램에서 직접 수행할 수도 있다. 이때는 미리 정의된 기능이나 서브루틴 호출과 비슷하다. 두 번째는 시스템에서 명령 해석기를 사용하여 대화 형태로 호출하는 방법이다.

NOTE_ API 예로는 Win32 API, 유닉스 등 포식스 API, 자바 API 등이 있다.

운영체제가 제공하는 일반적인 시스템 호출에는 프로세스 제어, 파일 조작, 장치 관리, 정보 유지 등이 있다.

표 2-3 **운영체제의 시스템 호출 서비스**

호출 서비스	설명	
프로세스 제어	• 종료와 취소 • 적재load와 실행 • 프로세스 생성과 종료	• 프로세스 속성 획득과 지정 • 대기와 대기 이벤트, 신호 이벤트 • 메모리 할당과 해제
파일 조작	• 파일 생성과 삭제 • 파일 열기open와 닫기close	• 파일 읽기와 쓰기, 파일 재배치reposition • 파일 속성 획득과 지정
장치 조작	• 장치 요구와 해제 • 장치 읽기와 쓰기, 재배치	• 장치 속성 획득과 설정 • 논리적 부착이나 장치 제거
정보 관리	• 시간과 날짜의 설정과 획득 • 데이터의 설정과 획득 • 프로세스, 파일, 장치 속성의 설정과 획득	
통신	• 통신 연결의 생성과 제거 • 메시지의 송수신	• 정보 상태 전달 • 원격 장치의 부착 및 제거

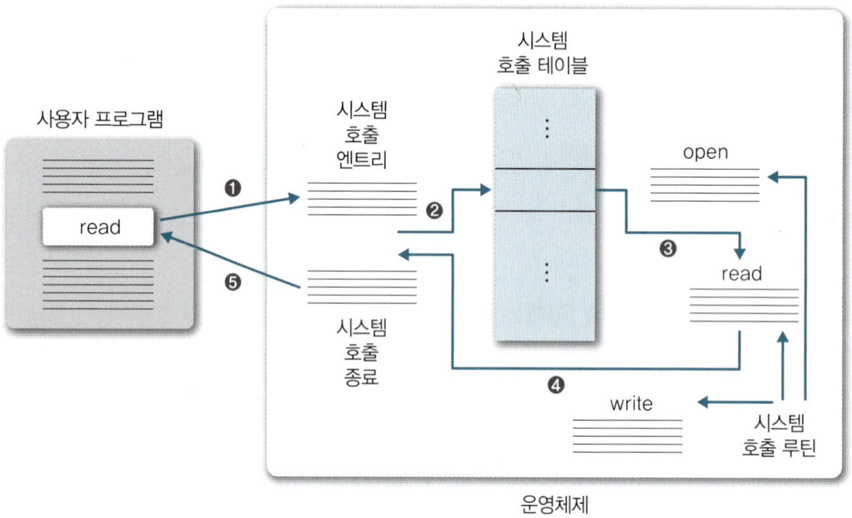

그림 2-18 **시스템 호출 예**

05 운영체제의 구조

운영체제가 점점 더 다양한 하드웨어와 소프트웨어를 지원하면서 구조 또한 복잡해졌다. 그런데 복잡한 시스템은 설계, 구현, 테스트, 유지 보수 등 모든 면에서 쉽지 않다. 이를 해결하려고 운영체제를 설계하는 다양한 방법이 등장했다. 이 절에서는 대표적인 운영체제 구조 몇 가지만 소개한다.

1 단일 구조 운영체제

단일monolithic 구조(또는 모놀리식 커널 구조) 운영체제는 초기에 생겨난 가장 보편적인 형태이다. 운영체제의 모든 기능을 커널과 동일한 메모리 공간에 적재한 후 시스템 호출만으로 사용할 수 있다. 작고 간단하면서 시스템 기능이 제한된 구조로, 대표적인 예가 [그림 2-19]와 같은 도스이다. 대다수 기능을 최소한의 영역으로 제공하는데, 한 계층으로는 결합할 수 없는 많은 기능으로 구성되어 있다. 물론 모듈이 효율적으로 분할되어 있지는 않다.

단일 구조의 또 다른 예는 초기 유닉스이다. [그림 2-20]과 같이 여러 계층으로 구성되어 있다.

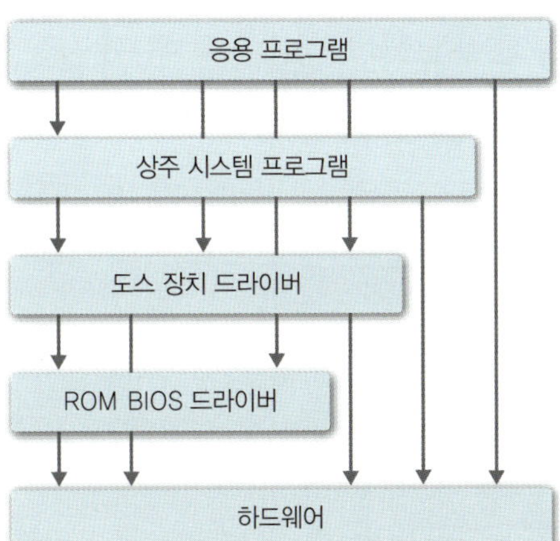

그림 2-19 **단일 구조 운영체제 예 1 : 도스**

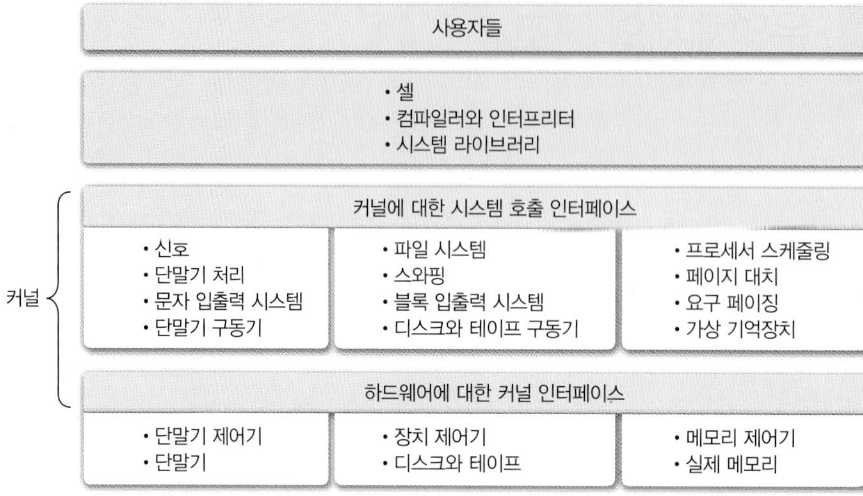

그림 2-20 **단일 구조 운영체제 예 2 : 초기 유닉스**

커널에는 파일 시스템, 프로세서 스케줄링, 메모리 관리 등이 포함되며, 시스템 호출을 하여 또 다른 운영체제 기능을 제공한다. 이후 커널의 여러 기능을 분할하는 형태로 개발했는데, 예를 들어 IBM 버전의 AIX는 커널을 영역 2개로 분리했다.

이런 단일 구조 운영체제는 대부분의 기능을 커널에 그룹화해서 구현하므로, 직접 통신하여 시스템 자원을 효율적으로 관리할 수 있다는 장점이 있다. 그러나 커널 크기가 상대적으로 커지면서 버그의 원인이나 기타 오류를 구분하기 어렵고, 새 기능을 추가하는 수정과 유지 보수가 매우 어렵다. 또 동일한 메모리에서 실행하므로 한 부분에서 발생한 문제 때문에 시스템 전체에 심각한 영향을 줄 수 있다는 단점이 있다. 특히 최근 빈번하게 발생하는 악성 코드로 피해를 입기가 쉽다.

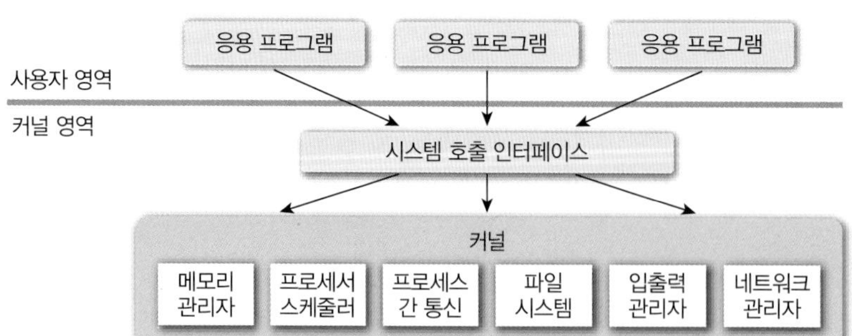

그림 2-21 **단일 커널 구조**

2 계층 구조 운영체제

운영체제가 점점 커지고 복잡해지면서 순수 단일 구조만으로는 다루기가 어려워졌다. 이 문제를 해결하려고 등장한 것이 바로 계층 구조 운영체제이다. 계층 구조에서는 비슷한 기능을 수행하는 요소를 그룹화하여 계층적으로 구성한다. 최하위 계층(계층 0)인 하드웨어에서 최상위 계층(계층 5)인 사용자 인터페이스까지 다수의 계층(수준)으로 구성된다([그림 2-22] 참조). 이때 각 계층은 인접한 상위나 하위에 있는 계층과 상호작용한다. 이런 구조는 사용자 프로세스의 요청을 수행할 때 여러 계층을 거쳐야 하므로, 한 계층에서 다음 계층으로 데이터를 전달할 때마다 추가적인 시스템 호출이 발생한다. 따라서 호출 한 번으로 서비스를 받는 단일 구조보다는 성능이 떨어진다.

계층적 구조의 장점은 모듈화로 단일 구조 운영체제보다 모듈화가 잘 되어 있다는 것이다. 각 계층은 자신의 하위 계층 서비스와 기능만 사용하므로, 계층 구조에서는 시스템 검증과 오류 수정을 쉽게 할 수 있다. 첫 번째 계층은 기본 하드웨어를 사용하여 기능을 만들었기 때문에 나머지 시스템에 의문을 가지지 않고 오류를 수정할 수 있다. 첫 번째 계층의 오류를 수정하면 기능이 정확하다고 가정하여 두 번째 계층을 만든다. 그리고 이 과정을 반복한다. 특정 계층에서 오류를 발견하더라도 하위 계층은 오류를 수정했기 때문에 해당 계층에 오류가 없다고 할 수 있다. 시스템을 이렇게 계층으로 나누면 시스템 설계나 구현이 단순해진다.

계층적 접근 방법을 이용한 설계는 1968년 다익스트라^Dijkstra^가 개발한 THE 운영체제에서 처음 사용했다. THE 운영체제는 [그림 2-22]와 같이 계층 6개로 구성되어 있다. 최하위 계층은 하드웨어이고, 다음으로 프로세서 스케줄링, 메모리 관리 순이다. 메모리 관리 방법은

그림 2-22 **계층 구조 운영체제 예 : THE 운영체제**

가상 메모리를 사용한다. 계층 3은 운영자와 프로세스 간에 대화(통신)로 수행할 수 있는 콘솔 키보드의 할당을 돌보는 '메시지 해석기', 즉 운영자-콘솔용 장치 드라이버를 포함한다. 이것은 입출력 버퍼링처럼 메모리 관리 위에 있는 계층 3에 위치하므로 장치 버퍼는 가상 메모리 계층에 위치할 수 있다. 또 입출력 버퍼링은 오퍼레이터 콘솔 계층 위에 있기 때문에 입출력 오류 조건이 오퍼레이터 콘솔 출력이 될 수 있다.

계층 구조 운영체제에서는 계층을 정의하기가 어렵다. 각 계층은 자신의 하위 계층만 사용할 수 있으므로 신중히 설계해야 한다. 예를 들어, 가상 메모리 알고리즘으로 사용한 디스크 공간용 장치 드라이버는 메모리 관리가 디스크를 사용할 수 있어야 하므로, 메모리 관리 루틴보다 하위 계층에 있어야 한다. 또 디스크 드라이버는 보통 프로세서 스케줄러 위에 위치하는데, 드라이버가 입출력을 하려고 기다리는 동안 프로세서가 다른 프로세스를 스케줄링할 수 있기 때문이다. 그러나 대형 시스템의 프로세서 스케줄러에서 메모리에 적재할 수 있는 것보다 활동 중인 프로세스를 더 많이 처리하려면 교체(스와핑swapping) 기능이 필요하다. 이것은 디스크 드라이버 루틴을 프로세서 스케줄러 아래에 놓도록 요구한다. 이런 제한 때문에 계층화에 약간 부정적인 의견을 제기한다. 또 모든 계층이 시스템에 제한 없이 접근할 수 있어 오류나 악성 코드에 민감하게 반응할 수 있다.

3 마이크로 커널 구조 운영체제

최근 운영체제는 많은 서비스를 제공하고 다양한 하드웨어와 소프트웨어 자원을 지원하여 아주 복잡하고 규모가 크다. 앞서 살펴본 유닉스 운영체제도 기능을 확장하고 커널이 커지면서 관리하기가 어렵고 디버깅이 쉽지 않았다. 단일 커널의 문제점을 해결하려고 1980년대 카네기멜론대학교에서는 모듈화된 마이크로 커널micro-kernel을 사용하여 매크Mach를 만들었다. 마이크로 커널은 커널의 기능을 많이 제외시켰다. 즉, 커널에는 최소 기능만 포함시켜 크기를 대폭 줄이고 기타 기능은 사용자 공간으로 옮겨 사용자 영역에서 수행하는 서버 구현 방법이다.

마이크로 커널 구조에서는 하드웨어 초기화와 메모리 관리(주소 공간 관리), 프로세스(스레드) 관리와 프로세스 간 통신, 프로세스 간 협력을 하는 동기화 기능 등 기본 기능만 실행한다. 대신 네트워크 시스템, 파일 시스템 상호작용과 장치 관리 등 대부분의 운영체제 구성 요소는 커널 외부, 즉 사용자 영역의 서버로 옮겨 구현한다([그림 2-23] 참조).

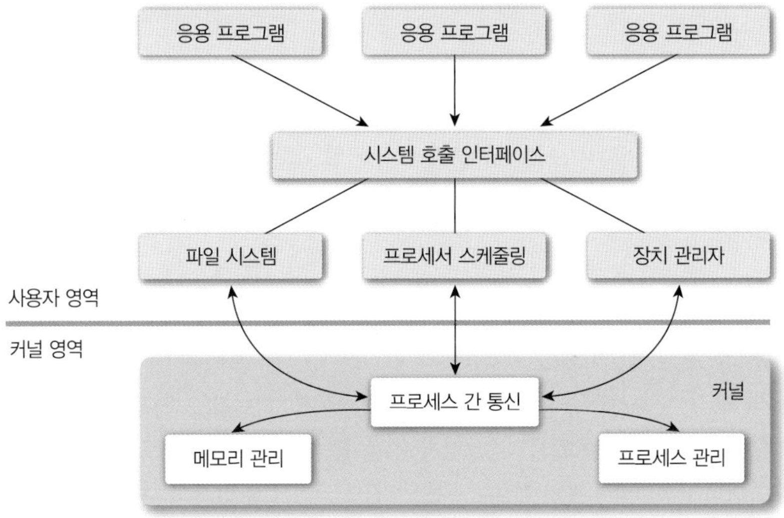

그림 2-23 **마이크로 커널 구조 예**

마이크로 커널 구조는 커널을 가볍게 했으며, 운영체제 서비스를 사용자 영역의 독립적인 서버에서 수행하기 때문에 서버에서 잘못 수행하더라도 다른 서버와 커널에 치명적인 영향을 주지 않는다. 또 운영체제의 많은 기능을 사용자 영역의 서버로 구현할 수 있기 때문에 서버 개발이 용이하고, 운영체제의 기능을 쉽게 변경할 수 있다.

모듈화 정도가 높아 확장성, 이식성, 규모 확장성이 높지만, 모듈 간에 통신이 빈번하게 발생하여 성능이 떨어질 수 있다. 따라서 프로세스 간 통신 발생을 최소화시키는 것이 중요 과제이다. 예를 들어, 파일을 사용하려는 사용자 프로세스는 파일 서버 프로세스에 메시지를 보내고 작업을 수행한다. 그런 다음 다시 메시지로 사용자 프로세스에 회신하는 형식으로 서비스를 사용하는 과정에서 여러 번의 메시지 전송을 요구한다. 또 응용 프로그램과 서버 간에 자료를 교환하려고 커널을 출입하는 문맥 교환 때문에 속도가 느리다. 그러나 커널 내부에서 발생 지연이 적고 예측 가능하여 실시간 시스템에 활용한다. 대표적인 운영체제 중 마이크로 커널 구조를 전적으로 선택한 것은 없지만, 모듈화된 구성 요소는 포함한다.

요약

01 운영체제 정의

운영체제는 사용자가 응용 프로그램을 실행할 수 있는 기반 환경을 제공하여 컴퓨터를 편리하게 사용할 수 있도록 도와주고, 하드웨어를 효율적으로 사용할 수 있도록 다양한 기능을 제공하는 소프트웨어이다.

02 운영체제의 역할

운영체제는 시스템 운영 요소를 적절하게 사용할 수 있도록 제어하면서(조정자), 각 응용 프로그램에 필요한 자원(프로세스, 메모리, 파일, 장치 등)을 할당하거나 효율적으로 운영하려고 자원을 할당하는 방법을 결정한다(자원 할당자 또는 관리자). 그리고 응용 프로그램과 입출력장치를 제어한다(응용 프로그램과 입출력장치 제어자).

03 운영체제의 발전 목적

운영체제는 크게 편리성(사용자에게 편리한 환경 제공), 효율성(시스템 성능 향상), 제어 서비스 향상이라는 세 가지 목적에서 발전해 왔다.

04 운영체제의 기능

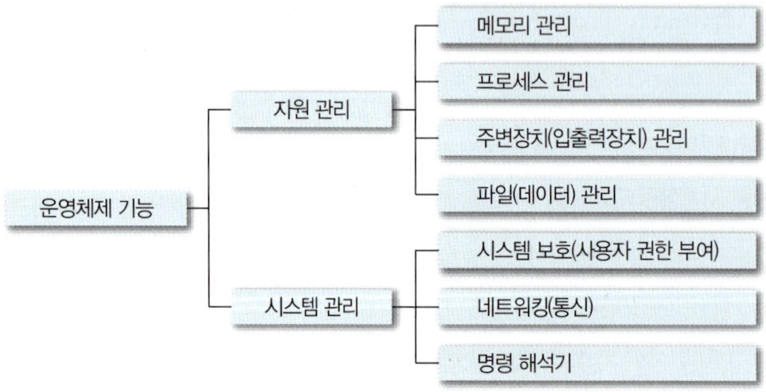

05 운영체제의 발전 과정

연도	운영체제	특징
1940년대	운영체제 없음(작업별 순차 처리)	• 기계어를 직접 사용 • 단순 순차(직렬) 처리
1950년대	일괄 처리 시스템	• 운영체제의 효시인 IBM 701 개발 • 작업별로 일괄 처리 • 버퍼링, 스풀링 방법 등장
1960년대	• 다중 프로그래밍 시스템 • 시분할 시스템 • 다중 처리 시스템 • 실시간 처리 시스템	• 가상 기억장치 등장 • 다중 프로그래밍, 다중 처리, 시분할 처리 등 개념 등장 • 운영체제를 고급 언어로 작성 • 데이터 통신 지원용 운영체제 사용
1970년대 초반	• 다중 모드 시스템 • 범용 시스템	• 일괄 처리, 시분할 처리, 실시간 처리, 다중 프로그래밍 등을 제공하는 다중 모드 시스템 등장 • 장치의 독립성 제공 • TCP/IP 통신 표준 활성화 • 운영체제가 네트워크와 보안을 아우르는 수준으로 발전
1970년대 중반	분산 처리 시스템	• 각종 응용 프로그램 개발 및 데이터베이스 활용 확대 • 네트워크 기술의 발전 • 하드웨어에 운영체제 개념이 포함된 펌웨어 개념 등장
1990년대	병렬 계산과 분산 계산	• 월드와이드웹의 등장으로 분산 컴퓨팅 증가 • GUI 강화 • 개인용과 서버용 운영체제의 보편화
2000년대 이후	• 모바일 및 임베디드 • 가상화 및 클라우드 컴퓨팅	• 네트워크 기반의 분산 및 병렬 운영체제의 보편화 • 모바일 장치와 가전제품을 위한 모바일 및 임베디드 운영체제의 보편화 • 다양한 기능, 확장성과 호환성 극대화 • 다양한 통신망의 확대와 개발형 시스템 발달 • 여러 운영체제가 한 시스템의 자원을 공유할 수 있게 해주는 서버 가상화 기술의 확산 • 컴퓨팅 자원, 스토리지, 소프트웨어 등을 사용자에게 서비스 형태로 제공하는 클라우드 컴퓨팅의 등장

06 운영체제의 유형

컴퓨터 시스템의 발전 과정과 용도 또는 응답시간이나 데이터 입력 방법에 따라 일괄 처리 시스템, 다중 프로그래밍 시스템, 다중 처리 시스템, 시분할 시스템, 실시간 처리 시스템, 분산 처리 시스템으로 구분할 수 있다.

07 운영체제의 서비스

- **부팅 서비스** : 컴퓨터 하드웨어를 관리하고 프로그램을 실행할 수 있도록 컴퓨터에 시동을 건다.
- **사용자 서비스** : 사용자 인터페이스 제공, 프로그램 실행, 입출력 동작 수행, 파일 시스템 조작, 통신(네트워크) 등으로 프로그래머가 프로그래밍 작업을 쉽게 수행할 수 있도록 한다.
- **시스템 서비스** : 자원 할당, 계정, 보호와 보안 등으로 시스템의 효율적인 동작을 보장한다.
- **시스템 호출** : 프로세스 제어, 파일 조작, 장치 조작, 정보 관리, 통신 등으로 프로그램이 운영체제의 기능을 서비스받을 수 있는 프로그램과 운영체제 간의 인터페이스를 제공한다.

08 운영체제의 구조

- **단일 구조 운영체제** : 단일[monolithic] 구조 또는 모놀리식 커널 구조 운영체제는 초기에 생겨난 가장 보편적인 형태이다. 운영체제의 모든 기능을 커널과 동일한 메모리 공간에 적재한 후 시스템 호출만으로 사용할 수 있는 작고 간단하면서 시스템 기능이 제한된 구조로, 대표적인 예는 도스와 초기 유닉스이다.
- **계층 구조 운영체제** : 비슷한 기능을 수행하는 요소를 그룹으로 묶어 최하위 계층(계층 0)인 하드웨어에서 최상위 계층(계층 5)인 사용자 인터페이스까지 다수의 계층(수준)으로 구성된다. 시스템을 계층으로 나누면 시스템 설계나 구현이 단순하고 시스템 검증과 오류 수정이 쉽다.
- **마이크로 커널 구조 운영체제** : 커널에는 최소 기능만 포함시켜 크기를 대폭 줄이고 기타 기능은 사용자 공간으로 옮겨 사용자 영역에서 수행하는 서버 구현 방법이다.

연습문제

01 운영체제의 기능으로 적당하지 않은 것은?

① 컴퓨터 시스템의 초기화 기능
② 효율적인 자원 관리와 할당 기능
③ 고급 언어로 작성한 프로그램을 기계어로 번역하는 기능
④ 오류 검사 및 복구 기능

02 운영체제의 목적과 가장 거리가 먼 것은?

① 사용자 인터페이스 제공
② 주변장치 관리
③ 데이터 압축 및 복원
④ 신뢰성 향상

03 운영체제의 성능 판단 요소로 거리가 먼 것은?

① 처리 능력 ② 비용
③ 신뢰도 ④ 사용 가능도

04 운영체제의 설명으로 옳지 않은 것은?

① 운영체제는 컴퓨터 사용자와 컴퓨터 하드웨어 간의 인터페이스로 동작하는 일종의 하드웨어 장치이다.
② 운영체제는 컴퓨터를 편리하게 사용하고 컴퓨터 하드웨어를 효율적으로 사용할 수 있게 한다.
③ 운영체제의 성능 평가 요소에는 처리 능력, 반환시간, 사용 가능도, 신뢰도 등이 있다.
④ 운영체제는 프로세서, 메모리, 주변장치, 파일 등을 관리한다.

05 운영체제의 역할과 거리가 먼 것은?

① 시스템의 오류 검사 및 복구
② 자원의 스케줄링 기능 제공
③ 원시 프로그램에 대한 토큰 생성
④ 자원 보호 기능 제공

06 운영체제의 운용 방법 중 시분할 체제의 설명으로 옳지 않은 것은?

① 일괄 처리 형태에서 사용자 대기시간을 줄이는 대화식 처리 형태이다.

② 여러 사용자가 프로세서를 공유하고 있지만, 마치 자신만이 독점하여 사용하는 것처럼 느끼게 한다.

③ 좋은 응답시간을 제공하려고 각 사용자에게 일정 프로세서 시간만큼 차례로 할당하는 SJF 스케줄링을 사용한다.

④ 단위 작업 시간을 time slice라고 한다.

07 컴퓨터 시스템 성능을 향상시키는 스풀링spooling의 설명으로 옳지 않은 것은?

① 여러 작업의 입출력과 계산을 동시에 수행할 수 있다.

② 스풀 공간으로 주기억장치의 일부를 사용하며, 소프트웨어적인 방법이다.

③ 제한된 수의 입출력장치만 사용하여 입출력 작업의 지연을 방지한다.

④ 저속의 입출력장치에서 읽어 온 자료를 우선 중간의 저장장치에 저장하는 방법이다.

08 운영체제의 목적 중 다음 설명에 해당하는 것은?

> 컴퓨터 시스템 내의 한정된 각종 자원을 여러 사용자가 요구할 때, 어느 정도 신속하고 충분히 지원할 수 있는지를 나타내는 정도이다. 사용 가능한 하드웨어 자원의 수나 다중 프로그래밍의 정도 등 요소가 좌우하는 것으로, 같은 종류의 시스템 자원 수가 많을 때 높아질 수 있다.

① reliability ② throughput
③ turn around time ④ availability

09 운영체제의 운영 방법 중 'Quantum'과 관계되는 것은?

① real time processing system ② batch processing system
③ time sharing system ④ distributed processing system

10 운영체제의 운영 방법 중 동시에 프로그램을 수행할 수 있는 프로세서를 2개 이상 두고, 각각 그 업무를 분담하여 처리할 수 있는 방법은?

① multiprocessing system ② time sharing system
③ real time system ④ multiprogramming system

11 프로그램이 프로세서가 수행하는 속도와 프린터 등에서 결과를 처리하는 속도의 차이를 극복하려고 디스크 저장 공간을 사용하는 방법은?

① 링킹linking
② 사이클 스틸링cycle stealing
③ 스풀링spooling
④ 페이징paging

12 시스템 성능 평가 요인으로 거리가 먼 것은?

① 신뢰도
② 처리 능력
③ 응답시간
④ 프로그램 크기

13 운영체제의 기능으로 거리가 먼 것은?

① 자원을 효율적으로 사용하려고 자원의 스케줄링 기능을 제공한다.
② 사용자와 시스템 간의 편리한 인터페이스를 제공한다.
③ 데이터를 관리하고 데이터 및 자원의 공유 기능을 제공한다.
④ 2개 이상의 목적 프로그램을 합쳐서 실행 가능한 프로그램으로 만든다.

14 프로세서와 입출력장치의 속도 차이를 줄이는 데 사용하는 방법은?

① 기억장치 보호storage protection
② 기억장치 상호 배치storage interleaving
③ 버퍼링buffering
④ 폴링polling

15 하나의 프로세서는 같은 시점에서 여러 작업을 동시에 수행할 수 없기 때문에 프로세서의 전체 사용 기간을 작은 단위 작업 시간time slice으로 나눠 그 시간 동안만 번갈아 가면서 프로세서를 할당하여 각 작업을 처리하는 방법은?

① 실시간 처리 시스템
② 시분할 시스템
③ 다중 처리 시스템
④ 일괄 처리 시스템

16 운영체제의 발달 과정을 순서대로 나열한 것은?

㉠ 일괄 처리 시스템
㉡ 분산 처리 시스템
㉢ 다중 모드mode 시스템
㉣ 시분할 시스템

① ㉠ → ㉣ → ㉢ → ㉡
② ㉢ → ㉡ → ㉣ → ㉠
③ ㉠ → ㉢ → ㉣ → ㉡
④ ㉢ → ㉣ → ㉡ → ㉠

17 운영체제의 목적 중 다음 사항과 가장 관계있는 것은?

- 시스템이 정확하게 작동하는 정도
- 하드웨어적인 오류의 자체 회복 재시도
- 소프트웨어의 오류에 대한 상세한 메시지 제공
- 상호 조회 시스템 구성

① 처리 능력 증대
② 응답시간 단축
③ 신뢰도 향상
④ 사용 가능도 증대

18 운영체제의 성능 평가 기준 중 시스템이 주어진 문제를 정확하게 해결하는 정도를 의미하는 것은?

① throughput
② reliability
③ turn around time
④ availability

19 몇 개의 작업을 동시에 주기억장치에 적재하여 실행하는 처리 방법은?

① 일괄 처리
② 다중 프로그래밍
③ 대화식 처리
④ 온라인 처리

20 운영체제의 목적으로 거리가 먼 것은?

① 컴퓨터와 사용자 간의 인터페이스 제공
② 자원 스케줄링 및 효율적 운영
③ 신뢰도 향상 및 반환시간 증가
④ 주변장치 관리

21 스풀링과 버퍼링을 잘못 설명한 것은?

① 버퍼링은 디스크를 큰 버퍼처럼 사용한다.
② 버퍼링은 프로세서의 효율적인 시간 관리를 지향하려고 도입했다.
③ 스풀링은 여러 작업에서 입출력과 계산을 동시에 수행한다.
④ 스풀링은 시스템의 효율을 높일 수 있는 방향으로 다음에 수행할 작업의 선택과 관련된 스케줄링을 가능하게 한다.

22 운영체제에 대한 설명으로 옳지 않은 것은?

① 다중 사용자와 다중 응용 프로그램 환경에서 자원의 현재 상태를 파악하고, 자원을 분배하는 스케줄링을 담당한다.
② 프로세서, 메모리 공간, 기억장치, 입출력장치 등 자원을 관리한다.
③ 운영체제의 종류로는 매크로 프로세서, 어셈블러, 컴파일러 등이 있다.
④ 입출력장치와 사용자 프로그램을 제어한다.

23 운영체제의 기능으로 거리가 먼 것은?

① 사용자의 편리한 환경 제공
② 처리 능력 및 신뢰도 향상
③ 컴퓨터 시스템의 성능 최적화
④ 언어 번역 및 자원의 효율적 사용

24 다음은 운영체제가 해결할 문제점이다. 이런 문제점이 발생한 직접적인 원인으로 가장 타당한 것은?

- 교착 상태 예방, 회피, 발견, 회복 등 처리 문제
- 프로세서와 자원의 할당 문제
- 메모리 관리 문제
- 병행성 제어 문제
- 공존하는 프로그램 간의 충돌 해결 문제

① 메모리 및 자원의 효율적인 사용
② 사용자에게 편리한 인터페이스 제공
③ 다중 프로그래밍 방법 이용
④ 프로세서 처리 속도 및 입출력장치의 속도 차이

25 한정된 시간 제약 조건에서 데이터를 분석하여 처리하는 시스템으로, 비행기 제어 시스템이나 교통 제어 시스템 등에 사용하는 운영체제는?

① 분산 처리 시스템distributed processing system
② 일괄 처리 시스템batch processing system
③ 실시간 시스템real time system
④ 병렬 처리 시스템paralled processing system

26 일괄 처리 시스템에 대한 설명으로 옳지 않은 것은?

① 컴퓨터 시스템을 효율적으로 사용할 수 있다.

② 적절한 작업 제어 언어JCL를 제공해야 한다.

③ 실행 결과를 즉시 받아 볼 수 있어 응답시간이 짧다.

④ 비슷한 성격의 작업을 한꺼번에 모아서 처리하는 시스템이다.

27 운영체제를 바르게 설명한 것끼리 나열한 것은?

> ㉠ 사용자와 시스템 간에 용이한 인터페이스를 제공한다.
> ㉡ 자원의 효과적 관리 및 스케줄링을 수행한다.
> ㉢ 시스템의 오류를 검사하고 복구한다.
> ㉣ 프로그램 실행을 위한 목적 프로그램을 생성한다.

① ㉠, ㉣
② ㉡, ㉣
③ ㉠, ㉡, ㉢
④ ㉠, ㉡, ㉢, ㉣

28 운영체제의 운용 방법 중 시분할time sharing 처리 시스템에 대한 설명으로 옳지 않은 것은?

① 하나의 프로세서를 여러 작업이 일정한 시간 간격 동안 사용함으로써 각 작업은 프로세서를 공유한다.

② round-robin 방법이라고도 한다.

③ 다중 프로그래밍 방법과 결합하여 마치 모든 작업을 동시에 진행하는 것처럼 대화식 처리가 가능하다.

④ 시스템의 효율을 향상시키려고 작업량이 일정한 수준이 될 때까지 모아 두었다가 한꺼번에 처리한다.

29 운영체제의 수행 기능을 모두 나열한 것은?

> ㉠ 목적 프로그램과 라이브러리, 로드 모듈을 연결하여 실행 가능한 로드 모듈을 만든다.
> ㉡ 사용자 간에 데이터를 공유할 수 있도록 한다.
> ㉢ 사용자와 컴퓨터 시스템 간의 인터페이스 기능을 제공한다.
> ㉣ 자원의 스케줄링 기능을 제공한다.

① ㉠, ㉡
② ㉠, ㉢, ㉣
③ ㉡, ㉢, ㉣
④ ㉠, ㉡, ㉢, ㉣

30 다중 프로그래밍 시스템과 시분할 처리 시스템은 모두 다수의 사용자에게 서비스를 제공한다. 가장 적절한 설명은?

① 다중 프로그래밍은 실행 시간이 짧은 작업에 유리하고, 시분할 처리는 실행 시간이 긴 작업에 유리하다.

② 다중 프로그래밍과 시분할 처리는 모두 일정하게 나눈 시간만큼 작업에 할당한다.

③ 다중 프로그래밍과 시분할 처리 모두 실행 시간이 긴 작업에 유리하다.

④ 다중 프로그래밍은 처리량의 극대화를 꾀하고, 시분할 처리는 응답시간의 최소화를 꾀한다.

31 운영체제의 작업 수행 방법에 대한 설명으로 옳지 않은 것은?

① 하나의 컴퓨터 시스템에서 여러 프로그램을 함께 메인 메모리에 적재하고, 이들이 처리장치를 번갈아 사용하며 실행하도록 하는 것을 다중 프로그래밍이라고 한다.

② 컴퓨터 한 대를 여러 사용자가 동시에 대화식으로 사용하는 방법으로, 처리 속도가 매우 빨라 각 사용자는 시스템을 독립적으로 사용하는 것처럼 인식하는 시스템을 일괄 처리 시스템이라고 한다.

③ 프로세서를 둘 이상 설치하여 여러 명령을 동시에 처리하는 시스템을 다중 처리 시스템이라고 한다.

④ 컴퓨터 여러 대가 작업을 나눠 처리하고, 그 내용이나 결과를 네트워크를 이용하여 상호 교환하도록 연결된 시스템을 분산 처리 시스템이라고 한다.

32 운영체제에 대한 설명으로 거리가 먼 것은?

① 운영체제는 컴퓨터를 운영하는 제어 루틴으로 구성된다.

② 운영체제 이외의 프로그램들은 운영체제가 제공한 기능에 의존하여 컴퓨터 시스템의 자원에 접근한다.

③ 운영체제는 일종의 시스템 명령어이므로, 사용자는 운영체제와 직접 상호작용할 수 없다.

④ 운영체제는 컴퓨터 하드웨어와 사용자 사이의 인터페이스 역할을 한다.

33 운영체제의 주요 기능을 자원 관리와 시스템 관리로 나눠 기술하시오.

34 운영체제의 발전 목적은?

35 운영체제의 정의와 역할을 기술하시오.

36 프로세스를 관리하는 운영체제의 주요 활동은?

37 파일을 관리하는 운영체제의 주요 활동은?

38 메모리를 관리하는 운영체제의 주요 활동은?

39 시분할 시스템 운영체제를 설명하고 장단점을 기술하시오.

40 다중 프로그래밍 시스템과 다중 처리 시스템의 차이를 설명하시오.

41 다중 프로그래밍의 주요 장점은?

42 운영체제의 사용자 서비스를 설명하시오.

43 시스템 호출의 개념과 시스템 호출 방법을 설명하시오.

44 계층 구조 운영체제의 장점은?

45 단일 커널 구조 운영체제를 설명하고, 장단점을 기술하시오.

46 마이크로 커널 구조 운영체제를 설명하고 장단점을 기술하시오.

47 시스템 및 응용 프로그램의 차이를 기술하시오.

Chapter 03

프로세스와 스레드

학습목표

- 프로세스와 스레드의 개념을 알아본다.
- 프로세스의 상태 변화 과정을 알아본다.
- 프로세스의 생성과 종료 등 프로세스 작업을 알아본다.
- 프로세스와 스레드 차이를 이해하고, 스레드의 장점을 알아본다.
- 사용자 수준 스레드와 커널 수준 스레드의 장단점을 알아본다.

01 프로세스의 개념과 상태 변화

1 프로세스의 개념

초기에 사용하던 컴퓨터는 프로그램을 한 번에 하나씩 실행했고, 실행 중인 프로그램이 컴퓨터 자원을 독점했다. 반면에 다중 프로그래밍 환경에서는 여러 프로그램을 메모리에 적재하여 병행 실행할 수 있어 컴퓨터의 효율을 높일 수 있다. 병행 실행하는 프로그램들은 컴퓨터 자원을 공유하므로 이를 제어하는 방법이 필요한데, 이 과정에서 해당 절의 주제인 프로세스가 등장한 것이다.

프로세스[process] 용어는 1960년대 멀틱스[multics] 운영체제에서 처음 사용했는데, IBM 운영체제에서는 이를 작업[task]이라고 칭하기도 한다. 프로세스는 다음과 같이 다양하게 정의할 수 있는데, 각 의미는 2절에서 관리 방법과 함께 하나씩 살펴볼 것이다.

- 실행 중인 프로그램
- 비동기적[asynchronous] 행위
- 실행 중인 프로시저
- 실행 중인 프로시저의 제어 추적
- 운영체제에 들어 있는 프로세스 제어 블록[PCB]
- 프로세서에 할당하여 실행할 수 있는 개체 디스패치[dispatch]가 가능한 대상

이 중 가장 일반적인 프로세스 정의는 '실행 중인 프로그램'이다. 프로그램이 실행 중이라는 의미는 디스크에 있던 프로그램을 메모리에 적재하여 운영체제의 제어를 받는 상태가 되었다는 것이다. 이는 자신만의 메모리 영역(주소 공간)이 있음을 의미한다. 프로세스는 프로그램 실행의 인스턴스도 된다. 따라서 웹 브라우저 창을 한 개 열면 프로세스 한 개를 생성하고, 웹 브라우저 창을 2개 열면 프로세스 2개를 생성한다.

프로세스가 실행 중인 프로그램이 되려면 프로세서 점유 시간, 메모리, 파일, 입출력장치 같은 자원이 필요한데, 프로세스를 생성하거나 실행할 때 이 자원을 할당한다. 그리고 프로세

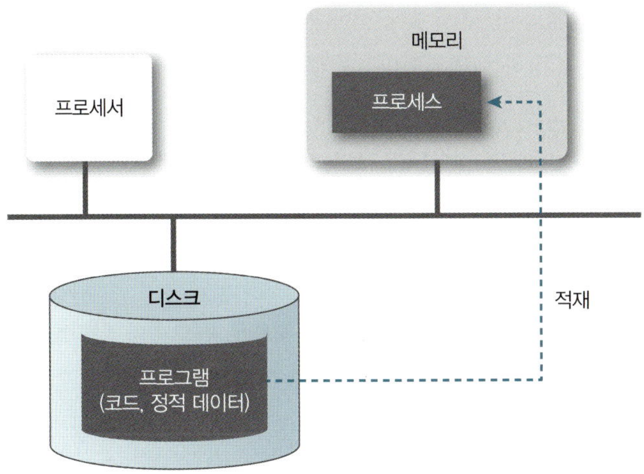

그림 3-1 **프로그램과 프로세스 : 프로그램이 메모리로 적재되면 프로세스가 됨**

스는 현재의 활동 상태를 나타내는 프로그램 카운터, 프로세서의 현재 활동(레지스터 내용)도 포함한다.

프로그램은 컴파일한 코드와 초기화 전역변수, 문자열과 문자열 상수 등 정적 데이터를 포함하는 정적인 개체이다. 반면에 프로세스는 [그림 3-2]와 같이 메모리 구조를 이루고, 프로그램 카운터나 레지스터처럼 현재 어떤 자원을 사용하는지 관련 정보가 들어 있는 동적인 개체이다.

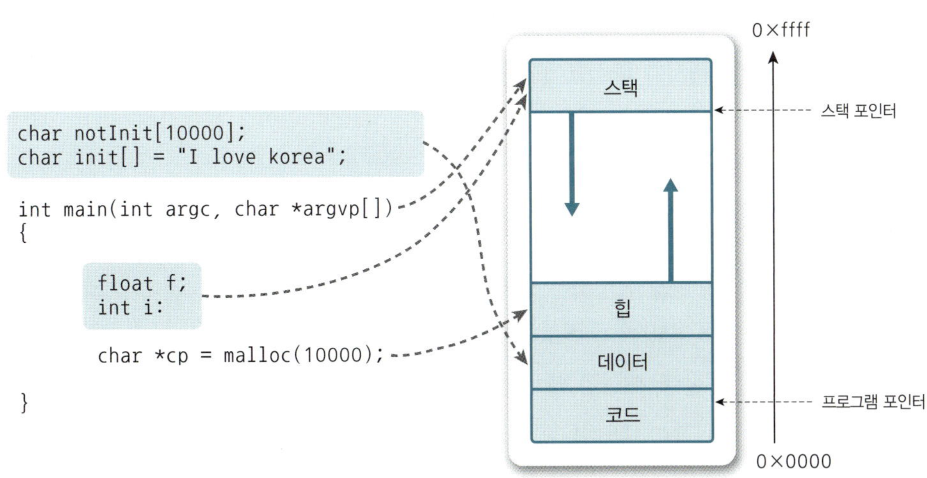

그림 3-2 **프로세스의 일반적인 메모리 구조(사용자 관점의 프로세스)**

■ **스택**

스택stack은 데이터를 일시적으로 저장하는 영역이다. 지역변수에 사용하고, 변수가 범위 밖으로 이동하면 공간을 해제한다. 호출한 함수의 반환 주소, 반환 값, 매개변수 등에 사용하고, 함수를 호출할수록 커지고 반환하면 줄어든다. 보통 힙과 인접한 방향으로 점점 커져 스택 포인터와 힙 포인터를 만나면 메모리가 소진되었다는 의미이다.

■ **힙**

힙heap은 코드 영역과는 별도로 유지되는 자유 영역이다. 동적으로 메모리를 할당하려고 프로그램 실행 중 시스템 호출을 사용했다가 해제하는 방법으로 활용한다. 프로세스의 공유 라이브러리와 동적으로 적재된 모듈이 서로 공유하는데, 동적 메모리 할당이 발생하면 보통 위쪽으로 커진다.

■ **데이터**

데이터는 프로그램의 가상 주소 공간이다. 전역변수나 정적변수를 저장하거나 할당하고 실행하기 전에 초기화한다. 그런데 변수 값은 실행 시간에 변경할 수 있어 읽기 전용 영역은 아니지만 읽기 전용 영역이나 읽기와 쓰기 영역으로 초기화할 수 있다. 정적변수는 0으로 초기화하거나 초기화하지 않아도 된다. 초기화하지 않은 데이터는 데이터 영역의 끝에서 시작한다.

■ **코드**

코드는 실행 명령을 포함하는 메모리이거나 목적 파일에 있는 프로그램 영역이다. 프로그램을 시작할 때 프로세서가 디스크에서 읽어 실행하는 컴파일한 프로그램을 저장한다. 프로세스로 변경할 수 없고, 읽기 전용이므로 프로그램이 코드 영역을 침범하여 쓰기를 시도하면 오류가 발생해서 프로그램을 종료한다. 코드 영역은 공유할 수 있으므로 자주 실행하는 워드 프로세서, C 컴파일러, 셸 같은 프로그램의 사본 하나는 메모리에 존재한다.

스택과 힙 사이는 서브루틴을 실행하는 영역으로, 운영체제로 매핑되지 않는다. 데이터베이스, 문서 편집기처럼 여러 사용자가 메모리에 있는 동일한 사본을 공유할 수 있는 프로그램을 재진입 프로그램이라고 한다. 이들은 프로세스 실행 중에 사용할 데이터를 보관하는 스택 영역과 공통 데이터를 보관하는 데이터 영역으로 나뉘어 있다. 그래서 프로세스 2개가 동일한 문서 편집기를 사용하고 데이터 영역이 같더라도 스택 영역은 서로 달라 별개의 프로세스로 인식한다.

NOTE_ 재진입 프로그램은 메모리의 동일한 사본을 여러 사용자가 공유할 수 있도록 작성한 프로그램이나 루틴이다. 재진입 코드라고도 한다.

사용자 관점에서 프로세스는 주소 공간을 가지고 실행하는 프로그램이고, 시스템 관점에서 프로세스는 [그림 3-3]과 같이 실행 중인 프로그램이다. 실행 순서를 결정하는 스케줄러는 디스크에 저장된 프로그램에 프로세서를 할당해서 장치나 메모리 같은 파일 자원을 참조한다. 그리고 프로세스를 지원하고 협력하여 교착 상태, 보호, 동기화 같은 정보를 교환한다.

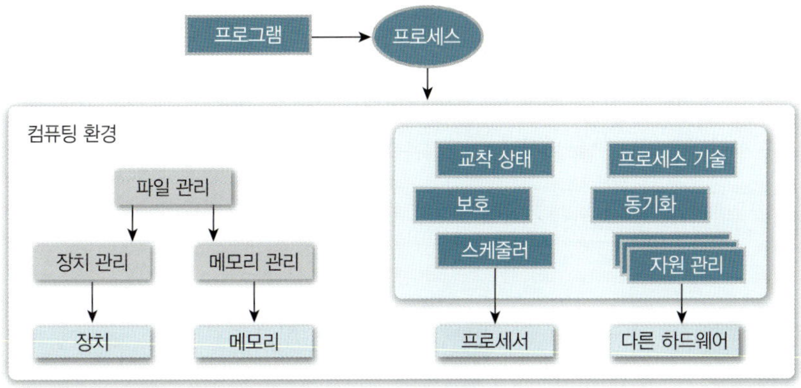

그림 3-3 **시스템 관점에서 바라본 프로세스**

프로세스는 수행하는 역할에 따라 시스템(커널) 프로세스와 사용자 프로세스로 구분하고, 병행 수행 방법에 따라 독립 프로세스와 협력 프로세스로 구분한다. 이 중 독립 프로세스와 협력 프로세스는 4장에서 병행 수행을 살펴보면서 자세히 다룬다.

표 3-1 **프로세스의 종류**

구분	종류	설명
역할	시스템(커널) 프로세스	모든 시스템 메모리와 프로세서의 명령에 액세스할 수 있는 프로세스이다. 프로세스 실행 순서를 제어하거나 다른 사용자 및 커널(운영체제) 영역을 침범하지 못하게 감시하고, 사용자 프로세스를 생성하는 기능을 한다.
	사용자 프로세스	사용자 코드를 수행하는 프로세스이다.
병행 수행 방법	독립 프로세스	다른 프로세스에 영향을 주지 않거나 다른 프로세스의 영향을 받지 않으면서 수행하는 병행 프로세스이다.
	협력 프로세스	다른 프로세스에 영향을 주거나 다른 프로세스에서 영향을 받는 병행 프로세스이다.

2 프로세스의 상태 변화와 상태 정보

운영체제는 프로세스의 실행을 제어한다. 그리고 프로세스는 실행하면서 상태가 변하므로 운영체제는 프로세스 제어에 필요한 상태를 점검하고 프로세스를 제어한다. 여기서는 프로세스의 상태 변화를 알아본 후 프로세스의 상태 정보를 저장하는 프로세스 제어 블록을 살펴본다.

2.1 프로세스의 상태 변화

프로세스의 상태는 [그림 3-4]와 같이 크게 실행 상태와 비실행 상태로 구분할 수 있다. 운영체제가 프로세스를 생성하면 비실행 상태로 초기화해서 실행을 기다린다. 실행 중인 프로세스를 종료하거나 인터럽트가 발생하면 비실행 프로세스 중에서 선택한 프로세스를 실행 상태로 바꾼다(디스패치). 이때 인터럽트된 프로세스는 비실행 상태가 된다. 실행 중인 프로세스는 새로운 자원을 할당받으려고 프로세서를 기다리는 비실행 상태로 바뀌기도 한다.

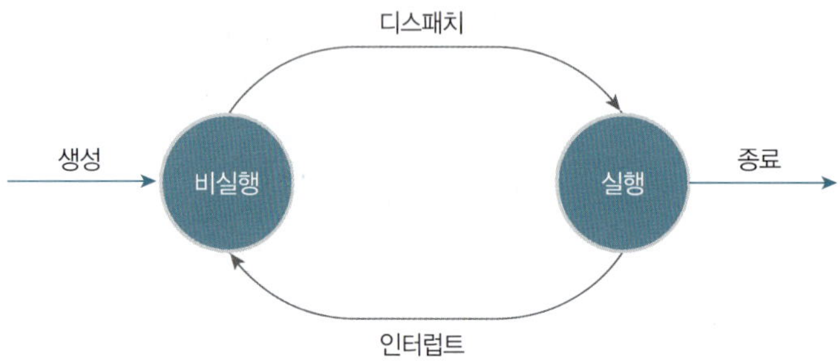

그림 3-4 **프로세스의 상태**

프로세스의 실행과 비실행 상태는 [그림 3-5]와 같이 준비, 실행, 대기(보류)로 더 세분화할 수 있다. 운영체제의 종류에 따라 프로세스의 상태를 다르게 표현하기도 하지만, 어느 한순간 대부분의 프로세스가 준비나 대기 상태로 바뀌면서 하나만 실행 상태가 된다는 점이 중요하다.

프로세스는 시스템에서 준비, 실행, 대기 상태로 바뀌면서 실행하고 종료하는데, 시스템을 떠날 때까지 이 과정을 반복한다. 프로세스의 상태 변화는 운영체제가 작업 스케줄러와 프로세스 스케줄러 같은 프로세서 스케줄러를 이용하여 관리한다. 작업 스케줄러는 스풀러가 디스크에 저장한 작업 중 실행할 작업을 선정하고 준비 리스트에 삽입하여 다중 프로그래밍의 정도를 결정한다. 그리고 프로세스 스케줄러는 [그림 3-5]와 같이 선정한 작업의 상태를 변화시키며 프로세스의 생성에서 종료까지 과정을 수행한다.

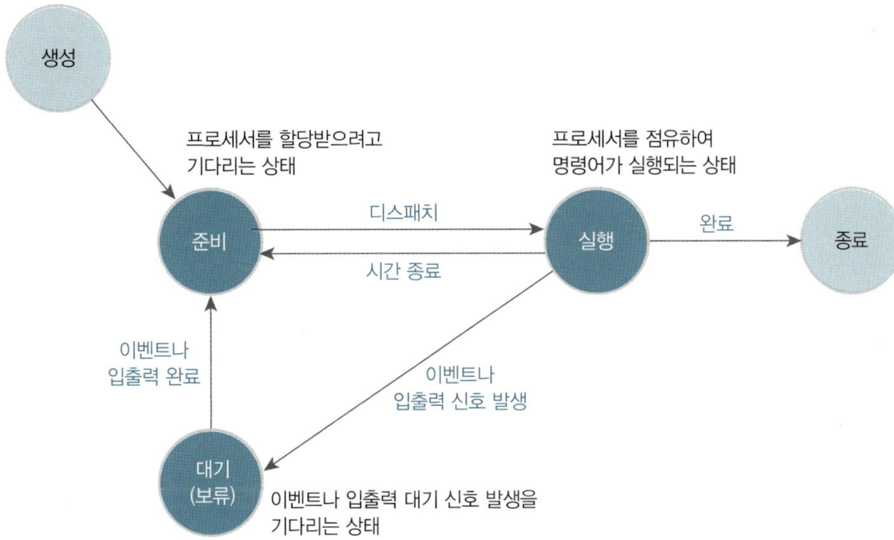

그림 3-5 **프로세스의 상태 변화**

실행 상태의 프로세스가 프로세서를 자발적으로 반환하기 전에 할당된 시간이 지나면 이 프로세스는 준비 상태가 된다. 그리고 프로세스를 실행하다 입출력 명령(또는 시간이 많이 필요한 비슷한 요청)이 발생하면 대기 상태가 된다. 대기 상태인 프로세스는 대기 원인을 제거하면 준비 상태로 바뀌고, 디스패처dispatcher가 준비 상태인 프로세스에 프로세서를 할당하면 다시 실행 상태로 바뀐다. 여기서 디스패처는 [그림 3-6]과 같이 스케줄러가 선택한 프로세스에 프로세서를 할당하는 모듈이다.

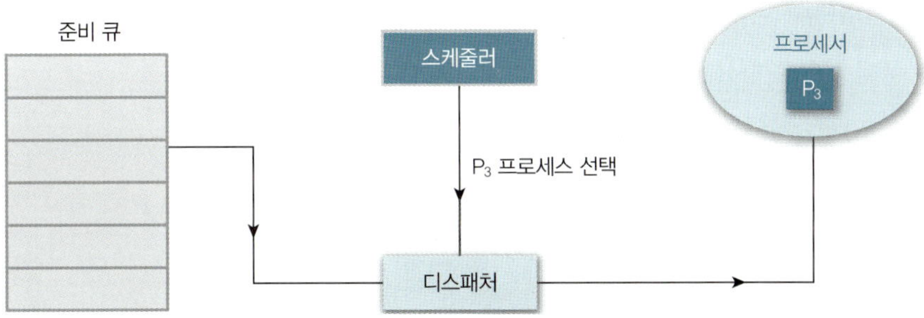

그림 3-6 **프로세스와 디스패처 : 디스패처가 P_3 프로세스에 프로세서를 할당하는 예**

프로세스의 상태별 변화는 [표 3-2]와 같다. 이 중 프로세스 스스로 하는 것은 대기뿐이고, 나머지는 일부 조건으로 발생한다.

표 3-2 프로세스의 상태 변화

상태 변화	표기 방법
❶ 준비 → 실행	dispatch(프로세스 이름)
❷ 실행 → 준비	timeout(프로세스 이름)
❸ 실행 → 대기(보류)	block(프로세스 이름)
❹ 대기(보류) → 준비	wakeup(프로세스 이름)

❶ 준비 → 실행

준비 큐 맨 앞에 있던 프로세스가 프로세서를 점유하는 것을 디스패치라고 한다. 다중 프로그래밍 운영체제에서는 실행 상태인 프로세스가 할당된 시간만큼만 프로세서를 사용하도록 하여 특정 프로세스가 프로세서를 계속 독점하는 것을 방지한다.

❷ 실행 → 준비

운영체제는 실행 상태의 프로세스가 프로세서를 계속 독점하지 않도록 인터럽트 클록interrupt clock을 두어 특정 프로세스가 할당된 시간 동안만 프로세서를 점유하게 한다. 프로세스가 일정 시간이 지나도, 즉 타임아웃되어도 프로세서를 반환하지 않으면 클록이 인터럽트를 발생시켜 운영체제에 프로세서 제어권을 부여하는 것이다. 그러면 실행 상태의 프로세스는 준비 상태가 되고, 준비 리스트의 첫 번째 프로세스가 실행 상태가 된다.

❸ 실행 → 대기(보류)

할당된 시간 이전에 실행 상태의 프로세스에 입출력 연산 등이 필요하거나 새로운 자원 요청 등의 문제로 프로세서를 스스로 양도하면 대기 상태가 된다.

❹ 대기(보류) → 준비

프로세스는 입출력 작업이 끝나면 깨움wake up으로 대기에서 준비 상태가 된다.

2.2 프로세스 제어 블록

운영체제가 프로세스를 제어할 때 필요한 프로세스 상태 정보는 프로세스 제어 블록에 저장된다. 프로세스 제어 블록PCB, Process Control Block은 특정 프로세스 정보를 저장하는 데이터 블록이나 레코드로, 작업 제어 블록TCB, Task Control Block이라고도 한다.

프로세스가 생성되면 메모리에 프로세스 제어 블록을 생성하고, 프로세스가 실행을 종료하면 해당 프로세스 제어 블록도 삭제한다. 프로세스 제어 블록에는 [그림 3-7]과 같은 정보가 들어 있는데, 운영체제의 모든 모듈이 이 정보를 읽고 수정할 수 있다.

프로세스 식별자	각 프로세스의 고유 식별자(숫자, 색인 항목)
프로세스 상태	생성, 준비, 실행, 대기, 중단 등 상태 표시
프로그램 카운터	프로세스를 실행하는 다음 명령의 주소 표시
레지스터 저장 영역	누산기, 인덱스 레지스터, 스택 포인터, 범용 레지스터, 조건 코드 등 정보로, 컴퓨터 구조에 따라 수나 형태가 다르다. 인터럽트가 발생하면 프로그램 카운터와 함께 저장하여 재실행할 때 원래대로 복귀할 수 있게 한다.
프로세서 스케줄링 정보	프로세스의 우선순위, 스케줄링 큐의 포인터, 기타 스케줄 매개변수
계정 정보	프로세서 사용 시간, 실제 사용 시간, 사용 상한 시간, 계정 번호, 작업이나 프로세스 번호 등
입출력 상태 정보 메모리 관리 정보 ⋮	• 특별한 입출력 요구 프로세스에 할당된 입출력장치, 열린 파일 리스트 등 • 운영체제가 사용하는 메모리 시스템에 따른 상한 · 하한 레지스터 (경계 레지스터), 페이지 테이블이나 세그먼트 테이블 값 등

그림 3-7 **프로세스 제어 블록**

2.3 프로세스의 문맥 교환

인터럽트나 시스템 호출 등으로 실행 중인 프로세스의 제어를 다른 프로세스에 넘겨 실행 상태가 되도록 하는 것을 프로세스 문맥 교환이라고 한다. 프로세스 문맥 교환이 일어나면 프로세서의 레지스터에 있던 내용을 나중에 사용할 수 있도록 저장한다. 프로세스 P_1과 P_2 간의 프로세스 문맥 교환 예는 [그림 3-8]과 같다.

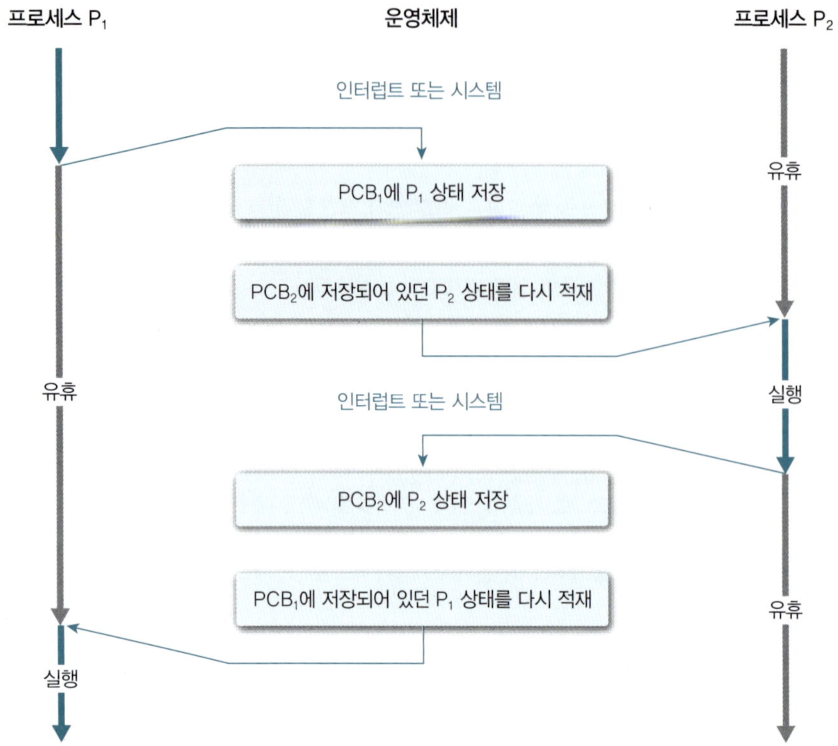

그림 3-8 **프로세스 문맥 교환 예**

02 프로세스의 관리

1 프로세스의 구조

운영체제는 프로세스에서 생성, 종료, 제거, 중단(서스펜드suspend), 재시작, 우선순위 변경, 대기, 문맥 교환 등 다양한 작업을 수행할 수 있다. 이는 먼저 프로세스의 구조를 알아야 이해할 수 있다.

프로세스는 실행 중에 프로세스 생성 시스템 호출을 이용하여 새로운 프로세스를 생성할 수 있다. 이때 프로세스 생성 순서를 저장하고 부모-자식 관계를 유지하여 계층적으로 생성한다. 프로세스를 새로 생성하는 프로세스는 부모 프로세스parent process이고, 생성되는 프로세스는 자식 프로세스child process 또는 서브 프로세스subprocess이다. 부모 프로세스는 자식 프로세스를 생성하는 과정을 반복하면서 계층 구조를 형성하는데, 이런 프로세스 계층 구조의 예는 [그림 3-9]와 같다.

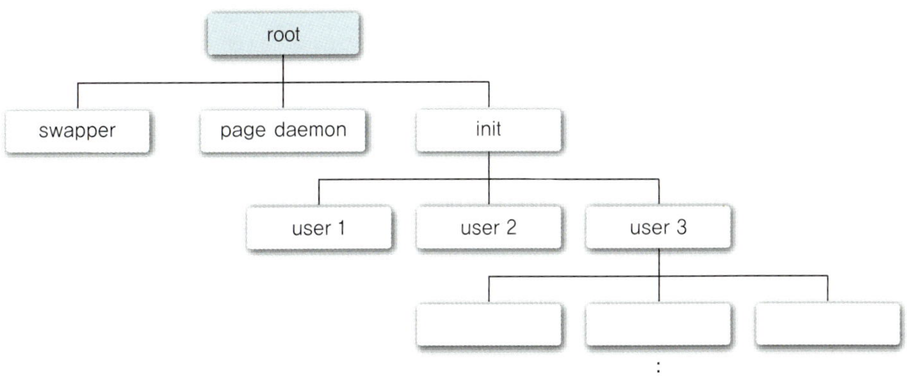

그림 3-9 유닉스 시스템의 프로세스 계층 구조 예

2 프로세스의 생성

운영체제나 응용 프로그램에서 요청을 받아 프로세스를 생성하면, 운영체제는 해당 프로세스에서 프로세스 제어 블록을 만들어 주소 공간을 할당한다. 일괄 처리 환경에서는 준비 큐에 작업이 도착할 때 프로세스를 생성하고, 대화형 환경에서는 새로운 사용자가 로그온log-on할 때 프로세스를 생성한다.

예를 들어, 사용자 요청에 따라 프린터를 구동하는 프로세스를 생성하면 해당 프로세스의 식별자를 결정하고, 우선순위를 부여하고, 프로세스 제어 블록을 생성(할당된 자원, 자원 리스트 등 정보 기록)하고, 추기 자원을 할당한 후 준비 상태가 되어 준비 리스트의 마지막에 위치한다. 다음은 이런 프로세스를 생성할 때 필요한 세부 작업을 단계별로 정리한 것이다.

❶ 새로운 프로세스에 프로세스 식별자를 할당한다.

❷ 프로세스의 모든 구성 요소를 포함할 수 있는 주소 공간과 프로세스 제어 블록 공간을 할당한다.

❸ 프로세스 제어 블록을 초기화한다. 프로세스 상태, 프로그램 카운터 등 초기화, 자원 요청, 프로세스 제어 정보(우선순위) 등을 포함한다.

❹ 링크를 건다(해당 큐에 삽입한다).

프로세스가 작업을 수행하려면 프로세서 점유 시간, 메모리, 파일, 입출력장치 등 자원이 필요하다. 자식 프로세스는 운영체제에서 직접 필요한 자원을 얻거나 부모 프로세스의 자원을 일부 사용할 수 있다. 이때 부모 프로세스는 자식 프로세스가 사용하는 자원을 제한해서 특정 프로세스가 자식 프로세스를 너무 많이 생성하여 시스템에 부담을 주는 것을 막을 수 있다.

프로세스를 생성할 때는 이런 자원 외에도 일부 초기화 데이터를 부모 프로세스에서 자식 프로세스로 전달하기도 한다. 예를 들어, P 파일의 상태를 단말기에 표시하는 P_1 프로세스가 있다고 하자. P_1 프로세스를 생성하면 부모 프로세스에서 이름이 P인 파일을 입력받아 필요한 정보를 얻고 출력장치의 기능도 전달받을 수 있다.

프로세스가 새로운 프로세스를 생성할 때 다음 두 가지 실행이 발생할 수 있다.

- 부모 프로세스와 자식 프로세스를 동시에 실행한다.
- 부모 프로세스는 자식 프로세스를 모두 종료할 때까지 기다린다.

fork 명령어를 사용하는 경우는 크게 두 가지이다. 첫 번째 경우는 부모와 동일한 자식을 복제하는 것이고, 두 번째 경우는 fork 명령어를 호출한 후 exec 명령어를 연달아 호출하여 자식 프로세스의 주소 공간을 별도 프로그램 주소 공간으로 덮어쓰는 것이다.

유닉스를 예로 들어 살펴보자. 유닉스에는 각 프로세스마다 정수로 된 고유한 프로세스 식별자가 있다. fork 명령어로 새로운 프로세스를 생성하면 부모 프로세스의 주소 공간을 복사하여 부모 프로세스와 자식 프로세스의 정보를 쉽게 교환할 수 있다. 부모 프로세스와 자식 프로세스가 fork 명령어를 동시에 수행하여 실행을 계속하면 자식 프로세스는 식별자가 0이 되고, 자식 프로세스의 식별자는 부모 프로세스의 식별자가 된다. 즉, fork 명령어를 실행하면 자식 프로세스에는 0을 반환하지만, 부모 프로세스에는 자식 프로세스의 식별자를 반환한다. 반면에 윈도우 NT 계열 이상에서는 부모 프로세스의 주소 공간을 복사하거나 별도의 프로그램을 적재하는(주소 공간에 적재하는 프로그램의 이름을 운영체제에서 지정) 방법을 모두 지원한다.

3 프로세스의 종료

프로세스가 마지막 명령을 실행하면 종료하여 운영체제에 프로세스의 삭제를 요청한다. 일괄 처리 환경에서는 작업 종료를 의미하는 신호로 인터럽트를 발생하거나 시스템 호출로 중단 명령을 전달하여 프로세스를 종료한다. 대화형 환경에서는 사용자가 로그오프log-off하거나 터미널을 닫으면 프로세스를 종료한다. 이외에도 오류로 프로세스를 종료할 수 있다.

abort 명령어로도 프로세스를 종료할 수 있다. abort 명령어는 종료할 프로세스의 부모 프로세스만 호출하는데, 부모가 아닌 다른 프로세스가 임의로 해당 프로세스를 중단할 수 없기 때문이다. 그리고 자식 프로세스는 종료할 때 자신의 식별자를 부모 프로세스에 전달한다.

부모 프로세스는 다음 상황에서 자식 프로세스를 종료할 수 있다. 보통 부모 프로세스를 종료하면 자식 프로세스는 필요치 않으므로 운영체제가 자식 프로세스도 종료하는데, 이를 연속 종료라고 한다.

- 자식 프로세스가 할당된 자원을 초과하여 자원을 사용할 때
- 자식 프로세스에 할당한 작업이 더는 없을 때

유닉스에서는 exit 명령어로 프로세스를 종료하고, 부모 프로세스는 wait 명령어를 사용하여 자식 프로세스의 종료를 기다린다. wait 명령어는 종료한 자식 프로세스의 식별자를 부모 프로세스에 돌려주므로 어떤 자식 프로세스를 종료했는지 알려 준다.

프로세스는 다양한 이유로 종료할 수 있는데, 다음은 몇 가지 예이다.

- **정상 종료** : 프로세스가 운영체제의 서비스를 호출할 때

- **시간 초과** : 프로세스가 명시된 전체 시간을 초과하여 실행하거나 명시된 시간을 초과하면서 어떤 이벤트 발생을 기다릴 때
- **실패** : 파일 검색 실패, 입출력이 명시된 횟수를 초과하여 실패할 때
- 산술 오류, 보호 오류, 데이터 오류 등
- 메모리 부족, 액세스 위반 등

4 프로세스의 제거

프로세스 제거는 프로세스를 파괴하는 것이다. 프로세스를 제거하면 사용하던 자원을 시스템에 돌려주고, 해당 프로세스는 시스템 리스트나 테이블에서 사라져 프로세스 제어 블록을 회수한다. 하지만 프로그램은 여전히 디스크에 저장한다. 그리고 자식 프로세스는 부모 프로세스를 제거하면 자동으로 제거된다.

5 프로세스의 중단과 재시작

앞서 살펴본 프로세스의 준비, 실행, 대기 상태만 이용하면 입출력 동작이 일반 연산보다 느려 시스템이 대부분 유휴 상태이다. 다중 프로그래밍 환경에서도 프로세서의 동작시간이 입출력보다 짧아 프로세스 문맥 교환이 일어난 후에도 기다리게 되므로 대부분 유휴시간이 된다. 이는 윈도우에서 다수의 응용 프로그램을 실행할 때 현재 사용 중인 윈도우 외에는 대기 상태이어서 비활성화 상태가 되는 것과 같다.

시스템의 유휴시간 문제는 프로세스 중단(일시정지) 상태를 이용하여 해결할 수 있다. 운영체제는 새로운 프로세스를 생성하여 실행하거나 실행 중인 프로세스를 중단했다가 다시 실행하여 사용할 수 있다. 그리고 후자의 방법을 이용하면 시스템 전체의 부하를 증가시키지 않으면서 프로세스에 서비스를 제공할 수 있다. 실행에서 대기가 아닌 중단 상태를 추가하면 특정 이벤트의 발생을 기다리면서 대기 상태가 된다. 그러면 해당 이벤트가 발생할 때 즉시 실행 상태로 바꿀 수 있는 이점이 있다.

다중 프로그래밍에서 중단은 프로세스 입출력 요구 외에 다른 원인으로 프로세스가 실행을 중단한 상태, 즉 자원 부족(대기) 상태를 의미하기도 한다. 물론 중단된 프로세스는 기다리던 이벤트(예 : 입출력 완료 인터럽트가 발생)가 발생하면 중단 이전의 상태로 되돌아갈 수 있다. 프로세스를 중단한 원인을 제거하여 다시 실행하는 것을 재시작이라고 한다.

프로세스 중단과 재시작은 시스템 부하를 조절하는 데 상당히 중요하고, 다음 상황에서 주로 발생한다.

- 시스템에 장애가 발생하면 실행 중인 프로세스는 잠시 중단했다가 시스템이 기능을 회복할 때 다시 재시작할 수 있다.
- 프로세스에 의심스러운 부분이 있으면 실행 중인 프로세스를 중단하여 확인한 후 재시작하거나 종료할 수 있다.
- 처리할 작업이 너무 많아 시스템에 부담이 되면(너무 많은 적재) 프로세스 몇 개를 중단했다가 시스템이 정상 상태로 다시 돌아왔을 때 재시작할 수 있다.

대다수 시스템은 프로세스를 실행하기 전에 자원을 할당받고 실행을 시작하지만, 다중 프로그래밍 환경에서는 자원의 이용률과 시스템 효율을 높이려고 자원을 동적으로 할당한다. 이때 자원을 할당받으려고 기다리는 상태가 '대기'이고, 할당받은 자원을 기다리는 상태가 '중단'이다. 예를 들어, 프로세스는 더 많은 저장장치를 요구하는데, 사용 가능한 저장장치가 부족하면 대기 상태가 된다. 대기 상태는 대부분 시간이 지나면 요청한 자원을 사용할 수 있어 준비 상태가 된다. 그러나 하드웨어가 고장 나거나 다른 프로세스가 해당 자원을 반환할 수 없는 상태, 즉 교착 상태가 되면 문제가 발생한다.

프로세스에 중단된 준비 상태와 중단된 대기 상태를 추가하여 상태가 변화된 모습은 [그림 3-10]과 같다. 중단은 프로세스 자신이나 다른 프로세스로 가능한데, 단일 처리 시스템에서는 해당 프로세스 스스로 중단해야 한다. 반면에 다중 처리 시스템에서는 다른 프로세서가 실행 중인 프로세스를 중단할 수 있다. 중단된 프로세스는 다른 프로세서가 재시작하기 전에는 실행할 수 없다.

중단은 아주 중요한 작업이다. 보통 짧은 시간에 너무 많은 프로세스를 요청하면 프로세스 몇 개가 중단된다. 장시간 중단할 때는 해당 프로세스에 할당된 자원을 다시 돌려주어야 하는데, 자원의 성질에 따라서 돌려줄 자원을 결정한다. 예를 들어, 메인 메모리는 프로세서를 중단하자마자 돌려주어야 하지만, 보조 메모리는 중단 시간을 예측할 수 없거나 너무 길 때 돌려주어야 한다. 중단된 대기 상태는 프로세스가 보조 메모리에 있고 이벤트를 대기 중인 상태이다. 중단된 준비 상태는 프로세스가 보조 메모리에 있지만 즉시 메인 메모리로 적재하여 실행할 수 있는 상태이다. 물론 중단한 프로세스는 중단한 지점부터 다시 시작한다.

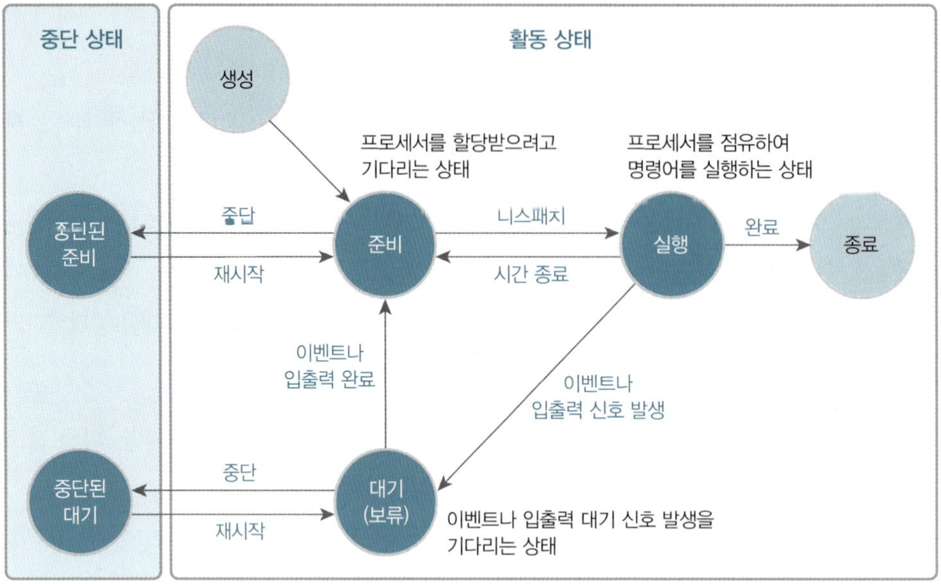

그림 3-10 중단과 재시작을 추가한 프로세스의 상태 변화

6 프로세스의 우선순위 변경

프로세스 스케줄러는 프로세스 제어 블록에 있는 우선순위를 이용하여 준비 리스트의 프로세스를 처리한다. 준비 리스트의 프로세스는 프로세서 중심 프로세스와 입출력 중심 프로세스로 구분할 수 있다. 입출력 중심 프로세스는 속도가 느리면서 빠른 응답을 요구하는 단말기 입출력 프로세스에 높은 우선순위를 부여하고, 속도가 빠른 디스크 입출력 프로세스에는 낮은 우선순위를 부여한다. 이때 우선순위가 낮은 프로세스에는 시간을 많이 할당하고, 우선순위가 높은 프로세스에는 시간을 적게 할당한다. 따라서 입출력 중심 프로세스는 프로세서를 짧게 자주 사용하도록 하고, 프로세서 중심 프로세스는 프로세서를 길게 사용하되 사용 횟수를 줄여서 균형을 유지할 수 있다.

7 프로세스의 문맥 교환

현재 실행하는 프로세스와 별도로 외부에서 이벤트(예 : 입출력 동작의 종료)가 일어나면 인터럽트가 발생한다. 보통 인터럽트가 발생하면 인터럽트 처리 루틴으로 제어가 넘어간 후에도 시스템 관리와 관련된 기본 작업을 하고는 인터럽트 유형에 따라 관련 루틴으로 분기한다.

- **입출력 인터럽트** : 입출력 동작이 발생했음을 확인하고 이벤트를 기다리는 프로세스를 준비 상태로 바꾼 후 실행할 프로세스를 결정한다.
- **클록 인터럽트** : 현재 실행 중인 프로세스의 할당 시간을 조사하여 실행 중인 프로세스를 준비 상태로 바꾸고, 다른 프로세스를 실행 상태로 바꾼다.

실행 중인 프로세스에 인터럽트가 발생하면 운영체제가 다른 프로세스를 실행 상태로 바꾸고 제어를 넘겨주어 [그림 3-11]과 같이 프로세스 문맥 교환이 일어난다. 인터럽트는 인터럽트 처리 루틴을 실행한 후 현재 실행 중인 프로세스를 재실행할 수 있으므로 인터럽트가 곧 프로세스 문맥 교환으로 발전하지는 않는다. 반면에 트랩trap은 부적절한 파일 접근이나 현재 실행 중인 프로세스 오류나 예외 상황으로 발생할 수 있다. 시스템에 치명적인 오류인지 판단하여 치명적이면 프로세스를 종료하고는 교환한다.

대개 이전 프로세스의 상태 레지스터 내용을 보관하고 다른 프로세스의 레지스터를 적재하여 프로세스를 교환하는데, 이런 일련의 과정을 문맥 교환context switching이라고 한다. 문맥 교환에서는 오버헤드가 발생하는데, 이는 메모리 속도, 레지스터 수, 특수 명령어의 유무에 따라 다르다. 그리고 문맥 교환은 프로세스가 '준비 → 실행' 상태로 바뀌거나 '실행 → 준비' 또는 '실행 → 대기' 상태로 바뀔 때 발생한다. 그 예는 [그림 3-11]과 같다.

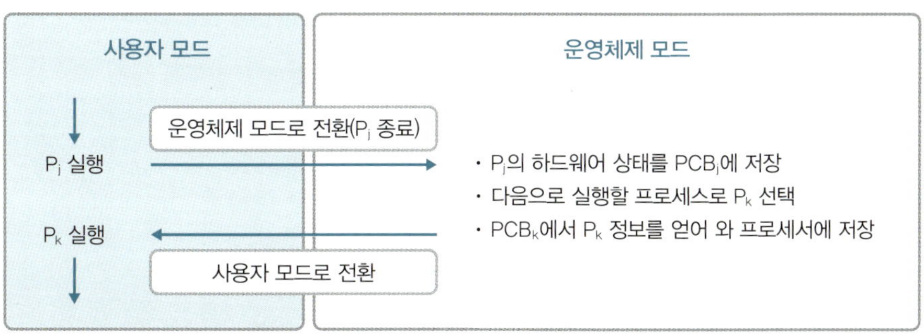

그림 3-11 **문맥 교환 예**

현재 실행 중인 프로세스 P_j에서 문맥 교환을 요청하면, 우선 사용자 모드에서 커널 모드로 P_j의 제어가 넘어가면서 프로세스 P_j를 종료한다. 그리고 다시 시작할 수 있도록 P_j의 현재 하드웨어 상태를 PCB_j에 저장하고 다음에 실행할 프로세스로 P_k를 선택한다. P_k 정보를 PCB_k에서 얻어 와 프로세서에 재저장하고는 사용자 모드로 돌아와서 프로세스 P_k를 실행한다.

> **NOTE_** PCB(프로세스 제어 블록)는 프로세서를 관리하려고 유지하는 데이터 블록 또는 레코드의 데이터 구조이다.

문맥 교환은 시간 비용이 들어가는 오버헤드이고, 이 오버헤드는 메모리 속도, 레지스터 수, 특수 명령어의 유무에 따라 시스템마다 나르나. 그래서 운영체제를 설계할 때 불필요한 문맥 교환을 줄이는 것을 주요 목표로 정한다.

문맥 교환은 레지스터 문맥 교환, 작업 문맥 교환, 스레드 문맥 교환, 프로세스 문맥 교환이 가능하다. 프로세스와 운영체제가 문맥의 구성 여부를 결정하므로 운영체제를 설계할 때 주요 관심사는 가능한 한 불필요한 문맥 교환을 줄이는 것이다. 하지만 이는 실제로 구현하기가 쉽지 않다. 운영체제는 다음 절에서 설명할 스레드를 이용하여 문맥 교환을 효율적으로 처리할 수 있다.

03 스레드의 개념과 상태 변화

1 스레드의 개념

지금까지 살펴본 프로세스는 두 가지 특성인 자원과 제어로 구분할 수 있다. 이 중 제어만 분리한 실행 단위를 스레드thread라고 하는데, 프로세스 하나는 스레드 한 개 이상으로 나눌 수 있다. 스레드들은 프로세스의 직접 실행 정보를 제외한 나머지 프로세스 관리 정보를 공유한다. [그림 3-12]와 같이 프로그램 카운터PC와 스택 포인터SP 등을 비롯한 스레드 실행 환경 정보(문맥 정보), 지역 데이터, 스택을 독립적으로 가지면서 코드, 전역 데이터, 힙을 다른 스레드와 공유한다.

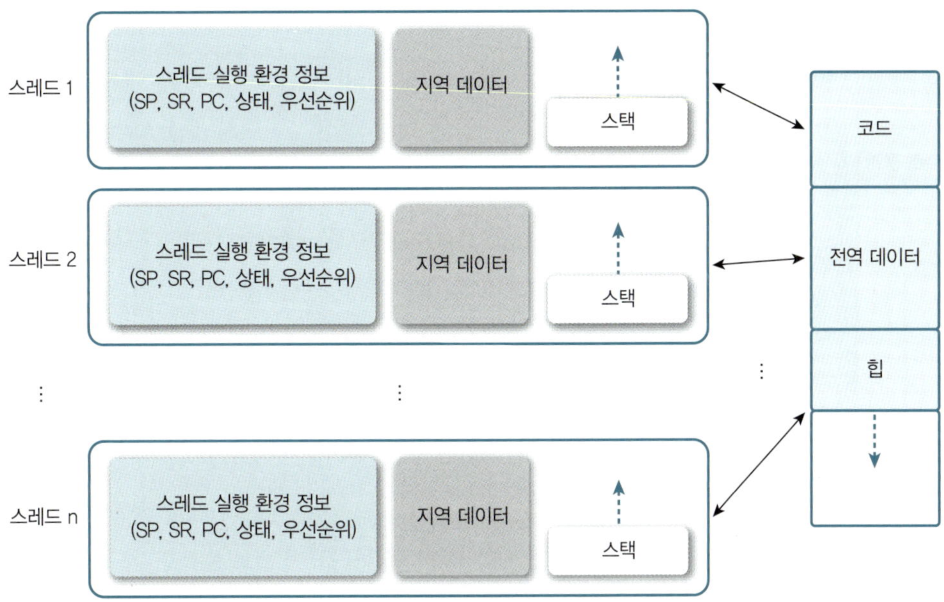

- SPStack Pointer : 스택 포인터
- SRSequence Register : 순서열 레지스터
- PCProgram Counter : 프로그램 카운터

그림 3-12 **스레드의 구조**

스레드는 보통 다른 프로시저를 호출하고 다른 실행을 기록한다. 그러므로 별도의 스택이 필요하고, 프로그램 카운터가 독립적이라서 같은 프로세스의 스레드들이 동시에 코드의 동일한 부분이나 다른 부분을 실행할 수 있다. 스레드는 관련 자원과 함께 메모리를 공유할 수 있는데, 이 때문에 손상된 데이터나 스레드의 이상 동작을 고려해야 한다. 스레드 중에서 프로세스의 속성 중 일부가 들어 있는 것을 경량 프로세스LWP, Light Weight Process라고 한다. 반대로 스레드 하나에 프로세스 하나인 전통적인 경우를 중량 프로세스HWP, Heavy Weight Process라고 한다.

응용 프로그램에는 적어도 프로세스가 하나 있고, 프로세스에는 스레드가 한 개 이상 있다. 그리고 같은 프로세스의 스레드들은 [그림 3-13]과 같이 동일한 주소 공간을 공유한다.

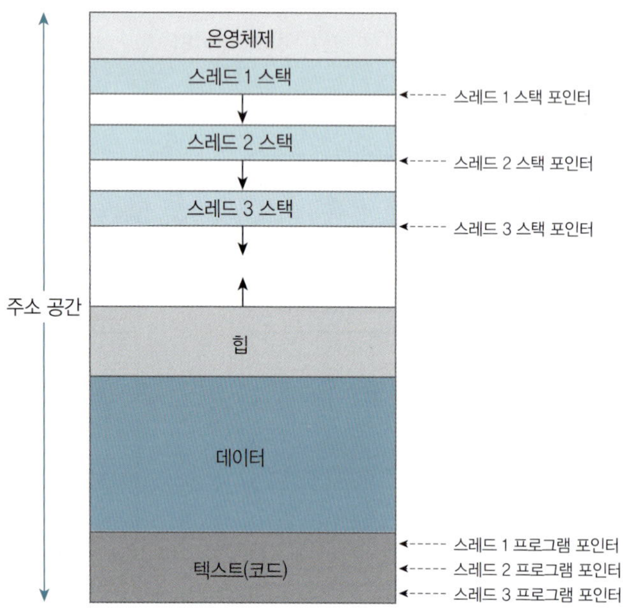

그림 3-13 스레드의 주소 공간

프로세스 하나에 포함된 스레드들은 공동의 목적을 달성하려고 병렬로 수행한다. 즉, 프로세스가 하나인 서로 다른 프로세서에서 프로그램의 다른 부분을 동시에 실행할 수 있는데, 스레드를 이용하면 다음 이점이 있다.

- **사용자 응답성 증가** : 응용 프로그램의 일부분을 봉쇄하거나 긴 작업을 수행하더라도 병렬 프로그래밍으로 프로그램을 계속 실행할 수 있어 사용자 응답성이 증가한다. 예를 들어, 다중 스레

드를 적용한 웹 브라우저는 스레드 한 개가 파일을 로딩하는 동안 다른 스레드는 사용자와 상호작용을 할 수 있다.

- **프로세스의 자원과 메모리 공유 가능** : 스레드들이 프로세스 자원 하나와 메모리를 공유하므로 응용 프로그램 하나가 동일한 주소 공간에서 스레드를 여러 개 실행하여 시스템 성능을 향상시킬 수 있다.
- **경제성이 좋음** : 프로세스를 생성하는 것보다 스레드를 생성하여 문맥을 교환하면 오버헤드가 줄어든다.
- **다중 처리(멀티 프로세싱)로 성능과 효율 향상** : 각 스레드를 여러 프로세서에서 병렬로 실행하여 성능과 효율성을 높일 수 있다.

2 단일 스레드와 다중(멀티) 스레드

운영체제는 단일 프로세스에서 단일 스레드 실행이나 다중 스레드 실행을 지원한다. 스레드와 프로세스의 관계는 [그림 3-14]와 같다. (a)와 (c)는 스레드가 하나인 단일 스레드 프로세스이고, (b)와 (d)는 스레드가 3개인 다중 스레드 프로세스이다.

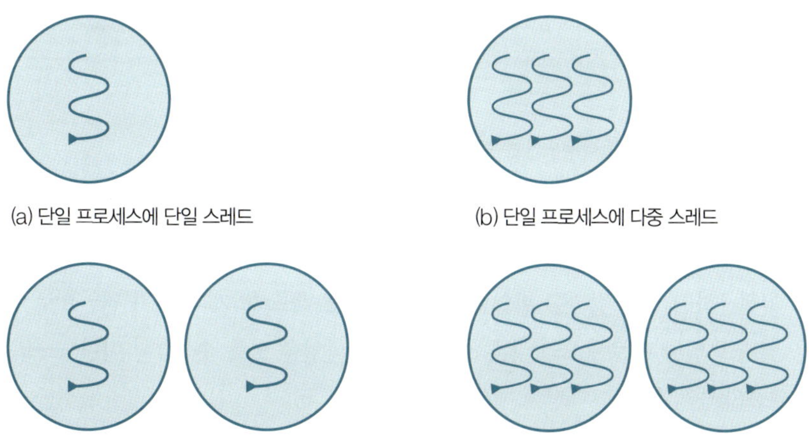

(a) 단일 프로세스에 단일 스레드 (b) 단일 프로세스에 다중 스레드

(c) 다중 프로세스에 단일 스레드 (d) 다중 프로세스에 다중 스레드

그림 3-14 **단일 스레드 프로세스와 다중 스레드 프로세스**

여기서 단일 스레드를 지원하는 운영체제는 프로세스 하나에 스레드 한 개를 실행하는 전통적인 방법으로 아직 스레드 용어가 탄생하기 전이라 개념이 불확실하다. 도스가 대표적인 예이다.

현대 운영체제는 대부분 다중 스레드이다. 다중 스레드는 프로그램 하나를 여러 실행 단위로 쪼개어 실행한다는 측면에서 다중 처리(다중 프로세싱)와 의미가 비슷하다. 하지만 동일 프로세스의 스레드는 자원을 공유하므로 자원 생성과 관리의 중복성을 최소화하여 실행 능력을 향상시킬 수 있다. 그리고 각 스레드는 커널이 개입하지 않고도 독립적으로 실행할 수 있어 서버에서 많은 요청을 효과적으로 처리할 수 있다.

단일 스레드와 다중 스레드를 프로세스 관리 측면에서 살펴보면 [그림 3-15]와 같다.

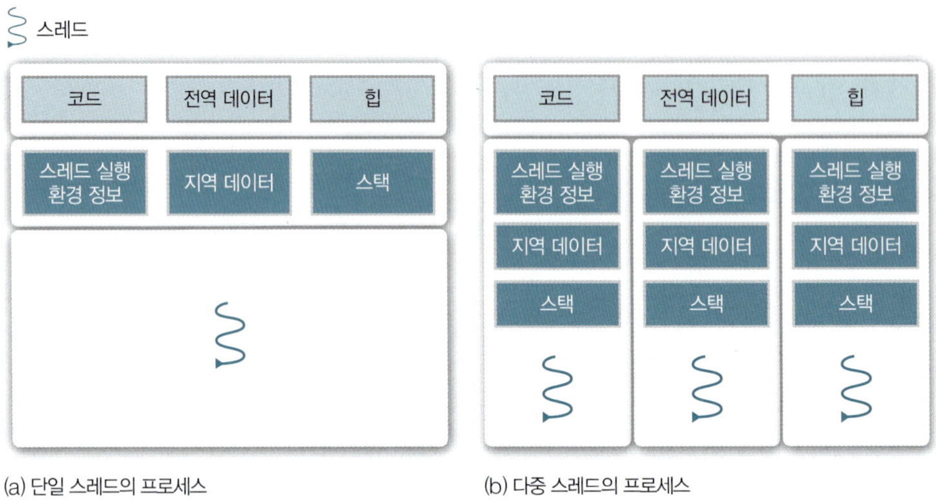

그림 3-15 프로세스 관리 측면에서 살펴본 단일 스레드 프로세스와 다중 스레드 프로세스

[그림 3-15]와 같이 모든 스레드가 해당 프로세스의 자원을 공유하고, 같은 주소 공간에 있고, 동일한 데이터에 접근한다. 그러므로 스레드 한 개가 전역 데이터를 변경하면 다른 스레드도 이 데이터에 접근하여 변경 결과를 확인할 수 있다. 또 스레드 한 개가 읽기 권한으로 힙에 있는 파일을 열면 동일한 프로세스의 다른 스레드도 이 파일을 읽을 수 있다. 이런 스레드의 특성은 프로세스의 생성과 종료 과정에 매우 유용하다.

이런 스레드의 특성 때문에 프로세스보다 스레드를 생성하는 것이 더 빠르고, 동일한 프로세스에 있는 스레드 간의 교환이나 스레드 종료도 훨씬 빠르다. 따라서 프로그램을 변경하지 않고 스레드를 병렬로 처리하여 효율을 극대화할 수 있다. 물론 스레드별로 실행 환경 정보가 따로 있지만 서로 많이 공유하므로, 프로세스보다 동일한 프로세스의 스레드에 프로세서를 할당하거나 스레드 간의 문맥 교환이 훨씬 경제적이다.

3 스레드의 사용 예

현대 운영체제에서 수행하는 많은 프로그램은 다중 스레드를 지원하여 스레드의 개념을 사용자 수준에서 적용할 수 있다. 그리고 프로그램의 비동기적 요소를 구현하는 데 사용할 수도 있다. 특히 스레드를 사용자 수준에서 적용하면 운영체제와 무관하므로 속도가 매우 빠르다. 예를 들어, 단일 사용자 다중 처리 시스템에서는 스레드 한 개로 사용자의 데이터를 읽어 들여 메뉴를 표시하고, 다른 스레드로는 사용자 명령을 실행하도록 하여 이전 명령을 완료하기 전에 다음 명령을 신속하게 준비해서 속도를 향상시킬 수 있다.

스레드를 이용하여 프로그램의 비동기적 요소를 구현한 예로는 워드 편집기를 들 수 있다. [그림 3-16]과 같이 메모리의 내용을 지정한 시간에 디스크에 백업하도록 정기적인 백업 스레드를 생성하는 경우가 이에 해당한다.

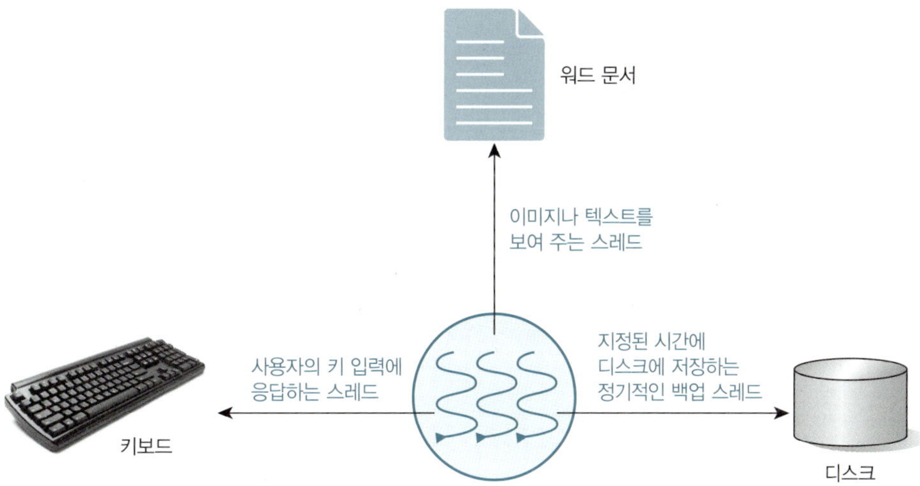

그림 3-16 **다중 스레드를 이용한 워드 편집기 프로세스**

또 현재 실행 중인 스레드를 대기 상태로 바꾸고 제어를 다른 스레드로 옮기는 상태 변화를 이용하여 많은 요청을 효과적으로 처리할 수도 있다. 예를 들어, [그림 3-17]과 같이 다중 스레드의 개념을 적용한 웹 브라우저는 스레드 한 개가 이미지나 텍스트를 로딩하는 동안 다른 스레드는 네트워크에 연결하여 데이터를 검색할 수 있다. 또 다른 스레드는 사용자와 상호작용 등을 할 수도 있다. 따라서 웹 서버는 여러 사용자가 동시에 접근하여 요청한 웹 페이지나 이미지를 효과적으로 처리할 수 있다.

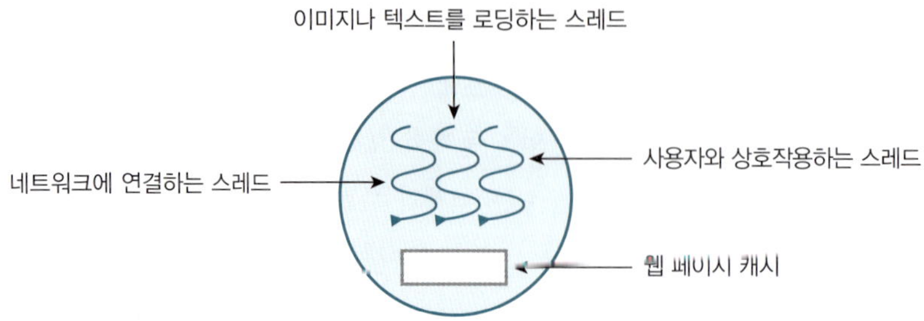

그림 3-17 **다중 스레드를 이용한 웹 브라우저 프로세스**

공유 메모리가 있는 다중 처리 시스템에서는 프로그램을 공유 메모리에 저장하고 각 프로세서에 스레드를 할당하여 병렬로 처리하면 성능을 월등히 향상시킬 수 있다.

데이터베이스 시스템에서도 스레드를 활용할 수 있다. 하지만 스레드는 단점이 있다. 사용자 수준 스레드는 커널 자체가 스레드 한 개로 구성되어 스레드에서 시스템 호출을 실행하면 전체 작업이 이 시스템의 호출 결과를 받을 때까지 기다려야 한다.

4 스레드의 상태 변화

스레드와 프로세스는 공통점이 상당히 많다. 프로세스처럼 준비, 실행, 대기(보류), 종료 상태가 있다([그림 3-18] 참조). 스레드는 프로세서를 함께 사용하고 항상 하나만 실행한다. 또 한 프로세스에 있는 스레드는 순차적으로 실행하고, 해당 스레드의 정보를 저장하는 레지스터와 스택이 있다.

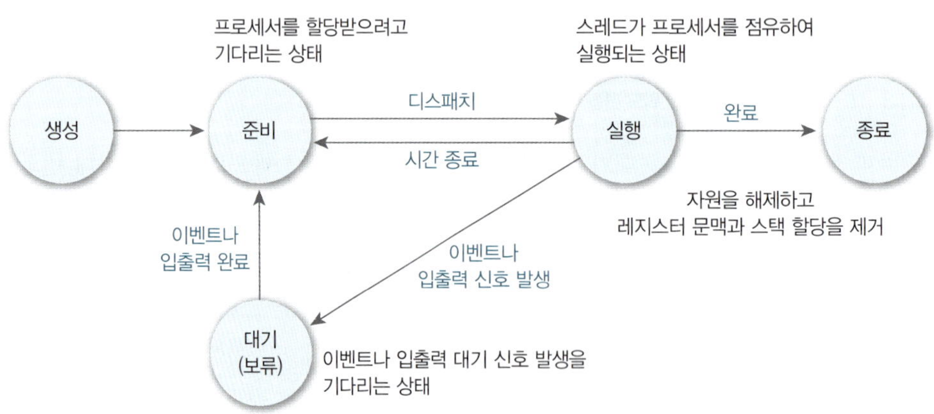

그림 3-18 **스레드의 상태 변화**

보통 프로세스를 생성하면 해당 프로세스의 스레드도 함께 생성한다. 단, 스레드 생성에서는 운영체제가 부모 프로세스와 공유할 자원을 초기화할 필요가 없다. 해당 프로세스가 스택과 레지스터를 제공하기 때문이다. 그러므로 프로세스의 생성과 종료보다는 오버헤드가 훨씬 적다.

여기서 스레드의 장점 하나는 스레드 한 개가 대기 상태로 변할 때 전체 프로세스를 대기 상태로 바꾸지 않는다는 것이다. 실행 상태의 스레드가 대기 상태가 되면 다른 스레드를 실행할 수 있다. 그러나 프로세스와 달리 서로 독립적이지는 않다. 프로세스 하나에 있는 전체 스레드는 프로세스의 모든 주소에 접근할 수 있으므로 스레드 한 개가 다른 스레드의 스택을 읽거나 덮어쓸 수 있다. 따라서 보호 문제가 발생할 수 있지만 크게 염려하지 않아도 된다. 프로세서는 여러 사용자가 생성하여 서로 경쟁적으로 자원을 요구하고 서로 다른 관계를 유지해야 하지만, 스레드는 사용자 한 명이 여러 스레드로 개인 프로세스 하나를 소유하기 때문이다.

5 스레드의 제어 블록

프로세스가 프로세스 제어 블록PCB에 정보를 저장하듯이 스레드도 스레드 제어 블록TCB, Thread Control Block에 정보를 저장한다. 그런데 프로세스는 스레드를 한 개 이상 가질 수 있으므로, 결국 프로세스 제어 블록은 스레드 제어 블록의 리스트를 가리킨다.

스레드 제어 블록은 프로세스 제어 블록과 마찬가지로 레지스터 값, 프로그램 카운터, 스택 포인터, 스케줄링 상태 외에도 스레드 ID와 해당 스레드를 포함하는 프로세스 포인터 같은 특정 값도 저장한다. 스레드 간에 보호는 하지 않는다. 다음은 TCB의 내용이다.

- **실행 상태** : 프로세서 레지스터, 프로그램 카운터, 스택 포인터
- **스케줄링 정보** : 상태(실행, 준비, 대기), 우선순위, 프로세서 시간
- 계정 정보
- 스케줄링 큐용 다양한 포인터
- 프로세스 제어 블록PCB을 포함하는 포인터

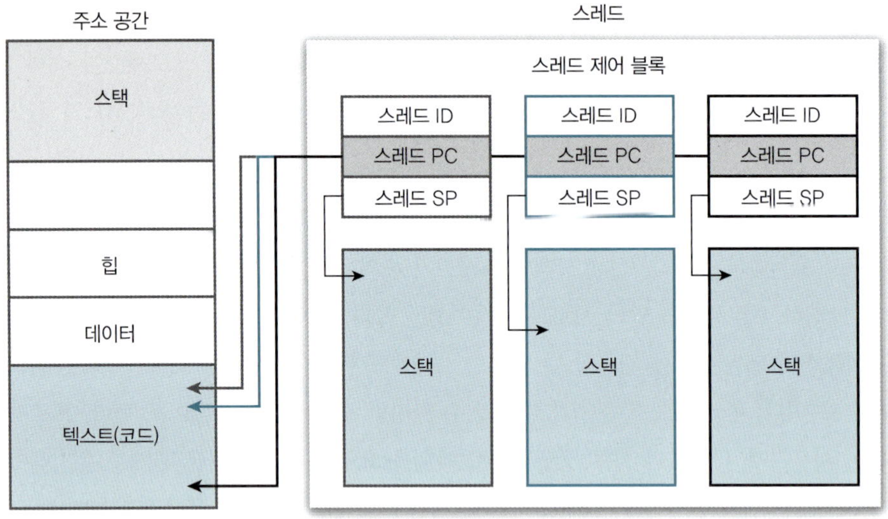

그림 3-19 **스레드 제어 블록**

04 스레드의 구현

스레드는 운영체제에 따라 다양하게 구현할 수 있는데, 대부분 다음 세 가지 형태로 구현한다. 사용자 수준 스레드는 스레드 라이브러리를 이용하여 작동하는 형태이고, 커널 수준 스레드는 커널(운영체제)에서 지원하는 형태이다. 그리고 이 둘을 혼합한 형태가 혼합형 스레드이다. 각자 어떤 원리로 작동하는지 하나씩 살펴보자.

- **사용자 수준 스레드**user-level thread : 다대일(n : 1) 매핑
- **커널 수준 스레드**kernel-level thread : 일대일(1 : 1) 매핑
- **혼합형 스레드**multiplexed thread : 다대다(n : m) 매핑

1 사용자 수준 스레드

사용자 수준 스레드는 사용자 영역의 스레드 라이브러리로 구현하고, 스레드와 관련된 모든 행위를 사용자 영역에서 하므로 커널이 스레드의 존재를 모른다. 여기서 스레드 라이브러리는 스레드의 생성과 종료, 스레드 간의 메시지 전달, 스레드의 스케줄링과 문맥 등 정보를 보관한다. 스레드 라이브러리로는 POSIX 표준안의 스레드 확장판인 Pthread, Win32 스레드, 자바 스레드 API 등을 주로 사용한다.

사용자 수준 스레드에서는 스레드 교환에 커널이 개입하지 않아 커널에서 사용자 영역으로 전환할 필요가 없다. 그리고 커널은 스레드가 아닌 프로세스를 한 단위로 인식하고 프로세서를 할당한다(프로세스 테이블 유지). 즉, [그림 3-20]과 같이 다수의 사용자 수준 스레드가 커널 수준 스레드 한 개에 매핑되므로 다대일 스레드 매핑이라고 한다.

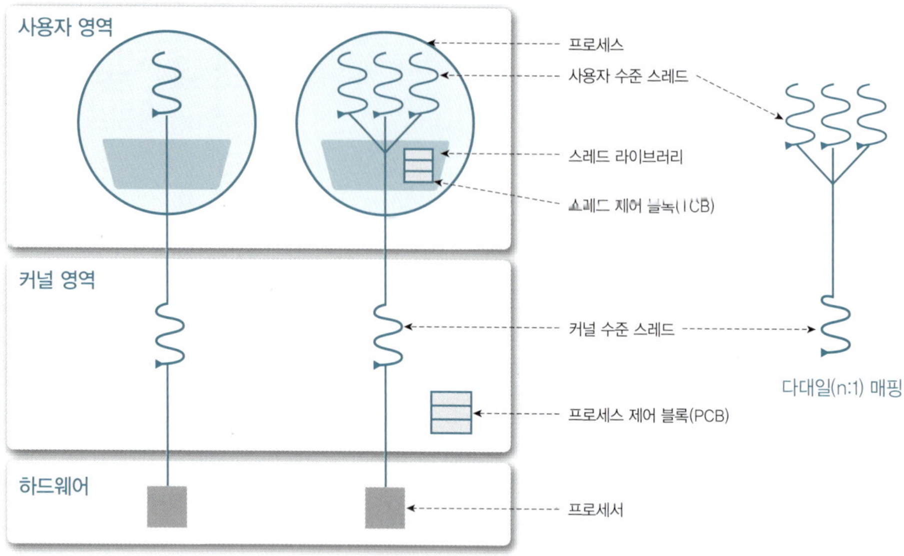

그림 3-20 **사용자 수준 스레드 : 다대일(n :1) 매핑**

사용자 영역에서 스레드를 구현하면 커널에서 스레드를 지원할 필요가 없어 다음 장점이 있다.

- **이식성이 높음** : 커널에 독립적으로 스케줄링을 할 수 있어 모든 운영체제에 적용할 수 있다.
- **오버헤드가 적음** : 스케줄링이나 동기화를 하려고 커널을 호출하지 않으므로 커널 영역으로 전환하는 오버헤드가 줄어든다.
- **유연한 스케줄링이 가능** : 커널이 아닌 스레드 라이브러리에서 스레드 스케줄링을 제어하므로 응용 프로그램에 맞게 스케줄링을 할 수 있다.

반면에 사용자 수준 스레드를 이용하면 다음 단점이 있다.

- **시스템의 동시성을 지원하지 않음** : 스레드가 아닌 프로세스 단위로 프로세서를 할당하여 다중 처리 환경을 갖춰도 스레드 단위로 다중 처리를 하지 못한다. 동일한 프로세스의 스레드 한 개가 대기 상태가 되면 이 중 어떤 스레드도 실행하지 못한다.
- **확장에 제약이 따름** : 커널이 한 프로세스에 속한 여러 스레드에 프로세서를 동시에 할당할 수 없어 다중 처리 시스템에서 규모를 확장하기가 어렵다.
- **스레드 간 보호 불가능** : 스레드 간 보호에 커널의 보호 방법을 사용할 수 없다. 스레드 라이브러리에서 스레드 간 보호를 제공해야 프로세스 수준에서 보호가 가능하다.

2 커널 수준 스레드

커널 수준 스레드는 사용자 수준 스레드의 한계를 극복하는 방법으로, 커널이 스레드와 관련된 모든 작업을 관리한다(PCB와 TCB 유지). 한 프로세스에서 다수의 스레드가 프로세서를 할당받아 병행으로 수행하고, 스레드 한 개가 대기 상태가 되면 동일한 프로세스에 속한 다른 스레드로 교환이 가능하다. 이때도 커널이 개입하므로 사용자 영역에서 커널 영역으로 전환이 필요하다. 커널 수준 스레드에서는 [그림 3-21]과 같이 사용자 수준 스레드와 커널 수준 스레드가 일대일(1:1)로 매핑된다. 따라서 사용자 수준 스레드를 생성하면 이에 대응하는 커널 스레드를 자동으로 생성한다.

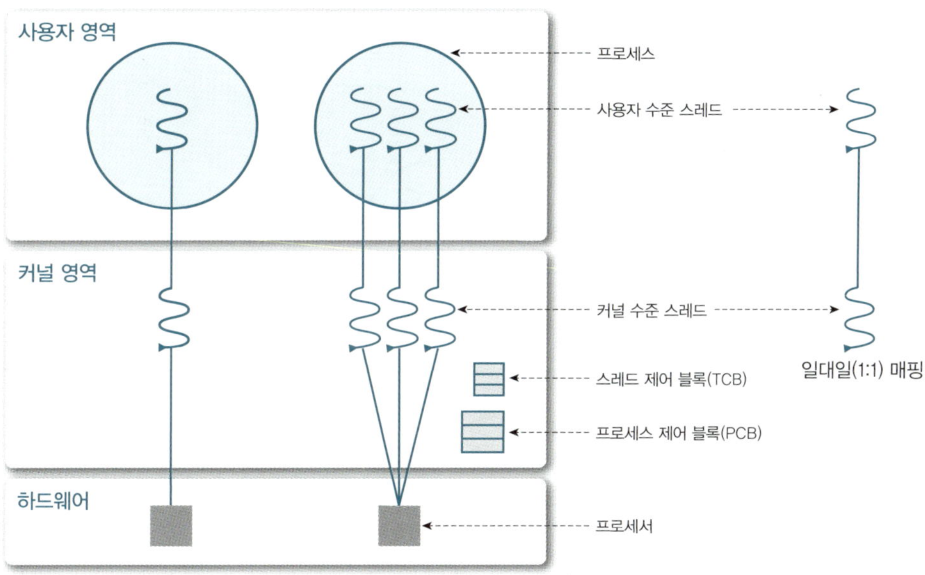

그림 3-21 커널 수준 스레드 : 일대일(1:1) 스레드 매핑

커널 수준 스레드는 커널이 직접 스케줄링하고 실행하기에 사용자 수준 스레드의 커널 지원이 부족한 문제를 해결할 수 있지만, 커널이 전체 프로세스와 스레드 정보를 유지하여 오버헤드가 커진다. 대신 커널이 각 스레드를 개별적으로 관리할 수 있어 동일한 프로세스의 스레드들을 병행으로 수행할 수 있다. 동일한 프로세스에 있는 스레드 중 한 개가 대기 상태가 되더라도 다른 스레드를 실행할 수 있다는 장점이 있다. 하지만 이 과정에서도 커널 영역으로 전환하는 오버헤드가 발생하고 스케줄링과 동기화를 하려면 더 많은 자원이 필요하다. 윈도우 NT · XP · 2000, 리눅스, 솔라리스 9 이상 버전의 운영체제가 커널 수준 스레드를 구현한다.

3 혼합형 스레드

혼합형 스레드는 사용자 수준 스레드와 커널 수준 스레드를 혼합한 구조이다. 이는 시스템 호출을 할 때 다른 스레드를 중단하는 다대일(n:1) 매핑의 사용자 수준 스레드와 스레드 수를 제한하는 일대일(1:1) 매핑의 커널 수준 스레드 문제를 극복하는 방법이다. 즉, 사용자 수준 스레드는 커널 수준 스레드와 비슷한 경량 프로세스[LWP]에 다대다(n:m)로 매핑되고, 경량 프로세스는 커널 수준 스레드와 일대일(1:1)로 매핑된다. 결국 다수의 사용자 수준 스레드에 다수의 커널 스레드가 다대다(n:m)로 매핑된다. 커널 수준 스레드는 디스패치하고 스케줄링하여 프로세서에서 실행한다. 반면에 경량 프로세스는 시스템 호출로 생성해서 커널 영역의 프로세스 문맥 안에서 실행하고, 커널로 독립적으로 스케줄링하여 다중 처리에서는 병렬로 실행한다.

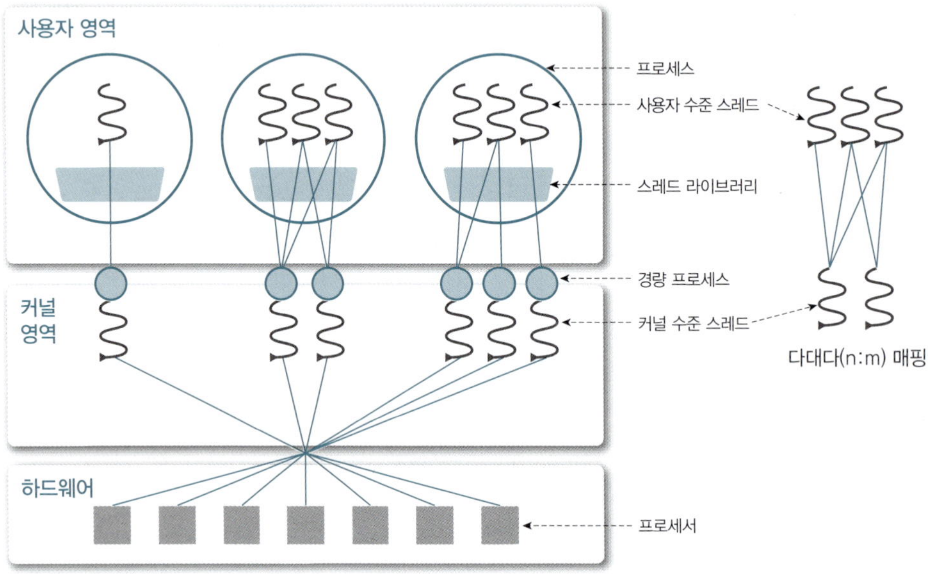

그림 3-22 혼합형 스레드 : 다대다(n:m) 스레드 매핑

프로세스 하나에는 경량 프로세스가 하나 이상 있고, 경량 프로세스에는 이에 대응하는 커널 스레드가 한 개 있다. 그리고 자원과 입출력 대기를 하려고 경량 프로세스 단위로 대기하므로 프로세스는 입출력을 완료할 때까지 대기할 필요가 없다. 어떤 경량 프로세스가 입출력 완료를 기다리더라도 동일한 프로세스에서 다른 경량 프로세스를 실행할 수 있기 때문이다.

[그림 3-22]의 각 프로세스를 하나씩 살펴보면 다음과 같다.

- **프로세스 1** : 사용자 수준 스레드 한 개를 경량 프로세스 하나에 연결한 모습으로, 전통적인 유닉스 단일 프로세스 형태이다.
- **프로세스 2** : 사용자 수준 스레드 3개가 더 적은 수인 경량 프로세스 2개에 매핑된 모습이다.
- **프로세스 3** : 사용자 수준 스레드 2개를 경량 프로세스 2개에 연결하거나 사용자 수준 스레드 한 개를 경량 프로세스 한 개에 연결한 모습이다. 이 중 사용자 수준 스레드 한 개와 연결한 경량 프로세스는 특정 프로세서 하나로 스케줄링하지 않는다. 사용자 수준 스레드는 스레드 라이브러리가 스케줄링하고 커널 스레드는 커널이 스케줄링하여, 커널이 사용자 수준 스레드와 커널 수준 스레드의 매핑을 적절히 조절한다.

이처럼 혼합형 스레드는 스레드 라이브러리가 최적의 성능을 지원하도록 커널이 경량 프로세스 수를 동적으로 조절하여 사용자 수준 스레드와 커널 수준 스레드가 다대다(n : m)로 매핑된다. 그리고 커널 영역에서 병렬 처리 정도를 이 매핑이 결정할 수 있어 병행 실행이 의미가 없을 때는 다대일(n : 1) 매핑도 사용할 수 있다. 그리고 스레드 풀링을 이용하여 일대일(1 : 1) 매핑으로 오버헤드를 줄일 수 있다. 솔라리스 9 이전 버전과 ThreadFiber 패키지가 있는 윈도우 NT · 2000 등 운영체제가 혼합형 스레드를 구현한다.

NOTE_ 스레드 풀링thread pooling

시스템이 관리하는 스레드의 풀pool을 응용 프로그램에 제공하여 스레드를 효율적으로 사용할 수 있게 하는 방법이다. 즉, 미리 생성한 스레드를 재사용하도록 하여 스레드를 생성하는 시간을 줄여서 시스템의 부담을 덜어 준다. 또 동시에 생성할 수 있는 스레드 수를 제한하여 시스템의 자원 소비를 줄여서 응용 프로그램의 전체 성능을 일정 수준으로 유지한다.

스레드는 중량 프로세스와 특징이 동일하면서도 매우 효율적이다. 예를 들어, 다중 스레드 시스템인 매크는 커널이 여러 개의 요청에 동시에 서비스하도록 할 수 있다. 이때 스레드 자신은 동기적이다. 현재 실행하는 스레드가 대기 상태가 되면 동일한 그룹에 있는 다른 스레드를 실행할 수 있다.

스레드의 기능은 다중 스레드와 다중 프로세스의 제어를 비교하여 이해하면 쉽다. 다중 프로세스에서는 각 프로세스를 다른 프로세스와 독립적으로 실행하고, 각각 프로그램 카운터, 스택, 레지스터, 주소 공간을 갖는다. 그러므로 프로세서가 하나인 시스템에서는 파일 서버가 디스크 입출력을 기다리는 동안 대기 상태가 될 수 있다. 동일한 주소 공간에서 서버 하나가 대기 상태에 있는 동안 독립적인 다른 서버를 만들 수 없기 때문이다. 그러나 스레드가 여러 개인 프로세스 하나는 서버 스레드 한 개가 대기 상태일 동안 동일 프로세스의 다른 스레드를 실행할 수 있다. 따라서 작업량이 증가하고 시스템 전체의 성능이 향상된다.

NOTE_ 다중 처리, 다중 프로그래밍, 다중 작업, 다중 스레드

- 다중 처리(멀티 프로세싱multiprocessing) : 프로세서 하나 이상이 서로 협력하여 일을 처리하는 것이다. 크고 복잡한 작업은 프로세서 하나보다는 병렬 처리 여러 개로 하는 것이 더 효율적이다. 이때 프로세서는 컴퓨터 한 대에 있을 수도 있고, 컴퓨터 여러 대에 있을 수도 있다. 따라서 다중 처리의 개념은 컴퓨터로 나누기보다는 프로세서 하나 이상이 작업을 병렬 처리하는 것으로 정의하면 좀 더 정확하다.
- 다중 프로그래밍(멀티 프로그래밍multiprogramming) : 프로세서가 입출력 작업의 응답을 대기할 동안 다른 프로그램을 실행할 수 있도록 하는 것이다. 요즘은 모든 운영체제에서 다중 프로그래밍을 지원하여 잘 사용하지는 않지만, 다중 작업과 그 개념이 비슷하여 혼동할 수 있다. 다시 말해, 다중 프로그래밍은 프로세서의 자원 낭비를 최소화하려고 낭비하는 시간을 다른 프로그램(프로세스) 실행에 사용하여 프로세서 하나에서 프로그램(프로세스) 여럿을 교대로 수행할 수 있게 하는 것이다.
- 다중 작업(멀티 태스킹multitasking) : 작업(프로그램이 하나 이상일 수도 있음)이 프로세서 하나에서 운영체제의 스케줄링에 따라 조금씩 번갈아 가면서 수행하는 것이다. 조금씩 아주 빠르게 동작하여 사용자는 마치 동시에 동작하는 것처럼 느낀다. 다중 프로그래밍이 자원 낭비를 최소화하려고 교대로 작업을 실행한다면, 다중 작업은 이를 좀 더 확장하여 정해진 시간 동안 교대로 작업을 수행한다. 최근에는 다중 프로그래밍보다는 다중 작업이라는 용어를 더 일반적으로 사용한다.
- 다중 스레드(다중 스레드multithread) : 프로세스 하나에서 스레드 여러 개를 동시에 실행하는 것이다. 이 스레드들은 공유 메모리 하나를 가져 서로 정보를 주고받는 데 제한이 없다. 반면에 다중 작업은 운영체제에서 지원하므로 서로 자원을 공유하지 못해 별도의 IPCInter-Process Communication를 구현하여 자원을 전달해야 하므로 다중 스레드에 비해 운영체제에 부담을 줄 수 있다. 하지만 다중 작업은 메모리를 독립적으로 수행할 수 있으므로 용도에 맞춰 이 둘을 적절히 사용하는 것이 좋다.

요약

01 프로세스의 개념

프로세스의 가장 일반적인 정의는 '실행 중인 프로그램'이다. 프로그램은 컴파일한 코드와 초기화 전역변수, 문자열과 문자열 상수 등 정적 데이터를 포함하는 정적인 개체이다. 반면에 프로세스는 스택, 힙 데이터와 코드 영역으로 구성된 메모리 구조와 프로그램 카운터나 레지스터처럼 현재 어떤 자원을 사용하는지 관련 정보가 들어 있는 동적인 개체이다.

02 프로세스의 상태

프로세스 상태는 프로세스의 현재 활동으로 정의한다. 프로세스의 상태는 크게 실행과 비실행 상태로 구분할 수 있고 준비, 실행, 대기 등으로 더 세분화할 수 있다.

03 프로세스 제어 블록

프로세스 제어 블록PCB, Process Control Block은 특정 프로세스 정보를 저장하는 데이터 블록이나 레코드이다. 프로세스가 생성되면 메모리에 프로세스 제어 블록을 생성하고, 프로세스가 실행을 종료하면 해당 프로세스 제어 블록도 삭제한다.

04 프로세스 문맥 교환

프로세스 문맥 교환은 인터럽트나 시스템 호출 등으로 실행 중인 프로세스의 제어를 다른 프로세스에 넘겨 실행 상태가 되도록 하는 것이다.

05 프로세스의 구조

프로세스는 실행 중에 새로운 프로세스를 생성할 수 있다. 프로세스를 새로 생성하는 프로세스는 부모 프로세스parent process이고, 생성되는 프로세스는 자식(서브) 프로세스child process이다. 이때 프로세스 생성 순서를 저장하고 부모-자식 관계를 유지하여 계층적으로 생성한다.

06 프로세스의 생성

프로세스를 생성하면 운영체제는 해당 프로세스에서 프로세스 제어 블록을 만들어 주소 공간을 할당한다. 일괄 처리 환경에서는 준비 큐에 작업이 도착할 때 프로세스를 생성하고, 대화형 환경에서는 새로운 사용자가 로그온log-on할 때 프로세스를 생성한다.

07 프로세스의 종료

프로세스가 마지막 명령을 실행하면 종료한다. 일괄 처리 환경에서는 작업 종료를 의미하는 신호로 인터럽트를 발생하거나 시스템 호출로 중단 명령을 전달하여 프로세스를 종료한다. 대화형 환경에서는 사용자가 로그오프log-off하거나 터미널을 닫으면 프로세스를 종료한다. 이외에도 오류로 프로세스를 종료할 수 있다.

08 프로세스의 제거

프로세스 제거는 프로세스를 파괴하는 것이다. 프로세스를 제거하면 사용하던 자원을 시스템에 돌려주고, 해당 프로세스는 시스템 리스트나 테이블에서 사라져 프로세스 제어 블록을 회수한다. 자식 프로세스는 부모 프로세스를 제거하면 자동으로 제거된다.

09 프로세스의 중단과 재시작

다중 프로그래밍 환경에서도 프로세서의 유휴시간이 발생한다. 입출력 동작이 일반 연산보다 느려 유휴 상태가 되거나 프로세서의 동작시간이 입출력보다 짧아 프로세스 문맥 교환이 일어난 후에도 기다리게 되어 유휴시간이 발생한다. 유휴시간 문제는 프로세스 중단(일시정지) 상태를 이용하여 해결할 수 있다. 중단 원인을 제거하여 다시 실행하는 것을 재시작이라고 한다.

10 프로세스의 우선순위 변경

프로세스 제어 블록의 우선순위 값을 변경할 수 있고, 프로세스 스케줄러는 준비 리스트의 우선순위를 이용하여 프로세스를 처리한다.

11 프로세스 문맥 교환

이전 프로세스의 상태 레지스터 내용을 보관하고 다른 프로세스의 레지스터를 적재하여 프로세스를 교환하는데, 이런 일련의 과정을 문맥 교환context switching이라고 한다.

12 스레드의 개념

프로세스는 두 가지 특성인 자원과 제어로 구분할 수 있다. 제어만 분리한 실행 단위를 스레드thread라고 한다. 프로그램 카운터PC와 스택 포인터SP 등을 비롯한 스레드 실행 환경 정보(문맥 정보), 지역 데이터, 스택을 독립적으로 가지면서 코드, 전역 데이터, 힙을 다른 스레드와 공유한다.

13 단일 스레드와 다중 스레드

스레드가 한 개인 단일 스레드와 스레드가 여러 개인 다중 스레드로 구분한다. 다중 스레드는 프로그램 하나를 여러 실행 단위로 쪼개어 실행한다는 측면에서 다중 처리(멀티 프로세싱)와 의미가 비슷하다. 하지만 동일 프로세스의 스레드는 자원을 공유하므로 자원 생성과 관리의 중복성을 최소화하여 실행 능력을 향상시킬 수 있다.

14 스레드 사용 방법

스레드를 사용자 수준에서 적용할 수 있고, 프로그램의 비동기적 요소를 구현하는 데 사용할 수도 있다. 실행 중인 스레드를 대기 상태로 바꾸고 제어를 다른 스레드로 옮기는 상태 변화를 이용하여 많은 요청을 효과적으로 처리할 수도 있다. 데이터베이스 시스템에서도 스레드를 활용할 수 있다.

15 스레드의 상태

스레드도 프로세스처럼 준비, 실행, 대기, 종료 상태로 구분한다. 한 프로세스에 있는 스레드는 순차적으로 실행하며, 해당 스레드의 정보를 저장하는 레지스터와 스택이 있다.

16 스레드 제어 블록

스레드 제어 블록은 프로세스 제어 블록과 같은 레지스터 값, 프로그램 카운터, 스택 포인터, 스케줄링 상태 외에도 스레드 ID와 해당 스레드를 포함하는 프로세스 포인터 같은 특정 값도 저장한다.

17 스레드의 구현

사용자 수준 스레드는 스레드 라이브러리를 이용하여 작동하고, 사용자 영역에 있는 스레드 여러 개가 커널 영역의 스레드 한 개에 다대일(n : 1)로 매핑된다. 커널 수준 스레드는 커널(운영체제)에서 지원하고, 사용자 영역 스레드별로 커널 영역 스레드가 일대일(1 : 1)로 매핑된다. 이 둘을 혼합한 형태가 혼합형 스레드로 사용자 영역에서 스레드를 생성하고, 다수의 사용자 수준 스레드에 다수의 커널 스레드가 다대다(n : m)로 매핑된다.

연습문제

01 프로세스process를 바르게 설명한 것끼리 나열한 것은?

㉠ 실행 가능한 PCB가 있는 프로그램
㉡ 프로세서가 할당하는 개체로 디스패치가 가능한 단위
㉢ 목적 또는 결과에 따라 발생하는 사건들의 과정
㉣ 동기적 행위를 일으키는 주체

① ㉠, ㉡, ㉢ ② ㉠, ㉡, ㉣
③ ㉠, ㉢, ㉣ ④ ㉡, ㉢, ㉣

02 프로세스 제어 블록을 가지고, 현재 실행 중이거나 곧 실행 가능하고, 프로세서CPU를 할당받을 수 있는 프로그램으로 정의할 수 있는 것은?

① 작업 집합 ② 세그먼테이션
③ 모니터 ④ 프로세스

03 프로세스의 정의로 적당하지 않은 것은?

① 하드웨어로 사용하는 입출력장치
② 실행 중인 프로그램
③ 운영체제에 프로세스 제어 블록의 존재로 명시되는 것
④ 프로세서를 할당하는 개체

04 다음은 무엇을 정의한 것인가?

- 실행 중인 프로그램
- 비동기적 행위를 일으키는 주체
- 프로시저가 활동 중인 것
- PCB를 가진 프로그램

① process ② working set
③ monitor ④ semaphore

05 프로세스process의 정의에 대한 설명 중 옳지 않은 것은?

① 동기적 행위를 일으키는 주체 ② 실행 중인 프로그램
③ 프로시저가 활동 중인 것 ④ 운영체제가 관리하는 실행 단위

06 프로세스의 정의를 바르게 설명한 것끼리 나열한 것은?

㉠ 프로시저가 활동 중인 것
㉡ PCB를 가진 프로그램
㉢ 동기적 행위를 일으키는 존재
㉣ 프로세서를 할당하는 실체

① ㉠, ㉡
② ㉠, ㉣
③ ㉠, ㉡, ㉣
④ ㉠, ㉡, ㉢, ㉣

07 프로세스process에 대한 설명이 아닌 것은?

① 실행 가능한 PCB를 가진 프로그램
② 더 이상 계속할 수 없는 어떤 특정 사건을 기다리고 있는 상태
③ 프로세서가 할당하는 개체로 디스패치가 가능한 단위
④ 목적 또는 결과에 따라 발생되는 사건들의 과정

08 프로세스의 개념으로 거리가 먼 것은?

① 실행 중인 프로그램
② 프로세서에 할당되어 실행될 수 있는 개체
③ 프로그램이 활성화된 상태
④ 동시에 실행될 수 있는 프로그램의 집합

09 다음은 무엇을 정의한 것인가?

- 실행 중인 프로그램
- 커널에 등록하고 커널의 관리하에 있는 작업
- 각종 자원들을 요청하고 할당받을 수 있는 개체

① processor
② locality
③ process
④ page

10 프로세스process에 대한 설명으로 옳지 않은 것은?

① 트랩 오류, 프로그램 요구, 입출력 인터럽트에 조치를 취한다.
② 비동기적 행위를 일으키는 주체로 정의할 수 있다.
③ 실행 중인 프로그램을 말한다.
④ 프로세스는 각종 자원을 요구한다.

11 프로세스 상태 변화에 관련된 설명이다. 옳지 않은 것은?

① 준비 리스트에 있는 프로세스와 대기 상태에 있는 프로세스는 각각 우선순위가 주어진다.
② 준비 리스트에 있는 프로세스는 일정 시간이 지나면 실행 상태로 변한다.
③ 준비 리스트의 맨 앞에 있던 프로세스가 프로세서를 취하는 것을 디스패칭이라고 한다
④ 대기(보류) 리스트에 있는 리스트는 프로세스 스스로가 아닌 외적 조건 때문에 프로세스 상태 변화가 일어난다.

12 프로세스가 프로세서를 점유하는 상태는?

① 실행running 상태 ② 준비ready 상태
③ 대기(보류)block 상태 ④ 깸wake up 상태

13 하나의 프로세스가 시스템에 존재하는 동안 그 프로세스는 여러 상태를 거친다. 프로세스 상태 변화에 관련된 설명으로 옳지 않은 것은?

① 디스패칭dispatching : 준비 상태 → 실행 상태
② 대기(보류) 상태block : 실행 상태 → 대기(보류) 상태
③ 깸wake up : 대기 상태 → 실행 상태
④ 할당 시간 종료time out : 실행 상태 → 준비 상태

14 PCBProcess Control Block에 대한 설명으로 틀린 것은?

① 각각의 프로세스에는 모두 PCB가 있다.
② PCB를 위한 공간은 시스템이 최대 수용할 수 있는 프로세스 수를 기본으로 하여 동작 공간을 할당한다.
③ 프로세스의 중요한 상태 정보가 들어 있다.
④ 프로세스를 소멸해도 해당 PCB는 제거하지 않는다.

15 PCBProcess Control Block가 갖고 있는 정보가 아닌 것은?

① 할당되지 않은 주변장치의 상태 정보
② 프로세스의 현재 상태
③ 프로세스 고유 식별자
④ 스케줄링 및 프로세스의 우선순위

16 PCB^Process Control Block^가 포함하는 정보가 아닌 것은?

① 프로세스의 현 상태
② 중앙처리장치 레지스터 보관 장소
③ 할당된 자원에 대한 포인터
④ 프로세스의 사용 빈도

17 PCB에 대한 설명으로 옳지 않은 것은?

① PCB에는 프로세스 식별 번호, 프로세스 상태 정보, CPU 레지스터 정보 등이 수록되어 있다.
② 적절한 응답시간을 보장하므로 일괄 처리 시스템에 유용하다.
③ 운영체제가 프로세스를 관리하려고 필요한 정보를 수록한다.
④ Process Control Block을 의미한다.

18 PCB^Process Control Block^에 포함되는 정보가 아닌 것은?

① 프로세스의 현 상태
② 프로세스 고유 구별자
③ 프로세스의 우선순위
④ 파일 할당 테이블^FAT^

19 PCB^Process Control Block^에 포함되는 정보가 아닌 것은?

① 프로세스 처리기 종류
② 프로세스 현 상태
③ 프로세스 고유한 식별자
④ 프로세스 우선순위

20 PCB^Process Control Block^가 가지고 있는 정보가 아닌 것은?

① 프로세스 상태
② 프로그램 카운터
③ 프로세서(처리기) 레지스터
④ 할당되지 않은 주변장치의 상태 정보

21 프로세스 제어 블록^Process Control Block^에 대한 설명 중 옳지 않은 것은?

① 프로세서의 현 상태와 우선순위를 알 수 있다.
② 프로세스에 할당된 자원 정보가 있다.
③ 부모 프로세스와 자식 프로세스는 프로세스 제어 블록을 공유한다.
④ 프로세스를 생성할 때마다 생성되며, 프로세스를 소멸해도 소멸되지 않는다.

22 프로세스 제어 블록Process Control Block에 대한 설명으로 옳지 않은 것은?

① 프로세스에 할당된 자원 정보가 있다.

② 프로세스의 우선순위 정보가 있다.

③ 부모 프로세스와 자식 프로세스는 PCB를 공유한다.

④ 프로세스의 현 상태를 알 수 있다.

23 프로세스 제어 블록Process Control Block에 대한 옳은 설명으로만 짝지어진 것은?

㉠ 부모 프로세스와 자식 프로세스는 PCB를 공유한다.
㉡ 프로세스에 할당된 자원 정보가 있다.
㉢ 프로세스의 우선순위 정보가 있다.
㉣ 프로세스의 현 상태를 알 수 있다.

① ㉠, ㉡　　② ㉠, ㉢, ㉣

③ ㉡, ㉢, ㉣　　④ ㉠, ㉡, ㉢, ㉣

24 다중 프로그래밍 환경에서 어떤 프로그램의 실행을 중단하고 다른 프로그램의 실행을 재개할 때 그 프로그램의 재개에 필요한 환경을 다시 설정하는 것으로, 운영체제에서 오버헤드의 큰 요인 중 하나로 작용하는 것은?

① 문맥 교환context switching　　② 모니터monitor

③ 세마포semaphore　　④ 디스패치dispatch

25 다중 프로그래밍 시스템에서 운영체제가 프로세서를 할당하는 프로세스를 변경하려고 현재 프로세서를 사용하여 실행하는 프로세서의 상태 정보를 저장하며, 제어를 인터럽트 서비스 루틴에 넘기는 작업은?

① 세마포semaphore　　② 모니터monitor

③ 상호배제mutual exclusion　　④ 문맥 교환context switching

26 다중 프로그래밍 시스템에서 CPU가 할당되는 프로세스를 변경하려고 현재 CPU를 사용하여 실행하는 프로세스의 상태 정보를 저장하며, 앞으로 실행될 프로세스의 상태 정보를 설정한 후 CPU를 할당하여 실행되도록 하는 것은?

① working set　　② context switching

③ locality　　④ thread

27 특정 프로세서의 작업을 중단하여 CPU를 다른 프로세스에 넘겨줄 때 이전 프로세서의 레지스터들은 저장하고, 실행될 프로세스의 레지스터를 시스템에 적재하는 작업은?

① dispatch ② wake up
③ context switching ④ suspended

28 프로세스에서 실행의 개념만을 분리하여 제어의 흐름만 의미한다. 프로세스의 구성을 제어의 흐름 부분과 실행 환경 부분으로 나눌 때, 실행 부분을 담당하여 실행의 기본 단위가 되는 것은?

① working set ② PCB
③ 스레드thread ④ 세그먼트segment

29 프로세스 안에서 작업 단위로, 시스템의 여러 자원을 할당받아 실행하는 프로그램의 단위를 의미하는 것은?

① thread ② working set
③ semaphore ④ monitor

30 스레드에 대한 설명으로 틀린 것은?

① 프로세스 내부에 포함되는 스레드는 공통적으로 접근 가능한 기억장치를 이용하여 효율적으로 통신한다.
② 스레드란 프로세스보다 더 작은 단위로, 다중 프로그래밍을 지원하는 시스템에서 CPU에 보내 실행하는 또 다른 단위를 의미한다.
③ 프로세스가 스레드 여러 개로 구성되어 있을 때, 프로세스 하나를 구성하고 있는 스레드 여러 개는 모두 공통적인 제어 흐름을 갖는다.
④ 상태는 하나의 연관된 스레드 집단이 기억장치나 파일과 같은 자원을 공유하여 절감할 수 있다.

31 스레드에 대한 설명으로 틀린 것은?

① 하드웨어, 운영체제의 성능과 응용 프로그램의 처리율을 향상시킬 수 있다.
② 실행 환경을 공유하므로 기억장소의 낭비가 줄어든다.
③ 프로세스 하나에는 스레드가 한 개만 존재한다.
④ 프로세스 간 통신이 향상된다.

32 스레드thread에 대한 설명으로 옳지 않은 것은?

① 프로세스 내부에 포함되는 스레드는 공통적으로 접근 가능한 기억장치를 이용하여 효율적으로 통신한다.

② 다중 스레드 개념을 도입하면 자원의 중복 할당을 방지하고 훨씬 작은 자원만으로도 작업을 처리할 수 있다.

③ 프로세스 하나를 구성하고 있는 스레드 여러 개는 공통적인 제어 흐름을 가지며, 각종 레지스터 및 스택 공간들은 모든 스레드가 공유한다.

④ 프로세스 하나를 스레드 여러 개로 생성하여 병행성을 증진할 수 있다.

33 스레드thread에 대한 설명으로 옳지 않은 것은?

① 프로세스 하나는 스레드 여러 개를 가질 수 없다.

② 커널 스레드는 운영체제를 이용하여 스레드를 운용한다.

③ 사용자 스레드는 사용자가 만든 라이브러리를 이용하여 스레드를 운용한다.

④ 스레드를 사용하여 하드웨어, 운영체제의 성능과 응용 프로그램의 처리율을 향상시킬 수 있다.

34 스레드에 대한 설명으로 거리가 먼 것은?

① 스레드 하나는 상태를 줄인 경량 프로세스라고도 한다.

② 프로세스 내부에 포함되는 스레드는 공통적으로 접근 가능한 기억장치를 이용하여 효율적으로 통신한다.

③ 스레드를 사용하면 하드웨어, 운영체제의 성능과 응용 프로그램의 처리율을 향상시킬 수 있다.

④ 프로세스 하나에는 스레드가 여러 개 있을 수 없다.

35 스레드에 대한 설명으로 옳지 않은 것은?

① 단일 프로세스를 다수의 스레드로 생성하여 병행성을 증진시킬 수 있다.

② 실행 환경을 공유하기에 기억장소의 낭비가 줄어든다.

③ 프로세스의 생성이나 문맥 교환 등 과부하를 줄여 운영체제 성능을 개선한다.

④ 사용자 수준의 스레드는 커널의 효율적인 서비스를 받을 수 있어 속도가 개선된다.

36 스레드에 대한 설명으로 옳지 않은 것은?

① 스레드는 하나의 프로세스 안에서 병행성을 증대시키는 메커니즘이다.

② 스레드는 프로세스의 일부 특성을 갖고 있기 때문에 경량 프로세스LWP, Light Weight Process라고도 한다.

③ 스레드는 동일 프로세스 환경에서 서로 독립적인 다중 수행이 불가능하다.

④ 스레드 기반 시스템에서 스레드는 독립적인 스케줄링의 최소 단위로서 프로세스의 역할을 담당한다.

37 스레드의 특징으로 옳지 않은 것은?

① 실행 환경을 공유하므로 기억장소의 낭비가 줄어든다.

② 프로세스 외부에 존재하는 스레드도 있다.

③ 프로세스 하나를 스레드 여러 개로 생성하여 병행성을 증진시킬 수 있다.

④ 프로세스 간 통신을 향상시킬 수 있다.

38 프로세스를 사용자 관점과 시스템 관점으로 구분하여 설명하시오.

39 메모리에 있는 프로세스 주소 공간의 구성 요소와 그 역할을 설명하시오.

40 프로세스가 그림과 같이 3상태 사이를 각 화살표처럼 이동하는 원인을 간단히 설명하시오. 발생(이동)하지 않으면 N/A로 표시하시오.

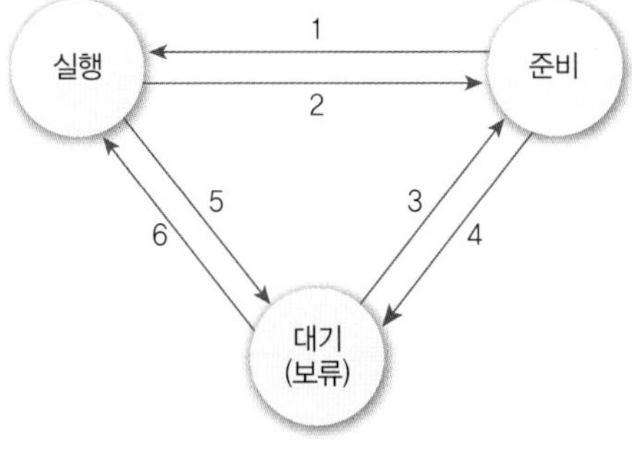

41 프로세스 중단(서스펜드)과 재시작은 언제 발생하는가?

42 프로세스 제어 블록PCB에 저장하는 정보는?

43 프로세스에는 스레드가 하나 이상 있으며, 병렬로 수행된다. 스레드를 이용하면 얻는 이점을 기술하시오.

44 프로세스의 3상태 변화 그림을 그리고, 각 상태를 간략하게 설명하시오.

45 사용자 수준 스레드와 커널 수준 스레드의 차이는? 그리고 각 구현 방법은 언제 더 효과적인가?

46 스레드를 생성할 때 사용하는 자원은? 이것은 프로세스를 생성할 때와 어떻게 다른가?

47 프로세스를 종료하는 과정을 예로 들어 설명하시오.

48 인터럽트와 트랩의 차이를 설명하시오.

49 문맥 교환과 발생하는 시기를 기술하시오.

50 사용자 수준 스레드의 장단점을 설명하시오.

51 마이크로 커널 구조 운영체제를 설명하고, 장단점을 기술하시오.

52 동일한 프로세스의 스레드 사이에서 ① 스택 ② 데이터 세그먼트 ③ 힙 중 무엇을 공유하는가?

53 프로세스 제어 블록PCB의 목적과 운영체제는 언제 업데이트하고 판독read하는가?

54 일대일(1:1) 스레딩 모델과 다대일(n:1) 스레딩 모델의 차이점과 일대일(1:1) 스레딩 모델을 선호하는 이유를 설명하시오.

55 프로세스와 스레드의 차이를 설명하시오.

Chapter 04

병행 프로세스와 상호배제

학습목표

- 병행성의 원리를 이해한다.
- 병행 프로세스 수행과 관련하여 상호배제를 해결하는 방법을 알아본다.

01 병행 프로세스

1 병행 프로세스의 개념

컴퓨터는 프로그램 작업을 수행하는 데 사용할 수 있는 여러 자원으로 구성된다. 예를 들어, 실제로 명령을 실행하는 프로세서, 데이터를 저장하는 데 사용하는 메인 메모리, 프로세서의 임시 저장소인 레지스터, 프로세서가 자주 접근하는 캐시cache, 프로그램을 영구적으로 저장하는 디스크 등 메모리와 키보드 · 마우스 · 프린터 등 입출력장치, 네트워크 포트 등이 있다. 이 중 메모리 같은 자원은 공유 영역을 모든 프로세스가 동시에 공유한다([그림 4-1] 참조). 즉, 이 메모리 자원은 공유 영역에서 병렬parallel로 사용한다. 반면에 입출력장치 일부나 프로세서는 한 번에 프로세스 하나만 사용할 수 있는 공유 자원이다.

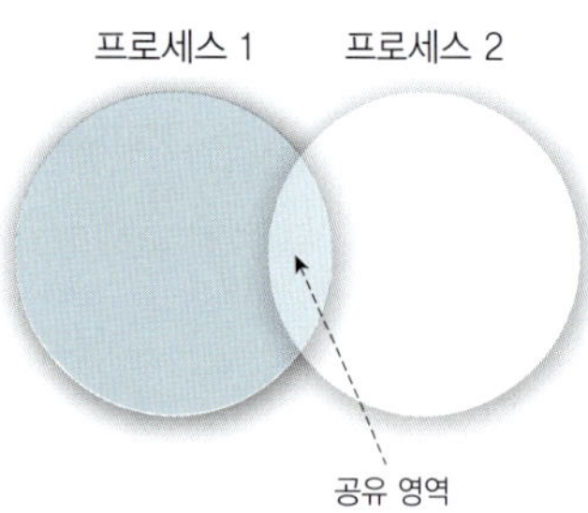

그림 4-1 메모리의 공유 영역

프로세서 하나는 한 번에 프로세스 하나만 실행할 수 있다. 하지만 운영체제가 프로세서를 빠르게 전환하여 프로세서 시간을 나눠서 마치 프로세스 여러 개를 동시에 실행하는 것처럼 보이게 하는 것을 병행 프로세스라고 한다. 병행 프로세스는 단일 처리 시스템에서 서로 독립적으로 작업을 수행하는 독립 프로세스, 다른 프로세스와 협력하면서 특정 기능을 수행하는 비동기적 병행 프로세스인 협력 프로세스로 구분한다.

■ 독립 프로세스

독립 프로세스는 단일 처리 시스템에서 수행하는 병행 프로세스로, 다른 프로세스에 영향을 주고받지 않으면서 독립적으로 실행한다. 그래서 다른 프로세스, 데이터와 상태를 공유하지 않고 동작도 재현할 수 있다. 또 주어진 초깃값에 따라 항상 동일한 결과를 보여 주고, 중지했다가 변동 사항 없이 다시 시작할 수 있다. 다음은 프로세서에서 독립적으로 실행할 수 있는 프로세스 예이다.

- **단일 프로그래밍** : 프로세서를 사용 중이던 프로세스를 완료한 후 다른 프로세스를 실행한다.
- **다중 프로그래밍** : 프로세스 여러 개가 프로세서 하나를 공유한다. 공유하지 않는 상태일 때 디스패치 순서는 상관없다.
- **다중 처리** : 프로세서를 2개 이상 사용하여 동시에 프로그램 여러 개를 병렬로 실행한다. 프로세스는 한 번에 프로세서 하나에서 실행하지만, 동일한 시스템에서는 서로 다른 시간에 서로 다른 프로세서에서 실행할 수 있다.

■ 협력 프로세스

협력 프로세스는 다른 프로세스에 영향을 주고받으며, 즉 상호작용하며 특정 기능을 수행하는 비동기적 프로세스이다. 대개 제한된 컴퓨터 자원의 효율성을 증대하고, 계산 속도를 향상시키고, 모듈적 구성을 강화하고, 개별 사용자가 여러 작업을 동시에 수행할 수 있는 편의성을 제공하는 데 사용한다. 간단한 예는 두 프로세스가 동일한 파일을 사용할 때이다. 프로세스 하나가 파일에서 읽기를 수행하는 동안 다른 프로세스가 해당 파일에 쓰기를 하면 서로 영향을 받는다.

병행 프로세스들이 입출력장치, 메모리, 프로세서, 클록 같은 자원을 서로 사용하려고 하면 충돌이 발생한다. 그런데 이런 자원들은 다른 프로세스의 영향을 받거나 상태가 변하면 안 되므로 프로세스는 다음 세 가지 형태로 상호작용한다.

❶ 프로세스는 서로 인식하지 못하는 경쟁 관계를 유지한다. 다중 프로그래밍 환경이 대표적인 예로, 운영체제가 자원 경쟁을 고려하여 동일한 디스크나 프린터로 접근을 조절한다.

❷ 프로세스는 입출력 버스를 비롯한 개체를 공유하는 단계에서 간접적으로 서로의 관계를 인식한다. 이때 다른 프로세스에서 얻은 정보에 의존할 수 있고, 프로세스의 타이밍에 영향을 받을 수 있다. 그러므로 프로세스들은 개체 공유에 따른 협력이 필요하다.

❸ 프로세스에는 서로를 인식하고 프로세스끼리 통신할 수 있는 기본 함수가 있다. 프로세스가 서로 협력 관계에 있으면 직접 통신이 가능하고 병행해서 함께 동작할 수 있다.

특히 경쟁 관계에 있는 프로세스들은 서로 정보를 교환하지 않지만, 한 프로세스의 수행이 나머지 프로세스의 수행에 영향을 미칠 수 있어 상호배제가 필요하다.

NOTE_ 병행성과 병렬성

병행성과 병렬성은 둘 다 대략적으로 '동일한 시간 동안 여러 프로세스를 동시 실행'이라는 의미를 담고 있다. 하지만 둘은 전혀 다르다. 먼저 병렬성을 기반으로 한 병렬 컴퓨팅은 다중 프로세서 시스템에서 동일한 시간에 별도의 프로세서에서 실행하는 것이다. 반면에 병행성을 기반으로 한 동시 컴퓨팅은 프로세스 수명이 겹치는 것이지 모두 동일한 시간에 실행할 필요는 없다. 예를 들어, 병행 프로세스는 시분할로 각 프로세스의 실행 단계를 전환하여 어느 한순간에는 프로세스 하나를 실행하도록 하는 방법으로, 단일 프로세서 시스템에서도 가능하다.

2 병행 프로세스의 해결 과제

병행성은 여러 프로세스를 이용하여 작업을 수행하는 것으로, 다중 처리 시스템, 분산 처리 시스템뿐만 아니라 단일 프로세서로 운영하는 다중 프로그래밍 시스템에서도 매우 중요하다. 특히 다중 처리 시스템에서는 각 프로세서의 오버헤드를 줄여 유효성을 증대시키는데, 명령어 여러 개를 세분화하여 동시에 처리하려면 프로세서들을 연결하고 상호작용을 제어해야 한다. 이처럼 병행성은 시스템의 신뢰도를 높이고 처리 속도를 개선하여 처리 능력을 높이는 데 매우 중요한데, 다음 몇 가지 문제를 해결해야 한다.

- 공유 자원을 상호 배타적으로 사용해야 한다. 예를 들어, 프린터, 통신망 등은 한순간에 프로세스 하나만 사용해야 한다.
- 병행 프로세스 간에는 협력이나 동기화가 되어야 한다. 상호배제도 동기화의 한 형태이다.
- 두 프로세스 사이에서는 데이터를 교환할 수 있도록 통신이 되어야 한다.
- 프로세스는 동시에 수행하는 다른 프로세스의 실행 속도와 관계없이 항상 일정한 실행 결과를 보장하도록 결정성determinacy을 확보해야 한다.
- 교착 상태를 해결하고 병행 프로세스들의 병렬 처리 능력을 극대화해야 한다.
- 실행 검증 문제를 해결해야 한다.
- 병행 프로세스를 수행하는 과정에서 발생하는 상호배제, 즉 어떤 프로세스가 작업을 실행 중일 때 나머지 프로세스는 그것과 관련된 작업을 수행할 수 없도록 보장해야 한다.

다중 처리 시스템에서는 프로세서들이 모든 입출력장치와 메모리를 참조할 수 있어 동시에 동일한 자원에 접근할 때 충돌이 발생할 수 있다. 따라서 프로세서 간의 충돌을 해결하는 방법이 필요하다.

여기서는 선행 그래프를 이용하여 프로세스들이 운영체제의 지원 없이 상호배제를 책임지는 소프트웨어적인 방법을 소개한다. 상호배제를 시도한 미완성된 형태부터 시작하여 점차 완성된 순으로 상호배제의 개념을 이해한다. 다음 이어지는 두 절에서 상호배제의 개념을 좀 더 깊이 살펴본 후 몇 가지 상호배제 방법을 하나씩 소개할 것이다.

3 선행 그래프와 병행 프로그램

프로세스들이 선행 그래프를 이용하여 상호배제를 보장하는 방법을 살펴보기 전에 프로그래밍 언어에서 문장 간의 선행 관계를 그래프로 표현하는 선행 그래프의 개념과 종류를 먼저 살펴보자.

3.1 선행 그래프

프로세스는 프로세스 집합과 이것의 선행 제약precedence constraint 두 가지 요소로 정의할 수 있다. 선행 제약은 프로세스를 순서대로 다른 상태로 옮기는 것이다. 예를 들어, 프로세스 P_1, P_2, ……, P_n이 있고 선행 제약이 $P_i < P_j$이면, 프로세스 상태는 P_i에서 P_j로 옮겨 간다. 그러므로 $P_i < P_j$이고 $P_j < P_k$이면, $P_i < P_k$가 된다. 두 프로세스에 선행 제약이 없으면 이 둘은 독립적이라서 병행 실행이 가능하다.

선행 그래프precedence graph는 선행 제약을 논리적으로 표현한 것이다. 노드 i에서 노드 j로 활동 j를 시작하기 전에 활동 i를 완료해야 한다는 순차적 활동을 표현하는 방향성 비순환 그래프이다. 선행 그래프에서 노드는 소프트웨어 작업이거나 동시에 실행할 수 있는 프로그램 명령일 수 있다.

다음은 간단한 산술 연산을 수행하는 알고리즘과 이것의 선행 그래프이다.

a := x + y; → S_1
b := z + 1; → S_2
c := a - b; → S_3
w := c + 1; → S_4

(a) 알고리즘

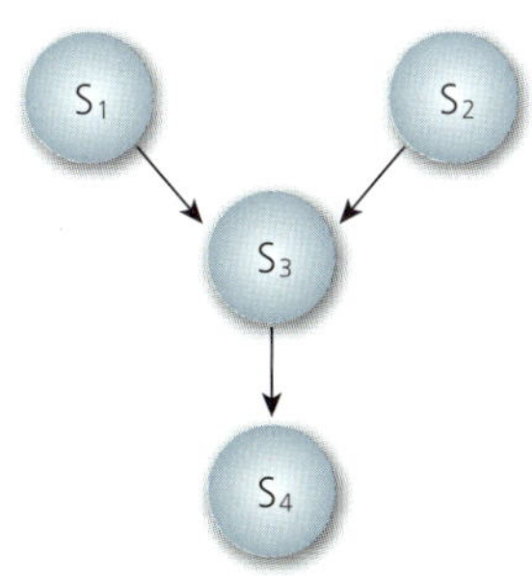

(b) 선행 그래프

그림 4-2 간단한 산술 연산의 알고리즘과 선행 그래프

알고리즘의 의미는 [그림 4-2]의 (a)와 같다. 이처럼 단일 프로그램에서도 여러 문장에 선행 제약이 들어 있다.

- S_1과 S_2는 서로 독립적이므로 동시에 수행할 수 있다.
- S_3은 a 값과 b 값을 할당받기 전에 수행하면 안 된다.
- S_4는 c 값을 계산하기 전에 수행할 수 없다.

[그림 4-2]의 (a)에서 알고리즘의 일부를 병행 수행하려면, 프로세서 하나에 기능 단위를 여러 개 두거나 프로세서를 여러 개 사용한다. 특히 프로세서를 여러 개 사용하면 여러 문장을 동시에 수행할 수 있어 총 수행 시간을 줄일 수 있다.

선행 그래프는 각 문장에 대응하는 노드를 비순환 그래프로 나타낸다. 노드 S_i에서 노드 S_j로 가는 연결선edge은 문장 S_i를 완전히 수행한 후 문자 S_j를 수행했음을 의미한다. 선행 그래프와 선행 관계는 다음과 같다.

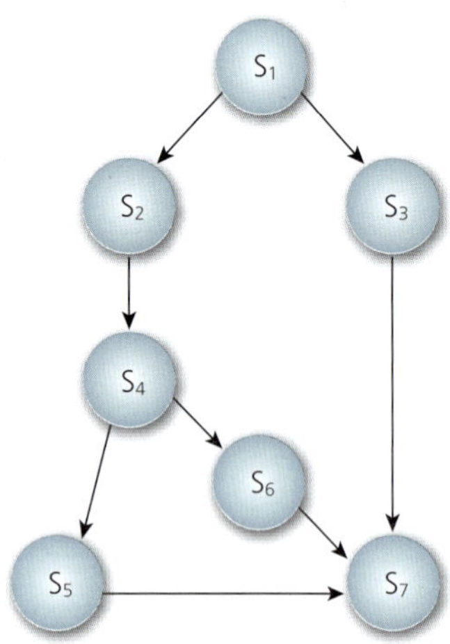

(a) 선행 그래프

- S_2와 S_3은 S_1이 끝난 후에 수행한다.
- S_4는 S_2가 끝난 후에 수행한다.
- S_5와 S_6은 S_4가 끝난 후에 수행한다.
- S_7은 S_5, S_6, S_3이 끝난 후에 수행하고, S_3은 S_2, S_4, S_5, S_6과 병행하여 수행할 수 있다.

(b) 선행 관계

그림 4-3 비순환 선행 그래프와 선행 관계 예

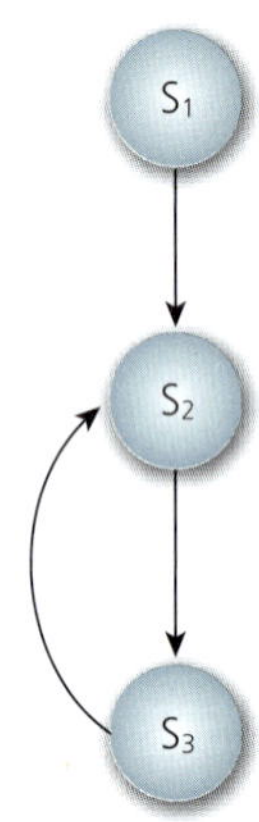

그림 4-4 순환 선행 그래프

이처럼 선행 그래프는 비순환적이어야 한다. [그림 4-4]와 같은 순환 선행 그래프에서 S_3은 S_2가 끝난 후에 수행할 수 있고, S_2는 S_3이 끝난 후에만 수행할 수 있다는 선행 관계가 있다. 그런데 이 제약은 동시에 만족할 수 없는데, 수행 순서를 정의할 수 없어 모순이 발생한다.

3.2 fork와 join 구조

선행 그래프는 연산의 선행 제약을 정의하는 데 유용하지만, 2차원이라 프로그램에는 사용하기가 어렵다. 그러므로 프로그램에 선행 관계를 명시하려면 fork와 join 구조, 병행 문장(parbegin/parend) 등 다른 방법이 필요하다.

fork와 join 구조는 콘웨이Conway(1963년)와 데니스Dennis (1966년), 혼Van Horn(1966년)이 소개했다. fork와 join 두 명령어를 사용하여 최초로 병행을 언어적으로 표현했다.

먼저 fork 명령어부터 살펴보자. 프로그램에서 fork L 문장을 사용하면 병행 프로세스를 2개 만든다. 하나는 레이블이 L인 문장에서 수행을 시작하고, 다른 하나는 fork 명령어 바로 다음 문장에서 시작한다. 예를 들어, [그림 4-5]의 알고리즘에서 fork L 문장을 수행하면 새로운 연산 프로세스를 S_3에서 시작한다. 이는 S_2에서 시작하는 연산 프로세스와 병행하여 수행한다. 이처럼 fork 명령어는 단일 연산을 독립 연산 2개로 분할한다.

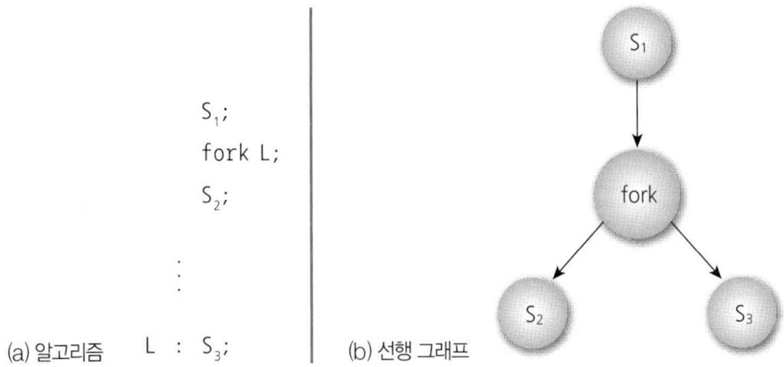

그림 4-5 fork 구조의 알고리즘과 선행 그래프

join 명령어는 병행 연산 2개를 하나로 결합하는 방법을 제공한다. 연산 2개를 수행 중이라고 할 때 이 둘의 속도가 다르므로 둘 중 하나는 join을 먼저 수행하고 join 후에 다른 연산을 수행한다. 연산 3개를 합쳐야 한다면 연산 2개가 끝난 후 join한 결과와 나머지 연산을 join한다. 따라서 마지막 연산 하나를 남기고 나머지 연산을 모두 끝내려면 연산 수를 알아야 하므로 이를 매개변수로 명시한다.

예를 들어, count 매개변수가 있는 join 명령어를 수행하는 방법은 다음과 같다. count는 0이 아닌 정수 값이고, quit는 count의 계산 수행을 종료하는 명령어이다. join할 연산이 2개라면 매개변수 count의 초깃값은 2가 될 것이다.

```
…
count := count - 1;
if count = 0 then quit;
```

join 명령어는 단위적으로 수행해야 한다. 즉, join 문장 2개를 병행 수행하는 것은 두 문장을 임의의 순서로 순차적으로 수행하는 것과 같다. 예를 들어, [그림 4-6]을 살펴보자.

(a) 알고리즘

```
      count := 2;
      fork L1;
      :
      S1;
      goto L2;
L1 :  S2;
L2 :  join count;
      S3;
```

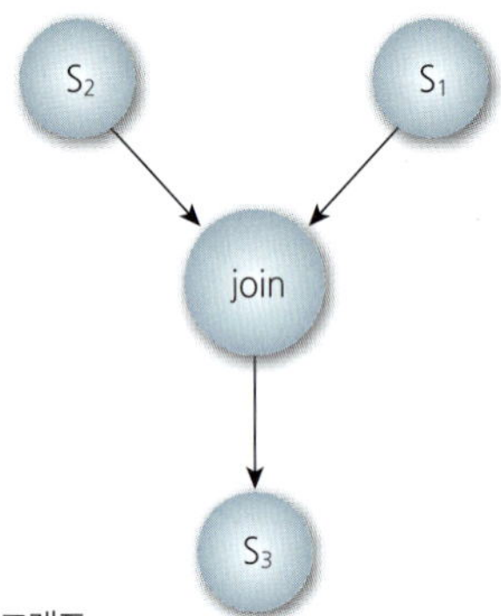

(b) 선행 그래프

그림 4-6 join 구조의 알고리즘과 선행 그래프

이처럼 join 문장을 수행하면 여러 병행 수행을 합치므로 [그림 4-2]의 산술 연산을 fork 명령어와 join 명령어를 이용하여 다음과 같이 시작할 수 있다.

(a) 알고리즘

```
      count := 2;
      fork L1;
      a := x + y;
      goto L2;
L1 :  b := z + 1;
L2 :  join count;
      c := a - b;
      w := c + 1;
```

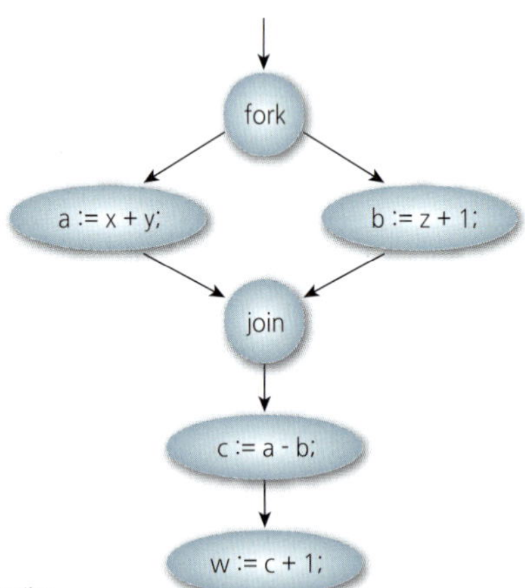

(b) 선행 그래프

그림 4-7 산술 연산에서 fork와 join 구조의 알고리즘과 선행 그래프

그리고 [그림 4-3]의 선행 그래프를 fork와 join 구조로 표현한 알고리즘은 [그림 4-8]과 같다. 여기서 join 노드는 유일하게 S_7 하나이므로 join 문장이 하나 필요하고, 유입 정도는 3이다. 그리고 join에서 count의 초깃값은 3이다.

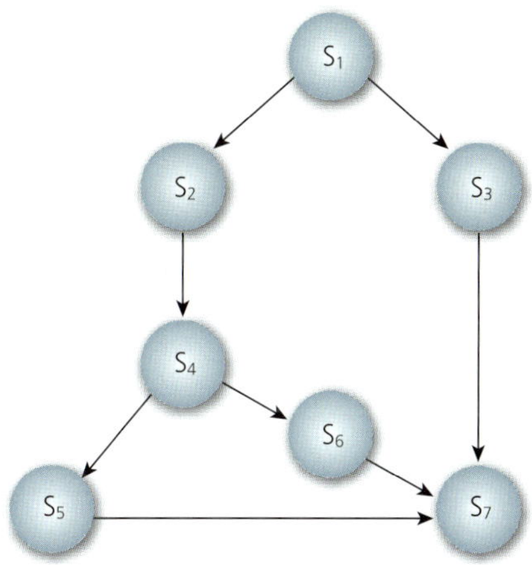

(a) 선행 그래프

```
      S1;
      count := 3;
      fork L1;
      S2;
      S4;
      fork L2;
      S5;
      goto L3;
L2 :  S6;
      goto L3;
L1 :  S3;
L3 :  join count;
      S7;
```

(b) 알고리즘

그림 4-8 **그림 4-3의 선행 그래프, fork와 join 구조 알고리즘**

fork 명령어와 join 명령어는 병행 프로그램을 작성하는 데 매우 효과적이지만, 제어 구조는 어색하다. fork 명령어의 수행 효과가 구조적 프로그래밍에서 사용을 자제하는 goto 문장과 비슷하기 때문이다.

NOTE_ 유입 정도와 유출 정도

유입 정도in-degree는 방향 그래프에서 들어오는 간선 수이고, 유출 정도out-degree는 방향 그래프에서 나가는 간선 수이다. 예를 들어, 다음 그래프에서 S_1의 유입 정도는 2, 유출 정도는 1이다.

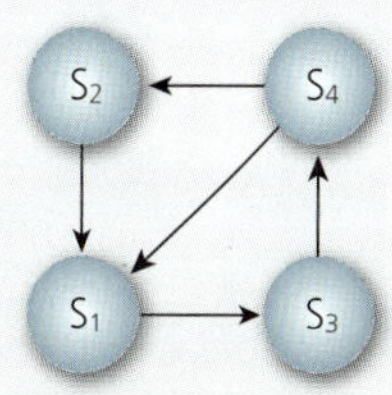

3.3 병행 문장

병행 문장은 하나의 프로세스가 여러 병렬 프로세스로 퍼졌다가 다시 하나로 뭉쳐지는 것을 나타내는 고급 언어 구조이다. 대표적인 예가 다익스트라(1965년)가 제안한 parbegin/parend이다. 일반적인 형태는 다음과 같다.

```
parbegin S1; S2; . . . . . . ; Sn; parend;
```

각 S_i는 단일 문장이고, parbegin과 parend 사이의 모든 문장은 병행 수행할 수 있다. 좀 더 효과적인 병행 문장은 [그림 4-9]와 같이 S_0과 S_{n+1} 문장을 추가하여 정의할 수 있다.

```
S0; parbegin S1; S2; . . . . . . . ; Sn; parend; Sn+1;
```

(a) 일반 구조의 병행 문장

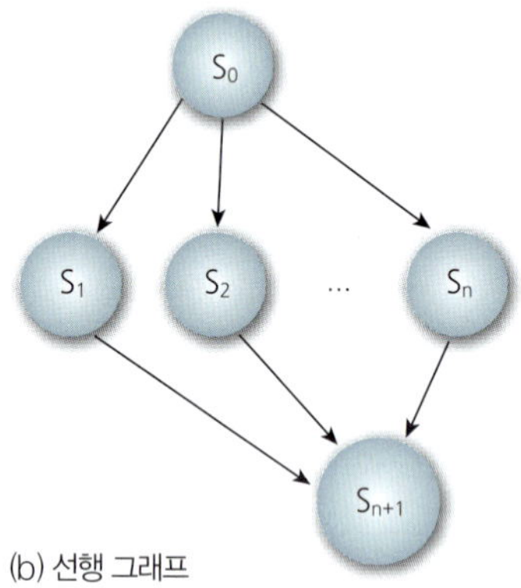

(b) 선행 그래프

그림 4-9 일반 구조의 병행 문장과 선행 그래프

여기서 S_{n+1}은 모든 S(i=1, 2, ……, n)가 끝난 후에만 실행할 수 있다. 이때 모든 문장을 S_1; S_2; ……; S_n;과 같이 실행한 후 S_{n+1} 결과가 된다면 [그림 4-10]과 같은 구조와 선행 그래프로 표현할 수 있다.

```
S0;
PARBEGIN
   S1;
   BEGIN
      S2;
      PARBEGIN
        S3;
        S4;
      PAREND;
      S5;
   END;
   S6;
PAREND;
S7;
```

(a) 알고리즘

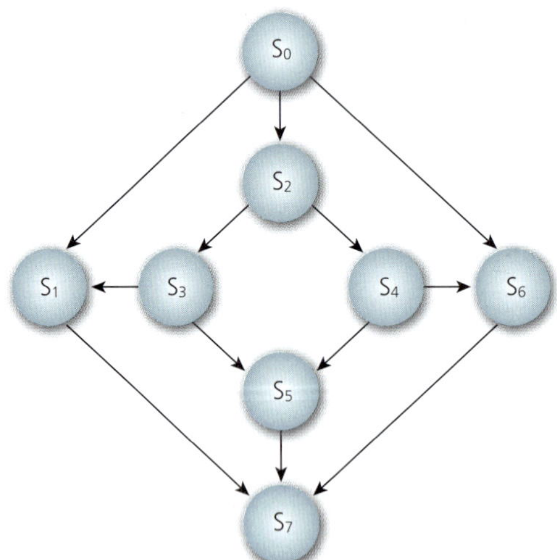

(b) 선행 그래프

그림 4-10 복잡한 구조의 병행 문장과 선행 그래프

예를 들어, [그림 4-2]의 간단한 산술 연산 알고리즘에서 앞의 두 문장을 동시에 수행하면 parbegin/parend 구조를 사용하여 다음과 같이 표기한다.

```
a := x + y;
b := z + 1;
c := a - b;
w := c + 1;
```

(a) 간단한 산술 알고리즘

```
parbegin
   a := x + y;
   b := z + 1;
parend;
   c := a - b;
   w := c + 1;
```

(b) parbegin/parend 구조 알고리즘

그림 4-11 그림 4-2 간단한 산술 연산의 parbegin/parend 구조

그리고 [그림 4-3] 선행 그래프의 parbegin/parend 구조 알고리즘은 다음과 같다.

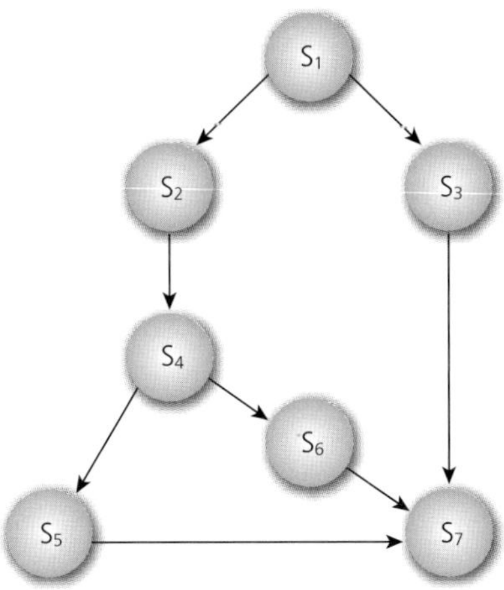

(a) 선행 그래프

```
S1;
parbegin
   S3;
   begin
      S2;
      S4;
      parbegin
      S5;
      S6;
      parend;
   end;
parend;
S7;
```

(b) 알고리즘

그림 4-12 그림 4-3 선행 그래프의 parbegin/parend 구조 알고리즘

병행 문장은 블록 구조의 고급 언어에 쉽게 추가할 수 있으며, 다른 구조적 제어 문장의 장점을 많이 보여 준다.

02 상호배제와 동기화

1 상호배제의 개념

상호배제는 병행 프로세스에서 프로세스 하나가 공유 자원을 사용할 때 다른 프로세스들이 동일한 일을 할 수 없도록 하는 방법이다. 예를 들어, [그림 4-13]과 같이 특정 공유 자원인 P_1과 P_2가 짧은 시간 동안 프로세스 하나만 사용할 수 있다고 하자. 이때 공유 자원에 있는 데이터에 접근하는 다른 프로세스를 프로세스 하나가 해당 데이터에 접근할 수 없게 하는 것을 상호배제mutual exclusion라고 한다.

물론 읽기 연산은 공유 데이터에 동시에 접근해도 문제가 발생하지 않는다. 하지만 변수나 파일은 프로세스별로 하나씩 차례로 읽거나 쓰도록 해야 하는데, 공유 자원을 동시에 사용하지 못하게 실행을 제어하는 방법을 동기화라고 한다. 동기화는 순차적으로 재사용 가능한 자원을 공유하려고 상호작용하는 프로세스 사이에서 나타난다. 동기화로 상호배제를 보장할 수는 있지만, 이 과정에서 교착 상태와 기아 상태가 발생할 수 있다. 이 문제는 5장에서 자세히 다룬다.

상호배제의 개념을 구체적인 예와 함께 살펴보자. 예를 들어, [그림 4-13]과 같이 두 프로세스 P_1과 P_2를 동일한 컴퓨터에서 실행한다고 하자. 여기서 두 프로세스가 동시에 사용할 수 없는 공유 자원을 임계 자원critical resource이라고 한다. 그리고 임계 자원에 접근하고 실행하는 프로그램 코드 부분을 임계 영역critical section이라고 한다. 프로세스가 공통 변수를 읽고, 테이블을 갱신하고, 파일을 수정하는 등 공유 데이터에 접근할 때 임계 영역에 있다고 한다.

[그림 4-13]의 1단계에서 예정된 P_1이 공유 메모리(임계 영역)에 들어가고, 2단계에서 인터럽트가 발생하여 P_1 작업을 완료하기 전에 P_2 실행을 예정한다. P_2가 공유 메모리에 진입하려고 시도하지만, P_1을 공유 메모리에서 수행하므로 P_1을 종료할 때까지 P_2를 차단한다. 그러므로 상호배제는 프로세스가 수정할 수 있는 공유 데이터에 접근할 때만 적용하고, 단순 읽기 등을 할 때는 동시에 수행하도록 허용해야 한다.

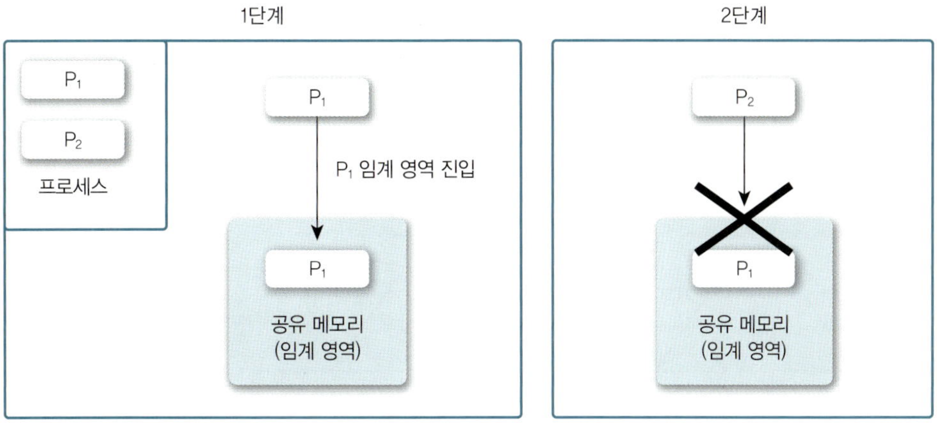

그림 4-13 **상호배제의 개념**

이런 상호배제는 프로세스가 수정할 수 있는 공유 데이터에 접근할 때만 적용한다. 프로세스가 다른 프로세스와 충돌하지 않는 연산을 할 때는 프로세스를 동시에 수행하도록 허용해야 하므로, 다음 네 가지 조건을 만족해야 한다.

❶ 두 프로세스는 동시에 공유 자원에 진입할 수 없다.

❷ 프로세스의 속도나 프로세서 수에 영향을 받지 않는다.

❸ 공유 자원을 사용하는 프로세스만 다른 프로세스를 차단할 수 있다.

❹ 프로세스가 공유 자원을 사용하려고 너무 오래 기다려서는 안 된다.

프로세스가 어떤 자원을 사용할 때 다른 프로세스가 해당 자원을 사용하지 못하도록 제어하는 능력에 따라 프로세스 동기화의 성공이 결정된다. 그러므로 경쟁 관계에 있는 프로세스들은 상호배제가 필요하다.

2 임계 영역

임계 영역에는 다수의 프로세스가 접근할 수 있지만, 어느 한순간에는 프로세스 하나만 사용할 수 있다. 그러므로 어떤 프로세스가 임계 영역에 들어가면 다른 프로세스는 임계 영역으로 진입할 수 없어야 한다. 예를 들어, [그림 4-14]와 같이 입력과 출력 두 프로세스가 버퍼를 공통으로 사용한다면 버퍼가 임계 영역이 되므로 두 프로세스는 동시에 버퍼를 사용하면 안 된다. 특히 공유 데이터에 여러 프로세스가 동시에 접근하면 시간 차이로 예상치 못한 결과를 만들 수 있다. 그러므로 임계 영역에는 반드시 한 번에 프로세스 하나만 진입할 수 있어야 한다. 임계 영역은 실행 구간에 해당하므로 임계 영역에서는 작업을 빠르게 수행하고, 특정 프로세스가 임계 영역에 오래 머물거나 무한 루프 등에 빠지지 않도록 관리해야 한다.

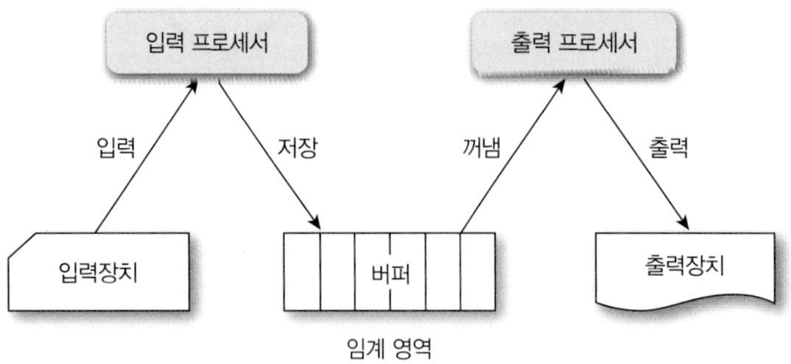

그림 4-14 임계 영역 예

임계 영역을 이용하면 간편하게 상호배제를 구현할 수 있는데, 이는 자물쇠와 열쇠 관계로 설명할 수 있다. 프로세스가 진입하지 못하는 임계 영역은 자물쇠로 잠근 상태와 같다. 프로세스가 임계 영역에서 작업을 수행하려면, 먼저 열쇠를 얻어 자물쇠를 열어야 한다. 그리고 임계 영역은 임계 영역에 있는 프로세스가 열쇠를 반환할 때까지 다른 프로세스는 잠근 상태를 유지해야 한다. 즉, 임계 영역에 다른 프로세스가 있으면 이 프로세스는 다른 프로세스가 임계 영역에 들어가지 못하게 진입 상호배제를 수행해야 한다. 또 임계 영역에서 나오는 프로세스는 탈출 상호배제를 수행하여 다른 프로세스가 임계 영역에 들어갈 수 있도록 해야 한다.

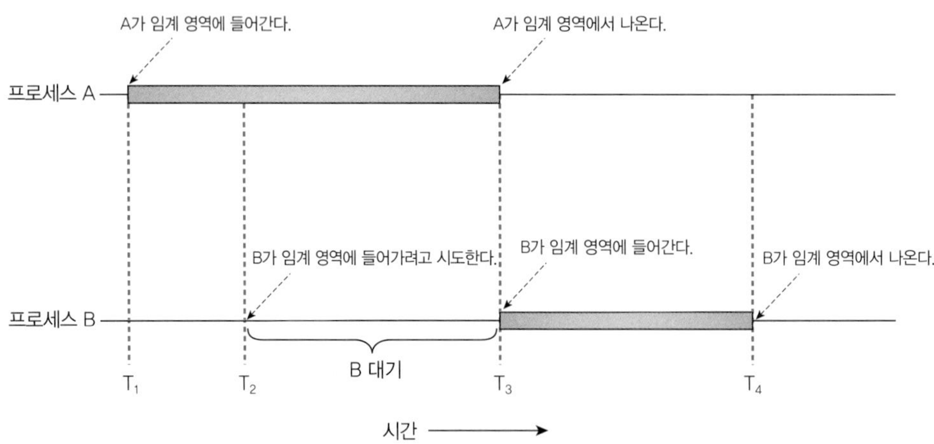

그림 4-15 임계 영역을 이용한 상호배제

임계 영역을 이용한 상호배제는 어떤 프로세스가 열쇠를 사용할 수 있는지 확인하려고 검사하는 동작과 다른 프로세스의 사용을 금지하는 동작으로 분류할 수 있다. 물론 이 두 동작은 단일 머신 사이클에서 진행해야 한다. 첫 번째 프로세스가 열쇠를 사용할 때 다른 프로세스도 열쇠를 사용하면, 임계 영역에 프로세스가 2개 있어 상호배제를 보장하지 않기 때문이다.

프로세스가 서로 협력하여 자원을 사용할 수 있도록 설계하면 임계 영역을 성공적으로 구현할 수 있다. [그림 4-16]에서 각 프로세스가 임계 영역에 들어갈 수 있도록 요청하는 진입 영역은 while(turn != i);이다. 여기서 turn은 전역변수로 0으로 초기화한 후 i가 아니면 대기하고 i이면 임계 영역에 진입한다. 그리고 임계 영역에서 나가는 프로세스를 선택하는 탈출 영역은 turn = j;로, turn을 j로 변경한다. 나머지 영역은 임계 영역을 나와 수행한다.

```
do {
        while (turn != i);   ← 진입 영역
        /* 임계 영역 */
        turn = j;            ← 탈출 영역
        /* 나머지 영역 */
} while (TRUE)
```

그림 4-16 병행 프로세스에서 영역 구분

임계 영역은 다음 세 가지 조건을 만족해야 한다.

❶ **상호배제** : 어떤 프로세스가 임계 영역에서 작업 중이면 다른 프로세스는 임계 영역으로 들어갈 수 없다.

❷ **진행** : 임계 영역에 프로세스가 없는 상태에서 여러 프로세스가 들어가려고 할 때는 어떤 프로세스가 들어갈지 적절히 결정해야 한다.

❸ **한정 대기** : 다른 프로세스가 임계 영역을 무한정 기다리는 상황을 방지하려면 임계 영역에 한 번 들어갔던 프로세스는 다음에 임계 영역에 다시 들어갈 때 제한을 둔다.

임계 영역을 어떻게 구현했느냐에 따라 상호배제의 성공 여부가 결정된다. 생산자 · 소비자 예로 상호배제를 해결하는 초기의 몇 가지 시도를 살펴보자.

3 생산자 · 소비자 문제와 상호배제를 해결하는 초기의 시도

생산자 · 소비자 문제는 운영체제에서 비동기적으로 수행하는 모델로, 생산자 프로세스가 생산한 정보를 소비자 프로세스가 소비하는 형태이다. 예를 들어, [그림 4-17]에서 라인 프린터 드라이버는 라인 프린터에서 사용하는 문자를 생산하고, 컴파일러는 어셈블러가 사용하는 어셈블리 코드를 생산한다. 또 어셈블러는 로더가 사용하는 적재 모듈을 생성한다.

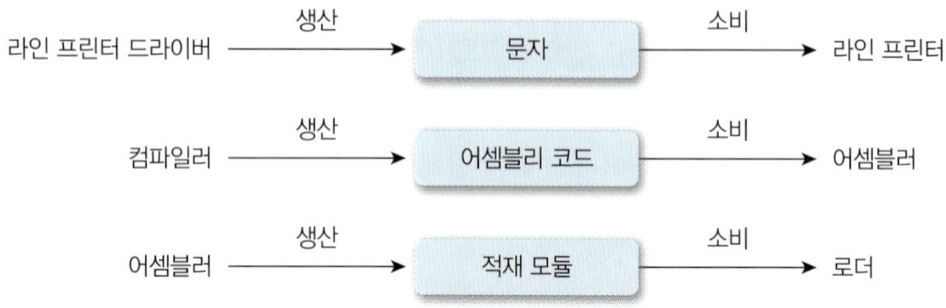

그림 4-17 **생산자 · 소비자 프로세스의 관계**

생산자는 소비자에게 데이터를 전송할 때, 데이터를 소비자가 받을 준비가 되면 데이터를 전송하고 소비자가 계속 처리하지 못하면 대기해야 한다. 이때 생산자와 소비자가 불필요하게 공회전하지 않도록 데이터를 전송하는 방법이 필요한데, 이는 임시 기억장소인 버퍼를 도입하여 해결할 수 있다. 소비자가 데이터를 받을 준비를 마칠 때까지 생산자는 버퍼로 데이터를 전송하도록 하면 되는 것이다.

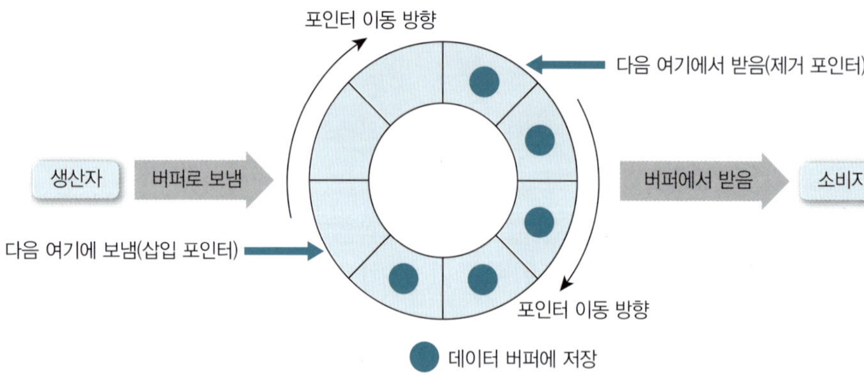

그림 4-18 **공유 버퍼를 이용한 데이터 전송과 수신**

생산자와 소비자가 공유하는 버퍼는 [그림 4-19]의 세 가지 형태 중 하나일 수 있다. 그러므로 생산자는 버퍼가 꽉 차면 더 이상 생산할 수 없고, 소비자는 버퍼가 비면 데이터를 가져올 수 없다. 생산자가 이미 가득 찬 버퍼에 더 채우려 하거나 소비자가 빈 버퍼에서 데이터를 꺼내려고 하면 문제가 발생한다. 물론 버퍼의 크기가 무한하다면(무한 버퍼) 버퍼가 꽉 차게 되는 일은 없을 것이다. 하지만 버퍼의 크기가 유한하다면(유한 버퍼) 생산자는 버퍼가 가득 찰 때 데이터를 더 생산하지 않고 기다려야 하고, 소비자는 버퍼가 빌 때 소비하지 않고 기다려야 하므로 생산자와 소비자는 동기화를 해야 한다. 이를 버퍼가 무한한 경우와 유한한 경우로 나눠 생각해 보자.

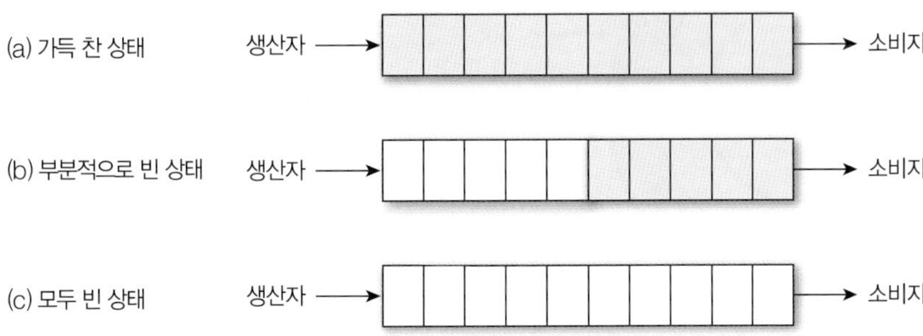

그림 4-19 공유 버퍼의 세 가지 상태

먼저 무한 버퍼일 때는 [그림 4-20]과 같이 생산자와 소비자가 독립적으로 알고리즘을 수행하도록 하여 버퍼를 잘 활용할 수 있다.

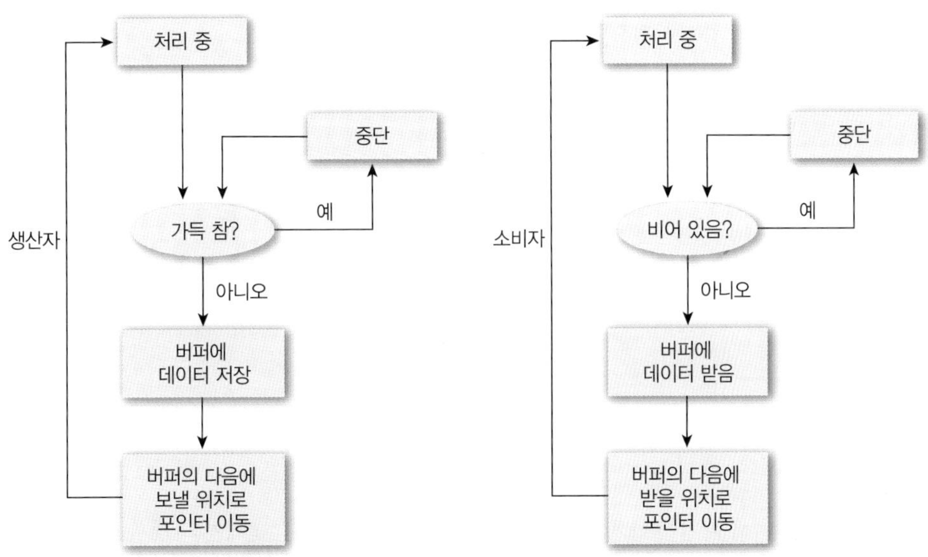

그림 4-20 무한 버퍼를 이용한 생산자-소비자 알고리즘

다음으로 유한 버퍼에서는 논리적 포인터 in과 out 2개로 버퍼를 순환 배열로 구현하여 해결할 수 있다. [그림 4-21]과 같이 in을 다음으로 빈 공간인 b(6)을 가리키는 포인터로, out을 채워진 첫 번째 위치인 b(2)를 가리키는 포인터로 둔다. 그러면 소비자는 in > out인지 확인하여 버퍼에서 데이터를 읽기 전에 생산자가 앞서 가고 있는지 알 수 있다.

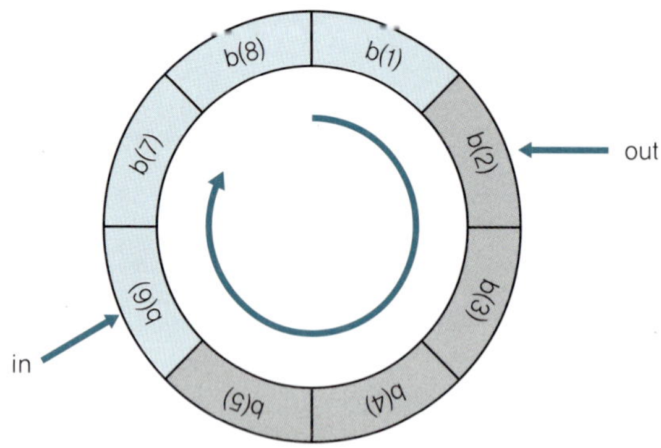

그림 4-21 버퍼 b의 구조(회색은 데이터가 채워진 공간)

[그림 4-21]의 버퍼를 프로그램으로 구현해 보자. 여기서 in과 out은 0으로 초기화하고 버퍼는 buffer[BUFFER_SIZE] 정수 배열로 선언하면, 버퍼에 최대 n-1개만 채울 수 있다. 이 결점은 counter 변수를 추가한 후 0으로 초기화하여 보완할 수 있다. 그리고 counter는 원소를 추가할 때마다 1씩 증가시키고, 삭제할 때마다 1씩 감소시킨다.

예제 4-1 공유 데이터의 선언

```
#define BUFFER_SIZE 10    // 버퍼 크기
typedef struct {
    DATA data;
} item;
item buffer[BUFFER_SIZE];
int in = 0;
int out = 0;
int counter = 0;
```

while 문으로 조건이 거짓일 때까지 반복하여 검사한다. 생산자 프로세스는 생산하는 새로운 원소를 지역변수 nextProduced에 저장하고, 소비자 프로세스는 소비하는 원소를 지역변수

nextConsumed에 저장하여 각 프로세스를 다음과 같이 구현할 수 있다.

예제 4-2 생산자와 소비자 프로세스

생산자 프로세스	소비자 프로세스

`item nextProduced;`
 	
`while (true) {`
`    // 버퍼가 가득 차 아무 일도 하지 않음`
`    while (counter == BUFFER_SIZE);`
`    buffer[in] = nextProduced;`
`    in = (in + 1) % BUFFER_SIZE;`
`    counter++;`
`}`
	`item nextConsumed;`
	
	`while (true) {`
	`    // 버퍼가 비어 아무 일도 하지 않음`
	`    while (counter == 0);`
	`    nextConsumed = buffer[out];`
	`    out = (out + 1) % BUFFER_SIZE;`
	`    counter--;`
	`}`

두 코드를 동시에 수행하면 기능을 다르게 동작할 수 있다. 예를 들어, counter = 5일 때, counter++와 counter−−를 동시에 수행하여 counter 값이 4, 5, 6이 될 수 있는 것이다. 반면에 두 코드를 따로 정상적으로 수행하면 counter 값은 5가 된다. counter 값이 맞는지는 [예제 4-3]과 같이 기계어로 작성하여 확인할 수 있다. 여기서 $register_1$, $register_2$는 지역 레지스터이다.

예제 4-3 counter++와 counter−− 기계어

counter++ 기계어	counter−− 기계어
$register_1$ = counter; $register_1$ = $register_1$ + 1; counter = $register_1$;	$register_2$ = counter; $register_2$ = $register_2$ - 1; counter = $register_2$;

두 코드를 동시에 수행한다는 것은 이 기계어들을 임의의 순서로 겹쳐 실행하는 것과 같다. [예제 4-4]를 살펴보자. 여기서 counter는 실제로 5가 되어야 하는데, 4이다. 그리고 T_5와 T_6의 순서를 바꾸면 6이 되기도 한다. 이처럼 counter 값이 일관성 없는 이유는 두 프로세스가 counter를 동시에 연산하기 때문이다.

예제 4-4 **생산자와 소비자의 동시 수행 예**

T_1 : 생산자가 $register_1$ = counter 수행($register_1$ = 5)
T_2 : 생산자가 $register_1$ = $register_1$ + 1 수행($register_1$ = 6)
T_3 : 소비자가 $register_2$ = counter 수행($register_2$ = 5)
T_4 : 소비자가 $register_2$ = $register_2$ - 1 수행($register_2$ = 4)
T_5 : 생산자가 counter = $register_1$ 수행(counter = 6)
T_6 : 소비자가 counter = $register_2$ 수행(counter = 4)

이 예제처럼 여러 프로세스가 동시에 공유 데이터에 접근할 때 접근 순서에 따라 실행 결과가 달라지는 상황에 놓인 프로세스들을 경쟁 상태race condition에 있다고 한다. 이때는 공유 데이터에 마지막으로 남는 데이터의 결과를 보장할 수 없는 상황이다. 장치나 시스템이 둘 이상의 연산을 동시에 실행할 때, 어느 프로세스를 마지막으로 수행한 후 결과를 저장했느냐에 따라 오류가 발생한다. 그러므로 적절한 순서에 따라 수행해야 한다. 읽기와 쓰기 명령을 거의 동시에 실행해야 한다면, 기본적으로 읽기 명령을 먼저 수행하고 다음에 쓰기 명령을 수행하는 접근 순서화가 필요하다. 경쟁 상태를 예방하려면 병행 프로세스들을 동기화해야 하는데, 이는 임계 영역을 이용한 상호배제로 구현할 수 있다. 즉, 공유 변수 counter를 한순간에 프로세스 하나만 조작할 수 있도록 해야 하는 임계 영역과 counter 연산하는 부분을 임계 영역으로 설정하여 상호배제하는 방법으로 해결할 수 있다.

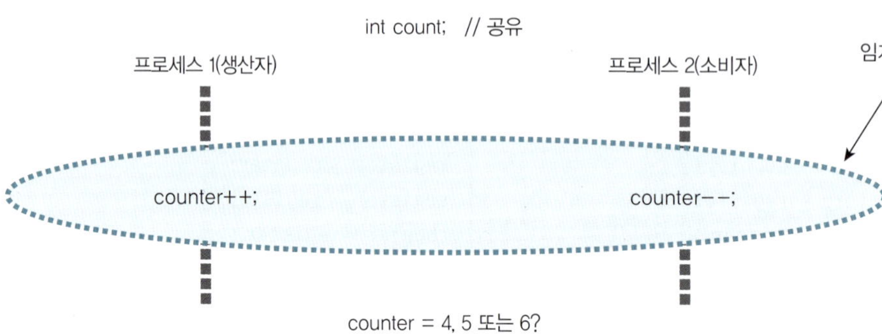

그림 4-22 **생산자 · 소비자 문제에서 임계 영역**

03 상호배제 방법들

[표 4-1]과 같이 상호배제를 해결하는 다양한 방법이 등장했다. 이 절에서는 데커의 알고리즘, TestAndSet, 세마포, 모니터를 소개한다.

표 4-1 상호배제 방법들

수준	방법	종류	
고급	소프트웨어로 해결	• 데커의 알고리즘 • 램포트의 베이커리(빵집) 알고리즘	• 크누스의 알고리즘 • 핸슨의 알고리즘 • 다익스트라의 알고리즘
	소프트웨어가 제공 : 프로그래밍 언어와 운영체제 수준에서 제공	• 세마포 • 모니터	
저급	하드웨어로 해결 : 저급 수준의 원자 연산	TestAndSet TAS(테스)	

1 데커의 알고리즘

네덜란드의 수학자 테오도루스 요제프 데커Theodorus Jozef Dekker는 두 프로세스가 서로 통신하려고 공유 메모리를 사용하여 충돌 없이 단일 자원을 공유할 수 있도록 허용하는 데커의 알고리즘Dekker's algorithm을 개발했다. 원래는 다른 문맥context에서 개발했으나, 다익스트라로 임계 영역 문제에 적용했다.

데커의 알고리즘은 병행 프로그래밍의 상호배제 문제를 풀 수 있는 첫 번째 해결책으로 알려졌다. 두 프로세스가 동시에 임계 영역에 진입하려고 시도하면 순서에 따라 오직 하나만 임계 영역에 들어가도록 허용한다. 데커의 알고리즘에서 각 프로세스는 플래그를 설정할 수 있고, 다른 프로세스를 확인한 후 플래그를 재설정할 수도 있다. 프로세스가 임계 영역에 진입하고 싶으면 플래그를 설정하고 차례를 기다린다. 즉, 임계 영역에 다른 프로세스가 이미 있으면 해당 프로세스를 종료할 때까지 while 문에서 순환한다. 여기서는 임계 영역 진입, 두 프로세스 간의 순서를 나타내는 turn 변수를 입력했다는 의미로 flag[0] 플래그와 flag[1] 플래그를 사용한다. 그런데 프로세스 2개가 동시에 임계 영역에 진입하도록 플래그를 설정하면 교착 상태가 발생할 수 있는데, 이는 5장에서 자세히 다룬다.

예제 4-5 데커의 알고리즘을 이용한 상호배제

```
// 프로세스가 공유하는 데이터 flag[] : 부울(boolean) 배열, turn : 정수
flag[0] = false;
flag[1] = false;
turn = 0;                        // 공유 변수, 0 또는 1

// 프로세스 P0:                  // 프로세스 P0의 임계 영역 진입 절차
❶ flag[0] = true;                // P0의 임계 영역 진입 표시
❷ while (flag[1] == true) {      // P1의 임계 영역 진입 여부 확인
    if (turn == 1) {             // P1이 진입할 차례가 되면
     ❹ flag[0] = false;          // 플래그를 재설정하여 P1에 진입 순서 양보
      ┌while (turn == 1) {       // turn을 바꿀 때까지 대기
    ❺ {    // 바쁜 대기
      └}
       flag[0] = true;           // P1이 임계 영역에 재진입 시도
    }
}
❸ /* 임계 영역 */;
turn = 1;                        // P1에 진입 순서 제공
flag[0] = false;                 // P0의 임계 영역 사용 완료 지정
/* 나머지 영역 */;               // P0이 나머지 영역 수행

// 프로세스 P1
flag[1] = true;
while (flag[0] == true) {
    if (turn == 0) {
        flag[1] = false;
        while (turn == 0) {
            // 바쁜 대기
        }
        flag[1] = true;
    }
}
/* 임계 영역 */;
turn = 0;
flag[1] = false;
/* 나머지 영역 */;
```

❶에서 P_0은 flag[0]을 true로 설정하고, 자신이 임계 영역으로 들어간다는 사실을 알린다. 그리고 ❷에서 while 문을 검사하여 P_1의 임계 영역 진입 여부를 확인한다. P_1의 flag[1]이 false이면 ❸ P_0이 임계 영역으로 진입하고, true이면 ❹ P_1이 임계 영역에 진입할 차례라서 플래그를 false로 재설정한 후 ❺ while 문에서 순환하며 대기한다. 여기서 공유 변수 turn은 두 프로세스 P_0과 P_1이 동시에 임계 영역으로 들어가려고 충돌하는 것을 방지한다.

다음은 상호배제 문제를 소프트웨어적으로 해결하는 데커의 알고리즘 특징이다.

- 특별한 하드웨어 명령문이 필요 없다.
- 임계 영역 바깥에서 수행 중인 프로세스가 다른 프로세스들이 임계 영역에 들어가려는 것을 막지 않는다.
- 임계 영역에 들어가기를 원하는 프로세서를 무한정 기다리게 하지 않는다.

NOTE_ 기타 유용한 상호배제 알고리즘

- 다익스트라dijkstra : 최초로 프로세스 n개의 상호배제 문제를 소프트웨어적으로 해결했다. 이는 실행 시간이 가장 짧은 프로세스에 프로세서를 할당하는 세마포 방법으로, 가장 짧은 평균 대기시간을 제공한다.
- 크누스knuth : 이전 알고리즘 관계를 분석한 후 일치하는 패턴을 찾아 패턴의 반복을 줄여서 프로세스에 프로세서를 할당하는 방법이다. 무한정 연기할 가능성을 배제하는 해결책을 제시했으나, 프로세스들이 아주 오래 기다려야 한다.
- 램포트lamport : 사람들로 붐비는 빵집에서 번호표를 뽑아 빵을 사려고 기다리는 사람들에 비유해서 만든 알고리즘이다. 준비 상태 큐에서 기다리는 프로세스마다 우선순위를 부여하여 그중 우선순위가 가장 높은 프로세스에 먼저 프로세서를 할당하는 방법이다. 빵집에서 번호표를 받고 기다리는 개념을 사용하여 '램포트의 베이커리(빵집) 알고리즘'이라고 한다.
- 핸슨brinch hansen : 실행 시간이 긴 프로세스에 불리한 부분을 보완하는 것으로 대기시간과 실행 시간을 이용하는 모니터 방법이다. 분산 처리 프로세서 간의 병행성 제어를 많이 발표했다.

2 TestAndSetTAS(테스) 명령어

공유 변수를 수정하는 동안 인터럽트 발생을 억제하여 임계 영역 문제를 간단하게 해결할 수 있지만, 이 방법은 항상 적용할 수 없고 실행 효율이 현저히 떨어진다. 또 소프트웨어적인 해결책은 더 복잡하고 프로세스가 2개 이상일 때는 더 많이 대기할 수 있다. 메모리 영역의 값에 대해 검사와 수정을 원자적으로 수행할 수 있는 하드웨어 명령어 TestAndSet을 이용하여 간단한 방법으로 임계 영역 문제를 해결할 수 있다.

TestAndSet 명령어는 하드웨어에서 명령을 사용하므로 알고리즘이 간단하고, 하나의 메모리 사이클에서 수행하여 생산자 · 소비자에서 예로 든 counter 공유 변수를 수정해서 발생하는 경쟁 상황을 해결할 수 있다. 이 알고리즘에는 기계 명령어가 2개 있다. 하나는 원자적 연산 명령어인 TestAndSet이고, 다른 하나는 TestAndSet에 지역변수 lock을 설정하는 명령어이다.

NOTE_ 원자적 연산

원자적 연산atomic operation은 중단 없이 실행하고 중간에 다른 사람이 수정할 수 없는 최소 단위 연산이다. 메모리의 1비트에서 작동하고, 대다수 기계에서 워드의 메모리 참조, 할당은 원자적이지만 나머지 많은 명령은 원자적이지 않다.

TestAndSet 명령어는 일부 시스템에서 원자 명령어의 하나로, 읽기와 쓰기 모두를 제공한다. 이 명령어는 해당 주소의 값을 읽고 새 값으로 교체하면서 해당 메모리 위치의 이전 값을 돌려준다. 다시 말해, 레지스터에 메모리 워드의 내용을 읽어 와 그 위치에 1 값을 기록한 후 메모리의 이전 내용을 반환하는 일련의 원자적 연산을 다음과 같이 수행한다.

예제 4-6 TestAndSet 명령어

```
// target을 검사하고, target 값을 true로 설정
boolean TestAndSet (boolean *target) {
    boolean temp = *target;     // 이전 값 기록
    *target = true;             // true로 설정
    return temp;                // 값 반환
}
```

부울 변수 lock을 사용하여 프로세스가 임계 영역에 있으면 1로, 없으면 0으로 설정할 수 있다. 그러므로 기계가 TestAndSet 명령어를 지원할 때는 부울 변수 lock을 false로 초기화하여 상호배제를 구현할 수 있다.

예제 4-7 lock을 사용한 상호배제

```
do
{
    while (TestAndSet(&lock))        // lock을 검사하여 true이면 대기, false이면 임계 영역 진입
        ;                            // 아무것도 하지 않음
        // 임계 영역
    lock = false;                    // 다른 프로세스의 진입 허용 의미로 lock을 false로
        // 나머지 영역
} while (true);
```

처음에는 lock을 false로 초기화했으므로 처음 실행한 프로세스는 첫 while 문을 통과한다. 하지만 TestAndSet 명령어로 lock은 true가 되므로 다른 프로세스가 임계 영역을 실행하려고 해도 while 문에서는 아무것도 못하고 대기하게 된다(상호배제 조건 만족). 임계 영역을 다 끝낸 프로세스는 lock 값을 다시 false로 되돌려서 다른 프로세스도 임계 영역을 실행할 수 있도록 하여 진행 조건을 만족한다. 이때 프로세스 2개는 문제가 없지만, 여러 프로세스가 대기 중일 때 어떤 프로세스는 무한 대기 상태에 빠질 수 있으므로 한정 대기 조건을 만족한다고 볼 수는 없다.

기계가 TestAndSet 명령어를 지원하면 먼저 boolean waiting을 공유 배열 waiting [0 ······ n−1]로 선언한다. 공유 부울 변수 lock은 모든 프로세스에 전역변수로 선언하고 모두 false로 초기화한다. 그런 다음 다음과 같이 선언하여 상호배제를 구현할 수 있다.

```
boolean waiting[n];
boolean lock = false;
int j;            // 0 ······n-1
boolean key;
```

예제 4-8 TestAndSet 명령어를 이용한 상호배제

```
❶ do                                          // 프로세스 Pi의 진입 영역
  {
    ❷ waiting[i] = true;
      key = true;
    ❸ while (waiting[i] && key)
        ❹ key = TestAndSet(&lock);
    ❺ waiting[i] = false;
        // 임계 영역
        // 탈출 영역
    ❻ j = (i + 1) % n;
  ❼ { while ((j != i) && !waiting[j])          // 대기 중인 프로세스를 찾음
          j = (j + 1) % n;
  ❽ { if (j == i)                               // 대기 중인 프로세스가 없으면
          lock = false;                         // 다른 프로세스의 진입 허용
  ❾ { else                                      // 대기 프로세스가 있으면 다음 순서로 임계 영역에 진입
          waiting[j] = false;                   // Pj가 임계 영역에 진입할 수 있도록
        // 나머지 영역
  } while (true);
```

❶ 프로세스 P_i의 진입 영역에서 ❷의 waiting[i]가 true이므로 P_i는 임계 영역에 들어가려고 시도한다. 처음에 lock을 false로 초기화했다. 그러므로 임계 영역에 들어가는 첫 번째 프로세스는 TestAndSet으로 key가 false가 되어 while 문을 통과하여 임계 영역을 진행한다. lock은 TestAndSet으로 true가 되므로 key는 계속 true이고, 다른 프로세스는 while 문을 통과하지 못한다. 반대로 다른 프로세스가 임계 영역에 있으면 lock은 true가 되어 P_i는 ❸~❹를 순환할 것이다. P_i가 임계 영역에 들어가면 ❺ waiting[i]는 false로 설정하고 임계 영역으로 진입한다. 여기서 ❹ TestAndSet 명령어로 false를 반환하면서 lock이 true로 설정된 것에 주목해야 한다.

P_i가 임계 영역을 떠날 때는 대기 프로세스 중에서 다음으로 진입할 수 있는 프로세스를 선택해야 한다. ❻ 다음으로 차례가 높은 프로세스를 시작한 후 ❼ 각 프로세스를 검사한다. waiting 배열을 i+1, i+2, ……, n−1, 0 순서로 조사하여 ❽ waiting 값이 true인 첫 번째 프로세스가 임계 영역으로 진입할 다음 프로세스가 된다. waiting 값이 true인 프로세스가 없으면 lock을 해제하고, ❾ 다음 프로세스가 P_j이면 임계 영역에 진입할 수 있도록 P_i는 waiting[j]를 false로 변경한다.

이 명령어의 주요 기능은 임계 영역의 잠금과 프로세스 대기 상태를 이용하여 프로세스를 차단하는 것이다.

TestAndSet 명령어의 장점과 단점은 [표 4-2]와 같다.

표 4-2 TestAndSet 명령어의 장점과 단점

장점	사용자 수준에서 가능하다. - 메인 메모리를 공유하는 다중 프로세서나 단일 프로세서에서 프로세스 수에 관계없이 적용할 수 있다. - lock 변수 수에 상관없이 구현할 수 있다. - 구현이 단순하고 확인이 용이하다. - 다중 임계 영역을 지원한다.
단점	• 바쁜 대기 발생 - 프로세서 시간 소모가 크다. - 대기 프로세스는 비생산적, 자원이 소모되는 대기 루프에 남는다. • 기아 상태 발생 : 프로세스가 임계 영역을 떠날 때 프로세스 하나 이상을 대기하는 경우 가능하다. • 교착 상태 발생 : 플래그는 우선순위가 낮은 프로세스가 재설정할 수 있지만, 우선순위가 높은 프로세스가 선점한다. 따라서 우선순위가 낮은 프로세스는 lock을 가지고, 우선순위가 높은 프로세스가 이것을 얻으려고 시도할 때 높은 우선순위 프로세스는 무한정 바쁜 대기가 될 것이다.

3 세마포

앞서 제시한 상호배제의 해결 방법은 좀 더 복잡한 문제에서는 일반화하기가 어렵다. 또 프로세스가 임계 영역에 진입할 수 없을 때는 진입 조건이 true가 될 때까지 반복적으로 조사하고 바쁜 대기를 하게 되어 프로세스를 낭비한다. 진입 조건을 반복 조사하지 않고 true일 때 프로세스 상태를 확인한다면 프로세서 사이클을 낭비하지 않을 것이다. 다익스트라는 1965년 새로운 동기화 도구인 세마포semaphore를 제안하여 이 문제를 해결했다. 세마포는 상호배제에 사용할 뿐만 아니라 다양한 연산의 순서도 제공한다.

3.1 세마포 개념과 동작

세마포는 값이 음이 아닌 정수인 플래그 변수이다. 이를 설명하는 가장 유명한 예는 열차의 진행 가능 여부를 나타내는 차단기이다. 차단기가 올라가면 장애물이 있다는 표시이므로 열차는 정지해야 한다(자원이 없어 기다리는 상황). 반대로 차단기가 내려가면 장애물이 없으므로 열차는 계속 진행할 수 있다(자원을 사용할 수 있는 자유 상태).

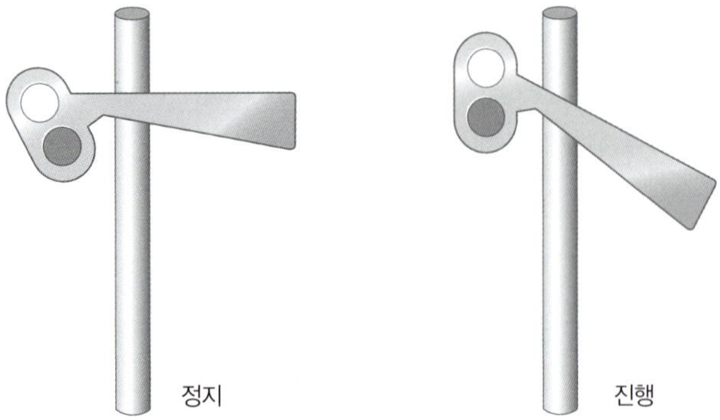

그림 4-23 **세마포 예 : 열차 차단기**

세마포 값은 true나 false로, P와 V 연산과 관련되어 있다. 네덜란드어로 P는 검사Proberen를 의미하고, V는 증가Verhogen를 의미한다. 그리고 세마포를 의미하는 S는 표준 단위 연산 P(프로세스를 대기하게 하는 wait 동작으로, 임계 영역에 진입하는 연산)와 V(대기 중인 프로세스를 깨우려고 신호를 보내는 signal 동작으로, 임계 영역에서 나오는 연산)로만 접근하는 정수 변수이다. P와 V 연산은 운영체제가 실행하고, 세마포를 인자로 명명한 임의의 프로세스가 요청한 시스템 호출을 하여 다음과 같이 정의한다.

예제 4-9 세마포 정의

```
P(S) : wait(S) {                     // S = 1로 초기화
           while S <= 0
                ;                    // 바쁜 대기, S > 0 때까지 대기
           S--;
      }

V(S) : signal(S) {
           S++;                      // 다른 프로세스의 접근 허용
      }
```

P와 V 연산에 있는 세마포 S의 정수 값은 개별적으로 실행하고, 정수 변수와 비슷하지만 모든 변경 연산을 분할 없이 실행해야 한다. 그리고 프로세스가 세마포 값을 수정할 때는 다른 프로세스가 중단할 수 없고, 동일한 세마포 값을 동시에 수정할 수도 없다. 다시 말해, P와 V 연산을 종료할 때까지는 다른 프로세스가 두 연산을 수행하지 않도록 조정해야 한다. wait(S)는

[그림 4-24]와 같이 S 값을 검사하여(S 〈= 0) 수정할 수 있는 S--는 인터럽트 없이 실행해야 한다.

S에 대한 P 연산은 S 값을 검사하여 양수이면 1을 감소시키는 과정이다. 검사, 인출, 감소, 저장 순서로 구성한다. 그리고 S에 대한 V 연산은 S를 1만큼 증가시키는 과정이다. 인출, 증가, 저장 순서로 구성하고, 교착 상태를 피하려고 단일 머신 사이클에서 단일 동작으로 수행해야 한다. 관례적으로 세마포가 0일 때 lock 또는 사용 중이고, 그렇지 않을 때 양의 값은 세마포를 사용할 수 있다는 의미이다. 물론 세마포는 음의 값을 가질 수 없다.

세마포는 임계 영역을 구현하거나 스케줄링 제약 조건을 시행할 수 있다. 임계 영역은 보통 세마포를 사용하여 1로 초기화한다. 프로세스는 임계 영역에 진입하려고 wait(S)를 호출하여 임의의 다른 프로세스가 대기 조건을 통과하는 것을 방지할 수 있다. 그리고 해당 프로세스가 임계 영역을 종료하면 다음 프로세스가 임계 영역에 진입할 수 있도록 signal(S)를 호출한다. 때에 따라서는 세마포를 1보다 큰 값으로 초기화하면 유용하다. 여러 프로세스가 한 번에 임계 영역에 진입할 수 있기 때문이다. 임계 영역의 데이터를 보호해야 할 때는 문제가 될 수 있지만, 여러 사용자와 생산자 문제처럼 동시 사용이 가능한 자원에서는 유용한 방법이다.

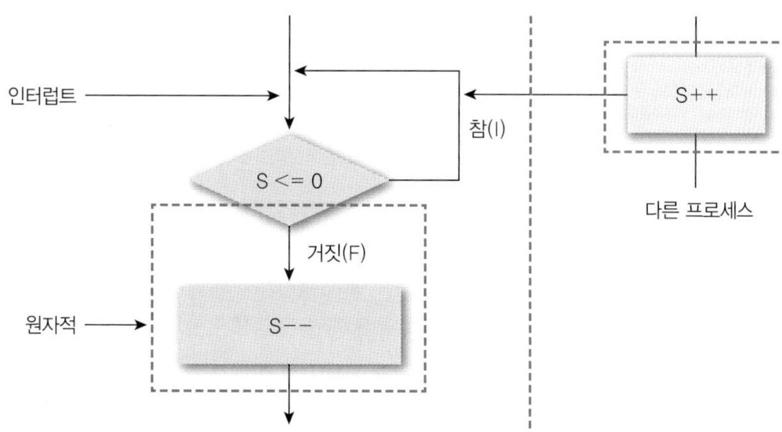

그림 4-24 세마포의 S ≤ 0과 S--의 원자적 실행, 인터럽트

그리고 세마포는 [그림 4-25]와 같이 특정 유형의 공유 자원에 접근하려는 프로세스를 관리하는 데 특히 유용하다. 세마포를 0으로 초기화하면 스케줄링 제한에 사용할 수 있어 모든 프로세스가 wait(S) 호출을 기다리는 동안 차단된다. 또 S++만 특정 조건에 부합하므로 signal(S)를 보내 대기 프로세스 중 하나를 실행하도록 허용한다.

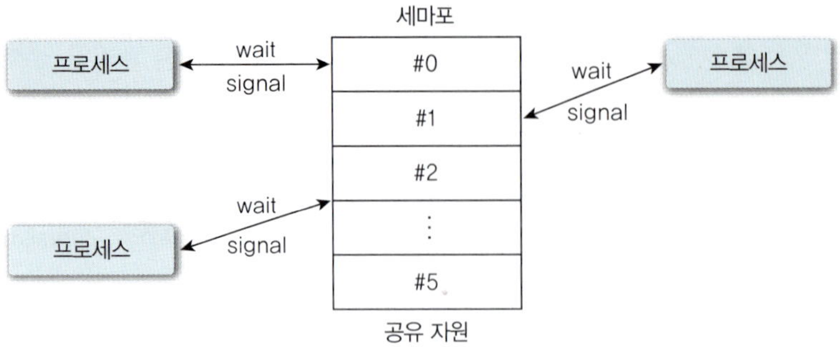

그림 4-25 세마포의 공유 자원 접근 관리

세마포에 적용된 P와 V 연산은 상호배제 개념을 포함하므로 프로세스 n개의 임계 영역 문제를 다루는 데 사용한다. 즉, [예제 4-10]과 같이 P_n 프로세스 n개가 1로 초기화한 세마포 mutex를 공유할 수 있다.

예제 4-10 **프로세스 P_n**

```
do {
        wait(mutex);
                // 임계 영역
        signal(mutex);
                // 나머지 영역
} while (1);
```

또 세마포는 동기화하는 데 사용할 수도 있다. 예를 들어, 명령문 S_1이 있는 프로세스 P_1과 명령문 S_2가 있는 프로세스 P_2를 수행 중이고, S_1이 끝난 후에 S_2를 수행하도록 구현해야 한다고 하자. [예제 4-11]과 같이 P_1과 P_2가 세마포 synch를 공유하고 프로세스 P_1과 프로세스 P_2에 각 명령문을 삽입하여 구현할 수 있다. 이때 세마포 synch를 0으로 초기화하면 프로세스 P_1이 명령문 S_1을 실행한 후 signal(synch)를 호출하여 프로세스 P_2의 S_2를 수행한다.

예제 4-11 **세마포 동기화**

프로세스 P_1	프로세스 P_2
S_1; signal(synch);	wait(synch); S_2;

3.2 세마포의 종류

세마포에는 계수counting 세마포와 이진binary 세마포가 있다. 계수 세마포는 생산자 · 소비자 문제처럼 상호배제와 조건부 동기화를 해결하려고 설계했고, 이진 세마포는 임계 영역처럼 특별히 상호배제를 해결하려고 설계했다.

■ 이진 세마포

이진 세마포에서는 세마포 S를 상호배제에 사용하고, 1 또는 0으로 초기화하고, P와 V의 연산을 교대로 실행한다.

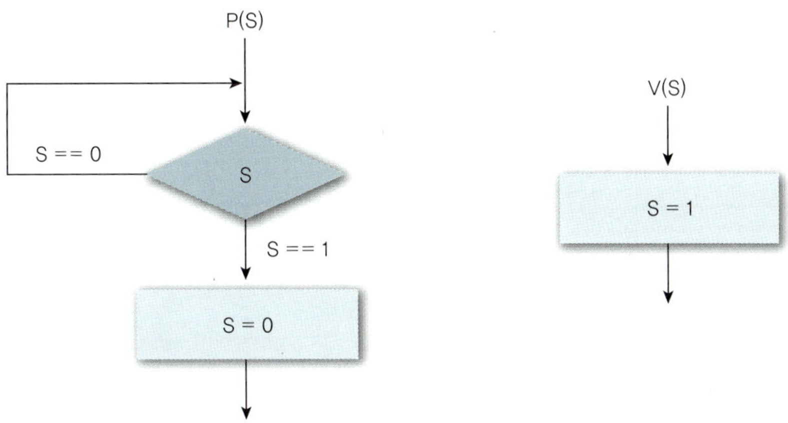

그림 4-26 이진 세마포의 알고리즘

- **P(S)** : S를 검사하여 양수이면 S를 0으로 재설정한 후 진행하고, 아니면 S를 준비 큐로 되돌린다.
- **V(S)** : S를 1로 설정하고 준비 큐에 있는 프로세스를 시작한다.

세마포 S를 1로 초기화하면 P 연산을 먼저 실행하고, 세마포 S를 0으로 초기화하면 V 연산을 먼저 실행한다. S를 1로 초기화하면 P 연산을 먼저 실행하고 이어서 V 연산을 실행하는 경우이다. 즉, S를 0으로 초기화하기 전에 V 연산을 실행할 때 P와 V 연산을 모두 차단한다. 이진 세마포는 처음 만들 때 사용 가능 상태이나, 사용 불가능 상태로 초기화할 수 있으므로 0이면 이용할 수 없거나 비었다고 생각할 수 있다. 이진 세마포의 상태도는 [그림 4-27]과 같다.

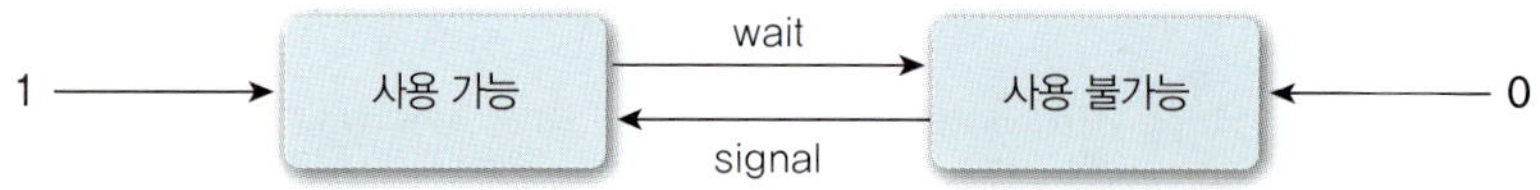

그림 4-27 이진 세마포의 상태도

■ **계수 세마포**

계수 세마포는 유한한 자원에 접근하는 것을 제어할 수 있으므로, 여러 번 획득하거나 해제할 수 있도록 count를 자원의 사용 허가 값으로 사용한다. 그리고 사용 가능한 자원 수로 초기화하므로, count를 초기의 세마포 수로 초기화한다.

각 프로세스가 자원을 사용하려면 P 연산을 수행하고 S(count)를 감소시킨다(S−−). 또 프로세스가 자원을 해제할 때는 V 연산을 수행하고 S(count)를 증가시킨다(S++).

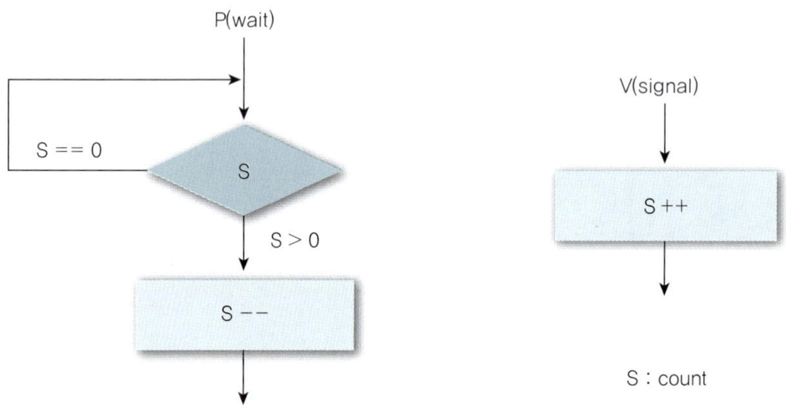

그림 4-28 계수 세마포의 알고리즘

계수 세마포는 초기 count가 0이면 사용할 수 없는 상태로 생성하고, 0보다 크면 사용 가능한 상태로 생성한다. 이때 사용 가능한 세마포 수는 count와 동일하다. count가 0이면 모든 자원을 사용한다는 의미이므로, count가 0보다 클 때까지 자원을 사용하려는 모든 프로세스를 차단한다. 따라서 프로세스 하나 이상은 count가 0이 아닐 때까지 계수 세마포에서 계속 접근 권한을 획득할 수 있다. count가 0이면 사용 불가능 상태가 된다. 계수 세마포를 사용 불가능 상태에서 다시 사용 가능 상태로 바꾸려면 모든 프로세스로 해제해야 하는데, 해제 연산은 count++이다. 이진 세마포처럼 계수 세마포도 계수 세마포가 필요한 모든 프로세스가 공유할 수 있는 전역 자원이다.

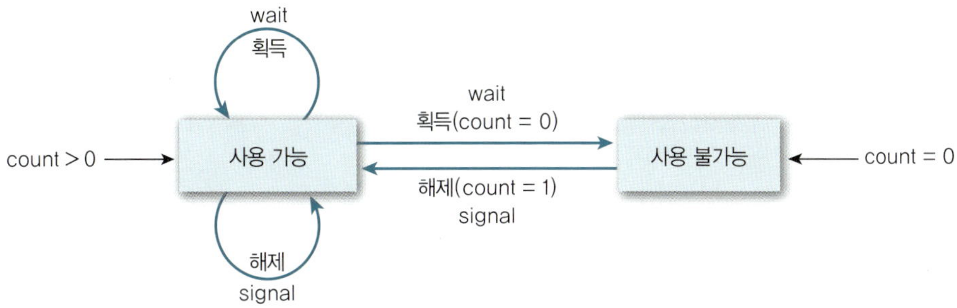

그림 4-29 계수 세마포의 상태도

3.3 세마포의 구현

세마포는 제어된 변수로, P(wait)와 V(signal)의 초기 연산 때만 값이 변할 수 있다. 그리고 이진 세마포는 0과 1만 가진다. 앞서 살펴본 상호배제의 해결과 세마포의 단점은 바쁜 대기 요구로 한 프로세스가 임계 영역에 있으면 이 임계 영역에 들어가려는 프로세스는 진입 코드에서 계속 순환하기에 프로세서 시간을 낭비한다. 세마포의 wait와 signal 연산을 수정하면 바쁜 대기 요구를 극복할 수 있다. 프로세스가 wait 연산을 실행하고 세마포 값이 양수가 아니면 프로세스는 대기한다. 이때 바쁜 대기보다 프로세스 자체를 중단할 수 있다. 프로세스 중단은 세마포와 연관된 준비 큐로 프로세스를 배치하므로 프로세스는 대기 상태로 전환한다.

다음 제어를 넘겨받은 프로세서는 준비 큐에서 다른 프로세스를 선택하여 실행하도록 프로세서 스케줄러에 전송한다. 중단된 프로세스는 다른 프로세스가 signal 연산을 실행해야 재시작할 수 있다. 프로세스는 대기 상태에서 준비 상태로 변경할 때 wakeup 연산으로 다시 시작하여 다음 준비 큐에 놓인다. 이를 바탕으로 세마포는 [예제 4-12]와 같이 정의할 수 있다. 각 세마포는 정수 값과 프로세스 열을 갖는다. 프로세스가 세마포를 대기해야 할 때는 이 프로세스를 준비 큐에 추가한다. signal 연산은 준비 큐에서 프로세스 하나를 꺼내 그 프로세스를 시작한다.

예제 4-12 세마포의 구조

```
struct semaphore {
        int count;
        queueType queue;
};
semaphore S;
```

그리고 wait와 signal 연산은 각각 [예제 4-13]과 같이 정의할 수 있다.

예제 4-13 세마포의 연산

wait 연산

```
wait(S) {
    S -> count--;
    if (S -> count < 0) {
        add this process to S -> queue;     // 프로세스를 준비 큐에 추가
        block();                            // 프로세스 중단(일시정지)
    }
}
```

signal 연산

```
signal(S) {
    S -> count++;
    if (S -> count <= 0) {
        remove a process P from S -> queue;   // 준비 큐에서 P 프로세스를 제거
        wakeup(P);                            // 신호를 보내 프로세스를 실행
    }
}
```

이처럼 P와 V 연산은 세마포 S를 수정하는 데 사용하여 중단과 실행 동기화를 구현한다. block 연산은 호출하는 프로세스를 중단하고, wakeup(P) 연산은 중단된 프로세스 P를 다시 실행한다. wait 연산을 처음 수행하는 프로세스는 초깃값 S=1을 감소시켜 0이 된다. 그러면 if 조건은 거짓이 되어 임계 영역을 수행한다. 이후 다른 프로세스가 계속 임계 영역에 진입하려고 P 연산을 수행할 때마다 세마포 S 값은 감소한다. 따라서 바쁜 대기 세마포에서는 절대 음수일 수 없지만, 여기에 구현된 세마포는 음수 값이 될 수 있다. 세마포 값이 음수이면 S의 실제 값은 세마포에서 기다리는 프로세스 수를 나타내는데, 이는 wait 연산에서 감산과 검사 순서를 맞바꾸면서 나타난다.

프로세스 준비 큐는 각 프로세스 제어 블록^PCB^의 링크 필드 정보를 이용하여 쉽게 구현할 수 있다. 각 세마포는 정수 값과 PCB 등 열 포인터를 포함한다. 준비 큐에서 프로세스를 추가 · 제거하는 가장 간단한 방법은 선입선출^FIFO^ 큐를 사용하는 것이다.

세마포의 주요 특징은 원자(단위)적으로 수행한다는 것이다. 두 프로세스가 동시에 동일한 세마포에서 wait와 signal 연산을 할 수 없도록 해야 한다. 이는 임계 영역 문제의 한 예로, 다음 두 가지 방법으로 해결할 수 있다.

- 단일 프로세서에서는 wait와 signal 연산 수행 중에는 인터럽트를 금지한다. 인터럽트를 금지하면 중간에 다른 프로세서의 명령어 실행이 끼어들지 않으므로 단일 프로세서 환경으로 활용할 수 있다.
- 다중 프로세서에서는 인터럽트를 금지할 수 없으므로, 다른 프로세스의 명령어가 임의의 방법으로 끼어들 수 있다. 또 모든 프로세서에서 인터럽트를 비활성화하기는 어려운데, 이는 심각한 성능 저하로 이어질 수 있다. 하드웨어가 임계 영역 문제에 특별한 명령을 제공하지 않으면 이를 소프트웨어적으로 해결해야 하는데, wait와 signal 연산으로는 바쁜 대기를 완전히 제거할 수 없다. 따라서 응용 프로그램의 진입 영역에서 임계 영역까지 바쁜 대기를 제거해야 한다. 결국 바쁜 대기의 시기를 이동해야 하는 것이다. wait와 signal 연산이 임계 영역의 바쁜 대기를 제한할 수 있으므로 임계 영역은 항상 비어 있고 바쁜 대기가 거의 일어나지 않는 것처럼 보인다. 바쁜 대기는 아주 짧은 기간 동안만 일어나지만, 어떤 응용 프로그램에서는 임계 영역이 아주 길거나 항상 점유되어 있는 상황이 발생할 수 있다. 이때는 바쁜 대기가 매우 비효율적이다.

세마포에서는 wait나 signal 연산을 생략하면 상호배제 문제가 발생하고, wait 연산 때문에 대기하는 프로세스들이 교착 상태에 빠질 수 있다는 취약점이 발생한다. wait 연산을 시작하여 세마포를 사용하는 동안에는 프로세스가 다른 경로를 선택할 수 없기 때문이다. 프로세스는 한 번에 세마포 하나만 대기할 수 있어 자원을 할당하는 상황에서 두 프로세스가 각각 자원을 하나씩 보유하고, 상대방의 자원을 사용하려고 대기하는 교착 상태를 가져올 수도 있는 것이다.

4 모니터

세마포는 상호배제와 프로세스 사이를 조정하는 유연성 있고 강력한 도구이지만 모든 프로세스가 1로 초기화한 세마포를 공유하고, 임계 영역에 진입하기 전에는 signal 연산을 실행한 후 wait 연산을 실행해야 한다. 이 순서를 따르지 않으면 두 프로세스가 동시에 임계 영역에 있을 수 있다. 그리고 wait와 signal 연산 순서를 바꿔 실행하거나 둘 중 하나 이상을 생략하면 상호배제를 위반하거나 교착 상태가 발생한다. wait와 signal 연산이 프로그램 전체에 퍼져 있고 이들 연산이 각 세마포에 주는 영향을 전체적으로 파악하기가 쉽지 않기에 세마포를 잘못 사용하면 여러 가지 오류가 쉽게 발생하여 프로그램을 작성하기가 어렵다. 모니터는 이런 단점을 극복하려고 등장했다.

4.1 모니터의 개념과 구조

모니터monitor는 일반 컴퓨터 모니터가 아니라 핸슨Hansen이 제안하고 호Hoare가 수정한 공유 자원과 이것의 임계 영역을 관리하는 소프트웨어 구성체이다. 다시 말해, 사용자 사이에서 통신하려고 동기화하고, 자원에 배타적으로 접근할 수 있도록 프로세스가 사용하는 병행 프로그래밍 구조이다.

모니터는 [그림 4-30]과 같이 공유 데이터, 임계 영역이 코딩된 프로시저, 초기화 코드로 구성된 모듈이다. 이 모듈에는 데이터 정의와 프로시저의 독점적 제어가 모두 포함되어 있다. 여기서 초기화 코드는 모니터를 생성할 때만 사용하고, 공유 데이터의 변수는 모니터 내부에 있는 프로시저로만 접근할 수 있다. 따라서 프로세스들은 모니터의 프로시저를 호출 · 실행하여 모니터 안에 진입한 후 원하는 공유 데이터에 접근할 수 있다. 무엇보다 언제나 한 번에 프로세스 하나만 모니터에 진입할 수 있도록 제한하여 상호배제를 실현한다는 것이 중요하다. 어떤 프로세스가 모니터를 점유하고 있으면, 다른 프로세스는 모니터에 진입하지 못하도록 차단한다. 이렇게 모니터 권한을 부여하지 않은 프로세스들은 준비 큐에서 진입을 기다리게 하여 상호배제를 실현하는 것이다.

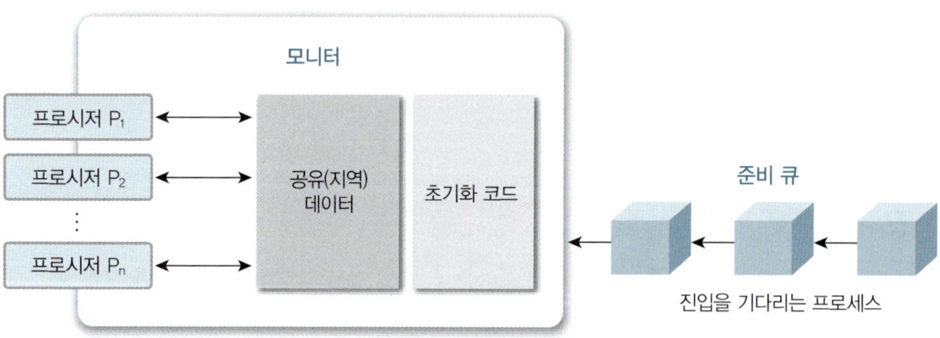

그림 4-30 모니터의 구조

이처럼 모니터는 한순간에 프로세스 하나만 모니터 안에서 실행하도록 보장하기에 프로그래머가 동기화 제약 조건을 코드로 명시적으로 작성할 필요가 없다. 따라서 모니터는 세마포와 기능은 비슷하지만, 상대적으로 제어하기는 더 쉽다. 그 구조는 [예제 4-14]와 같다.

예제 4-14 모니터의 구조

```
Monitor monitor_name
{
                                             // 공유 데이터 변수 선언
        procedure P1(. . . .) {
                . . . .
        }
        procedure P2(. . . .) {
                . . . .
        }
        .
        .
        procedure Pn(. . . .) {
                . . . .
        }

        initialization_code(. . . .) {    // 코드 초기화
                . . . .
        }
}
```

모니터는 다중 프로세스 환경에서 프로세스 하나를 언제라도 모니터에서 실행할 수 있도록 보장한다. 프로세스가 모니터의 프로시저를 호출하면 이 프로시저를 호출 프로세스의 확장으로 본다. 그러므로 모니터 프로시저를 호출하면 호출 프로세스를 모니터에서 실행한다. 프로세스 2개가 동일한 모니터 프로시저를 호출한다면, 공유 데이터를 경쟁 상태의 프로세스로 동시에 변형할 수 있다. 그러므로 모니터는 내재적 상호배제를 실현하여 공유 데이터의 완전성을 보장해야 한다. 다시 말해, 어떤 프로세스가 모니터 프로시저를 호출할 때 이미 모니터에서 실행 중인 다른 프로세스가 있으면 호출 프로세스는 차단해야 한다. 이렇게 진입 권한을 부여하지 않아 차단된 프로세스는 모니터의 외부 모니터 준비 큐에서 대기한다. 그러다가 프로세스를 실행하지 않아 모니터가 비면, 준비 큐의 프로세스 중 하나를 차단 해제하고 모니터

프로시저를 호출할 수 있는 권한을 부여한다. 준비 큐는 진입 순서는 있으나 입력 순서와는 무관하고, 모니터에서는 프로세스를 하나 이상 실행할 수 없다. 그러므로 모니터는 자동으로 상호배제를 보장한다.

4.2 조건 변수가 있는 모니터의 구조

모니터는 여러 측면에서 임계 영역과 비슷하고, 프로세스를 실행하는 동안 상호배제와 동기화를 제공한다. 그러나 강력함은 떨어져 동기화 방법을 추가로 정의해야 한다. 모니터 외부에 있는 프로세스가 모니터에 있는 프로세스를 수행할 때까지 외부에서 기다려야 할 때는 특정 조건에 따라 실행 재개를 결정한다. 예를 들어, 앞서 살펴본 생산자 · 소비자 프로세스는 공유 버퍼가 비어 있거나 꽉 찼을 때 버퍼를 채우거나 소비할 때까지 모니터 밖에서 대기해야 한다. 따라서 모니터는 조건 변수와 프로세스를 대기할 수 있는 상황을 연관시킨다. 다음과 같이 하나 이상의 모니터 조건 변수를 정의하여 모니터 안에서 작업을 동기화할 수 있다.

```
condition x, y;
```

[그림 4-31]과 같이 공유 데이터 영역은 공유 데이터의 변수를 의미하므로 반드시 공유 데이터 영역에 있을 필요가 없고, 해당 조건 변수(x, y)와 연관된 큐에 놓인다.

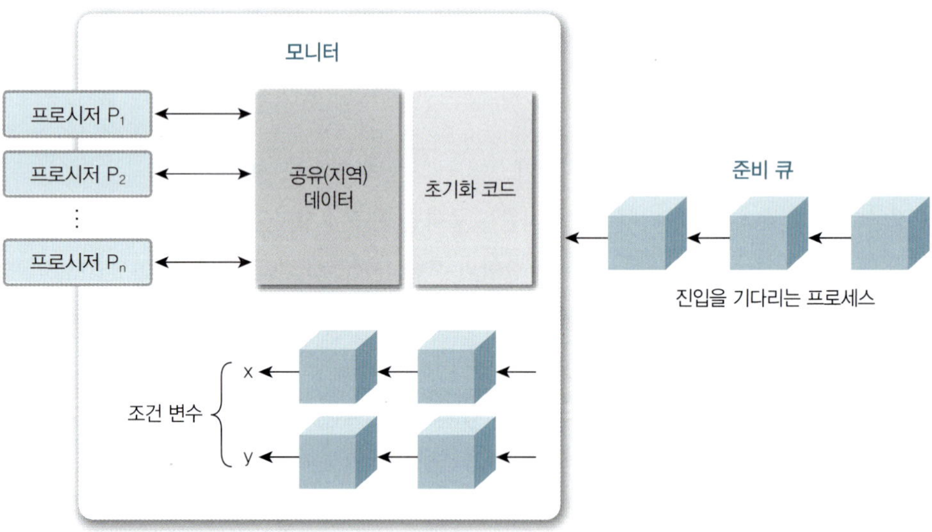

그림 4-31 조건 변수가 있는 모니터의 구조

x.wait 연산은 특정 조건이 true이면 호출 프로세스의 실행을 일시적으로 중단하거나 차단한다. 즉, 어떤 프로세스가 x.signal 연산을 호출할 때까지 x.wait 연산을 호출한 프로세스는 중단한다. 그런 다음 모니터는 잠금을 해제하여 다른 작업이 모니터를 사용할 수 있도록 허용한다. 동일한 조건이 false이면 다음 x.signal 연산은 프로세스 준비 큐에서 해당 조건을 기다렸다가 일시적으로 중단된 프로세스의 실행을 재개한다. 따라서 x.signal 연산은 정확히 하나씩 일시적으로 중단된 프로세스를 다시 시작한다. 프로세스가 특정 조건 변수에서 x.signal 연산을 호출하면, 해당 조건 변수와 연관된 큐에 프로세스가 존재할 때 대기 중인 프로세스 하나를 큐에서 꺼내 모니터로 진입할 수 있게 한다.

중단되어 기다리는 프로세스가 없으면 x.signal 연산은 영향을 주지 않는다. 즉, x의 상태는 연산을 전혀 실행하지 않는 것과 같다. 이것을 세마포와 관련된 P 연산과 비교하면, V 연산이 항상 세마포의 상태에 영향을 주는 것과 같다. 그러므로 실제로 프로세스 중 하나가 모니터 안에서 활성화되더라도 조건 변수의 도입은 프로세스 하나 이상이 동시에 동일한 모니터에 존재할 수 있다. 조건 변수는 현재 그 조건으로 대기 중인 프로세스의 큐와 연결되어 있다. 보통 선입선출FIFO 큐를 사용하지만, 모니터는 무기한 연기되는 것을 막으려고 새로 도착한 프로세스보다는 이미 대기 중인 프로세스에 더 높은 우선순위를 부여한다. 그러므로 모니터는 큐에서 대기 프로세스의 스케줄링에 유연성을 허용한다.

이제 프로세스 P는 x.signal 연산을 호출할 때 조건 x와 연관되며, 중단된 프로세스 Q가 있다고 가정해 보자. 중단된 프로세스 Q를 다시 실행하도록 허용한다면 x.signal 연산을 보낸 프로세스 P는 대기해야 한다. 그렇지 않으면 P와 Q를 모니터 안에서 동시에 수행할 것이다. 그러나 두 프로세스는 개념적으로 실행을 계속할 수 있다는 점에 유의하자. 여기서는 다음 두 가지 가능성이 있다.

❶ 프로세스 P는 프로세스 Q가 모니터를 떠날 때까지 또는 다른 조건 때문에 대기한다.

❷ 프로세스 Q는 프로세스 P가 모니터를 떠날 때까지 또는 다른 조건 때문에 대기한다.

이 가능성을 적용하려면 합리적인 근거가 있어야 한다. 모니터에서 이미 실행된 프로세스 P는 ❷를 선택하는 것이 더 합리적이다. 그러나 P를 계속 실행하도록 허용한다면 Q가 대기하는 논리적인 조건은 Q를 재개할 때까지 유지하지 못할 수도 있다. 호는 ❶을 주장했는데, 주로 선행하는 조건들을 더욱 간단하고 세련된 증명 법칙들로 해석했기 때문이다. 반면에 핸슨은 병행 파스칼 언어에서 이 둘을 절충하여 적용했다. 즉, 프로세스가 모니터에 다시 들어가기 전에 x.signal 연산을 호출한 프로세스는 먼저 모니터에서 나가야 한다. 그러므로 프로세스 P가 x.signal 연산을 실행하면 즉시 모니터를 떠나고 Q가 즉시 재실행되는 신호 후 종료 방법을 적용했다. 이 방법은 프로세스가 프로시저를 한 번 호출하는 동안 한 번 이상의 x.signal 신호를 보낼 수 없기 때문에 호의 방법만큼 강력하지는 않다.

4.3 모니터와 세마포 비교

모니터의 조건 변수에서 x.wait와 x.signal 연산은 계수 세마포에서 P와 V 연산과 비슷하다. signal 연산이 다른 프로세스의 차단을 해제하는 동안 wait 연산이 프로세스의 실행을 차단할 수 있는데, 이는 약간 차이가 있다. 프로세스가 P 연산을 실행하면 계수 세마포가 0보다 클 수 있어 해당 프로세스를 반드시 차단하지 않는다. 반면에 wait 연산을 실행하면 항상 프로세스를 차단한다. 세마포의 V 연산을 호출하면 일단 (무조건) counter를 증가시키고, 대기 작업의 유무를 확인한다. 대기 작업이 있으면 큐에서 대기 작업을 꺼내고, 해당 작업을 실행한다([예제 4-13] 참조).

반면에 모니터는 signal 연산(세마포의 V 연산에 대응)을 수행했을 때 대기 중인 작업이 없으면 signal 호출은 아무런 효과도 발생하지 않는다([예제 4-16] 참조). 즉, 모니터의 signal 연산은 대기 작업이 없으면 조건 변수next_count에 영향을 주지 않는다.

세마포와 모니터의 또 다른 차이는 세마포는 V 연산으로 사용자가 지연 없이 실행을 재개할 수 있다는 것이다. 반면에 모니터는 signal 연산으로 모니터의 잠금을 해제할 때만 다시 시작한다. 따라서 병렬 프로그래밍에서는 세마포보다 모니터가 더 오류가 적고 쉽게 작성할 수 있다는 장점이 있다.

모니터의 주된 단점은 프로그래밍 언어의 일부로 구현하고 컴파일러가 그 코드를 생성해야 한다는 것이다. 이는 컴파일러가 병행 프로세스에서 임계 영역에 접근을 제어할 수 있는 운영체제를 이해해야 한다는 부담을 준다. 또 병행성을 지원하는 자바Java, C#, 비주얼 베이직Visual Basic, 에이다Ada 등 언어만 모니터를 지원한다.

4.4 모니터의 구현

이제 세마포를 이용하여 모니터를 구현해 보자. 모니터 진입의 상호배제를 실현하려고 각 모니터마다 1로 초기화된 세마포 mutex를 사용한다. 프로세스는 모니터에 진입하기 전에 P(mutex) 연산을 실행하고, 모니터를 떠날 때는 V(mutex) 연산을 실행해야 한다.

signal을 보내는 프로세스는 재개된 프로세스가 떠나거나 대기할 때까지 기다려야 한다. 따라서 초깃값이 0인 세마포 next를 추가로 도입하고, next에서 signal을 보내는 프로세스는 자기 자신을 연기한다. 이때 초깃값이 0인 정수형 변수 next_count는 next에서 중단된 프로세스 수를 계산한다. 그러므로 각 외부 프로시저 F는 다음 루틴으로 치환하여 모니터 안에서 상호배제를 보장한다.

예제 4-15 외부 프로시저

```
wait(mutex);
      ...
      // 프로시저(F) 영역
      ...
if (next_count > 0)
      signal(next);
else
      signal(mutex);
```

이제 조건 변수를 어떻게 구현하는지 살펴보자. 각 조건 x에서 초깃값이 0인 세마포 x_sem과 정수 변수 x_count를 사용하여 x.wait와 x.signal 연산을 [예제 4-16]과 같이 구현한다. 이는 호와 핸슨이 제안한 모니터 정의에 적용할 수 있다.

예제 4-16 모니터 연산

<table>
<tr><th>x.wait 연산</th><th>x.signal 연산</th></tr>
<tr><td><pre>x_count++;
    if (next_count > 0)
          signal(next);
    else
          signal(mutex);
    wait(x_sem);
x_count--;</pre></td><td><pre>if (x_count > 0) {
      next_count++;
      signal(x_sem);
      wait(next);
      next_count--;
}</pre></td></tr>
</table>

이제 모니터 안에서 프로세스를 다시 시작하는 순서를 살펴보자. 여러 프로세스를 조건 x에서 중단하고 x.signal 연산을 어떤 프로세스로 실행한다면, 중단된 프로세스 중 어떤 프로세스를

다음에 재개할까? 단순한 해결 방법 중 하나는 선입선출을 이용하여 가장 오래 대기하는 프로세스를 먼저 재개하는 것이다. 그러나 이런 단순한 방법을 적용하기 힘들 때도 많다. 이때는 아래와 같은 형식의 조건 대기 구조를 사용한다. 그러면 조건 c를 만족할 때까지 모니터를 호출한 프로세스의 수행이 일시정지하므로 모니터를 다른 프로세스들이 사용할 수 있다. 여기서 c는 정수식으로 wait 연산을 실행할 때 평가한다. c 값은 우선순위 번호로, 중단된 프로세스의 이름과 함께 기억한다. x.signal 연산을 실행할 때는 c 값이 가장 작은 우선순위를 가진 프로세스를 다음으로 재실행한다.

```
x.wait(c);
```

이 새로운 방법은 경쟁하는 프로세스 사이에서 배타적 접근을 고정시켜 프로세스를 허용하는 데 사용할 수 있으므로, 단일 자원 할당을 제어한다. [예제 4-17]은 단일 자원을 할당하는 모니터의 예이다.

예제 4-17 단일 자원을 할당하는 모니터

```
monitor resource_allocator {
        condition is_free;
        int in_use = 0;

        get_resource() {
                if (in_use)
                        ❶ wait(is_free);   // 프로세스 중단(일시정지)
                ❷ in_use = 1;
        }

        return_resource() {
                ❸ in_use = 0;
                ❹ signal(is_free);         // 대기 중인 프로세스에 할당 허용(신호)
        }
}
```

초기에는 in_use=0으로 자원이 사용 가능한 상태이기에 프로세스를 수행한다(자원 사용). 또 in_use=1로 바꿔 사용 중임을 알린다(❷). 다른 프로세스가 자원을 사용 중이라면, in_ use=1이므로 wait 연산을 호출하여 프로세스를 중단한다(❶). 이때 중단된 프로세스에 신호signal가 오면 in_use=1로 바꾸어 사용 중임을 알려 다음 단계, 즉 프로세스를 수행한다. 자원 사용이 끝나고 return_resource를 호출하면, in_use=0으로 바꿔 사용 가능함을 알린다(❸). 그리고 signal 연산을 호출하여 준비 큐에서 대기 중인 프로세스에 신호를 보낸다(❹).

요약

01 병행 프로세스

프로세서 하나가 여러 프로세스를 동시에 실행하는 것처럼 보이는 것을 병행 프로세스라고 한다. 병행 프로세스는 서로 독립적으로 작업을 수행하는 단일 처리 시스템에서 독립 프로세스, 다른 프로세스와 협력하면서 특정 기능을 수행하는 비동기적 병행 프로세스인 협력 프로세스로 구분한다.

02 병행 프로세스의 해결 과제

시스템의 신뢰도를 높이고 처리 속도를 개선하여 처리 능력을 향상시키려면 공유 자원을 상호 배타적으로 사용해야 한다. 어떤 프로세스가 작업을 실행 중일 때 나머지 프로세스는 그 작업에 관련된 작업을 수행할 수 없도록 상호배제와 동기화를 해야 한다. 프로세스는 동시에 수행하는 다른 프로세스의 실행 속도와 관계없이 항상 일정한 실행 결과를 보장하도록 결정성determinacy을 확보해야 한다. 특히 교착 상태를 해결하고 병행 프로세스들의 병렬 처리 능력을 극대화해야 한다.

03 선행 그래프와 병행 프로그램

선행 그래프precedence graph는 선행 제약을 논리적으로 표현한 것으로, 순차적 활동을 표현하는 방향성 비순환 그래프이다. 선행 그래프는 연산의 선행 제약을 정의하는 데 유용하다. 하지만 2차원이라 프로그램에 사용하기가 어려워 fork와 join 구조, 병행 문장parbegin/parend을 제시했다.

04 상호배제와 동기화

병행 프로세스에서 프로세스 하나가 공유 자원을 사용할 때 다른 프로세스가 해당 데이터에 접근할 수 없게 하는 것을 상호배제mutual exclusion라고 한다. 그리고 공유 자원을 동시에 사용하지 못하게 실행을 제어하는 방법을 동기화라고 한다.

05 임계 영역

임계 영역critical section에는 여러 프로세스가 접근 가능하다. 하지만 어느 한순간에는 프로세스 하나만 사용할 수 있는 영역으로, 상호배제를 간편하게 구현할 수 있다. 해결 방법은 상호배제, 진행, 한정 대기 조건을 만족하면 된다.

06 생산자 · 소비자 문제

생산자 · 소비자 문제는 운영체제에서 비동기적으로 수행하는 모델로, 생산자 프로세스가 생산한 정보를 소비자 프로세스가 소비하는 형태이다. 생산자와 소비자가 불필요하게 공회전하지 않도록 생산자와 소비자를 동기화해야 한다.

07 경쟁 상태

경쟁 상태race condition는 여러 프로세스가 동시에 공유 데이터에 접근할 때 접근 순서에 따라 실행 결과가 달라지는 상황이다.

08 상호배제 방법

- **데커의 알고리즘**Dekker's algorithm : 병행 프로그래밍의 상호배제 문제를 풀 수 있는 첫 번째 해결책으로, 두 프로세스가 서로 통신하려고 공유 메모리를 사용하여 충돌 없이 단일 자원을 공유할 수 있도록 허용한다.
- **TestAndSet**TAS**(테스) 명령어** : 소프트웨어적인 해결책은 더 복잡하고, 프로세스가 2개 이상일 때는 더 많이 대기할 수 있다. 이때 기계를 비교하거나 단어 내용을 검사 · 수정하는 특별한 하드웨어 명령어(TestAndSet)를 사용하여 간단한 방법으로 임계 영역 문제를 해결할 수 있다.
- **세마포**semaphore : 상호배제의 해결책에는 바쁜 대기로 프로세스를 낭비한다는 단점이 있다. 다익스트라Dijkstra는 1965년 진입 조건을 반복 조사하지 않고 true일 때 프로세스 상태를 확인하는 새로운 동기화 도구인 세마포를 제안하여 이 문제를 해결했다. 세마포는 상호배제에 사용할 뿐만 아니라 다양한 연산의 순서도 제공한다.
- **모니터**monitor : 세마포를 잘못 사용하면 여러 가지 오류가 쉽게 발생하여 프로그램을 작성하기가 어렵다. 이런 단점을 극복하려고 모니터가 등장했다. 핸슨이 제안하고 호Hoare가 수정한 공유 자원과 이것의 임계 영역을 관리하는 소프트웨어 구성체, 즉 병행 프로그래밍 구조이다.

연습문제

01 병행 프로세스들의 고려 사항이 아닌 것은?

① 공유 자원을 상호 배타적으로 사용해야 한다.

② 병행 프로세스 사이는 협력이나 동기화가 되어야 한다.

③ 병행 프로세스들은 프로그래머가 외부적으로 스케줄링할 수 없도록 한다.

④ 교착 상태를 해결해야 하고, 병행 프로세스들의 병렬 처리도를 극대화해야 한다.

02 한 프로세스가 공유 메모리나 공유 파일을 사용할 때 다른 프로세스들이 사용하지 못하도록 배제시키는 제어 방법은?

① deadlock ② mutual exclusion

③ interrupt ④ critical section

03 상호배제mutual exclusion 방법을 사용하여 임계 영역critical region을 보호했다. 다음 설명 중 옳지 않은 것은?

① 어떤 프로세스가 임계 영역 내의 명령어 실행 중 인터럽트interrupt가 발생하면 이 프로세스는 실행을 멈추고, 다른 프로세스가 이 임계 영역 내의 명령어를 실행한다.

② 임계 영역 내의 프로그램 수행 중에 교착 상태deadlock가 발생하면 교착 상태를 해제할 때까지 임계 영역을 벗어날 수 없다. 따라서 임계 영역 내의 프로그램에서는 교착 상태가 발생하지 않도록 해야 한다.

③ 임계 영역 내의 프로그램에서 무한 루프endless loop가 발생하면 임계 영역을 탈출할 수 없다. 따라서 임계 영역 내의 프로그램에서는 무한 루프가 발생하지 않도록 해야 한다.

④ 여러 프로세스 중에 하나의 프로세스만 임계 영역을 사용할 수 있도록 하여 임계 영역에서 공유 변수 값의 무결성을 보장한다.

04 상호배제를 올바르게 구현하는 요구 조건에 대한 설명으로 틀린 것은?

① 프로세스 2개 이상의 공유 데이터에 접근하여 동시에 수행할 수 있어야 한다.

② 임계 영역 밖에 있는 프로세스가 다른 프로세스의 임계 영역 진입을 막아서는 안 된다.

③ 어떤 프로세스도 임계 영역으로 들어가는 것을 무한정 연기해서는 안 된다.

④ 임계 영역은 특정 프로세스가 독점할 수 없다.

05 다중 프로그래밍 운영체제에서 한순간에 여러 프로세스로 공유하는 데이터와 자원에서 한순간에는 반드시 프로세스 하나만 자원이나 데이터를 사용하도록 한다. 이런 자원을 프로세스가 반납한 후 비로소 다른 프로세스에서 자원을 이용하거나 데이터에 접근할 수 있도록 지정된 영역은?

① monitor ② semaphore ③ critical section ④ working set

06 임계 영역critical section에 대한 설명으로 옳은 것은?

① 프로세스들의 상호배제mutual exclusion가 일어나지 않도록 주의해야 한다.
② 임계 영역에서 수행 중인 프로세스는 인터럽트가 가능한 상태로 만들어야 한다.
③ 어느 한 시점에서 프로세스 2개 이상이 동시에 자원 또는 데이터를 사용하도록 지정된 공유 영역을 의미한다.
④ 임계 영역에서 작업은 신속하게 해야 한다.

07 임계 영역(구역)의 원칙으로 옳지 않은 것은?

① 프로세스 2개 이상을 동시에 사용할 수 있다.
② 순서를 지키면서 신속하게 사용한다.
③ 프로세스 하나가 독점하게 해서는 안 된다.
④ 임계 영역이 무한 루프에 빠지지 않도록 주의해야 한다.

08 임계 영역critical section에 대한 설명으로 옳지 않은 것은?

① 특정 프로세스가 독점해서는 안 된다.
② 프로세스 하나만 접근할 수 있다.
③ 임계 영역 안에서 작업은 신속하게 진행해야 한다.
④ 실행 중인 프로세스가 일정 시간 동안 참조하는 페이지의 집합을 의미한다.

09 모니터에 대한 설명으로 옳지 않은 것은?

① 모니터의 경계에서 상호배제를 시행한다.
② 데이터 추상화와 정보 은폐 방법을 기초로 한다.
③ 공유 데이터와 이 데이터를 처리하는 프로시저로 구성된다.
④ 모니터 외부에서도 모니터 안의 데이터에 직접 접근할 수 있다.

10 다음 상호배제 방법 중 특수한 하드웨어 자원이 필요한 것은?

① Dekker 알고리즘 ② Peterson 알고리즘
③ Test&Set 알고리즘 ④ Lamport의 빵집 알고리즘

11 데커Dekker 알고리즘에 대한 설명 중 옳지 않은 것은?

① 교착 상태가 발생하지 않음을 보장한다.
② 프로세스가 임계 영역에 들어가는 것이 무한정 지연될 수 있다.
③ 공유 데이터를 처리할 때 상호배제를 보장한다.
④ 별도의 특수 명령어 없이 순수하게 소프트웨어로 해결된다.

12 상호배제의 문제는 병행하여 처리하는 여러 프로세스가 공유 자원을 동시에 접근하기 때문에 발생한다. 따라서 공유하는 자원의 처리 내용 중에서 상호배제를 해야 하는 일정 부분에서는 어느 프로세스 하나를 처리하는 동안에 다른 프로세스의 접근은 허용하지 말아야 한다. 이때 상호배제를 해야 하는 일정 부분을 무엇이라고 하는가?

① locality ② page
③ semaphore ④ critical section

13 다음은 무엇을 구현하는 방법인가?

- 데커의 알고리즘
- 패터슨 알고리즘
- Lamport의 빵집 알고리즘
- Test and Set 방법
- swap 명령어 방법

① 세마포 ② 상호배제
③ 모니터 ④ 페이지 교체

14 다음은 세마포와 관련된 두 연산 P(S)와 V(S)이다. ㉮, ㉯의 내용으로 옳게 짝지은 것은?

- P(S) : if (S ≤ 0) then S를 기다림;
  else S = (㉮);
- V(S) : if (1개 이상의 프로세스가 S를 기다림)
  then 그중 한 프로세스를 진행;
  else S = (㉯);

① ㉮ S−1 ㉯ S−1
② ㉮ S+1 ㉯ S−1
③ ㉮ S−1 ㉯ S+1
④ ㉮ S+1 ㉯ S+1

15 세마포semaphore에 대한 설명 중 옳지 않은 것은?

① 세마포 연산은 처리 중에 인터럽트해야 한다.

② 다익스트라E. J. Dijkstra가 제안한 방법이다.

③ 여러 프로세스가 동시에 그 값을 수정하지 못한다.

④ 상호배제의 원리를 보장하는 데 사용한다.

16 세마포semaphore와 관련된 설명 중 틀린 것은?

① 상호배제 문제를 해결하는 데 사용한다.

② 정수의 변수로 양의 값만 가진다.

③ 여러 프로세스가 동시에 그 값을 수정하지 못한다.

④ 세마포 연산을 처리 도중에 인터럽트해서는 안 된다.

17 프로세스 2개 사이에서 선행 순서를 $P_i < P_j$로 표현할 때 P_j를 먼저 실행한다고 가정한다면, $P_2 < P_1$, $P_4 < P_2$, $P_4 < P_3$의 선행 관계가 있을 때 병행으로 실행할 수 있는 프로세스로 짝지은 것은?

① P_1 , P_3

② P_1, P_4

③ P_2 , P_4

④ P_3, P_4

18 순차적으로만 사용할 수 있는 공유 자원이나 공유 자원 그룹을 할당하는 데 사용하며, 데이터와 프로시저를 포함하는 병행성 구조concurrency construct는?

① 버퍼buffer

② 채널channel

③ 모니터monitor

④ 세마포semaphore

19 모니터monitor에 대한 설명으로 옳지 않은 것은?

① 모니터의 경계에서 상호배제를 시행한다.

② 데이터 추상화와 정보 은폐 방법을 기초로 한다.

③ 순차적으로 재사용 가능한 특정 공유 자원이나 공유 자원 그룹을 할당하는 데 필요한 데이터 및 프로시저를 포함하는 병행성 구조이다.

④ 모니터 안의 데이터는 모니터 외부에서도 접근할 수 있다.

20 병행 프로그래밍 방법에서 발생할 수 있는 오류를 방지하는 방법이 아닌 것은?

① 세마포semaphore
② 비동기화asynchronization
③ 상호배제mutual exclusion
④ 모니터monitor

21 모니터에 대한 설명으로 옳지 않은 것은?

① 공유 데이터와 이 데이터를 처리하는 프로시저로 구성된다.
② 한순간에 여러 프로세스가 모니터에 동시에 진입하여 자원을 공유할 수 있다.
③ 모니터 외부의 프로세스는 모니터 내부의 데이터에 직접 접근할 수 없다.
④ 모니터에서는 wait와 signal 연산을 사용한다.

22 모니터에 대한 설명으로 틀린 것은?

① 자료 추상화와 정보 은폐 방법을 기초로 한다.
② 병행 다중 프로그래밍에서 상호배제를 구현하는 특수 프로그램 방법이다.
③ 구조적인 측면에서 공유 데이터와 이 데이터를 처리하는 프로시저의 집합이라고 할 수 있다.
④ 모니터 외부의 프로세스도 모니터 내부 데이터에 직접 접근할 수 있다.

23 모니터에 대한 설명으로 틀린 것은?

① 모니터 내부의 자원을 원하는 프로세스는 반드시 해당 모니터의 진입부를 호출하여 공유 데이터에 접근할 수 있다.
② 구조적인 측면에서 모니터는 데이터와 이 데이터를 처리하는 프로시저의 집합이라고 할 수 있다.
③ 모니터 외부의 프로세스도 모니터 내부의 데이터에 접근할 수 있다.
④ 한순간에 프로세스 하나만 모니터 안에서 활동하도록 보장한다.

24 모니터monitor에 대한 설명으로 옳지 않은 것은?

① 특정의 공유 자원을 할당하는 데 필요한 데이터와 프로시저를 포함하는 병행성 구조concurrency construct이다.
② 모니터 외부의 프로세스는 모니터 내부의 데이터에 직접 접근할 수 없다.
③ 모니터 내부의 자원을 원하는 프로세스는 반드시 해당 모니터의 진입부entry를 호출해야 하고, 원하는 모든 프로세스는 동시에 모니터 내부에 들어갈 수 있다.
④ 모니터에서 사용하는 연산에는 wait와 signal이 있다.

25 모니터에 대한 설명으로 옳지 않은 것은?

① 한순간에 프로세스 2개 이상이 모니터에 들어갈 수 있다.
② 모니터의 경계에서 상호배제를 시행한다.
③ 모니터 외부의 프로세스는 모니터 내부 데이터에 접근할 수 없다.
④ 특정 공유 자원이나 한 그룹의 공유 자원을 할당하는 데 필요한 데이터와 프로시저를 포함하는 병행성 구조이다.

26 바쁜 대기busy-waiting의 개념과 이를 피할 수 있는 방법을 간단히 설명하시오.

27 대기의 종류를 세 가지 이상 나열하고 간단히 설명하시오.

28 다음 선행 그래프를 fork/join 문장으로 구현하시오.

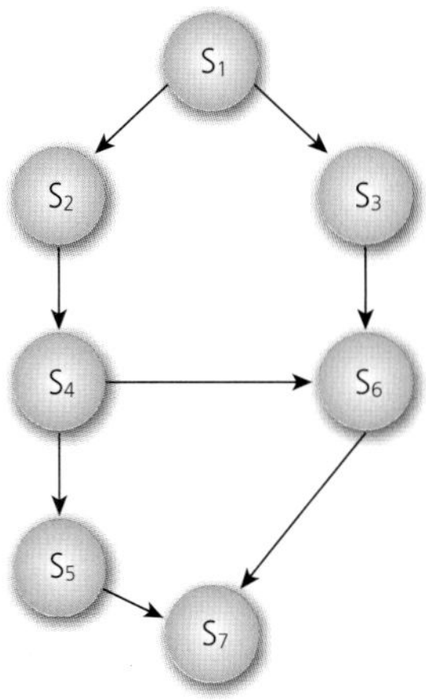

29 버퍼 크기가 유한한 생산자 · 소비자 문제에서 버퍼가 최대 n−1개의 데이터만 허용하는 이유를 설명하시오.

30 임계 영역 문제에서 세마포가 아닌 TestAndSet을 사용하여 해결할 때의 단점은?

31 임계 영역의 의미와 문제점을 간단히 설명하시오.

32 임계 영역이 만족해야 하는 세 가지 조건을 기술하시오.

33 프로세스들의 병행 처리를 명시하는 언어적 표현을 간략하게 기술하시오.

34 세마포의 두 가지 연산을 설명하시오.

35 세마포의 단점을 설명하시오.

36 모니터monitor의 개념을 설명하시오.

37 경쟁 상태race condition를 설명하고, 이를 피할 수 있는 방법을 간단히 설명하시오.

38 세마포와 조건 변수의 wait와 signal 연산 차이를 설명하시오.

Chapter 05

교착 상태와 기아 상태

학습목표

- 교착 상태의 개념과 발생 원인을 이해한다.
- 교착 상태를 해결하는 예방, 회피, 탐지, 회복을 알아본다.
- '식사하는 철학자 문제'를 살펴서 기아 상태를 해결한다.

01 교착 상태의 개념과 발생 원인

1 교착 상태의 개념

다중 프로그래밍 시스템에서는 프로세스가 결코 일어나지 않을 사건event을 기다리는 상태가 되면 교착 상태deadlock에 빠졌다고 말한다. 한 개 이상의 프로세스가 교착 상태에 빠지면 작업이 정지되어 더는 명령을 진행하지 못한다. 운영체제가 교착 상태를 해결하지 못하면, 시스템 운영자나 사용자는 작업을 교체하거나 종료하는 외부 간섭으로 이것을 해결해야 한다. 교착 상태는 하나 이상의 작업에 영향을 주기 때문에 무한 대기나 기아 상태보다 더 심각한 문제를 일으킨다.

교착 상태는 시스템 자원에 요구가 뒤엉킨 상태로, 두 프로세스가 사용하는 자원(비공유)을 서로 기다리고 있을 때 발생한다. 자원 해제 요청을 받아들일 때까지 프로세스들은 작업을 더 이상 진행할 수 없으며, 자원 해제를 수신할 때까지 현재 보유한 자원도 해제할 수 없다. 다시 말해, 다른 하나를 완료하지 않으면 프로세스를 더 이상 진행할 수 없고, 진행하지 않으면 프로세스를 완료할 수 없다. 따라서 둘 이상의 작업이 중단되고 프로세스들은 서로 사용할 자원을 기다리고만 있게 된다.

응용 프로그램의 프로세스는 대부분 자원 하나에 단독으로 접근하기보다는 여러 자원을 사용한다. 예를 들어, 두 프로세스가 CD에 각각 스캔한 문서를 저장한다고 가정하자. [그림 5-1]

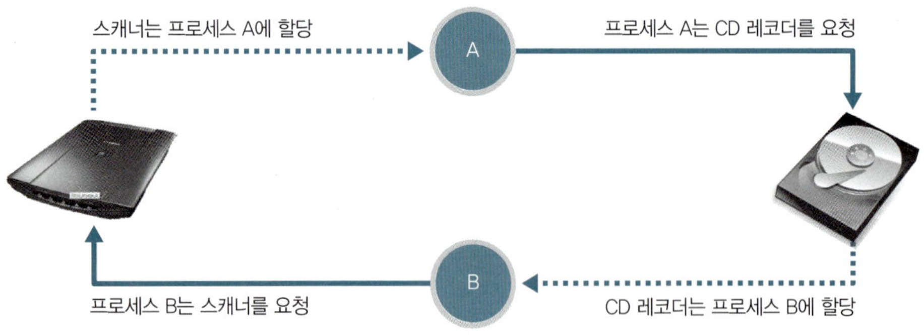

그림 5-1 교착 상태 예

과 같이 프로세스 A는 스캐너 사용 권한을 요청하여 허용되었고, 프로세스 B는 CD 레코더를 요청하여 허용되었다고 하자. 잠시 후 프로세스 A가 CD 레코더를 요청하더라도 프로세스 B가 CD 레코더를 해제할 때까지는 요청이 거부된다. 설상가상으로 프로세스 B가 CD 레코더를 해제하지 않고 스캐너를 요청하면 두 프로세스는 서로 차단되어 영원히 기다리게 되는데, 이 상황이 바로 교착 상태이다.

시스템에서 일어나는 교착 상태를 좀 더 정확히 표현하면 이렇다. 한 프로세스 집합의 프로세스들이 일으킬 사건(임계 영역으로 진행할 수 있음을 나타내는 신호)을 여러 프로세스가 서로 기다리고 있는 상태이다. 즉, 둘 이상의 프로세스가 다른 프로세스가 점유하고 있는 자원을 서로 기다릴 때 교착 상태가 발생한다.

일상생활에서 교착 상태의 예로는 [그림 5-2]와 같은 교통마비 상태를 들 수 있다. 교통마비 상태에서는 명확한 해결책이 없다. 교차로에 있는 자동차가 비키지 않는 한 자동차들은 앞으로 움직일 수 없다. 그러므로 교차로의 일부 자동차를 후진시키거나 네 대 중 한 대를 제거하는 외부 간섭이 필요하다.

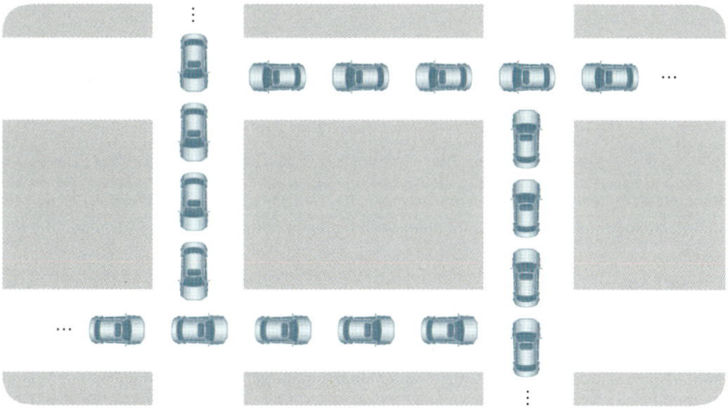

그림 5-2 교착 상태 예 : 교통마비 상태

초기 일괄 처리 시스템에서는 교착 상태가 자주 발생하지 않았다. 사용자가 작업 제어 카드에 작업을 완료하는 데 필요한 자원을 명시했기 때문이다. 일괄 처리 시스템에서는 운영체제가 요청한 자원을 준비 큐로 이동시키기 전에 먼저 사용 가능 여부를 확인했다. 따라서 확보되지 않은 자원은 준비 큐로 이동할 수 없어 교착 상태가 발생하지 않았다. 반면에 대화식 시스템에서는 동적 자원을 공유하여 자원의 사용률을 높이는 과정에서 교착 상태가 발생할 가능성이 있었다.

교착 상태는 제한된 자원의 사용률을 높이고 시스템 효율성을 증가시키려고 사용하는 병행 처리 기술과 자원 공유에 따른 부작용이다. 교착 상태를 이해하려면 먼저 프로세스가 어떤 순서로 자원을 사용하는지 알아야 한다. 보통 프로세스는 다음 순서로 자원을 사용한다.

- **자원 요청** : 프로세스가 필요한 자원을 요청한다. 해당 자원을 사용할 수 있으면 요청을 즉시 수락하지만, 해당 자원을 다른 프로세스가 사용 중이면 요청을 수락할 때까지 기다려야 한다.
- **자원 사용** : 프로세스가 요청한 자원을 획득하여 사용한다. 예를 들어, 요청한 자원이 프린터라면 프로세스는 프린터를 이용하여 출력한다.
- **자원 해제** : 프로세스가 자원 사용을 마친 후 해당 자원을 되돌려(해제) 준다.

자원의 요청과 해제는 시스템 호출로 한다. 파일이나 입출력장치 등 자원을 읽거나 쓰는 일도 시스템 호출로만 가능하다. 그러므로 운영체제는 프로세스가 자원을 요청하면 할당받을 수 있도록 항상 확인하고 이 사실을 기록해야 한다.

2 교착 상태의 예

교착 상태는 둘 이상의 작업이 대기 상태로 중요한 자원을 사용하려고 기다릴 때 발생한다. 즉, 어떤 작업에 필요한 자원을 다른 작업이 점유하여 사용할 수 없을 때 발생하므로 교착 상태에서는 자원의 요청과 해제가 중요하다. 컴퓨터 시스템에서 교착 상태가 발생하는 예를 몇 가지 살펴보자.

■ 스풀링 시스템에서 발생하는 교착 상태

스풀링 시스템은 쉽게 교착 상태에 빠진다. 디스크에 할당된 스풀 공간의 출력을 완료하지 않은 상태에서 다른 작업이 스풀 공간을 모두 차지하면 교착 상태가 발생한다. 스풀링 처리부에 공간을 넉넉히 두면 교착 상태 발생률이 줄어들지만 비용이 많이 든다. 이때는 스풀링 파일의 일정 포화 임계치saturation threshold를 설정하여 교착 상태를 예방할 수 있다. 예를 들어, 스풀 공간이 75% 정도 차면 새로운 작업을 읽어 들이지 못하도록 하여 교착 상태를 예방하는 것이다. 그 대신 그만큼 시스템의 처리량은 줄어들 수 있다.

■ 디스크를 공유할 때 발생하는 교착 상태

디스크 사용에 제어가 없으면 프로세스들이 서로 충돌하는 명령을 요청할 때 교착 상태가 발생할 수 있다. 예를 들어, 프로세스 P_1이 저장된 자료를 확인하려고 실린더 55의 내용을 읽으라고 명령하면, 디스크 헤드는 실린더 55로 이동한다. 그리고 P_1은 일시정지 상태가 되고 입출력 채널은 다음 입출력을 요구한다. 프로세스 P_2가 입출력 채널 제어권을 넘겨받아 실린더 245에 위치한 레코드에 쓰기 명령을 하면(이때 잠겨 있지 않으면), 디스크 헤드는 다시 실린더 245로 움직이고 프로세스 P_2는 중단 상태가 된다. 이번에는 프로세스 P_1이 입출력 채널 제어권을 넘겨받고 프로세스 P_1이 실린더 55의 내용을 읽으라고 다시 명령하면, 디스크 헤드는 다시 실린더 55로 이동한다. 그러는 동안 입출력 채널 제어권은 다시 프로세스 P_2로 넘어가 프로세스 P_2가 입출력 채널에 다시 명령한다. 이때 디스크 헤드는 실린더 55와 실린더 245 사이를 움직이지만, 두 프로세스 모두 원하는 서비스를 완료할 수 없다.

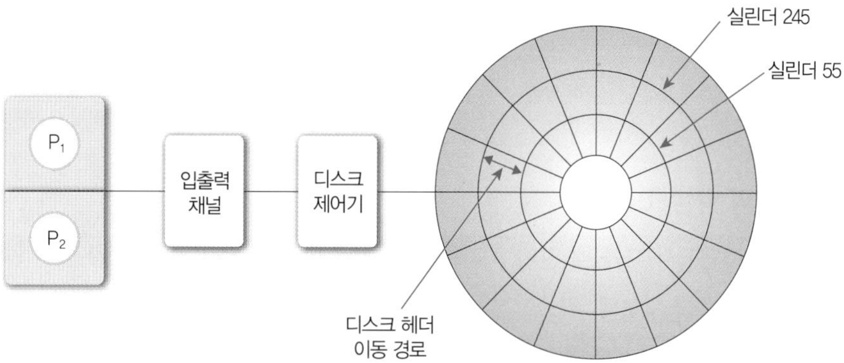

그림 5-3 디스크 제어기가 프로세서와 독립적으로 작동할 때 발생하는 교착 상태

■ 네트워크에서 발생하는 교착 상태

네트워크가 붐비거나 입출력(I/O) 버퍼 공간이 부족한 네트워크 시스템에 메시지 흐름을 제어하는 적절한 프로토콜이 없으면, [그림 5-4]와 같이 교착 상태가 발생할 수 있다. 여기서 화살표는 메시지 흐름을 나타낸 것이다. 출발지가 노드 N6과 노드 N7이고 목적지가 노드 N2인 메시지는 노드 N1의 출력 큐에 임시 저장된다. 또 출발지가 노드 N3과 노드 N4이고 목적지가 노드 N1인 메시지는 노드 N2의 출력 큐에 임시 저장된다. 이때 트래픽이 증가하면 각 출력 큐의 크기도 증가한다. 노드 N1의 버퍼 공간이 부족하여 메시지를 더 이상 저장할 수 없으면 노드 N1은 노드 N2에서 메시지를 받을 수 없다. 또 노드 N2도 버퍼 공간이 부족하여 노드 N1이나 다른 노드에서 메시지를 수신할 수 없게 되면, 노드 N1과

노드 N2 사이의 통신 선로는 더 이상 메시지를 전송할 수 없는 교착 상태에 빠진다. 물론 노드 N1은 노드 N6과 노드 N7에서는 메시지를 전송받을 수 있지만, 노드 N2로는 메시지 전송이 불가능하므로 곧 교착 상태에 빠진다.

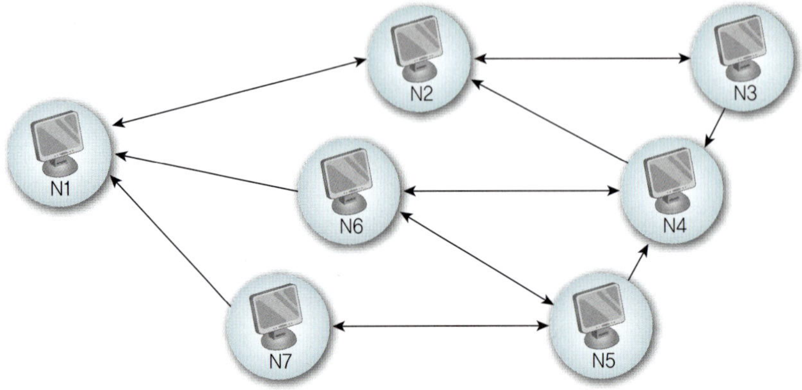

그림 5-4 네트워크에서 발생하는 교착 상태

3 교착 상태의 발생 조건

교착 상태는 시스템에서 다음 네 가지 조건을 만족할 때 발생한다. 이 중 ❶~❸만 만족해도 교착 상태가 발생할 수 있는데, 발생하지 않을 수도 있다. ❹는 ❶~❸ 조건을 만족할 때 발생할 수 있는 결과이고, 점유와 대기 조건을 포함하므로 네 가지 조건이 모두 독립적인 것은 아니다. 각 조건은 분리하여 생각하는 것이 바람직한데, 그 이유는 잠시 후에 강 건너기 예에서 살펴본다.

❶ 상호배제

자원을 최소 하나 이상 비공유해야 한다. 즉, 한 번에 프로세스 하나만 해당 자원을 사용할 수 있어야 한다. 사용 중인 자원을 다른 프로세스가 사용하려면 요청한 자원이 해제될 때까지 기다려야 한다.

❷ 점유와 대기

자원을 최소한 하나 정도는 보유하고, 다른 프로세스에 할당된 자원을 얻으려고 기다리는 프로세스가 있어야 한다.

❸ 비선점

자원은 선점할 수 없다. 즉, 자원은 강제로 빼앗을 수 없고, 자원을 점유하고 있는 프로세스가 끝나야 해제된다.

❹ 순환(환형) 대기

대기 프로세스 집합 {P_0, P_1, ……, P_n}이 있다고 가정하자. [그림 5-5]와 같이 프로세스 P_0은 프로세스 P_1이 보유한 자원을, 프로세스 P_1은 프로세스 P_2가 보유한 자원을, ……, 프로세스 P_{n-1}은 프로세스 P_n이 보유한 자원을, 프로세스 P_n은 P_0이 보유한 자원을 각각 얻으려고 기다리는 것을 순환 대기라고 한다.

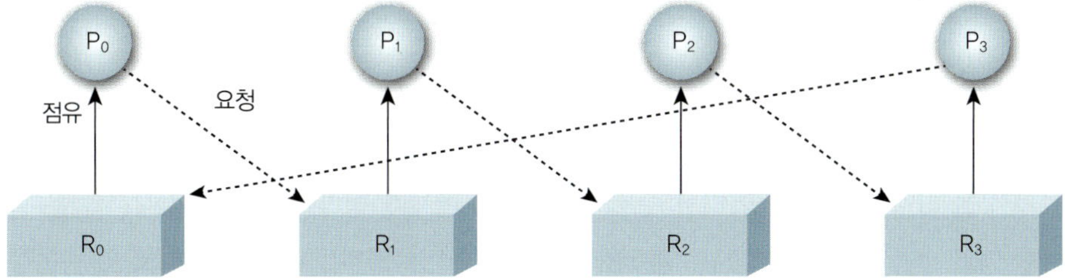

그림 5-5 순환 대기의 교착 상태

그러므로 여기서는 컴퓨터에서 사용할 수 있는 자원의 종류를 알아보고, 이런 자원을 사용할 때 발생하는 교착 상태의 몇 가지 예를 살펴본다.

NOTE_선점 자원과 비선점 자원

컴퓨터 자원은 성질에 따라 선점 자원과 비선점 자원으로 구분하여 생각할 수 있다. 먼저 선점 자원은 부작용 없이 소유한 프로세스에서 빼앗아 선점할 수 있는 자원이다. 일정 시간 동안 특정 프로세스에 할당했다가 다른 프로세스에 할당하고, 다시 부작용 없이 처음 프로세스에 재할당할 수 있다. 예로는 메모리, 버퍼, 프로세서 등이 있다. 반면에 비선점 자원은 하나의 프로세스에서 빼앗아 선점할 수 없고, 부작용 없이 다른 프로세스에 할당할 수 없는 자원이다. 그러므로 계산 오류를 발생시키지 않고 현재 소유자에게서 빼앗을 수 없다. 예로는 프린터, CD 드라이브, 스캐너, 디스크 드라이브, 임계 영역 등이 있다.

보통 교착 상태는 비선점 자원이 발생시킨다. 선점 자원을 사용할 때도 발생할 수 있지만, 선점 자원은 일반적으로 하나의 프로세스에서 다른 자원을 재할당하여 해결할 수 있다. 그러므로 여기서 교착 상태를 언급할 때 자원은 비선점 자원을 의미한다.

[그림 5-6]과 같이 강을 건너는 경우를 살펴보자. 징검다리의 돌 하나를 자원, 사람을 프로세스로 보고 돌 하나는 한 사람만 디딜 수 있다고 가정하자. 양쪽에서 두 명이 동시에 출발하여 징검다리 중간에서 만나면 교착 상태가 발생했다고 할 수 있다. 돌에 발을 딛는 것을 자원 할당, 돌에서 발을 떼는 것을 자원 해제로 볼 때 동시에 같은 돌을 디디려 하면 교착 상태가 되는 것이다.

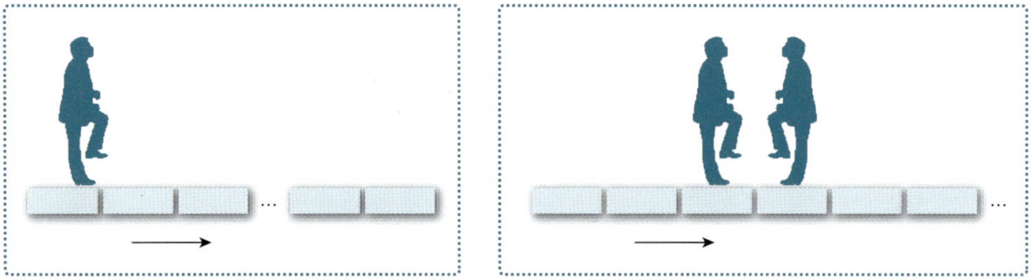

그림 5-6 강 건너기 예로 살펴본 교착 상태

여기서 돌 하나를 한 사람만 디딜 수 있으므로 상호배제가 성립한다. 그리고 각 사람은 돌 하나를 딛고 다음 돌을 요구하므로 점유와 대기 조건도 만족한다. 또 사람이 딛고 있는 돌을 강제로 제거할 수 없으므로 비선점 조건도 만족한다. 끝으로 왼쪽에서 오는 사람은 오른쪽에서 오는 사람을 기다리고, 오른쪽에서 오는 사람도 왼쪽에서 오는 사람을 기다리므로 순환 대기 조건도 만족한다. 따라서 이런 환경에서는 누구도 앞으로 나아갈 수 없고 서로 상대방이 딛고 있는 돌에서 발을 뗄 때까지 기다려야 한다.

이때 교착 상태는 다음 방법으로 해결할 수 있다.

❶ 둘 중 한 사람이 되돌아간다(복귀).

❷ 징검다리 반대편을 먼저 확인하고 출발한다.

❸ 강의 한편에 우선순위를 부여한다.

4 교착 상태의 표현

교착 상태는 시스템 자원 할당 그래프인 방향 그래프로 표현할 수 있다. 이 그래프는 G = (V, E)로 구성되며, 정점 집합 V는 프로세스 집합 P = {P_1, P_2, ……, P_n}과 자원 집합 R = {R_1, R_2, ……, R_n}으로 나뉜다. 간선 집합 E는 원소를 (P_i, R_j)나 (R_j, P_i)와 같은 순서쌍으로 나타낸다.

자원 할당 그래프에서는 일반적으로 [그림 5-7]과 같이 프로세스는 원으로, 자원은 사각형으로 표시한다. 여기서는 P_i가 프로세스, R_j가 자원이다. 프로세스 P_i와 자원 R_j의 연결선으로 자원의 요청과 할당을 표현한다. 예를 들어, 프로세스 P_i가 자원 R_j를 요청하면 [그림 5-7]의 (a)와 같이 $P_i \rightarrow R_j$로 표현하고, 이 연결선을 요청 연결선이라고 한다. 자원 R_j를 프로세스 P_i에 할당하면 (b)와 같이 $R_j \rightarrow P_i$로 표현하고, 이 연결선을 할당 연결선이라고 한다.

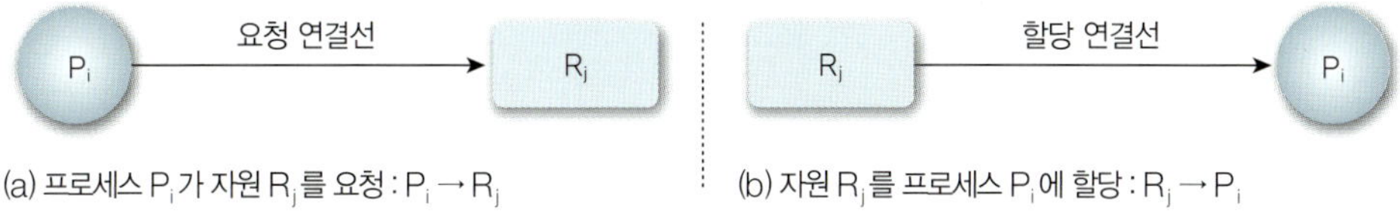

그림 5-7 자원 할당 그래프

자원 할당 그래프에 [그림 5-8]과 같은 사이클(순환)이 있다면 프로세스들이 교착 상태에 있음을 나타낸다.

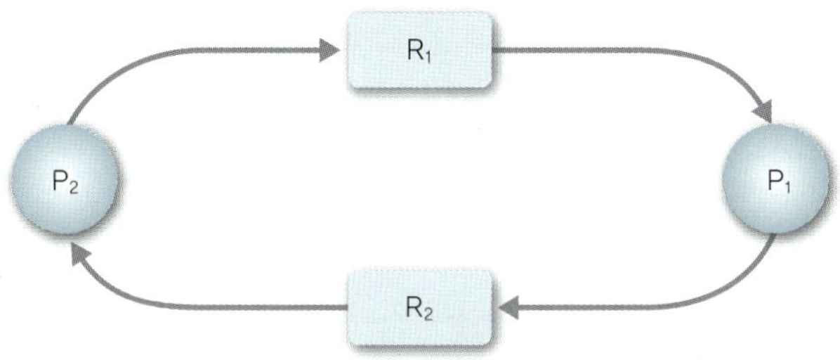

그림 5-8 사이클이 있어 교착 상태인 자원 할당 그래프 : 프로세스 P_1, P_2가 교착 상태

자원 할당 그래프를 좀 더 구체적으로 표현하면 [그림 5-9]와 같다. 여기서 사각형 안의 회색 점은 자원 수를 나타낸다. 따라서 [그림 5-9]에서 자원 R_1과 R_3은 각각 한 개이고, 자원 R_2는 2개, 자원 R_4는 3개이다. 할당 연결선은 사각형 안의 점 하나를 가리키고, 요청 연결선은 사각형 자체를 가리킨다. 프로세스 P_i가 자원 R_j의 자원을 하나 요청하면, 요청 연결선을 자원 할당 그래프 안에 삽입한다. 요청을 만족하면 요청 연결선은 즉시 할당 연결선으로 변환된다. 그리고 프로세스가 자원을 해제하면 할당 연결선은 삭제된다.

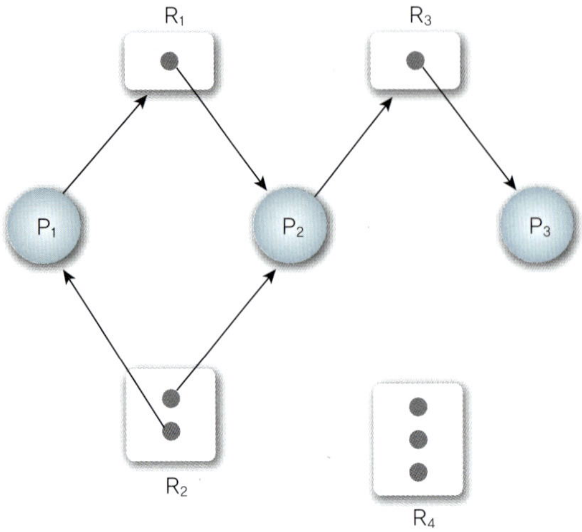

❶ 집합 P, R, E
- $P = \{P_1, P_2, P_3\}$
- $R = \{R_1, R_2, R_3, R_4\}$
- $E = \{P_1 \rightarrow R_1, P_2 \rightarrow R_3, R_1 \rightarrow P_2, R_2 \rightarrow P_2, R_2 \rightarrow P_1, R_3 \rightarrow P_3\}$

❷ 프로세스의 상태
- 프로세스 P_1은 자원 R_2의 자원을 하나 점유하고, 자원 R_1을 기다린다.
- 프로세스 P_2는 자원 R_1과 R_2의 자원을 각각 하나씩 점유하고, 자원 R_3을 기다린다.
- 프로세스 P_3은 자원 R_3의 자원 하나를 점유 중이다.

그림 5-9 **자원 할당 그래프 예와 프로세스 상태**

자원 할당 그래프의 정의에서 알 수 있듯이 그래프에 사이클이 없다면 시스템에 교착 상태가 발생하지 않는다. 반면에 그래프에 사이클이 있으면 교착 상태가 발생할 수 있다. 각 자원에 정확히 자원이 하나만 있다면 사이클은 교착 상태임을 암시한다. 또 자원 하나에 사이클이 연관되어 있으면 교착 상태가 발생한다. 사이클에 포함된 각 프로세스는 교착 상태에 있는데, 그래프의 사이클은 교착 상태의 필요충분조건이 된다. 자원 여러 개에 사이클이 있다고 반드시 교착 상태가 발생한다는 의미는 아니다. 그래프에 있는 사이클은 교착 상태가 발생의 필요조건이지 충분조건은 아니기 때문이다. 이 개념은 [그림 5-10]의 그래프로 알아보자.

[그림 5-10]에서 프로세스 P_3이 자원 R_2의 자원을 요청한다고 가정하자. 사용 가능한 자원이 없어 요청 연결선 $P_3 \rightarrow R_2$를 그래프에 추가하여 그래프에 사이클이 2개 있다. 따라서 프로세스 P_1, P_2, P_3은 교착 상태이다. 프로세스 P_2는 프로세스 P_3이 점유한 자원 R_3을 기다리고, 프로세스 P_3은 자원 R_2를 얻으려고 프로세스 P_1이나 프로세스 P_2가 자원 R_2를 해제할 때까지 기다리기 때문이다.

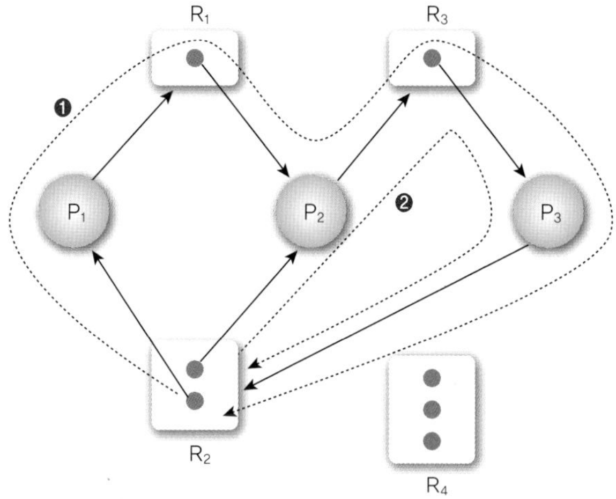

(a) 교착 상태의 할당 그래프

❶ $P_1 \rightarrow R_1 \rightarrow P_2 \rightarrow R_3 \rightarrow P_3 \rightarrow R_2 \rightarrow P_1$

❷ $P_2 \rightarrow R_3 \rightarrow P_3 \rightarrow R_2 \rightarrow P_2$

(b) (a)에 있는 사이클

그림 5-10 교착 상태의 할당 그래프와 사이클

[그림 5-11]의 예를 하나 더 살펴보자. 이 방향 그래프에는 사이클이 있다. 하지만 교착 상태가 없다. 프로세스 P_4가 자원 R_2를 해제할 수 있고, 해제한 자원을 P_3에 할당하면 사이클이 없어지기 때문이다.

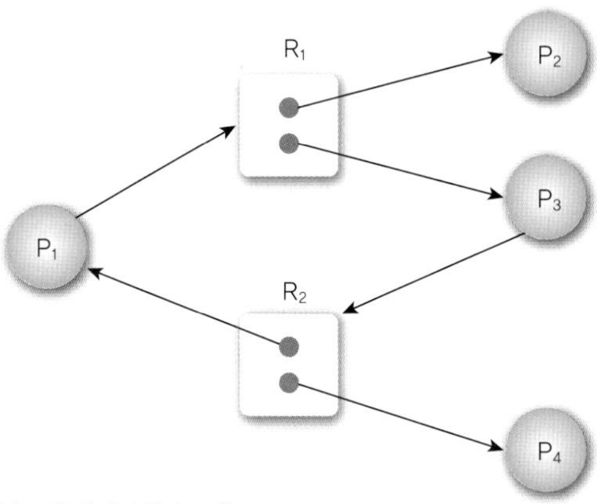

(a) 교착 상태의 할당 그래프

$P_1 \rightarrow R_1 \rightarrow P_3 \rightarrow R_2 \rightarrow P_1$

(b) (a)에 있는 사이클

그림 5-11 사이클이 있으나 교착 상태가 아닌 할당 그래프

즉, 자원 할당 그래프에 사이클이 없다면 교착 상태가 아니다. 그러나 사이클이 있다면 시스템은 교착 상태일 수도 있고 아닐 수도 있다. 이런 관찰은 교착 상태 문제를 다루는 데 중요한 요건이 된다.

02 교착 상태의 해결 방법

이 절에서는 교착 상태 문제를 해결하는 방법을 몇 가지 살펴본다. 교착 상태를 해결하는 방법은 크게 다음 세 가지로 나눌 수 있다.

❶ 교착 상태가 발생하지 않도록 예방prevention하는 방법

❷ 교착 상태의 발생 가능성을 배제하지 않고 이를 적절히 회피avoidance하는 방법

❸ 교착 상태를 허용하되 교착 상태를 탐지detection하여 다시 회복하는 방법

1 교착 상태 예방

앞서 설명한 교착 상태의 네 가지 조건이 하나라도 발생하지 않도록 하면 교착 상태를 예방할 수 있다. 단, 상호배제 문제는 고려하여 프로세스가 원하는 자원을 배타적으로 사용하려고 하는 것은 제외시켜야 한다. 전용 자원에서는 교착 상태가 발생하지 않기 때문이다. 하벤더Havender, 1968년의 경우 상호배제를 제외한 다음 세 가지 교착 상태 예방 방법을 제안했다.

- 각 프로세스는 필요한 자원을 한 번에 모두 요청해야 하며, 요청한 자원을 모두 제공받기 전까지는 작업을 진행할 수 없다.
- 어떤 자원을 점유하고 있는 프로세스의 요청을 더 이상 허용하지 않으면 점유한 자원을 모두 반납하고, 필요할 때 다시 자원을 요청해야 한다.
- 모든 프로세스에 자원을 순서대로 할당해야 한다. 모든 프로세스에 각 자원 유형별로 할당 순서를 부여한 후 순서에 따라 자원을 요청하게 한다.

보통 교착 상태는 다음 네 가지 방법으로 예방할 수 있다.

❶ 자원의 상호배제 조건 방지

❷ 점유와 대기 조건 방지

❸ 비선점 조건 방지

❹ 순환(환형) 대기 조건 방지

1.1 자원의 상호배제 조건 방지

상호배제는 자원의 비공유가 전제되어야 한다. 예를 들어, 여러 프로세스는 프린터를 동시에 공유할 수 없다. 공유 자원은 배타적인 접근이 필요 없으므로 교착 상태가 발생하지 않는다. 읽기 전용 파일은 공유 자원의 좋은 예이다. 여러 프로세스가 동시에 읽기 전용 파일을 열려고 할 때도 파일 접근이 가능하므로 프로세스가 공유 자원을 기다릴 필요가 없다. 그러나 일반적으로 상호배제 조건을 만족하지 않으면 교착 상태를 예방할 수 없다. 어떤 자원은 공유 자체가 불가능할 때도 있다. 예를 들어, 파일 쓰기는 배타적인 접근만 허용해야 하는데, 하나 이상의 프로세스에 쓰기 권한이 동시에 있으면 교착 상태가 발생할 수 있기 때문이다.

1.2 점유와 대기 조건 방지

시스템에서 점유와 대기hold and wait 조건이 발생하지 않으려면, 프로세스가 작업을 수행하기 전에 필요한 자원을 모두 요청하고 획득해야 한다. 프로세스가 실행에 필요한 자원을 한꺼번에 요구하고 허용할 때까지 작업을 보류하여 대기 조건이 성립하지 않도록 하는 것이다. 대기 상태에서는 프로세스가 자원을 점유할 수 없으므로 대기 조건이 성립하지 않는다. 이때를 최대 자원 할당이라고 한다.

점유와 대기 조건을 방지하는 방법 중 하나는 자원을 할당할 때 시스템 호출된 프로세스 하나를 실행하는 데 필요한 모든 자원을 먼저 할당하여 실행한 후 다른 시스템 호출에 자원을 할당하는 것이다. 또 다른 방법은 프로세스가 자원을 전혀 갖고 있지 않을 때만 자원을 요청할 수 있도록 허용하는 것이다. 물론 모든 프로세스는 자원을 요청하고 사용할 수 있다. 프로세스가 자원을 더 요청하려면 자신에게 할당된 자원을 모두 해제해야 한다.

다음 예로 두 방법의 차이를 이해하자. 여기에 DVD 드라이브에서 디스크 파일로 데이터를 복사, 복사한 데이터를 정렬, 정렬 결과를 프린터로 인쇄하고 테이프 드라이브에 복사하는 프로세스가 있다. 첫 번째 방법은 프로세스를 시작할 때 필요한 자원을 모두 요청한다. 그렇다면 프로세스를 시작할 때 DVD 드라이브와 디스크 파일, 프린터, 테이프 드라이브를 모두 요청해야 한다. 따라서 마지막 단계에 필요한 테이프 드라이브를 전체 실행 시간 동안 점유한다.

두 번째 방법은 프로세스가 처음에는 DVD 드라이브와 디스크 파일만 요청하도록 허용한다. 프로세스는 DVD 드라이브에서 디스크 파일로 복사한 후 DVD 드라이브와 디스크 파일을 해제하고, 다시 디스크 파일과 프린터를 요청한다. 그리고 디스크 파일에서 프린터로 복사한 후 두 자원을 해제하고, 디스크 파일과 테이프 드라이브를 요청한다. 디스크 파일에서 테이프 드라이브로 복사한 후 두 자원을 해제하고 프로세스를 종료한다.

이 두 방법에는 두 가지 단점이 있다.

- 자원의 효율성이 너무 낮다. 많은 자원이 사용되지 않으면서 오랫동안 할당되어 있기 때문이다. 앞의 예처럼 데이터가 디스크에 그대로 남아 있다고 확신할 수 있으면 DVD 드라이브와 디스크를 해제하고 디스크와 프린터를 요청할 수 있다. 그러나 이를 확신할 수 없다면 일을 시작할 때 모든 자원을 요청해야 한다.
- 기아 상태가 발생할 수 있다. 자주 사용하는 자원이 다른 프로세스에 할당되어 있는 프로세스는 무한정 기다려야 하는 경우가 발생한다. 또 적은 수의 자원을 요청한 프로세스의 우선순위가 더 높아 많은 수의 자원을 요청한 프로세스의 대기시간이 길어질 수 있다. 그러므로 이 방법은 대화식 시스템에서는 사용할 수 없다.

1.3 비선점 조건 방지

비선점non-preemption 조건을 방지하는 방법은 다양한데, 전제 조건은 이미 할당된 자원에 선점권이 없어야 한다는 것이다. 어떤 자원을 가진 프로세스가 다른 자원을 요청할 때 요청한 자원을 즉시 할당받을 수 없어 기다려야 한다면, 프로세스는 현재 가진 자원을 모두 해제해야 한다. 그리고 프로세스가 작업을 시작할 때는 요청한 새로운 자원과 해제한 자원을 확보해야 한다. 이런 방법은 비선점 조건을 효과적으로 무효화시키지만 이미 실행한 작업의 상태를 잃을 수도 있다. 따라서 작업 상태를 쉽게 저장, 복구할 수 있을 때나 빈번하게 발생하지 않을 때만 좋은 방법이다.

전용 입출력장치 등을 빼앗아 다른 프로세스에 할당한 후 복구하는 과정은 그리 간단하지 않다. 그래서 대안으로 프로세스가 어떤 자원을 요청할 때 요청한 자원이 사용 가능한지 검사하는 것이다. 사용할 수 있다면 자원을 할당한다. 사용할 수 없다면 대기 프로세스가 요청한 자원을 점유하고 있는지 검사한다. 요청한 자원을 대기 프로세스가 점유하고 있다면, 자원을 해제하고 요청 프로세스에 할당한다. 그러나 요청한 자원을 사용할 수 없거나 실행 중인 프로세스가 점유하고 있다면 요청 프로세스는 대기해야 한다. 프로세스가 대기하는 동안 다른 프로세스가 점유한 자원을 요청하면 자원을 해제할 수 있다.

또 다른 방법은 두 프로세스에 우선순위를 부여하고 높은 우선순위의 프로세스가 그보다 낮은 우선 순위의 프로세스가 점유한 자원을 선점하여 해결하는 것이다. 이 방법은 프로세서 레지스터나 기억장치 레지스터와 같이 쉽게 저장되고 이후에 다시 복원하기 쉬운 자원에 사용한다. 그러나 프린터, 카드 판독기, 테이프 드라이버 같은 자원에는 적용되지 않는다.

1.4 순환(환형) 대기 조건 방지

모든 자원에 일련의 순서를 부여하고 각 프로세스가 오름차순으로만 자원을 요청할 수 있게 한다. 이는 계층적 요청 방법으로 순환 대기[circular wait]의 가능성을 제거하여 교착 상태를 예방할 수 있다. 그러나 예상된 순서와 다르게 자원을 요청하는 작업은 실제로 자원을 사용하기 훨씬 전부터 오랫동안 자원을 할당받은 상태로 있어야 하므로, 상당한 자원 낭비를 초래한다.

자원 집합을 $R = \{R_1, R_2, \cdots\cdots, R_n\}$이라고 하자. 각 자원에 고유 숫자를 부여하여 어느 자원의 순서가 빠른지 알 수 있게 한다. 이것은 1 : 1 함수 $F : R \rightarrow N$으로 정의할 수 있다(여기서 N은 자연수 집합을 의미). 예를 들어, 자원 R의 집합이 CD 드라이브, 디스크 드라이브, 프린터를 포함한다면 함수 F는 다음과 같이 정의할 수 있다.

```
F(CD 드라이브) = 2,
F(디스크 드라이브) = 4,
F(프린터) = 7
```

교착 상태를 예방하려면, 다음 규칙을 고려하자. 각 프로세스는 오름차순으로만 자원들을 요청할 수 있다. 즉, 프로세스는 임의의 자원 R_i를 요청할 수 있지만 그다음부터는 $F(R_j) > F(R_i)$일 때만 자원 R_j를 요청할 수 있다. 데이터 형태 자원이 여러 개 필요하다면, 우선 요청할 형태 자원을 하나 정해야 한다. 앞서 정의한 함수를 이용하면, CD 드라이브와 프린터를 동시에 사용해야 하는 프로세스는 CD 드라이브를 먼저 요청한 후 프린터를 요청한다.

또 다른 해결 방법으로 프로세스가 자원 R_j를 요청할 때마다 $F(R_i) \geq F(R_j)$가 되도록 R_i의 모든 자원을 해제하는 것이다. 그러면 순환 대기 조건을 막을 수 있다. 순환 대기가 성립한다는 가정하에서 사실의 성립을 살펴보자(모순에 의한 증명).

순환 대기의 프로세스 집합을 $\{P_0, P_1, \cdots\cdots, P_n\}$이라고 하자. 이때 P_i는 프로세스 P_{i+1}이 점유한 자원 R_i를 대기한다. (첨자는 모듈러 n이다. P_n은 P_0이 점유한 자원 R_n을 대기한다. 모듈러 관계이므로 한 바퀴 뒤로 돌면 P_n은 R_n을 기다리고, P_0이 R_n을 갖게 된다). 프로세스 P_{i+1}은 자원 R_{i+1}을 요청하는 동안 자원 R_i를 점유하기 때문에 모든 i에 대하여 $F(R_i) < F(R_{i+1})$이 성립되도록 해야 한다. 이는 $F(R_0) < F(R_1) < \cdots\cdots < (R_n) < F(R_0)$이 성립함을 의미한다. 즉, $F(R_0) < F(R_0)$은 불가능하다. 그러므로 여기서는 순환 대기가 있을 수 없다. 함수 F는 시스템에 있는 자원의 정상적인 이용 순서에 따라서 정의해야 한다. 예를 들어, 보통 CD 드라이브가 프린터보다 먼저 필요하므로 F(CD 드라이브) < F(프린터)가 되도록 정의하는 것이 바람직하다.

계층적 요청은 순환 대기 조건 가능성을 제거하여 교착 상태를 예방하지만, 반드시 자원의 번호 순서로 요청해야 한다는 부담이 있다. 또 번호를 부여할 때 실제로 자원을 사용하는 순서를 반영해야 한다는 어려움도 있다.

현재 운영체제의 중요한 발전 목적은 사용자가 이용하기 편리한 작업 환경을 제공하는 것이다. 사용자가 하드웨어나 소프트웨어의 제약에 영향을 받지 않고 응용 프로그램을 사용하거나 개발할 수 있도록 해야 한다. 그런데 하벤더의 순서 배정법은 순환 대기의 가능성을 제거하지만, 사용자가 응용 프로그램을 손쉽게 사용하거나 개발하는 데 지장을 줄 수 있다. 순환 대기 조건 방지는 프로세스의 속도를 떨어뜨리고 자원 접근을 불필요하게 거부하기 때문에 비효율적이다.

2 교착 상태 회피

앞서 설명한 교착 상태 예방 방법은 교착 상태의 발생 조건 중 최소한 하나라도 성립하지 않도록 자원 요청을 제한하는 것이다. 상호배제, 점유와 대기, 비선점 조건이 발생하지 않게 하여 간접적으로 순환 대기 조건을 방지해서 교착 상태를 예방했다. 그런데 이 방법은 장치의 효율성과 시스템 처리량을 떨어뜨리는 결과를 초래했다. 앞으로 소개할 교착 상태 회피 방법은 덜 엄격한 조건을 요구하여 자원을 좀 더 효율적으로 사용하는 것이 목적이다.

교착 상태 회피는 교착 상태의 모든 발생 가능성을 미리 제거하는 것이 아니다. 오히려 교착 상태가 발생할 가능성을 인정하고(세 가지 필요조건 허용), 교착 상태가 발생하려고 할 때 적절히 회피하는 것이다. 따라서 예방보다는 회피가 더 병행성을 허용한다. 교착 상태의 회피 방법은 다음 두 가지로 설명할 수 있다.

■ 프로세스의 시작 중단

프로세스의 요구가 교착 상태를 발생시킬 수 있다면 프로세스 시작을 중단한다. 예를 들어, 현재 수행 중인 모든 프로세스의 최대 자원 요청량과 새로운 프로세스의 최대 요청량을 합한 자원 요청량을 수용할 수 있으면 새로운 프로세스를 수용한다. 그러나 이 예는 프로세스에 최대 요청량이 필요하다는 최악의 상황이므로 바람직하지 않다.

■ **자원 할당 거부**

프로세스가 요청한 자원을 할당했을 때 교착 상태가 발생할 수 있다면 요청한 자원을 할당하지 않는다. 이를 보통 은행가 알고리즘Banker's algorithm이라고 한다.

2.1 프로세스의 시작 중단

교착 상태를 회피하려면 자원을 언제 요청하는지 추가 정보가 필요하다. 예를 들어, 테이프 드라이브와 프린터가 하나씩 있는 시스템에서 프로세스 P가 두 자원을 모두 해제하기 전에 테이프 드라이브를 요청하고, 그다음에 프린터를 요청한다고 가정하자. 그리고 프로세스 Q는 프린터를 요청하고, 다음에 테이프 드라이브를 요청한다고 가정하자. 각 프로세스마다 요청과 해제에서 정확한 순서를 파악하고 있다면, 요청에 따른 프로세스 대기 여부를 결정할 수 있다.

프로세스의 요청을 수락할지, 기다리게 할지 여부는 현재 사용 가능한 자원, 프로세스에 할당된 자원 등 각 프로세스에 대한 자원의 요청과 해제를 미리 알고 있어야 결정할 수 있다. 다양한 교착 상태 회피 알고리즘 중에서 가장 단순하고 유용한 알고리즘은 각 프로세스가 필요한 자원의 최대치(할당 가능한 자원 수)를 선언하는 것이다. 프로세스가 요청할 자원별로 최대치 정보를 미리 파악할 수 있으면 시스템이 교착 상태가 되지 않을 확실한 알고리즘을 만들 수 있다.

교착 상태 회피 알고리즘은 시스템이 순환 대기 조건이 발생하지 않도록 자원 할당 상태를 검사한다. 자원 할당 상태는 사용 가능한 자원 수, 할당된 자원 수, 프로세스들의 최대 요청 수로 정의한다. 각 프로세스에 (최대치까지) 자원을 할당할 수 있고 교착 상태를 예방할 수 있으면 안정된 상태라고 한다. 그리고 시스템에 안정 순서가 있으면 그 시스템은 안정하다. 프로세스의 순서 $\langle P_1, P_2, \cdots\cdots, P_n \rangle$이 안정 순서라는 것은 모든 P_i가 요청하는 자원이 현재 사용 가능한 자원과 $j > i$인 모든 P_j가 점유한 자원들로 충족할 수 있다는 의미이다. 이때 프로세스 P_i가 필요한 자원을 즉시 사용할 수 없다면 P_i는 모든 P_j가 끝날 때까지 기다렸다가 자원을 확보한다. 필요한 모든 자원을 확보하면 지정된 작업을 끝내고 자원을 해제한다. P_i를 종료하면 P_{i+1}은 필요한 자원을 확보할 수 있으므로 처리를 계속 진행할 수 있다. 이런 순서가 없으면 시스템 상태를 불안정하다고 본다.

앞서 시스템의 상태에서 안정 상태와 불안정 상태를 언급했는데, 이 상태가 교착 상태와 어떤 관계가 있는지 살펴보자.

시스템의 상태는 [그림 5-12]와 같이 안정 상태와 불안정 상태로 나눌 수 있고, 교착 상태는 불안정 상태에서 발생한다. 모든 사용자가 일정 기간 안에 작업을 끝낼 수 있도록 운영체제가 할 수 있으면 현재 시스템의 상태가 안정하다 보고, 그렇지 않으면 불안정하다고 본다. 교착 상태는 불안정 상태이다. 그러나 모든 불안정 상태가 교착 상태인 것은 아니다. 단지 불안정 상태는 교착 상태가 되기 쉬울 뿐이다. 상태가 안정하다면 운영체제는 불안정 상태와 교착 상태를 예방할 수 있다. 그러나 불안정 상태의 운영체제는 교착 상태를 발생시키는 프로세스의 자원 요청을 방지할 수 없다.

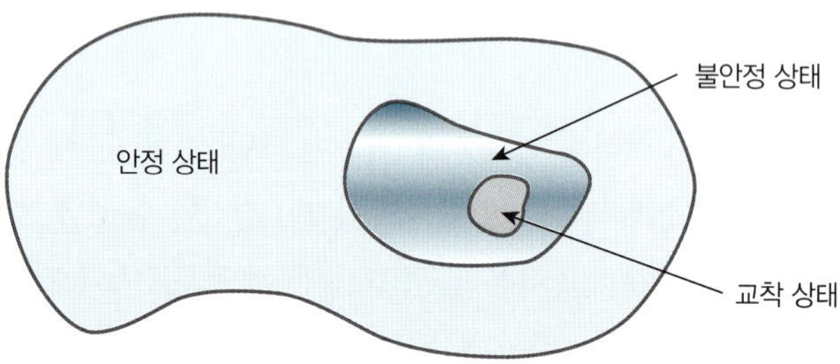

그림 5-12 안정 상태와 불안정 상태, 교착 상태의 공간

동일한 자원 10개와 프로세스 P_0, P_1, P_2, P_3을 가진 시스템의 예로 시스템의 상태 변화를 살펴보자.

먼저 안정 상태를 살펴보자. [그림 5-13]의 (a)에서 프로세스 P_0은 자원을 7개, P_1은 8개, P_2는 4개, P_3은 10개 요청한다. t_0 시간에 자원을 프로세스 P_0은 2개, 프로세스 P_1은 1개, 프로세스 P_2와 P_3은 각각 2개를 점유한다면 사용 가능한 자원은 3개(=10-2-1-2-2)이다.

시스템은 t_0 시간에 안정 상태이다. 이때 $\langle P_2, P_0, P_1, P_3 \rangle$ 순서는 안정 조건을 만족한다. 프로세스 P_2가 자원 2개를 실행한 후 반납하면, 시스템은 자원 5개를 여분으로 갖는다. 그러면 프로세스 P_0이 사용 가능한 자원 5개를 할당받아 실행한 후 자원 7개를 반납할 수 있다. 이제 사용 가능한 자원은 7개이므로 프로세스 P_1이 자원 7개를 할당받고 실행한 후 자원 8개를 반납할 수 있다. 이어 P_3도 자원 8개를 할당받고 실행한 후 10개를 반납할 수 있으므로 시스템은 안정 상태이다.

[그림 5-13]의 (b)는 불안정 상태의 예로, 여기서는 사용 가능한 자원 한 개를 어떤 프로세스에 할당해도 만족시킬 수 없다. 그러나 프로세스 P_0에 남은 장치를 할당하고 반납하기 전까지 다른 프로세스가 자원을 요청하지 않으면 교착 상태를 회피할 수 있다. 불안정 상태는 교착 상태가 발생할 수 있는 가능성이 있다는 의미이지 반드시 교착 상태가 발생한다는 의미는 아니다.

프로세스	현재 사용량(t_0 시간)	최대 사용량
P_0	2	7
P_1	1	8
P_2	2	4
P_3	2	10
여분 자원 수		3

(a) 안정 상태의 자원 예

프로세스	현재 사용량(t_0 시간)	최대 사용량
P_0	5	7
P_1	1	8
P_2	2	4
P_3	1	7
여분 자원 수		1

(b) 불안정 상태의 자원 예

그림 5-13 안정 상태와 불안정 상태의 자원 예

[그림 5-13]의 (a)에서 프로세스 P_0 또는 프로세스 P_1이 자원을 한 개 더 요청했다면 어떻게 될까? 프로세스 P_0 또는 프로세스 P_1 요청의 허용 여부에 따라 시스템은 안정 상태 또는 불안정 상태로 변한다.

먼저 [그림 5-14]의 (a)와 같이 프로세스 P_0의 요청을 허용한다면 시스템은 안정 상태가 될 것이다. 프로세스 P_2는 사용 가능한 자원 2개를 할당받아 실행한 후 자원 4개를 반납한다. 그러면 시스템에 여분으로 자원이 4개 있으므로 프로세스 P_0은 자원 4개를 할당받아 실행한 후 자원 7개를 반납할 수 있다. 이어 프로세스 P_1은 자원 6개를 할당받아 실행한 후 자원 8개를 반납한다. 프로세스 P_3은 자원 8개를 할당받아 실행한 후 반납할 수 있으므로 안정 상태이다.

반면에 [그림 5-14]의 (b)와 같이 프로세스 P_1의 요청을 허용한 예를 살펴보자. 프로세스 P_2는 사용 가능한 자원 2개를 할당받아 실행한 후 자원 4개를 반납한다. 그러면 시스템에는 여분으로 자원이 4개 있다. 그런데 프로세스 P_0은 여분 자원이 4개인데 추가로 자원 5개가 필요하므로 대기해야 한다. 마찬가지로 프로세스 P_1은 추가로 자원 6개, 프로세스 P_3은 추가로 자원 8개가 필요하여 요청하므로 결국 교착 상태가 된다. 여기서 잘못은 프로세스 P_1의 자원 요청을 허용한 것이다. 다른 프로세스들(P_0, P_2)이 실행을 마치고 자원을 반납할 때까지 프로세스 P_1을 대기시켰다면, 교착 상태를 회피할 수 있었을 것이다.

구분	현재 사용량	최대 사용량
P_0	2	7
P_1	1	8
P_2	2	4
P_3	2	10
사용 가능 자원 수		3

(a) P_0에 자원 할당

안정 〈P_2, P_0, P_1, P_3〉

구분	현재 사용량	최대 사용량
P_0	3	7
P_1	1	8
P_2	2	4
P_3	2	10
사용 가능 자원 수		2

(b) P_1에 자원 할당

불안정

구분	현재 사용량	최대 사용량
P_0	2	7
P_1	2	8
P_2	2	4
P_3	2	10
사용 가능 자원 수		2

P_2는 실행 가능하나 P_0, P_1, P_3은 불안정

그림 5-14 안정 상태에서 불안정 상태로 변화 예

안정 상태 개념에서 교착 상태 회피 알고리즘을 정의할 수 있다. 이는 시스템이 항상 안정 상태에 머물러 있도록 하는 단순한 방법이다. 초기 시스템은 안정 상태이다. 따라서 프로세스가 현재 사용 가능한 자원을 요청할 때마다 시스템은 자원을 즉시 할당할 수 있는지 또는 프로세스가 대기해야 하는지 결정한다. 자원을 할당한 후에도 시스템이 항상 안정 상태에 있을 때만 할당을 허용하면 된다.

2.2 자원 할당 거부(은행가 알고리즘)

자원 할당과 교착 상태를 회피하는 또 다른 방법은 다익스트라의 은행가 알고리즘을 이용하는 것이다. 은행가 알고리즘은 자원의 할당 허용 여부를 결정하기 전에 미리 결정된 모든 자원의 최대 가능한 할당량[maximum]을 시뮬레이션하여 안전 여부를 검사한다. 그런 다음 대기 중인 다른 모든 활동의 교착 상태 가능성을 조사하여 '안전 상태' 여부를 검사 · 확인한다. 은행

가 알고리즘은 프로세스가 자원을 요청할 때마다 운영체제로 실행하며, THE 운영체제의 프로세스를 설계하는 과정에서 개발했다. 은행가 알고리즘은 자원 요청을 승낙하는 것이 불안전한 상태에서 시스템을 배치할 수 있다고 판단하면 이 요청을 연기하거나 거부하여 교착 상태를 예방한다. 따라서 각 프로세스에 자원을 어떻게 할당(자원 할당 순서 조정)할 것인지 정보가 필요하므로 각 프로세스가 요청하는 자원 종류의 최대 수를 알아야 한다. 이 정보를 이용하여 교착 상태 회피 알고리즘을 정의할 수 있다. 이는 은행에서 모든 고객이 만족하도록 현금을 할당하는 과정과 동일하다.

작업에 대한 은행가 알고리즘은 각 프로세스는 얼마큼 자원의 요청이 가능하고, 각 프로세스는 현재 얼마큼 자원을 보유하고 있으며, 시스템은 얼마큼 각 자원을 사용할 수 있는지 등 정보가 필요하다. 따라서 은행가 알고리즘을 구현하려고 다양한 자료구조를 유지하는데, 자료구조는 자원 할당 시스템의 상태를 나타낸다. n을 시스템의 프로세스 수, m을 자원 수라고 하면 다음 자료구조가 필요하다.

- **Available** : 각 형태별로 사용 가능한 자원 수(사용 가능량)를 표시하는 길이가 m인 벡터이다. Available[j]=k이면, 자원을 k개 사용할 수 있다는 의미이다.
- **Max** : 각 프로세스 자원의 최대 요청량(최대 요구량)을 표시하는 n×m 행렬이다. Max[i, j] =k이면, 프로세스 P_i는 자원이 R_j인 자원을 최대 k개까지 요청할 수 있다는 의미이다.
- **Allocation** : 현재 각 프로세스에 할당되어 있는 각 형태의 자원 수(현재 할당량)를 정의하는 n×m 행렬이다. Allocation[i, j]=k이면, 프로세스 P_i는 자원이 R_j인 자원을 최대 k개 할당받고 있다는 의미이다.
- **Need** : 각 프로세스에 남아 있는 자원 요청(추가 요구량)을 표시하는 n×m 행렬이다. Need[i, j]=k이면, 프로세스 P_i는 자신의 작업을 종료하려고 자원 R_j를 k개 더 요청한다는 의미이다.

여기서 Need[i, j]=Max[i, j]−Allocation[i, j]라는 식이 성립한다. 이 알고리즘을 간단하게 구현하려면, 먼저 다음 제약을 두어야 한다.

❶ 시간이 흐르면서 벡터의 크기와 값이 변한다.

❷ X와 Y는 길이가 n인 벡터이다.

❸ X[i] ≤ Y[i]이고 i=1, 2, ……, n일 때만 X ≤ Y이다.

❹ X=(0, 3, 2, 1)이고 Y=(1, 7, 3, 2)이면 X ≤ Y이다.

❺ $X \le Y$이고 $X \ne Y$이면 $X < Y$이다.

행렬 Allocation과 Need에 있는 각 행을 벡터로 취급하며 각각 $Allocation_i$와 $Need_i$로 참조한다. $Allocation_i$는 프로세스 P_i에 현재 할당된 자원, $Need_i$는 프로세스 P_i가 자신의 작업을 종료하는 데 필요한 추가 자원이다. $Request_i$는 프로세스 P_i를 요청하는 벡터라고 하자. $Request_i[j]=k$이면, 프로세스 P_i는 자원 R_j를 k개 요청한다는 의미이다.

프로세스 P_i가 자원을 요청하면 다음 동작이 일어난다.

- **1단계** : $Request_i \le Need_i$이면 2단계로 이동하고, 그렇지 않으면 프로세스가 최대 요청치를 초과하기 때문에 오류 상태가 된다.
- **2단계** : $Request_i \le Available$이면 3단계로 이동하고, 그렇지 않으면 자원이 부족하기 때문에 P_i는 대기한다.
- **3단계** : 시스템은 상태를 다음과 같이 수정하여 요청된 자원을 프로세스 P_i에 할당한다.

  $Available = Available - Request_i$;

  $Allocation_i = Allocation_i + Request_i$;

  $Need_i = Need_i - Request_i$;

그림 5-15 **은행가 알고리즘**

자원 할당이 안정 상태라면 처리가 되고 있는 프로세스 P_i는 자원을 할당받는다. 그러나 불안정 상태라면 P_i는 $Request_i$를 대기하고 이전 자원 할당의 상태로 복귀한다.

안전 알고리즘은 시스템이 안정 상태인지, 불안정 상태인지 검사한다. 다음 과정으로 수행된다.

- **1단계** : Work와 Finish를 각각 길이가 m과 n인 벡터라고 하자. Work = Available, Finish[i] = false, i = 1, 2, ……, n이 되도록 초기화한다.
- **2단계** : 다음 조건을 만족하는 i 값을 찾는다. i 값이 없으면 4단계로 이동한다.

  Finish[i] == false

  $Need_i \le Work$

- **3단계** : 다음을 수행하고 2단계로 이동한다.

  $Work = Work + Allocation_i$

  Finish[i] = true

- **4단계** : 모든 i에 대하여 Finish[i] == true이면 시스템은 안정 상태이다.

그림 5-16 **안전 알고리즘**

안전 알고리즘을 예로 살펴보자. P_0부터 P_4까지 프로세스 5개와 자원 4개(A, B, C, D)가 있는 시스템에서 자원 A는 8개, 자원 B는 5개, 자원 C는 9개, 자원 D는 7개가 있다고 하자. 그리고 시간 t_0에서 시스템의 상태는 다음과 같다고 하자.

프로세스	Allocation	Max	Need	Available
	ABCD	ABCD	ABCD	ABCD
P_0	2011	3214	1203	1222
P_1	0121	0252	0131	
P_2	4003	5105	1102	
P_3	0210	1530	1320	
P_4	1030	3033	2003	
할당량	7375			

그림 5-17 시간 t_0일 때 시스템의 상태

[그림 5-17]과 같이 이 시스템은 현재 안정 상태에 있다. 실제로 ⟨P_2, P_0, P_4, P_1, P_3⟩ 순서는 안정 조건에 해당된다. 즉, 현재 Available 자원은 (1, 2, 2, 2)이다. 그러므로 프로세스 P_0에는 할당할 수 없지만 프로세스 P_2에는 할당할 수 있다. 이때 $Need_i \leq Available$ 조건의 참과 거짓 여부를 판단하면 (1, 1, 0, 2) ≤ (1, 2, 2, 2)이므로 참이 된다. 따라서 프로세스 P_2를 실행한 후 할당된 자원을 해제하면 Available 자원은 (5, 2, 2, 5)가 된다. 이어 P_0, P_4의 요청은 각각 (1, 2, 0, 3), (2, 0, 0, 3)이므로 할당이 가능하다. 이런 과정으로 P_1, P_3의 안정 상태 조건을 만족한다.

이번에는 프로세스 P_1이 자원 B의 자원 1개와 D의 자원 1개를 더 요청하여 $Request_i$ = (0, 1, 0, 1)이라고 가정하자. 이 요청을 허용할 수 있는지 여부는 $Request_i \leq Available$ 여부를 알아야 결정할 수 있다. 즉, (0, 1, 0, 1) ≤ (1, 2, 2, 2)의 참 여부를 검사한다. 이 요청이 충족되어 즉시 프로세스 P_1의 요청을 허락하여 [그림 5-18]과 같은 새로운 상태에 도달했다고 가정하자. 이때 [그림 5-16]의 알고리즘을 적용하면 모든 i(i = 0, 1, …, 4)에 대해 2단계 조건을 만족하는 i를 찾을 수 없다. 그러므로 4단계로 넘어가고 모든 i에 대해 Finish[i] == true를 만족하지 않아 불완전 상태이다. 따라서 프로세스 P_1의 자원 요청(0, 1, 0, 1)을 허용할 수 없다.

프로세스	Allocation	Max	Need	Available
	ABCD	ABCD	ABCD	ABCD
P_0	2011	3214	1203	1121
P_1	0222	0252	0030	
P_2	4003	5105	1102	
P_3	0210	1530	1320	
P_4	1030	3033	2003	
할당량	7476			

그림 5-18 시간 t_0일 때 시스템의 새로운 상태

은행가 알고리즘은 교착 상태를 회피하려고 교착 상태가 일어나지 않을 때만 작업을 진행시킨다. 그러나 다음 단점이 있어 항상 실용적인 것은 아니다.

- 할당할 수 있는 자원의 일정량을 요청한다. 자원은 수시로 유지 보수가 필요하고 고장이나 예방 보수를 하기 때문에 일정하게 남아 있는 자원 수를 파악하기가 매우 어렵다.
- 사용자 수가 일정해야 하지만 다중 프로그래밍 시스템에서는 사용자 수가 항상 변한다.
- 교착 상태 회피 알고리즘을 실행하면 시스템 과부하가 증가한다.
- 프로세스는 자원을 보유한 상태로 끝낼 수 없다. 시스템에서는 이보다 더 강력한 보장이 필요하다.
- 사용자가 최대 필요량을 미리 알려 주도록 요청하지만, 자원 할당 방법이 점점 동적으로 변하면서 사용자의 최대 필요량을 파악하기가 어렵다. 게다가 최근 시스템은 사용하기 편리한 인터페이스를 사용자에게 제공하려고 필요한 자원을 몰라도 되는 방법이 보편화되었다.
- 항상 불안정 상태를 방지해야 하므로 자원 이용도가 낮다.

3 교착 상태 회복

시스템이 교착 상태 예방 알고리즘이나 교착 상태 회피 알고리즘을 사용하지 않는다면 교착 상태가 발생할 수 있다. 따라서 발생한 교착 상태에서 회복하려면 다음 알고리즘이 필요하다.

- 시스템 상태를 검사하는 교착 상태 탐지 알고리즘
- 교착 상태에서 회복시키는 알고리즘

교착 상태를 파악하려고 교착 상태 탐지 알고리즘을 언제 수행해야 하는지 결정하기란 쉽지 않다. 교착 상태 탐지 알고리즘을 자주 실행하면 시스템의 성능은 떨어지지만, 교착 상태에

빠진 프로세스를 빨리 발견하여 자원의 유휴 상태를 방지할 수 있다. 하지만 자주 실행하지 않으면 반대의 상황이 발생한다.

이제 각 데이터 형태마다 자원이 여러 개인 시스템을 살펴보자. 이때 탐지와 회복 방법은 필요한 정보를 유지하고 탐지 알고리즘을 실행시키는 비용뿐만 아니라 교착 상태에서 회복하는 데 필요한 부담까지 요청한다는 점에 유의하자.

3.1 교착 상태 탐지 알고리즘

교착 상태 탐지 알고리즘은 쇼사니Shoshani와 코프만Coffman이 제안했다. 은행가 알고리즘에서 사용한 자료구조들과 비슷하다.

- **Available** : 자원마다 사용 가능한 자원 수를 표시하는 길이가 m인 벡터이다.
- **Allocation** : 각 프로세스에 현재 할당된 각 형태들의 자원 수를 표시하는 $n \times m$ 행렬이다.
- **Request** : 각 프로세스의 현재 요청을 표시하는 $n \times m$ 행렬이다. Request[i, j]일 때 프로세스 P_i에 필요한 자원 수가 k개라면, 프로세스 P_i는 자원 R_i의 자원을 k개 더 요청한다.

행렬 Allocation과 Request에 있는 행들을 벡터로 취급하고 각각 $Allocation_i$와 $Request_i$로 표기한다. 탐지 알고리즘은 남아 있는 프로세스들의 할당 가능 순서를 모두 찾는다.

- **1단계** : Work와 Finish는 각각 길이가 m과 n인 벡터이다.
  Work = Available로 초기화한다. (i = 1, 2, ……, n)일 때 $Allocation_i \neq 0$이면
  Finish[i] = false이고, 아니면 Finish[i] = true이다.
- **2단계** : 다음 조건을 만족하는 색인 i를 찾는다.
  Finish[i] == false
  $Request_i \leq Work$
  조건에 맞는 i가 없으면 4단계로 이동한다.
- **3단계** : 다음 조건과 일치하는지 여부를 판단하여 2단계로 이동한다.
  Work = Work + $Allocation_i$
  Finish[i] = true
- **4단계** : Finish[i] == false라면, $1 \leq i \leq n$인 범위에서 시스템은 교착 상태에 있다.
  또 프로세스 P_i도 교착 상태에 있다.

그림 5-19 **교착 상태 탐지 알고리즘**

2단계 'Request$_i$ ≤ Work'임을 확인하자마자 3단계에서 프로세스 P_i의 자원을 변환하는 이유는 P_i가 현재 교착 상태에 있지 않다는 것을 알 수 있기 때문이다. P_i는 자신의 작업을 종료하려고 더 이상 자원을 요청하지 않을 것이라고 가정한다. 그렇지 않으면 이후에 교착 상태가 발생할 수도 있다. 그래서 다음에는 교착 상태 탐지 알고리즘을 호출하여 교착 상태를 탐지할 것이다. 다음 예로 살펴보자.

P_0에서 P_4까지 프로세스 5개와 A, B, C 자원 3개를 가진 시스템이 있다고 가정하자. 자원 A는 자원을 7개, 자원 B는 자원을 2개, 자원 C는 자원을 6개 가지고 있다. 그리고 t_0 시간에 다음과 같은 자원 할당 상태가 된다고 하자.

표 5-1 시간 t_0일 때 시스템의 상태

프로세스	Allocation	Request	Available
	ABC	ABC	ABC
P_0	010	000	000
P_1	200	202	
P_2	303	000	
P_3	211	100	
P_4	002	002	

현재 이 시스템은 교착 상태에 있지 않다. 먼저 프로세스 P_0을 실행할 수 있다. 그러면 사용 가능 자원(Available)은 (0, 1, 0)이다. P_2를 실행하여 Available = (3, 1, 3)이 된다. 이어 P_3을 실행하여 Available = (5, 2, 4)가 된다. P_1과 P_4는 모두 실행 종료된다. 따라서 〈P_0, P_2, P_3, P_1, P_4〉는 모든 i에 대하여 'Finish[i] = true'임을 발견할 것이다. 이때 프로세스 P_2가 자원 C의 자원을 1개 더 요청한다고 가정하자. Request 행렬은 다음과 같이 수정된다.

표 5-2 시간 t_0일 때 시스템의 새로운 상태

프로세스	Request
	ABC
P_0	000
P_1	202
P_2	001
P_3	100
P_4	002

프로세스 P_0이 점유하고 있는 자원을 요청한다면, 가용한 자원 수(Available = (0, 1, 0))는 다른 프로세스들의 요청을 충족할 수 있을 정도로 충분하지 않다. 이 시스템은 현재 교착 상태이다. 그러므로 프로세스 ⟨P_1, P_2, P_3, P_4⟩로 구성된 교착 상태가 존재한다.

탐지 알고리즘 호출 문제는 교착 상태 발생 빈도수와 교착 상태가 발생했을 때 영향을 받는 프로세스 수에 따라 결정된다.

교착 상태가 자주 발생하면 탐지 알고리즘도 더 자주 호출해야 한다. 일단 교착 상태가 발생하면 해결할 때까지 프로세스에 할당된 자원들은 유휴 상태가 되고, 교착 상태의 프로세스 수는 점점 늘어난다. 그리고 어떤 프로세스라도 허용할 수 없는 요청을 하면 즉시 교착 상태가 된다. 물론 요청할 때마다 교착 상태 탐지 알고리즘을 호출하면 교착 상태를 회피할 수 있지만 연산 시간 부담이 크다. 좀 더 경제적인 방법은 호출 빈도를 줄이는 것으로, 1시간마다 또는 CPU 이용률이 40%로 떨어질 때마다 호출하는 것이다.

3.2 교착 상태 회복 방법

교착 상태에서 회복한다는 것은 순환 대기에서 벗어난다는 것이다. 단순하게 프로세스를 한 개 이상 중단하는 방법과 교착 상태의 프로세스들에서 자원을 선점하는 방법이 있다.

■ 프로세스 중단

프로세스를 중단하여 교착 상태에서 회복하는 방법은 다음 두 가지로 나눌 수 있다. 둘 다 시스템이 정지된 프로세스에 할당되어 있는 모든 자원의 해제를 요청한다.

- **교착 상태 프로세스를 모두 중단** : 교착 상태의 순환 대기를 확실히 해결하지만 자원 사용과 시간 면에서 비용이 많이 든다. 오랫동안 연산했을 가능성이 있는 프로세스의 부분 결과를 폐기하여 나중에 다시 연산해야 한다.
- **한 프로세스씩 중단** : 한 프로세스를 중단할 때마나 교착 상태 탐지 알고리즘을 호출하여 프로세스가 교착 상태에 있는지 확인한다. 교착 상태 탐지 알고리즘을 호출하는 부담이 상당히 크다는 것이 단점이다.

프로세스를 중단하는 것이 쉽지 않을 수도 있다. 프로세스가 파일을 업데이트하다가 중단된다면 해당 파일은 부정확한 상태가 된다. 마찬가지로 프로세스가 데이터를 프린터에 인쇄하고 있을 때 중단하면 다음 인쇄를 진행하기 전에 프린터의 상태를 정상 상태로 되돌려야 한다.

부분 종료 방법을 이용하여 교착 상태에서 벗어나려면 어떤 프로세스를 중단시킬지 결정해야 한다. 이것은 프로세서 스케줄링과 비슷한 정책 결정 문제이다. 또 경제적인 문제도 된다. 즉, 최소 비용으로 프로세스들을 중단하는 방법을 찾는 것이다. 최소 비용이라는 것이 명확한 값은 아니지만 보통 다음 기준으로 프로세스를 선정한다.

- 프로세스의 우선순위
- 프로세스가 수행된 시간과 앞으로 종료하는 데 필요한 시간
- 프로세스가 사용한 자원 형태와 수(예 : 자원을 선점할 수 있는지 여부)
- 프로세스를 종료하는 데 필요한 자원 수
- 프로세스를 종료하는 데 필요한 프로세스 수
- 프로세스가 대화식인지, 일괄식인지 여부

■ 자원 선점

자원 선점을 이용하여 교착 상태를 해결하려면 프로세스의 자원을 선점해서 교착 상태를 해결할 때까지 선점한 자원을 다른 프로세스에 할당해야 한다. 선점권을 이용하여 교착 상태를 처리하려면, 다음 세 가지 사항을 해결해야 한다.

- **선점 자원 선택** : 프로세스를 종료할 때 비용을 최소화하려면 적절한 선점 순서를 결정해야 한다. 비용 요인에는 교착 상태 프로세스가 점유한 자원 수, 교착 상태 프로세스가 지금까지 실행하는 데 소요한 시간 등 매개변수가 포함된다.
- **복귀** : 필요한 자원을 잃은 프로세스는 정상적으로 실행할 수 없다. 따라서 프로세스를 안정 상태로 복귀시키고 다시 시작해야 한다. 일반적으로 안전 상태를 결정하기가 어렵지만, 완전히 복귀시키고(프로세스 중단) 재시작하는 것이 가장 단순한 방법이다. 프로세스를 교착 상태에서 벗어날 정도로만 복귀시킬 수 있다면 더 효과적이다. 그러나 이 방법은 시스템이 실행하는 모든 프로세스의 상태 정보를 유지해야 하는 부담이 있다.
- **기아** : 동일한 프로세스가 자원들을 항상 선점하지 않도록 보장하려고 할 때 비용이 기반인 시스템에서는 동일한 프로세스를 희생자로 선택한다. 그러면 이 프로세스는 작업을 완료하지 못하는 기아 상태가 되어 시스템 조치를 요청한다. 따라서 프로세스가 짧은 시간 동안만 희생자로 지정되도록 보장해야 한다. 가장 일반적인 해결 방법은 비용 요소에 복귀 횟수를 포함시키는 것이다. 기아 상태는 다음 절에서 기아 상태와 관련된 고전적인 식사하는 철학자 문제로 좀 더 자세히 알아볼 것이다.

지금까지 교착 상태를 처리하는 기본 방법인 예방, 회피, 탐지, 회복을 살펴보았다. 물론 한 가지 방법만으로 운영체제에서 발생하는 모든 자원 할당 문제를 해결하는 것은 불가능하다. 교착 상태 탐지 알고리즘의 실행 시간은 객체 수가 증가하면 기하급수적으로 늘어난다. 그러므로 세 가지 기본 방법을 결합하여 시스템 자원의 형태마다 최적의 접근 방법을 채택하는 자원의 계층적 순서를 활용한다.

예를 들어, 프로세스 제어 블록과 같은 시스템이 사용하는 내부 자원은 자원 순서화 예방 방법을 이용할 수 있다. 메인 메모리 자원은 선점을 이용한 방지 방법, 작업(파일 등) 자원은 회피 방법을 활용할 수 있다.

03 기아 상태

교착 상태가 자원을 자유롭게 할당한 결과(자원 부족)라면, 반대로 기아 상태는 작업이 결코 사용할 수 없는 자원을 계속 기다리는 결과(교착 상태)를 예방하려고 자원을 할당할 때 발생(기다림)하는 결과이다. 여기서는 다익스트라가 제안한 '식사하는 철학자'를 살펴봄으로써 기아 상태를 알아본다.

[그림 5-20]은 고전적인 동기 문제로 취급되는 식사하는 철학자 문제의 예이다.

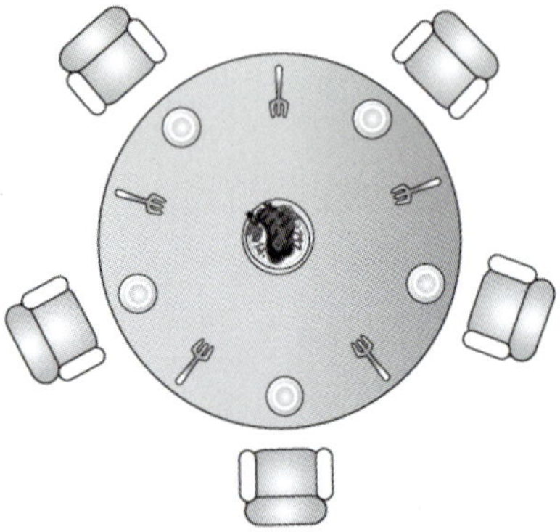

그림 5-20 식사하는 철학자 예

철학자 5명은 대부분의 시간을 생각하고 먹는 데 소비한다. 철학자는 의자 5개로 둘러싼 원형 테이블을 공유한다. 테이블 중앙에는 음식이 있고, 테이블 둘레에는 포크fork가 5개 놓여 있다. 지역 풍습에 따라 철학자들은 포크 2개로 식사한다. 그런데 포크가 5개라서 철학자 5명이 동시에 식사할 수 없고(포크가 10개 필요하다), 2명만이 동시에 식사할 수 있다.

어떤 철학자가 생각 중일 때 다른 철학자는 간섭하지 않는다. 생각을 하다 배가 고픈 철학자는 주위에 있는 왼쪽과 오른쪽 포크 2개를 들려고 한다. 철학자는 한 번에 포크를 한 개만 들 수 있으며, 왼쪽 포크를 먼저 집은 후 오른쪽 포크를 집는다(공유 자원). 이웃 철학자가 이미 들고 있는 포크는 집을 수 없다(경쟁 상태). 배가 고픈 철학자는 포크 2개를 동시에 집으면 식사를 한다. 그리고 식사를 마치면 포크 2개를 내려놓고 계속 생각을 한다.

모든 철학자가 배가 고파서(5명 모두 의자에 앉아 있을 때) 동시에 왼쪽 포크를 집고 오른쪽 포크를 집으려 한다면 모두 굶게 된다. 교착 상태에 빠지기 때문이다. 물론 이런 교착 상태는 포크를 5개 더 사든지, 포크 1개로만 식사를 하든지, 철학자가 최대 4명만 동시에 앉을 수 있게 제한하여 해결할 수 있다(1명은 포크 2개를 사용할 수 있다). 간단한 해결책은 각 포크를 세마포로 표시하는 것이다. 철학자는 포크에 해당하는 세마포에 대한 P(wait) 연산을 수행하고 나서 포크를 집는다. 즉, 포크는 해당 세마포에 대한 V(signal) 연산을 수행하여 내려놓는다. 따라서 공유 데이터는 다음과 같다.

```
semaphore fork[5];
```

여기서 fork의 모든 요소는 1로 초기화된다. 그리고 철학자[philosopher] i의 구조는 [예제 5-1]과 같다. 그런데 이 해결 방법은 두 이웃 철학자가 동시에 식사할 수는 없으나 교착 상태가 발생할 가능성 때문에 배제해야 한다.

예제 5-1 식사하는 철학자 문제에서 철학자 i의 구조

```
while (true) {
        wait(fork[i]);                     // 왼쪽 포크를 집음
        wait(fork[(i + 1) % 5);            // 오른쪽 포크를 집음
        ...
                식사한다.
        ...
        signal(fork[i]);                   // 왼쪽 포크를 내려놓음
        signal(fork[(i + 1) % 5]);         // 오른쪽 포크를 내려놓음
        ...
                생각한다.
        ...
}
```

철학자 5명 모두가 동시에 배가 고파서 왼쪽 포크를 집었다고 가정하자. fork의 모든 요소는 0이 된다. 그리고 각 철학자가 오른쪽 포크를 집을 때 영원히 기다리게 되므로 교착 상태가 발생한다. 이때는 다음 몇 가지 해결책이 있다.

- 철학자 4명만 테이블에 동시에 앉도록 한다.

- 철학자가 양쪽 포크를 모두 사용할 수 있을 때 포크를 집을 수 있도록 허용(이것은 임계 영역 안에서 해야 함)한다.
- 비대칭 해결법을 사용한다. 즉, 홀수 번째 철학자는 왼쪽 포크를 집은 후 오른쪽 포크를 집게 하고, 짝수 번째 철학자는 오른쪽 포크를 집은 후 왼쪽 포크를 집게 한다.

예제 5-2 식사하는 철학자 문제의 해결 방안

```
semaphore fork[5] = {1};
semaphore room = {4};
int i;
while (true) {
        wait(room);
        wait(fork[i]);
        wait(fork[(i + 1) % 5]);
        ...
                식사한다.
        ...
        signal(fork[(i + 1) % 5]);
        signal(fork[i]);
        signal(room);
        ...
                생각한다.
        ...
}
```

마지막으로 식사하는 철학자 문제의 해결책은 철학자 중 한 명이라도 굶어 죽는 일이 없어야 한다는 사항을 만족시켜야 한다. 교착 상태의 해결책은 기아 상태starvation의 가능성을 제거하지 못한다. 따라서 기아 상태 해결은 먼저 기다리는 작업을 발견하고 각 작업이 기다린 시간을 조사·추적해야 한다. 또 시스템은 기아 상태를 발견하면 즉시 새로운 작업의 시작을 대기하도록 조치해야 한다. 그러나 이 경우 빈번한 시스템 대기로 처리량이 감소할 수 있으므로 매우 신중한 접근이 필요하다.

요약

01 교착 상태의 개념과 발생 조건

다중 프로그래밍 시스템에서는 프로세스가 결코 일어나지 않을 사건event을 기다리는 상태가 되면 교착 상태deadlock라고 한다. 교착 상태는 상호배제, 점유와 대기, 비선점 조건, 순환 대기를 만족할 때 발생한다.

02 교착 상태의 해결 방법

❶ 교착 상태가 발생하지 않도록 예방prevention하는 방법

- 자원의 상호배제 조건 방지 : 자원을 비공유한다.
- 점유와 대기 조건 방지 : 프로세스가 작업을 수행하기 전에 필요한 자원을 모두 요청하고 획득한다.
- 비선점 조건 방지 : 프로세스가 일부 자원을 점유하고 있으면서 다른 자원을 요청했을 때 즉시 할당할 수 없으면 프로세스가 현재 점유한 모든 자원을 해제한 후 대기한다.
- 순환(환형) 대기 조건 방지 : 모든 자원에 일련의 순서를 부여하고 각 프로세스가 오름차순으로만 자원을 요청할 수 있게 한다.

❷ 교착 상태의 발생 가능성을 배제하지 않고 이를 적절히 회피avoidance하는 방법

교착 상태가 발생할 가능성을 인정하고(세 가지 필요조건 허용) 교착 상태가 발생하려고 할 때 회피하는 방법은 다음 두 가지로 설명할 수 있다.

- 프로세스의 시작 중단 : 프로세스의 요구가 교착 상태를 발생시킬 수 있다면 프로세스 시작을 중단한다.
- 자원 할당 거부 : 프로세스가 요청한 자원을 할당했을 때 교착 상태가 발생할 수 있다면 요청한 자원을 할당하지 않는다(은행가 알고리즘).

❸ 교착 상태를 탐지detection하여 다시 회복하는 방법

시스템이 교착 상태 예방 알고리즘이나 교착 상태 회피 알고리즘을 사용하지 않는다면 교착 상태가 발생할 수 있다. 따라서 발생한 교착 상태에서 회복하려면 먼저 교착 상태 탐지(검사) 알고리즘이 필요하다. 교착 상태에서 회복하는 한 가지 방법은 순환 대기를 탈피하는 것인데, 단순하게 프로세스를 한 개 이상 중단하는 방법과 교착 상태의 프로세스들에서 자원을 선점하는 방법으로 다시 구분할 수 있다.

03 기아 상태

교착 상태가 자원을 자유롭게 할당한 자원 부족의 결과라면, 기아 상태는 작업이 결코 사용할 수 없는 자원을 계속 기다리는 결과(교착 상태)를 예방하려고 자원을 할당할 때 발생(기다림)하는 결과이다.

연습문제

01 프로세스가 자원을 사용하는 정상적인 작동 순서는?

① 요청 – 사용 – 해제 ② 요청 – 해제 – 사용
③ 사용 – 요청 – 해제 ④ 해제 – 요청 – 사용

02 공유 자원을 어느 시점에서 프로세스 하나에만 사용할 수 있도록 하며, 다른 프로세스가 공유 자원에 접근하지 못하도록 막는 것은?

① mutual exclusion ② critical section
③ deadlock ④ scatter loading

03 교착 상태[deadlock]는 하나 이상의 프로세스가 더 이상 계속할 수 없는 어떤 특정 사건을 기다리고 있는 상태를 말한다. 여기서 특정 사건의 의미로 가장 적당한 것은?

① 자원의 할당과 해제 ② 자원의 요구
③ 무한 연기 ④ 자원의 점유 및 대기(보류)

04 교착 상태 발생의 필요조건이 아닌 것은?

① 상호배제 ② 순환 대기
③ 점유와 대기 ④ 자원의 선점

05 운영체제에서 교착 상태가 발생하는 조건이 아닌 것은?

① 한 번에 하나의 프로세스만 어떤 자원을 사용할 수 있다.
② 프로세스는 다른 자원이 할당되기를 기다리는 동안 이미 확보한 자원을 계속 보유하고 있다.
③ 자원을 보유하고 있는 프로세서에서 다른 프로세스가 강제로 그 자원을 빼앗을 수 있다.
④ 자원들을 요구하는 프로세스와 그 자원을 사용 중인 프로세스의 관계를 방향성 그래프로 그리면 닫힌 환형[closed chain]이 된다.

06 교착 상태의 해결 방법 중 점유 및 대기 조건 방지, 비선점 조건 방지, 순환 대기 조건 방지와 가장 밀접한 관계가 있는 것은?

① prevention ② avoidance
③ detection ④ recovery

07 교착 상태의 해결 방법 중 교착 상태의 발생 가능성을 배제하지 않고 이를 적절히 피해 나가는 방법은?

① prevention ② detection
③ avoidance ④ recovery

08 교착 상태의 해결 방법 중 시스템에 교착 상태가 발생했는지 점검하고 교착 상태에 있는 프로세스와 자원을 발견하는 것으로 자원 할당 그래프 등을 사용하는 방법은?

① prevention ② avoidance
③ recovery ④ detection

09 교착 상태의 해결 방법 중 다음 사항과 관련 있는 것은?

- mutual exclusion 방지
- hold and wait 방지
- non–preemption 방지
- circular wait 방지

① recovery ② detection
③ avoidance ④ prevention

10 교착 상태의 해결 방법 중 자원의 낭비가 가장 심한 것으로 알려진 방법은?

① 교착 상태의 예방 ② 교착 상태의 회피
③ 교착 상태의 탐지 ④ 교착 상태의 회복

11 교착 상태를 예방하는 방법으로 가장 거리가 먼 것은?

① 점유와 대기 조건 방지 ② 불완전 상태 조건 방지
③ 순환 대기 조건 방지 ④ 비선점 조건 방지

12 교착 상태 예방 방법으로 적절하지 않은 것은?

① 상호배제 조건 방지 ② 점유 및 대기 조건 방지
③ 비선점 조건 방지 ④ 순환 대기 조건 방지

13 교착 상태의 해결 방안 중 은행가 알고리즘Banker's algorithm과 관계되는 것은?

① recovery ② detection
③ prevention ④ avoidance

14 교착 상태의 해결 방안 중 다음 사항에 해당하는 것은?

> 점유 및 대기 부정, 비선점 부정, 환형 대기 부정

① prevention　　② avoidance
③ detection　　④ recovery

15 다음은 교착 상태 발생 조건 중 어떤 조건을 방지하는 것인가?

> • 프로세스를 수행하기 전에 필요한 모든 자원을 할당해 준다.
> • 자원을 점유하지 않은 상태에서만 자원을 요구하도록 한다.

① mutual exclusion　　② hold and wait
③ non–preemption　　④ circular wait

16 교착 상태의 예방에 대한 설명 중 옳지 않은 것은?

① 교착 상태의 예방은 자원의 이용률은 낮지만 널리 사용하는 방법이다.
② 교착 상태의 예방은 시스템의 운영 상황을 봐 가면서 교착 상태 가능성을 피해 가는 것이다.
③ 교착 상태의 예방은 가장 명료한 해결책이지만 프로세스가 실행하기 전에 모든 자원을 배당시키는 등 엄격한 자원 배당과 해제 정책을 사용해야 한다.
④ 교착 상태 예방은 상호배제, 점유 및 대기, 비선점, 순환 대기 중 어느 하나라도 발생하지 않게 함으로써 가능하다.

17 교착 상태에 대한 설명으로 틀린 것은?

① 교착 상태 발생의 필요충분조건은 상호배제, 점유 및 대기, 환형 대기, 비선점 조건이다.
② 교착 상태란 2개 이상의 프로세스가 자원을 점유한 상태에서 서로 다른 프로세스가 점유한 자원을 동시에 사용할 수 있는 현상을 의미한다.
③ 교착 상태의 회피avoidance는 교착 상태에 빠질 가능성을 인정하고 적절히 이를 회피해 가는 방법이다.
④ 교착 상태의 회복recovery은 교착 상태에 빠져 있는 프로세스를 중단시켜 시스템이 정상적으로 동작할 수 있도록 하는 방법이다.

18 교착 상태는 순환 대기[circular wait] 조건을 방지하여 해결할 수 있다. 이에 대한 설명 중 옳지 않은 것은?

① 모든 자원을 선형 순서[linear order]로 분류한다.
② 프로세스는 자신이 가지고 있는 자원보다 앞의 순서에 있는 자원들만 요청하게 한다.
③ 프로세스는 자신이 가지고 있는 자원보다 뒤의 순서에 있는 자원들만 요청하게 한다.
④ 프로세스는 자신이 가지고 있는 자원의 앞 또는 뒤의 순서에 있는 자원들을 자유롭게 요청하게 한다.

19 교착 상태와 무한 대기에 대한 설명으로 옳지 않은 것은?

① 컴퓨터 시스템에서 무한 대기와 교착 상태가 발생하는 것은 모두 바람직하지 않다.
② 무한 대기 문제는 aging 방법으로 해결할 수 있다.
③ 은행원 알고리즘은 교착 상태를 회피[avoidance]하는 알고리즘이다.
④ 교착 상태 회복[recovery] 방법으로는 점유 및 대기 부정, 비선점 부정, 순환(환형) 대기 부정 등이 있다.

20 교착 상태를 회피하는 데 사용하는 은행가 알고리즘에 대한 사항으로 옳지 않은 것은?

① 은행가 알고리즘을 적용하려면 자원의 양이 일정해야 한다.
② 은행가 알고리즘을 적용하려면 사용자 수가 일정해야 한다.
③ 은행가 알고리즘은 모든 요구를 유한 시간 안에 할당하는 것을 보장한다.
④ 은행가 알고리즘은 대화식 시스템[interactive-system]에 적용할 수 있다.

21 교착 상태 해결 방안으로 발생 가능성을 인정하고 교착 상태가 발생하려고 할 때 교착 상태 가능성을 피해 가는 방법은?

① 예방[prevention] ② 탐지[detection]
③ 회피[avoidance] ④ 복구[recovery]

22 교착 상태의 해결 방법 중 회피[avoidance] 방법과 밀접한 관계가 있는 것은?

① 점유 및 대기 방지 ② 비선점 방지
③ 순환(환형) 대기 방지 ④ 은행원 알고리즘 사용

23 은행가 알고리즘에 대한 설명으로 옳지 않은 것은?

① Dijkstra가 제안했다.

② 교착 상태 해결 방법 중 예방prevention 방법이다.

③ 자원의 양과 사용자(프로세스) 수가 일정해야 한다.

④ 안전 상태와 불안전 상태라는 두 가지 상태가 존재한다.

24 은행가 알고리즘은 다음 교착 상태 관련 연구 분야 중 어떤 분야에 속하는가?

① 교착 상태의 예방

② 교착 상태의 회피

③ 교착 상태의 발견

④ 교착 상태의 복구

25 교착 상태와 은행가 알고리즘의 불안전 상태unsafe state에 대한 설명 중 옳은 것은?

① 교착 상태는 불안전 상태에 속한다.

② 불안전 상태의 모든 시스템은 궁극적으로 교착 상태에 빠지게 된다.

③ 불안전 상태는 교착 상태에 속한다.

④ 교착 상태와 불안전 상태는 서로 무관하다.

26 교착 상태의 회복 방법에 대한 설명으로 옳지 않은 것은?

① 교착 상태에 있는 모든 프로세스를 중단시킨다.

② 교착 상태가 없어질 때까지 교착 상태에 포함된 자원을 하나씩 비선점시킨다.

③ 교착 상태가 없어질 때까지 교착 상태에 포함된 프로세스를 하나씩 종료시킨다.

④ 교착 상태 회복 방법은 시스템 안에 존재하는 교착 상태를 제거하는 데 사용한다.

27 교착 상태deadlock의 해결 방법 중 회피avoidance 방법에 대한 옳은 내용 모두를 나열한 것은?

ㄱ 교착 상태가 발생하지 않도록 사전에 시스템을 제어하는 방법이다.
ㄴ 교착 상태 발생의 네 가지 조건 중에서 상호배제를 제외한 어느 하나를 제거함으로써 수행된다.
ㄷ 주로 은행가 알고리즘을 사용한다.
ㄹ 교착 상태가 발생할 가능성을 완전히 배제하지 않는다.

① ㄱ, ㄷ ② ㄴ, ㄷ ③ ㄱ, ㄴ, ㄷ ④ ㄷ, ㄹ

28 자원이 총 12개이고 현재 할당된 자원이 10개(P_1 : 2, P_2 : 4, P_3 : 4)일 때 다음 시스템을 안전 상태가 되도록 하는 데 필요한 A, B의 요구량으로 적합한 것은?

프로세스	Allocation(현재 할당량)	Max(최대 요구량)	Need(추가 요구량)
P_1	2	5	3
P_2	4	A	B
P_3	4	8	4

① 7, 3　　② 6, 2　　③ 7, 4　　④ 6, 3

29 하벤더의 교착 상태 예방 연구에서 기본 전제가 되는 것은?

30 점유와 대기 조건의 방지 방법과 문제점은?

31 다음과 같은 자원 할당 그래프에 대한 물음에 답하시오.

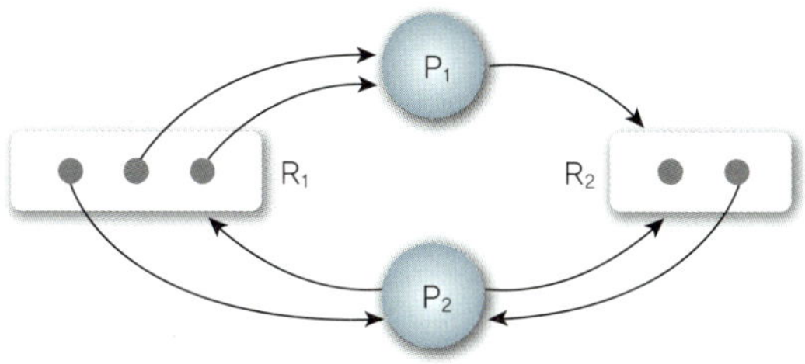

① 시스템은 교착 상태에 있는가?

② R_2 자원에 P_1 요청을 먼저 제공할 때 시스템 상태는 안전한가?

③ R_2 자원에 P_2 요청을 먼저 제공할 때 시스템 상태는?

32 교착 상태를 회복하는 해결 방법을 간단히 설명하시오.

33 교착 상태를 벗어나려고 중단(종료)시킬 프로세스를 선정할 때 고려할 기준을 나열하시오.

34 컴퓨터 시스템 환경과 관련되지 않은 교착 상태의 실례를 세 가지만 들어 보시오.

35 하벤더Havender의 교착 상태를 예방하는 세 가지의 기본 방법은?

36 교착 상태와 기아 상태 사이의 주요 차이점은?

37 시스템 상태가 다음과 같다고 가정할 때 은행가 알고리즘을 이용하여 다음 물음에 답하시오.

프로세스	Allocation	Max	Available
	ABCD	ABC	ABCD
P_0	3011	5111	1020
P_1	0100	0212	
P_2	1110	4210	
P_3	1101	1111	
P_4	0000	2110	

① 배열 Need의 내용은?
② 이 시스템은 안정 상태인가?
③ 프로세스 P_1에서 요청이 (0, 4, 2, 0)이면 이 요청은 즉각 받아들여질 수 있는가?

38 프로세스 2개와 자원 2개가 교착 상태에 있다는 것을 나타내도록 자원 할당 그래프를 그리시오.

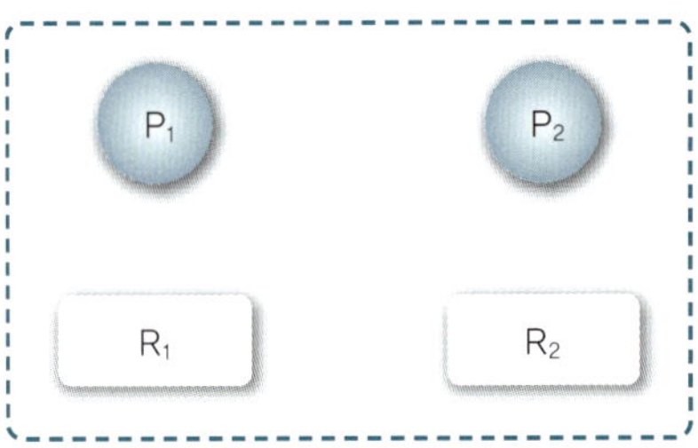

39 경쟁 상태와 교착 상태의 차이점은?

40 자원 할당 그래프에 주기가 있는 시스템을 가정한다. 이때 교착 상태라고 정의(단정)할 수 있는가?

Chapter 06

프로세스 스케줄링

학습목표

- 스케줄링 단계를 이해한다.
- 장기 스케줄러와 단기 스케줄러의 역할을 알아본다.
- 여러 프로세스 스케줄링 알고리즘의 특성을 이해한다.
- 알고리즘의 성능을 알아본다.

01 스케줄링의 이해

1 스케줄링의 개념

단일 처리 시스템에서는 실행 중인 프로세스가 입출력을 요청하면 이 프로세스가 실행을 마칠 때까지는 사용하던 자원을 대기해야 하므로 시간이 낭비된다. 반면에 다중 프로그래밍에서는 여러 프로세스를 동시에 메모리에 올려놓고 실행 중인 프로세스가 입출력을 요청하면 운영체제가 이 프로세스에 할당된 프로세서를 회수하여 다른 프로세스에 할당한다. 그러므로 다중 프로그래밍에서는 다음 장점을 얻을 수 있다.

- 프로세서 이용률을 높일 수 있다.
- 프로세서 처리율(주어진 시간에만 처리하는 작업량)이 증가한다.

다중 프로그래밍에서 프로세서를 할당할 프로세스를 선택할 때는 어떤 전략(정책)이 필요한데, 여기서 필요한 개념이 스케줄링이다.

스케줄링scheduling은 여러 프로세스가 번갈아 사용하는 자원을 어떤 시점에 어떤 프로세스에 할당할지 결정하는 것이다. 그 자원이 프로세서인 경우를 특별히 프로세서 스케줄링이라고 하는데, 대부분의 스케줄링이 프로세서 스케줄링을 의미한다. 여기서는 그냥 스케줄링이라는 용어를 사용한다.

스케줄링 방법에 따라 프로세서를 할당받을 프로세스를 결정하므로 스케줄링이 시스템의 성능에 영향을 미친다. 좋은 스케줄링은 프로세서의 효율성을 높이고, 작업(프로세스)의 응답시간을 최소화하여 시스템의 작업 처리 능력을 향상시킨다. 스케줄링이 필요 없는 프로세스도 있는데, 인터럽트 처리, 오류 처리, 사용자의 시스템 호출 등의 사전 처리가 대표적인 예이다. 반면에 스케줄링이 필요한 프로세스에는 사용자 프로세스와 시스템 호출로 발생하는 시스템 프로세스가 있다. 그러므로 자원의 공유 순서나 일정을 조정하는 스케줄링에서는 사용자 프로세스와 시스템 프로세스를 다룬다.

시스템 호출 하나를 실행하려고 시스템 프로세스를 하나 이상 실행할 수 있다. 단일 처리 시스템에서도 스풀링 등을 이용하여 여러 프로세스를 동시에 실행할 수 있다. 보통은 다중 프로그래밍과 상관없이 여러 프로세스를 동시에 실행하는 것을 다중 작업multitasking이라고 한다.

2 스케줄링의 목적

앞서 스케줄링은 시스템의 성능에 영향을 미친다고 했는데, 구체적으로 다음 목적에서 스케줄링을 한다.

- **자원 할당의 공정성 보장** : 모든 프로세스를 공평하게 취급해야 하며, 어떤 프로세스도 실행을 무한 연기해서는 안 된다.
- **단위시간당 처리량 최대화** : 단위시간당 유효 시간을 줄이고 프로세서의 처리량을 최대화하여 가능한 많은 프로세스에 서비스를 제공해야 한다.
- **적절한 반환시간 보장** : 적절한 시간 안에 응답(프로세스 완료)을 해야 한다. 대화식 시스템에서는 사용자에게 늦어도 2~3초 이내에 응답해 주어야 한다.
- **예측 가능성 보장** : 작업(프로세스)을 시스템 부하와 상관없이 거의 같은 시간에 거의 같은 비용으로 실행할 수 있어야 한다.
- **오버헤드 최소화** : 일반적으로 오버헤드가 발생하면 자원이 낭비되므로 오버헤드를 줄여야 한다. 하지만 오버헤드가 시스템의 전반적인 성능을 크게 높일 수도 있다.
- **자원 사용의 균형 유지** : 시스템의 자원을 가능한 쉬지 않고 사용할 수 있도록 스케줄링을 해야 한다. 따라서 유휴 상태의 자원을 사용하려는 프로세스에 특별한 혜택을 줄 수도 있다.
- **반환시간과 자원의 활용 간에 균형 유지** : 반환시간turn around time을 빠르게 하는 방법은 충분한 자원을 확보하는 것이지만 한 프로세스가 너무 많은 자원을 차지하면 시스템의 자원 활용도가 떨어진다. 실시간 시스템은 빠른 응답이 필요하므로 자원 활용이 상대적으로 덜 중요하지만 다른 형태의 시스템에서는 효과적인 자원 활용이 더 중요하다.
- **실행 대기 방지** : 실행을 무한 연기하지 않도록 해야 한다. 실행의 무한 연기는 교착 상태만큼 나쁜 영향을 줄 때가 많다. 이런 무한 연기 문제는 자원을 오래 기다릴수록 높은 우선순위를 부여하여 언젠가는 자원을 확보할 수 있도록 하는 에이징aging(노화) 방법으로 해결할 수 있다.
- **우선순위** : 우선순위를 부여한 후 스케줄링 방법을 이용하여 우선순위가 높은 프로세스를 먼저 실행하도록 한다. 비선점 자원이라면, 스케줄링 방법은 프로세스에 주요 자원을 넘겨주기보다는 우선순위에 따라 처리해야 한다.

- **서비스 사용 기회 확대** : 프로세스에 더 자주 서비스 사용 기회를 주어야 한다. 특히 페이지 부재율이 적은 프로세스에는 더 자주 서비스 사용 기회를 제공해야 한다.
- **서비스 수 감소 방지** : 서비스 수가 갑자기 감소해서는 안 된다. 시스템에 부하가 많이 걸릴 때 갑자기 서비스 수가 감소하면 안 된다. 과부하를 방지하든지 프로세스들의 서비스를 줄여 과부하에 대처해야 한다. 이런 목적들은 서로 모순되는 면이 많은데, 이는 스케줄링 문제를 어렵게 만드는 원인 중 하나다.

NOTE_ 페이지 부재율은 8장에서 자세히 다룬다.

3 스케줄링의 기준 요소

스케줄링의 목적을 실현하려면 프로세스의 동작을 고려해야 한다. 특히 프로세스의 실행 시간이 중요한 요소인데, 이를 좀 더 구체적으로 살펴보자.

프로세스를 프로세서에서 실행할 때를 프로세서 버스트burst라고 하며, 입출력 버스트는 프로세스가 추가로 실행하려고 입출력을 기다리고 있을 때이다. 프로세스는 입출력 버스트 후 다음 프로세서 버스트를 위해 준비 큐ready queue로 이동한다. 그러므로 프로세스의 실행은 [그림 6-1]과 같이 프로세서 버스트와 입출력 버스트의 순환 형태로 구성된다. 크게는 그림 오른쪽과 같이 프로세서 버스트 상태로 시작해서 두 상태를 교대로 진행한 후 프로세서 버스트로 끝난다.

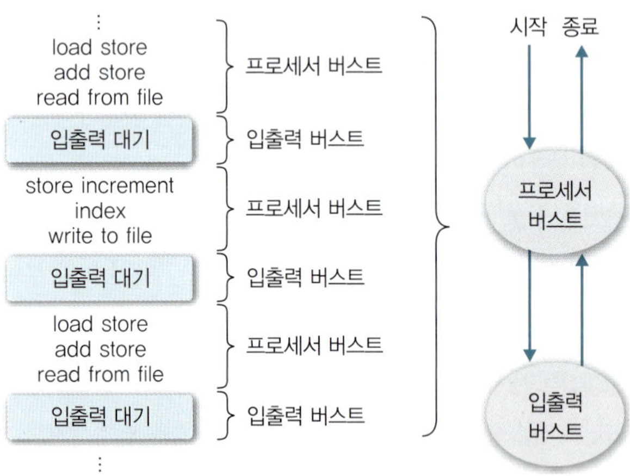

그림 6-1 실행(프로세서 버스트)과 입출력 대기(입출력 버스트)의 순환

프로세서 버스트는 입출력 대기시간에 따라 사용량이 결정된다. 프로세스에 따라 다르지만, 보통은 프로세서 버스트(실행 지속 시간)는 지수 성질이 있어 [그림 6-2]와 같은 형태의 빈도 곡선으로 나타낸다. 이 그래프에는 프로세서 버스트가 짧은 프로세스가 많이 분포되어 있고, 프로세서 버스트가 긴 프로세스는 매우 적다. 긴 프로세서 버스트는 프로세서를 점유한 상태로 화면에서 모든 입력과 출력을 처리하거나 파일에서 입력과 출력을 하지 않고 메모리와 레지스터에서 오랫동안 하는 작업이다. 그러나 모든 프로그램은 이 중 적어도 하나를 수행하는데, 특히 백그라운드background 프로그램은 일반적으로 파일 읽기와 쓰기를 한다.

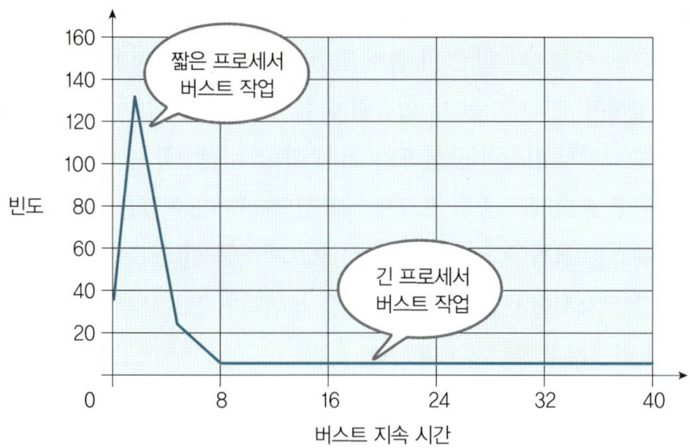

그림 6-2 **프로세서 버스트 시간 그래프**

[그림 6-3]은 프로세스의 입출력 대기시간이 긴 예와 짧은 예이다. [그림 6-3]과 같이 입출력 대기시간이 짧으면 프로세서를 오래 차지하여 프로세서 버스트가 길고, 입출력 대기시간이 길면 오히려 입출력을 하려고 오래 기다리므로 프로세서 버스트가 짧다.

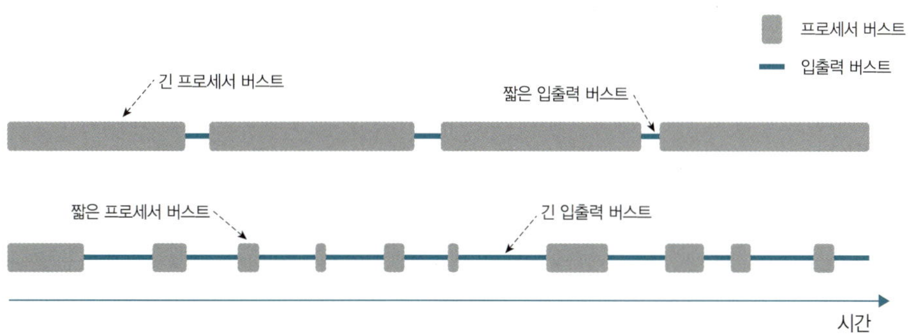

그림 6-3 **프로세서 버스트가 긴 예와 짧은 예**

입출력 중심 프로세스는 보통 프로세서 버스트가 매우 짧고, 프로세서 중심 프로세스는 프로세서 버스트가 매우 길다. 그래서 프로세서 버스트가 긴 프로세스를 프로세서 중심 작업이라고 한다. 이는 대부분의 계산 작업에 해당하고, 완료 시간은 보통 할당받은 프로세서 시간으로 결정한다. 반면에 프로세서 버스트가 짧은 프로세스는 입출력 중심 작업이라고 하는데, 짧은 프로세서 버스트는 입출력을 처리하고 다음 입출력을 요청하므로 입출력을 완료하려고 기다리느라 대부분의 시간을 보낸다. 주로 입출력 요청 시간으로 프로세스 완료 시간을 결정하므로, 프로세서 중심 작업과 입출력 중심 작업의 적절한 혼합은 스케줄링 알고리즘을 선택할 때 매우 중요한 기준 요소가 된다.

프로세서 속도 기술이 입출력 속도 기술보다 훨씬 더 빨리 발전하여 프로세서 버스트는 짧아지고 입출력 대기는 비교적 일정해서 프로세스는 더 입출력 중심으로 바뀌고 있다. 프로세스는 실행 단계에 따라 프로세서 중심에서 입출력 중심(또는 그 반대)으로 진행할 수 있다. 이때 입출력 중심 프로세스를 실행한 후 프로세서 중심 프로세스를 선택하면 아주 짧은 지연이 발생하는데, 프로세서 중심 프로세스를 실행한 후 입출력 중심 프로세스를 선택하면 지연은 훨씬 길어진다. 그러므로 입출력 프로세서를 바쁘게 하여 성능을 높이려면 프로세서 중심 프로세스와 입출력 중심 프로세스를 적절히 혼합해서 사용한다.

4 스케줄링의 단계

스케줄링은 수행 단계에 따라 [그림 6-4]와 같이 세 단계로 세분화할 수 있는데, 2절에서 다루는 스케줄링 알고리즘은 3단계 스케줄링에 해당하는 알고리즘이다. 각 단계의 스케줄링이 어떤 차이가 있는지 잠깐 살펴보자.

■ 1단계 작업 스케줄링 : 작업 선택

이 단계는 실제로 시스템 자원을 사용할 작업을 결정하는 작업 스케줄링이다. 디스크에 있는 작업 중 프로세스화할 작업과 시스템에 들어갈 작업을 결정하므로 승인 스케줄링이라고도 한다. 작업 스케줄링에 따라 작업을 프로세스들로 나눠 생성한다. 수행 빈도가 적어 장기 스케줄링에 해당하는데, 장기 스케줄링은 이후에 스케줄러의 종류를 설명할 때 다시 자세히 다룬다.

■ 2단계 작업 승인과 프로세서 결정 스케줄링 : 사용 권한 부여

이 단계는 프로세서를 사용할 권한을 부여할 프로세스를 결정하는 작업 승인과 프로세서

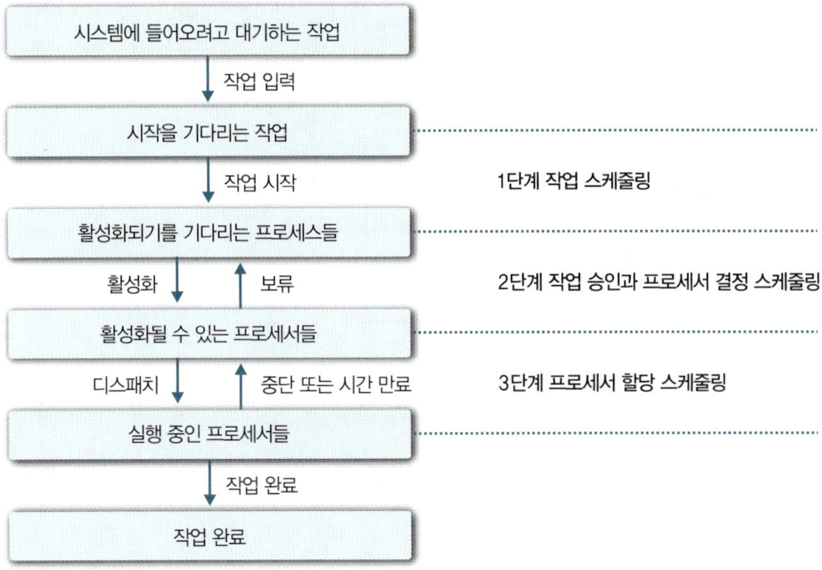

그림 6-4 **스케줄링 단계**

할당 스케줄링이다. 또 시스템의 오버헤드에 따라 연기할 프로세스를 잠정적으로 결정한다. 따라서 이 단계는 1단계 작업 스케줄링과 3단계 프로세서 할당 스케줄링의 완충 역할을 한다. 수행 빈도를 기준으로 하면 중기 스케줄링에 해당하며, 메모리 사용성도 높이고 작업의 효율성도 향상시키는 스와핑swapping(교체) 기능의 일부로 이해할 수 있다. 중기 스케줄링은 이후에 스케줄러의 종류를 설명할 때 다시 자세히 다룬다.

■ **3단계 프로세서 할당 스케줄링 : 준비 상태의 프로세스에 프로세서 할당(디스패칭)**

이 단계는 디스패처(분배기)가 준비 상태에 있는 프로세스 중에서 프로세서를 할당할 프로세스를 결정하는 프로세스 할당 스케줄링이다. 다음에 실행할 프로세스 결정이 잦으므로 수행 빈도가 많아 단기 스케줄링에 해당한다. 단기 스케줄링은 이후에 스케줄러의 종류를 설명할 때 다시 자세히 다룬다.

5 스케줄링 큐

스케줄링에서는 [그림 6-5]와 같이 다양한 큐를 사용한다. 먼저 준비 큐라는 것이 있는데, 시스템에 하나 있다. 여기서는 프로세서를 할당받아 실행하려고 기다리는 프로세스들이 대기한다. 좁은 의미에서 스케줄링은 준비 큐에서 프로세스를 하나 선택하는 것이다. 그리고 입출력장치 큐가 있는데, 여기서는 입출력장치를 사용하려는 프로세스들이 대기한다.

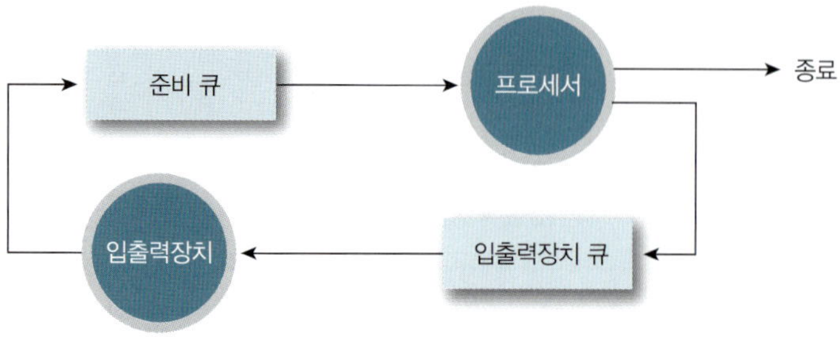

그림 6-5 스케줄링 큐 : 준비 큐와 입출력장치 큐

큐를 자세히 살펴보면, [그림 6-6]과 같이 프로세스 제어 블록을 연결 리스트로 연결하고 있는 형태이다. 큐에는 머리head와 꼬리tail가 있고, 각각 연결된 첫 번째 프로세스 제어 블록과 마지막 프로세스 제어 블록의 포인터 필드를 가리킨다. 입출력장치 큐는 다양하게 추가할 수 있는데, [그림 6-6]은 프린터, 디스크, 단말기 등 다양한 장치로 구성되어 있다. 장치가 테이프 드라이브나 시분할 단말기 같은 전용장치일 때 입출력장치 큐는 프로세스를 하나만 가질 수 있다. 하지만 디스크와 같이 공유할 수 있는 장치는 입출력장치 큐에 여러 프로세스가 대기할 수 있다.

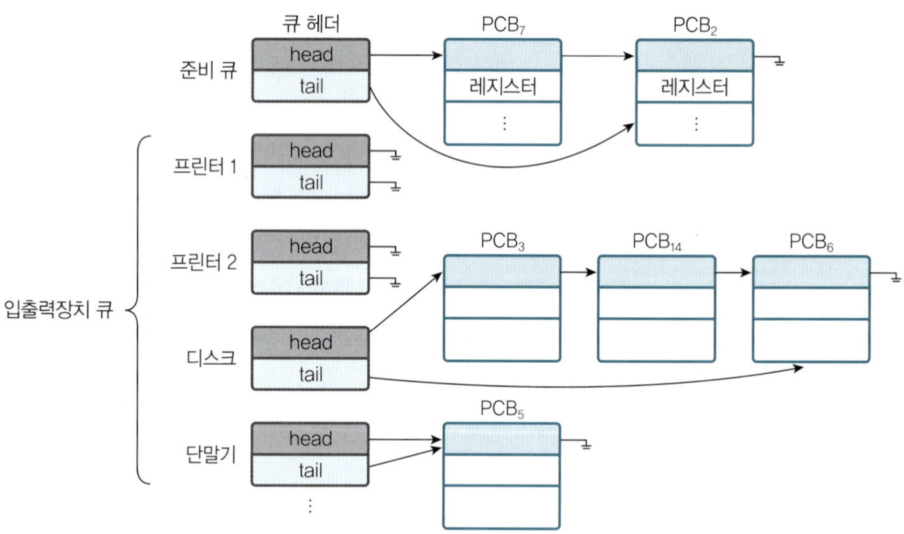

그림 6-6 다단계 큐 예 : 준비 큐와 다양한 입출력장치 큐

6 스케줄링과 스케줄러

운영체제는 다양한 스케줄러를 이용하여 지원한다. 여기서는 스케줄러의 종류와 프로세스 변화 과정에서 스케줄러가 어떤 역할을 하는지 알아본다. 스케줄러는 먼저 스케줄링을 표현하는 방법을 알아야 이해할 수 있다. 큐잉 도표가 대표적인 방법이다. 이제 큐잉 도표가 무엇이고 어떻게 표현하는지 살펴본 후 대표적인 스케줄러도 알아보자.

6.1 큐잉 도표

먼저 큐잉 도표queueing diagram 개념을 알아야 스케줄링을 이해할 수 있다. 보통 스케줄링을 설명할 때 큐잉 도표를 사용하기 때문이다. 큐잉 도표는 프로세스 스케줄링을 표현하는 방법이다. [그림 6-7]과 같이 큐(준비 큐와 입출력장치 큐)는 사각형으로, 자원은 원으로, 프로세스의 흐름은 화살표로 표시한다.

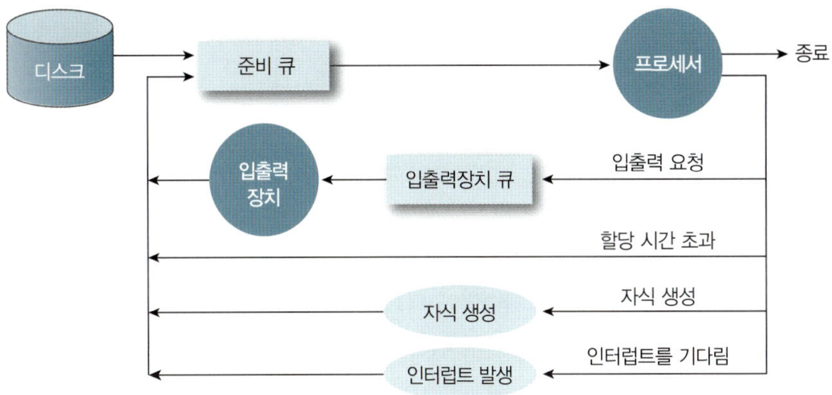

그림 6-7 **큐잉 도표 예**

작업이 시스템에 들어오면 작업의 프로세스 제어 블록을 생성하는데, 이는 작업을 종료할 때까지 갱신된다. 따라서 실행 준비가 된 프로세스가 준비 큐에 들어가고 프로세서를 할당받을 때까지 대기한다. 프로세스에 프로세서가 할당되면 다음 사항 중 하나가 일어난다.

❶ 프로세스가 입출력 요청을 보내고 입출력 큐에 들어간다.

❷ 프로세스가 새로운 프로세스를 생성fork하고 생성한 프로세스의 종료를 기다린다.

❸ 프로세스가 시간 할당량을 초과(시간 종료)하면 준비 큐에 들어간다.

❹ 인터럽트로 프로세서에서 제거된 프로세스는 다시 준비 큐에 들어간다.

❶, ❷의 경우 프로세스는 대기 상태에서 준비 상태로 전환되고 다시 준비 큐에 들어간다. 프로세스는 종료할 때까지, 즉 시스템을 떠날 때까지 이 순환을 계속한다.

6.2 스케줄러의 종류와 역할

스케줄링으로 프로세스를 선택할 때는 스케줄러를 사용한다. 운영체제는 다양한 스케줄러로 지원하는데, 주로 장기 스케줄러와 단기 스케줄러를 사용한다. 여기서는 [그림 6-8]과 같이 입출력장치와 입출력 준비 큐를 하나씩 갖는 단순 큐잉 도표를 기준으로 장기 스케줄러와 단기 스케줄러의 역할을 살펴볼 것이다.

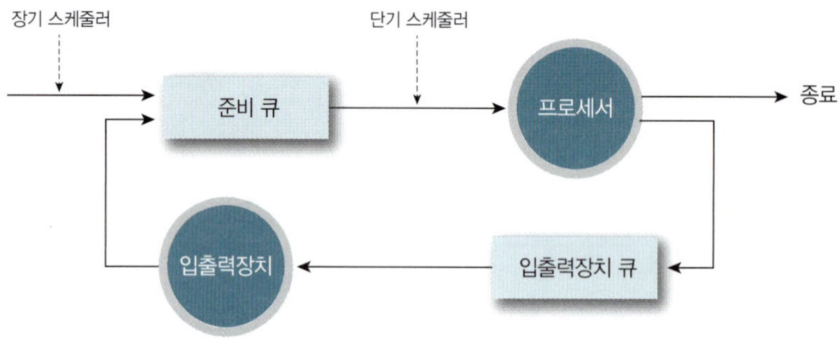

그림 6-8 **스케줄러 설명에 사용할 단순 큐잉 도표 예**

장기 스케줄러는 작업 스케줄러라고도 하며, 스케줄링에 따라 디스크에서 메모리로 작업을 가져와 처리할 순서를 결정한다. 작업 스케줄링에 필요한 정보로 제출 시간, 작업 이름, 작업 길이(용량) 등이 있다. 선택한 작업에 프로세스 제어 블록을 부착시켜 메모리를 적재한 것이 프로세스이다. 단기 스케줄러는 메모리에 적재된 프로세스 중 프로세서를 할당하여 실행 상태가 되도록 결정하는 프로세스 스케줄링을 한다. 이때는 프로세스가 실행하는 데 필요한 자원의 요청을 만족해야 한다.

일괄 처리 시스템을 예로 들어 장기 스케줄러와 단기 스케줄러를 살펴보자. 일괄 처리 시스템에서는 대개 즉시 처리할 수 있는 양보다 많은 작업이 들어온다. 이 작업들은 디스크 같은 큰 저장장치에 저장되어 있는데, 장기 스케줄러(작업 스케줄러)가 이 중 실행할 작업을 준비 큐(입력 큐)에서 꺼내 메모리에 적재한다. 그러면 단기 스케줄러(프로세서 스케줄러)가 메모리의 준비 상태에 있는 프로세스 중에서 실행할 프로세스를 선택하여 프로세서를 할당한다.

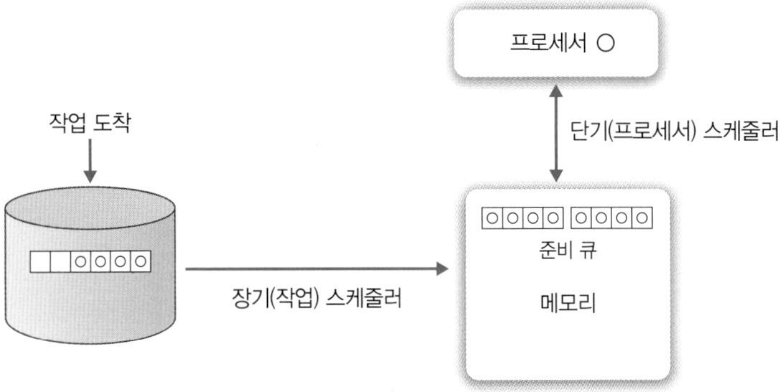

그림 6-9 장기(작업) 스케줄러와 단기(프로세서) 스케줄러

장기 스케줄러와 단기 스케줄러의 가장 큰 차이는 실행 빈도이다. 단기 스케줄러는 실행할 프로세스를 수시로 선택한다. 예를 들어, 프로세서에서 실행 시간은 100만 분의 수초 정도이므로 최소한 100만 분의 10초 단위로 단기 스케줄러를 실행한다고 가정하자. 단기 스케줄러가 프로세스를 선택하는 데 100만 분의 1초가 걸린다면, 전체 실행 시간의 9%[≒1/(10+1)] 정도는 프로세서 스케줄링에 소비하므로 단기 스케줄러는 매우 빨라야 한다.

반면에 장기 스케줄러는 시스템에 새로운 작업이 분minute 단위로 들어오므로 단기 스케줄러에 비해 상대적으로 드물게 수행된다. 장기 스케줄러는 다중 프로그래밍의 정도degree of multiprogramming(메모리에 있는 프로세스 수)를 결정한다. 작업이 시스템에 들어오는 정도가 일정하다면 작업의 도착률과 작업을 마치고 나가는 정도가 같다. 그러면 장기 스케줄러는 작업이 시스템을 나갈 때만 실행하여 실행 간격이 상대적으로 길어지므로 실행 시간이 좀 더 길어도 영향을 많이 받지 않는다.

대부분의 작업이 입출력 중심 작업과 프로세서 중심 작업으로 구성되므로 스케줄러가 작업을 선택한 두 종류의 작업을 잘 혼합하여 선택해야 한다. 모든 작업이 입출력 중심 작업이라면, 준비 큐는 거의 비어 있고 단기 스케줄러도 할 일이 거의 없다. 반대로 모든 작업이 프로세서 중심 작업이라면 입출력 준비 큐가 거의 비어 있어 시스템의 균형이 맞지 않는다. 그러므로 프로세서 중심 작업과 입출력 중심 작업을 적절히 혼합해야 시스템의 성능을 높일 수 있다.

어떤 시스템에서는 장기 스케줄러가 없거나 그 역할이 매우 작다. 예를 들어, 시분할 시스템은 장기 스케줄러가 없고 새로운 프로세스를 메모리에 넣기만 한다. 특히 가상 메모리 체제나 시분할 방법을 사용하는 시스템은 [그림 6-10]과 같이 중기 스케줄러를 추가로 사용한다.

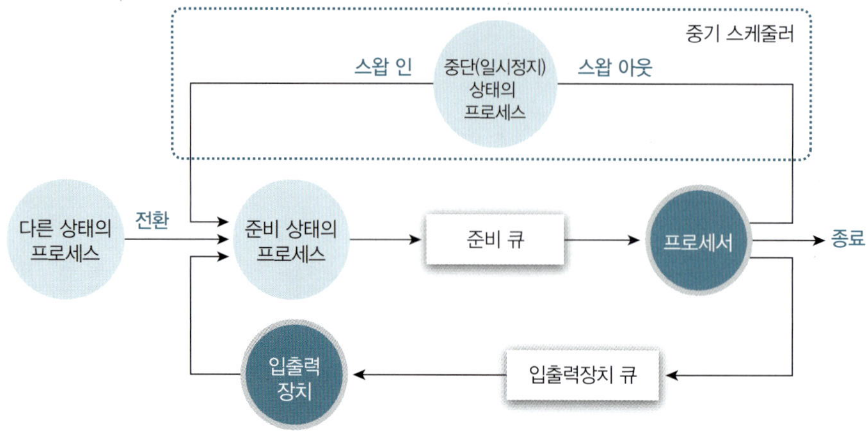

그림 6-10 **그림 6-8에 중기 스케줄러를 추가한 큐잉 도표 예**

중기 스케줄러는 프로세스들이 프로세서를 서로 차지하려고 할 때 프로세스를 별도의 기억 장소에서 빼낼 수 있어 다중 프로그래밍의 정도를 줄일 수 있다. 시간이 흐른 후 빼낸 프로세스는 다시 메모리에 들어가 실행을 중단했던 곳부터 다시 실행한다. 이 방법을 스왑이라고 하는데, 스왑 인과 스왑 아웃을 중기 스케줄러가 결정한다. 스왑은 작업의 혼합을 개선하거나 프로세스가 가지고 있던 메모리를 사용할 수 있게 하는 데 필요하다.

그리고 [그림 6-11]과 같이 단기 스케줄러는 디스패처를 포함할 수 있다. 디스패처는 단기 스케줄러가 선택한 프로세스에 실질적으로 프로세서를 할당하는 역할을 하는 모듈이다. 또 프로세스의 레지스터를 적재하고(문맥 교환), 사용자 상태user mode로 전환하고, 다시 시작할 때 사용자 프로세스가 올바른 위치를 찾을 수 있도록 해 준다. 따라서 디스패처의 처리 속도는 빠를수록 좋다.

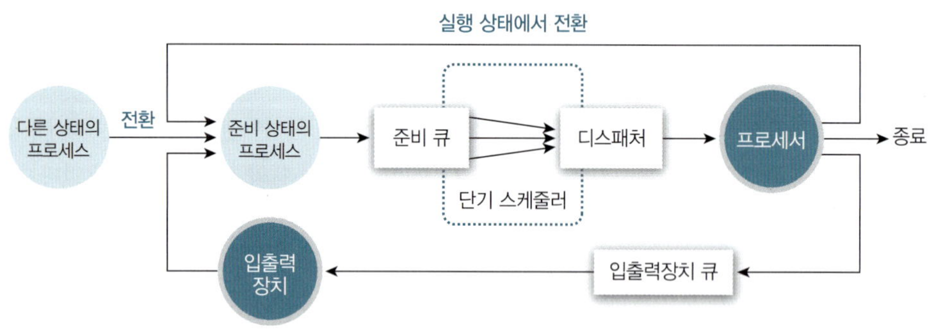

그림 6-11 **디스패처를 추가한 스케줄러 큐잉 도표 예**

앞서 살펴본 스케줄러들이 프로세스 상태 변환에서 어떤 역할을 하는지 그 관계를 살펴보면 [그림 6-12]와 같다.

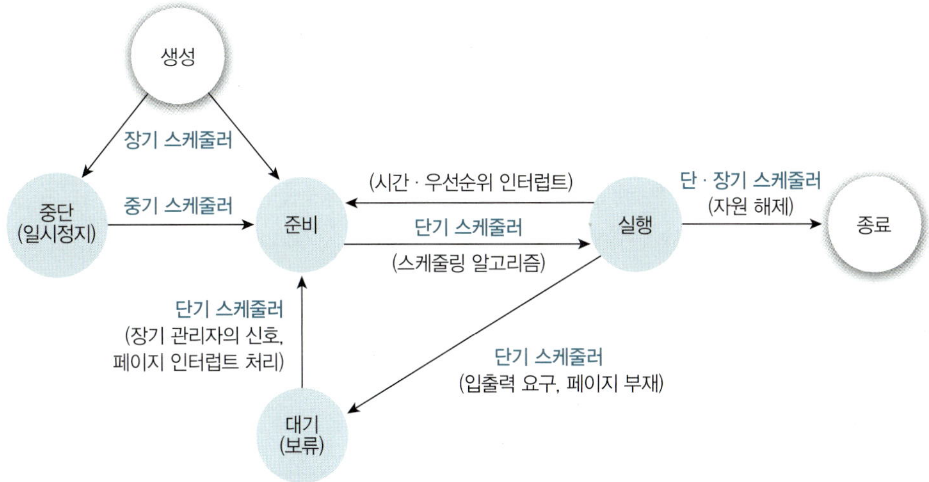

그림 6-12 프로세스 상태 변화와 스케줄러의 역할

장기 스케줄러는 프로세스의 생성 과정에서 프로세스의 준비 상태에 무엇을 추가할지 결정하며, 메모리의 사용 가능 공간과 자원을 확인한다. 중기 스케줄러는 스왑 기능의 일부로 메모리에 부분적으로 프로세스를 적재하고, 일시중지된 프로세서의 원인을 해결하면 다시 준비 상태로 만든다. 단기 스케줄러는 미리 정한 스케줄링 알고리즘에 따라 실행할 프로세스를 선택한다. 프로세스의 실행 상태에서는 대기 또는 대기 상태에서 준비 상태로 변화하는 것은 각각 단기 스케줄러가 처리한다. 실행에서 종료 상태로 변화하는 것은 장기 스케줄러와 단기 스케줄러가 처리한다. 그리고 성공적인 작업 종료나 오류 발생으로 운영체제가 트랩되면 모든 자원을 해제한다.

7 선점 스케줄링과 비선점 스케줄링

스케줄링 알고리즘은 먼저 선점 스케줄링과 비선점 스케줄링의 개념을 알아야 이해할 수 있다. 이는 '실행 중인 작업이나 프로세스를 실행 중 중단할 것인가?' 하는 관점을 바탕으로 스케줄링을 구분한 것이다.

한 프로세스가 자원(예 : 프로세서)을 선택했을 때 다른 프로세스가 해당 자원을 빼앗을 수 없다면 비선점 스케줄링이다. 반대로 현재 실행 중인 프로세스를 인터럽트할 수 있거나 준비 상태로 이동할 수 있다면 선점 스케줄링이다.

선점 스케줄링은 프로세스 하나가 장시간 동안 프로세서를 독점하는 것을 방지하기 때문에 모든 프로세스에 프로세서를 서비스할 기회를 늘릴 수 있다. 따라서 우선순위가 높은 프로세스들이 긴급 처리를 요청할 때 유용하다. 예를 들어, 실시간 시스템에서 인터럽트를 받아들이지 않으면 결과는 예측할 수 없다. 대화식 시분할 시스템이나 실시간 시스템에서 빠른 응답시간을 유지하는 데 선점 스케줄링은 필수이다. 하지만 선점 스케줄링은 오버헤드가 커질 수 있어 이를 효과적으로 이용하려면 메모리에 프로세스가 많이 적재되어 있어야 한다. 즉, 프로세서를 사용 가능할 때마다 실행할 수 있는 프로세스들이 준비 상태에 있어야 효과적이다. 따라서 선점 스케줄링에서는 우선순위라는 개념을 반드시 고려해야 하는데, 우선순위는 의미 있게 부여하지 않으면 효과가 없다.

비선점 시스템에서는 실행 시간이 짧은 프로세스(작업)가 실행 시간이 긴 프로세스(작업)를 기다리는 대신 모든 프로세서를 공정하게 관리한다. 우선순위가 높은 프로세스를 중간에 입력해도 대기 중인 프로세스는 영향을 받지 않으므로 응답시간을 예측하기도 쉽다.

8 스케줄링 알고리즘의 선택 기준

2절에서 소개하는 다양한 스케줄링 알고리즘 중에서 하나를 선택할 때는 그 특성을 충분히 고려해야 한다. 다음은 스케줄링 알고리즘을 비교할 때 참조할 수 있는 기준들이다. 스케줄링 알고리즘을 선택할 때는 프로세서 사용률과 처리율을 최대화하고, 반환시간, 대기시간, 응답시간을 최소화하는 것이 바람직하다. 예를 들어, 모든 사용자가 원활하게 서비스를 받을 수 있도록 보장하려고 최대 응답시간을 최소화할 수도 있다.

- **프로세서 사용률** : 프로세서를 항상 실행 상태로 유지하여 유휴 상태가 되지 않도록 한다. 따라서 입출력 중심 작업보다는 프로세서 중심 작업을 실행한다.
- **처리율** : 단위시간당 완료하는 작업 수가 많도록 짧은 작업을 우선 처리하거나 인터럽트 없이 작업을 실행한다.
- **반환시간** : 작업이 메모리에 들어가기까지 걸린 시간, 준비 큐에 머무는 시간, 실행 시간, 입출력 시간 등 작업을 완료하는 데 소요되는 시간을 최소화하도록 일괄 처리 작업을 우선 처리한다.

- **대기시간** : 작업의 실행 시간이나 입출력 시간은 영향을 줄 수 없으므로 준비 큐에서 기다리는 시간을 최소화하도록 사용자 수를 제한한다.
- **반응시간** : 작업을 요청한 시간부터 반응을 시작하는 시간(첫 번째 응답)까지 간격으로, 대화형 시스템에 중요한 사항이다. 따라서 대화식 작업을 우선 처리하고 일괄 처리 작업은 대화식 작업을 요청하지 않을 때 처리한다.

반환시간, 대기시간, 응답시간의 관계는 [그림 6-13]과 같다.

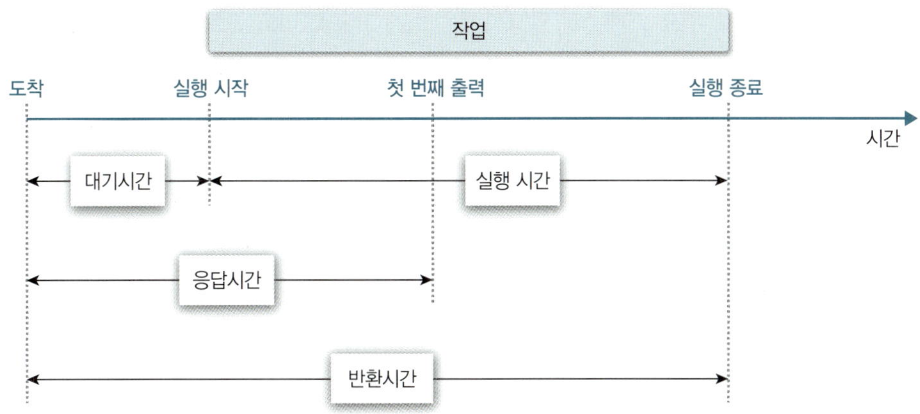

그림 6-13 **반환시간, 대기시간, 응답시간의 관계**

예를 들어, 프로세스 3개가 동시에 도착하여 프로세스 P_1, P_2, P_3 순으로 실행했다고 가정하면 각 프로세스의 반환시간과 대기시간은 [그림 6-14]와 같다.

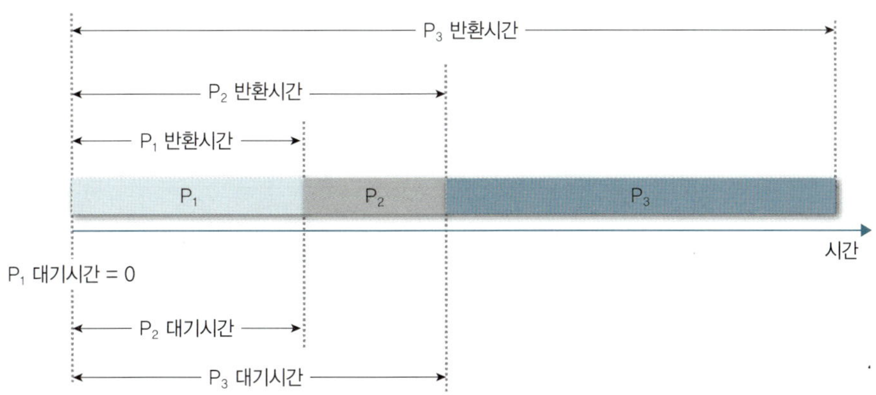

그림 6-14 **프로세스 P_1, P_2, P_3의 반환시간, 대기시간**

02 스케줄링 알고리즘

스케줄러가 스케줄링 알고리즘에 따라 프로세서를 할당하고 작업을 완료한다. 대부분의 알고리즘은 대화식 사용자 환경과 빠른 응답시간을 구현하는 것에 집중하는데, 여기서는 단일 처리 시스템을 기준으로 주요 스케줄링 알고리즘을 소개한다. 그리고 프로세서 버스트와 실행 시간을 작업과 프로세스를 구분하지 않고 비슷한 의미로 혼용하여 원리의 이해를 돕는다.

1 선입선처리 스케줄링

선입선처리FCFS, First Come First Served 또는 선입선출FIFO, First In First Out 스케줄링은 비선점 방법으로 프로세서 스케줄링 알고리즘 중 가장 단순하다. 프로세서를 요청하는 순서대로 프로세서를 할당하며, 선입선출FIFO 큐로 구현한다. 일괄 처리 시스템에서는 매우 효율적이나 빠른 응답을 요청하는 대화식 시스템에는 적합하지 않다.

선입선처리 스케줄링에서는 [그림 6-15]와 같이 시스템에 새로운 프로세스가 들어오면 해당 프로세스의 프로세스 제어 블록PCB을 준비 큐의 마지막에 연결한다. 그리고 차례가 되면 준비 큐의 앞부분에 있던 프로세스가 프로세서를 할당받고 준비 큐에서 삭제된다.

선입선처리는 대부분 성능이 좋지 않고 평균 대기시간이 길 때도 있다. 예를 들어, 준비 큐에 [그림 6-16]의 (a)와 같은 프로세스들이 있다고 하자. 프로세스 P_1~P_5의 실행 시간은 각각

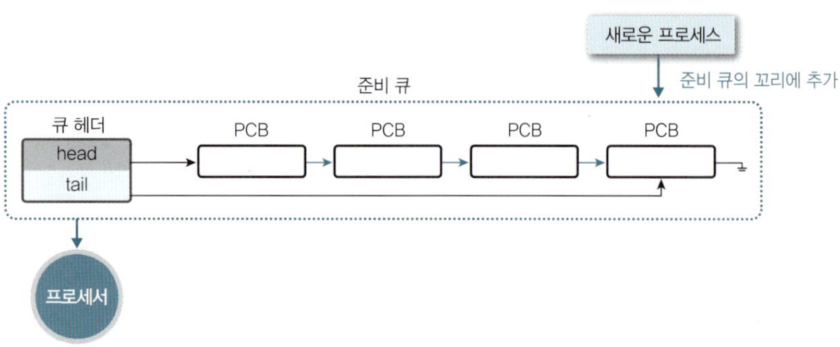

그림 6-15 선입선처리 스케줄링

10, 28 6, 4, 14이고 도착 시간은 각각 0, 1, 2, 3, 4이다. 이 작업들의 선입선처리 스케줄링으로 실행하는 과정을 (b)와 같은 간트 차트Gantt chart로 나타낼 수 있다.

프로세스	도착 시간	실행 시간
P_1	0	10
P_2	1	28
P_3	2	6
P_4	3	4
P_5	4	14

(a) 준비 큐

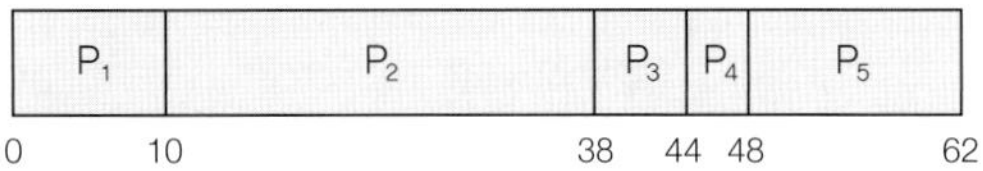

(b) 간트 차트

그림 6-16 선입선처리 스케줄링 예 1

[그림 6-16]의 반환시간과 대기시간을 계산하면 [표 6-1]과 같다.

표 6-1 그림 6-16 예의 반환시간과 대기시간

프로세스	반환시간	대기시간
P_1	10	0
P_2	(38 − 1) = 37	(10 − 1) = 9
P_3	(44 − 2) = 42	(38 − 2) = 36
P_4	(48 − 3) = 45	(44 − 3) = 41
P_5	(62 − 4) = 58	(48 − 4) = 44
평균 반환시간 : 38.4[= (10 + 37 + 42 + 45 + 58)/5]		평균 대기시간 : 26[= (0 + 9 + 36 + 41 + 44)/5]

반면에 프로세스들이 [그림 6-17]과 같이 P_3, P_1, P_4, P_5, P_2의 순서로 준비 큐에 들어왔다고 가정하자.

프로세스	도착 시간	실행 시간
P_3	0	6
P_1	1	10
P_4	2	4
P_5	3	14
P_2	4	28

(a) 준비 큐

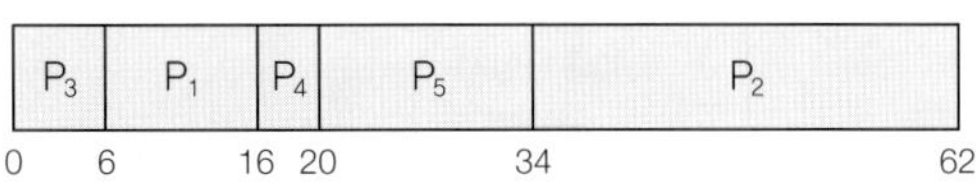

(b) 간트 차트

그림 6-17 선입선처리 스케줄링 예 2

그러면 평균 반환시간과 평균 대기시간이 [표 6-2]와 같이 단축된다. 선입선처리에서 평균 반환시간과 평균 대기시간이 프로세스의 실행 시간에 따라 상당히 큰 폭으로 변할 수 있음을 알 수 있다.

표 6-2 **그림 6-17 예의 반환시간과 대기시간**

프로세스	반환시간	대기시간
P_1	(16 − 1) = 15	(6 − 1) = 5
P_2	(62 − 4) = 58	(34 − 4) = 30
P_3	6	0
P_4	(20 − 2) = 18	(16 − 2) = 14
P_5	(34 − 3) = 31	(20 − 3) = 17
평균 반환시간 : 25.6[= (15 + 58 + 6 + 18 + 31)/5]		평균 대기시간 : 13.2[= (5 + 30 + 0 + 14 + 17)/5]

이제 동적 상황에서 성능을 살펴보자. 예를 들어, 프로세서 중심 프로세스 한 개와 입출력 중심 프로세스 3개가 있다고 가정하면 [그림 6-18]과 같이 프로세스가 순차적으로 발생할 것이다.

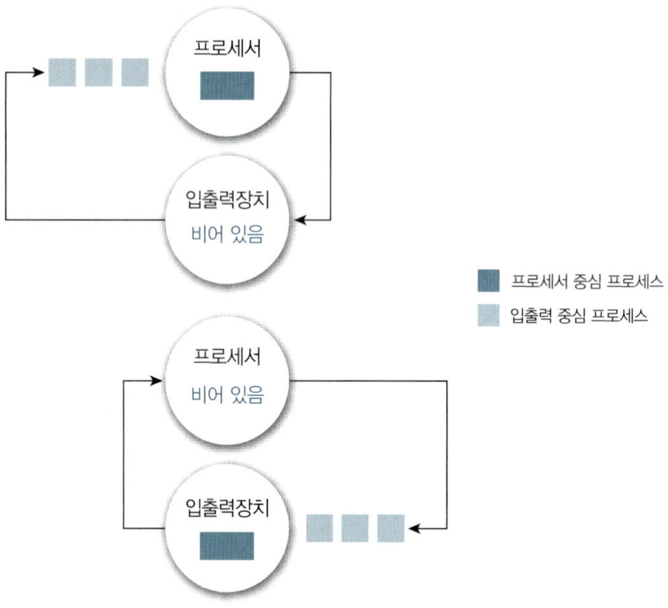

그림 6-18 **호위 효과**

❶ 프로세서 중심 프로세스가 프로세서를 할당받아 실행되는 동안 입출력 중심 프로세스는 입출력을 마치고 준비 큐로 이동하여 프로세서를 기다린다. 즉, 입출력장치들은 쉬게 된다(입출력장치는 비어 있음).

❷ 프로세서 중심 프로세스가 프로세서의 사용을 마치고 입출력장치로 이동한다. 프로세서 버스트가 짧은 입출력 중심 프로세스가 프로세서를 신속하게 사용한 후 다시 입출력장치를 사용하려고 입출력장치 큐로 이동한다. 이때 프로세서는 쉬게 된다(프로세서가 비어 있음).

❸ 프로세서 중심 프로세스가 다시 준비 큐로 이동하여 프로세서를 할당받고 모든 입출력 중심 프로세스는 프로세서 중심 프로세스를 처리할 때까지 준비 큐에서 대기할 것이다(반복 처리).

이처럼 큰 프로세스 하나를 처리하여 프로세서를 떠나기를 기다리는 것, 즉 프로세서 중심 프로세스 하나가 프로세서를 떠나기를 기다리는 현상을 호위 효과convoy effect라고 한다. 프로세서 중심 프로세스나 입출력 중심 프로세스 중 한쪽으로 치우쳐 기다리는 불균형 상태를 의미하는 것이다. 이 프로세서와 입출력장치는 실행 시간이 짧은 프로세스가 먼저 들어올 때보다 사용률이 떨어진다.

앞서 살펴봤듯이 선입선처리 스케줄링 알고리즘은 비선점식이다. 프로세서를 점유한 프로세스가 종료하든지 입출력을 요청하여 자신의 프로세서를 해제하기 전까지는 프로세서를 계속 점유하므로 시분할 시스템에서는 사용하기가 곤란하다. 시분할 시스템은 프로세서를 정기적으로 공유해야 하기 때문이다.

표 6-3 **선입선처리 스케줄링의 장점과 단점**

구분	내용
장점	• 스케줄링의 이해와 구현이 단순하다. • 준비 큐에 있는 모든 프로세스가 결국 실행되므로 기아 없는 공정한 정책이다. • 프로세서가 지속적으로 유용한 프로세스를 수행하여 처리율이 높다.
단점	• 비선점식이므로 대화식 프로세스(작업)에는 부적합하다. • 장기 실행 프로세스가 뒤의 프로세스(작업)를 모두 지연시켜 평균 대기시간이 길어져 최악의 대기시간이 된다. • 긴 프로세스(작업)가 실행되는 동안 짧은 프로세스(작업)가 긴 대기시간으로 호위 효과가 발생할 수 있다.

2 최소작업 우선 스케줄링

최소작업 우선SJF, Shortest Job First 스케줄링은 각 작업의 프로세서 실행 시간을 이용하여 프로세서가 사용 가능할 때 실행 시간이 가장 짧은 작업(프로세스)에 할당하는 방법이다. 두 프로세스가 [그림 6-19]와 같은 순서로 프로세서 실행 시간이 동일하다면 선입선처리 스케줄링을 적용한다.

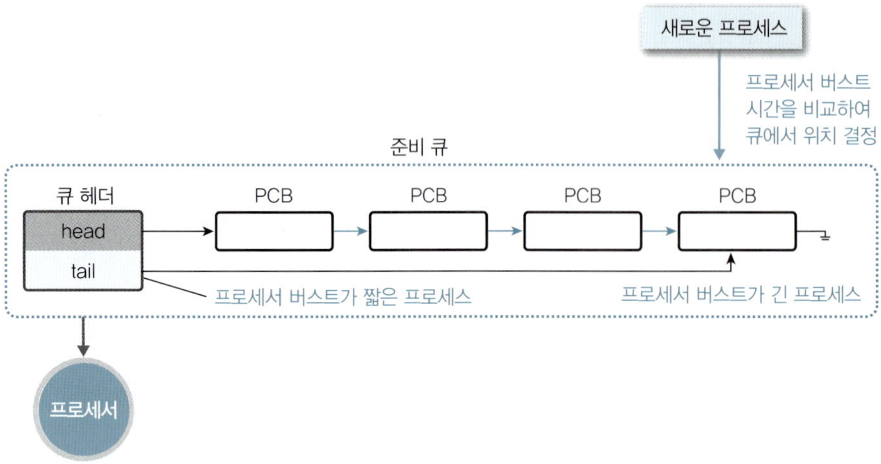

그림 6-19 최소작업 우선 스케줄링의 원리

예를 들어, [그림 6-20]과 같이 프로세스 실행 시간이 각각 5, 11, 7, 3이라면 실행 시간이 짧은 작업을 우선 처리할 때 평균 대기시간(W)을 줄일 수 있다.

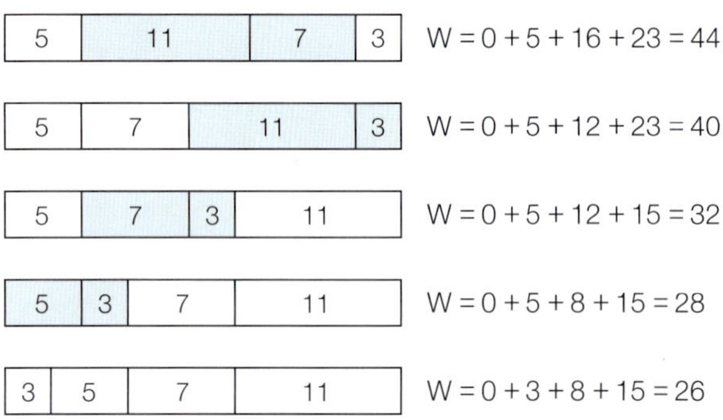

그림 6-20 최소작업 우선 스케줄링 적용 예

선입선처리와 동일한 예로 최소작업 우선 스케줄링의 효과를 살펴보자. 최소작업 우선 스케줄링을 사용하면 [그림 6-21]의 (b)와 같은 간트 차트로 나타난다.

프로세스	도착 시간	실행 시간
P_1	0	10
P_2	1	28
P_3	2	6
P_4	3	4
P_5	4	14

(a) 준비 큐

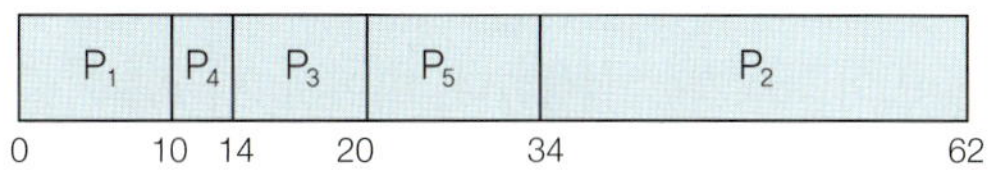

(b) 간트 차트

그림 6-21 **최소작업 우선 스케줄링 예**

그리고 [그림 6-21] 예의 반환시간과 대기시간은 [표 6-4]와 같다.

표 6-4 **그림 6-21 예의 반환시간과 대기시간**

프로세스	반환시간	대기시간
P_1	10	0
P_2	(62 − 1) = 61	(34 − 1) = 33
P_3	(20 − 2) = 18	(14 − 2) = 12
P_4	(14 − 3) = 11	(10 − 3) = 7
P_5	(34 − 4) = 30	(20 − 4) = 16
평균 반환시간 : 26[= (10 + 61 + 18 + 11 + 30)/5]		평균 대기시간 : 13.6[= (0 + 33 + 12 + 7 + 16)/5]

최소작업 우선 스케줄링은 선점 또는 비선점이 가능하지만 비선점 스케줄링 알고리즘은 시분할 시스템에 사용하기가 어렵다. 시분할 시스템에서는 각 사용자들이 일정한 간격으로 프로세서를 사용하기 원하므로, 특정 프로세스가 프로세서 사용을 연장하려고 하면 곤란하다.

[그림 6-22]는 선점 최소작업 우선 스케줄링의 간트 차트이다.

프로세스	도착 시간	실행 시간
P_1	0	10
P_2	1	28
P_3	2	6
P_4	3	4
P_5	4	14

(a) 준비 큐

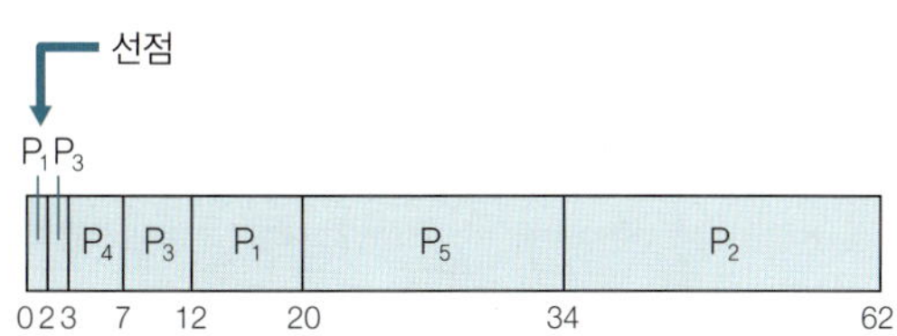

(b) 간트 차트

그림 6-22 **선점 최소작업 우선 스케줄링 예**

선점이면 시간 0일 때 큐에는 P_1밖에 없으므로 P_1을 시작한다. 시간 1에 P_2가 도착하지만 실행 시간이 29이므로 P_1을 계속 실행한다. 시간 2에 도착한 P_3은 실행 시간이 6인데 P_1에 아직 실행 시간 8이 남아 있으므로 선점하여 P_3을 실행한다. 시간 3에 P_4가 도착하면 실행 시간은 4이고 아직 P_3의 실행 시간 5가 남아 있으므로 선점하여 P_4를 실행한다. P_4가 실행을 완료하면 P_3의 나머지를 실행한다. 이어서 P_1, P_5, P_2 순으로 실행하여 평균 반환시간과 평균 대기시간은 [표 6-5]와 같다.

표 6-5 **그림 6-22 예의 반환시간과 대기시간**

프로세스	반환시간	대기시간
P_1	(20 − 0) = 20	(12 − 2) = 10
P_2	(62 − 1) = 61	(34 − 1) = 33
P_3	(12 − 2) = 10	(7 − 2) = 5
P_4	(7 − 3) = 4	(3 − 3) = 0
P_5	(34 − 4) = 30	(20 − 4) = 16
평균 반환시간 : 25[= (20 + 61 + 10 + 4 + 30)/5]		평균 대기시간 : 12.6[= (10 + 33 + 4 + 0 + 16)/5]

선점형 알고리즘은 문맥 교환 시간이 소요되므로 반드시 비선점보다 유리하다고는 할 수 없다. 그리고 새로운 프로세스가 현재 실행 중인 프로세스의 남은 실행 시간보다도 실행 시간이 더 짧을 수 있어 선점 최소작업 우선 스케줄링을 최소잔여 시간 우선SRTF, Shortest Remaining Time First 스케줄링이라고 한다.

최소작업 우선 스케줄링은 주어진 작업(프로세스) 집합에서 평균 대기시간이 최소이므로 최적 알고리즘으로 볼 수 있다. 실행 시간이 짧은 작업(프로세스Short)을 실행 시간이 긴 작업(프로세스Long) 앞에 놓아 긴 작업(프로세스)의 대기시간은 증가하지만, 짧은 작업(프로세스)의 대기시간은 줄어 평균 대기시간을 줄였다.

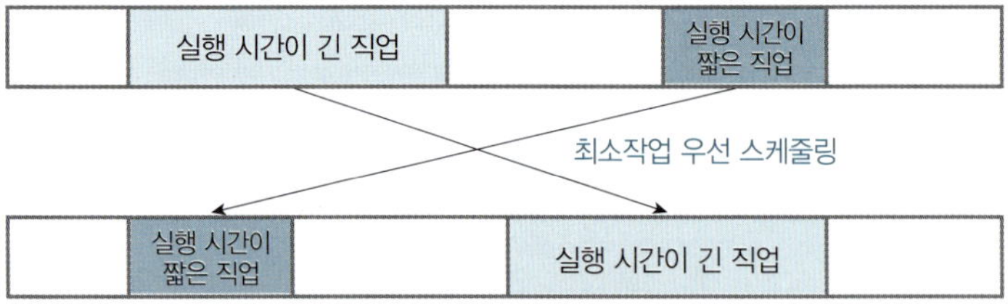

그림 6-23 **최소작업 우선 스케줄링 : 짧은 작업 우선 처리**

일괄 처리 시스템에서 최소작업 스케줄링을 생각해 보자. 작업(프로세스)의 제한 시간이 짧으면 빠른 응답을 요청하므로 사용자는 시간 한계를 정확하게 예상해야 한다. 시간 한계가 너무 짧으면 실행 시간이 제한 시간을 초과하여 작업을 다시 입력해야 할 수도 있다. 최소작업 우선 스케줄링은 작업(장기) 스케줄링에서 많이 사용된다. 하지만 단기 스케줄링에서는 다음 프로세스의 실행 시간을 예상할 수 없어 하드웨어를 구성하기가 어렵다. 이것은 최소작업 우선 스케줄링 근사치를 사용하여 해결할 수 있다.

표 6-6 **최소작업 우선 스케줄링의 장점과 단점**

장점	항상 실행 시간이 짧은 작업을 신속하게 실행하므로 평균 대기시간이 가장 짧다.
단점	• 초기의 긴 작업을 짧은 작업을 종료할 때까지 대기시켜 기아가 발생한다. • 기본적으로 짧은 작업이 항상 실행되도록 설정하므로 불공정한 작업을 실행한다. • 실행 시간을 예측하기가 어려워 실용적이지 못하다.

3 우선순위 스케줄링

최소작업 우선 스케줄링은 일반적인 우선순위 스케줄링priority scheduling의 특별한 경우로 볼 수 있다. 우선순위 스케줄링은 [그림 6-24]와 같이 프로세스가 준비 큐에 도착하면, 도착한 프로세스의 우선순위와 현재 실행 중인 프로세스의 우선순위를 비교하여 우선순위가 가장 높은 프로세스에 프로세서를 할당한다.

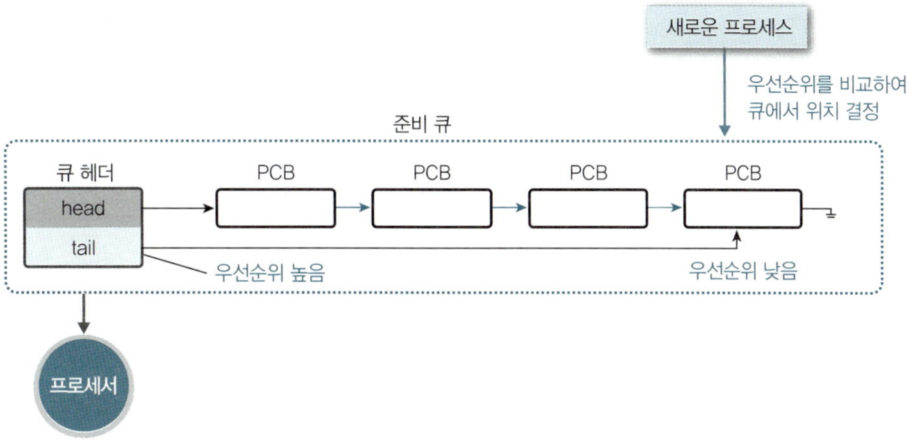

그림 6-24 **우선순위 스케줄링**

우선순위가 동일한 프로세스들은 선입선처리 순서로 스케줄링한다. 우선순위 스케줄링에서 우선순위(P)는 예측된 다음 프로세서 버스트(실행 시간)의 역(τ)이다. 즉, $P = 1/\tau$ 이다. 실행 시간이 클수록 우선순위가 낮고, 우선순위는 0~7 또는 0~4,095 범위의 수를 사용한다. 단, 0을 최상위나 최하위로 정하지는 않았다.

우선순위를 내부적 또는 외부적으로 정의할 수 있다. 프로세스의 우선순위를 연산하려고 내부적 우선순위로는 제한 시간, 기억장소 요청량, 사용 파일 수, 평균 프로세서 버스트에 대한 평균 입출력 버스트의 비율 등이 가능하다. 외부적 우선순위로는 프로세스의 중요성, 사용료를 많이 낸 사용자, 작업을 지원하는 부서, 정책적인 요인 등이 가능하다.

우선순위 스케줄링도 선점 또는 비선점이 가능하다. 선점 우선순위 스케줄링은 새로 도착한 프로세스의 우선순위가 현재 실행하는 프로세스의 우선순위보다 높으면 프로세서를 선점한다. 비선점 우선순위 스케줄링은 단순히 준비 큐의 머리 부분에 새로운 프로세스를 넣는다. 네 단계 우선순위를 갖는 준비 큐에서 실행 가능 프로세스는 [그림 6-25]와 같다. 우선순위가 가장 높은 큐(4)의 프로세스를 실행한 후 큐(3)에 저장된 프로세스를 실행한다.

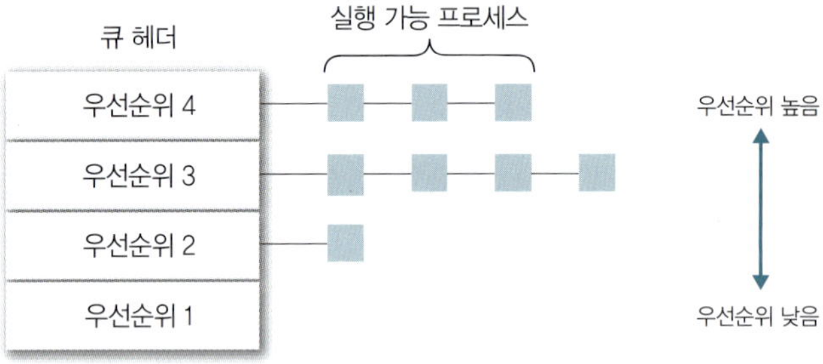

그림 6-25 네 단계 우선순위를 갖는 스케줄링 알고리즘

예를 들어, 준비 큐에 우선순위가 [그림 6-26]의 (a)와 같은 프로세스가 있다고 하자. 선점과 비선점 우선순위 스케줄링을 이용한 간트 차트는 (b), (c)와 같다.

프로세스	도착 시간	실행 시간	우선순위
P_1	0	10	3
P_2	1	28	2
P_3	2	6	4
P_4	3	4	1
P_5	4	14	2

(a) 준비 큐

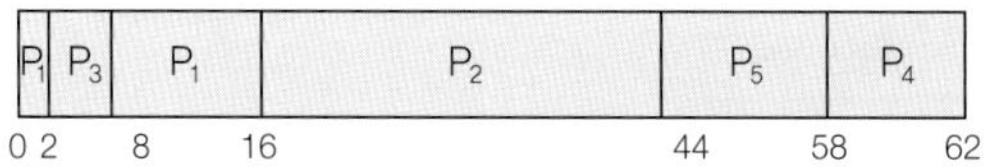

(b) 선점 우선순위 간트 차트

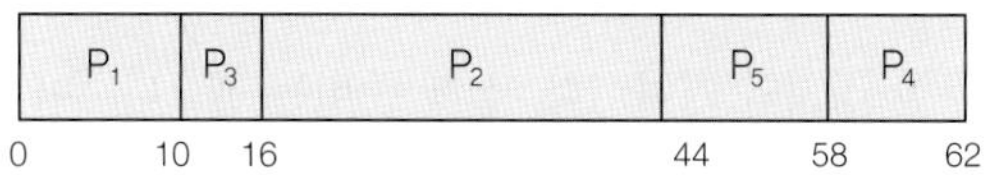

(c) 비선점 우선순위 간트 차트

그림 6-26 우선순위 스케줄링 예

선점이면 시간 0일 때 큐에는 P_1밖에 없으므로 P_1을 시작한다. 시간 1에 P_2가 도착하지만 우선순위가 2이므로 P_1을 계속 실행한다. 시간 2에 P_3이 도착하면 우선순위가 4이므로 P_1에 아직 실행 시간 8이 남아 있지만 선점되어 P_3을 실행한다. P_3의 실행을 완료하면 우선순위가 높은 P_1을 실행한다. 이어서 P_2와 P_5는 우선순위가 2로 같으나 선입선처리 순서로 스케줄하므로 P_2를 먼저 실행한다. 그리고 P_5, P_4의 순서로 실행하여 반환시간과 대기시간은 [표 6-7]과 같다.

표 6-7 그림 6-26에서 (b) 선점 예의 반환시간과 대기시간

프로세스	반환시간	대기시간
P_1	(16 − 0) = 16	(8 − 2) = 6
P_2	(44 − 1) = 43	(16 − 1) = 15
P_3	(8 − 2) = 6	(2 − 2) = 0
P_4	(62 − 3) = 59	(58 − 3) = 55
P_5	(58 − 4) = 54	(44 − 4) = 40
평균 반환시간 : 35.6[= (16 + 43 + 6 + 59 + 54)/5]		평균 대기시간 : 23.2[= (6 + 15 + 0 + 55 + 40)/5]

반면에 비선점이면 시간 0일 때 큐에는 P_1밖에 없으므로 P_1을 시작한다. 이어서 가장 우선순위가 높은 P_3을 실행하고 P_2, P_5, P_4 순으로 실행하여 반환시간과 대기시간은 [표 6–8]과 같다.

표 6–8 그림 6–26에서 (c) 비선점 예의 반환시간과 대기시간

프로세스	반환시간	대기시간
P_1	10	0
P_2	(44 − 1) = 43	(16 − 1) = 15
P_3	(16 − 2) = 14	(10 − 2) = 8
P_4	(62 − 3) = 59	(58 − 3) = 55
P_5	(58 − 4) = 54	(44 − 4) = 40
평균 반환시간 : 36[= (10 + 43 + 14 + 59 + 54)/5]		평균 대기시간 : 23.6[= (0 + 15 + 8 + 55 + 40)/5]

우선순위 스케줄링 알고리즘의 주요 문제는 무한 정지와 기아이다. 실행 준비는 했으나 우선순위가 높은 프로세스가 계속 들어오면 우선순위가 낮은 프로세스는 무한정 기다려야 한다. 이런 기다림을 해결할 수 있는 방법이 에이징이다.

에이징은 시스템에서 오래 대기하는 프로세스들의 우선순위를 점진적으로 증가시키는 방법으로, 시간이 지나면 점차 프로세스의 우선순위가 높아진다.

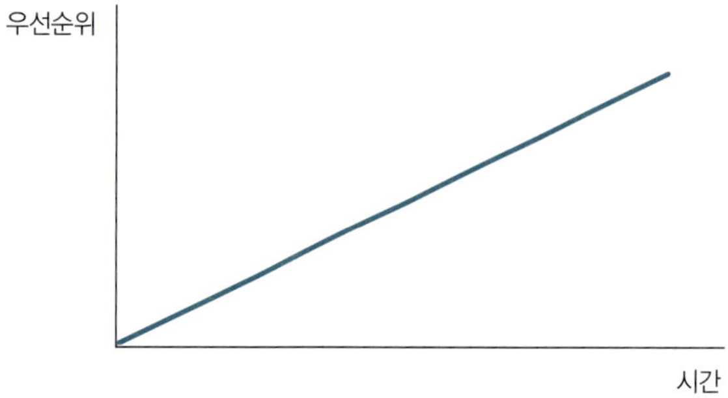

그림 6–27 에이징

예를 들어, 우선순위의 범위가 0(낮음)에서 127(높음)까지라고 하자. 에이징을 적용하여 매 15분마다 대기 중인 프로세스의 우선순위를 1씩 증가시키면 초기에 우선순위가 0이었던 프로세스가 시스템에서 우선순위가 가장 높아져 처리할 수 있다. 이때 우선순위가 0인 프로세스가 127의 우선순위로 높아지는 데 32시간 밖에 소요되지 않는다.

표 6-9 우선순위 스케줄링의 장점과 단점

장점	• 각 프로세스의 상대적 중요성을 정확히 정의할 수 있어 좋다. • 다양한 반응으로 실시간 시스템에 사용 가능하다.
단점	높은 우선순위 프로세스가 프로세서를 많이 사용하면 우선순위가 낮은 프로세스는 무한정 연기되는 기아가 발생할 수 있다.

4 라운드 로빈 스케줄링

라운드 로빈round-robin 스케줄링은 특별히 시분할 시스템을 위해 설계했다. 이 스케줄링은 작은 단위의 시간인 규정 시간량time quantum 또는 시간 할당량time slice을 정의한다. 보통 규정 시간량은 10×10밀리초에서 100×10밀리초 범위로 한다. 준비 큐를 순환 큐circular queue로 설계하여 스케줄러가 준비 큐를 돌아가면서 한 번에 한 프로세스에 정의된 규정 시간량만큼 프로세서를 제공한다. 준비 큐는 FIFO 큐로 되어 있어 [그림 6-28]과 같이 새로운 프로세스를 추가할 때는 준비 큐의 맨 뒤에 붙인다.

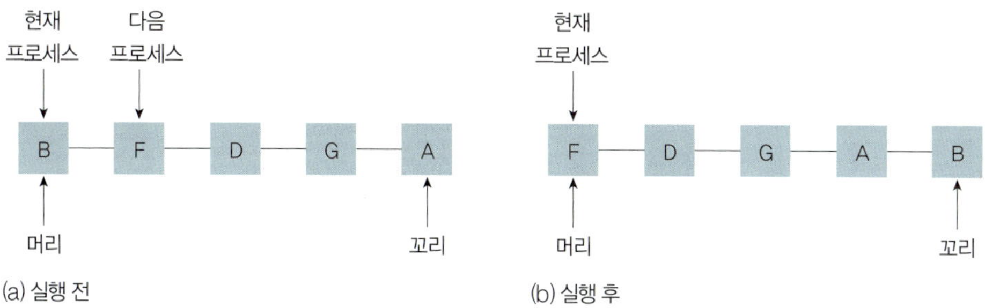

그림 6-28 프로세스 B를 실행한 후의 준비 큐

스케줄러는 준비 큐의 앞부분에 있는 프로세스에 프로세서를 할당한다. 이와 동시에 규정된 시간량이 지나 인터럽트가 발생하도록 하면 다음 두 가지 경우가 가능하다.

첫째, 규정 시간 안에 작업을 마친 경우로 프로세서가 자유로워져 준비 큐에 있는 다음 프로세스를 진행한다. 둘째, 현재 실행 중인 프로세스의 실행 시간이 규정 시간량보다 긴 경우이다. 운영체제가 인터럽트하며, 중단된 프로세스의 레지스터들은 프로세스의 프로세스 제어 블록에 저장하고 프로세스는 준비 큐의 마지막 위치에 입력된다. 그리고 스케줄러는 준비 큐에서 다음 작업을 가져와 실행한다.

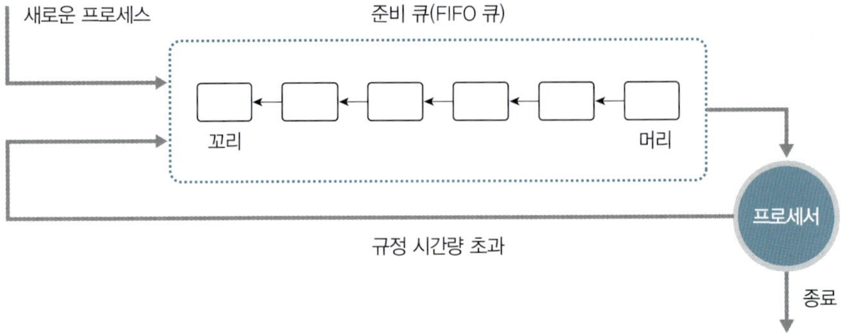

그림 6-29 라운드 로빈 스케줄링

동일한 예로 라운드 로빈 스케줄링을 살펴보자. 규정 시간량을 5로 하면 [그림 6-30]의 (b)와 같은 간트 차트가 나타난다.

프로세스	도착 시간	실행 시간
P_1	0	10
P_2	1	28
P_3	2	6
P_4	3	4
P_5	4	14

(a) 준비 큐

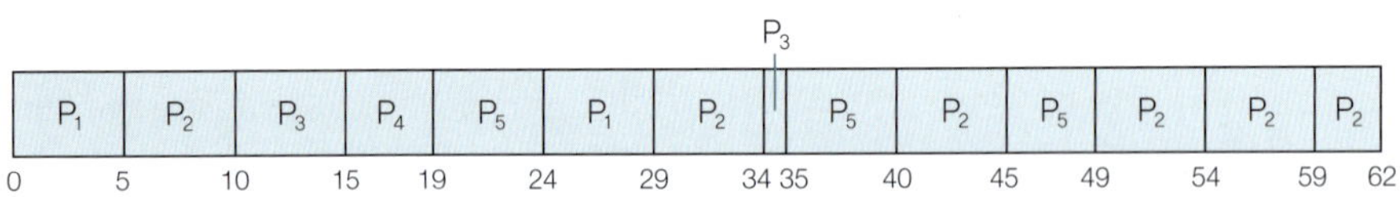

(b) 간트 차트

그림 6-30 라운드 로빈 스케줄링 예

P_1은 처음 5만큼의 시간을 실행한 후 아직 5가 남아 있지만 다음 프로세스 작업 그룹에 밀려 P_2가 프로세서를 선점하여 실행한다. P_2 역시 5만큼의 시간을 실행한 후 P_3에 프로세서를 넘겨준다. P_3 역시 5만큼의 시간을 실행한 후 P_4에 프로세서를 넘겨준다. P_4는 실행을 완료한 후 P_5, 앞서 종료되지 않은 P_1, P_2, P_3, P_5 순으로 프로세스를 실행한다. 이런 과정에 따라 준비 큐의 앞에 있는 프로세스들을 계속 실행한 후 끝나게 되므로 반환시간과 대기시간은 [표 6-10]과 같다. 여기서 규정 시간량을 초과하여 프로세서를 할당하는 프로세스는 없다.

앞에서 살펴보았듯이 프로세스가 규정 시간량보다 많은 실행 시간을 요청할 때 스케줄러는 프로세스를 중단시키고 다음 프로세스로 대치하므로 라운드 로빈 스케줄링은 선점 스케줄링이다. 그리고 준비 큐에 프로세스가 n개 있고 규정 시간량이 q이면, 각 프로세스는 최대로 q 시간 단위로 프로세서 시간의 1/n을 얻는다. 각 프로세스는 자신의 다음 규정 시간량을 할당할 때까지 $(n-1)\times q$ 시간 이상을 대기하지는 않는다. 예를 들어, 규정 시간량이 20인 프로세스 5개가 있다면, 각 프로세스는 100마다 20의 시간 할당을 받는다. 따라서 라운드 로빈 스케줄링의 성능은 규정 시간량의 크기에 큰 영향을 받는다.

표 6-10 **그림 6-30 예의 반환시간과 대기시간**

프로세스	반환시간	대기시간
P_1	29	(24 − 5) = 19
P_2	(62 − 1) = 61	(49 − 15 − 1) = 33
P_3	(35 − 2) = 33	(34 − 5 − 2) = 27
P_4	(19 − 3) = 16	(15 − 3) = 12
P_5	(49 − 4) = 45	(45 − 10 − 4) = 31
평균 반환시간 : 36.8[= (29 + 61 + 33 + 16 + 45)/5]		평균 대기시간 : 24.4[= (19 + 33 + 27 + 12 + 31)/5]

대부분의 대화식 프로세스는 규정 시간량보다 짧은 시간을 요청한다. 대화식 프로세스는 실행을 시작할 때 입출력 요청을 할 정도만 프로세서를 잠시 사용한 후 대기한다. 그리고 해당 프로세스는 다음 프로세스에 프로세서를 양보한다. 따라서 규정 시간량이 입출력까지의 계산 시간보다 커야 입출력 활용도를 극대화하고 대화식 프로세스에 비교적 빠르게 반응할 수 있다. 규정 시간량이 매우 크면 프로세스는 작업을 완료할 충분한 시간을 얻고 라운드 로빈이 선입선처리 방법으로 변한다. 즉, 작업 시간이 긴 프로세스들 때문에 작업 시간이 짧은 프로세스들이 대기하고 평균 대기시간은 길어진다. 규정 시간량이 매우 작으면(예 : 1μsec) 라운드 로빈을 프로세서 공유processor sharing라고 하며, 이론적으로 마치 n개의 프로세스가 실제 프로세서 속도의 1/n 속도로 실행하는 것처럼 보인다.

어떤 값이 최적의 규정 시간량일까? 물론 규정 시간량의 크기는 시스템 특성 및 오버헤드, 프로세스에 따라 다르다. 라운드 로빈 스케줄링에서는 프로세서 중심 프로세스에서 대화식 프로세스를 지원한다. 그래서 선점을 이용하여 대화식 프로세스가 도착할 때 적절한 시간에 반응을 보여 주도록 보장하는 것이 프로세스들의 규정 시간량 차이보다 중요하다.

그런데 소프트웨어 측면에서 보면 다른 문제가 있다. 규정 시간량만큼 수행하고 프로세서를 다른 프로세스에 넘겨줄 때 전 프로세스의 레지스터들은 저장해야 한다. 그리고 수행할 프로세스의 레지스터는 시스템에 적재되는 문맥 교환 때문에 발생하는 오버헤드가 너무 크면 시스템 성능이 감소하고, 의미 있는 일을 수행하기보다는 대부분의 시간을 문맥 교환에 사용한다.

NOTE_ 프로세스에 할당하는 기본 규정 시간량

리눅스의 프로세스에 할당하는 기본 규정 시간량의 크기는 100밀리초이다. 반면에 윈도우 XP의 프로세스에 할당하는 기본 규정 시간량의 크기는 20밀리초이다. 리눅스는 프로세스의 우선순위와 동작에 따라, 윈도우 XP는 전면 작업 또는 후면 작업에 따라 기본 규정 시간량의 크기가 변한다.

[그림 6-31]의 시간 10을 소요하는 작업에서 문맥 교환 시간이 라운드 로빈 스케줄링에 미치는 영향을 구체적으로 살펴보자. 규정 시간량이 12라면 작업은 규정 시간 안에 끝난다. 그러나 규정 시간량이 6이라면 규정 시간량은 두 번 요청하고, 문맥 교환은 한 번 요청한다. 규정 시간량이 1이라면 문맥 교환을 총 아홉 번 요청하므로 그만큼 실행 속도가 떨어진다.

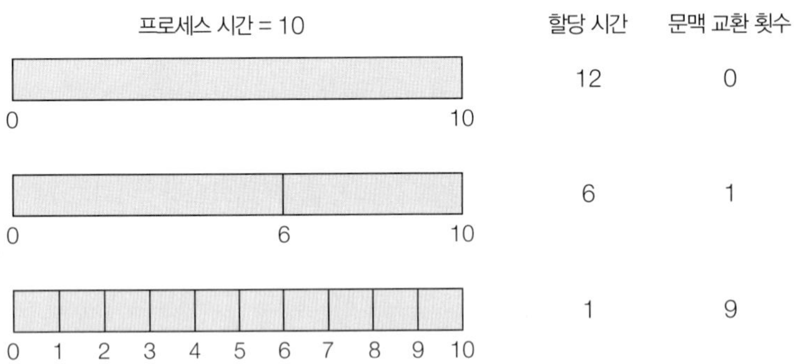

그림 6-31 문맥 교환 횟수를 증가시키는 작은 규정 시간량

규정 시간량이 작을수록 문맥 교환 횟수는 많아지므로 문맥 교환에 소요하는 시간보다 규정 시간량을 충분히 크게 해야 한다. 문맥 교환 시간이 시간량의 10% 정도라면 프로세서 시간의 10% 정도를 문맥 교환에 소요한다.

반환시간도 규정 시간량의 크기에 영향을 받는다. 규정 시간량에 따른 반환시간의 변화는 [그림 6-32]와 같다. [그림 6-32]와 같이 한 프로세스 집합의 평균 반환시간은 규정 시간량의 크기가 증가하더라도 반드시 개선되지는 않는다. 하지만 대부분의 프로세스가 단일 규정 시간량 안에 마칠 수 있다면 평균 반환시간은 좀 더 개선할 수 있다.

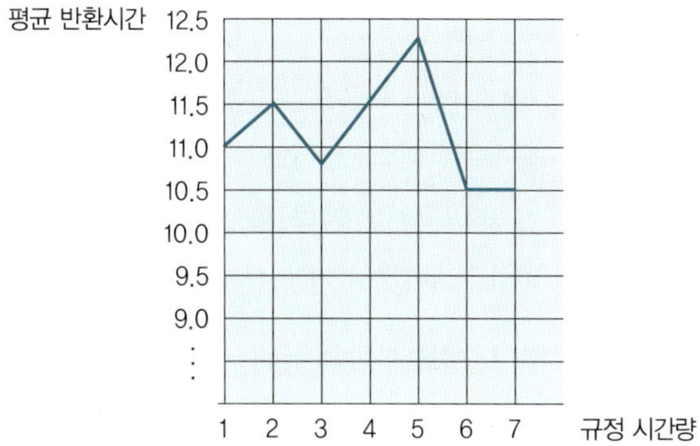

프로세스	시간
P_1	6
P_2	3
P_3	1
P_4	7

그림 6-32 규정 시간량에 따른 반환시간의 변화

예를 들어, 실행 시간이 10인 프로세스가 3개 있고 규정 시간량이 1시간으로 주어졌다면 평균 반환시간은 29[=(28+29+30)/3]가 된다. 그러나 규정 시간량이 10이라면 평균 반환시간은 20[=(10+20+30)/3]이 된다. [그림 6-33]과 같이 규정 시간량이 작으면 문맥 교환을 많이 하므로 평균 반환시간이 더 좋지 않다.

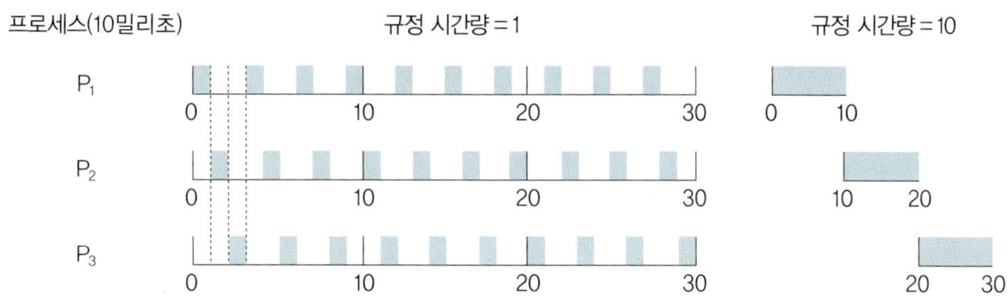

그림 6-33 규정 시간량에 따른 프로세스의 반환시간

표 6-11 라운드 로빈 스케줄링의 장점과 단점

장점	• 모든 프로세스가 프로세서의 동일한 점유율과 제한된 대기시간으로 공정하며 기아가 발생하지 않는다. • 실행 큐에 프로세스 수를 알고 있을 때 구현이 용이하다. • 강한 상호작용과 프로세스의 짧은 응답시간, 특히 프로세스 최악의 응답시간을 알 수 있다. • 작업 길이가 다양할 때는 이전 작업을 마친 후보다 규정 시간량을 마치고 다음 작업으로 이동하기 때문에 평균 대기시간이 선입선처리와 최소작업 우선 스케줄링보다 적다.
단점	• 성능은 규정 시간량의 길이에 따라 달라지므로 작업이 비슷한 길이가 좋다. 너무 길면 선입선처리로 변하고, 너무 짧으면 많은 문맥 교환으로 비용 부담이 크다. • 하드웨어 타이머가 필요하다. • 미완성 작업은 각 규정 시간량을 마친 후 프로세서를 기다리므로 평균 처리 시간이 높다(오랜 시간).

5 다단계 큐 스케줄링

다단계 큐MLQ, MultiLevel Queue 스케줄링은 각 작업을 서로 다른 묶음으로 분류할 수 있을 때 사용한다. 예를 들어, 작업을 전면 작업(포그라운드 태스크foreground task)과 후면 작업(백그라운드 태스크background task)으로 분류한다면 두 유형의 요청 반응시간은 다르므로 서로 다르게 스케줄링해야 한다. 더욱이 전면 작업은 후면 작업에 비하여 우선순위가 높을 때가 많다.

다단계 큐 스케줄링은 준비 상태 큐를 종류별로 여러 단계로 분할해 둔다. 그리고 작업을 메모리의 크기나 프로세스의 형태에 따라 특정 큐에 지정한다. 각 큐는 자신만의 독자적인 스케줄링을 갖는다. 예를 들어, 전면 작업과 후면 작업을 분할된 큐에 지정하면 전면 작업 큐는 라운드 로빈 스케줄링하고, 후면 작업 큐는 선입선처리 스케줄링할 수 있다. 또 큐 사이도 스케줄링해야 하는데, 이는 고정된 선점 우선순위 스케줄링이다. 예를 들어, 전면 작업 큐는 후면 작업 큐보다 절대적인 우선순위를 가질 수 있다. [그림 6-34]와 같이 큐가 5개인 다단계 큐 스케줄링의 우선순위를 알아보자.

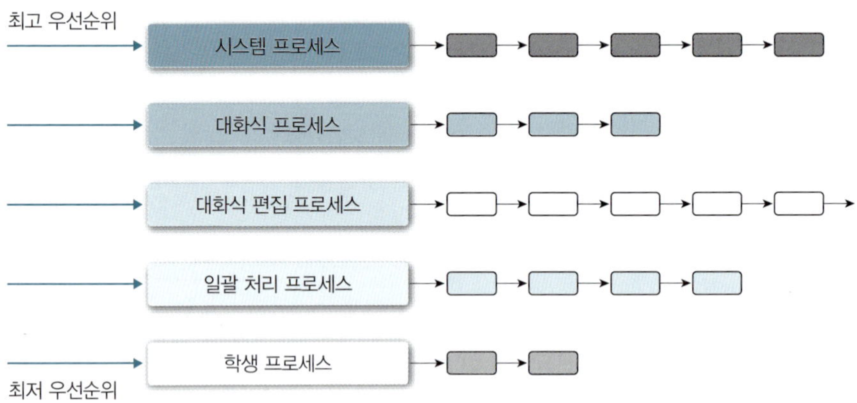

그림 6-34 **다단계 큐 스케줄링**

각 큐는 순서대로 절대적인 우선순위를 가진다. 우선순위가 높은 큐가 모두 비어 있기 전에는 낮은 우선순위 큐에 있는 프로세스를 실행할 수 없다. 예를 들어, 시스템 프로세스, 대화식 프로세스, 대화식 편집 프로세스 큐가 모두 비어 있어야 일괄 처리 큐에 있는 프로세스를 실행한다. 일괄 처리 프로세스를 실행하는 동안에 대화식 편집 프로세스가 준비 큐에 들어오면, 일괄 처리 프로세스는 프로세서를 반납해야 한다.

또 큐 사이에 시간을 나눠 사용할 수도 있다. 각 큐는 프로세서 시간의 일정량을 받아서 큐에 있는 프로세스들을 스케줄링할 수 있다. 예를 들어, 전면 작업 큐는 자신의 프로세스 사이에서 라운드 로빈 스케줄링을 하는 데 프로세서 시간의 80%를 할당하고, 후면 작업 큐는 선입선처리 방법으로 프로세스를 스케줄링하는 데 프로세서 시간의 20%를 할당할 수 있다.

표 6-12 **다단계 큐 스케줄링의 장점과 단점**

장점	응답이 빠르다.
단점	• 여러 준비 큐와 스케줄링 알고리즘 때문에 추가 오버 헤드가 발생한다. • 우선순위가 낮은 큐의 프로세스는 무한정 대기하는 기아가 발생할 수 있다.

6 다단계 피드백 큐 스케줄링

다단계 큐 스케줄링은 작업이 시스템에 들어가면 한 큐에서만 고정되어 실행한다. 즉, 작업을 다른 큐로 옮기지 않는다. 예를 들어, 전면 작업과 후면 작업에 독립된 큐가 있어도 작업을 한 큐에서 다른 큐로 옮기지 않는다. 작업은 전면 작업과 후면 작업의 성질을 바꿀 수 없기 때문이다. 이 방법은 스케줄링 부담이 적다는 장점이 있으나 융통성이 떨어진다는 단점이 있다.

반면에 다단계 피드백 큐MLFQ, MultiLevel Feedback Queue에서는 작업이 큐 사이를 이동할 수 있다. 이때는 프로세서 버스트의 특성에 따라 분리한다. 예를 들어, [그림 6-35]와 같이 어떤 작업이 요청하는 프로세서 실행 시간이 너무 길면 작업을 낮은 단계 큐로 옮긴다. 그리고 입출력 중심 작업과 전면 작업은 높은 우선순위 큐에 놓고, 프로세서 중심 프로세스는 낮은 우선순위 큐에 놓는다.

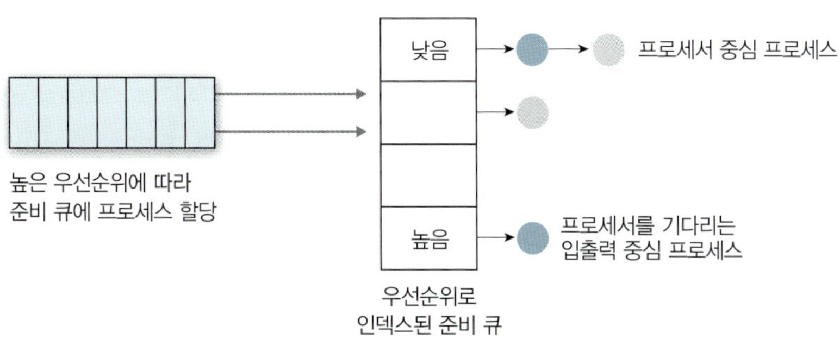

그림 6-35 **다단계 피드백 큐 스케줄링 구조**

프로세서 버스트 시간이 작은 프로세스에 높은 우선순위를 주어 일찍 종료시키고 다음 입출력 버스트를 실행하도록 한다. 이는 입출력 위주의 프로세스에 우선권을 주는 방법이라고 할 수 있다. 그러나 높은 우선순위의 큐가 완전히 비어야 낮은 우선순위의 준비 큐에 있는 작업을 실행할 수 있기 때문에 낮은 우선순위의 큐에 입력된 작업이 무한정 기다리는 기아 상태에 빠질 수 있다는 문제가 있다. 이때는 특정 큐에서 오래 기다린 프로세스를 우선순위가 높은 큐로 이동시키거나 프로세서 점유 시간이 긴 작업을 우선순위가 낮은 큐로 이동시켜서 기아 상태를 예방하는 에이징 방법을 활용한다.

프로세스가 더 낮은 수준의 큐로 옮겨 갈 때 스케줄러는 해당 프로세스의 규정 시간량을 증가시켜 프로세스가 더 오래 작업할 수 있도록 한다. 즉, 프로세서를 할당받을 때마다 규정 시간량을 더 얻는 결과가 된다. 예를 들어, [그림 6-36]과 같이 큐가 4개인 다단계 피드백 큐 스케줄링을 생각해 보자. 각 큐의 번호는 0~3까지이다. 처음에 스케줄러는 큐 0에 있는 작업을 실행하고, 큐 0이 다 끝나면 큐 1의 작업을 실행한다. 동일한 방법으로 큐 0과 큐 1이 비어 있을 때만 큐 2에 있는 프로세스들을 실행한다. 큐 1에 도착한 프로세스는 큐 2에 있는 프로세스를 선점하고, 큐 1에 있는 프로세스는 큐 0에 도착한 프로세스가 선점한다.

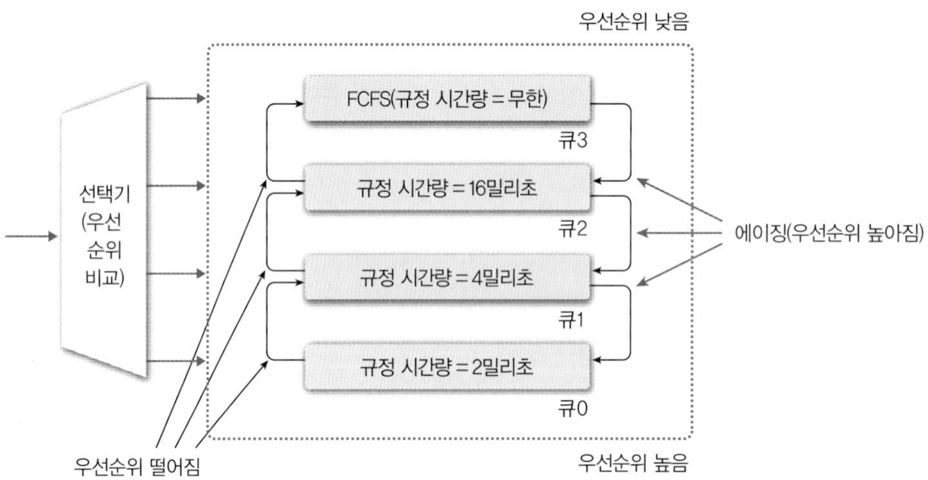

그림 6-36 **다단계 피드백 큐 스케줄링**

준비 큐로 들어오는 프로세스는 큐 0에 입력한다. 큐 0에 있는 프로세스에는 규정 시간량 2가 주어진다. 프로세스가 주어진 시간 안에 끝나지 않는다면 큐 1의 끝으로 이동한다. 큐 0이 비어 있다면, 큐 1의 앞에 있는 프로세스에 규정 시간량 4가 주어진다. 이 프로세스가 규정 시간 안에 완료하지 않는다면 선점되어 큐 2로 이동한다. 큐 0과 큐 1이 비어 있을 때만 큐 2에 있는 프로세스에 규정 시간량 16이 주어진다. 이런 과정으로 마지막 큐 3은 선입선처리FCFS 방법으로 실행된다.

다단계 피드백 큐 스케줄링은 프로세서 버스트가 2 이하(실행 시간이 2 이하)인 모든 프로세스에 최고의 우선순위를 부여한다. 최고의 우선순위를 부여받은 프로세스는 프로세서를 할당받아서 프로세서 버스트를 끝내고 다음 입출력 버스트로 이동한다. 4 이상 16 이하의 규정 시간량이 필요한 프로세스들은 규정 시간이 더 짧은 프로세스들보다는 낮은 우선순위를 받지만, 역시 서비스를 빨리 받는다. 규정 시간이 긴 프로세스들은 자동으로 큐 3으로 이동하며, 큐 1과 큐 2의 프로세서 주기에 여유가 생기면 선입선처리 방법으로 처리된다.

보통 다단계 피드백 큐 스케줄링은 다음에 따라 정의한다.

- 큐queue 수
- 각 큐에 대한 스케줄링
- 작업을 좀 더 높은 우선순위의 큐로 격상시키는 시기를 결정하는 방법
- 작업을 좀 더 낮은 우선순위의 큐로 격하시키는 시기를 결정하는 방법
- 프로세스들이 어느 큐에 들어갈 것인지 결정하는 방법
- 프로세스가 서비스를 받는 시기를 결정하는 방법

다단계 피드백 큐 스케줄링은 프로세서 스케줄링 중 가장 일반적이다. 그리고 이 정의들은 설계 중인 특정 시스템에 맞게 적용할 수 있다. 단점은 최상의 스케줄링을 정의하는 요소를 평가하는 방법이 필요하다는 것이다. 이는 아주 일반적인 방법이면서 가장 복잡하다.

다단계 피드백 큐 스케줄링과 앞서 살펴본 라운드 로빈(순환 할당) 스케줄링을 비교해 보자. [그림 6-37]과 같이 동일한 시간(t=0)에 프로세서 중심의 프로세스 시스템이 3개 있다고 가정하자. 시스템은 각각 큐 1(1), 큐 2(2), 큐 3(4)의 규정 시간량을 할당한다. 이때 라운드 로빈 스케줄링의 규정 시간량은 1이다. 라운드 로빈(순환 할당) 및 다단계 피드백 큐 스케줄링의 반환시간 및 대기시간을 계산하는 다단계 피드백 큐의 간트 차트는 (b)와 같다.

프로세스	실행 시간
P_1	30
P_2	20
P_3	10

(a) 준비 큐

												종료						종료	종료
큐 1:	P_1	P_2	P_3															P_2	P_1
큐 2:				P_1	P_2	P_3													
큐 3:							P_1	P_2	P_3	P_1	P_2	P_3	P_1	P_2	P_1	P_2	P_1		
시간	1	2	3	5	7	9	13	17	21	25	29	32	36	40	44	48	52	53	60

(b) 간트 차트

그림 6-37 다단계 피드백 큐와 라운드 로빈(순환 할당) 스케줄링의 비교 예

라운드 로빈 및 다단계 피드백 큐 스케줄링의 반환시간과 대기시간을 계산하여 비교하면 [표 6-13]과 같다.

표 6-13 그림 6-37 예의 반환시간과 대기시간

(a) 반환시간

프로세스	라운드 로빈^{RR} 스케줄링	다단계 피드백 큐^{MLFQ} 스케줄링
P_1	60	60
P_2	50	53
P_3	30	52
평균 반환시간 : $46\frac{2}{3}[=(60+50+30)/3]$		평균 반환시간 : $48\frac{1}{3}[=(60+53+32)/3]$

(b) 대기시간

프로세스	라운드 로빈^{RR} 스케줄링	다단계 피드백 큐^{MLFQ} 스케줄링
P_1	30	$(53-23)=30$
P_2	30	$(52-19)=33$
P_3	20	$(29-7)=22$
평균 대기시간 : $30[=(30+30+30)/3]$		평균 대기시간 : $28\frac{1}{3}[=(30+33+22)/3]$

다단계 피드백 큐 스케줄링의 장점과 단점은 [표 6-14]와 같다.

표 6-14 다단계 피드백 큐 스케줄링의 장점과 단점

장점	• 매우 유연하여 스케줄러를 특정 시스템에 맞게 구성할 수 있다. • 자동으로 입출력 중심과 프로세서 중심 프로세스를 분류한다. • 적응성이 좋아 프로세스의 사전 정보가 없어도 최소작업 우선 스케줄링의 효과를 보여 준다.
단점	설계와 구현이 매우 복잡하다.

7 HRN 스케줄링

핸슨Brinch Hansen은 최소작업 우선SJF 스케줄링의 약점이었던 긴 작업과 짧은 작업 간의 지나친 불평 등을 어느 정도 보완한 HRNHighest Response-ratio Next 스케줄링을 개발했다. HRN은 비선점 스케줄링이며 우선순위 스케줄링의 또 다른 예로, 선입선처리 스케줄링과 최소작업 우선 스케줄링의 약점을 해결하려고 제안했다. 각 작업의 우선순위는 [그림 6-38]과 같이 작업이 서비스를 받을 시간뿐만 아니라 서비스를 기다린 시간의 함수로 나타낸다. 일단 한 작업이 프로세서를 차지하면 작업을 종료할 때까지 실행된다. HRN 방법의 가변적 우선순위는 다음 식에 따라 계산한다.

$$\text{우선순위} = \frac{\text{서비스를 받을 시간} + \text{대기한 시간}}{\text{서비스를 받을 시간}}$$

그림 6-38 HRN 스케줄링의 우선순위

'서비스를 받을 시간'이 분모에 있으므로 이 시간이 짧은 작업일수록 우선순위가 높다. 그리고 '대기한 시간'이 분자에 있으므로 이 시간이 긴 작업일수록 우선순위가 높아 시스템의 반응시간은 [그림 6-39]와 같이 나타낼 수 있다.

시스템 응답시간 : 대기한 시간 + 서비스를 받을 시간

그림 6-39 HRN 스케줄링의 시스템 응답시간

동일한 예로 HRN 스케줄링을 살펴보자. 먼저 간트 차트를 작성하려고 우선순위를 계산하면, 시간 0일 때 큐에는 P_1밖에 없으므로 P_1을 시작한다. 이어서 시간 10일 때 P_1이 실행을 마친 후 각 프로세스의 우선순위는 $P_2=(28+9)/28=1.3$, $P_3=(6+8)/6=2.3$, $P_4=(4+7)/4=2.75$, $P_5=(14+6)/14=1.4$이므로 P_4의 우선순위가 가장 높아 P_4를 실행한다. 다음 P_4가 완료된 시간 14일 때 각 프로세스의 우선순위는 $P_2=(28+13)/28=1.4$, $P_3=(6+12)/6=3$, $P_5=(14+10)/14=1.7$이므로 P_3이 우선순위가 가장 높아 P_3을 실행한다. 다음 P_3가 완료된 시간 20일 때 각 프로세스의 우선순위는 $P_2=(28+19)/28=1.7$, $P_5=(14+16)/14=2.1$이므로 P_5가 실행된 후 완료된 시간 34일 때 마지막 P_2를 실행하여 [그림 6-40]의 (b)와 같은 간트 차트가 나타난다.

프로세스	도착 시간	실행 시간
P_1	0	10
P_2	1	28
P_3	2	6
P_4	3	4
P_5	4	14

(a) 준비 큐

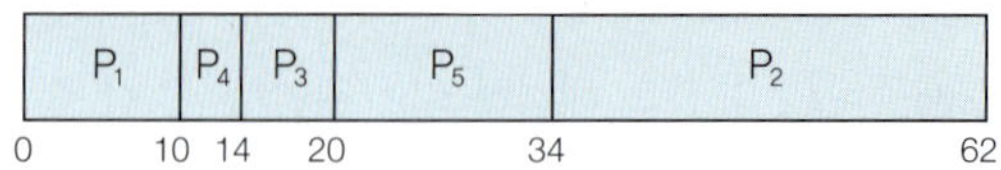

(b) 간트 차트

그림 6-40 HRN 스케줄링 예

이때 반환시간과 대기시간은 [표 6-15]와 같다.

표 6-15 그림 6-40 예의 반환시간과 대기시간

프로세스	반환시간	대기시간
P_1	10	0
P_2	(62－1)＝61	(34－1)＝33
P_3	(20－2)＝18	(14－2)＝12
P_4	(14－3)＝11	(10－3)＝7
P_5	(34－4)＝30	(20－4)＝16
평균 반환시간 : 26[＝(10＋61＋18＋11＋30)/5]		평균 대기시간 : 14[＝(0＋33＋12＋7＋16)/5]

그리고 HRN 스케줄링의 장점과 단점은 [표 6-16]과 같다.

표 6-16 HRN 스케줄링의 장점과 단점

장점	• 자원을 효율적으로 활용한다. • 기아가 발생하지 않는다.
단점	오버헤드가 높을 수 있다(메모리와 프로세서 낭비).

8 다중 프로세서 스케줄링

프로세서가 여러 개이면 스케줄링 문제가 복잡해지는데, 문제는 프로세서(처리기)들의 형태가 다를 수 있다는 것이 중요하다. 여기서는 강결합 다중 처리기 시스템을 중심으로 다중 프로세서 스케줄링을 살펴본다.

각 프로세서에는 독자적인 큐와 독자적인 스케줄링이 있으므로 프로세서가 다르면 가능한 선택의 경우 수가 상대적으로 제한된다. 작업은 프로세스의 구조에 따라 특정하게 지정하며, 특정 프로세서로 실행해야 한다. 작업을 할당할 때 프로세스 구조를 고려하지 않는 것은 IBM 시리즈/1에서 실행이 불가능한 Vax 어셈블리어로 작성된 프로그램을 IBM 시리즈/1에서 억지로 실행시키려 하는 것과 같다. 따라서 프로세서들은 스스로 자신을 분류하고 스케줄링해야 한다.

하나의 시스템에 종류가 같은 프로세서가 여러 개이면 부하 공유가 발생한다. 이것은 각 프로세서에 서로 독립된 준비 큐를 제공하도록 하여 방지할 수 있다. 이 방법은 프로세서를 모든 프로세스에 한 번만 할당하기 때문에 스케줄링 오버헤드가 적다는 장점이 있다. 하지만 어떤 프로세서는 큐가 비어 아무 일도 하지 않는 반면에, 다른 프로세서는 처리할 작업이 준비 큐에 가득 차 매우 바쁠 수 있다는 단점이 있다.

이런 현상을 방지하려면 공동의 준비 큐를 사용하여 모든 작업이 이용 가능한 프로세서 큐로 가도록 스케줄링해야 한다. 그러면 프로세스가 메모리에 적재되는 동안 다른 프로세서에서 작업을 실행할 수 있다. 강결합된 공유 메모리 구조에서 모든 프로세서는 모든 프로세스에 대한 문맥 정보를 이용할 수 있다는 장점이 있다. 따라서 프로세스의 스케줄링 비용은 프로세스가 스케줄링되는 프로세서에 독립적이다. 여기서는 다음 두 가지 스케줄링 방법을 사용한다.

❶ 프로세서 자신이 스스로 스케줄링한다. 각 프로세서는 공통의 준비 상태 큐에서 실행할 프로세스 하나를 선택한다. 프로세서 2개가 같은 프로세스를 선택하지 않도록 해야 하고, 프로세스가 큐에서 누락되지 않도록 해야 한다. 이때 앞서 설명한 단일 프로세서 스케줄링(우선순위, 순환 할당 등) 방법을 활용할 수 있으나 오히려 스케줄링이 복잡하여 오버헤드를 증가시킬 수 있다. 이 문제의 또 다른 방법은 ❷의 비대칭 다중 처리이다.

❷ 비대칭 다중 처리AMP, Asymmetric MultiProcessing는 한 프로세서를 다른 모든 프로세서의 스케줄러로 지정하고, 주종Master/Slave 구조를 보인다. 이 구조에서 운영체제의 핵심 커널 기능들은 특정 프로세서에서 수행하고, 다른 프로세서들은 사용자 프로세스만 수행한다. 주 프로세서는 프로세스들을 스케줄링하여 프로세스를 활성화시킨다. 종 프로세스에 입출력 호출 등의 서비스가 필요하면 주 프로세서에 요청하여 서비스의 처리를 기다린다. 이런 방법은 앞서 다룬 단일 프로세서 다중 프로그래밍 방법과 비슷하며, 자원 충돌 문제는 주 프로세서가 메인 메모리와

입출력 자원들을 제어하기 때문에 간단하게 해결할 수 있다. 그러나 주 프로세서의 오류는 시스템 전체를 정지시키며, 주 프로세서의 과중한 오버헤드는 성능의 병목 지점이 될 수 있는 문제점이 있다.

9 스레드 스케줄링

스레드를 이용하여 응용 프로그램을 동일한 주소 공간에서 동시에 실행하고 협동하는 스레드들로 구현할 수 있다는 것이다. 즉, 입출력과 프로세서 처리를 중첩할 수 있다. 스레드 문맥 교환은 프로세스 문맥 교환보다 오버헤드가 적게 드므로 응용 프로그램 하나의 여러 스레드를 동시에 다른 프로세서에서 실행한다면 성능을 현저하게 향상시킬 수 있다. 그러나 스레드 간에 많은 상호작용을 요청하는 응용 프로그램에서는 성능에 큰 영향을 줄 수 있다.

다음은 다중 프로세서 스레드 스케줄링과 프로세서 할당에 대한 일반적인 방법들이다.

■ 부하 공유

부하 공유load sharing는 프로세서를 특정 프로세스 하나에 할당하지 않고 전역 큐에서 프로세서를 유지한다. 그리고 쉬고 있는 프로세스는 전역 큐에서 스레드 한 개를 선택한다. 단일 프로세서 환경에서 사용한 방법을 그대로 채택한 가장 단순한 방법으로 [표 6-17]과 같은 장점과 단점이 있다.

표 6-17 **부하 공유의 장점과 단점**

장점	• 부하는 프로세서에 균등하게 분산하며, 실행 대기 중인 작업에는 분산하지 않는다. • 스레드를 제어하는 중앙 제어 스케줄러 없이 사용할 때는 현재 작업을 진행한 프로세서에서 다음 작업을 선정한다. • 전역(공유) 큐는 선입선처리나 우선순위 방법을 이용하여 구성할 수 있다. 그러나 시뮬레이션 모델들을 이용하여 분석한 결과는 광범위한 작업 특성에서 선입선처리가 우수한 것으로 나타났다.
단점	• 중앙 큐는 상호배제 방법으로 접근하는 메모리 영역으로, 많은 프로세서가 동시에 작업을 찾는다면 중앙 큐는 병목 지점이 될 수 있다. • 선점된 스레드들은 동일한 프로세서상에서 실행을 재개하기가 어렵다. • 프로그램의 스레드 사이에 밀접한 협조가 요청된다면, 관련된 프로세스 문맥 교환은 성능을 심각하게 저하시킬 수 있다.

■ 갱 스케줄링

갱gang 스케줄링은 관련된 스레드의 집합을 일대일 대응 원칙에 따라 프로세서 집합에서 동시에 실행할 수 있도록 스케줄링하는 방법이다. 따라서 단일 프로세스에 속한 스레드들을 동시에 스케줄링한다. 응용 프로그램의 어떤 부분을 실행 준비한 동안에 다른 부분은 실행하지 못할 때 성능이 심각하게 떨어지는 응용 프로그램에 사용한다.

예를 들어, 스레드 한 개를 실행하다가 같은 프로세스의 다른 스레드와 동기화해야 한다고 가정하자. 프로세스의 다른 스레드가 실행되지 않고 준비 큐에 있다면, 첫 번째 스레드는 다른 스레드가 다른 프로세서에서 실행될 수 있도록 프로세스를 교환할 때까지 실행을 지연한다. 따라서 밀접하게 관련된 프로세스들이 병렬로 실행된다면 동기화 대기 및 프로세스 문맥 교환의 횟수를 최소화하여 성능을 향상시킬 수 있다. 또 한 번의 스케줄링 결정이 다수의 프로세서와 프로세스에 영향을 주기 때문에 스케줄링 오버헤드를 줄일 수 있다.

■ **전용 프로세서 할당**

전용 프로세서 할당은 부하 공유와는 반대로 스레드들을 실행 전담 프로세서에 할당하여 정의된 스케줄링을 제공하는 방법이다. 각 프로그램은 실행되는 동안 프로그램의 스레드 수와 동일한 수의 프로세스를 할당받기 때문에 프로세스가 낭비될 수 있다. 한 응용 프로그램의 스레드를 다른 스레드의 동기화나 입출력 대기 때문에 보류한다면 그 스레드의 프로세서는 계속 쉬게 되어 프로세서들의 다중 프로그래밍이 어렵다. 따라서 활성화된 스레드 수를 시스템의 프로세서와 동일한 수로 제한하여 효율성을 높이는 등 프로세서의 합리적인 이용을 지원해야 한다.

■ **동적 스케줄링**

프로그램의 스레드 수는 실행 도중 변할 수 있다. 동적 스케줄링은 프로세스의 스레드 수를 동적으로 변경하여 운영체제가 시스템 이용률을 높일 수 있도록 부하 조절을 허용한 방법이다. 운영체제는 작업 간에 프로세서들을 분할하는 역할(프로세서 할당)을 하여 각 작업을 스레드들에 매핑시켜 프로세스에 할당된 프로세서들을 사용한다. 실행 중인 프로세스를 선점할 때, 어느 스레드를 일시중지할 것인지는 각 응용 프로그램의 실행 라이브러리 루틴들이 결정한다. 물론 이 과정이 모든 응용 프로그램에 적합하지 않을 수 있지만, 어떤 응용 프로그램은 운영체제의 이런 특별한 장점을 이용할 수 있다.

이 중 갱 스케줄링과 전용 프로세서 할당은 프로세서 단편화 문제를 회피하는 방법이다. 전용 프로세서 할당은 갱 스케줄링과 같이 프로세서를 효율적으로 할당하여 스케줄링 문제를 해결한다. 즉, 주어진 시간에 얼마큼 프로세서를 하나의 프로세스에 할당하느냐가 관심사이다. 이는 프로세스의 스케줄링 문제보다는 메모리 할당과 비슷하여 주어진 시간에 몇 개의 페이지 프레임을 프로세서에 할당할 것인가 하는 문제와 비슷하다.

NOTE_ 메모리 단편화 현상과 같이 대기하고 있는 프로세스의 요청을 받기에는 충분하지 않아 프로세서를 할당할 수 없는 상황을 프로세서 단편화라고 한다.

03 스케줄링 알고리즘의 평가

1 스케줄링 알고리즘 평가 기준

알고리즘의 선택이 어려운 이유 중 하나는 선택 기준의 정의가 모호하다는 것이다. 보통 프로세스 이용률, 응답시간, 처리율을 그 선택 기준으로 이용하는데, 이조차도 정확히 정의하기가 어렵다. 그러므로 먼저 측정한 것들의 상대적인 중요성을 정의해야 이를 이용하여 알고리즘을 선택할 수 있다. 이때 다음을 선택 기준으로 삼아 정의하고, 이를 기준으로 알고리즘을 평가한다.

❶ 최대 응답시간이 1초라는 제약 조건에서 프로세서 이용률

❷ 평균 반환시간이 전체 실행 시간에 선형적으로 비례하는 처리율

2 스케줄링 알고리즘 평가 예

알고리즘을 평가하는 대표적인 방법으로 분석적(해석적) 평가가 있다. 분석적 평가는 작업 부하workload를 줄이는 데 알고리즘의 성능을 평가하는 공식, 값을 생성하는 알고리즘, 시스템 작업 부하를 이용한다. 결정성 모형화는 분석적 평가의 한 형태이다. 이 방법은 사전에 정의된 특정한 작업에서 각 알고리즘의 성능을 평가한다. 예를 들어, [그림 6-41]과 같이 프로세스 P_1, P_2, P_3, P_4 ,P_5 5개가 시간 0에 다음 순서로 도착했다고 가정하자. 그리고 선입선처리 · 최소작업 우선 · 라운드 로빈(규정 시간량 = 3) 스케줄링에서 평균 대기시간을 조사하여 평가하자.

프로세스	버스트 시간
P_1	17
P_2	23
P_3	3
P_4	12
P_5	6

그림 6-41 스케줄링 알고리즘 평가 예

2.1 선입선처리 스케줄링의 평가

선입선처리 정책에 따라 P_1, P_2, P_3, P_4 ,P_5 순서로 실행하므로 간트 차트와 대기시간은 [그림 6-42]와 같다.

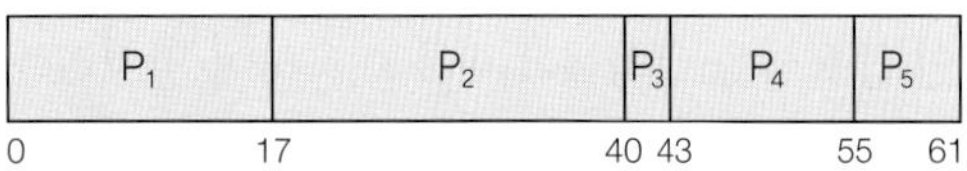

(a) 간트 차트

프로세스	대기시간
P_1	0
P_2	17
P_3	40
P_4	43
P_5	55
평균 대기시간 : 31[=(0+17+40+43+55)/5]	

(b) 대기시간

그림 6-42 **선입선처리 스케줄링 평가**

2.2 비선점 최소작업 우선 스케줄링의 평가

최소작업 우선 정책에 따라 P_3을 우선 처리하고, 이어서 P_5, P_4, P_1, P_2 순서로 실행하므로 간트 차트와 대기시간은 [그림 6-43]과 같다.

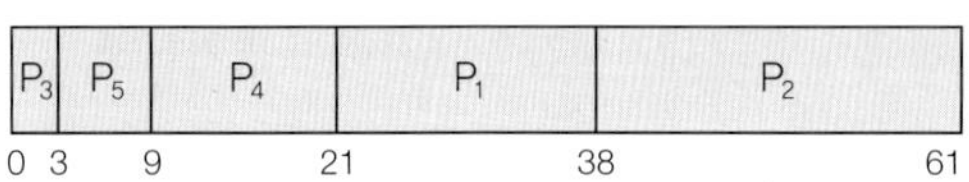

(a) 간트 차트

프로세스	대기시간
P_1	21
P_2	38
P_3	0
P_4	9
P_5	3
평균 대기시간 : 14.2[=(21+38+0+9+3)/5]	

(b) 대기시간

그림 6-43 **비선점 최소작업 우선 스케줄링 평가**

2.3 라운드 로빈 스케줄링의 평가

P_1은 처음 3만큼의 시간을 실행한 후 P_2에 선점한다. 이어서 P_3, P_4, P_5를 실행한 후 다시 앞서 종료가 안 된 P_1, P_2, P_4, P_5 순서로 프로세스들을 실행한다. 이 과정으로 준비 큐의 앞에

있는 프로세스들을 계속 실행하며, 간트 차트와 대기시간은 [그림 6-44]와 같다. 이때 최소 작업 우선 스케줄링은 선입선처리 스케줄링으로 얻은 평균 대기시간의 1/2 정도가 된다. 라운드 로빈 스케줄링은 중간 정도이다.

P_1	P_2	P_3	P_4	P_5	P_1	P_2	P_4	P_5	P_1	P_2	P_4	P_1	P_2	P_4	P_1	P_2	P_1	P_2	P_2	P_2

0 3 6 9 12 15 18 21 24 27 30 33 36 39 42 45 48 51 53 56 59 61

(a) 간트 차트

프로세스	대기시간
P_1	(51 − 5 − 5 − 5) = 36
P_2	(53 − 5 − 5 − 5) = 38
P_3	6
P_4	(42 − 3 − 3 − 3) = 33
P_5	(24 − 3) = 21
평균 대기시간 : 26.8[= (36 + 38 + 6 + 33 + 21)/5]	

(b) 대기시간

그림 6-44 라운드 로빈 스케줄링 평가

스케줄링 알고리즘을 기술하고 실례들을 제공하는 데 결정성 모형화를 주로 사용한다. 결정성 모형화는 스케줄링 알고리즘들을 비교할 수 있도록 정확한 값을 제공한다. 동일한 프로그램을 반복하여 여러 번 실행하고 프로그램의 처리 요건들을 정확하게 측정할 수 있는 경우에 사용할 수 있다. 예를 들어, 최소작업 우선 스케줄링은 항상 대기시간을 최소화한다. 그러나 보통 결정성 모형에는 특수하고 정확한 지식이 많이 필요하므로 사용하기가 어렵다.

요약

01 스케줄링의 개념

스케줄링scheduling은 여러 프로세스가 번갈아 사용하는 자원을 어떤 시점에 어떤 프로세스에 할당할지 결정하는 것으로, 다음 장점을 얻을 수 있다.

- 프로세서 이용률을 높일 수 있다.
- 프로세서 처리율(주어진 시간에만 처리하는 작업량)이 증가한다.

02 스케줄링의 목적

스케줄링은 시스템의 성능을 향상시키는데, 자원 할당의 공정성 보장, 단위시간당 처리량 최대화, 적절한 반환시간 보장, 오버헤드 최소화, 자원 사용의 균형 유지, 반환시간과 자원의 활용간에 균형 유지, 실행 대기 방지 등의 목적으로 사용한다.

03 스케줄러의 종류

스케줄러에는 장기 스케줄러(작업 스케줄러)와 단기 스케줄러(프로세스 스케줄러)가 있으며, 시분할 방법이나 가상 메모리 체제는 중기 스케줄러를 사용한다. 장기 스케줄러는 실행할 작업을 준비 큐(입력 큐)에서 꺼내 메모리에 적재한다. 단기 스케줄러는 메모리의 준비 상태에 있는 프로세스 중에서 실행할 프로세스를 선택하고 프로세서를 할당한다. 중기 스케줄러는 프로세스들이 프로세서를 서로 차지하려고 할 때 프로세스를 별도의 기억장소에서 빼낼 수 있어 다중 프로그래밍의 정도를 줄일 수 있는데, 이를 스와핑swapping(교체) 방법이라고 한다.

04 선점 스케줄링과 비선점 스케줄링

한 프로세스가 자원(예 : 프로세서)을 선택했을 때 다른 프로세스가 해당 자원을 빼앗을 수 없다면 비선점 스케줄링이다. 반대로 현재 실행 중인 프로세스를 인터럽트할 수 있거나 준비 상태로 이동할 수 있다면 선점 스케줄링이다.

05 스케줄링 알고리즘의 선택 기준

스케줄링 알고리즘을 선택할 때는 프로세서 사용률과 처리율을 최대화하고, 반환시간, 대기시간, 응답시간을 최소화하는 것이 바람직하다.

06 선입선처리FCFS, First Come First Served 스케줄링 알고리즘

비선점 방법으로 프로세서 스케줄링 알고리즘 중 가장 단순하며, 프로세서를 요청하는 순서대로 프로세서를 할당한다.

07 최소작업 우선SJF, Shortest Job First 스케줄링 알고리즘

각 작업의 프로세서 실행 시간을 이용하여 프로세서가 사용 가능할 때 실행 시간(프로세서 버스트)이 가장 짧은 작업에 할당하는 방법으로 선점형과 비선점형이 있다. 선점 최소작업 우선 스케줄링을 최소잔여 시간 우선SRTF, Shortest Remaining Time First 스케줄링이라고 한다.

08 우선순위 스케줄링priority scheduling 알고리즘

프로세스가 준비 큐에 도착하면, 도착한 프로세스의 우선순위와 현재 실행 중인 프로세스의 우선순위를 비교하여 우선순위가 가장 높은 프로세스에 프로세서를 할당한다. 이때 우선순위가 같은 프로세스들은 선입선처리 순서로 스케줄링하며, 선점 또는 비선점이 가능하다.

09 라운드 로빈round-robin 스케줄링 알고리즘

시분할 시스템을 위해 설계했으며, 작은 단위의 시간인 규정 시간량time quantum 또는 시간 할당량time slice을 정의한다. 준비 큐를 순환 큐circular queue로 설계하여 스케줄러가 준비 큐를 돌아가면서 한 번에 한 프로세스에 정의된 규정 시간량만큼 프로세서를 제공하는 방법이다.

10 다단계 큐MLQ, MultiLevel Queue 스케줄링 알고리즘

각 작업을 서로 다른 묶음으로 분류할 수 있을 때 준비 상태 큐를 종류별로 여러 단계로 분할하여 각 큐는 순서대로 절대적인 우선순위를 가진다. 또 각 큐는 자신만의 독자적인 스케줄링을 가지며, 우선순위가 높은 큐가 비어 있기 전에는 낮은 우선순위 큐에 있는 프로세스를 실행할 수 없다.

11 다단계 피드백 큐MLFQ, MultiLevel Feedback Queue 스케줄링 알고리즘

작업이 시스템에 들어가면 한 큐에서만 고정되는 다단계 큐 스케줄링의 융통성 부족을 해결하려고 만든 방법이다. 작업이 큐 사이를 이동할 수 있고, 프로세서 버스트의 특성에 따라 분리한다. 프로세서 버스트 시간이 작은 프로세스에 높은 우선순위를 주어 일찍 종료시키고 다음 입출력 버스트를 실행하도록 하여 효율성은 향상된다. 하지만 낮은 우선순위의 큐에 입력된 작업이 무한정 기다리는 기아 상태에 빠질 수 있다는 문제가 있다.

12 HRN Highest Response-ratio Next 스케줄링 알고리즘

비선점 스케줄링이며 우선순위 스케줄링의 또 다른 예로, 선입선처리와 최소작업 우선 스케줄링의 약점을 해결하려고 제안했다.

13 다중 프로세서 스케줄링 알고리즘

각 프로세서에 서로 독립된 준비 큐를 제공하거나 공동의 준비 큐를 사용하여 모든 작업이 이용 가능한 프로세서 큐로 가도록 스케줄링해야 한다. 다음 두 가지 스케줄링 방법을 사용한다.

- 공통의 준비 상태 큐에서 실행할 프로세스 하나를 프로세서 자신이 스스로 스케줄링한다.
- 비대칭 다중 처리AMP, Asymmetric MultiProcessing는 한 프로세서를 다른 모든 프로세서의 스케줄러로 지정하고, 주종Master/Slave 구조를 보인다.

14 스레드 스케줄링

스레드를 이용하여 응용 프로그램을 동일한 주소 공간에서 동시에 실행하고 협동하는 스레드들로 구현한다. 부하 공유load sharing, 갱gang 스케줄링, 전용 프로세서 할당, 동적 스케줄링 등이 있다.

연습문제

01 다음 중 가장 바람직한 스케줄링 정책은?

① 프로세서CPU 이용률을 줄이고 반환시간을 늘린다.
② 대기시간을 줄이고 반환시간을 늘린다.
③ 응답시간과 반환시간을 줄인다.
④ 반환시간과 처리율을 늘린다.

02 프로세서 스케줄링 특성 중 대화형 시스템에서 가장 중요한 인자로 사용하는 것은?

① 응답시간response time(반응시간)
② 비용cost
③ 프로세서 사용률
④ 처리량throughput

03 프로세서 스케줄링을 평가하는 기준으로 가장 거리가 먼 것은?

① 처리량throughput
② 대기시간waiting time
③ 균형있는 자원 이용
④ 오류 복구 시간

04 스케줄링의 목적으로 옳지 않은 것은?

① 단위시간당 처리량을 최대화하기 위해
② 과부하를 최대화하기 위해
③ 응답시간과 자원의 활용 간에 균형을 유지하기 위해
④ 대화식 사용자에게 가능한 빠른 응답을 주기 위해

05 스케줄링의 목적으로 거리가 먼 것은?

① 모든 작업에 공평성을 유지하기 위해
② 단위시간당 처리량을 최대화하기 위해
③ 응답시간을 빠르게 하기 위해
④ 운영체제의 오버헤드를 최대화하기 위해

06 프로세서를 스케줄링하는 목적으로 옳지 않은 것은?

① 모든 작업에 공평성을 유지해야 한다.

② 응답시간을 최소화해야 한다.

③ 프로세서의 처리량을 최소화해야 한다.

④ 경과 시간의 예측이 가능해야 한다.

07 선점 · 비선점 스케줄링에 대한 설명 중 옳지 않은 것은?

① 프로세스가 프로세서를 강제적으로 탈취할 수 없으면, 이는 비선점 스케줄링 방법이다.

② 실시간 시스템은 보통 선점 스케줄링 방법을 사용한다.

③ 시분할 시스템은 보통 비선점 프로세서 스케줄링 방법을 사용한다.

④ 선점 시스템에서 응답시간을 예측하기가 비선점 시스템보다 용이하다.

08 선점 스케줄링의 특징으로 거리가 먼 것은?

① 우선순위가 높은 프로세스가 프로세서를 먼저 차지하는 방법을 의미한다.

② 빠른 응답시간을 요청하는 시분할 시스템에 유용하다.

③ 선점으로 많은 오버헤드(과부하)를 초래한다.

④ 모든 프로세스의 요청을 공정히 처리한다.

09 비선점non-preemptive 스케줄링 방법에 대한 설명 중 옳지 않은 것은?

① 대화식 시분할 시스템에 적합하다.

② 긴 작업이 짧은 작업을 오랫동안 기다리게 할 때 발생할 수 있다.

③ 프로세스 간의 문맥 교환 횟수가 적고, 보통 일괄 처리 시스템에 적합하다.

④ 한 프로세스가 일단 프로세서를 할당받으면 다른 프로세스가 프로세서를 강제적으로 뺏을 수 없는 방법이다.

10 선점preemptive 스케줄링 방법에 대한 설명으로 옳지 않은 것은?

① 대화식 시분할 시스템에 적합하다.

② 긴급하고 높은 우선순위의 프로세스들을 빠르게 처리할 수 있다.

③ 일단 프로세서를 할당받으면 다른 프로세스가 프로세서를 강제적으로 뺏을 수 없는 방법이다.

④ 선점을 위한 시간 배당에 인터럽트용 타이머 클록이 필요하다.

11 선점 스케줄링과 비선점 스케줄링에 대한 비교 설명 중 옳은 것은?

① 선점 스케줄링은 이미 할당된 CPU를 다른 프로세스가 강제로 빼앗아 사용할 수 없다.
② 선점 스케줄링은 상대적으로 과부하가 적다.
③ 비선점 스케줄링은 시분할 시스템에 유용하다.
④ 비선점 스케줄링은 응답시간의 예측이 용이하다.

12 선점 방법과 대비하여 비선점 스케줄링 방법에 대한 설명으로 옳지 않은 것은?

① 모든 프로세스의 요청을 공정히 처리한다.
② 응답시간의 예측이 용이하다.
③ 많은 오버헤드를 초래할 수 있다.
④ 프로세서의 사용 시간이 짧은 프로세스들이 사용 시간이 긴 프로세스들 때문에 오래 기다려야 할 때가 발생할 수 있다.

13 준비 큐에 다음과 같은 작업이 있다. 선입선처리FCFS 방법으로 스케줄링할 때 가장 먼저 실행되는 작업은?

작업	대기시간	처리 예상 시간
A	10	25
B	37	9
C	20	30
D	31	12

① A
② B
③ C
④ D

14 다음 표와 같은 작업 3개에 선입선처리FCFS 알고리즘을 적용할 때, 임의의 순서로 얻을 수 있는 최대 평균 반환시간을 T, 최소 평균 반환시간을 t라고 가정하면 T−t의 값은?

작업	실행 시간
P_1	9
P_2	6
P_3	12

① 3
② 4
③ 5
④ 6

15 FIFO 방법을 적용하여 스케줄링을 했을 때 다음 작업들의 평균 반환시간은? (단, 문맥 교환 시간은 무시한다.)

작업	도착 시간	실행 시간
A	0	6
B	1	3
C	2	1
D	3	8

① 9.25
② 8.25
③ 7.75
④ 7.25

16 FIFO 스케줄링에서 작업 3개의 도착 시간과 프로세서 버스트(프로세서 사용 시간)는 다음 표와 같다. 이때 모든 작업의 평균 반환시간은? (단, 소수점 이하는 반올림 처리한다.)

작업	도착 시간	프로세서 버스트
1	0	13
2	3	35
3	8	25

① 16
② 20
③ 33
④ 41

17 SJF[Shortest Job First] 스케줄링 방법에 대한 설명으로 거리가 먼 것은?

① 작업이 끝나기까지의 실행 시간 추정치가 가장 작은 작업을 먼저 실행한다.
② 작업 시간이 클 때는 오랫동안 대기(보류)해야 한다.
③ 각 프로세서의 프로세서 요청 시간을 미리 예측하기 쉽다.
④ FIFO 스케줄링보다 평균 대기시간이 감소한다.

18 스케줄링 방법 중 SJF 방법과 SRT 방법에 대한 설명으로 옳지 않은 것은?

① SJF는 비선점[non-preemptive] 방법이다.
② SJF는 작업이 끝나기까지의 실행 시간 추정치가 가장 작은 작업을 먼저 실행한다.
③ SRT는 시분할 시스템에 유용하다.
④ SRT에서는 한 작업이 실행을 시작하면 강제로 실행을 멈출 수 없다.

19 다음과 같이 작업을 제출했다. 이를 SJF 정책을 사용하여 스케줄하면 '작업 번호 3'의 완료 시간은?

작업 번호	도착 시간	실행 시간
1	10:00	2:00
2	10:10	1:00
3	10:25	0:25

① 13:25
② 12:25
③ 12:00
④ 14:00

20 스케줄링하려는 작업 3개의 도착 시간과 실행 시간은 다음 표와 같다. 이 작업을 SJF로 스케줄링했을 때 '작업 번호 2'의 종료 시간은? (단, 오버헤드는 무시한다.)

작업 번호	도착 시간	실행 시간
1	0	10
2	1	3
3	2	4

① 3
② 6
③ 9
④ 13

21 다음 표와 같은 프로세스가 차례로 큐에 도착했다. SJF 정책을 사용할 때 가장 먼저 처리하는 작업은?

프로세스	실행 시간
P_1	6
P_2	8
P_3	4
P_4	3

① P_1
② P_2
③ P_3
④ P_4

22 다음 표와 같은 작업들이 차례로 준비 상태 큐에 들어왔다고 가정할 때 SJF 방법으로 스케줄링 한다면 '작업 번호 2'의 대기시간은?

작업 번호	제출 시간	실행 시간
1	0	7
2	1	3
3	2	5

① 6
② 7
③ 10
④ 15

23 다음 표와 같은 작업들이 시간 0에 도착했을 때 최소작업 우선SJF 방법으로 스케줄링한다면 평균 대기시간은?

작업	대기시간
1	10
2	29
3	3
4	7
5	12

① 13시간
② 18시간
③ 23시간
④ 16시간

24 우선순위priority 스케줄링에서 무한 정지indefinite blocking를 방지하는 방법은?

① 바인딩binding 방법
② 교체replacement 방법
③ 페이징paging 방법
④ 에이징aging 방법

25 시스템에서는 어떤 자원을 기다린 시간에 비례하여 프로세스에 우선순위를 부여하는 에이징aging 방법을 적용한다. 이는 어떤 현상을 방지하는 것인가?

① 교착 상태deadlock
② 무한 연기indefinite postponement
③ 세마포semaphore
④ 임계 영역critical section

26 에이징aging 방법에 대한 설명으로 올바른 것은?

① 하나 또는 둘 이상의 프로세스가 더 이상 계속할 수 없는 어떤 특정 사건을 기다리고 있는 상태를 말한다.
② 프로세스들이 자원을 배타적으로 점유하고 있어서 다른 프로세스들이 그 자원을 사용할 수 없도록 만든다.
③ 프로세스가 자원을 기다리고 있는 시간에 비례하여 우선순위를 부여함으로써 가까운 시간 안에 자원을 할당할 수 있도록 한다.
④ 프로세스에 일단 할당된 자원은 모두 사용하기 전까지는 그 프로세스에서 도중에 자원을 회수할 수 없다.

27 자원을 할당하기를 오랜 시간 동안 기다린 프로세스에 기다린 시간에 비례하는 높은 우선순위를 부여하여 가까운 시간 안에 자원을 할당하도록 하는 방법은?

① 에이징aging　　② 페이징paging
③ 스와핑swapping　　④ 스래싱thrashing

28 라운드 로빈round-robin 스케줄링 방법에 대한 설명 중 적절하지 않은 것은?

① 시간 분할의 크기가 작으면 작은 프로세서들에 유리하다.
② 시간 분할의 크기가 너무 작으면 스래싱에 소요되는 시간의 비중이 커진다.
③ 시간 분할의 크기가 커지면 FCFSFirst Come First Served 방법과 같게 된다.
④ 비선점 방법에 해당한다.

29 RRRound-Robin 스케줄링에 대한 설명으로 옳지 않은 것은?

① 선점preemptive 방법이다.
② 규정 시간량time quantum이 커지면 FCFS 스케줄링과 같은 효과를 얻는다.
③ 규정 시간량이 작아지면 프로세스 문맥 교환context switching이 자주 일어난다.
④ 작업이 끝나기까지의 실행 시간 추정치가 가장 작은 작업을 먼저 실행하는 방법이다.

30 준비 큐에 프로세서 P_1, P_2, P_3이 차례로 도착했다. 라운드 로빈으로 스케줄링할 때 타임 슬라이스를 4초로 한다면 평균 반환시간은?

프로세스	실행 시간
P_1	20
P_2	4
P_3	5

① 16
② 17
③ 18
④ 19

31 RRRound-Robin 스케줄링 방법에서 시간 할당량에 대한 설명으로 틀린 것은?

① 시간 할당량이 작으면 오버헤드의 발생이 적어진다.
② 시간 할당량이 작으면 문맥 교환이 자주 일어난다.
③ 시간 할당량이 크면 FIFO 방법과 거의 같은 형태가 된다.
④ 시간 할당량이 너무 작으면 시스템은 대부분의 시간을 프로세서 전환에 소비하고 실제 사용자들의 연산은 거의 하지 못하는 결과를 초래한다.

32 작업 스케줄링 방법 중 round-robin에 대한 설명으로 옳지 않은 것은?

① FIFO 방법으로 선점preemptive형 방법이다.

② 처리해야 할 작업의 시간이 가장 적은 프로세스에 프로세서를 할당하는 방법이다.

③ 대화식 사용자에게 적당한 응답시간을 보장한다.

④ 시간 할당량이 작으면 문맥 교환에 따른 오버헤드가 커진다.

33 다음은 라운드 로빈round-robin 방법으로 스케줄링할 때 입력한 작업이다. 각 작업의 프로세서 할당 시간이 3시간일 때 프로세서의 사용 순서를 알맞게 나열한 것은?

작업	입력 시간	작업 수행 시간
A	10:00	10시간
B	10:30	5시간
C	12:00	15시간

① A A A A B B C C C C C

② A A A A C C C C C B B

③ A B C A B C A C A C C

④ A B B C A A A C C C C

34 라운드 로빈 스케줄링에 대한 설명으로 옳지 않은 것은?

① 할당된 시간 안에 작업이 끝나지 않으면 준비 큐의 맨 뒤로 그 작업을 배치한다.

② 시간 할당량이 충분히 크면 FIFO 방법과 비슷하다.

③ 적절한 응답시간은 보장하므로 일괄 처리 시스템에 유용하다.

④ 시간 할당량이 작을수록 문맥 교환 과부하는 상대적으로 높다.

35 다음 중 RRRound-Robin 스케줄링 방법에서 시간 할당량(타임 슬라이스)에 대한 설명으로 올바르지 않은 것은?

① 시간 할당량이 너무 작으면 문맥 교환 과부하가 작아진다.

② 시간 할당량이 너무 작으면 문맥 교환이 자주 일어난다.

③ 시간 할당량이 너무 크면 FIFO 방법과 형태가 거의 동일하게 된다.

④ 시간 할당량이 너무 작으면 시스템은 대부분의 시간을 프로세서의 스위칭에 소비하고 실제 사용자들의 연산은 거의 하지 못하는 결과를 초래한다.

36 RR[Round–Robin] 스케줄링에 대한 설명으로 옳지 않은 것은?

① 시간 할당량을 크게 하면 입출력 위주의 작업이나 긴급을 요하는 작업에 신속히 반응하지 못한다.

② 시간 할당량이 작으면 FCFS 스케줄링과 같아진다.

③ 시분할 시스템[time sharing system]을 위해 고안된 방법이다.

④ 시간 할당량이 작을수록 문맥 교환 및 오버헤드가 자주 발생한다.

37 RR[Round–Robin] 방법에 대한 설명으로 옳지 않은 것은?

① 시분할 시스템을 위해 고안된 방법이다.

② 프로세스에 이미 할당된 프로세서를 강제로 빼앗을 수 없고 그 프로세스의 사용을 종료한 후 스케줄링해야 하는 방법을 택하고 있다.

③ 시간 할당량이 클 때는 선입선처리[FCFS] 방법과 같아지고, 시간 할당량이 작을 때는 문맥 교환 및 오버헤드가 자주 발생할 수 있다.

④ 시스템이 사용자에게 적합한 응답시간을 제공해 주는 대화식 시스템에 유용하다.

38 RR[Round–Robin] 스케줄링에 대한 설명으로 옳지 않은 것은?

① 우선순위 계산식은 '(대기시간 + 서비스 시간)/서비스 시간'이다.

② 시분할 시스템을 위해 고안된 방법이다.

③ 시간 할당량이 커지면 FCFS 스케줄링과 같은 효과를 얻을 수 있다.

④ 시간 할당량이 작아지면 프로세스 문맥 교환이 자주 일어난다.

39 RR[Round–Robin] 스케줄링에 대한 설명으로 옳지 않은 것은?

① 시간 할당량이 작을 때 문맥 교환이 자주 일어난다.

② 시분할 시스템을 위해 고안된 방법이다.

③ FCFS 알고리즘을 선점 형태로 변형한 방법이다.

④ 우선순위는 '(대기시간+서비스 시간)/서비스 시간'의 계산으로 처리한다.

40 준비 큐에 프로세서 A, B, C가 차례로 도착했다. 라운드 로빈으로 스케줄링할 때 시간 할당량을 4초로 한다면 평균 반환시간은?

프로세스	A	B	C
실행 시간(초)	20	4	5

① 16 ② 17

③ 18 ④ 19

41 라운드 로빈 스케줄링 방법에서 시간 간격을 무한히 크게 하면 어떤 방법과 동일한가?

① LIFO 방법
② FIFO 방법
③ HRN 방법
④ multilevel queue 방법

42 프로세스 스케줄링 방법 중 시분할 시스템을 위해 고안했다. 10~100밀리초 정도의 시간 할당량(타임 슬라이스)이라는 작은 단위 시간을 정의하여 이 시간만큼씩 프로세서를 제공하는 방법은?

① 선입선출
② HRN
③ 라운드 로빈
④ 다단계 피드백 큐

43 SJF 방법의 단점을 보완하려고 대기시간을 고려한 프로세스의 응답률로, 프로세스의 우선순위를 결정하는 프로세스 스케줄링 방법은?

① 우선순위priority 스케줄링
② 다단계 피드백 큐multilevel feedback queue 스케줄링
③ HRN 스케줄링
④ round-robin 스케줄링

44 최소작업 우선SJF 방법의 길고 짧은 작업 간의 불평등을 보완하려고 대기시간과 서비스 시간을 이용한 우선순위 계산 공식으로 우선순위를 정하는 스케줄링 방법은?

① 라운드 로빈round-robin
② FIFOFirst In First Out
③ HRNHighest Response-ratio Next
④ 다단계 피드백 큐multilevel feedback queue

45 HRNHighest Response-ratio Next 스케줄링 방법에 대한 설명으로 옳지 않은 것은?

① 우선순위를 계산하여 그 숫자가 낮은 것부터 높은 순으로 우선순위를 부여한다.
② SJF를 보완하는 방법이다.
③ 긴 작업과 짧은 작업 간의 지나친 불평등을 해소할 수 있다.
④ 우선순위 결정식은 '(대기시간+서비스 시간)/서비스 시간'이다.

46 HRN(Highest Response-ratio Next) 스케줄링 방법에 대한 설명으로 옳지 않은 것은?

① 대기시간이 긴 프로세스일 때 우선순위가 높아진다.

② SJF를 보완하는 방법이다.

③ 긴 작업과 짧은 작업 간의 지나친 불평등을 해소할 수 있다.

④ 우선순위를 계산하여 그 값이 가장 낮은 것부터 높은 순으로 우선순위를 부여한다.

47 HRN(Highest Response-ratio Next) 스케줄링에서 가변적 우선순위는 다음 식으로 계산한다. ㉠, ㉡에 알맞은 내용은?

> 우선순위 = (대기한 시간 + ㉠) / ㉡

① ㉠ 서비스를 받을 시간 ㉡ 서비스를 받을 시간

② ㉠ 서비스를 받을 시간 ㉡ 실행된 시간

③ ㉠ 실행된 시간 ㉡ 서비스를 받을 시간

④ ㉠ 응답시간 ㉡ 서비스를 받을 시간

48 HRN(Highest Response-ratio Next) 스케줄링 방법에서 우선순위를 결정하는 것은?

① (대기시간+서비스 시간)/대기시간

② (대기시간+서비스 시간)/서비스 시간

③ 대기시간/(대기시간+서비스 시간)

④ 서비스 시간/(대기시간+서비스 시간)

49 HRN(Highest Response-ratio Next) 방법으로 스케줄링할 때 입력된 작업이 다음과 같다면 우선순위가 가장 높은 작업은?

작업	대기시간	서비스 시간
A	8	2
B	10	6
C	15	7
D	20	2

① A

② B

③ C

④ D

50 HRN 방법으로 스케줄링할 때 입력된 작업이 다음과 같다면 우선순위가 가장 높은 것은?

작업	대기시간	서비스 시간
A	5	20
B	40	20
C	15	45
D	20	20

① A
② B
③ C
④ D

51 HRN 스케줄링을 사용할 때 우선순위가 가장 높은 작업 번호는?

작업	대기시간	서비스 시간
1	5	20
2	15	5
3	10	10
4	25	5

① 1
② 2
③ 3
④ 4

52 HRN[Highest Response-ratio Next] 방법으로 스케줄링할 때 입력된 작업이 다음과 같다면 우선순위가 가장 높은 것은?

작업	대기시간	서비스 시간
A	5	5
B	10	6
C	15	7
D	20	8

① A
② B
③ C
④ D

53 HRN 방법으로 스케줄링할 때 입력된 작업이 다음과 같다면 우선순위가 가장 높은 순서부터 차례로 옳게 나열한 것은?

작업	대기시간	서비스(실행) 시간
A	40	20
B	20	20
C	70	10
D	120	30

① B → A → C → D
② B → A → D → C
③ C → D → A → B
④ D → C → A → B

54 HRN 방법으로 스케줄링할 때 입력된 작업이 다음과 같다면 처리되는 작업 순서로 옳은 것은?

작업	대기시간	서비스(실행) 시간
A	5	20
B	40	20
C	15	45
D	20	2

① A → B → C → D
② A → C → B → D
③ D → B → C → A
④ D → A → B → C

55 선점[preemptive] 방법의 스케줄링에 해당하는 것은?

① FIFO ② SJF ③ HRN ④ RR

56 스케줄링 방법 중에서 비선점형 프로세서 스케줄링 방법만 모은 것은?

① round-robin, SRT ② SRT, FIFO
③ FIFO, SJF ④ HRN, SRT

57 선점[preemptive] 방법을 사용하는 CPU 스케줄링 방법은?

① SRT 스케줄링 ② FIFO 스케줄링
③ HRN 스케줄링 ④ SJF 스케줄링

58 비선점[non-preemptive] 스케줄링에 해당하지 않는 것은?

① SRT[Shortest Remaining Time] ② FIFO[First In First Out]
③ SJF[Shortest Job First] ④ HRN[Highest Response-ratio Next]

59 스케줄링 방법에 대한 설명으로 옳지 않은 것은?

① RR 스케줄링은 주어진 시간 할당량[time slice] 안에 작업을 마치지 않으면 준비 완료 리스트[ready list]의 가장 뒤로 배치하는 방법이다.
② SJF 스케줄링은 남아 있는 실행 시간의 추정치가 가장 작은 작업을 먼저 실행하며, 언제라도 실행 중인 작업을 강제로 멈출 수 있는 선점 방법이다.
③ HRN 스케줄링은 그 작업이 서비스를 받을 시간과 그 작업이 서비스를 기다린 시간으로 결정되는 우선순위에 따라 CPU를 할당한다.
④ 기한부[deadline] 스케줄링은 제한된 시간 안에 반드시 작업을 완료하도록 스케줄링하는 방법이다.

60 단기 스케줄링, 중기 스케줄링, 장기 스케줄링의 차이를 기술하시오.

61 선점 스케줄링과 비선점 스케줄링의 차이점을 정의하시오. 엄격한 비선점식 스케줄링을 사용하지 않는 이유도 설명하시오.

62 다음 프로세스들이 시간 0에 P_1, P_2, P_3, P_4, P_5 순으로 도착한다고 가정하여 다음 질문에 답하시오.

프로세스	버스트 시간 (단위 : 밀리초)	우선순위 (숫자가 작을수록 우선순위가 높음)
P_1	10	3
P_2	1	1
P_3	2	3
P_4	1	4
P_5	5	2

① 선입선처리, 최소작업 우선, 비선점 우선순위, 순환 할당(할당량 = 1)을 이용하여 이를 프로세스들의 실행을 설명하는 간트 차트로 그리시오.
② 각 스케줄링 알고리즘에 대한 반환시간은?
③ 각 스케줄링 알고리즘에 대한 대기시간은?
④ 어떤 스케줄링이 모든 프로세스에서 최소의 평균 대기시간을 갖는가?

63 스케줄링의 목적을 기술하시오.

64 스케줄링의 성능 기준 요소를 기술하시오.

65 다단계 피드백 큐 스케줄링 알고리즘과 전면 작업에는 라운드 로빈(순환 할당) 스케줄링을 사용하고, 후면 작업에는 선점 우선순위 알고리즘을 사용하는 다단계 큐(전면-후면) 프로세서 스케줄링 알고리즘의 차이를 설명하시오.

Chapter 07

메모리 관리

학습목표

- 메모리를 관리하는 정책과 메모리 할당 방법을 알아본다.
- 연속 메모리 할당 방법을 살펴본다.
- 분산 메모리 할당 방법인 페이징 방법을 살펴본다.
- 분산 메모리 할당 방법인 세그먼테이션을 살펴본다.

01 메모리 관리의 개요

1 메모리 관리의 개념과 정책

모든 프로그램은 우선 메모리에 적재되어야 실행이 가능하므로 메모리는 프로그램을 실행하는 중요한 작업 공간이다. 그리고 다중 프로그래밍 환경에서는 한정된 메모리를 여러 프로세스가 함께 사용하므로 이를 효율적으로 관리하는 방법이 필요하다.

메모리 관리는 프로세스들을 위해 메모리를 할당하고 제거하며 보호하는 활동이다. 더 단순하게는 프로세스의 요청에 따라 메모리의 일부를 할당하고, 필요 없으면 자유로이 재사용할 수 있도록 하는 것이다. 또 디스크에 있는 프로그램을 실행하려면 먼저 메모리에 적재한 후 메모리 관리자가 예약된 메모리를 할당해 주어야 하는데, 이것도 메모리 관리에 해당한다. 다중 프로그래밍 시스템에서는 여러 프로세스가 메모리에 상주할 수 있도록 운영체제가 동적으로 메모리를 세분화하는데, 이 과정도 메모리 관리에 해당한다.

메모리 관리는 메모리 관리자가 담당한다. 메모리 관리자는 운영체제의 관리 모듈과 메모리 관리장치MMU, Memory Management Unit가 협업하여 관리한다. 메모리 관리자는 메모리와 관련된 여러 정책을 수립하고 정책에 따라 메모리를 관리하는데, 주요 정책 세 가지는 다음과 같다.

■ **적재 정책**

적재 정책fetch policy은 디스크에서 메모리로 프로세스를 반입할 시기를 결정하는 것으로, 다음 두 가지 방법이 가능하다.

- **요구 적재** : 운영체제나 시스템 프로그램, 사용자 프로그램 등 참조 요청에 따라 다음에 실행할 프로세스를 메모리에 적재하는 오래된 방법이다.
- **예상 적재** : 시스템의 요청을 미리 예측하여 메모리에 적재하는 방법이다. 요청된 페이지 외의 다른 페이지도 함께 불러들여 탐색 시간과 회전 지연시간을 가지는 보조기억장치(디스크)의 특성을 참조한다.

■ **배치 정책**

배치 정책placement policy은 디스크에서 반입한 프로세스를 메모리 어느 위치에 저장할 것인지 결정한다. 사용 가능 공간 리스트에서 충분히 큰 첫 번째 공백 분할 공간에 적재하는 최초 적합, 사용 가능 공간 리스트에서 가장 작은 크기의 사용 공간을 작업에 적재하는 최적 적합, 가장 큰 사용 가능 공간에 적재하는 최악 적합 등이 있다.

■ 대치 정책

대치 정책replacement policy(재배치 정책, 교체 정책)은 메모리가 충분하지 않을 때 현재 메모리에 적재된 프로세스 중 제거할 프로세스를 결정하는 교체 방법이다. 시기 및 사용 빈도에 따라 8장에서 설명하는 선입선출FIFO, First In First Out 대치 알고리즘, 최근 최소 사용LRU, Least Recently Used 대치 알고리즘 등 다양한 방법이 가능하다.

2 메모리의 구조와 매핑(사상)

메모리를 관리하는 방법을 알아보려면 먼저 관리 대상이 되는 메모리의 구조를 이해해야 한다. 명령어를 실행하는 과정에서 메모리는 주소의 연속으로, 이 주소는 크게 두 가지 관점에서 해석할 수 있다. 하나는 [그림 7-1]의 (a)와 같이 프로그래머가 프로그래밍에 사용하는 공간으로 보는 논리적 관점의 논리적 주소이다. 다른 하나는 (b)와 같이 실제 데이터나 프로그램을 저장하는 공간으로 보는 물리적 관점의 물리적 주소이다. 논리적 주소는 가상 주소라고도 하는데, 목적 코드object code가 저장된 공간과 프로그램에서 사용하는 자료구조 등이 이에 해당한다. 반면에 물리적 주소는 논리적 주소에 대응하여 적재하는 실제 주소로, 메모리 칩이나 디스크 공간에서 만든다.

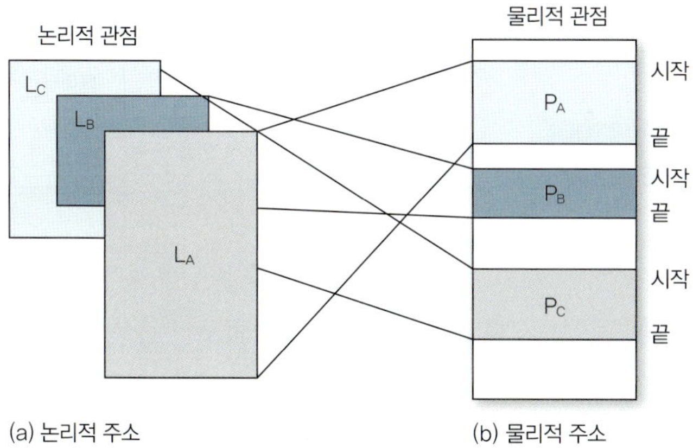

그림 7-1 **논리적 주소와 물리적 주소**

논리적 주소와 물리적 주소의 변환은 메모리관리장치MMU가 처리한다. 메모리관리장치가 논리적 주소를 물리적 주소로 변환할 때는 [그림 7-2]와 같이 고정 분할, 동적 분할, 페이징, 세그먼테이션, 페이지화된 세그먼테이션 등 변환 방법을 사용할 수 있다.

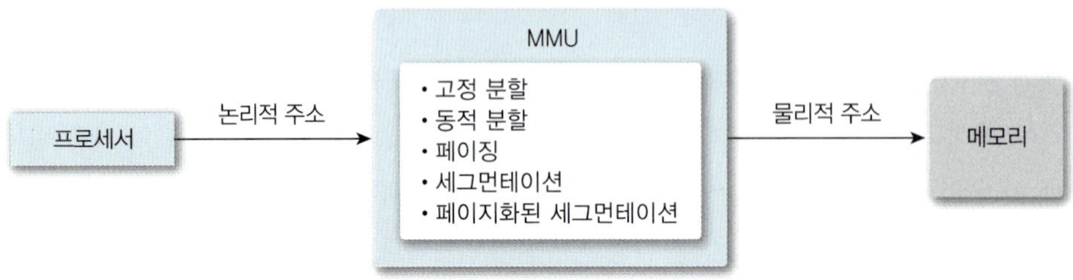

그림 7-2 **메모리관리장치의 주소 변환(논리적 주소 → 물리적 주소)**

그런데 해당 프로세스의 논리적 주소에 대응하는 물리적 주소를 알아야 프로세서가 프로세스를 실행할 수 있다. 이 두 주소를 연결, 즉 매핑mapping시켜 주는 작업을 바인딩binding이라고 한다. C 언어나 자바와 같은 고급 프로그래밍 언어에서는 변수를 사용하여 논리적 주소를 표시하고, 이를 실행하면 물리적 주소로 변환한다. 논리적 주소를 물리적 주소로 변환하는 시점에 따라 바인딩을 [그림 7-3]과 같이 컴파일compile 시간, 적재 시간, 실행 시간으로 구분할 수 있다.

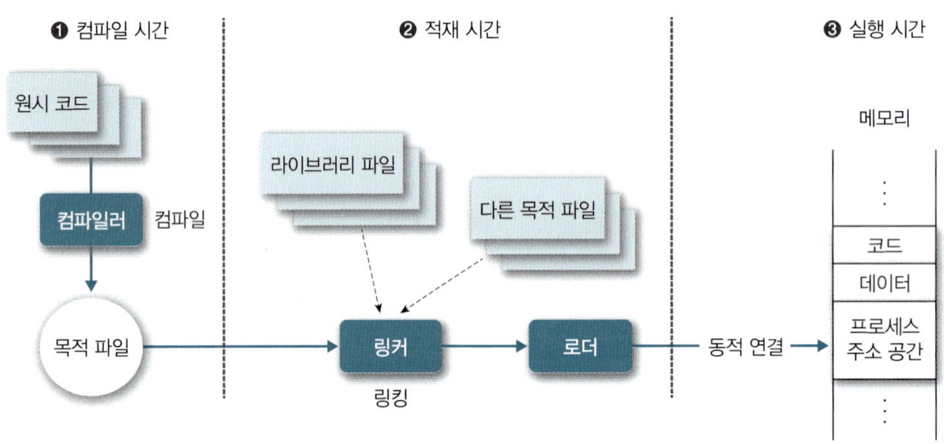

그림 7-3 **바인딩의 분류**

❶ 컴파일 시간

프로세스가 메모리에 적재될 위치를 컴파일 과정에서 알 수 있다면 컴파일러는 물리적 주소를 생성할 수 있다. 예를 들어, 사용자 프로세스가 위치 R로 시작해서 적재한다고 알려지면 생성된 컴파일러 코드는 그 위치에서 시작하여 확장해 나갈 것이다. 이후에 시작 위치가 변하지 않으면 코드를 다시 컴파일할 필요가 없다.

❷ 적재 시간

프로세스를 메모리의 어디에 적재해야 할지 컴파일 과정에 알려 주지 않으면 컴파일러는 대체 가능한 상대 주소를 생성한다. 상대 주소는 프로그램의 시작 주소가 0으로 생성되므로 최종 바인딩을 적재 시간까지 연기한다. 시작 주소가 변하면 단지 변화된 값을 반영하려고 사용자 코드를 재적재한다. 이런 과정을 정적 대치라고 한다.

❸ 실행 시간

한 프로그램(프로세스)이 동일한 장소에서 작동한다면 적재 시간 과정에서 바인딩할 수 있다. 그러나 프로세스를 실행하는 도중에 메모리의 한 세그먼트에서 다른 세그먼트로 이동한다면 바인딩은 수행 시간까지 연기(지연)된다. 이런 주소 체계는 기본 및 경계(한계) 레지스터 등 특수 하드웨어의 지원이 필요하다. 현재 범용 운영체제 대부분은 실행 시간에 바인딩하는 이 방법을 사용한다.

NOTE_ 링커와 로더

컴파일러compiler가 원시 코드를 컴파일하여 목적 파일을 생성하면 링커linker(연결기)가 이 목적 파일에 라이브러리 파일이나 다른 목적 파일을 결합한다. 그런 다음 로더loader(적재기)가 지정 위치에서 시작하여 메모리에 프로그램을 배치하는데, 하드웨어 구조에 따라 다음 방법으로 수행한다.

- 절대 적재 : 프로그램을 메모리의 지정된 위치에 적재한다.
- 교체 적재 : 프로그램을 메모리의 여러 위치에 적재한다.

3 메모리 관리 관련 용어

메모리 관리 방법을 본격적으로 알아보기에 앞서 메모리 관리 용어를 몇 가지 살펴보자.

3.1 동적 적재

초기 컴퓨터 시스템에서는 메모리의 크기가 프로세스의 크기를 제한했다. 그래서 바인딩을 최대한 늦춰 실행 직전에 주소를 확정하면 메모리를 효율적으로 운영할 수 있는 동적 적재dynamic loading 방법을 제안하게 되었다.

동적 적재는 모든 루틴을 메모리에 적재하지 않고 교체 가능한 형태로 디스크에 저장하며, 메인 프로그램만 먼저 메모리에 적재하여 수행한다. 그러다 메인 프로그램에 다른 루틴이 필요할 때 메모리에 적재되어 있는지 조사한다. 적재되어 있지 않다면 해당 루틴을 메모리로 적재하려고 호출하면서 프로그램의 주소 테이블을 갱신한다. 동적 적재는 사용하지 않을 루틴을 메모리에 적재하지 않으므로 메모리를 효율적으로 사용할 수 있다는 장점이 있다. 오류가 발생하기도 하지만 프로그램 전체 양이 많을 때 더 유용하다.

3.2 중첩(오버레이)

실행하려는 프로그램이 메모리보다 클 때는 당장 필요하지 않은 프로그램의 일부는 중첩overlay(오버레이)으로 설정할 수 있다. 중첩은 운영체제 영역과 메모리의 일부 영역에는 프로그램 실행에 꼭 필요한 명령어와 데이터만 저장하고, 나머지 중첩 영역에는 필요할 때 호출하여 적재하는 방법이다. 보통 [그림 7-4]와 같이 실행할 프로그램을 초기 · 처리 · 출력 모듈로 나누고, 중첩 영역에 초기 모듈을 먼저 적재하여 실행한 후 처리 모듈, 출력 모듈 순으로 실행하는 구조이다.

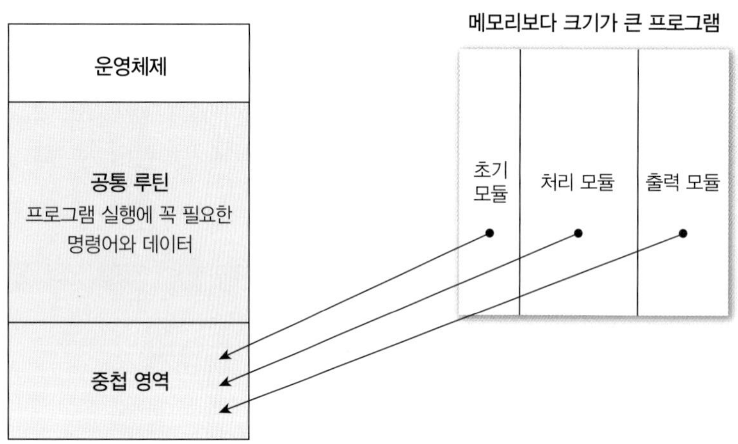

그림 7-4 **중첩 구조**

패스 1에 심벌 테이블을 작성하고 패스 2에 기계어 코드를 생성하는 [그림 7-5]의 (a)와 같은 2단계 어셈블러2pass assembler를 살펴보자. 이 어셈블러를 모두 적재하는 데 메모리가 210KB 필요하지만 200KB만 사용할 수 있다면, 이 프로세스를 실행하는 것은 불가능하다. 패스 1과 패스 2는 기능이 다르므로 동시에 메모리에 있을 필요가 없으니 이 부분은 중첩으로 설정한다. 그런 다음 중첩 드라이버를 추가해서 패스 1을 포함한 중첩 A를 실행하고, 패스 2를 메모리에 불러들여 중첩 B를 실행한다.

- 패스 1 : 70KB
- 패스 2 : 80KB
- 심벌 테이블 : 20KB
- 공통 루틴 : 30KB
- 중첩 구동기(오버레이 드라이버) : 10KB

(a) 2단계 어셈블러 예

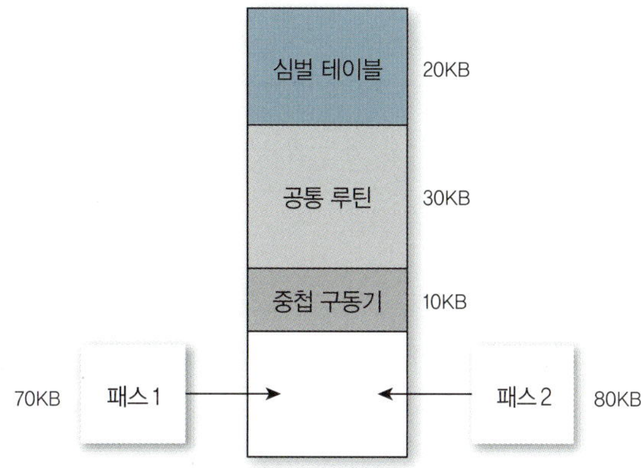

- 중첩 A : 심벌 테이블, 공통 루틴, 패스 1
- 중첩 B : 심벌 테이블, 공통 루틴, 패스 2

(b) 2단계 어셈블러 중첩

그림 7-5 **중첩 예**

중첩은 운영체제의 지원 없이도 실행 가능하다. 사용자가 파일을 메모리로 읽어 들이고, 그 메모리로 분기하여 새로운 읽기 명령을 수행하는 간단한 파일 구조를 사용하여 중첩을 구현할 수 있다. 그러면 운영체제는 평소보다 더 많은 입출력이 있다고만 인식하게 된다. 사용자는 프로그램 구조와 코드, 자료구조를 완전히 이해해야 중첩을 사용할 수 있다. 하지만 프로그램이 점점 커져 확실히 이해하기가 어려워 현재는 메모리를 확장하고, 중첩은 마이크로 컴퓨터나 실제 메모리 크기가 제한된 하드웨어에서만 사용한다.

3.3 스와핑(프로세스 교체)

다중 프로그래밍 환경에서 프로세스는 사용자 프로그램이 끝날 때까지 메모리에 저장되는 원칙을 지켜 왔다. 그러나 이 방법은 프로세스를 빈번하게 교환하는 순환 할당 알고리즘이나 우선순위에 바탕을 둔 알고리즘에서는 적합하지 않다. 프로세서 할당이 끝나고 수행이 완료된 프로세스는 보조기억장치로 보내고(스왑 아웃), 새롭게 시작하는 프로세스는 메모리에 적재해야 한다(스왑 인). 물론 프로세스는 메모리에 있어야 수행되므로 일시적으로 디스크로 이동했다가 메모리로 되돌아와 다시 수행할 수 있다.

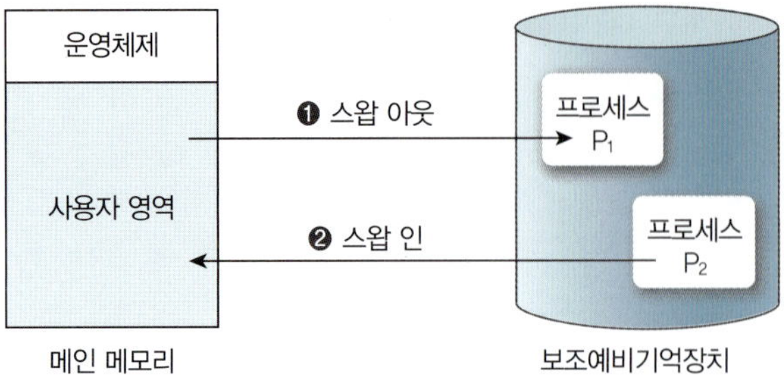

그림 7-6 **스와핑의 개념**

예를 들어, 순환 할당 프로세서 스케줄링 알고리즘에서는 프로세서 할당 시간이 지나면 실행 중인 프로세스를 디스크로 옮기고 다른 프로세스를 메모리로 가져온다. 스와핑swapping은 중기 스케줄링에 해당하므로, 중기 스케줄러가 디스크에 저장된 프로세스를 메모리로 옮기고, 메모리에 적재된 프로세스는 준비 큐에서 대기하도록 하는 과정이다. 실행 중에 스와핑 대상이 되면 대기 상태로 바뀌고, 다시 실행 조건을 만족하면 준비 큐로 이동하거나 디스크로 이동하는 스왑 아웃을 한다. 스왑 대기 상태의 프로세스는 실행 조건을 만족하면 스왑 준비 상태로 바뀐다. 이때 우선순위가 더 높은 프로세스가 도착하면 메모리관리장치MMU가 이 우선순위가 높은 프로세스와 스와핑할 수 있다. 그러다 우선순위가 높은 프로세스가 실행을 중지하면 우선순위가 낮은 프로세스를 다시 스왑 인하여 계속 실행한다. 이처럼 스와핑은 운영체제가 항상 우선순위가 높은 프로세스 공간을 만들 수 있어 시스템에 유연성을 제공한다.

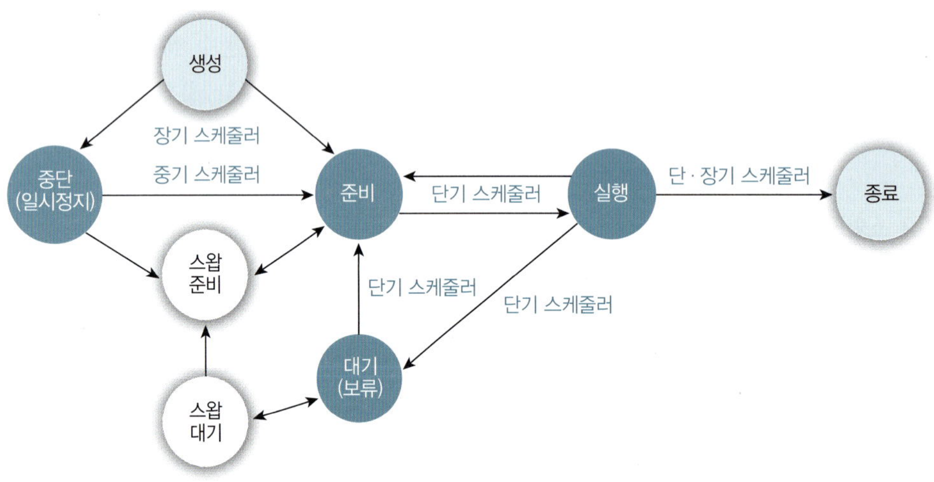

그림 7-7 **프로세스의 스와핑 과정**

스와핑 과정은 바인딩 방법에 따라 다르다. 컴파일이나 적재 바인딩에서는 프로세스를 다른 위치로 이동할 수 없으나, 실행 시간 바인딩에서는 스와핑이 가능하다. 스와핑 속도가 빠른 보조기억장치가 필요하며, 특히 문맥 교환 시간이 중요하다. 프로세스가 100KB이고 보조기억장치의 전송률이 초당 1MB인 디스크일 때 보조기억장치에서 실제로 프로세스를 전송하는 시간은 100KB/초당 1,000KB = 1/10초 = 100밀리초(ms)가 된다. 회전 지연시간을 평균 8밀리초로 가정하면 한 번 스와핑하는 시간은 108밀리초가 된다. 그리고 스왑 아웃과 스왑 인 둘 다 해야 하므로 총 스와핑 시간은 약 216밀리초가 된다. 각 프로세스를 실행하는 시간이 스와핑 시간보다 길어야 프로세서를 효율적으로 사용할 수 있다. 그러므로 이 순환 할당 프로세서 스케줄링 알고리즘에서는 규정 시간량이 216밀리초보다 커야 실제적으로 처리할 수 있다.

전체 전송시간은 직접적으로 교환하는 메모리양에 비례한다. 어떤 컴퓨터의 메모리가 1MB이고 상주 운영체제가 100KB라면 이 컴퓨터 프로세스의 최대 크기는 900KB가 된다. 그러나 프로세스는 대부분 여럿이므로 100KB보다는 훨씬 더 작을 것이다. 프로세스의 크기가 900KB이면 스와핑하는 데 908밀리초가 걸리지만, 100KB라면 아홉 번 스와핑하기 때문에 972밀리초가 걸린다. 따라서 프로세스가 얼마큼 많은 양의 메모리를 사용하는지 정확히 알아야 하지만, 이는 간단하지 않다. 이때는 프로세스들의 스와핑 시간을 줄여야 하는데, 시스템에 메모리를 요청하는 정보의 변화를 확인하는 방법을 사용하면 효과적이다. 메모리를 동적으로 요청하는 프로세스에는 운영체제에 메모리 요청 변화를 제공하는 시스템 호출이 필요하다.

실제 실행 중인 프로세스를 스와핑하려면 유휴 상태라는 것을 확인해야 한다. 특히 입출력 대기 상태인지가 중요하다. 입출력을 대기 중이라면 메모리를 회수하도록 스와핑할 수 있으나, 입출력 버퍼가 사용자 메모리를 비동기적으로 액세스하면 스와핑할 수 없다. 이 두 문제는 대기 입출력이 있는 프로세스는 스와핑하지 않고, 입출력 동작이 있는 운영체제의 버퍼에서만 스와핑을 수행하여 해결한다. 그리고 운영체제와 프로세스 메모리 간에는 프로세스가 스와핑되어 들어올 때만 전송해야 한다. 스와핑은 초기 시분할 시스템에서 채택했는데, 최근 페이지로 발전했다.

3.4 메모리 적재 방법

메모리에 프로세스를 적재하는 방법은 크게 두 가지로 분류한다. 하나는 연속적으로 적재하는 연속 메모리 적재 방법이고, 다른 하나는 페이지나 세그먼트 단위로 나눠 여러 곳에 적재하는 비연속(분산) 메모리 적재 방법이다.

초기 컴퓨터 시스템은 각 프로그램이 연속된 하나의 블록을 차지하도록 연속 메모리 할당을 사용했다. 직접 배치, 중첩(오버레이), 고정 분할 방법 등이 이에 해당한다. 그런데 고정 분할 방법은 크기가 다른 프로세스에 모두 같은 크기의 메모리를 할당하여 메모리 낭비를 초래했다. 프로세스의 크기에 따라 메모리를 다르게 분할하는 가변 분할 메모리 할당을 제안하여 이 문제를 해결했다. 이를 다중 프로그래밍 방법에 적용하면서 분산 메모리 할당이 유용해졌다. 연속 메모리 할당에서는 고정 분할이나 가변 분할이 효과적인 메모리 활용 방법은 아니다. 또 내부나 외부 단편화 문제가 발생할 수 있다. 물론 제한된 압축을 활용하여 메모리 할당을 변화시켜서 외부 단편화를 해결하면 연속적인 공간을 만들 수 있지만, 실행 시간을 낭비하는 결과를 가져온다. 그래서 외부 단편화를 해결하고 내부 단편화를 최소화하려고 소개한 새로운 방법이 바로 분산 메모리 할당이다.

분산 메모리 할당은 불연속 메모리 할당이라고도 하는데, 프로그램 하나가 물리적 주소의 여러 공간에 분산해서 올라갈 수 있도록 하는 방법이다. 이 방법도 크게 고정 분할과 가변 분할로 분류할 수 있다. 먼저 고정 분할에 해당하는 페이징은 프로그램 하나를 분할하는 기준에 따라 동일한 크기로 나눠 메모리로 적재하는 방법이고, 세그먼테이션은 크기는 일정하지 않지만 의미 단위로 나눠 메모리로 적재하는 방법이다. 이런 메모리 관리 기술은 계속 발전하여 가상 메모리를 지원할 수 있게 되었다(8장 참조).

이 장에서는 연속 메모리 할당과 비연속 메모리 할당을 살펴보고, 가상 메모리는 8장에서 자세히 다룬다.

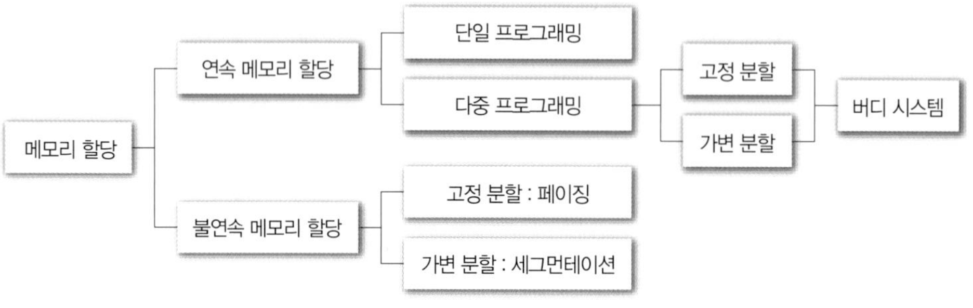

그림 7-8 **메모리 할당 방법**

02 연속 메모리 할당

메모리에 프로세스를 적재할 때 연속적으로 적재하는 방법이 연속 메모리 할당이다. 이는 초기 컴퓨터 시스템에서 많이 사용하던 방법으로 단일 프로그래밍 환경과 다중 프로그래밍 환경으로 구분하여 살펴볼 수 있다.

1 단일 프로그래밍 환경에서 연속 메모리 할당

초기 컴퓨터 시스템은 사용자 한 명만 컴퓨터를 사용할 수 있었고 컴퓨터 자원도 사용자 혼자만 마음대로 쓸 수 있었다. 그리고 프로그램은 메모리보다 클 수 없고 직접 배치 과정을 수행하여 항상 같은 메모리 위치에 적재되었다.

단일 프로그래밍 환경에서 연속 메모리 할당은 메모리를 사용자 영역과 운영체제 상주 영역으로 나눈다. 운영체제는 상위나 하위에 자유롭게 둘 수 있다. [그림 7-9]의 (a)와 같이 크게 운영체제가 상주한 영역인 모니터, 사용자 프로그램이 들어 있는 영역인 사용자, 사용하지 않는 영역인 미사용으로 나눌 수 있다. 메모리를 제어하는 모든 권한이 사용자에게 있기 때문에 사용자가 주소를 잘못 지정하면 운영체제가 손상될 수 있다. 그래서 (b)와 같이 프로세서에 경계(한계) 레지스터를 두어 이를 방지한다. 사용자 프로그램이 메모리 주소를 참조할 때마다 경계 레지스터를 검사한 후 실행되도록 하는 것이다.

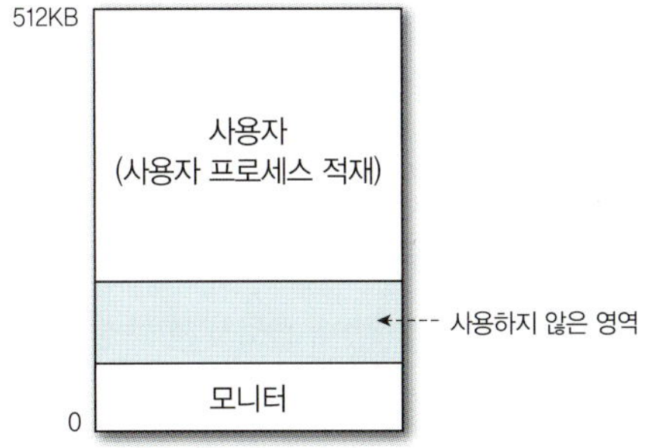

(a) 메모리 보호 전

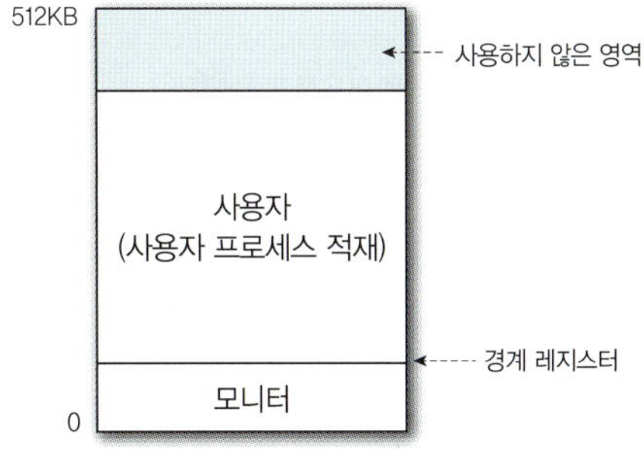

(b) 메모리 보호 후

그림 7-9 **단일 사용자의 연속 메모리 할당 시스템 예**

이런 메모리 할당 시스템의 문제는 사용자 프로그램의 적재이다. 컴퓨터 주소 공간이 0000부터 시작하더라도 사용자 프로그램의 시작 주소는 기준 레지스터 값 이후가 된다. 그러므로 기준 주소가 변하면 다시 적재해야 한다. 다음 두 가지 방법을 고려하여 이런 운영체제의 동적 변화에 대비할 수 있다. 첫 번째 방법은 사용자 프로그램을 기준 레지스터보다 상위 메모리에 적재하는 것이다. 이 방법은 사용하지 않은 모든 공간이 중간에 있어 운영체제나 사용자 프로그램의 공간을 확장할 수 있다는 장점이 있다. 두 번째 방법은 주소 바인딩을 연기하는 것이다. 이 방법은 [그림 7-10]과 같이 동적 적재를 하는, 즉 주소 바인딩을 연기하는 기준 레지스터가 필요하다. 기준 레지스터에 있는 값은 사용자 프로세스를 메모리로 보낼 때 생성하는 주소 값에 더한다. 예를 들어, 기준 값이 1400이라면 주소 0에서 사용자 프로세스는 동적으로 1400으로 대체되고, 주소 346의 접근은 1746으로 대체된다.

NOTE_ 기준 레지스터와 경계 레지스터

기준 레지스터는 가장 작은 물리적 주소를 저장하고, 경계 레지스터는 프로그램 영역이 저장되어 있는 크기를 저장한다. 즉, 기준 레지스터는 물리적 주소이고, 경계 레지스터는 논리적 주소이다.

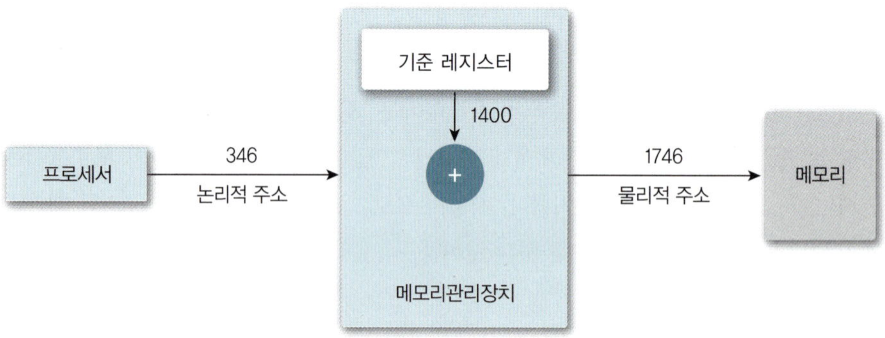

그림 7-10 **기준 레지스터를 이용한 동적 대치**

단일 프로그래밍 환경에서 연속 메모리 할당은 단순하고 이해하기 쉬우나, 한 번에 프로그램 하나만 사용할 수 있고 메모리의 효율성이 떨어진다. 또 메모리보다 큰 프로그램은 수행할 수 없어 스와핑을 사용하여 제한된 메모리를 확장한다. [그림 7-11]과 같이 프로세서 중심의 작업이라면 프로세서를 집중적으로 사용할 수 있지만, 입출력 작업이 교대로 발생한다면 프로세서의 유휴 상태가 자주 일어난다. 그래서 자원 낭비가 심하고 프로세스 스와핑 비용이 많이 든다.

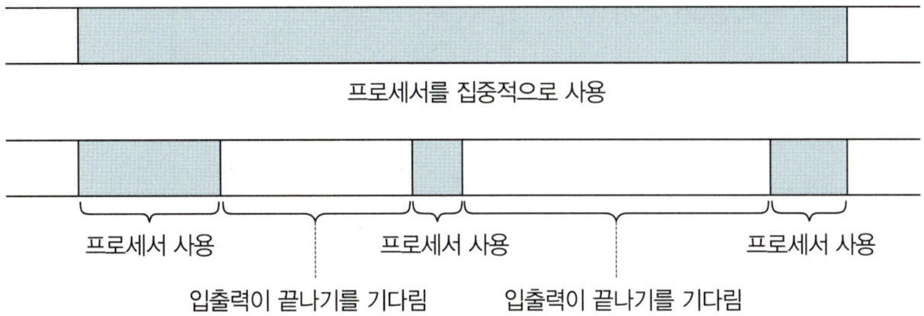

그림 7-11 **단일 프로그래밍 환경에서 연속 메모리 할당을 할 때 프로세서 이용도**

2 다중 프로그래밍 환경에서 연속 메모리 할당

다중 프로그래밍 환경에서 연속 메모리 할당을 지원하는 방법은 두 가지로 구분한다. 하나는 메모리를 여러 개의 고정된 크기로 분할하는 고정 분할 방법이고, 다른 하나는 필요한 만큼만 메모리를 할당하는 가변 분할 방법이다.

2.1 고정 분할 방법

연속 메모리 할당에서는 메모리를 여러 개의 고정된 크기로 분할하고 분할된 각 메모리는 프로세스, 즉 작업job 하나를 실행할 수 있다. 이때 물리적 주소는 [그림 7-12]와 같이 분할 기준 레지스터PBR 값에 논리적 주소를 더해서 생성한다.

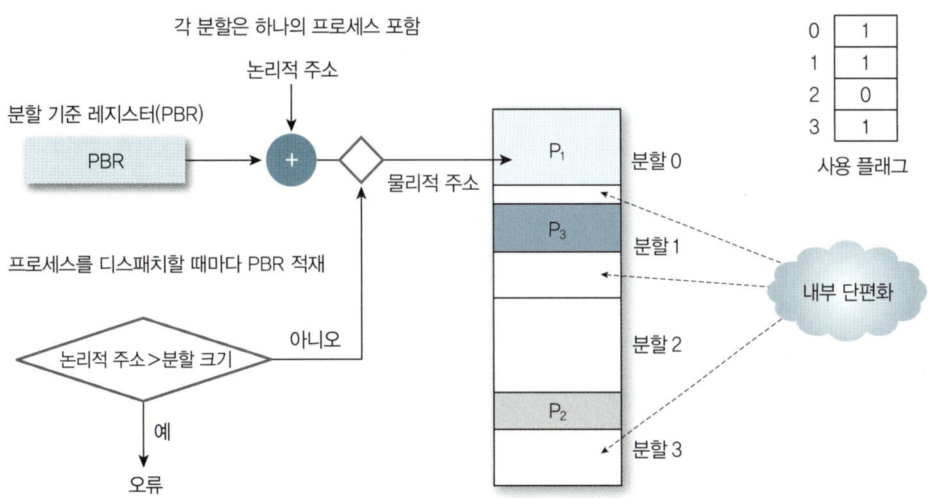

그림 7-12 **다중 프로그래밍 환경에서 고정 분할 방법 예(IBM OS/360)**

고정 분할 방법에서는 논리적 주소가 분할된 메모리보다 크면 오류가 발생하고, 작으면 내부 단편화가 발생한다. 예를 들어, [그림 7-13]과 같이 사용 가능 공간이 18,464바이트이고 프로세스가 그중 18,462바이트를 요구한다고 가정하자. 요구된 블록을 정확히 할당하면 사용 가능 공간은 2바이트가 남는데, 이 공간을 활용하려고 처리하는 비용이 더 클 것이다. 따라서 대부분 사용할 수 없는 공간이 되는데, 이를 보통 내부 단편화라고 한다.

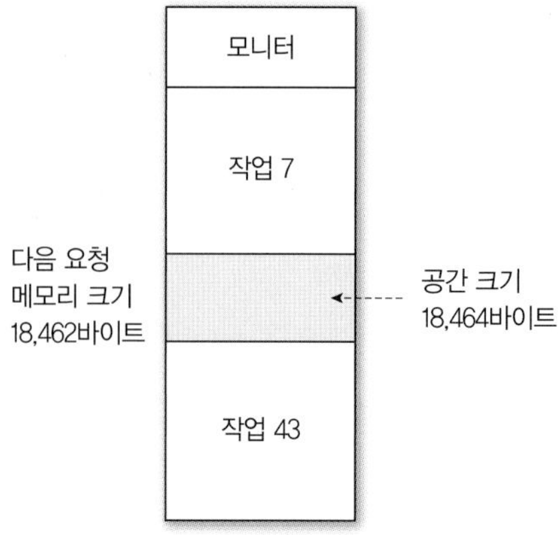

그림 7-13 **내부 단편화의 개념**

[그림 7-14]의 (a)와 같이 32KB 메모리를 10KB 운영체제 한 개, 10KB 사용자 공간 한 개, 4KB 사용자 공간 3개로 각각 나눈다고 하자. 대기 큐에 〈7KB, 3KB, 6KB, 6KB〉 작업이 있다면, 7KB 작업은 10KB 영역에(3KB 내부 단편화), 3KB 작업은 4KB 영역 중 하나에 할당할 수 있으나(1KB 내부 단편화) 6KB 작업은 메모리를 할당할 수 없다. 반면에 메모리를 (b)와 같이 10KB, 8KB, 4KB로 나누면, 7KB 작업은 8KB 영역에(1KB 내부 단편화), 3KB 작업은 4KB 영역에(1KB 내부 단편화), 6KB 작업은 10KB 영역에(4KB 내부 단편화) 할당할 수 있다. 따라서 총 6KB 내부 단편화가 발생한다(7KB 작업을 10KB 영역에 할당해도 된다).

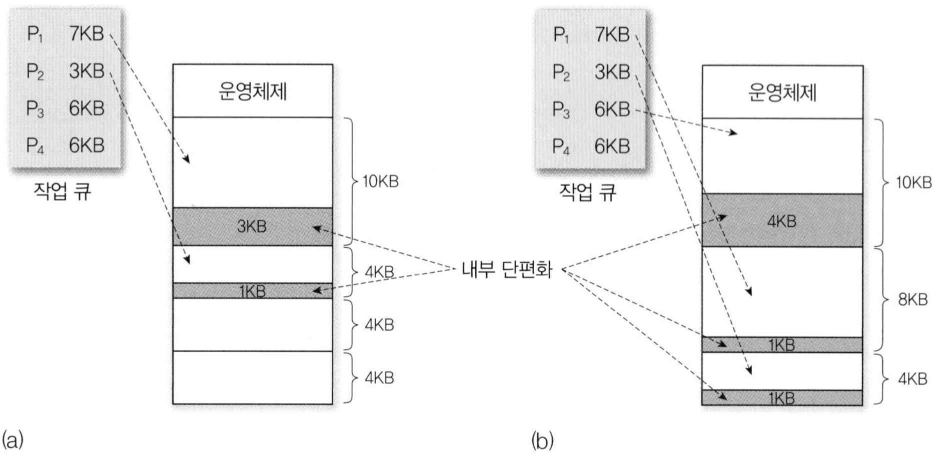

그림 7-14 **스케줄링과 분할 크기에 따른 내부 단편화의 변화**

이처럼 내부 단편화는 스케줄링과 분할 크기에 따라 달라 메모리 낭비가 발생한다. 여러 프로세스가 메모리에 상주하므로 이 프로세스를 보호할 수 있는 메모리 보호 방법이 필요한데, 이는 기준 레지스터와 경계 레지스터를 사용하여 가능하다.

[그림 7-15]의 (a)에서 작업 2는 물리적 주소의 하한 값이 300040이고 크기가 120900이다. 따라서 기준 레지스터에는 가장 작은 물리적 주소인 300040을, 경계 레지스터에는 120900을 저장한다. 사용자 주소 범위는 0에서 120900으로 논리적 주소인 경계 레지스터보다 작아야 한다. 그리고 상한 값은 420940(=기준 레지스터+경계 레지스터=300040+120900)이 되므로, 사용자 주소는 하한 값과 상한 값 사이가 된다. 프로세서로 생성한 모든 주소가 이들 레지스터와 함께 (b)의 과정을 거치면 다른 사용자의 프로그램과 데이터에서 보호할 수 있다.

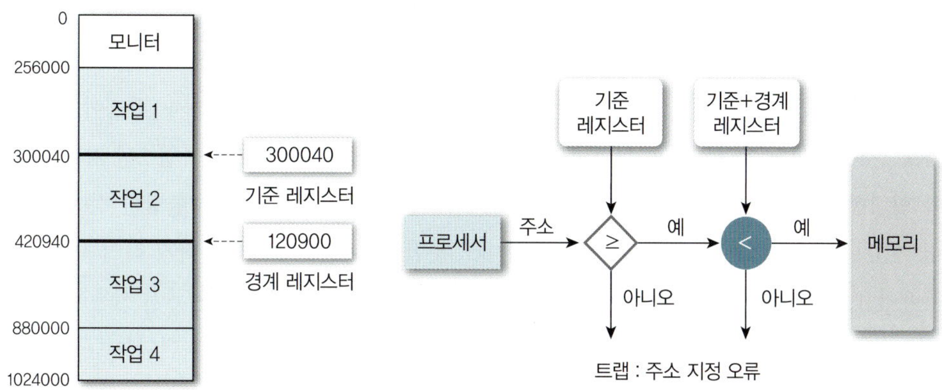

(a) 메모리를 보호하는 기준 레지스터와 경계 레지스터

(b) 메모리 보호 과정

그림 7-15 **고정 분할 방법에서 메모리 보호 예**

고정 분할 방법에서는 프로그래밍의 성능이 분할 수에 제한을 받는다. 분할 영역이 비면 프로세서가 프로세스 큐에서 하나를 선택하여 비어 있는 분할 영역에 적재하고, 이 프로세스가 실행을 마치면 해당 분할 영역은 다른 프로세스가 사용할 수 있다. 예를 들어, [그림 7-16]과 같이 크기가 2KB인 큐 Q2, 6KB인 큐 Q6, 12KB인 큐 Q12가 있다고 하자. 크기가 2KB 미만인 프로세스는 Q2로, 6KB 미만인 프로세스는 Q6으로, 12KB 미만인 프로세스는 Q12로 보내고 큐에는 최대 메모리 요구량을 표시한다. 큐별로 자신의 메모리 영역이 있으므로 큐 간에는 경쟁이 없다고 가정한다.

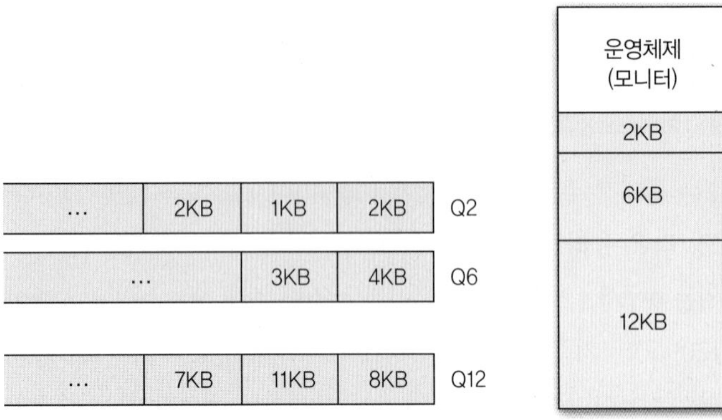

그림 7-16 **각 영역별로 독립된 큐가 있는 고정 분할 시스템**

이 방법에서는 크기에 따라 담당하는 큐가 있어 큐 Q2가 차면 다른 큐 Q6과 Q12가 비어 있어도 사용할 수 없다는 문제가 발생한다. 이 문제는 모든 작업을 하나의 통합된 대기 큐에 넣고 운영하는 방법을 제안하여 해결했다. 예를 들어, [그림 7-17]과 같이 2KB, 6KB, 12KB로 분할된 메모리 영역과 선입선처리 작업 스케줄러, 대기 큐가 있다고 가정하자. 작업이 〈5KB, 2KB, 3KB, 7KB〉로 도착했다면 우선 5KB 작업 1을 6KB 영역에, 2KB 작업 2를 2KB 영역에 할당한다. 다음 3KB 작업 3은 비어 있는 12KB 분할된 메모리 영역에 할당할 것이다. 이어 7KB 작업 4는 작업 1과 작업 2를 종료했어도 분할 영역이 작아 기다리다가 작업 3이 끝난 후에야 12KB 영역에 할당할 것이다. 이처럼 통합 큐에서도 작업 5와 작업 6이 사용할 수 있는 2KB 영역과 6KB 영역이 비어 있더라도 7KB 작업 4 때문에 기다려야 한다는 문제가 발생한다.

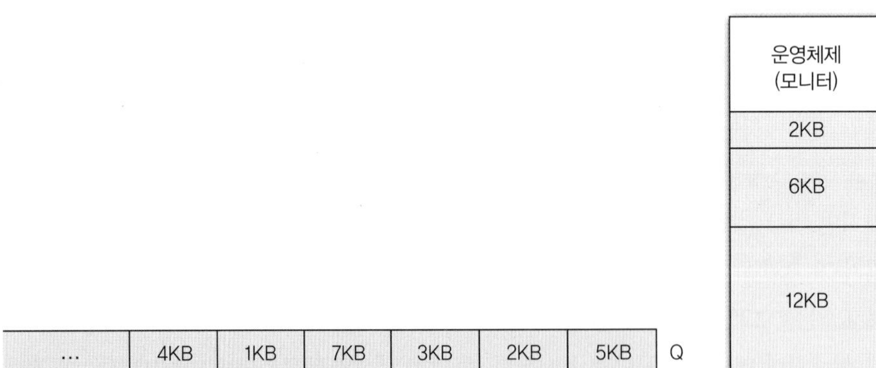

그림 7-17 **통합된 대기 큐가 있는 고정 분할 시스템**

이런 작업에서 메모리 할당(배치)을 하는 방법은 나중에 자세히 다룰 것이다. 다중 프로그래밍의 성능을 향상시키려면 메모리 분할, 작업 큐와 관련된 다음 사항을 결정해야 한다.

■ **분할 영역의 크기**

시스템 부하를 분석하여 분할 영역의 개수와 크기를 결정해야 한다. 이때 개수는 다중 프로그래밍의 정도가 될 수 있다. 예를 들어, 전체 용량이 32KB이고 상주 모니터의 크기가 10KB라면 매우 작은 작업은 4KB, 평균 작업은 6KB, 큰 작업은 12KB로 영역을 배치할 수 있다. 이런 영역의 크기 결정은 시스템 전체의 효율을 나타낸다.

■ **영역의 배치**

프로그램 작업을 어느 영역에 배치하는지 결정해야 하는데, 작업 스케줄러가 필요하다.

2.2 가변 분할 방법

고정된 경계를 없애고 각 프로세스가 필요한 만큼 메모리를 할당하는 것을 가변 분할 방법이라고 한다. 가변 분할 방법에서는 기준 레지스터와 경계 레지스터를 사용하여 각 프로세스(분할 영역)를 나타낸다. 예를 들어, [그림 7-18]의 분할 테이블에 있는 P_3은 기준 레지스터(5034)와 경계 레지스터(250)에 매핑되어 물리적 주소를 생성한다. 이때 프로세서로 생성한 논리적 주소가 경계 레지스터 값보다 크면 오류가 발생한다.

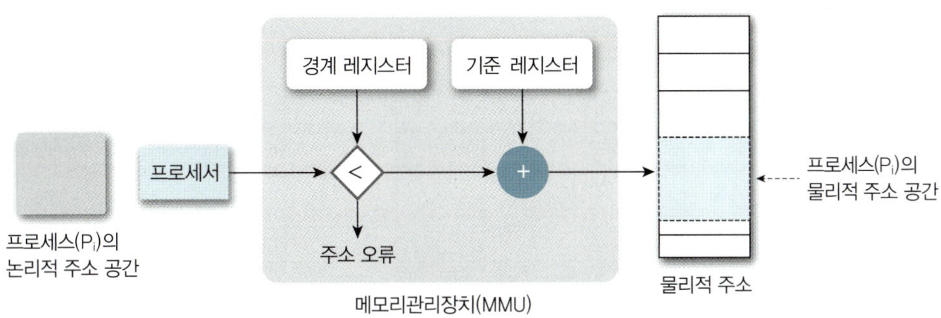

분할 테이블

프로세스	기준	크기
P_1	28	1000
P_2	1028	3000
P_3	5034	250

그림 7-18 **다중 프로그래밍에서 가변 분할 방법 예**

가변 분할 방법에서는 운영체제가 메모리의 어느 부분을 사용하고 사용할 수 있는지 알 수 있는 테이블을 유지해야 한다. 예를 들어, 메모리가 256KB이고 운영체제가 40KB이며 작업 큐에 [그림 7-19]의 (a)와 같은 작업이 있다고 하자. 작업 1~작업 3에 메모리를 할당하면 (b)의 ❶과 같다. 5시간 후에 작업 2를 종료하여 사용한 메모리를 해제하면 ❷가 되고, 여기에 작업 4를 할당하면 ❸이 된다. 그리고 작업 1을 10시간 후에 종료하여 메모리를 해제하면 ❹가 되고, 작업 5에 메모리를 할당하면 ❺가 된다.

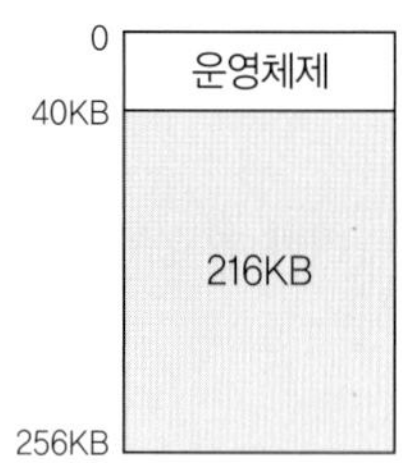

작업 큐

작업	메모리	시간
1	60KB	10
2	100KB	5
3	30KB	20
4	70KB	8
5	50KB	15

(a) 가변 분할 할당을 설명하는 메모리와 작업 큐 예

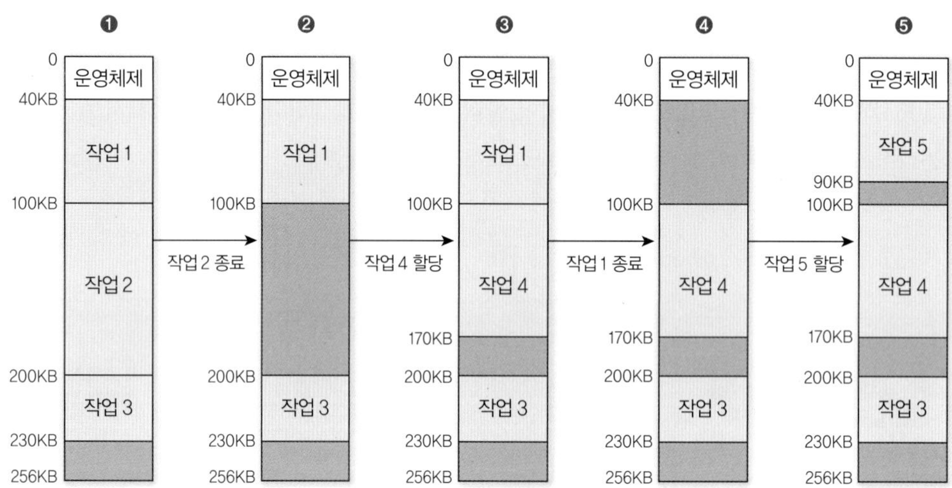

(b) 메모리 할당과 스케줄링 과정

그림 7-19 **가변 분할 방법 예**

[그림 7-19]의 예로 사용 가능 공간이 메모리에 흩어져 있고 작업 큐에 대기 중인 프로세스를 실행하려면 프로세스에 할당할 충분한 크기의 메모리 영역을 찾아야 한다는 사실을 알 수 있다. 이때 인접한 공간 블록이 있다면, 블록 2개를 합쳐서 커다란 사용 가능 공간을 만들 수 있

다. 물론 사용 가능 공간이 크다면 영역 2개로 나눠 공간 하나는 곧 도착하는 작업에 할당하고, 다른 공간은 다시 종료된 작업의 공간에 반환하여 또 다른 큰 공간을 만들 수 있다. 이처럼 가변 분할(동적 메모리 할당)에는 요구된 크기 n을 사용 가능 공간에 어떻게 할당하느냐는 문제가 있다. 사용 가능 공간을 어느 작업에 할당하는 것이 가장 좋은지 결정하는 일반적인 메모리 배치 방법으로 최초 적합, 최적 적합, 최악 적합 등을 들 수 있다. 13KB 크기를 요청한 작업에서 최초 적합, 최적 적합, 최악 적합 등 배치 알고리즘을 비교하여 살펴보자.

■ **최초 적합 방법**

최초 적합first-fit 방법은 프로세스를 사용 가능 공간 중 충분히 큰 첫 번째 공간에 할당한다. 검색을 사용 가능 공간의 리스트 맨 앞이나 이전의 최초 적합 검색이 끝났던 곳에서 시작하면 충분히 큰 사용 공간을 빨리 찾을 수 있다. 하지만 이 방법은 공간 활용률이 떨어질 수 있다는 단점이 있다.

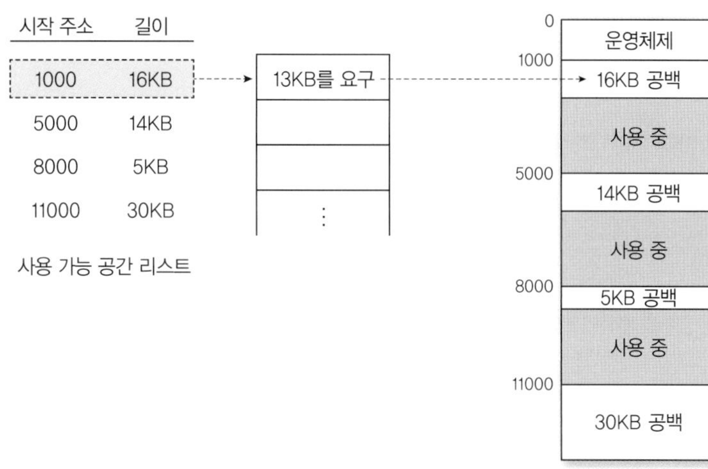

그림 7-20 **최초 적합 방법 예**

■ **최적 적합 방법**

최적 적합best-fit 방법은 프로세스를 충분히 큰 사용 가능 공간 중에서 들어갈 수 있는 가장 작은 공간에 할당한다. 사용 가능 공간이 크기 순으로 정렬되어 있지 않으면 전체를 검색해야 한다. 따라서 사용 가능 공간을 계속 정렬하는 과정이 필요하므로 비효율적일 수 있다. 사용 가능 공간 이용률은 향상될 수 있으나 할당 과정에 많은 시간이 소요될 수 있다. 물론 가장 작은 또 다른 사용 가능 공간을 만들 수도 있다.

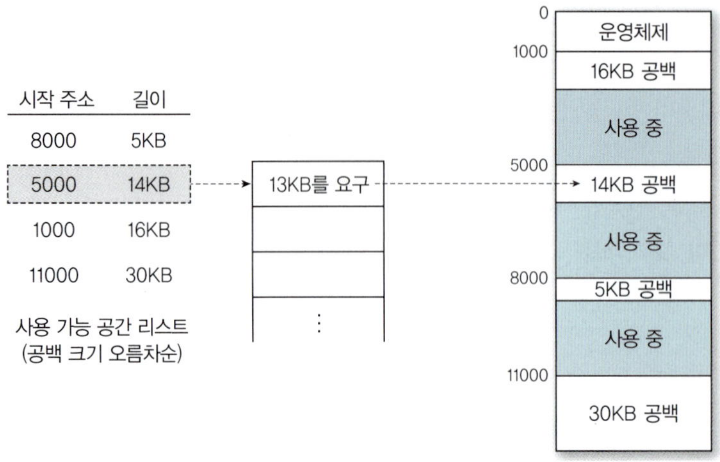

그림 7-21 **최적 적합 방법 예**

■ **최악 적합 방법**

최악 적합worst-fit 방법은 프로세스를 가장 큰 사용 가능 공간에 할당한다. 공간이 크기 순으로 정렬되어 있지 않으면 전체를 검색해야 한다. 가장 큰 사용 가능 공간에 할당하기 때문에 가장 작은 또 다른 사용 가능 공간을 만드는 최적 적합보다 메모리 활용 면에서 더 유용하다.

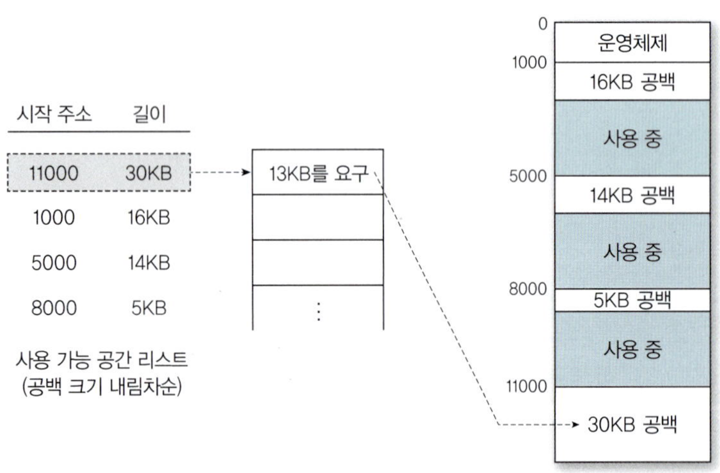

그림 7-22 **최악 적합 방법 예**

[그림 7-20]~[그림 7-22]로 최초 적합과 최적 적합 모두 최악 적합보다는 시간과 메모리 이용률을 감소시키기에 더 낫다는 것을 확인했다. 보통은 최초 적합이 최적 적합보다 메모리를 빨리 할당한다.

가변 분할 방법도 고정 분할 방법처럼 상한 값과 하한 값이 있는 경계 레지스터 2개(기준 레지스터, 경계 레지스터)를 사용하여 메모리에 상주하는 프로세스들을 보호한다. 예를 들어, 물리적 주소의 하한 값이 100040이고 크기가 74600인 프로세스라면 상한 값은 174640 (=100040+74600)이 되고, 사용자 주소 범위는 하한 값과 상한 값 사이가 된다.

기준 레지스터와 경계 레지스터는 수행 시간에 동적 대치를 허용한다. 기준 레지스터는 가장 작은 물리적 주소로 100040을 가지고 경계 레지스터가 논리적 주소 74600을 포함한다면, 사용자 주소 범위는 0~74600이다. 논리적 주소는 경계 레지스터보다 작아야 하며, 기준 레지스터에 추가하여 동적으로 대체된다. 따라서 100040~174639 범위에서 동적으로 대체하고, 대체한 주소는 메모리로 보낸다.

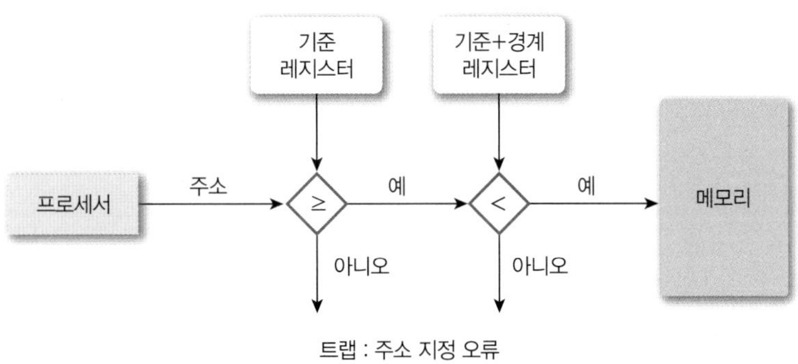

그림 7-23 **가변 분할에서 메모리를 보호하는 과정**

프로세서 스케줄러가 프로세스를 선택할 때 디스패처는 값이 정확한 기준 레지스터와 경계 레지스터를 적재한다. 프로세서가 생성한 모든 주소는 레지스터와 함께 검사하기 때문에 다른 사용자의 프로그램과 데이터를 보호할 수 있다.

가변 분할에서는 외부 단편화 문제가 발생한다. 프로세스들을 메모리에서 제거하고 새로운 프로세스를 적재할 때 사용 가능 공간을 작게 나눈다. 이것은 프로세스들이 연속된 메모리를 차지하는 과정에서 공백이 발생하기에 사용 가능 공간을 여러 개의 작은 공간으로 단편화할 수 있는 것이다.

이처럼 가변 분할에서는 프로세스가 요구한 크기로 공간을 만드므로 내부 단편화는 거의 없으나 외부 단편화는 있을 수 있다. 예를 들어, [그림 7-19] (b)의 ❶에서는 26KB 외부 단편화가 발생했다. 이 공간은 너무 작아서 나머지 프로세스 작업 4와 작업 5를 만족시킬 수 없다. 마찬가지로 (b)의 ❸은 사용 가능 공간이 56KB(=30KB+26KB) 있으나 이 공간은 조각 2개로 나눠 있어 작업 5의 메모리 요구를 만족시킬 수 없다. 따라서 단편화 문제는 매우 심각할 수 있다. 물론 최초 적합, 최적 적합의 선택은 외부 단편화의 전체 양에 영향을 줄 수 있으나 해결책은 아니다. 이런 낭비를 해결하는 방안으로 메모리 통합(병합)과 압축 방법을 생각할 수 있다.

■ **메모리 통합 방법**

메모리 통합coalescing 방법은 [그림 7-24]와 같이 하나의 작업이 끝났을 때 다른 빈 공간과 인접해 있는지 점검하여 하나로 합치는 것이다. 물론 메모리 전반에 흩어진 빈 공간을 모두 통합하기는 어렵다.

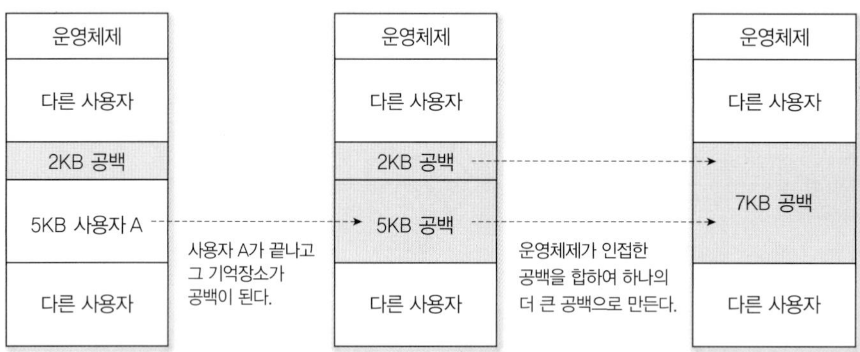

그림 7-24 **메모리 통합 방법 예**

■ **메모리 압축 방법**

메모리 압축compaction 방법은 메모리의 내용을 적절히 움직여 사용 가능 공간을 큰 블록 하나로 만드는 것이다. 예를 들어, [그림 7-19] (b)의 ❺는 [그림 7-25]와 같이 하나의 공간인 66KB로 압축할 수 있다.

압축이 항상 가능한 것은 아니다. 여기서는 작업 4와 작업 3을 이동했는데, 모든 내부 주소를 대체해야 이 프로세스들을 새로운 위치에서 수행할 수 있다. 주소 대체가 정적이고 컴파일이나 적재할 때 실행된다면 압축을 수행할 수 없다. 주소들을 동적으로 대체하면 프로세스들이 이동하고 기준 레지스터의 변화를 요구하여 새로운 기준 주소를 반영하므로 압축은 대체가 동적일 때만 가능하다. 또 실행 시간에 할 수 있다는 특징이 있다.

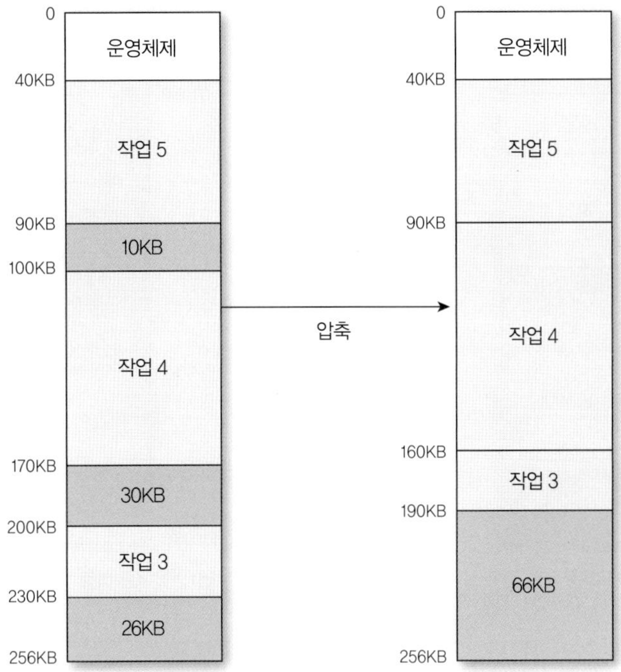

그림 7-25 **메모리 압축 방법 예**

메모리 테이블을 유지해야 메모리 압축을 할 수 있으므로 오버헤드가 발생한다. 특히 작은 조각이 많을 때는 더 심하다. 그러므로 10,240바이트의 빈 공간에 10,238바이트의 작업을 배치할 때는 2바이트의 조각을 관리하기보다는 10,240바이트를 전부 배정하는 것이 낫다. 메모리 압축 비용이 더 많이 들기 때문이다.

[그림 7-26]의 (a)에서는 작업 3과 작업 4를 위해 (b)와 같이 총 600KB를 이동하거나 (c)와 같이 작업 3을 작업 4 밑으로 옮겨 200KB만 이동할 수도 있다. 특히 (d)는 사용 가능한 큰 메모리 공간이 가운데 있다는 점이 특이하다. 또 큐가 450KB를 요구하는 프로세스 하나만 가지고 있다면, 작업 2를 다른 위치로 이동할 수도 있을 것이다. 이런 해결책이 하나의 큰 공간을 생성하지는 않지만 다음 요구를 만족할 만큼 충분히 큰 공간을 만들어 낸다. 이렇게 다양한 방법으로 압축이 가능한데, 방법에 따라 비용에 차이가 있다. 하지만 최적의 압축 방법을 선택하는 것은 매우 어려운 일이다.

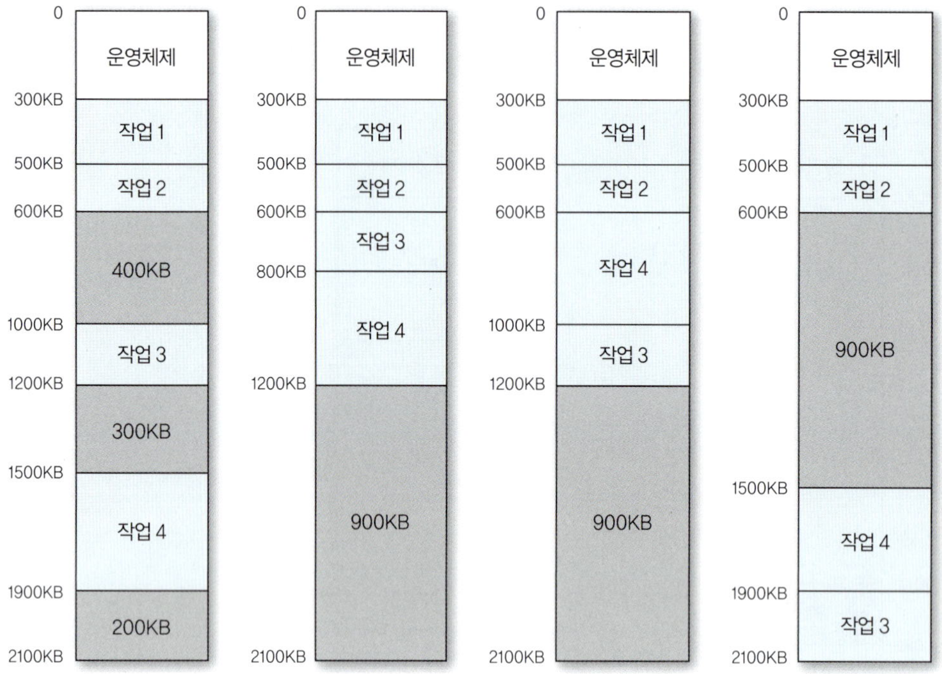

(a) 초기 할당 (b) 600KB 이동 (c) 400KB 이동 (d) 200KB 이동

그림 7-26 **다양한 메모리 압축 방법**

메모리 압축은 가변 메모리에서 발생하는 수많은 작은 공백을 하나의 큰 공백으로 변환하여 새로운 작업에 할당할 수 있다는 장점이 있지만, 다음과 같은 단점도 있다.

- 압축하는 동안 시스템은 모든 일을 중지해야 한다. 이때 대화형 사용자는 응답시간이 일정하지 않게 되고, 실시간 시스템은 심각한 문제가 될 수 있다.
- 메모리에 있는 작업들을 이동해야 하므로 프로그램을 적재할 때 제거되는 대치 관련 정보를 액세스 가능한 형태로 보관해야 한다.
- 압축 작업을 자주 요구하여 시스템 자원의 소모가 크다.

3 다중 프로그래밍 환경의 버디 시스템

고정 분할 방법이나 동적 분할 방법 모두 단편화 문제가 있었다. 이런 단편화 현상을 해결하는 방법으로 버디 시스템buddy system을 제안했다.

버디 시스템은 큰 버퍼들을 반복적으로 이등분하여 작은 버퍼들을 만들며, 가능할 때마다 인접한 빈 버퍼free buffer들을 합치는 과정을 반복한다. 버퍼를 나눌 때 각각을 서로의 버디라고 한다. 버디 시스템에서 사용할 수 있는 메모리 블록(K)은 L ≤ K ≤ U로 나타낼 수 있다. 여기서 L은 할당 가능한 가장 작은 블록이고, U는 가장 큰 블록으로 전체 메모리이다. 요청한 메모리의 크기가 작아 전체를 할당하지 않으면 블록은 2^{U-1}의 크기를 갖는 버디 2개로 나뉜다. 이런 과정을 반복하면 요청한 크기와 같거나 큰 블록을 생성하며, 요청을 할당할 때까지 계속한다. 또 한 커널은 크기가 b인 빈 버디 블록 쌍을 크기가 2b인 더 큰 블록 하나로 합한다.

[그림 7-27]은 64KB의 초기 블록을 사용한 예이다. 먼저 첫 번째로 8KB를 요청하면 (a)와 같이 블록을 32KB 버디 2개로 쪼개고, 여전히 요청한 크기보다 크므로 계속 쪼개 크기가 8KB가 되면 요청에 맞게 할당할 수 있다(❶~❸). 이어서 두 번째도 8KB를 요청한다면 (b)와 같이 바로 할당할 수 있다(❹). 세 번째로 4KB를 요청한다면 (c)와 같이 다시 블록을 버디 2개로 쪼개고 요청에 할당한다(❺~❻). 다음 (d)와 같이 두 번째로 요청한 8KB를 해제하고(❼), (e)와 같이 첫 번째 요청한 8KB를 해제하면서 합친다(❽).

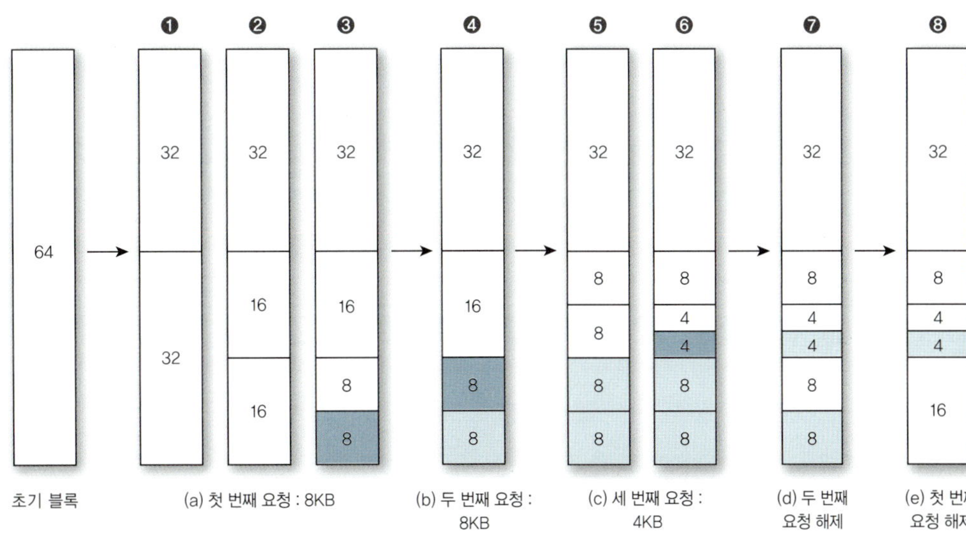

그림 7-27 **버디 알고리즘 예**

버디 시스템으로 고정 분할 방법이나 가변 분할 방법의 단점을 해결할 수 있다. 하지만 최근 운영체제는 페이징이나 세그먼테이션을 활용한 가상 메모리를 선호하고, 유닉스의 커널 메모리 할당이나 병렬 처리 시스템에서만 응용한다.

03 분산 메모리 할당 1 : 페이징

1 페이징의 개념

페이징은 작업을 크기가 동일한 페이지로 나눠 처리하는 방법이다. 즉, 프로세스를 크기가 동일한 페이지로 나누고, 메인 메모리도 프레임(페이지 프레임)이라는 고정 크기 블록으로 나눠 이 프레임에 페이지를 적재하는 방법이다.

[그림 7-28]의 (a)와 같이 연속 메모리 할당 시스템은 MMU를 이용하여 프로세스를 연속된 메인 메모리에 저장한다. 반면에 (b)와 같이 페이징 시스템은 프로세스를 페이지 4개로 나눠 메인 메모리의 임의의 공간에 각각 저장한다.

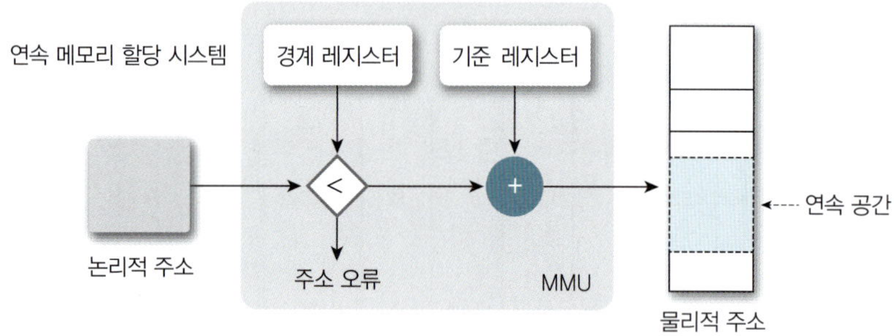

(a) 연속 메모리 할당

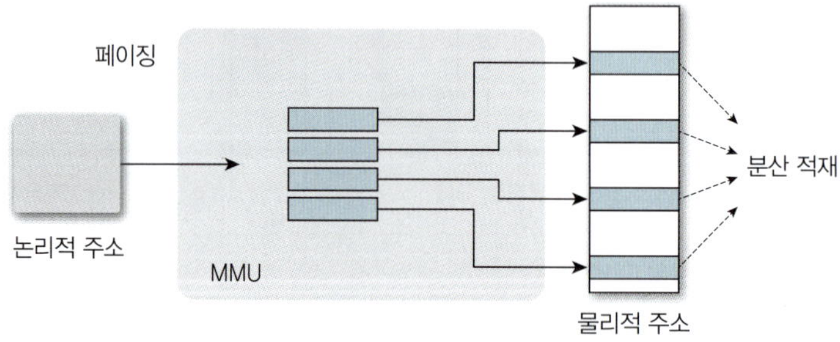

(b) 페이징 시스템을 이용한 비연속 메모리 할당

그림 7-28 **연속 메모리 할당과 비연속 메모리 할당 예**

이처럼 페이징 시스템에서는 프로세스의 영역인 페이지를 메인 메모리 영역인 프레임에 할당한다. 그러므로 프로그램을 실행하려면 다음 작업을 준비해야 한다.

- 프로세스에 필요한 페이지를 결정하여 페이지 번호를 부여한다.
- 메모리의 빈 프레임을 조사하여 프로세스를 적재할 위치를 파악한다.
- 프로세스의 페이지를 빈 프레임에 적재하도록 준비한다.

페이징 방법에서는 빈 프레임에 어떤 페이지든 적재할 수 있어 메모리를 효율적으로 사용할 수 있고, 프레임 간에 외부 단편화도 발생하지 않는다. 하지만 한 프로세스의 페이지를 메인 메모리의 여러 위치에 분산 적재하여 운영체제의 페이지 관리 부담이 크다. 또 프레임 단위로 적재하므로 어떤 프로세스에 필요한 공간이 페이지 크기와 맞지 않으면, 마지막 페이지에 할당된 프레임이 완전히 차지 않아 내부 단편화가 발생할 수 있다. 예를 들어, 페이지가 2,048바이트일 때 프로세스 72,766바이트는 페이지 35개와 1,086바이트가 더 필요하다. 그런데 프레임을 36개 할당하면 962(=2,048 − 1,086)바이트의 내부 단편화가 발생한다. 최악의 경우 페이지 n개와 워드 하나만 필요한 프로세스는 페이지 프레임 n+1개가 할당될 것이다.

프로세스 크기를 무작위로 생성한다고 가정하면 프로세스당 평균 반 페이지의 내부 단편화가 예상된다. 이는 내부 단편화만 생각하면 페이지 크기는 작아야 바람직하다는 의미이다. 그러나 페이지 크기가 너무 작으면 페이지 테이블을 유지하는 데 부담을 줄 수 있다. 페이지 테이블을 유지하는 부담은 페이지 크기를 증가시켜서 줄일 수 있다.

2 페이징 시스템의 하드웨어 구조와 원리

페이징 방법을 이용하여 메모리에 프로세스를 적재하는 과정을 수행할 수 있는데, 이 페이징 시스템의 하드웨어 구조는 [그림 7-29]와 같다.

프로세서가 만드는 논리적 주소는 페이지 번호와 오프셋offset(변위)으로 구성된다. 페이지 번호 p를 페이지 테이블의 색인으로 사용하여 p 위치에 저장된 f 값을 얻는다. f는 메모리의 페이지 기준 주소로, 메인 메모리의 프레임 번호이다. 따라서 기준 주소 f에 오프셋 d를 더하면 메인 메모리의 물리적 주소가 된다. 여기서 오프셋은 페이지 프레임 위치를 표시하는 상대 주소로, 페이지 프레임 크기보다 작아야 한다. 이처럼 페이지 테이블(또는 페이지 맵 테이블PMT, Page Map Table)을 이용하여 논리적 주소를 물리적 주소로 변환하는데, 페이지 테이블은 페이지의 논리적 주소인 페이지 번호와 이에 대응하는 물리적 주소인 페이지 프레임 주소를 포함한다. 페이지 테이블은 별도의 레지스터로 구성하거나 메인 메모리에 배치하기도 한다.

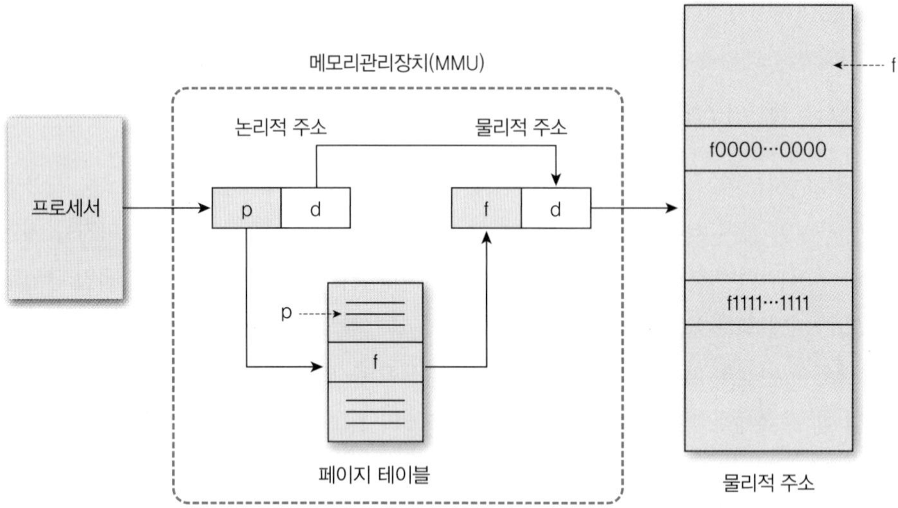

그림 7-29 **페이징 시스템의 하드웨어 구조**

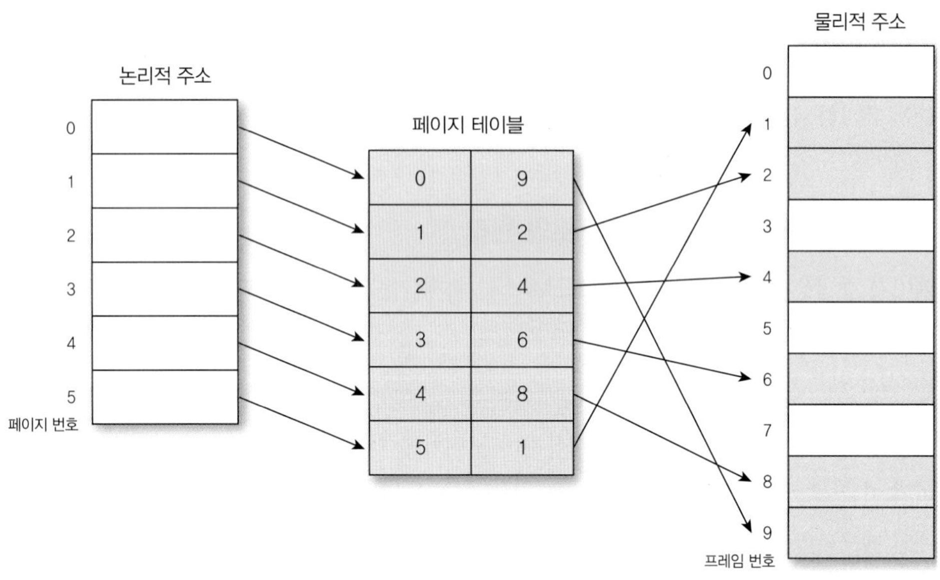

그림 7-30 **페이지 테이블과 페이징 모델**

페이지 크기는 하드웨어로 정의하는데, 대개 페이지당 512바이트에서 1GB 사이가 되고 2의 계승으로 증가한다. 2의 계승으로 증가하는 이유는 논리적 주소를 페이지 번호와 오프셋으로 쉽게 변환하기 위해서이다. 페이지의 길이가 2^n이라면 논리적 주소의 하위 n비트는 오프셋이고, 나머지 상위 비트는 페이지 번호가 된다. 즉, [그림 7-31]에서 16비트 논리적 주소는 하위 10비트($2^{10}=1,024$)가 오프셋이고, 나머지 상위 6비트($2^6=64$)가 페이지 번호이다. 따라서 이 시스템은 크기가 1KB인 최대 64개의 페이지로 구성된다. 예를 들어, 논리적 주소가 1502(10111011110_2)라면 페이지 번호는 1이 되고, 오프셋은 478이 된다.

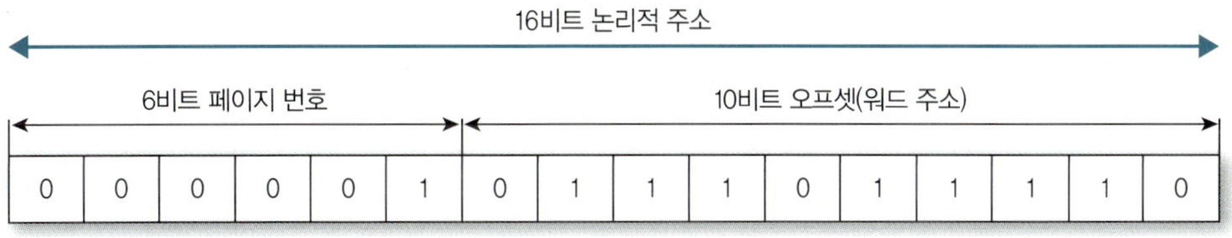

그림 7-31 **16비트 논리적 주소**

IBM 370에서는 32비트 논리적 주소를 사용하는데, 0~7비트(8비트)는 사용하지 않는다. [그림 7-32]와 같이 8~19비트는 페이지 번호로 사용하여 4,096(2^{12})개의 페이지로 구성되고, 20~31비트는 오프셋으로 사용하여 4KB($2^{12}=4,096$)가 된다.

그림 7-32 **IBM 370의 논리적 주소**

32비트 논리적 주소를 페이지 크기가 4KB($2^{12}=4,096$)인 시스템의 물리적 주소로 변환하는 과정은 [그림 7-33]과 같다. 논리적 주소는 00025003, 페이지 번호는 25, 오프셋은 3이라고 가정하자. 페이지 테이블의 25 위치에 저장된 프레임 번호가 00002라면, 오프셋 003과 합쳐 물리적 주소는 $(00002003)_{16}=(8195)_{10}$이 된다. 따라서 메인 메모리의 8195 위치에 해당 프로세스를 저장한다.

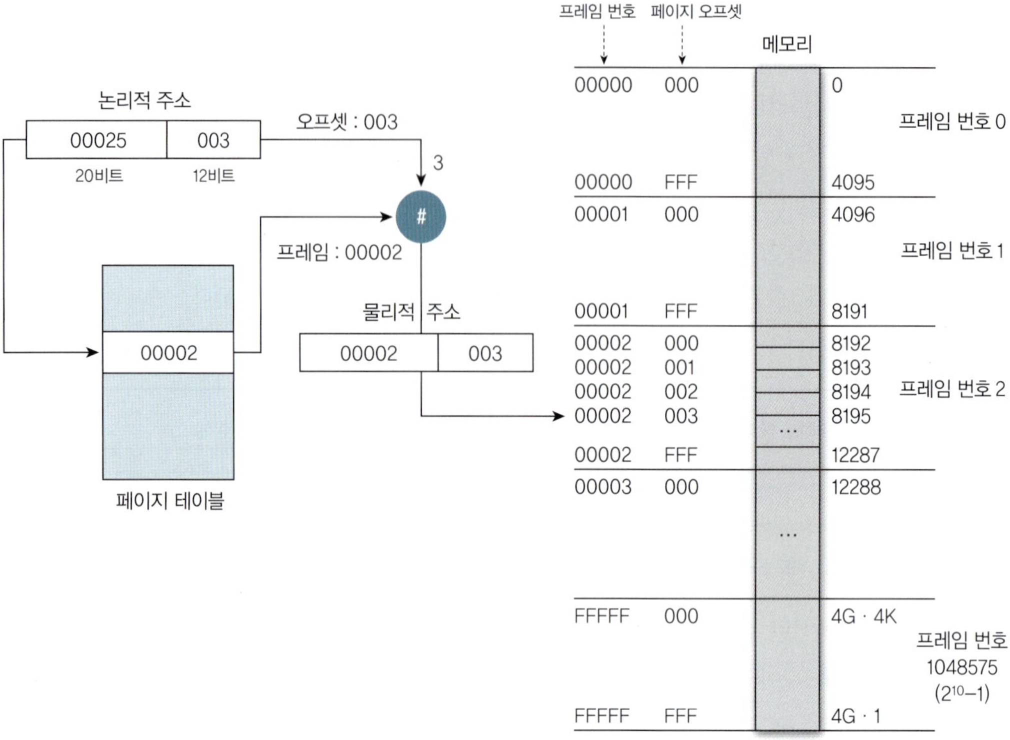

그림 7-33 **페이지 테이블을 이용한 물리적 주소 변환 예**

구체적인 예로 [그림 7-34]와 같이 페이지 크기가 8바이트인 메모리와 64바이트인 메모리를 사용하여 크기가 6비트인 논리적 주소를 물리적 주소로 매핑하는 과정을 사용자 관점에서 살펴보자.

논리적 주소 101101_2는 페이지 101_2, 오프셋 101_2이다. 그러므로 논리적 주소 101_2(5)를 페이지 테이블에서 찾으면, 논리적 페이지 5가 물리적 메모리 주소 110_2(6)으로 매핑되어 프레임 6에 있다는 것을 알 수 있다. 오프셋이 5이므로 물리적 주소 53(=6×8+5)가 된다. 또 논리적 주소 010110_2는 페이지 010_2, 오프셋 110_2이다. 그러므로 페이지 테이블로 논리 페이지 010_2(2)는 메모리 프레임 3, 오프셋 110_2(6)으로 물리적 주소 30(=8×3+6)으로 매핑된다.

페이징은 동적 대치의 한 형태이다. 모든 논리적 주소는 페이징 시스템을 이용하여 물리적 주소로 변환되는데, 이는 기준 레지스터 테이블을 메모리의 각 프레임에서 사용하는 것과 비슷하다.

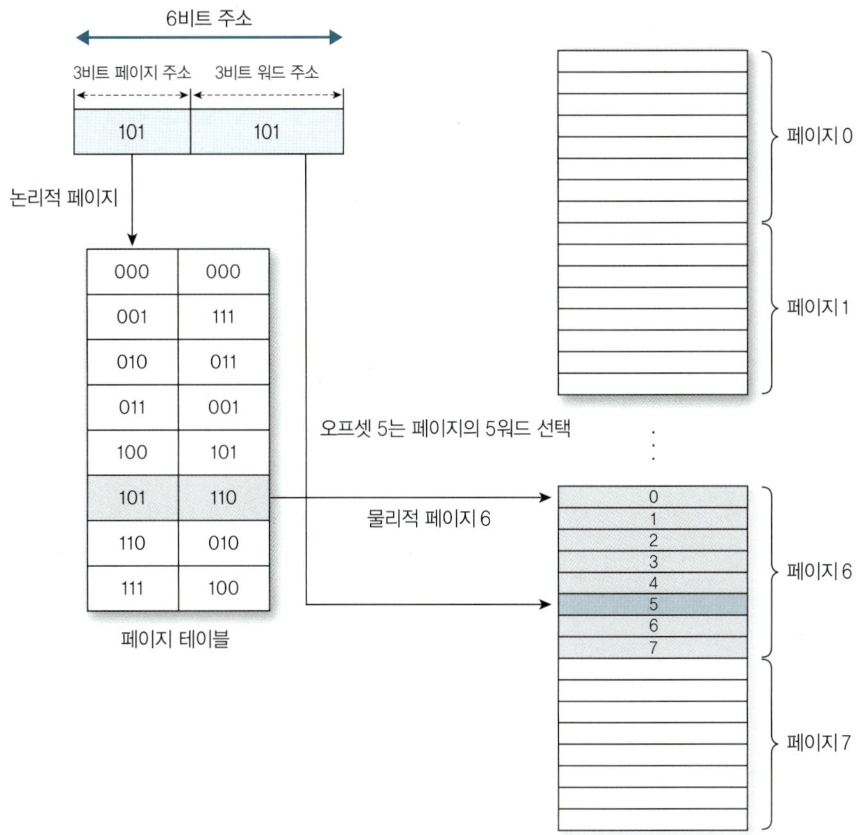

그림 7-34 **8바이트 페이지와 64바이트 메모리 페이징 예**

3 다중 단계 페이징 시스템의 구조와 원리

논리적 주소가 클수록 물리적 주소로 변환하는 과정에서 필요한 페이지 테이블 크기도 증가하므로 메모리에 더 큰 적재 공간이 필요하다. 예를 들어, 32비트 프로세서는 메모리도 32비트에 해당하는 4G(2^{32})까지 사용할 수 있다. 이때 페이지 크기를 4KB(2^{12}=4,096)로 정의하면 4GB/4KB=1,048,576이 되어 페이지 테이블이 1,048,576개가 필요하다. 그리고 페이지 테이블 항목 하나가 4바이트이므로 페이지 테이블이 메모리에서 차지하는 크기는 4MB[=1,048,576(2^{20})×4바이트]가 된다. 프로세스 하나가 4GB 메모리 공간을 관리하는 페이지 테이블을 유지하려면 4MB가 필요하므로 메모리가 낭비되는 것이다.

이 문제는 전체 4GB 중 실제 참조할 페이지가 있는 영역에서만 단계별 페이지 테이블을 설정하는 n단계 페이징 시스템을 구성하여 해결할 수 있다. 예를 들어, 한 번에 20비트를 사용하는 대신 10비트씩 나눠 첫 번째 영역을 페이지 디렉터리로, 두 번째 영역을 페이지 테이블로 구성하면 첫 번째 테이블(페이지 디렉터리)은 $2^{10}=1,024$이므로 한 항목은 4바이트를 사용한다. 전체적으로 4KB(1,024×4=4,096)를 사용하게 되어 결국 1프레임(4KB)으로 해결할 수 있다. 따라서 2단계 페이지 테이블은 1024항목에서 1024페이지로 구성[4KB(1,024×4=4,096)]되면서 항목을 약 100만 개 정도 갖는다.

2단계 페이징 시스템의 예는 [그림 7-35]와 같다. 논리적 주소 0000000001 0000000011 000110100100을 페이징 방법을 이용하여 처리하는 과정을 살펴보면 이렇다. 하위 0~11비트(12비트)는 오프셋($000110100100_2=840$)을, 중간 12~21비트는 페이지 테이블 색인($0000000011_2=3$)을, 상위 22~31비트는 페이지 항목 색인($0000000001_2=1$)을 나타낸다. 페이지 테이블 항목은 1단계 테이블에서 항목 1에 저장된 2단계 테이블의 F1을 지정한다. 이어서 페이지 테이블 F1은 색인 3으로 메모리의 페이지 프레임 57을 결정한다.

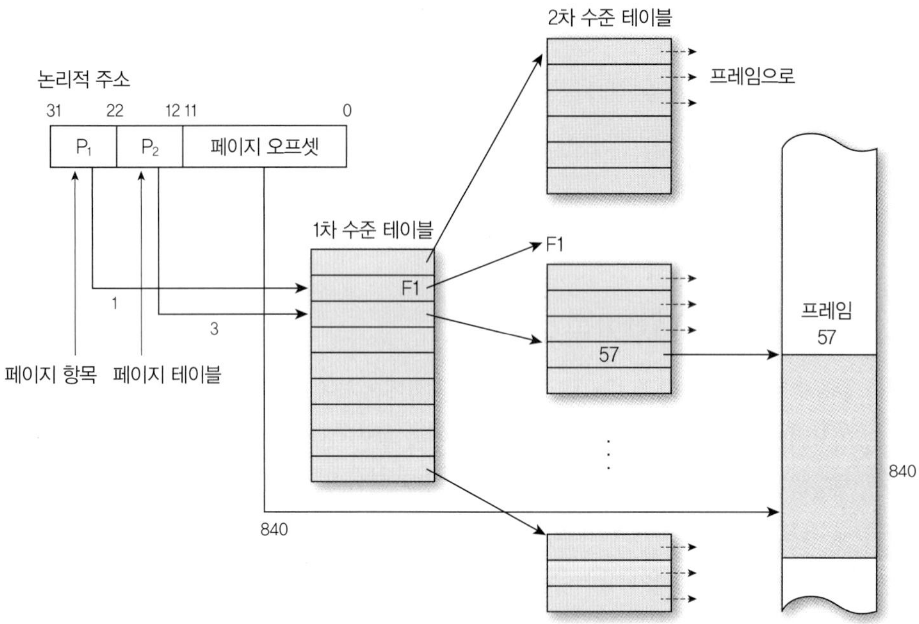

그림 7-35 **2단계 페이징 시스템의 구조**

> **NOTE_ 다중 단계 페이징 시스템 예**
>
> VAX와 윈도우 NT는 2단계, 스팍SPARC은 3단계, 모토로라Motorola 68030은 4단계 페이징 시스템을 사용한다.

4 페이지 테이블의 구현

보통 프로세스 하나에는 [그림 7-36]의 (a)와 같은 페이지 테이블이 하나 있다. 페이지 테이블은 (b)와 같이 구성한다.

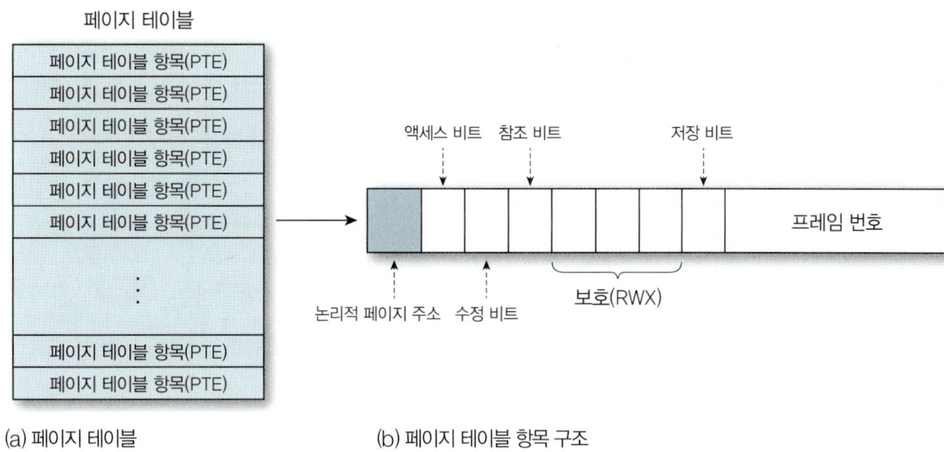

- 액세스 비트 : 메모리 액세스 여부 표시
- 수정 비트 : 메모리에 적재한 이후 수정했는지 여부
- 참조 비트 : 액세스 여부
- 보호(RWX) : 읽기 · 쓰기 · 실행 권한
- 저장 비트 : 참조 페이지의 메모리 저장 여부
- 프레임 번호 : 메인 메모리에서 페이지 프레임 번호

그림 7-36 **페이지 테이블과 페이지 테이블 항목**

페이지 테이블은 크기가 매우 커서 어떻게 관리하느냐가 중요한데, 방법은 다양하다. 가장 간단한 방법은 전용 레지스터를 사용하는 것이다. 레지스터는 효율적으로 페이징 주소를 변환하려고 초고속 논리회로로 설계한다. 메모리의 모든 액세스는 페이징 테이블 정보로 수행하므로 효율성을 중요하게 고려해야 한다. 레지스터를 사용하여 페이지 테이블을 구현할 때는 페이지 테이블 항목이 적으면 좋은데, 쉽게 관리할 수 있기 때문이다. 대부분의 컴퓨터는 페

이지 테이블이 매우 커서 레지스터로 구현하기에 적합하지 않다. 그래서 대개 페이지 테이블을 메모리에 두고 페이지 테이블 기준 레지스터PTBR, Page Table Base Register로 페이지 테이블을 지시하게 한다.

페이지 테이블을 메모리에 두면 레지스터 값 하나를 바꿔서 페이지 테이블을 변경할 수 있으므로 문맥 교환 시간이 줄어든다. 실제 문맥 교환은 메모리 정보를 모두 교환해야 하나, 페이지 테이블 기준 레지스터는 단순히 레지스터 값을 바꿔서 문맥 교환과 똑같은 효과를 낼 수 있기 때문이다. 그런데 이 구조에서는 메모리 액세스 시간이 문제가 된다. 예를 들어, 임의의 주소 i에 액세스하려면 먼저 페이지 테이블에서 i의 페이지 번호와 PTBR 오프셋 값을 찾아야 한다. 이 과정에서 메모리 액세스를 요구하고, 실제 물리적 주소를 산출할 때는 페이지 오프셋과 결합된 프레임 번호를 제공해야 한다. 따라서 이 방법은 페이지 테이블 항목과 워드를 위한 메모리 액세스가 필요한데, 이 액세스 때문에 속도가 느려진다는 문제가 발생한다. 이 문제는 연관 레지스터나 변환 우선참조 버퍼TLB, Translation Look-aside Buffer를 이용하여 해결할 수 있다.

연관 레지스터를 이용하여 논리적 주소를 물리적 주소로 변환하는 방법에는 다음 세 가지가 있다. 이외에 변환 우선참조 버퍼를 이용하거나 페이지 테이블을 구현하는 다른 방법은 8장에서 자세히 다룬다.

- 직접 매핑direct mapping으로 주소 변환
- 연관 매핑associative mapping으로 주소 변환
- 연관 · 직접 매핑을 결합한 주소 변환

4.1 직접 매핑으로 주소 변환

직접 매핑으로 주소 변환은 [그림 7-37]과 같이 메모리나 캐시에 완전한 페이지 테이블을 유지한다. 예를 들어, 논리적 주소 V=(p, d)를 참조하는 과정을 살펴보자. 프로세스의 페이지 테이블에 있는 메모리 주소를 페이지 테이블 기준 레지스터에 적재한다. 페이지 테이블의 시작 주소 b를 참조 페이지 번호 p에 더한다. 그런 다음 페이지 테이블 b에서 시작하여 페이지 번호 p에 대응하는 프레임 p′를 얻어 논리적 주소에 대응하는 물리적 주소를 얻는다. 그리고 p′를 오프셋 d와 결합하여 물리적 주소 p′+d를 얻는다.

직접 매핑은 프로세스의 메모리를 구성하는 모든 페이지 항목이 페이지 테이블에 있다. 그리

고 논리적 주소 V가 페이지 n개를 포함한다면 매핑하는 페이지 테이블은 페이지 1, 페이지 2, ……, 페이지 n − 1에 해당하는 항목을 갖는다.

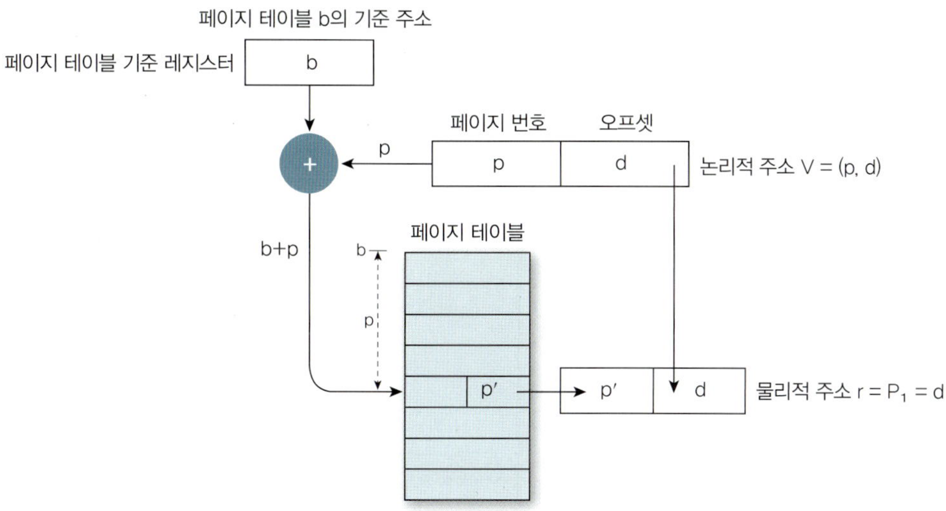

그림 7-37 **직접 매핑으로 주소를 변환하는 과정**

직접 매핑은 레지스터만 변경해도 페이지 테이블을 변경할 수 있다는 장점이 있다. 하지만 사용자 메모리 위치에 액세스하는 데 시간이 걸린다는 단점이 있다. 주소 p에 액세스하기를 원한다면, 먼저 페이지 번호 p의 페이지 테이블 기준 레지스터 오프셋 값을 페이지 테이블에서 찾아야 한다. 이때 워드 하나에 액세스하려면 메모리 액세스는 총 두 번이 필요한데, 한 번은 페이지 테이블 항목 때문이고 다른 한 번은 워드 때문이다. 따라서 메모리 액세스 속도가 두 배로 느려진다. 이런 지연을 해결하는 방법으로 연관 레지스터 또는 보조예비기억장치라고 하는 특별히 작은 하드웨어 메모리를 사용한다.

4.2 연관 매핑으로 주소 변환

연관 매핑에서는 논리적 주소를 프로세서의 페이지 번호와 프로세서에 대응하는 프레임 번호가 있는 연관 레지스터의 집합으로 표현한다. 각 레지스터는 키와 값으로 구성한다. 연관 레지스터에 항목을 추가하면, 동시에 모든 키와 비교하여 해당 항목을 찾아 이에 대응하는 값을 출력한다. 예를 들어, 논리적 주소 V=(p, d)를 참조하는 과정을 살펴보자. 페이지 p는 연관 메모리의 모든 항목을 동시에 조사하여 찾는다. 페이지 번호 p에 대응하는 프레임 p′를 찾으면 d와 결합하여 물리적 주소를 만든다.

연관 매핑은 매우 빠르게 검색할 수 있으나, 하드웨어가 무척 비싸다는 단점이 있다. [그림 7-38]에서 연관 매핑 테이블로 향하는 화살표들은 모든 단위 항목을 동시에 조사한다는 의미이다. 이것이 하드웨어를 비싸게 만드는 원인이다. 이 때문에 시스템에 모든 프로세스의 페이지 테이블 항목을 저장할 만큼 크기가 충분한 연관 레지스터를 갖추기가 어렵다. 물론 페이지 테이블 기준 레지스터PTBR는 필요 없다.

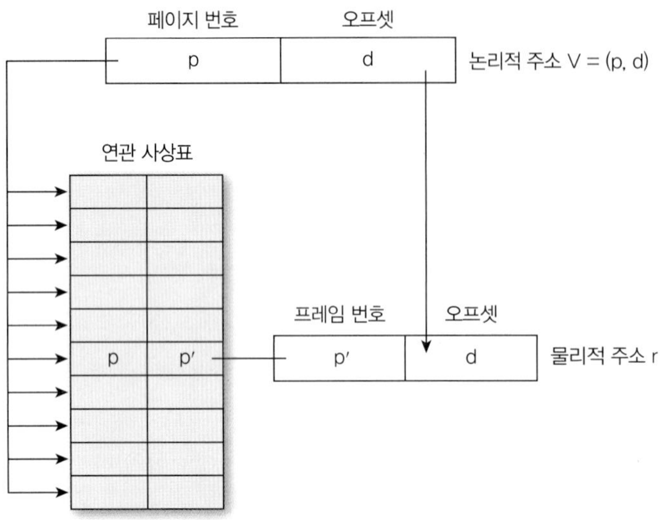

그림 7-38 **순수 연관 매핑으로 주소를 변환하는 과정**

4.3 연관 · 직접 매핑을 결합한 주소 변환

연관 · 직접 매핑을 혼용하기도 한다. 최근에 사용한 페이지만 연관 레지스터에 유지하고, 연관 레지스터에 해당 페이지가 없을 때만 직접 매핑하는 방법을 제안할 수 있다. 프로세스가 메모리의 정보를 균일하게 액세스하는 것이 아니라 많이 참조한 것을 또 참조하는 경향이 있다는 '지역성'을 적절히 활용한다. 예를 들어, 논리적 주소 V=(p, d)를 참조하는 과정을 살펴보자. 현재 수행 중인 프로그램은 연관 레지스터의 모든 항목을 동시에 조사하여 페이지 번호 p를 찾는다. 페이지 번호 p에 해당하는 프레임 p′를 찾으면 d와 결합하여 물리적 주소 p′+d를 얻는다. 그러나 페이지 번호 p에 해당하는 프레임이 없으면 논리적 주소의 페이지 번호 p를 페이지 테이블 기준 레지스터의 b와 합친 p+b를 페이지 테이블에서 찾아 p에 대응하는 프레임 번호 p′를 얻는다. 이어서 p′+d의 물리적 주소 r을 생성한다.

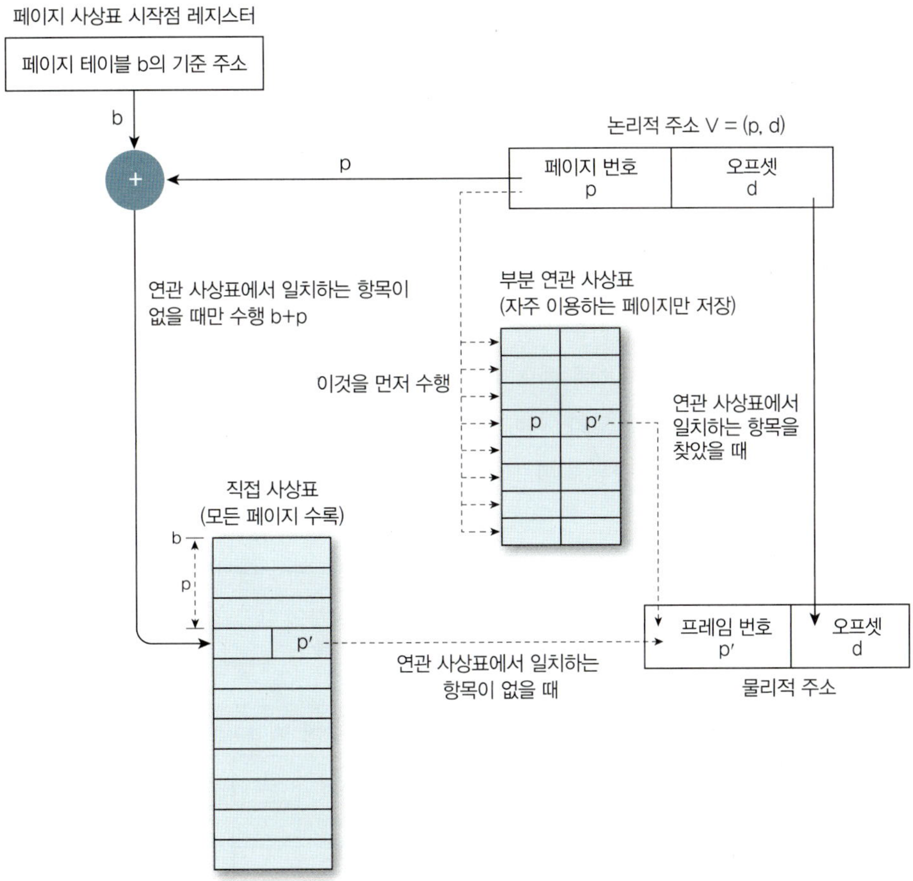

그림 7-39 **연관 · 직접 매핑으로 주소를 변환하는 과정**

페이지 번호를 연관 레지스터에서 발견하는 비율을 적중률이라고 한다. 적중률 80%는 연관 레지스터에서 원하는 페이지 번호를 발견할 확률이 80%라는 의미이다. 연관 레지스터를 탐색하는 데는 50나노초가, 메모리에 접근하는 데는 750나노초가 걸린다고 하자. 그러면 매핑된 메모리 액세스는 페이지 번호가 연관 레지스터에 있을 때 800나노초가 걸린다. 또 연관 레지스터에서 페이지 번호를 찾지 못했다면(50나노초) 우선 페이지 테이블과 프레임 번호를 액세스한 후 메모리에서 원하는 워드에 액세스한다(750나노초). 이러면 총 1,550나노초가 소요되므로 유효 접근시간은 ❶과 같다. 메모리 액세스 시간은 26.6% 더 늦어져 750나노초에서 950나노초로 바뀌며, 적중률이 90%일 때 유효 접근시간은 ❷처럼 계산할 수 있다.

❶ $(0.8 \times 800) + (0.20 \times 1550) = 950$나노초

❷ $(0.9 \times 800) + (0.10 \times 1550) = 875$나노초

그림 7-40 **유효 접근시간 계산 예**

5 공유 페이지

페이징 시스템의 또 다른 장점은 시분할 환경에서 중요한 공통 코드를 공유할 수 있다는 것이다. 페이징 시스템에서는 프로세스를 메모리에 연속적으로 할당할 필요가 없기 때문에 여러 프로세스가 메모리를 공유할 수 있다. 이때 다른 프로세스는 메모리의 같은 페이지(지역)를 단순히 가리키도록 해야 하며, 공유 라이브러리 코드에도 사용할 수 있다. 이 공유 코드는 재진입을 허용하므로 재진입 코드reentrant code 또는 순수 코드pure code라고 한다. 오직 읽을 수만 있으며 스스로 수정하지는 못한다. 프로세스들은 재진입 코드에서 데이터 항목을 지정할 수 없으며 수행 도중 결코 변하지 않는다. 따라서 2개 또는 그 이상의 프로세스가 동시에 같은 코드를 수행할 수 있다.

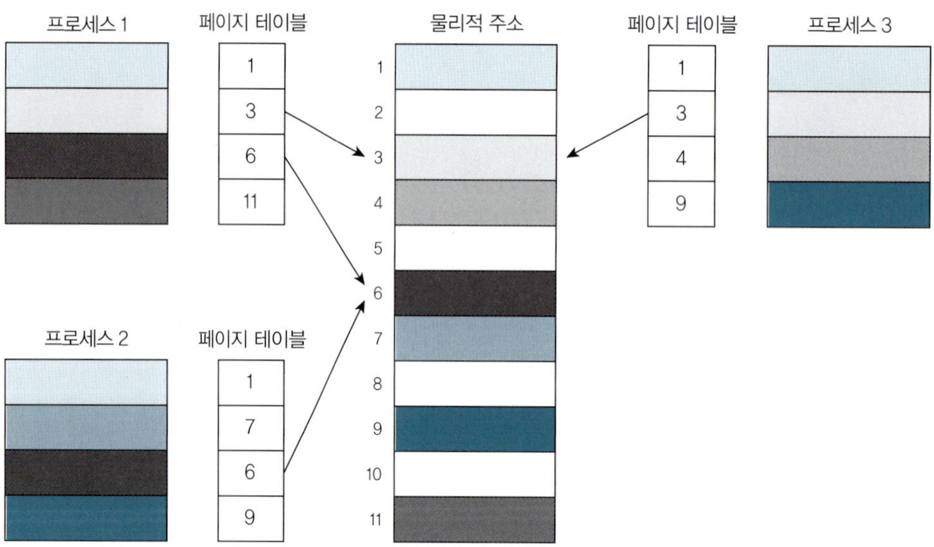

그림 7-41 **페이징에서 공유 코드**

공유 페이지는 스레드가 텍스트와 메모리를 공유하는 방법과 비슷하다. 공유 페이지는 각 프로세스에서 논리적 주소 공간의 다른 부분에 나타날 수 있다. 그러나 모든 프로세스에서 논리적 주소 공간의 동일한 위치(논리적 주소)는 동일한 물리적 주소로 매핑된다. 이때 공유 코드는 모든 프로세스에서 논리적 주소 공간의 동일한 위치에 나타나야 한다. 즉, 프로세스 1에서 페이지 번호 3의 위치와 프로세스 3에서 페이지 번호 3의 위치는 두 번째에 나타나야 하고, 프로세스 1과 프로세스 2에서 페이지 번호 6의 위치는 세 번째에만 나타나야 한다. 각 프로세스의 개별 코드와 데이터 사본은 분리해서 유지한다. 이런 페이지는 논리적 주소의 어떤 위치에도 나타난다.

예를 들어, 사용자 40명을 지원하는 시스템에서 각 사용자가 워드 프로세서를 수행한다고 생각해 보자. 워드 프로세서가 크기가 150KB인 코드와 50KB 데이터 공간으로 구성되어 있다면, 사용자 40명을 지원하는 데 8,000KB[=(150+50)×40]가 필요하다. 그러나 코드가 변경할 수 없는 재진입 가능 코드일 때는 [그림 7-42]와 같이 〈ed 1, ed 2, ed 3〉을 공유할 수 있다. 여기서 프로세스는 3개의 공유 페이지 ed 1, ed 2, ed 3과 각 프로세스만의 데이터 페이지를 갖는다.

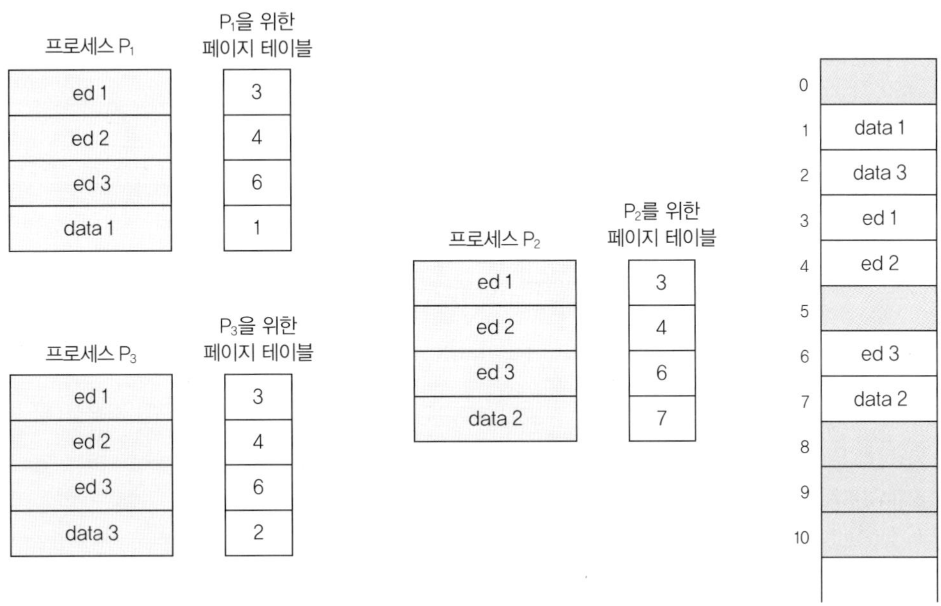

그림 7-42 **공유 코드 예**

각 프로세스는 자신의 데이터가 있는 저장 장소, 레지스터의 복사본과 프로세스에 필요한 데이터를 가지고 수행한다. 이때 워드 프로세서의 공유 페이지 ed 1, ed 2, ed 3은 단 하나의 복사본만 실제 메모리에 유지하면 된다. 따라서 사용자 40명을 지원하려면 워드 프로세서 복사(150KB) 한 개와 각 사용자용 데이터 공간 50KB가 필요한 복사본 40개가 있어야 한다. 실제로 요구하는 총 공간은 8,000KB가 아니라 2,150KB(=50×40+150)가 되는 것이다. 따라서 페이지 공유는 프로세스에서 흔히 사용하는 응용 프로그램이 전체 메모리에서 요구하는 사항을 크게 줄일 수 있다. 자주 사용하는 컴파일러, 윈도우 시스템, 데이터베이스 시스템 등은 공유할 필요가 있으며, 반드시 재진입 코드로 공유해야 한다.

6 페이징에서 보호

프로그램에서 프로세스 하나가 다른 프로세스의 데이터 영역에 액세스하여 무단으로 읽기나 쓰기를 하면 안 된다. 또 페이지별로 액세스 권한을 다르게 부여할 수 있으므로, [그림 7-43]과 같이 페이지 테이블에 보호 비트를 추가하여 페이지 보호를 할 수 있다. 예를 들어, 페이지 2는 물리적 주소에서 찾을 수 없어 액세스가 불가능하므로 보호용 비트를 0000으로 표시했다.

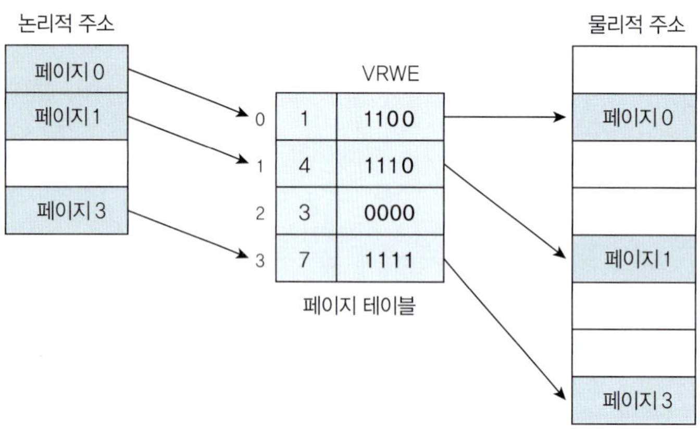

- 타당 · 비타당(V) 비트 : 메인 메모리의 적재 여부
- 읽기(R) 비트 : 읽기 여부
- 쓰기(W) 비트 : 수정 여부
- 실행(E) 비트 : 실행 여부

그림 7-43 **페이지 보호 비트**

페이지 테이블에 보호용 비트를 하나 설정한 후 액세스 종류에 따라 타당(1)과 비타당(0) 여부를 확인하여 불법적인 시도를 운영체제에서 트랩하는 과정은 [그림 7-44]와 같다. 주소가 14비트인 시스템은 0~16383의 물리적 주소를 사용할 수 있다. 논리적 주소가 0~10468인 프로세스에 크기가 2KB인 페이지가 주어진다면, 페이지 0~4까지는 크기가 10,240바이트이므로 페이지 테이블로 정상적으로 매핑된다. 페이지 5는 12287까지 합법적으로 처리되므로 타당으로 분류하지만, 228(=10468-10240)바이트만 사용하여 2KB(=2048-228) 규모의 내부 단편화가 발생한다. 그리고 나머지 12268~16383 영역은 비타당으로 분류하므로 페이지 6과 페이지 7은 비타당이 되어 운영체제로 트랩한다.

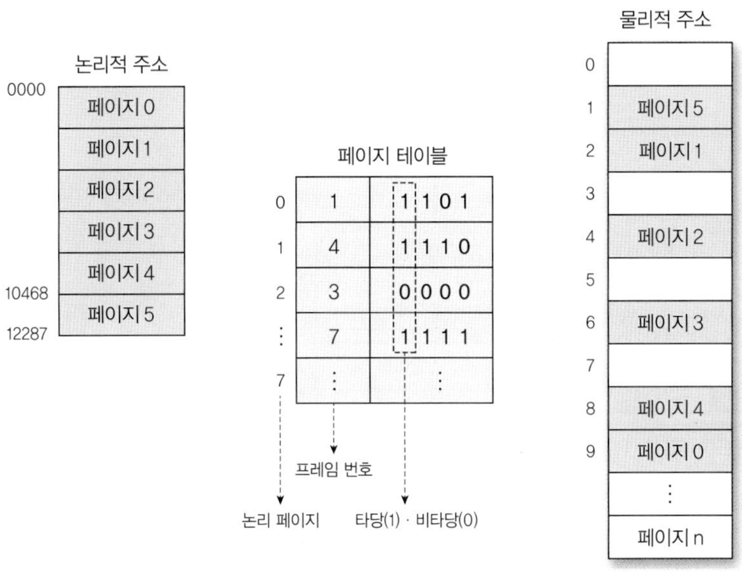

그림 7-44 **페이지 테이블의 액세스 타당과 비타당**

사용자 프로그램은 메모리가 연속적인 공간이라고 생각하지만 사실 실제 메모리에서는 흩어져 있다. 이 차이는 주소 변환 하드웨어를 이용하여 논리적 주소를 물리적 주소로 변환해서 조정한다. 이 과정에서 공유 페이지의 이용, 외부 단편화 제거(내부 단편화는 발생), 메모리를 활용하여 다중 처리 프로그래밍의 실현, 압축 기능 제거 등 장점을 얻을 수 있다. 하지만 페이징 매핑으로 하드웨어 비용 증가, 속도 저하, 내부 단편화 문제 등은 여전히 해결해야 할 과제이다.

04 분산 메모리 할당 2 : 세그먼테이션

1 세그먼테이션의 개념

앞서 살펴본 페이징은 물리적 주소를 크기가 고정된 페이지로 분할하여 프로세스를 할당한다. 그러다 보니 사용자 프로그램과 프로세스 관점의 메모리가 일치하지 않는다. 이와 달리 세그먼테이션segmentation은 프로세스 관점을 지원하여 메모리를 [그림 7-45]와 같이 크기가 변할 수 있는 세그먼트segment로 나눈다.

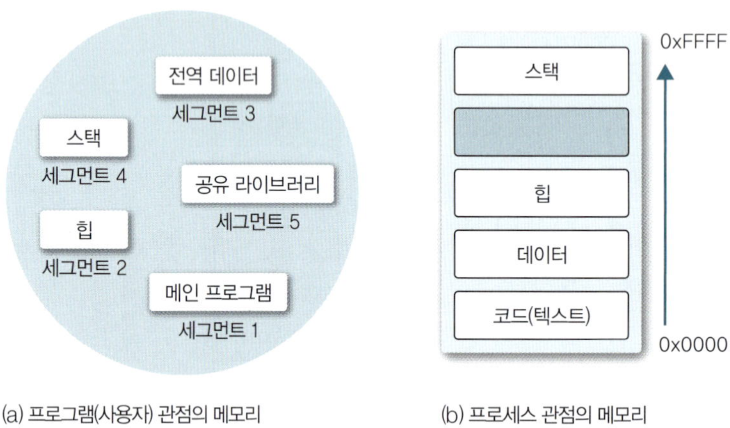

그림 7-45 **프로그램(사용자) 관점의 메모리와 프로세스 관점의 메모리**

프로그램을 구성하는 서브루틴, 프로시저, 함수나 모듈 등으로 세그먼트를 구성한다. 각 세그먼트는 연관된 기능을 수행하는 하나의 모듈 프로그램으로 생각하며, 메모리의 연속된 위치에서 구성하되 서로 인접할 필요는 없다.

세그먼테이션은 메모리의 사용자 관점을 지원하는 비연속 메모리 할당 방법으로, 논리적 영역을 세그먼트의 집합으로 인식한다. 세그먼테이션은 보통 컴파일러가 원시 프로그램을 실행 프로그램으로 자동 변환하면서 서브루틴과 프로시저, 함수, 모듈 등 각기 크기가 다른 세그먼트로 구성된다. 하드웨어 보호 등 관리에 필요한 사항은 페이징과 비슷하거나 동일하다. 그러나 [그림 7-46]과 같이 프로세스에 따라 세그먼트 크기가 달라 메모리를 크기가 일정한 페이지 프레임으로 나누지 않고 동적 분할(가변 분할) 방법으로 할당한다는 중요한 차이가 있다.

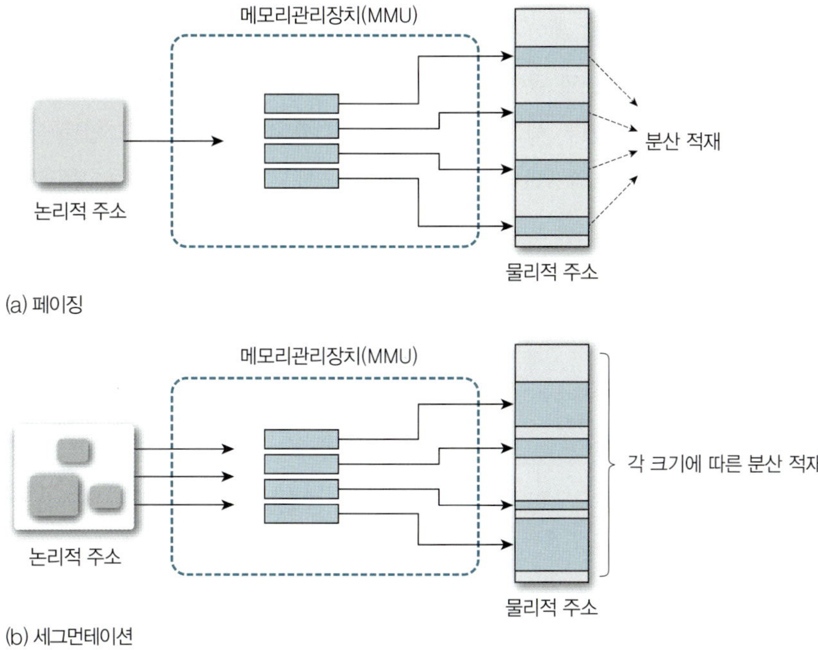

그림 7-46 **페이징과 세그먼테이션 메모리 할당 비교**

2 세그먼테이션에서 하드웨어 구조와 원리

프로세서로 생성한 세그먼트의 논리적 주소는 [그림 7-47]의 IBM 370 예처럼 세그먼트 번호 s와 오프셋 d로 구성된다. 세그먼트 번호가 2^8이므로 세그먼트는 256개이며, 각 세그먼트는 64KB(2^{16}) 길이로 구성된다. 각 프로세스는 고유의 세그먼트 테이블을 메모리에 유지해야 한다.

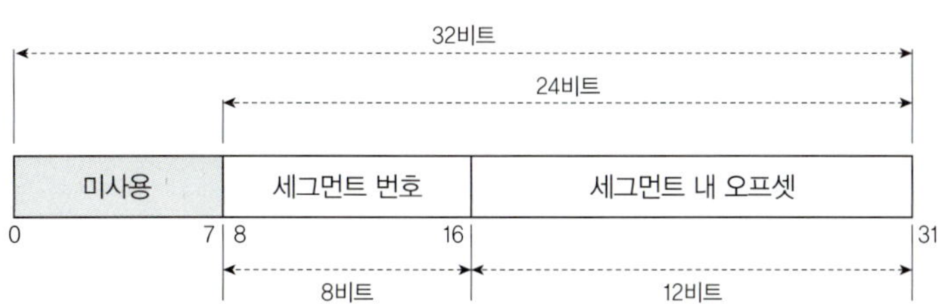

그림 7-47 **세그먼트의 논리적 구조 예 : IBM 370**

세그먼트 테이블의 항목은 해당 세그먼트가 적재될 메모리의 시작 주소를 알려 주며, 잘못된 주소들을 사용하지 못하도록 세그먼트의 길이도 함께 알려 준다. 세그먼트 테이블의 기준 레지스터[STBR]와 세그먼트 테이블 길이 레지스터[STLR]는 프로세스를 디스패치할 때 적재되어 논리적 주소를 검사한다. [그림 7-48]과 같이 우선 세그먼트 논리적 주소 (s, d)에서 세그먼트 번호의 유효성(s < STLR)을 점검한다. 세그먼트 번호 s가 STLR 값보다 크면 세그먼트 실패로 오류이다. 이어서 세그먼트 번호와 STBR을 이용하여 실제 메모리 주소(STBR + s)를 산출한다.

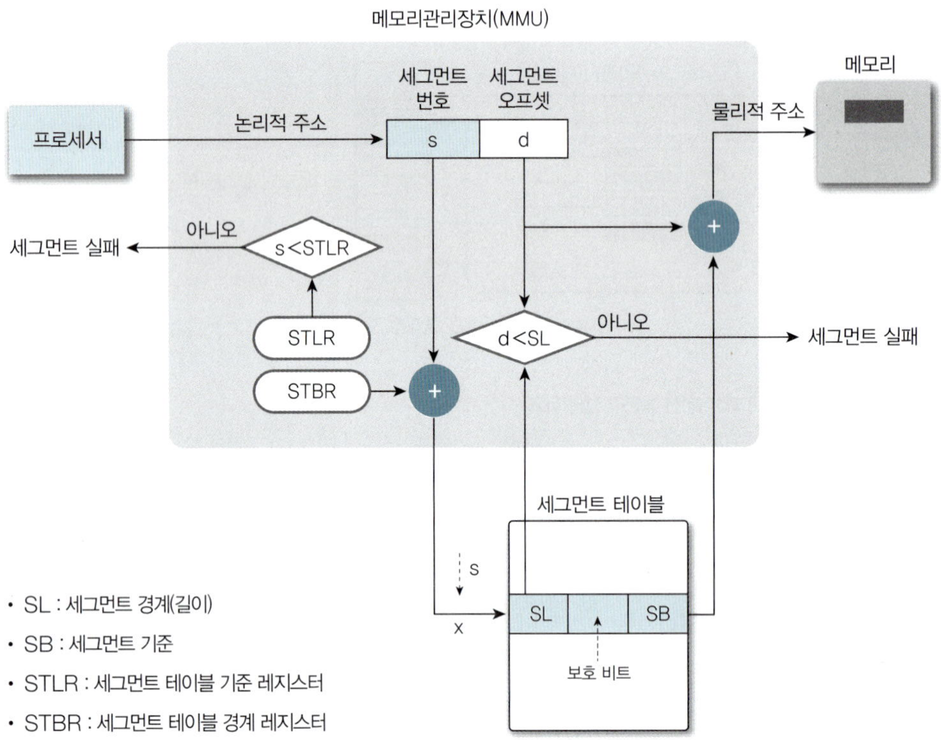

그림 7-48 **세그먼트 하드웨어 시스템의 구조**

세그먼트 번호 s는 세그먼트 테이블의 색인으로 사용한다. 세그먼트 테이블의 각 항목에는 세그먼트 기준(SB)과 세그먼트 경계(SL), 즉 크기(길이)가 있다. 세그먼트 주소의 오프셋 d는 0과 세그먼트 경계 사이의 값이어야 한다. 그렇지 않으면 제어가 운영체제로 넘어간다(세그먼트 실패). 오프셋이 합당하면(d < SL) 세그먼트 기준(SB)과 오프셋을 더하여 원하는 워드에서 메모리 주소를 만들어 준다. 따라서 세그먼트 테이블은 기본적으로 각 세그먼트 경계와 기준

항목을 가지고 메모리 주소의 시작과 세그먼트의 끝을 나타내는 기준 · 경계 레지스터의 쌍들로 구성된 배열이다.

예를 들어, [그림 7-49]와 같이 번호가 0~4로 정해진 세그먼트가 5개 있다고 가정하자. 세그먼트 2는 길이가 400바이트로 4300번지에서 시작한다. 따라서 세그먼트 2에서 53워드로 액세스할 때는 4353(=4300+53)번지로 매핑될 것이다. [그림 7-49]에서 세그먼트 3, 250워드 액세스는 3450[=3200(세그먼트 3의 기준)+250]번지로 매핑된다. 그러나 세그먼트 0, 1222워드 참조일 때는 이 세그먼트의 길이가 1,000바이트이므로(초과되므로) 세그먼트 실패로 제어가 운영체제로 넘어간다. 이처럼 세그먼테이션도 일련의 과정이 페이징과 비슷하고 메모리 액세스 과정이 동일하여 속도가 매우 느리다.

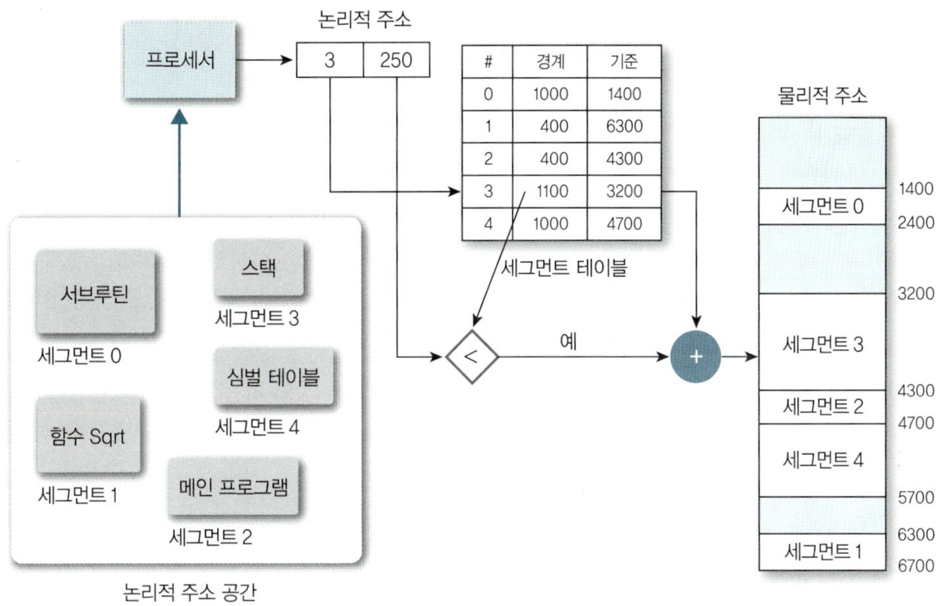

그림 7-49 **세그먼테이션 예**

3 세그먼트 공유

세그먼트 공유는 페이징 시스템과 달리 매우 단순하다. 페이징 시스템은 페이지 테이블의 공유 항목을 표시해야 하지만, 세그먼트는 공유한다고 선언만 하면 된다. 즉, 2개 이상인 다른 프로세스의 세그먼트 테이블에 있는 항목은 동일한 메모리 주소를 지정하면 공유할 수 있다.

따라서 공유 기능을 사용하는 시스템은 적절한 보호 체계를 제공하여 승인한 사용자만 세그먼트에 액세스할 수 있도록 해야 한다.

워드 프로세서에서 세그먼트를 공유하는 과정은 [그림 7-50]과 같다. 각 세그먼트 테이블에서 메모리의 동일한 세그먼트(43062)를 지정하여 공유하고 있다.

그림 7-50 **세그먼테이션에서 세그먼트 공유**

4 페이징과 세그먼테이션 비교

세그먼테이션은 프로그램을 나눈 모든 세그먼트에서 메모리의 빈 공간을 찾아 할당해야 하는 상황이 페이징과 비슷하다. 다른 점은 페이징과 달리 프로그램을 나누는 크기가 변한다. 가변 크기 분할 방법처럼 세그먼테이션도 보통 최적 적합 알고리즘이나 최초 적합 알고리즘으로 해결하는 동적 메모리 할당 방법을 이용한다. 따라서 외부 단편화가 일어날 수 있는데, 사용 가능한 메모리의 모든 블록이 너무 작아서 세그먼트를 수용할 수 없을 때 발생한다. 대부분 단순히 기다리거나 압축을 하여 더 큰 공간을 만든다. 세그먼테이션은 동적 대치 알고리즘이므로 원할 때마다 메모리를 압축할 수 있다. 프로세서 큐에서 몇 번 건너뛰어 크기가 작고 우선권이 더 낮은 프로세스를 찾을 수도 있다. 외부 단편화 문제는 대부분 평균 세그먼트 크기에 의존하는데, 일반적으로 평균 세그먼트 크기가 작으면 외부 단편화 또한 작다.

페이징은 물리적 주소 없이도 큰 가상 주소 공간이 가능하게 하려고 등장했다. 세그먼테이션은 프로그램과 데이터를 논리적으로 독립된 주소 공간으로 나누고 쉽게 공유·보호할 수 있게 하려고 등장했다. 둘을 간단히 비교하면 [표 7-1]과 같다.

표 7-1 페이징과 세그먼테이션 비교

비교	페이징	세그먼테이션
프로그래머의 기술 인식	아니오	예
선형 주소 공간	1	많음
물리적 주소를 초과하는 총 주소 공간	예	예
프로시저와 데이터 분리, 보호 여부	아니오	예
수용할 수 있는 테이블 크기가 심하게 변화	아니오	예
사용자 공유가 용이	아니오	예

5 페이지화된 세그먼테이션

페이징과 세그먼테이션은 각각 장단점이 있다. 페이징은 내부 단편화가 발생할 수 있으나, 메모리를 효율적으로 사용할 수 있고 작업 크기가 동일하여 다양한 알고리즘을 개발할 수 있다. 반면에 세그먼테이션은 외부 단편화가 발생할 수 있으나, 가변적인 데이터 구조와 모듈 처리, 공유와 보호의 지원이 편리하다. 이런 장단점을 취합한 방법이 페이지화된 세그먼테이션이다.

페이지화된 세그먼테이션은 외부 단편화 문제를 제거하면서 할당 과정을 쉽게 해결했다. 이렇게 결합된 구조는 멀틱스Multics 시스템과 인텔 386계열에서 사용했다. 멀틱스 시스템에서 구조를 살펴보자. [그림 7-51]과 같이 논리적 주소는 18비트의 세그먼트 번호와 16비트의 오프셋으로 구성된다. 오프셋은 6비트의 페이지 번호와 10비트의 페이지 오프셋으로 구성된다. 논리적 주소를 다수의 세그먼트로 나누고, 각 세그먼트는 크기가 고정된 페이지로 나눈다. 페이지 번호는 프레임 번호 정보를 제공하려고 페이지 테이블에서 인덱스로 이용한다. 따라서 프레임 번호와 페이지 오프셋을 결합하여 메모리 주소를 만든다. 세그먼트 하나의 길이가 페이지 하나의 길이보다 작으면 해당 세그먼트는 페이지를 하나 갖는다.

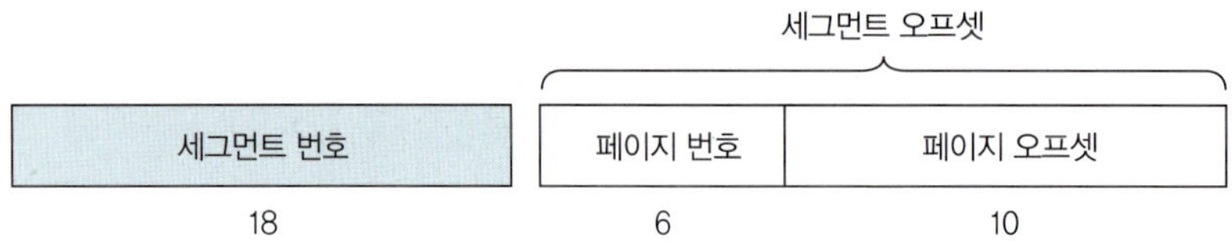

그림 7-51 **페이지화된 세그먼트의 논리적 구조 예 : 멀틱스 시스템**

페이지화된 세그먼트의 주소 변환 과정을 살펴보자. 프로세서는 논리적 주소의 세그먼트 번호와 STBR(세그먼트 테이블 기준 레지스터)을 이용하여 세그먼트 테이블을 확인한다. 그리고 해당 세그먼트 페이지 테이블에서 페이지 번호를 찾아 이에 대응하는 페이지 프레임을 찾는다. 그런 다음 페이지 프레임을 오프셋과 결합하여 메모리 주소를 생성한다.

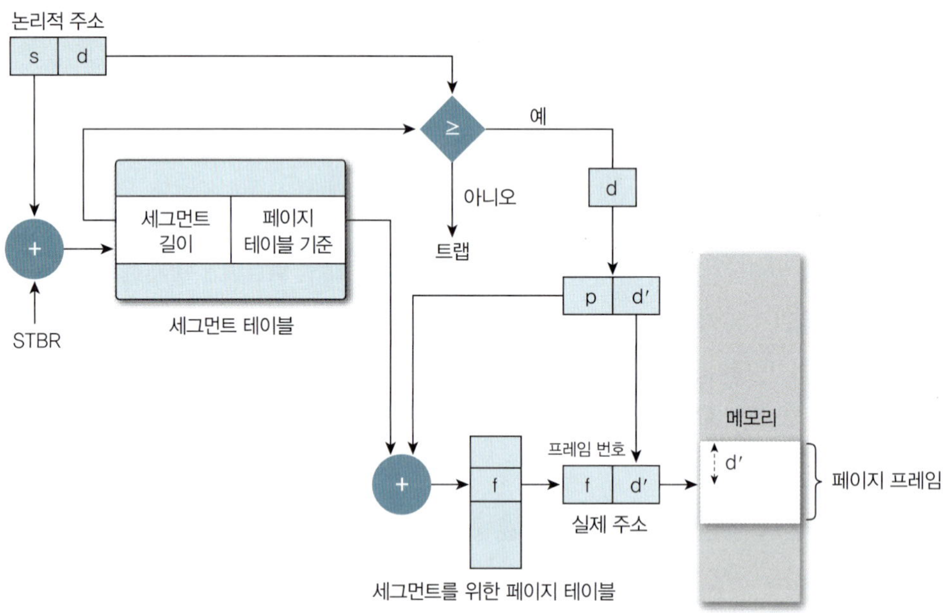

그림 7-52 **페이징 세그먼테이션 하드웨어 시스템의 구조 : 멀틱스(GE645)**

세그먼트의 논리적 주소 4, 2, 64를 변환하는 과정은 [그림 7-53]과 같다. 세그먼트 번호 4를 세그먼트 테이블에서 찾는다. 세그먼트 테이블 4에 해당하는 페이지 테이블에서 페이지 번호 2에 해당하는 프레임 번호는 1을 찾은 후 이를 페이지 오프셋 64와 결합하면 세그먼트 4의 페이지 2는 프레임 1로 매핑된다.

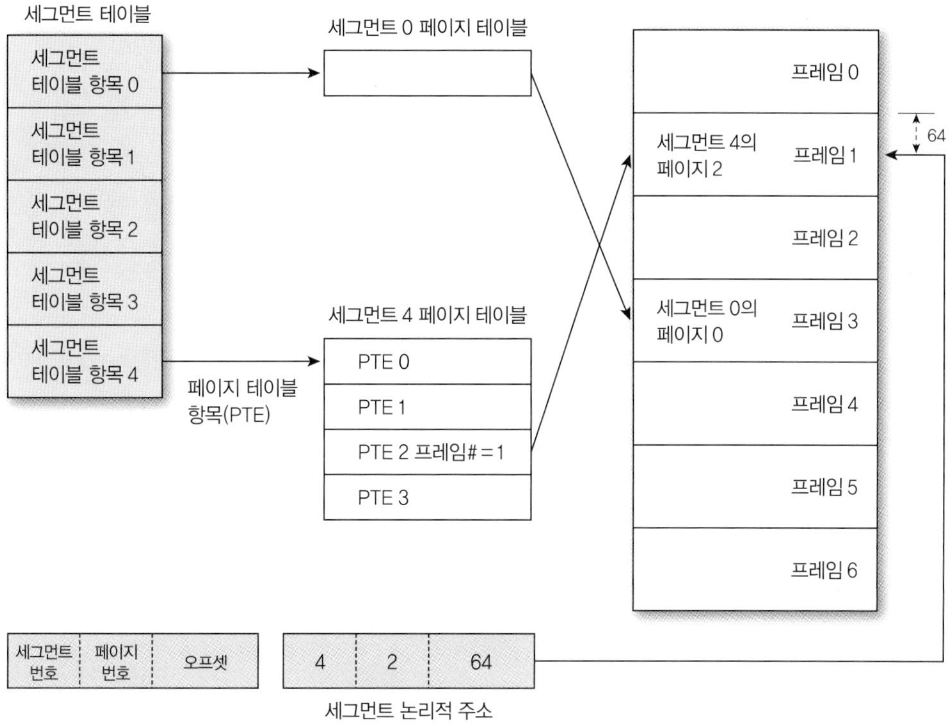

그림 7-53 **페이지화된 세그먼트 메모리 주소 변환 예**

각 프로세스에는 세그먼트 테이블이 하나 있고, 세그먼트에는 자신의 페이지 테이블이 있다. 그러므로 특정 프로세스가 실행 중일 때 레지스터 하나는 프로세스 세그먼트 테이블의 시작 주소를 갖는다. 특히 각 세그먼트의 마지막 페이지는 완전히 차지 않아서 내부 단편화를 가져올 수 있다. 외부 단편화는 제거되지만, 내부 단편화가 발생할 수 있다는 상황에는 변함이 없어 테이블 공간 부담도 증가한다. 또 세그먼트와 페이지를 함께 사용하여 복잡하지만, 세그먼트를 페이징하여 외부 단편화 문제를 제거하면서 할당 과정을 쉽게 해결한다는 장점이 있다.

세그먼트 번호의 크기는 18비트이므로 262,144(2^{18})개의 세그먼트를 지정할 수 있다. 이것은 매우 큰 세그먼트 테이블을 요구하기 때문에 멀틱스는 세그먼트 테이블로 페이징했다. 18비트의 세그먼트 번호(주소)에서 세그먼트를 8비트 페이지 번호와 10비트 오프셋으로 분할한다. 페이지 번호는 세그먼트의 페이지 테이블 항목을 선택하는 데 사용하고, 그 항목들은 세그먼트 페이지의 물리적 주소를 포함한다. 세그먼트 번호의 페이지 오프셋은 항목 자체의 페이지 색인으로 사용한다.

세그먼트 메모리 관리의 장단점은 [표 7-2]와 같다.

표 7-2 **세그먼트 메모리 관리의 장점과 단점**

장점	• 융통성 있는 보호와 내부 단편화가 없다. • 공유 기능이 간단하며, 작은 세그먼트 테이블은 메모리관리장치에 적합하다. • 미사용 메모리 할당을 피하면서 전체 프로그램보다 세그먼트 대치가 쉬워 오버헤드가 적다.
단점	• 세그먼트는 가변 길이를 가지며, 클 수 있으므로 외부 단편화가 발생한다. • 충분히 큰 메모리 영역을 찾을 수 있으나, 메모리 관리 알고리즘이 비싸다. • 크기가 동일하지 않은 세그먼트는 스와핑에 적합하지 않다.

요약

01 메모리 관리 정책

- 적재 정책fetch policy : 디스크에서 메모리로 프로세스를 반입할 시기를 결정한다. 운영체제나 시스템 프로그램, 사용자 프로그램 등 참조 요청에 따라 다음에 실행할 프로세스를 메모리에 적재하는 요구 적재와 시스템의 요청을 미리 예측하여 메모리에 적재하는 예상 적재가 있다.
- 배치 정책placement policy : 디스크에서 반입한 프로세스를 메모리 어느 위치에 저장할 것인지 결정한다. 최초 적합, 최적 적합, 최악 적합 등이 있다.
- 대치 정책replacement policy(재배치 정책, 교체 정책) : 메모리가 충분하지 않을 때 현재 메모리에 할당된 프로세스 중 제거할 프로세스를 결정하는 교체 방법이다. 선입선출FIFO, First In First Out, 최근 최소 사용LRU, Least Recently Used 방법이 있다.

02 메모리 할당 방법

메모리에 프로세스를 적재할 때는 크게 두 가지 방법이 가능하다.

- 연속적으로 적재하는 연속 메모리 할당 방법
- 페이지나 세그먼트 단위로 나눠 여러 곳에 적재하는 비연속(분산) 메모리 할당 방법

03 연속 메모리 할당 방법

- 단일 프로그래밍 환경 : 직접 배치, 중첩(오버레이), 스와핑(프로세스 교체) 등을 이용했다. 단순하고 이해하기 쉬우나 한 번에 한 프로그램만 사용하므로 메모리의 효율성이 떨어진다.
- 다중 프로그래밍 환경 : 고정 분할 방법과 가변 분할 방법, 버디 시스템이 있다.

04 다중 프로그래밍 환경에서 연속 메모리 할당 방법

- 고정 분할 방법 : 메모리를 여러 개의 고정된 크기로 분할하고, 분할된 각 메모리는 프로세스, 즉 작업job 하나를 실행할 수 있다. 논리적 주소가 분할된 메모리보다 크면 오류가 발생하고, 작으면 내부 단편화가 발생한다.
- 가변 분할 방법 : 고정된 경계를 없애고 각 프로세스가 필요한 만큼 메모리를 할당한다. 사용 가능 공간을 어느 작업에 할당할지 결정하는 방법으로 최초 적합first-fit, 최적 적합best-fit, 최악 적합worst-fit 등이 있다.

• 버디 시스템buddy system : 고정 분할 방법이나 동적 분할 방법에서 발생하는 단편화 현상을 해결하는 방법이다. 큰 버퍼들을 반복적으로 이등분하여 작은 버퍼들을 만들며, 가능할 때마다 인접한 빈 버퍼free buffer들을 합치는 과정을 반복한다.

05 분산 메모리 할당 방법

연속 메모리 할당 방법에서 외부 단편화를 해결하며 내부 단편화를 최소화하려고 프로그램을 페이지나 세그먼트 단위로 나눠 여러 곳에 적재하여 할당하는 방법이다. 분산 메모리 할당에는 페이지, 세그먼트, 혼합된 페이지화 세그먼트 방법이 있다.

06 페이징 방법

페이징 방법은 처리할 작업, 즉 프로세스를 크기가 동일한 페이지로 나눠 처리한다. 페이지 테이블(또는 페이지 맵 테이블PMT, Page Map Table)을 이용하여 논리적 주소를 물리적 주소로 변환한다. 논리적 주소는 페이지 번호와 오프셋(변위)으로 구성된다.

07 다중 단계 페이징 시스템

논리적 주소가 클수록 물리적 주소로 변환하는 과정에서 필요한 페이지 테이블 크기도 증가하므로 메모리에 더 큰 적재 공간이 필요(메모리 낭비)하다. 이 문제는 실제 참조할 페이지가 있는 영역에서만 단계별(n단계) 페이지 테이블을 설정하는 페이징 시스템을 구성하여 해결할 수 있다.

08 주소 변환 방법

• 직접 매핑direct mapping으로 주소 변환
• 연관 매핑associative mapping으로 주소 변환
• 연관 · 직접 매핑을 결합한 주소 변환

09 공유 페이지

공유 페이지는 페이징 시스템의 장점으로 시분할 환경에서 중요한 공통 코드를 공유할 수 있게 한다. 공유 코드는 재진입을 허용하므로 재진입 코드reentrant code 또는 순수 코드pure code라고 한다. 오직 읽을 수만 있고, 스스로 수정하지는 못하며, 프로세스들은 재진입 코드에서 데이터 항목을 지정할 수 없다.

10 세그먼테이션

메모리를 프로세스 관점으로 지원하는 메모리 관리 방법이다. 프로그램을 구성하는 서브루틴, 프로시저, 함수나 모듈 등으로 세그먼트를 구성한다. 각 세그먼트는 연관된 기능을 수행하는 하나의 모듈 프로그램으로 생각한다. 세그먼트의 논리적 주소는 세그먼트 번호와 오프셋으로 구성된다.

11 페이지화된 세그먼테이션

페이징은 내부 단편화가 발생할 수 있으나, 메모리를 효율적으로 사용할 수 있다. 세그먼테이션은 외부 단편화가 발생할 수 있으나, 가변적인 데이터 구조와 모듈 처리, 공유와 보호의 지원이 편리하다. 이런 장단점을 취합한 방법이 페이지화된 세그먼테이션이다. 이 방법은 세그먼트를 페이징하여 외부 단편화 문제를 제거하면서 할당 과정을 쉽게 해결했다.

연습문제

01 어셈블러를 패스 2개로 구성하는 이유로 가장 적절한 것은?

① 패스 1과 패스 2의 어셈블러 프로그램이 작아서 경제적이기 때문
② 패스를 하나만 사용하면 프로그램 크기가 증가하여 유지 보수가 어렵기 때문
③ 패스를 하나만 사용하면 메모리를 많이 소요하기 때문
④ 기호를 정의하기 전에 사용할 수 있어 프로그램 작성이 용이하기 때문

02 어셈블러를 패스pass 2개로 구성하는 주된 이유는?

① 패스를 한 개만 사용하면 프로그램 크기가 증가하여 유지 보수가 어렵기 때문
② 패스를 한 개만 사용하면 프로그램 크기가 증가하여 처리 속도가 감소하기 때문
③ 패스를 한 개만 사용하면 기호를 모두 정의한 후 해당 기호를 사용하기 때문
④ 패스 1과 패스 2의 어셈블러 프로그램이 작아서 경제적이기 때문

03 메모리(기억장치) 관리 전략 중 반입fetch 전략에 대한 설명으로 옳은 것은?

① 프로그램, 데이터를 주기억장치로 가져오는 시기를 결정하는 전략
② 프로그램, 데이터에 대한 메인 메모리(주기억장치) 내의 위치를 결정하는 전략
③ 메인 메모리(주기억장치)의 빈 공간을 확보하려고 제거할 프로그램, 데이터를 선택하는 전략
④ 프로그램, 데이터의 위치를 이동시키는 전략

04 기억장치 관리 전략 중 반입fetch 방법에 대한 설명으로 옳지 않은 것은?

① 주기억장치에 적재할 다음 프로그램이나 데이터를 언제 가져올 것인지 결정하는 문제이다.
② 반입 방법에는 요구 반입demand fetch 방법과 예상 반입anticipatory fetch 방법이 있다.
③ 요구 반입 방법은 새로 반입된 데이터나 프로그램을 주기억장치의 어디에 위치시킬 것인지 결정한다.
④ 예상 반입 방법은 앞으로 요구될 가능성이 큰 데이터 또는 프로그램을 예상하여 주기억장치로 미리 옮긴다.

05 기억장치 관리 전략이 아닌 것은?

① 요구 반입demand fetch 전략
② 삭제delete 전략
③ 교체replacement 전략
④ 최초 적합first-fit 전략

06 기억장치 관리 전략 중 대치replacement 전략의 설명으로 옳은 것은?

① 프로그램과 데이터의 위치를 이동시키는 전략
② 주기억 장치 내의 빈 공간을 확보하려고 제거할 프로그램과 데이터를 선택하는 전략
③ 프로그램과 데이터에 대한 주기억 장치 내의 위치를 정하는 전략
④ 프로그램과 데이터를 주기억 장치로 가져오는 시기를 결정하는 전략

07 기억장치 관리 전략 중 배치placement 전략에 대한 설명으로 가장 타당한 것은?

① 새로 반입된 프로그램을 주기억장치의 어디에 위치시킬지를 결정하는 전략
② 주기억장치에 넣은 후 프로그램이나 데이터를 보조기억장치에서 주기억장치로 언제 가져올지를 결정하는 전략
③ 새로 주기억장치에 배치해야 할 프로그램이 들어갈 장소를 마련하려고 어떤 프로그램이나 데이터를 제거할지 결정하는 전략
④ 실행 중인 프로그램이 참조할 프로그램이나 데이터를 미리 예상하여 적재하는 전략

08 기억장치 관리 전략의 하나로 새로 반입할 프로그램이 들어갈 장소를 마련하려고 어떤 프로그램과 데이터를 제거할지 결정하는 전략은?

① 삭제deletion 전략　　② 교체replacement 전략
③ 배치placement 전략　　④ 반입fetch 전략

09 메모리 관리 방법 중에서 서로 떨어져 있는 낭비 공간 여러 개를 모아서 큰 기억 공간 하나를 만드는 작업은?

① swapping(스와핑)　　② coalescing(통합)
③ compaction(압축)　　④ paging(페이징)

10 통합coalescing과 압축compaction에 대한 설명으로 틀린 것은?

① 인접한 공백들을 하나의 공백으로 합하는 과정을 통합이라고 한다.
② 사용하는 기억장소를 주기억장치의 한쪽 끝으로 옮기는 것을 압축이라고 한다.
③ 압축은 단편화의 해결 방안이 될 수 없다.
④ 압축 후에는 하나의 커다란 공백이 생기게 된다.

11 로더의 기능이 아닌 것은?

① allocation　　② linking　　③ relocation　　④ compile

12 기억장소의 압축 방법에 대한 설명으로 틀린 것은?

① 여러 위치에 분산된 단편화된 공간을 주기억장치의 한쪽 끝으로 옮겨서 큰 가용 공간을 만든다.

② 기억장소 압축은 일종의 쓰레기 수집garbage collection 작업이다.

③ 프로그램을 효율적으로 활용하는 데 사용한다.

④ 통합coalescing 방법이라고도 한다.

13 다음 설명이 의미하는 것은?

> 단일 사용자 시스템에서 프로그램의 크기는 주기억장치의 용량보다는 클 수 없다. 그러나 사용하지 않는 프로그램의 부분을 보조기억장치로 옮겨 와서 더는 필요하지 않는 프로그램 부분이 사용하고 있던 장소를 다른 프로그램이 사용하게 하면 실제 영역보다 더 큰 프로그램의 실행이 가능하다.

① 오버레이overlay ② 구역성locality

③ 작업 집합working set ④ 스레드thread

14 절대 로더에서 할당 및 연결 작업의 수행 주체는?

① 링커 ② 로더 ③ 어셈블러 ④ 프로그래머

15 별도의 로더 없이 언어 번역 프로그램이 로더 역할까지 담당하는 것은?

① absolute loader ② relocating loader

③ overlay loader ④ compile and go loader

16 시스템 소프트웨어와 그 기능에 대한 설명 중 옳지 않은 것은?

① 로더 : 실행 가능한 프로그램을 기억장치로 적재

② 링커 : 사용자 프로그램 소스 코드와 I/O 루틴 결합

③ 언어 번역기 : 고급 언어로 작성된 사용자 프로그램을 기계어로 번역

④ 디버거 : 실행 시간 오류가 발생하면 기계 상태 검사 및 수정

17 시스템 소프트웨어의 하나인 로더loader의 기능에 해당하지 않는 것은?

① allocation ② linking

③ translation ④ relocation

18 로더의 종류 중 다음 설명에 해당하는 것은?

> 프로세서CPU가 현재 사용 중인 부분만 로드하고, 미사용 중인 프로그램은 보조기억장치에 저장해 두는 방법으로 load-on-call이라고도 한다.

① 절대 로더absolute loader ② 재배치 로더relocating loader
③ 동적 적재 로더dynamic loading loader ④ 오버레이 로더overlay loader

19 로더의 기능 중 프로그램을 실행시키려고 기억장치 내에 옮겨 놓을 공간을 확보하는 기능은?

① loading ② relocation
③ linking ④ allocation

20 절대 로더에서 각 기능과 수행 주체의 연결이 옳지 않은 것은?

① 연결 – 프로그래머 ② 기억장소 할당 – 로더
③ 적재 – 로더 ④ 재배치 – 어셈블러

21 역할이 축소되어 가장 간단한 프로그램으로 구성된 로더로, 기억장소 할당이나 연결을 프로그래머가 직접 지정하는 방법이다. 프로그래머 입장에서는 매우 어렵고 한번 지정한 주 기억장소의 위치 변경이 힘들다는 단점이 있는 것은?

① relocating loader ② dynamic loading loader
③ absolute loader ④ overlay loader

22 목적 프로그램을 기억장소에 적재시키는 기능만 수행하는 로더로 할당 및 연결은 프로그래머가 프로그램을 작성할 때 수행하며, 대치(교체)는 언어 번역 프로그램이 담당하는 것은?

① absolute loader ② compile and go loader
③ direct linking loader ④ dynamic loading loader

23 디스크 공간 할당 방법 중 연속 할당에 대한 설명으로 옳지 않은 것은?

① 연속하는 논리적 블록들을 물리적으로 서로 인접하여 저장한다.
② 파일의 시작 주소와 크기만 기억하면 되므로 파일의 관리 및 구현이 용이하다.
③ 파일의 크기가 자주 바뀔 때는 구현이 어렵다.
④ 단편화가 발생할 수 없으므로 주기적인 압축이 필요 없다.

24 기억장치의 동적 분할 방법에 대한 설명으로 올바르지 않은 것은?

① 단편화 현상이 발생하지 않는다.

② 기억장소 활용률이 높아진다.

③ 고정 분할 방법에 비해 실행될 프로세스 크기의 제약이 완화된다.

④ 미리 크기를 결정하지 않고 실행할 프로세스의 크기에 맞게 기억장소를 분할하기 때문에 가변 분할 기억장소 배당 방법이라고도 한다.

25 연속 및 분산 기억장치 할당에 대한 설명으로 올바르지 않은 것은?

① 분산 기억장치의 할당은 주기억장치 내의 이용 부분을 여러 작은 부분으로 나눠 실행할 수 있다.

② 분산 기억장치에서는 분산되어 있는 블록 또는 조각을 반드시 인접하여 적재해야 한다.

③ 가상 기억장치에서는 연속 기억장치보다는 분산 기억장치 할당 방법을 채택하여 사용하고 있다.

④ 연속 기억장치 할당 방법에서는 오버레이 방법을 활용하여 주기억장치보다 더 큰 프로그램을 실행할 수 있게 했다.

26 실제 기억장치를 사용하는 시스템에서 주기억장치를 고정된 크기로 분할하여 사용할 때를 설명한 것 중 거리가 먼 것은?

① 내부 단편화internal fragmentation 현상이 발생한다.

② 주기억장치와 보조기억장치 간에 데이터 이동이 빈번히 발생한다.

③ 프로그램이 주어진 분할 안에 다 들어갈 수 없는 경우가 생길 수 있다.

④ 프로그램을 실행하려면 그 전체가 주기억장치에 위치하고 있어야 한다.

27 주기억장치에서 빈번하게 기억장소를 할당하고 반납하면서 기억장소를 조각들로 나누는 현상은?

① compaction

② fragmentation

③ coalescing

④ collision

28 기억장치 배치 전략과 그에 대한 설명으로 옳게 짝지어진 것은?

① 최적 적합 : 가용 공간 중에서 가장 작은 공백이 남는 부분에 배치

② 최고 적합 : 가용 공간 중에서 가장 마지막 분할 영역에 배치

③ 최초 적합 : 가용 공간 중에서 가장 큰 공백이 남는 부분에 배치

④ 최악 적합 : 가용 공간 중에서 첫 번째 분할 영역에 배치

29 새로 들어온 프로그램과 데이터를 주기억장치 내의 어디에 놓을지 결정하는 주기억장치 배치 전략에 해당하지 않는 것은?

① best-fit ② worst-fit ③ first-fit ④ last-fit

30 13K의 작업을 요구하여 각각 최적 적합 전략과 최악 적합 전략을 적용할 때 할당 영역의 연결이 옳은 것은?

할당 영역	운영체제
1	16K
	사용 중
2	14K
	사용 중
3	5K
	사용 중
4	30K

① 최적 적합 : 1, 최악 적합 : 3
② 최적 적합 : 2, 최악 적합 : 3
③ 최적 적합 : 2, 최악 적합 : 4
④ 최적 적합 : 3, 최악 적합 : 4

31 150K의 작업을 요구하여 각각 최초 적합 전략과 최적 적합 전략을 적용할 때 할당 영역의 연결이 옳은 것은?

할당 영역	운영체제
1	50K
	사용 중
2	400K
	사용 중
3	200K

① 최초 적합 : 2, 최적 적합 : 3
② 최초 적합 : 3, 최적 적합 : 2
③ 최초 적합 : 1, 최적 적합 : 2
④ 최초 적합 : 3, 최적 적합 : 1

32 주기억장치 관리 방법인 최초 적합, 최적 적합, 최악 적합 방법을 각각 사용할 때, 5K의 프로그램을 할당하는 영역을 방법 순으로 옳게 나열한 것은? (단, 영역 1~4는 모두 비어 있다고 가정한다.)

영역 번호	운영체제
영역 1	9K
영역 2	15K
영역 3	10K
영역 4	30K

① 영역 1, 영역 3, 영역 4
② 영역 2, 영역 1, 영역 3
③ 영역 1, 영역 2, 영역 3
④ 영역 1, 영역 1, 영역 4

33 메모리 관리 방법 중 worst-fit 방법을 사용할 때, 10K 크기의 프로그램을 실행하려면 어느 부분을 할당하는가?

영역 번호	운영체제	사용 여부
1	8K	free
2	12K	free
3	10K	in use
4	9K	in use
5	16K	free

① 2
② 3
③ 4
④ 5

34 주기억장치 배치 전략으로 최적 적합 방법을 사용한다고 할 때, 다음 기억장소 리스트에서 17K 크기의 작업은 어느 기억 공간에 할당하는가? (단, 위에서 아래로 탐색한다.)

영역 기호	운영체제
A	사용 중
B	35K
C	사용 중
D	15K
E	20K
F	25K

① B
② D
③ E
④ F

35 주기억장치 관리 방법 중 best-fit을 사용할 때 12K의 프로그램이 할당받는 영역 번호는? (단, 모든 영역은 현재 공백 상태이며 위에서 아래로 탐색한다.)

영역 번호	운영체제
영역 1	9K
영역 2	15K
영역 3	14K
영역 4	10K

① 영역 1
② 영역 2
③ 영역 3
④ 영역 4

36 빈 기억 공간의 크기가 20K, 16K, 8K, 40K일 때, 기억장치 배치 전략으로 worst-fit과 best-fit을 각각 사용하여 17K 프로그램을 적재하면 내부 단편화의 크기는 각각 얼마인가?

① 20K, 67K　② 23K, 3K　③ 24K, 64K　④ 44K, 23K

37 다음과 같이 주기억장치의 공백이 있다고 할 때, 최적 적합best-fit 배치 방법은 13KB 크기의 프로그램을 어느 영역에 할당하는가?

영역 기호	크기
A	25KB
B	9KB
C	15KB
D	30KB

① A
② B
③ C
④ D

38 다음과 같은 메모리 구성에서 15M 크기의 블록을 메모리에 할당하고자 한다. ⓒ 영역에 할당할 때 사용한 정책은?

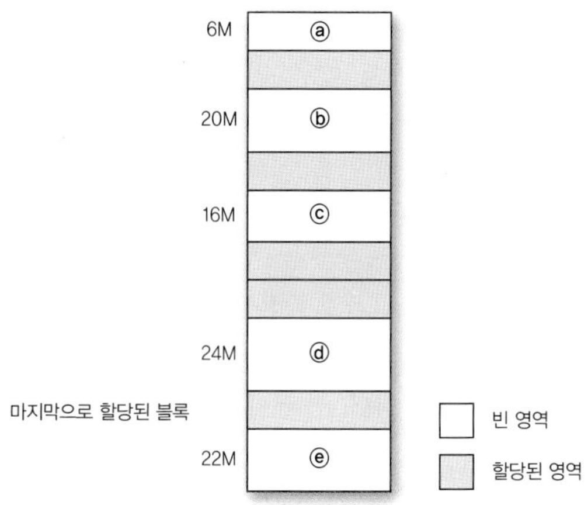

① best-fit
② first-fit
③ next-fit
④ worst-fit

39 다음 표는 고정 분할에서 기억장치 단편화 현상을 보인다. 내부 단편화는 모두 얼마인가?

영역 기호	분할 크기(K)	작업 크기(K)
A	20	10
B	50	60
C	120	10
D	200	100
E	300	90

① 170K
② 260K
③ 430K
④ 480K

40 주기억장치를 다음과 같이 분할할 때 내부 단편화와 외부 단편화의 크기는?

분할 영역	분할 크기	작업 크기
1	20K	10K
2	50K	60K
3	120K	160K
4	200K	100K
5	300K	150K
합계	690K	480K

① 내부 단편화 260K, 외부 단편화 170K
② 내부 단편화 170K, 외부 단편화 260K
③ 내부 단편화 690K, 외부 단편화 480K
④ 내부 단편화 160K, 외부 단편화 270K

41 페이징 방법에 대한 설명으로 옳지 않은 것은?

① 다양한 크기의 논리적인 단위로 프로그램을 나눈 후 기억장치에 적재하여 실행한다.
② 주소를 변환하려면 페이지의 위치 정보가 있는 페이지 맵 테이블이 필요하다.
③ 주기억장치의 이용률과 다중 프로그래밍의 효율을 높일 수 있다.
④ 가상기억장치 구현 방법으로 사용한다.

42 페이징 방법에 대한 설명으로 옳지 않은 것은?

① 동적 주소 변화 방법을 사용하여 다중 프로그래밍의 효과를 증진시킨다.
② 내부 단편화가 발생하지 않는다.
③ 프로그램을 동일한 크기로 나눈 단위를 페이지라고 하며, 이 페이지를 블록으로 사용하는 방법이다.
④ 페이지 맵 테이블이 필요하다.

43 가상기억장치 구현에서 세그먼테이션segmentation 방법의 설명으로 옳지 않은 것은?

① 주소를 변환하려면 페이지 맵 테이블page map table이 필요하다.
② 세그먼테이션은 프로그램을 블록 여러 개로 나눠서 수행한다.
③ 각 세그먼트는 고유한 이름과 크기를 갖는다.
④ 기억장치 보호 키가 필요하다.

44 세그먼테이션 방법에 대한 설명으로 옳은 것은?

① 각 세그먼트의 크기는 같다.
② 내부 단편화가 발생한다.
③ 외부 단편화가 발생한다.
④ 공유가 불가능하다.

45 세그먼테이션 방법에 대한 설명으로 옳지 않은 것은?

① 각 세그먼트는 고유한 이름과 크기를 갖는다.
② 세그먼트 맵 테이블이 필요하다.
③ 프로그램을 일정한 크기로 나눈 단위를 세그먼트라고 한다.
④ 기억장치 보호 키가 필요하다.

46 세그먼테이션 방법에 대한 설명 중 옳지 않은 것은?

① 각 작업이 가진 세그먼테이션 정보가 있는 세그먼트 맵 테이블이 필요하다.
② 각 세그먼트는 고유한 이름과 크기를 갖는다.
③ 기억장치의 사용자 관점을 보존하는 기억장치 관리 방법이다.
④ 작업 하나를 크기가 똑같은 세그먼트라는 물리적인 단위로 나눠 주 기억 공간의 페이지 프레임에 들어가도록 한다.

47 페이징 방법과 세그먼테이션 방법에 대한 설명으로 옳지 않은 것은?

① 페이징 방법에서는 주소를 변환하려면 페이지 맵 테이블이 필요하다.
② 페이지 크기로 일정하게 나눈 주기억장치의 단위를 페이지 프레임이라고 한다.
③ 페이징 방법에서는 작업 하나를 다양한 크기의 논리적인 단위로 나눈 후 주기억장치에 적재하여 실행한다.
④ 세그먼테이션 방법을 이용하는 궁극적인 이유는 기억 공간을 절약하기 위해서이다.

48 페이징 방법과 세그먼테이션 방법에 대한 설명으로 옳지 않은 것은?

① 페이징 방법에서는 주소를 변환하려면 페이지 맵 테이블이 필요하다.
② 프로그램을 일정한 크기로 나눈 단위를 페이지라고 한다.
③ 세그먼테이션 방법에서는 작업 하나를 크기가 각각 다른 여러 논리적인 단위로 나눠 사용한다.
④ 세그먼테이션 방법에서는 내부 단편화가, 페이징 방법에서는 외부 단편화가 발생할 수 있다.

49 다음 설명의 (A)와 (B)에 들어갈 내용으로 옳은 것은?

> 가상기억장치의 일반적인 구현 방법에는 프로그램을 크기가 고정된 일정한 블록으로 나누는 (A) 방법과 크기가 가변적인 블록으로 나누는 (B) 방법이 있다.

① (A) virtual address, (B) paging　② (A) paging, (B) segmentation
③ (A) segmentation, (B) fragmentation　④ (A) segmentation, (B) compaction

50 다음과 같은 세그먼트 테이블이 있을 때, 실제 주소는 얼마인가? (단, 가상 주소 = s(2,100))

세그먼트 번호	크기	시작 주소
0	1200	4000
1	800	5700
2	1000	2000
3	500	3200

① 1500
② 1600
③ 2000
④ 2100

51 페이지 번호와 오프셋으로 구성된 가상 주소 중 페이지 번호로 페이지 매핑표page mapping table에서 구한 실 기억장치의 주소와 가상 주소 중 오프셋으로 실제 주소를 변환하는 방법을 갖는 페이지 매핑법은?

① 직접 매핑　　② 연관 매핑
③ 요구 페이징　　④ 연관 · 직접 매핑

52 논리적 주소와 물리적 주소 차이를 설명하시오.

53 프레임 32개로 구성된 실제 물리적 주소 공간으로 매핑되는 1,024바이트의 페이지 8개인 논리적 주소 공간을 생각해 보자.

① 논리적 주소에 몇 개의 비트가 있는가?
② 물리적 주소에 몇 개의 비트가 있는가?

54 다음 할당 알고리즘을 설명하시오.

① 최초 적합first-fit
② 최적 적합best-fit
③ 최악 적합worst-fit
④ 100KB, 500KB, 200KB, 300KB, 600KB 순으로 기억장치가 분할되었을 때 ①~③의 알고리즘은 프로세스 212KB, 417KB, 112KB, 426KB를 어떤 순서로 할당하는가? 어느 알고리즘이 기억장치를 가장 적절하게 사용하는가?

55 내부 단편화와 외부 단편화의 차이를 설명하시오.

56 왼쪽 세그먼트 테이블을 참고하여 오른쪽 ①~⑥의 논리적 주소에서 물리적 주소를 구하시오.

세그먼트	기본	길이
0	219	600
1	2300	14
2	90	100
3	1327	580
4	1952	96

① 0, 430
② 1, 10
③ 1, 11
④ 2, 500
⑤ 3, 400
⑥ 4, 112

57 세그먼트 하나가 다른 프로세스 2개의 주소 공간에 속할 수 있는 방법을 설명하시오.

58 페이지 테이블을 메모리에 저장한 페이징 시스템이 있다. 다음 질문에 답하시오.

① 메모리 참조가 200나노초 걸린다면, 페이지로 된 기억장치의 참조는 얼마나 걸리는가?
② 연관 레지스터를 추가하여 모든 페이지 테이블 참조의 75%를 연관 레지스터에서 찾는다면, 실제 메모리 접근시간은 얼마나 되는가? (단, 연관 레지스터에서 어떤 페이지 테이블 항목을 찾을 때 해당 항목이 그곳에 있다면 시간은 걸리지 않는다고 가정한다.)

59 페이지 테이블에서 항목 2개가 메모리의 동일한 페이지 프레임을 가리킨다면 그 결과는 어떻게 될까? 많은 양의 메모리를 한 장소에서 다른 장소로 복사할 때 이것을 사용하여 어떻게 필요한 시간의 양을 감소시킬 수 있는가? 한 페이지를 다른 페이지로 업데이트했을 때 어떤 효과가 있는가?

60 바인딩을 설명하시오.

61 중첩(오버레이)의 개념과 단점을 설명하시오.

62 동적 적재의 개념과 장점을 설명하시오.

63 재할당 레지스터[relocation register]를 설명하시오.

64 고정 분할 영역을 만드는 방법을 열거하시오.

65 세그먼트를 설명하시오.

66 페이지 크기가 4KB이고 메모리 크기가 256KB인 메모리 페이징 시스템이 있다고 가정하여 다음 질문에 답하시오.

① 페이지 프레임 수는?

② 이 메모리 주소를 해결하는 데 필요한 비트는?

③ 페이지 번호에 사용하는 비트와 페이지 오프셋에 사용하는 비트는?

67 크기가 212바이트인 동일한 분할(영역)과 232바이트의 메인 메모리를 갖는 고정 분할 방법을 사용하는 시스템이 있다고 가정하자. 프로세스 테이블은 각 상주 프로세스의 분할 포인터를 유지한다. 프로세스 테이블의 포인터에 필요한 비트는?

68 페이지 크기가 1KB라고 가정하면, 다음 주소 참조에서 페이지 번호와 오프셋은? (10진수로 제공한다.)

① 2375 ② 19366 ③ 30000

④ 256 ⑤ 16385

69 페이징 시스템에서 프로세스는 소유하지 않는(적재되지 않는) 메모리에 액세스할 수 없다. 다음 질문에 답하시오.

① 프로세스가 소유하지 않는(적재되지 않는) 메모리에 액세스할 수 없는 이유는?

② 운영체제가 다른 메모리에 액세스할 수 있을까? 그리고 운영체제가 다른 메모리에 액세스할 수 있게 해야 하는가, 아니면 하지 않아도 되는가?

70 페이징 시스템에서 페이지 테이블이 어떤 기능을 하는지 설명하시오.

71 컴파일러에서는 함수 호출이나 순환의 시작 부분으로 점프하는 코드와 데이터를 참조하는 주소를 생성해야 한다. 메모리 시스템에서 이 주소는 물리적 주소인가, 아니면 논리적 주소인가?

Chapter 08

가상 메모리

학습목표

- 가상 메모리의 개념과 원리를 알아본다.
- 요구 페이징의 장단점과 페이지 부재 처리 과정을 살펴본다.
- 페이지 대치 알고리즘 등 가상 메모리에 필요한 알고리즘을 알아본다.
- 프레임 할당 알고리즘을 알아본다.
- 메모리를 관리하는 프로세스 적재 정책을 살펴본다.
- 메모리 관리와 관련된 기타 이슈를 살펴본다.

01 가상 메모리의 이해

1 가상 메모리의 개념과 원리

가상 메모리virtual memory는 7장에서 살펴본 메모리 관리 방법을 토대로 제공하는 기술이다. 지금까지 살펴본 메인 메모리는 실제 메모리 또는 물리적 주소이다. 반면에 여기서 다룰 주제인 가상 메모리는 메모리를 관리하는 또 다른 형태로, 각 프로그램에 실제 메모리 주소가 아닌 가상 메모리 주소를 주는 방법이다. 다중 프로그래밍 환경에서 흔히 사용하며, 메인 메모리보다 더 큰 저장 공간을 제공하는 방법이다.

NOTE_ 앞에서는 메인 메모리를 그냥 메모리로 칭했지만, 여기서는 메인 메모리로 칭하여 가상 메모리와 구분하여 사용한다.

NOTE_ 가상 메모리와 아틀라스 컴퓨터

가상 메모리라는 용어는 1962년 영국 맨체스터대학교에서 제작한 아틀라스 컴퓨터Atlas Computer에서 처음 등장했다. 맨체스터대학교와 영국의 페란티Ferranti사, 플레시Plessey사가 공동으로 개발한 아틀라스 컴퓨터의 첫 번째 제품은 맨체스터대학교에 설치했고, 1962년 12월에 공식적으로 서비스했다. 아틀라스 컴퓨터는 트랜지스터를 사용한 2세대 컴퓨터에 해당한다.

가상 메모리는 사용자와 논리적 주소를 물리적으로 분리하여 사용자가 메인 메모리 용량을 초과한 프로세스에 주소를 지정해서 메모리를 제한 없이 사용할 수 있도록 하는 개념이다. 프로그램 전체를 동시에 실행하지 않으므로 요구한 메모리 전체가 아닌 일부만 적재해도 실행이 가능하다. 활동 영역을 메인 메모리에 유지하면서 필요할 때는 디스크와 메모리 사이에 프로세스 코드와 데이터를 저장한다. 그런 다음 다시 자동으로 전송하는(스왑 인, 스왑 아웃) 과정을 거쳐 프로세스를 재할당한다. 디스크에 저장된 주소 공간은 캐시로 처리하여 메인 메모리를 효율적으로 사용할 수 있게 한다.

앞서 다룬 페이징을 이용하여 가상 메모리 시스템을 구현하면 [그림 8-1]과 같다. 각 프로세스에 균일한 주소 공간을 제공하여 메모리 관리가 단순하며, 메인 메모리를 더 효율적으로 사용할 수 있다. 이처럼 가상 메모리는 메인 메모리의 제한된 용량과 중첩 사용 문제를 해결했기에 뛰어난 아이디어 중 하나로 평가받았다.

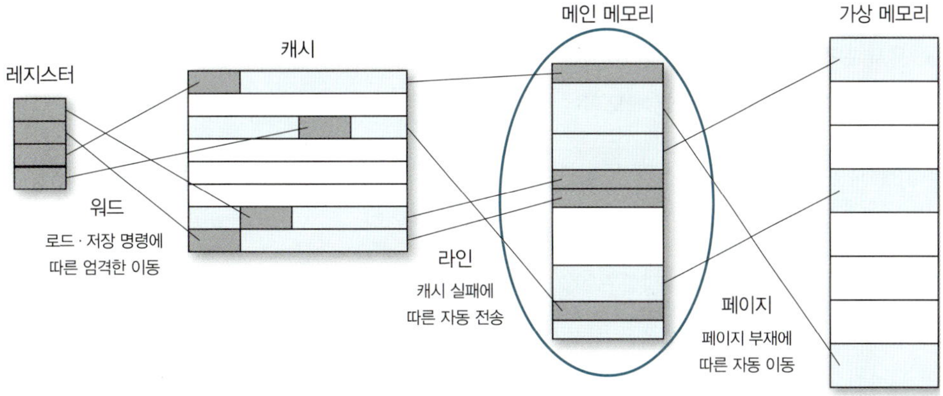

그림 8-1 페이징으로 구현한 가상 메모리

> **NOTE_ 라인**
>
> 메인 메모리와 캐시 사이에서 데이터를 이동할 때는 캐시의 공간 지역성을 최대한 활용하려고 메모리의 데이터를 캐시 라인 크기만큼 올려놓는다. 따라서 라인은 캐시가 메인 메모리에서 데이터를 가져오는 크기가 된다.

가상 메모리에 있는 다양한 프로세스 항목을 디스크(보조기억장치)에 분산 적재했다가 프로세스를 실행하면 메인 메모리로 이동하는 모습은 [그림 8-2]와 같다.

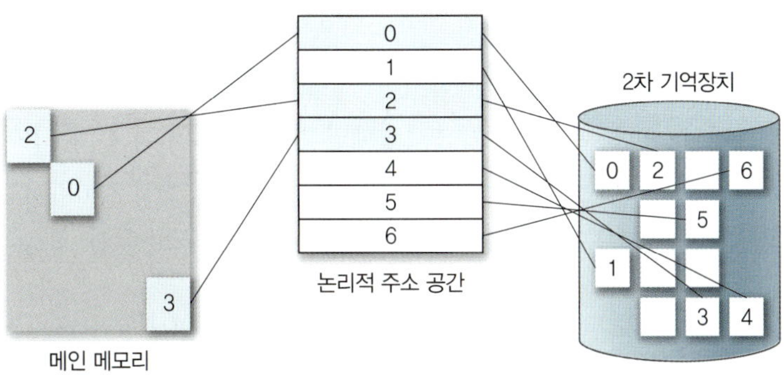

그림 8-2 가상 메모리를 이용한 효율적인 메인 메모리 운영

[그림 8-2]와 같은 메모리 관리 방법을 성공적으로 운영할 수 있는 이유는 실제로는 모든 프로그램을 항상 동시에 사용하지 않고, 매우 드물게는 다음 특징을 보이기 때문이다.

- 예외를 처리하는 오류 처리 코드는 자주 필요하지 않으며, 발생하지 않을 수 있다.
- 배열, 리스트, 테이블 등은 실제로 사용한 크기보다 항상 더 크게 정의할 수 있다. 예를 들어, 15×15로 선언한 후 10×10만 사용할 수 있다.
- 문서 편집기의 복사하기, 붙이기, 잘라내기, 삽입하기 메뉴는 선택한 메뉴 하나만 메인 메모리에 적재하고 나머지는 메인 메모리에서 내보내도 된다.

7장에서는 메모리 공간의 제약 문제를 해결하려고 중첩 방법을 소개했는데, 메모리에 프로그램의 일부만 적재하여 수행하면 다음 장점을 얻을 수 있다.

- 중첩을 고려하여 프로그래밍할 필요가 없으므로 프로그래밍이 쉽다.
- 프로세서의 이용률과 처리율을 향상시킬 수 있다. 물론 응답시간이나 반환시간은 향상되지 않는다.

그런데 여기에는 몇 가지 문제가 따른다. 메모리와 디스크 사이에 이동량이 증가하여 스와핑 공간이 필요하고, 페이지 적재와 복귀를 할 페이징 알고리즘을 결정해야 하며, 요구된 프로세스의 페이지가 없을 때 처리하는 방안 등이 그것이다. 따라서 이것을 해결하는 적절한 방법이 필요하다.

이런 방법들 대신 가상 메모리를 이용하여 메모리 공간 문제를 해결하려면 실행 중인 프로세스가 참조하는 주소와 메인 메모리에서 사용하는 물리적 주소를 분리해야 한다. 실행 중인 프로세스가 참조하는 주소를 가상 주소(논리적 주소, 프로그램 주소)라 하고, 가상 주소를 물리적 주소로 변환하는 과정을 매핑mapping이라고 한다. 매핑은 가능한 빨리 수행해야 한다. 그렇지 않으면 시스템 성능이 떨어지고 가상 메모리를 사용하는 효과가 낮아진다.

매핑은 변환 함수로 표현한다. 프로그램의 가상 주소를 V, 메인 메모리의 물리적 주소를 R이라고 할 때 매핑 함수 F로 가상 메모리는 ❶처럼 정의한다. 가상 주소 V를 메인 메모리 R에 적재하면 ❷처럼 표시한다. 그리고 이를 그림으로 표현하면 [그림 8-3]의 (b)와 같다.

❶ $F : V \rightarrow R$ || 가상 주소(V)와 실제 주소(R)의 분리

❷ $R = F(V)$

(a) 정의식

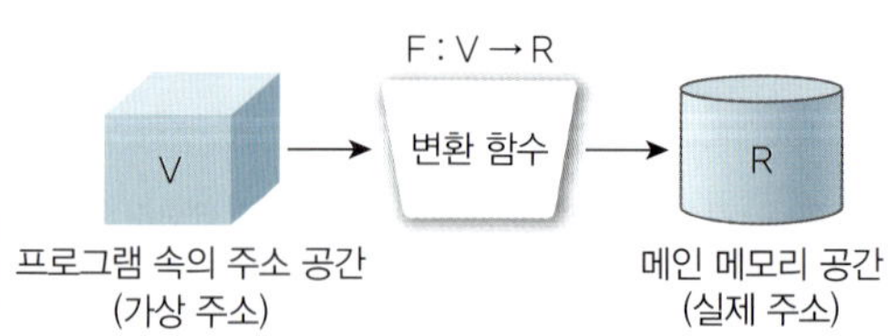

(b) 관계도

그림 8-3 가상 주소와 물리적 주소의 매핑

가상 주소와 물리적 주소를 매핑하는 방법 중 동적 주소 변환DAT, Dynamic Address Translation의 특징은 인위적으로 연속적이라는 것이다. 여기서 '인위적으로 연속적이다'는 말은 가상 주소에서 연속적이라고 메인 메모리에서도 연속적일 필요가 없다는 의미이다. 따라서 사용자는 프로그램과 데이터의 적재 위치를 고려하지 않으므로 중첩과 같은 작업을 수행할 필요 없이 알고리즘의 효율성과 프로그램 구조에만 관심을 가지면 된다.

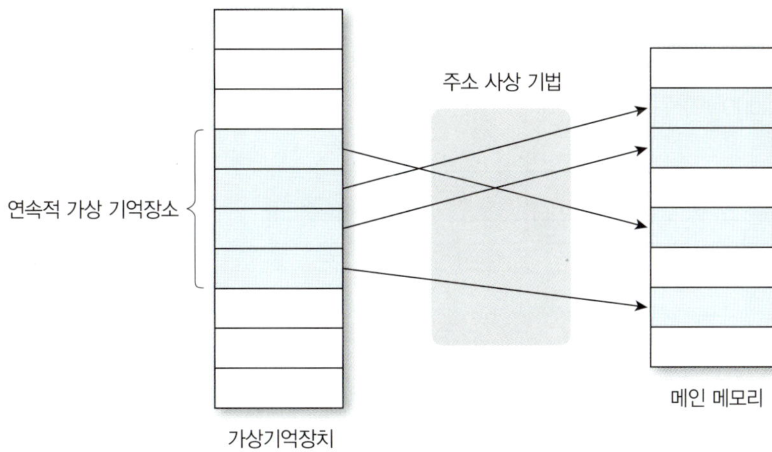

그림 8-4 **동적 주소 변환**

여러 사용자가 메인 메모리를 공유하려면 큰 디스크에 데이터나 프로그램을 저장하고 유지할 수 있는 방법이 필요하다. 이것은 2단계 메모리 관리 방법을 활용하여 해결할 수 있다. [그림 8-5]와 같은 프로세스를 실행할 때는 1차 기억장치인 메인 메모리에 실행 중 참조하는 데이터를 저장하고, 디스크와 같은 대용량의 2차 기억장치에는 메인 메모리에 들어갈 수 없는 데이터를 저장한다. 2차 기억장치에 저장된 프로세스를 실행하려면 해당 코드와 데이터를 모두 1차 기억장치인 메인 메모리에 저장해야 한다.

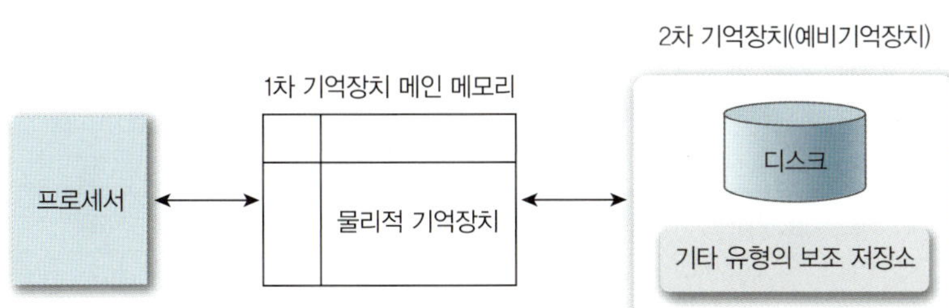

그림 8-5 **2단계 메모리 관리**

2 가상 주소와 테이블 항목

페이징 시스템에서 가상 주소는 가상 페이지 번호와 페이지의 오프셋으로 구성된 V=(p, d) 형태가 된다. 예를 들어, 32비트 가상 주소와 4KB(2^{12}) 크기의 페이지를 사용하여 페이지 오프셋이 12비트(4KB=2^{12})라고 하자. 가상 페이지 번호는 나머지 20비트를 사용하므로 프레임 2^{20}(1,048,576)개로 구성된다. 가상 주소가 0x009B18A0이라면 페이지 오프셋은 마지막 12비트 1000 1010 0000이고, 가상 페이지 번호는 나머지 20비트 0000 0000 1001 1011 0001이다. 따라서 가상 페이지 번호는 2481(100110110001_2)이며, 페이지 오프셋은 2208(100010100000_2)이 된다.

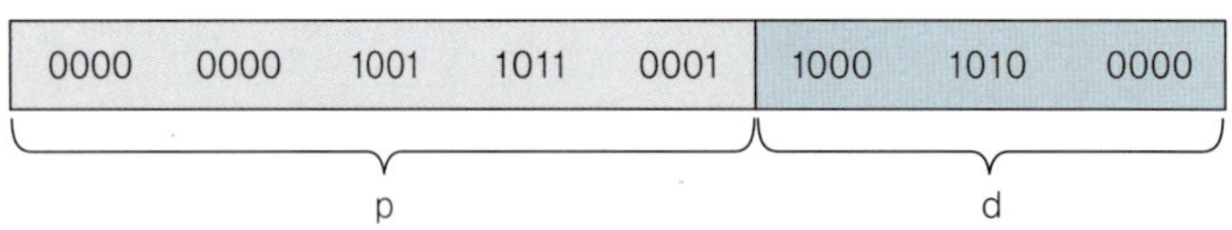

그림 8-6 가상 주소

페이지 테이블은 항목당 32비트를 유지한다. 페이지는 디스크에서 메인 메모리로 블록 단위로 옮겨져 페이지 프레임에 자리 잡게 된다. 따라서 메인 메모리는 가상 페이지와 동일한 크기의 페이지 프레임들로 분할되어 있고, 페이지는 사용 가능한 어떤 페이지 프레임이든 들어갈 수 있다. 페이지 테이블 항목은 세부적으로 메인 메모리 저장 여부를 표시하는 제어 비트와 페이지 프레임 번호 비트로 구성된다.

가상 주소를 물리적 주소로 변환하는 과정은 [그림 8-8]과 같다. 가상 주소의 페이지 번호 0x2를 페이지 테이블에서 찾아 페이지 프레임 번호 0x8을 얻는다. 이 프레임 번호 0x8과 페이지 오프셋을 결합하여 메인 메모리의 물리적 주소를 구한다. 페이지 프레임 번호가 {1, 2, 3, ……, n}이라고 가정하면 물리적 주소 R은 프레임 번호와 페이지 크기를 곱하여 프레임 번호×페이지 크기+d'로 나타낼 수 있다.

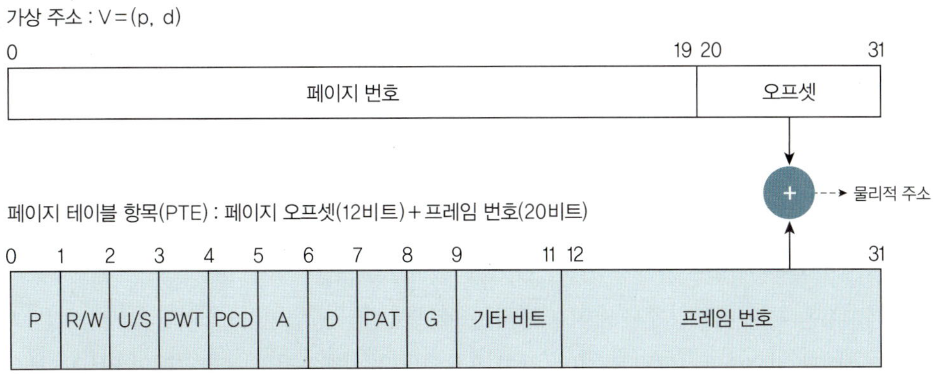

- P : 참조 페이지의 메인 메모리 저장 여부
- R/W : 쓰기 · 읽기 액세스 권한 포함
- U/S : 사용자 · 슈퍼 사용자의 페이지 테이블 액세스 권한
- PWT, PCD : 하드웨어 캐시로 페이지 테이블 처리
- A : 페이지 프레임에 따른 페이징 단위 주소 적용
- D(M) : 페이지 수정 여부
- PAT : 페이지 테이블 속성 색인
- G : 페이지 테이블 항목 적용
- 기타 비트 : 시스템 프로그래머 사용 가능
- 프레임 번호 : 페이지 기준 주소

그림 8-7 **페이징 시스템에서 가상 주소와 페이지 테이블 항목**

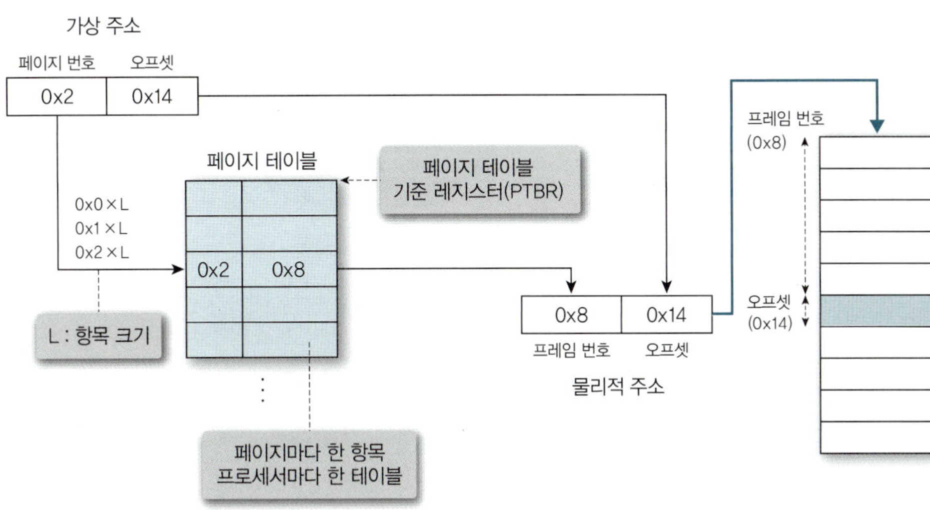

그림 8-8 **페이징 시스템에서 가상 주소 변환**

02 요구 페이징

1 요구 페이징의 개념

요구 페이징은 가상 메모리에서 많이 사용하는 메모리 관리 방법이다. 스와핑을 사용하는 페이징 시스템과 비슷하다. [그림 8-9]와 같이 프로그램을 실행하려고 프로그램의 일부만 메인 메모리에 적재하되, 순차적으로 작성되어 있는 프로그램의 모듈을 처리할 때 다른 부분은 실행하지 않는다는 특징을 이용한다. 예를 들어, 프로그램 B의 일부 모듈을 실행할 때 프로그램 A의 실행 중인 모듈은 디스크에 저장한다. 따라서 예외 처리 루틴이나 과도하게 공간을 확보하는 배열을 선언하고 모듈의 일부를 처리하는 데 이용할 수 있다.

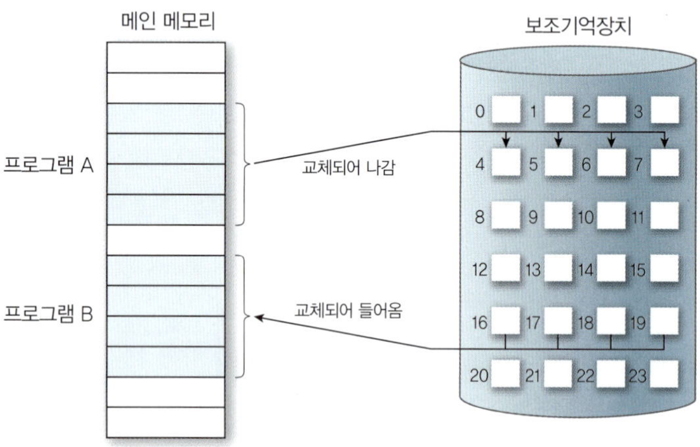

그림 8-9 **요구 페이징의 개념**

요구 페이징은 프로세스를 시작할 때 디스크에서 메인 메모리로 스와핑하는 순수 스와핑과 다르게, 실행 중인 프로세스들의 요구 페이지만 메모리에 반입fetch하여 프로세스의 모든 페이지를 메모리에 동시에 적재하지 않는다. 이 과정을 지연 기술 또는 지연 스와퍼lazy swapper라 하고, 이를 위해 페이지 테이블을 유지한다. 동적 주소 변환에서는 가상 메모리와 메인 메모리의 매핑을 매핑 테이블로 표시하고, 페이지 방법에서는 페이지 테이블로 표시한다.

요구 페이징은 페이지 테이블의 각 항목에 페이지의 유효 여부를 표시하는 타당 비트와 비타당 비트를 추가한다. 유효 페이지는 메인 메모리에 있는 페이지 중 하나라는 의미이고, 유효하지 않는 페이지는 디스크에 있는 페이지 중 하나라는 의미이다. 타당 비트(1)로 설정되어 있으면 유효 페이지이고, 비타당 비트(0)는 유효하지 않는 페이지이다. 예를 들어, [그림 8-10]에서 프레임 번호가 0, 2, 5인 페이지는 타당 비트(1)로 표시되어 있으므로 메모리에 적재되어 있다. 나머지 프레임 번호 1, 3, 4, 6, 7은 비타당 비트(0)로 표시되어 디스크에 적재되어 있다.

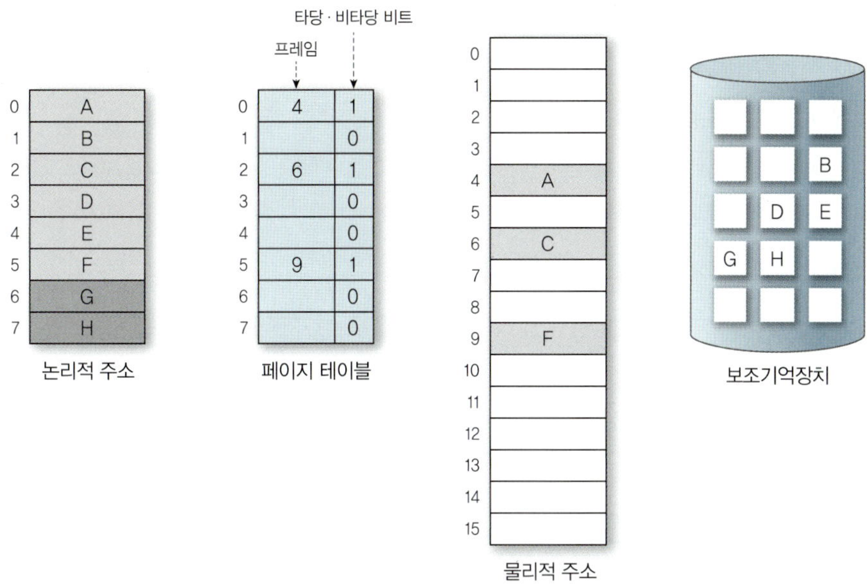

그림 8-10 타당 비트와 비타당 비트를 추가한 페이지 테이블

요구된 페이지를 모두 메모리에 적재했다면 프로세스는 정확하고 신속하게 수행할 수 있을 것이다. 그러나 프로그램이 메모리에 저장되지 않은 페이지를 사용하려고 한다면 어떻게 될까? 이를 페이지 부재page fault라고 하는데, 페이지 부재는 프로세스가 메인 메모리에 적재되지 않은 페이지를 액세스하려고 할 때 하드웨어가 제기하는 소프트웨어 트랩이다. 이때도 타당 비트와 비타당 비트를 이용하여 처리할 수 있다. 비타당 비트를 발견하면 운영체제에 트랩이 발생하므로 무효 주소 오류로 처리하는 것이다.

2 페이지 부재

프로세스가 비타당 비트로 표시된 페이지에 액세스하지 않는다면 비타당 비트의 여부가 영향을 주지 않는다. 그러나 메모리에 적재되지 않은 페이지에 액세스하려고 한다면 페이지 부재가 발생하여 [그림 8-11]과 같은 과정을 거쳐 처리한다.

❶ 프로세스 B를 실행하려고 가상 주소(페이지 번호 : 1)에 액세스하려 한다.

❷ 프로세스 B가 메모리에 적재되어 있는지 조사한다. 즉, 페이지 테이블을 검사하여 메모리 액세스가 타당 또는 비타당인지 확인한다. 유효 페이지이면 명령을 계속 처리하나 유효하지 않은 페이지이면 해당 페이지를 메모리에 가져와야 한다.

❸ 페이지 부재로 트랩이 발생한다. 제어권을 넘겨받은 운영체제가 해당 페이지를 가져오는 조치를 한다.

❹ 메모리에서 빈 프레임 중 하나를 선택한다.

❺ 할당된 프레임에 요구된 페이지를 디스크에서 가져오는, 즉 입출력하는 동안 프로세서는 다른 프로세스의 디스크 동작을 스케줄링한다.

❻ 해당 페이지를 디스크에서 메모리로 가져온다.

❼ 요구된 페이지가 메모리에 적재됐음을 알리려고 페이지 테이블의 비타당 비트를 타당으로 변경한다.

❽ 주소 트랩으로 인터럽트된 명령어들을 다시 시작한다.

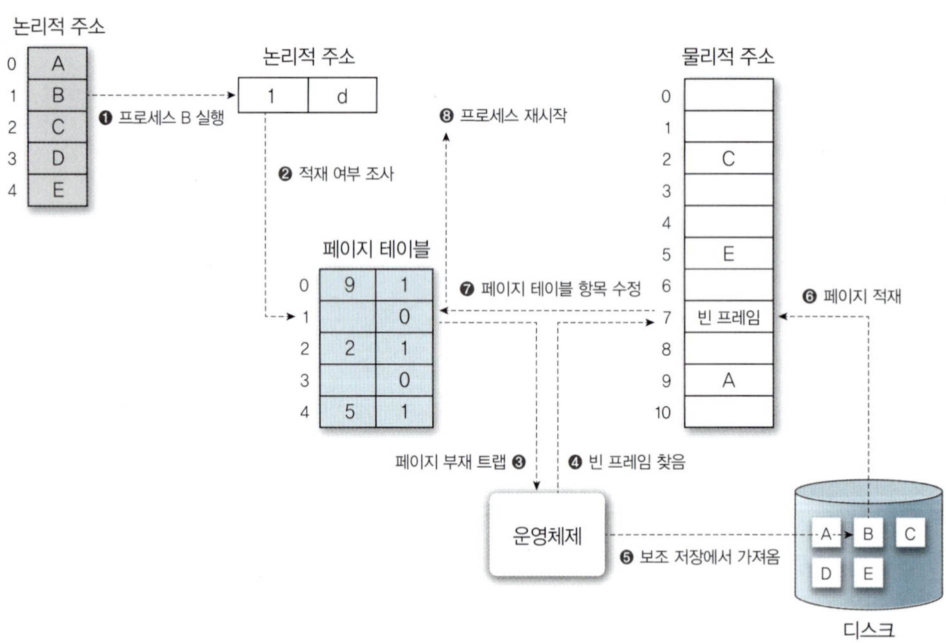

그림 8-11 **페이지 부재 처리 과정**

이처럼 요구된 페이지를 메모리로 읽어 들여 원래 메모리에 저장되어 있었던 것처럼 프로세스를 다시 시작할 수 있기 때문에 프로세스의 한 부분을 아직 적재하지 않았어도 프로세스를 수행할 수 있다. 그리고 메모리에 실행할 프로세스의 페이지가 없는 상태에서도 프로세스를 실행할 수 있다. 이때 프로세스는 최소의 명령으로 페이지 부재를 발생시킨다. 해당 페이지를 메모리로 적재한 후에도 프로세스를 계속 실행하면서 필요한 모든 페이지를 메모리에 적재할 때까지 페이지 부재를 발생시킨다. 일단 실행에 필요한 모든 페이지가 메모리에 적재되면 프로세스는 더는 페이지 부재를 발생시키지 않고 계속 실행할 수 있다. 요구하기 전까지는 해당 페이지를 메모리에 적재하지 않는 것을 순수 요구 페이징이라고 한다.

요구 페이징은 메모리를 효율적으로 사용할 수 있지만, 메인 메모리와 디스크 간의 과도한 페이지 교체로 오버헤드를 증가시켜 시스템의 성능을 떨어뜨린다는 단점이 있다. 요구 페이징의 장점과 단점을 요약하면 [표 8-1]과 같다.

표 8-1 **요구 페이징의 장점과 단점**

구분	내용
장점	• 다중 프로그래밍의 정도를 증가시키고 액세스하지 않은 페이지를 적재하지 않으므로, 다른 프로그램들도 사용할 수 있도록 메모리를 절약할 수 있다. • 프로그램을 시작할 때 적재 지연이 적다. • 적은 수의 페이지를 읽기 때문에 초기 디스크 오버헤드가 적다. • 페이지 부재를 디스크에서 페이지를 로드하는 데 사용할 수 있어 페이징 시스템보다 하드웨어 지원이 추가로 필요하지 않다. • 적재된 페이지 중 하나를 수정할 때까지 페이지들은 여러 프로그램이 공유하므로 쓰기복사COW, Copy-On-Write 기술로 더 많은 자원을 저장할 수 있다. • 프로그램을 실행할 충분한 메모리가 없는 시스템에서도 대용량 프로그램을 실행할 수 있으며, 프로그래머는 이전 중첩(오버레이)보다 쉽게 구현할 수 있다.
단점	• 개별 프로그램들은 페이지에 처음 액세스할 때 약간의 지연이 발생한다. 반면에 프리 페이징은 마지막으로 수행한 페이지 몇 개를 미리 불러오는 방법으로 성능을 향상시킨다. • 낮은 비용, 낮은 성능의 시스템에서 실행하는 프로그램은 페이지 대체를 지원하는 메모리 관리 장치가 없다. • 페이지 교체 알고리즘을 포함하는 메모리 관리가 복잡하다. • 페이지 액세스 시간은 디스크에서 페이지를 적재할 수도 있으므로 예측이 어렵다.

요구 페이징의 장점으로 언급한 쓰기복사COW를 잠깐 살펴보자. 쓰기복사는 페이지의 효율성을 높이는 컴퓨터 프로그래밍에서 사용하는 최적화 전략이다. 여러 작업이 메모리나 디스크에 저장된 동일한 자원을 사용할 때 별도의 복사본을 만들지 않고도 동일한 자원 포인터를 부여할 수 있다.

[그림 8-12]는 쓰기복사를 수행하는 방법이다. 물리적 장치의 비연속 블록 〈P_0, P_2, P_3〉 3개에 기록된 논리 파일 블록 〈L_0, L_1, L_2〉 3개가 있다고 하자. 두 번째 논리 블록 L_1에 쓰기를 변경하는 요청이 들어오면 L_1은 물리 블록 P_2에 덮어쓴다. 그러나 쓰기복사를 구현한 파일 시스템은 L_1이 쓰기를 한 새로운 물리 블록 P_6을 할당하므로 논리적으로 완전한 버전 2개를 만든다.

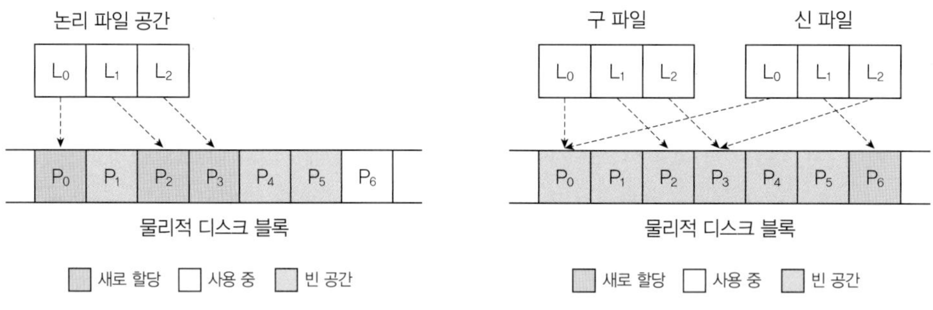

(a) 세 블록 파일의 초기 할당 (b) COW한 새로운 블록

그림 8-12 쓰기복사 예

쓰기복사는 프로세스를 빠르게 생성하고, 생성한 프로세스에 할당하여 새로운 페이지 수를 최소화한다. 동일한 자원을 사용하는 개별 프로세스가 여럿 있을 때 쓰기복사로 자원을 공유하여 절약할 수 있다. 그러나 프로세스 하나 이상에서 공유 정보의 일부를 변경할 때는 다른 사용자에게 영향을 주지 않도록 주의해야 한다. 이런 모든 변경을 요청하는 작업과 공유 사본을 사용하는 다른 작업 모두 커널에서 발생한다. 커널 수준에서 쓰기복사의 가장 큰 문제는 복잡성이다. 페이지 스와핑과 같은 기본적인 가상 메모리 문제가 디스크에 제기하는 우려와 비슷하다.

쓰기복사의 큰 장점은 메모리를 띄엄띄엄 사용할 수 있다는 것이다. 특히 다중 스레드 시스템에서 쓰기복사는 기존 잠금lock을 사용하지 않는 대신, 내부 참조 카운터의 증가나 감소를 이용하여 비교 및 스와핑에 사용한다. 원래의 자원을 변경하지 않기 때문에 참조 카운트를 증가한 후 다중 스레드에서 복사할 수 있다. 참조 카운터가 0이 되면 자원을 안전하게 메모리에서 해제할 수 있도록 스레드 한 개의 참조를 보유한다. 그러나 쓰기복사는 파일의 디스크상 연속성(인접성)을 차단한다는 단점이 있다. 연속성은 파일을 액세스하는 디스크가 수행하는 탐색량을 줄일 수 있기 때문에 연속성은 파일 시스템 성능에 중요하다.

쓰기복사로 작성한 파일 블록들을 디스크에 분산한 파일은 파일을 읽는 데 추가 탐색을 요구한다. 이를 단편화라고 한다. 쓰기복사로 작성한 파일을 자주 작성하면 블록 크기가 커지거나 순차적으로 읽게 되므로 시스템 성능에서 단편화는 악화된다. 쓰기복사는 윈도우 XP, 리눅스, 솔라리스 등 여러 운영체제에서 사용하는 기술이다. 마이크로소프트 SQL 서버 2005와 같은 데이터베이스 서버에서 스냅 샷[snapshot]을 유지 보수할 때도 사용한다.

3 페이지 성능

대부분의 메모리 액세스 시간[MAT, Memory Access Time]은 10~200나노초이다. 페이지 부재가 발생하지 않으면 유효 액세스 시간[EAT, Effective Access Time]은 메모리 액세스 시간과 동일하다. 그러나 페이지 부재가 발생하면 디스크에서 관련 페이지를 읽은 후 요구된 단어에 액세스하여 더 많은 시간을 소요한다. 페이지 부재 확률을 p라고 하면 ❶처럼 정의할 수 있다. p가 0에 매우 가깝다는 것은 약간의 페이지 부재를 인정한다는 의미이다. 따라서 p=0이면 페이지 부재가 전혀 없고, p=1이면 항상 페이지 부재가 발생한다. 그리고 유효 액세스 시간은 ❷와 같다.

❶ 페이지 부재 확률 : $0 \leq p \leq 1$

❷ 유효 액세스 시간 = (페이지 적중 확률) × MAT + (페이지 부재 확률) × (페이지 부재 해결 시간)

= $(1 - p) \times MAT + p \times$ (페이지 부재 해결 시간)

그림 8-13 유효 액세스 시간 계산식

유효 액세스 시간을 계산하려면 페이지 부재를 처리하는 시간을 알아야 하는데, 먼저 페이지 부재 처리 과정을 살펴보자. 페이지 부재에 처리하는 인터럽트 처리 시간과 페이지 교체 시간, 프로세스 재시작 과정이 유효 액세스 시간을 계산하는 데 필요한 주요 항목이다. 인터럽트 처리 및 프로세스 재시작 과정은 명령어 수백 개로 구성되며, 1~100마이크로초 범위의 짧은 시간에 처리할 수 있다. 페이지 교체 시간은 디스크의 헤드 이동에 따른 탐색 시간(5밀리초)과 지연시간(3밀리초), 전송시간(0.05밀리초) 등으로 대략 8밀리초(10^{-3})로 예상한다. 따라서 소프트웨어와 하드웨어 시간을 포함하여 총 페이지 부재 시간을 처리하는 데 약 8밀리초가 소요된다. 예를 들어, 평균 페이지 부재 처리 시간이 8밀리초이고 메모리 액세스 시간이 200나노초(10^{-9})라면, 유효 액세스 시간은 다음과 같이 계산할 수 있다.

$$
\begin{aligned}
\text{유효 액세스 시간} &= (1-p) \times (200\text{나노초}) + p \times (8\text{밀리초}) \\
&= (1-p) \times (200\text{나노초}) + p \times (8{,}000{,}000\text{나노초}) \\
&= 200 + p \times (8{,}000{,}000 - 200) \\
&= 200 + p \times 7{,}999{,}800
\end{aligned}
$$

그림 8-14 유효 액세스 시간 계산 예

유효 액세스 시간은 페이지 부재 비율에 비례한다. 액세스 1,000개 중 한 개에서 페이지 부재가 발생하면 유효 액세스 시간은 8.2(8199.8나노초)마이크로초가 된다. 따라서 요구 페이징 때문에 컴퓨터의 유효 액세스 시간은 40배(메모리 액세스 시간은 200나노초) 감속된다. 유효 액세스 시간을 10% 미만으로 줄여 메모리 액세스 시간을 220나노초보다 적게 유지하려면 다음 조건이 필요하다.

$$
\begin{aligned}
220 &> 200 + 7{,}999{,}800 \times P \\
20 &> 7{,}999{,}800 \times P \\
P &< 0.0000025(0.00000250006250)
\end{aligned}
$$

그림 8-15 유효 액세스 시간을 10% 미만으로 줄이는 조건

적당한 수준에서 페이징 감속을 유지하려면 페이지 부재는 0.00000250006250(399,990번 중 한 번)보다 낮은 확률로 발생해야 한다. 요구 페이징 시스템에서 페이지 부재 비율을 낮게 유지시키는 것은 상당히 중요하다. 그렇지 않으면 유효 액세스 시간이 증가하여 결국 프로세스 수행 시간은 느려진다.

다시 말해, 가상 메모리의 개념을 도입한 요구 페이징에서는 페이지 부재 비율을 가능한 낮게 유지하는 것이 매우 중요하므로 각종 알고리즘과 정책이 필요하다.

4 페이지 성능을 높이는 페이지 대치

요구 페이징 시스템에서 페이지 부재 비율은 유효 액세스 시간과 관련이 있기에 중요하나, 계속 중요한 것은 아니다. 페이지 대부분은 처음 참조할 때 부재가 발생하지만 이후에는 메모리에 저장되어 있기에 페이지 부재 비율이 발생되지 않을 수 있기 때문이다. 프레임이 40개인 시스템에서는 프레임 10개를 요구하는 프로세스를 4개 수행할 수 있다. 실제로 프레임 5개는 사용하지 않는다고 하면, 프로세스는 최대 8개 실행할 수 있으므로 프로세서의 이용률을 높일

수 있다. 그러나 어느 순간 프레임을 5개 요구하는 프로세스 6개가 수행 도중(프레임 30개를 사용하므로 10개는 여유가 있음) 페이지를 5개 더 추가하여 페이지 10개를 요구하면, 필요한 페이지는 60개가 되어 프레임이 20개 부족한 현상이 발생할 수 있다. 이때는 페이지 대치로 해결할 수 있다.

[그림 8-16]의 예로 페이지 대치의 필요성을 살펴보자. 먼저 프로그램 카운터PC로 사용자 1의 페이지 M을 적재하면, 물리적 메모리에 비어 있는 프레임이 없다는 것을 발견한다. 따라서 사용자 2의 페이지 B는 물리적 메모리에 적재할 수 없다. 이런 상황은 페이지 대치를 이용하면 효과적으로 해결할 수 있다. 페이지 대치는 페이지 부재가 발생하면, 메인 메모리에 있으면서 사용하지 않는 페이지를 없애 새로운 페이지로 바꾼다. 빈 프레임은 부재된 페이지를 수용하고 페이지 부재 서비스 루틴은 페이지 대치를 포함하도록 프로그램이 수정된다.

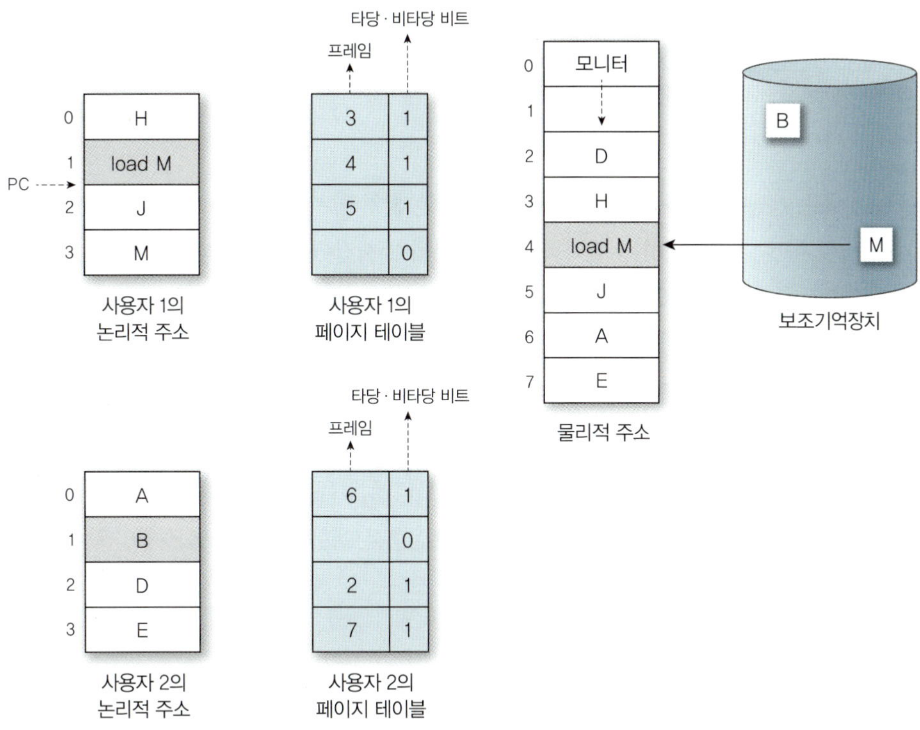

그림 8-16 페이지 대치의 필요성

페이지 대치 과정을 단계적으로 설명하면 [그림 8-17]과 같다.

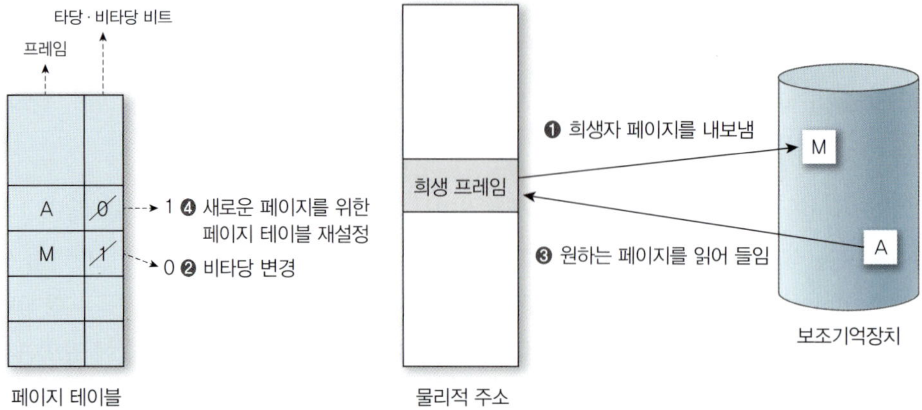

❶ 프레임 리스트에서 빈 프레임을 찾는데, 빈 프레임이 없으면 현재 사용하지 않는 희생자 프레임을 선정하려고 페이지 대치 알고리즘을 사용한다. 프레임(M)을 선정하면 프레임의 내용을 디스크에 저장하여(스왑 아웃) 프레임을 비운다.

❷ 페이지 테이블의 비타당(0) 비트로 변경하여 페이지가 메모리에 더는 존재하지 않음을 알려 주며 프레임을 비운다.

❸ 원하는 페이지(A)를 디스크에서 읽어 프레임에 저장한다.

❹ 새로운 페이지(A)를 위해 페이지 테이블을 수정한다.

그림 8-17 **페이지 대치 과정**

페이지 부재로 발생한 페이지 대치 과정은 페이지 부재 처리 시간이 증가하여, 즉 페이지 2개가 이동(스왑 아웃, 스왑 인)하는 결과를 가져와 액세스 시간이 증가하여 시스템에 부담이 된다. 이 부담은 수정된 비트를 활용하여 감소시킬 수 있다. 페이지 대치는 요구 페이징의 기본 요소이며, 논리적 공간과 실제 메모리 공간을 완벽하게 분리하므로 프로그래머는 작은 실제 메모리에서 매우 큰 가상 메모리를 제공할 수 있다. 예를 들어, 실제 메모리가 100KB일 때 가상 메모리는 100KB보다 훨씬 큰 1,000KB를 제공할 수 있다. 이처럼 요구 페이징에서 대치 알고리즘은 매우 중요하다. 프로세스가 여럿 메모리에 있을 때 각 프로세스에 얼마큼 프레임을 할당할지, 페이지 대치를 요구할 때 어떤 프레임을 선택할지는 시스템 성능을 측정할 수 있는 중요한 요소이기 때문이다.

03 페이지 대치 알고리즘

1 페이지 부재와 프레임 수

페이지 부재 때문에 메인 메모리에서 디스크로 내보낼 페이지를 고르는 방법은 시스템의 효율성에 큰 영향을 주므로 페이지 대치 알고리즘을 신중하게 선택해야 한다. 알고리즘별로 장단점이 있는데, 보통은 페이지 부재 비율이 가능 낮은 알고리즘을 기본으로 선택한다.

먼저 페이지 부재 횟수와 프레임 수 관계를 알아본 후 주요 페이지 대치 알고리즘을 하나씩 살펴보자.

보통 프레임 수가 증가하면 페이지 부재는 줄어든다. 예를 들어, [그림 8-18]의 (a)와 같은 참조 문자열(메모리를 참조하는 페이지)에서 프레임을 7개 이상 가졌다면 페이지 부재는 여덟 번만 일어난다. 한 프레임만 이용할 수 있다면 각 참조마다 페이지 대치가 필요하여 결과적으로 페이지 부재는 스물한 번 발생한다. 일반적으로 (b)와 같은 곡선을 추측할 수 있는데, 프레임 수가 증가하면서 페이지 부재 횟수가 최소한도 수준으로 내려간다.

0, 2, 1, 3, 5, 4, 6, 3, 7, 4, 7, 3, 5, 3, 5, 3, 1, 3, 1, 7, 1

(a) 참조 문자열 예

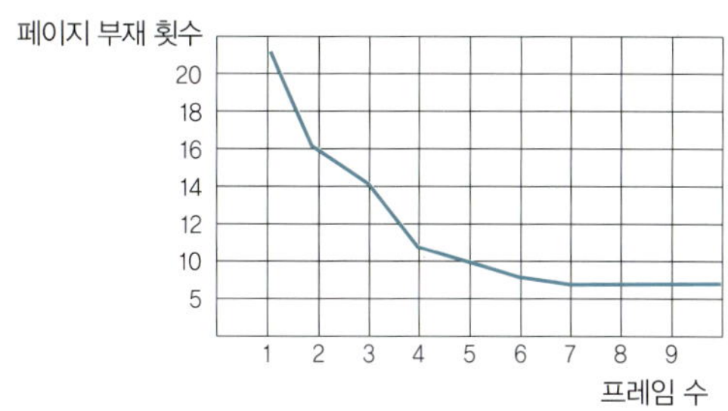

(b) 페이지 부재와 프레임 수

그림 8-18 **페이지 부재와 프레임 수 예**

2 선입선출 대치 알고리즘

선입선출FIFO, First In First Out 대치 알고리즘은 가장 간단한 알고리즘이다. [그림 8-19]와 같이 페이지를 큐queue 구조로 유지하면서 각 페이지가 메모리 안으로 들어간 시간을 이용하여 가장 오래된 페이지부터 우선 대치한다. 페이지 부재가 발생하면, 즉 제거해야 할 페이지를 선택하면 디스크로 이동하여 교체하고, 페이지 테이블의 타당 비트와 비타당 비트를 변경한다. 새로운 페이지에서 페이지 테이블 항목을 변경한 후 선입선출 큐의 마지막 위치에 삽입한다.

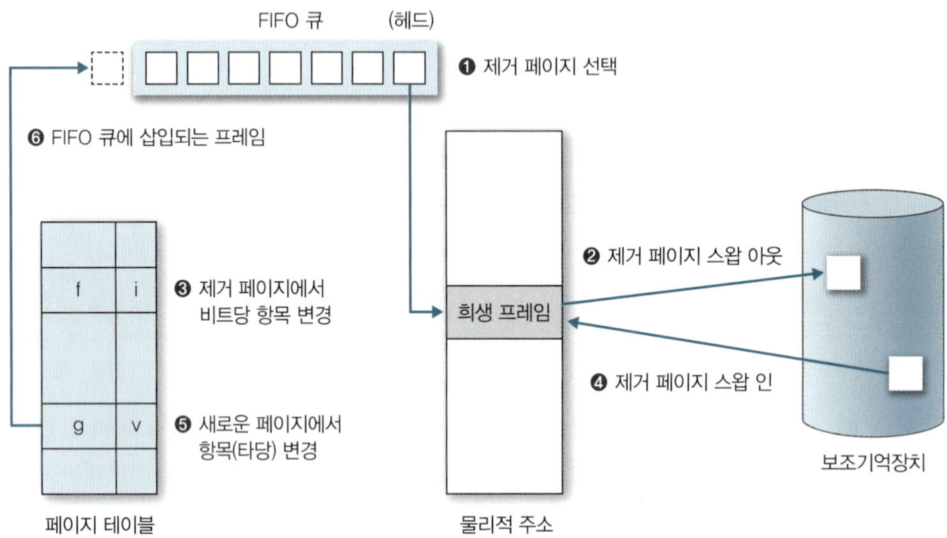

그림 8-19 선입선출 대치 알고리즘

메모리에 있는 페이지는 모두 선입선출 큐FIFO queue가 관리한다. 따라서 큐의 헤드 부분에 있는 페이지를 먼저 대치한다. 큐에 있는 페이지가 메모리로 들어갈 때 큐의 끝에 페이지를 삽입한다. 이때 큐의 크기는 사용 가능한 메모리 프레임의 수이다. 예를 들어, 프레임 3개를 사용할 수 있다고 가정하고 [그림 8-20]의 (a) 참조 문자열을 (b)와 같이 실행해 보자.

1, 2, 3, 2, 1, 5, 2, 1, 6, 2, 5, 6, 3, 1, 3, 6, 1, 2, 4, 3

(a) 참조 문자열 예

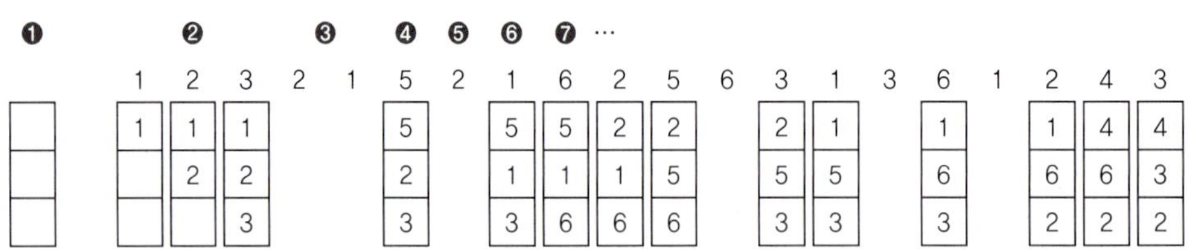

(b) 선입선출 대치 알고리즘 실행 과정

그림 8-20 선입선출 대치 알고리즘의 실행

❶ 처음에는 프레임 3개가 비어 있다. 그리고 처음 ❷ 1, 2, 3 참조 문자열 3개가 페이지 부재를 일으켜 빈 프레임 속으로 들어간다. ❸ 다음 참조 문자열 2, 1은 메모리에 이미 있으므로 페이지 부재가 발생하지 않는다. ❹ 참조 문자열 5가 처음에 들어왔던 페이지 1을 대치한다. ❺ 이어서 참조 문자열 2는 이미 메모리에 있으므로 페이지 부재가 발생하지 않는다. ❻ 참조 문자열 1이 페이지 2를 대치한다. 왜냐하면 메모리에 들어 있는 페이지 3개 중 페이지 2가 가장 빨리 들어왔기 때문이다. ❼ 참조 문자열 6이 가장 빨리 들어온 페이지 3을 대치한다. 이 과정을 계속 진행하면 총 열네 번의 페이지 부재가 발생한다.

선입선출 대치 알고리즘은 이해하기 쉽고 프로그램 작성도 쉽다는 장점이 있으나, 성능이 항상 좋은 것은 아니다. [그림 8-21]의 (a)와 같은 참조 문자열을 생각하여 선입선출 대치 알고

4, 3, 2, 1, 4, 3, 5, 4, 3, 2, 1, 5

(a) 참조 문자열 예

프레임 3

4	3	2	1	4	3	5	4	3	2	1	5
4			1			5					
	3			4					2		
		2			3					1	
p	p	p	p	p	p	p			p	p	→ 페이지 부재(9회)

프레임 4

4	3	2	1	4	3	5	4	3	2	1	5
4						5				1	
	3						4				5
		2						3			
			1						2		
p	p	p	p			p	p	p	p	p	p → 페이지 부재(10회)

(b) 프레임별 실행 결과

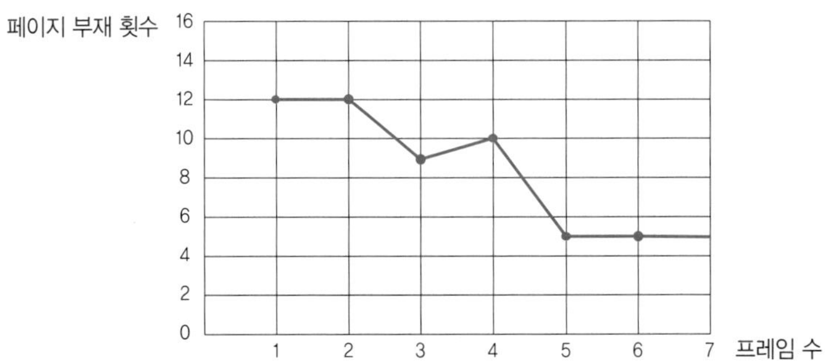

(c) 벨레디의 변이 현상

그림 8-21 선입선출 대치 알고리즘이 문제점을 보여 주는 예

리즘에서 발생할 수 있는 문제점을 알아보자. (b)와 같이 프레임이 많으면 페이지 부재 횟수가 줄어드는 것과 반대되는 현상이 나타난다. 즉, 프레임이 3개일 때보다 프레임이 4개일 때 페이지 부재가 많이 발생한다. 이처럼 할당하는 프레임 수가 증가하면 페이지 부재 비율도 증가하는 현상을 벨래디의 변이[Belady's anomaly]라고 한다. (c)와 같이 참조 문자열에 선입선출 대치 알고리즘을 적용했을 때 페이지 부재와 프레임 수의 실행 관계를 그래프로 표현할 수 있다.

3 최적 페이지 대치 알고리즘

벨래디의 변이 발견으로 페이지 참조열에서 페이지 부재 비율이 낮은 페이지 대치 알고리즘을 찾는 경향이 늘었다. 벨래디의 알고리즘은 최적 페이지 대치 알고리즘[OPT, OPTimal replacement algorithm]으로 알려져 있다. 최적 페이지 대치 알고리즘은 모든 알고리즘 중 페이지 부재 비율이 가장 낮다.

최적 페이지 대치 알고리즘의 기본 아이디어는 '앞으로 가장 오랫동안 사용하지 않을 페이지를 대치한다'이다. 예를 들어, [그림 8-22]의 (a) 참조 문자열에서 최적 페이지 대치 알고리즘은 (b)와 같이 ❶ 처음에는 프레임이 3개 비어 있고 ❷ 참조 문자열 1, 2, 3이 부재를 일으키면서 빈 프레임을 채우는 과정과 ❸ 다음 참조 문자열 2, 1이 이미 메모리에 있어 페이지 부재가 발생하지 않는다. ❹ 그러나 다음 참조 문자열 5는 선입선출 대치 알고리즘과 다르게 페이지 3을 대치한다. 페이지 3은 앞으로 일곱 번째가 되어야 비로소 참조되기 때문이다. ❺ 사실 페이지 1이 두 번째, 페이지 2는 바로 다음에 참조된다. ❻ 이어 참조 문자열 6이 페이지 1을 대치하는데, 페이지 1은 다시 참조될 메모리에 있는 페이지 3개 가운데 마지막으로 참조하기 때문이다. 이런 과정을 계속 진행하면 총 아홉 번의 페이지 부재가 발생한다.

1, 2, 3, 2, 1, 5, 2, 1, 6, 2, 5, 6, 3, 1, 3, 6, 1, 2, 4, 3

(a) 참조 문자열 예

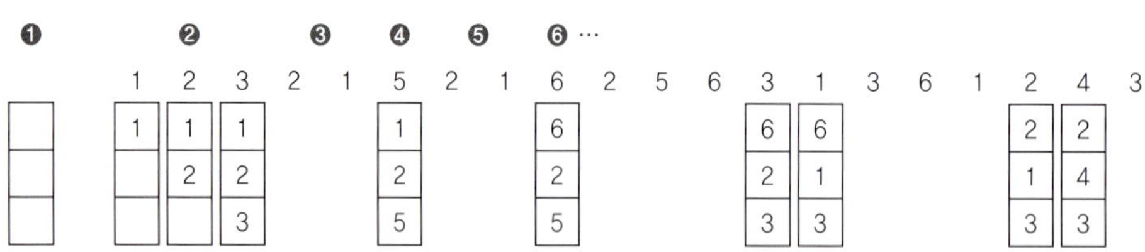

(b) 최적의 페이지 알고리즘 실행 과정

그림 8-22 최적 페이지 대치 알고리즘의 실행

최적 페이지 대치 알고리즘은 페이지 부재를 열네 번 일으키는 선입선출 대치 알고리즘보다 훨씬 더 낫다. 그러나 현실적으로 최적 페이지 대치 알고리즘은 구현하기가 어렵다. 최적 페이지 대치 알고리즘은 참조 문자열을 정확히 언제 사용할 것인지 정보를 요구하는데, 이는 알기 어렵기 때문이다. 최소작업 우선[SJF, Shortest Job First] 스케줄링도 비슷하다. 그래서 최적 페이지 대치 알고리즘은 비교 연구를 하는 데 주로 사용한다.

4 최근 최소 사용 대치 알고리즘

최적 페이지 대치 알고리즘을 사용하는 것이 가능하지 않을 때 최적 대치 알고리즘 근사치가 가능한 알고리즘을 생각해 보자. 앞서 살펴본 선입선출 대치 알고리즘과 최적 페이지 대치 알고리즘의 주된 차이는 다음과 같다. 선입선출 대치 알고리즘은 페이지가 메모리 속에 들어오는 시간을 이용하고, 최적 페이지 대치 알고리즘은 페이지가 앞으로 사용할 시간을 이용한다. 특히 선입선출은 첫 번째로 가져온 페이지는 중요한 코드나 데이터 구조의 페이지라도 우선적으로 내보내므로 문제가 된다. 다가올 미래 예상(근사치)을 스케줄링 정책처럼 과거의 사용 내역에서 다시 배워 보면, 프로세스가 가장 최근의 페이지에 액세스했다는 것은 멀지 않아 다시 액세스할 가능성이 있다는 의미이다. 그러므로 과거 오랫동안 사용하지 않은 페이지로 대치하는 효과로 생각할 수 있을 것이다. 이것이 최근 최소 사용[LRU, Least Recently Used] 대치 알고리즘이다.

최근 최소 사용 대치 알고리즘은 과거의 데이터를 이용하여 미래를 예측하려는 통계적 개념이다. 메모리의 지역성을 이용한 알고리즘으로 각 페이지에 마지막으로 사용한 시간을 연관시킨다. 따라서 짧은 기간 동안 가장 많이 사용한 페이지를 나중에도 짧은 기간 동안 가장 많이 사용할 것이라는 아이디어에 기초한다. 페이지를 대치할 때 오랫동안 사용하지 않은 페이지를 선택하므로 시간적으로 거꾸로 찾는 최적 페이지 대치 알고리즘이라고 할 수 있다.

예를 들어, [그림 8-23]의 (a)에서 참조 문자열의 최근 최소 사용 대치 알고리즘은 (b)와 같이 ❶~❸까지 처리 결과가 최적 대치 알고리즘이다. 그러나 페이지 3 대치 과정은 다르다. 즉, ❹ 참조가 일어날 때, 최근 최소 사용 알고리즘은 메모리에 있는 페이지 1, 2, 3 중 가장 오래 참조한 페이지 3을 선택하여 대치한다. 이어 ❻ 참조 문자열 6의 부재 처리 과정은 페이지 1, 2, 5 중 가장 오래된 페이지 5를 선택하여 대치한다. 물론 이것을 곧 사용한다는 것은 모른다. 이 과정을 계속하면 최근 최소 사용 알고리즘은 페이지 부재를 총 열한 번 일으킨다.

1, 2, 3, 2, 1, 5, 2, 1, 6, 2, 5, 6, 3, 1, 3, 6, 1, 2, 4, 3

(a) 참조 문자열 예

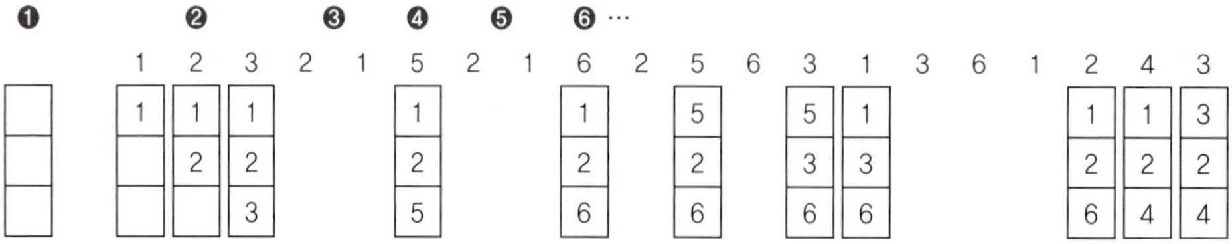

(b) 최근 최소 사용 알고리즘 실행 과정

그림 8-23 **최근 최소 사용 알고리즘의 실행**

이런 문제가 있음에도 부재를 열한 번 일으키는 최근 최소 사용 알고리즘이 페이지 부재를 열네 번 일으키는 선입선출 대치 알고리즘보다는 훨씬 더 낫다. 최근 최소 사용 정책은 때때로 우수한 페이지 대치 알고리즘으로 사용되지만, 알고리즘을 구현하는 하드웨어를 지원해야 한다. 다시 말해, 최종 참조(쓰기 및 읽기)로 정의되는 프레임 순서를 결정해야 하는데, 이는 다음 두 가지 방법으로 구현할 수 있다.

4.1 카운터(계수기)를 이용한 순서 결정 방법

각 페이지 테이블 항목에 사용 시간 레지스터를 연관시키고 프로세서에 논리 클록을 추가한 후 카운터 필드를 덧붙여 프레임 순서를 결정하도록 한다. 메모리관리장치[MMU]는 페이지 참조가 있을 때마다 모든 참조의 프로세서 클록을 각 페이지 테이블 항목에 업데이트한다. 따라서 페이지를 참조할 때마다 클록은 증가하고, 클록 레지스터의 내용은 페이지의 해당 페이지 테이블에 있는 사용 시간 레지스터에 복사하여 각 페이지의 최후 참조 시간을 갖는다. 이때 [그림 8-24]와 같이 시간 값(0)이 가장 작은 페이지는 대치된다. 물론 페이지 탐색 시간과 페이지 테이블의 변화 과정을 유지해야 하는 부담도 고려해야 한다.

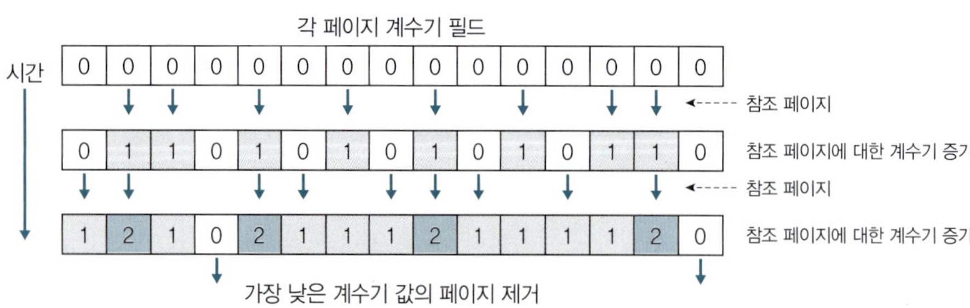

그림 8-24 **최근 최소 사용 알고리즘 카운터 예**

4.2 스택을 이용한 순서 결정 방법

페이지 번호를 스택에 넣어 관리하고 페이지를 참조할 때마다 페이지 번호를 스택의 톱top에 두어 순서를 결정한다. 톱에 있는 페이지 번호는 가장 최근에 사용한 페이지가 되고, 보텀bottom에 있는 페이지 번호는 가장 늦게 사용한 페이지가 되어 페이지 부재를 일으킬 때 교체한다. 이런 방법으로 필드 비교, 업데이트, 계수기 등 처리 과정은 피할 수 있지만, 스택의 중간에서 항목을 가져오므로 이중 링크의 조작이 필요하여 오버헤드를 증가시킬 수 있다. 이는 헤드와 테일(꼬리) 포인터를 가진 이중 연결 리스트로 해결할 수 있어 탐색 시간을 줄일 수 있다.

스택을 이용하여 프레임이 3개 있는 시스템에서 스택에 저장하는 방법은 [그림 8-25]와 같다. (b)와 같이 ❶ 빈 프레임 3개로 시작하여 ❷ 참조 문자열 1은 스택 톱에 위치하고, ❸ 다음 문자열 2로 스택 톱에 대치되어 스택은 {2 1} 모양이 된다. ❹ 이어서 문자열 3을 스택 톱에 배치하면서 스택은 {3 2 1} 모양이 된다. ❺ 문자열 2를 스택 톱에 배치하면서 페이지 3과 대치되어 스택은 {2 3 1} 모양이 된다. ❻ 또 문자열 1도 스택 톱에 배치하면서 페이지 2와 배치되어 스택은 {1 2 3} 모양이 된다. ❼ 다음 참조 문자열 5를 처리하는 과정은 스택의 보텀에 있는 페이지 3을 대치하면서 스택은 {5 1 2} 모양이 된다.

1, 2, 3, 2, 1, 5, 2, 1, 6, 2, 5, 6, 3, 1, 3, 6, 1, 2, 4, 3

(a) 참조 문자열 예

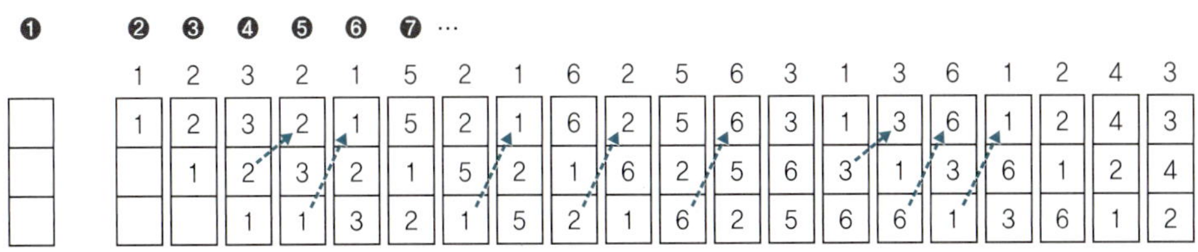

(b) 최근 최소 사용 알고리즘의 스택 사용 과정

그림 8-25 최근 최소 사용 알고리즘의 스택 사용 예

5 최근 최소 사용 근접 알고리즘

시스템은 대부분 최근 최소 사용 알고리즘을 이용한 페이지 대치에서 하드웨어를 지원하지 않기 때문에 다른 알고리즘을 사용하기도 한다. 저렴한 가격으로 최근 최소 사용 알고리즘을 구현하려고 상당수 시스템이 참조 비트reference bit의 형태를 지원한다. 즉, 처음에 모든 비트는 0으로 초기화한 후 사용자 프로세스를 수행할 때 참조된 각 페이지와 관련된 비트를 1로 변

환했다. 그런 다음 어느 페이지를 사용했는지 조사하여 부분적인 순서 정보로 최근 최소 사용 알고리즘에 가깝게 대치할 수 있는 참조 비트와 시계 알고리즘 같은 페이지 알고리즘을 만들 수 있었다.

5.1 참조 비트 알고리즘

[그림 8-26]과 같이 각 페이지에 8비트(1바이트) 정보에 일정한 간격으로 참조 비트를 기록한다. 그리고 8비트 시프트 레지스터를 이용하여 순서 정보를 얻는다. 각 페이지 참조 비트(1)를 최상위 비트(8비트 위, 즉 가장 왼쪽)로 삽입하여 이동하고, 나머지 비트들은 한 비트씩 오른쪽으로 이동시켜 가장 낮은 자리 비트는 제거한다. 이때 8비트 시프트 레지스터는 최근 여덟 번의 기간 동안 사용한 페이지 기록 정보를 유지한다.

참조 시기	1단계	2단계	3단계	4단계	5단계
페이지 1	00000000	00000000	10000000	01000000	10100000
페이지 2	00000000	10000000	01000000	10100000	01010000
페이지 3	10000000	11000000	11100000	01110000	00111000
페이지 4	00000000	00000000	00000000	10000000	01000000
페이지 5	00000000	00000000	00000000	00000000	00000000

참조 페이지　　미참조 페이지

그림 8-26 **참조 비트 예**

시프트 레지스터 값이 00000000이라면 여덟 번의 기간 동안 단 한 번도 사용하지 않았다는 의미이고, 11111111은 기간마다 한 번씩 사용했다는 의미이다. 따라서 11000100(196_{10})은 01110111(119_{10})보다 더 최근에 사용했다. 8비트를 부호 없는 정수로 해석하면 비트가 가장 낮은 페이지는 최근 최소 사용 페이지(오랫동안 미사용한 페이지)이며, 이는 대치할 수 있다. 이런 과정을 거치면 참조 비트의 내용이 똑같게 나타날 수 있는데, 모든 페이지 프레임이 갖는 참조 비트 값이 유일하지 않기 때문이다.

정수 값이 작은 프레임이 2개 이상 있을 때 희생자를 선정하지 않으면 문제가 없지만, 희생자를 선정하면 문제가 발생한다. 이때는 정수 값이 가장 작은 프레임을 모두 희생자로 선택하거나 FIFO 원칙에 따라 하나를 희생자로 선택한다.

이 과정을 활용한 시계 및 NUR 알고리즘을 살펴보자.

5.2 시계(2차적 기회 대치) 알고리즘

시계 알고리즘은 가장 오랫동안 메인 메모리에 있던 페이지 중 자주 사용하는 페이지의 대치를 방지하려는 것으로, 선입선출 대치 알고리즘을 기반으로 구현하기에 2차적 기회 대치 알고리즘이라고도 한다. 최근 최소 사용 알고리즘과 성능은 비슷하지만 오버헤드가 적다. 각 프레임의 사용 여부를 나타내는 참조 비트를 추가하여 페이지를 메모리 안의 프레임에 처음으로 적재했을 때를 1로 설정한 후 참조할 때마다 다시 1로 설정한다. 이때 프레임들은 원형 버퍼(큐)로 구성되고 각각 포인터를 갖는다. 페이지를 교체하면 포인터는 교체된 버퍼의 다음 프레임을 가리키도록 설정한다.

운영체제는 페이지를 교체할 시기가 되면, 즉 빈 프레임이 없으면 대치할 프레임을 찾으려고 이동할 때 참조 비트가 0인 프레임을 원형 버퍼에서 검색한다. 프레임의 참조 비트가 1이면 0으로 조정하고 현재 시간으로 고친다. 그리고 수정한 페이지에 2차적 기회를 주고 다음 검사 때까지 대치하지 않는다. 운영체제는 처음 만나는 참조 비트가 0인 프레임을 대치한다. 모든 사용 비트가 1이면 각 페이지에 2차적 기회를 주면서 포인터는 전체 큐를 한 바퀴 돌 수도 있다. 이때 처음 시작한 위치에서 중단하고 [그림 8-27]과 같이 프레임을 대치 대상으로 선택한다. (a)에서 세 번째 프레임(페이지) 참조 비트가 1이므로 0으로 대치시킨 후 2차적 기회를 주고(다음 페이지도 동일), 다섯 번째 프레임의 참조 비트가 0이므로 대치시킨다. 모든 비트가 1이면 2차적 알고리즘은 선입선출 대치 알고리즘과 동일하다.

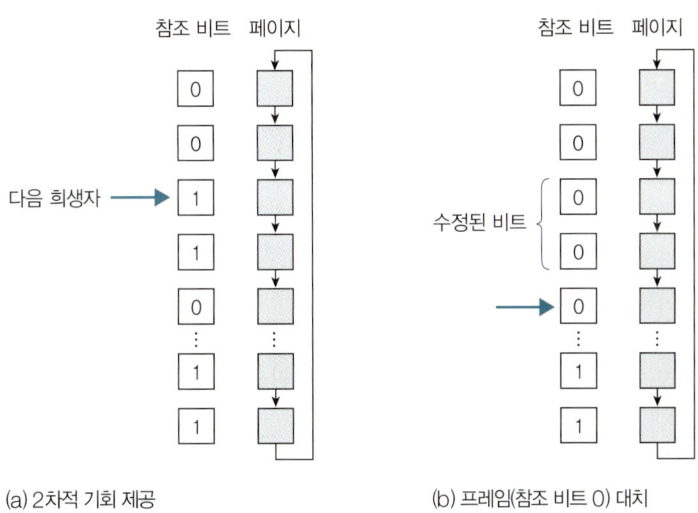

그림 8-27 **시계 페이지 대치 알고리즘**

간단한 시계 알고리즘의 예는 [그림 8-28]과 같다. 메인 메모리 프레임 m개로 구성된 원형 버퍼가 버퍼 내의 페이지 한 개를 새로운 페이지 420으로 대치하기 직전의 모습이다. 현재 프레임 포인터는 페이지 768을 가진 프레임 4번을 가리키고 있다. 이때 프레임 4번의 사용 비트가 1이므로 교체하지는 않지만, 사용 비트를 0으로 재설정하고 포인터는 다음 페이지로 이동한다. 동일한 방법으로 프레임 5에 있는 페이지 9도 교체하지 않고, 사용 비트만 0으로 재설정하여 포인터는 다음 페이지로 넘어간다. 다음 차례인 프레임 6은 사용 비트가 0이므로 페이지 11은 페이지 420으로 교체한다. 이때 사용 비트는 1로 설정하고, 포인터는 프레임 7번으로 이동한다.

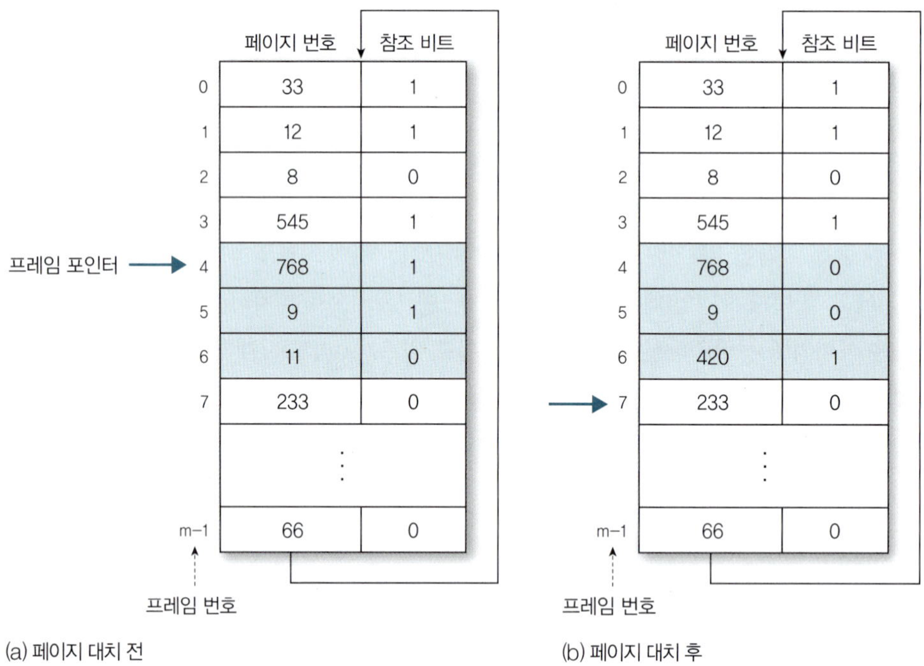

그림 8-28 페이지 대치 전후의 버퍼 상태

앞서 살펴본 참조 문자열에서 메인 메모리 프레임 3개로 구성된 원형 버퍼의 시계 알고리즘을 수행하는 과정은 [그림 8-29]와 같다. 페이지 부재를 총 열두 번 일으키므로 선입선출 알고리즘보다 더 낫다.

시계 알고리즘에 사용 비트를 추가하면 더 강력한 페이지 대치 알고리즘을 작성할 수 있다. 즉, 사용 중인 페이지들은 메인 메모리의 각 프레임(페이지)과 연관되기 때문에 메인 메모리

1, 2, 3, 2, 1, 5, 2, 1, 6, 2, 5, 6, 3, 1, 3, 6, 1, 2, 4, 3

(a) 참조 문자열 예

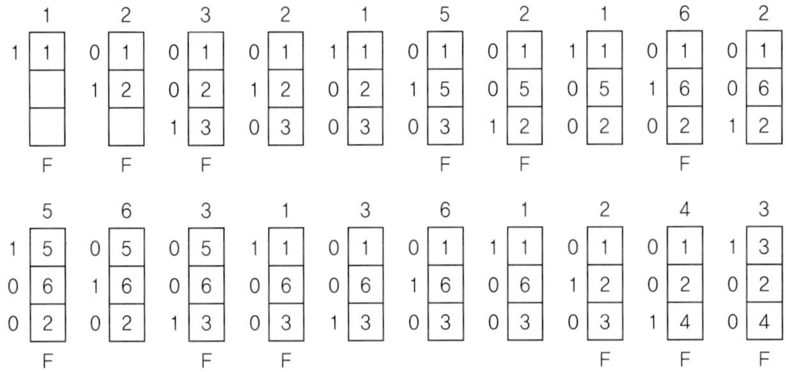

(b) 시계 페이지 대치 알고리즘 수행 과정

그림 8-29 시계 페이지 대치 알고리즘의 실행

의 각 프레임 상태를 나타내는 타당 비트와 비타당 비트를 이용한다면 해당 프레임(페이지)이 디스크에 저장되었는지 확인할 수 있다. 또 페이지를 가져온 후 수정하지도 않았고 최근에 사용하지도 않은 페이지를 찾을 수 있으므로 변경하지 않은 페이지가 우선 대치 대상이 되어 시간을 줄일 수 있다.

5.3 NUR 알고리즘

NUR^Not Used Recently^ 알고리즘은 최근 사용하지 않는 페이지를 교체하여 낮은 오버헤드로 최근 최소 사용 페이지 교체 전략에 거의 동일하게 대치할 수 있다. 최근 사용하지 않는 페이지를 교체하는 방법으로, 최근에 사용하지 않는 페이지들은 가까운 미래에도 사용하지 않을 가능성이 높다는 아이디어를 바탕으로 한다. 최근 최소 사용 알고리즘과 같이 비트를 2개 추가하고 참조 비트(R)는 해당 페이지의 액세스 여부를 확인해서 최근에 사용한 페이지들을 메모리에 유지한다. 수정 비트(M)는 페이지의 수정 여부를 확인한다. 프로세스를 시작할 때 모든 페이지의 참조 비트와 수정 비트는 운영체제가 (0, 0)으로 설정한다. 운영체제는 모든 페이지를 검사하여 참조 비트와 수정 비트의 현재 값에 따라 다음 네 가지 범주로 분할하여 대치 페이지를 선택한다. 페이지 부재가 발생하면 먼저 최근에 참조하지 않으면서 수정하지도 않은 페이지 (0, 0)을 선택하여 (0, 1), (1, 0), (1, 1) 순서로 대치한다.

- 0(0, 0) : 최근에 사용(참조)하지 않으면서 수정하지도 않은 페이지
- 1(0, 1) : 최근에 사용하지는 않았으나, 수정은 한 페이지
- 2(1, 0) : 최근에 사용했으나, 수정하지는 않은 페이지
- 3(1, 1) : 최근에 사용하고 수정한 페이지

희생할 페이지를 디스크에서 읽은(스왑 인) 후 내용을 수정했다면, 해당 페이지를 먼저 디스크에 복사하여 제거해야 한다. 따라서 수정한 페이지는 페이지 부재가 발생하면 디스크에 두 번 액세스하므로 오버헤드가 크다. 물론 NUR 알고리즘은 부담이 적은, 즉 참조나 수정이 없는 페이지를 선택하여 제거한다.

5.4 최소 사용 빈도수 알고리즘

최소 사용 빈도수LFU, Least Frequently Used 알고리즘은 각 페이지마다 참조 횟수 카운터가 있으며, 수가 가장 작은 페이지를 대치한다. 많이 사용하는 페이지는 큰 참조 횟수 값을 가지기 때문이다. 이 알고리즘은 어떤 프로세스의 초기 단계에서 한 페이지를 많이 사용한 후 다시는 사용하지 않을 때 어려움이 있다. 계수가 큰 페이지가 더는 필요하지 않게 되어도 메모리 속에는 남아 있기 때문이다. 한 가지 해결책은 카운터를 일정한 시간 간격으로 하나씩 오른쪽으로 이동하여 지수적으로 감소하는 평균 사용 수를 형성하는 것이다.

5.5 최대 사용 빈도수 알고리즘

최대 사용 빈도수MFU, Most Frequently Used 알고리즘은 계수가 가장 작은 페이지는 방금 들어와서 아직 사용하지 않았기 때문에 앞으로 사용할 확률이 높다고 가정하여 대치 페이지 후보에서 제외한다. 그리고 가장 많이 사용한 페이지, 즉 계수가 높은 페이지를 대치한다. 그렇지만 최대 사용 빈도수나 최소 사용 빈도수는 일반적이지 않다. 이들 알고리즘을 구현하는 데 비용이 많이 들고 최적 페이지 대치에 비해 성능도 떨어진다.

5.6 페이지 버퍼링

앞서 다룬 최근 최소 사용 알고리즘과 시계 알고리즘은 선입선출 대치 알고리즘보다 성능은 좋지만, 복잡성과 페이지 교체로 오버헤드는 더 크다. 페이지 버퍼링은 선입선출처럼 성능이 떨어지는 것을 막으려고 교체 대상으로 선택한 페이지를 즉시 교체하지 않은 채 잠시 동안 메인 메모리에 유지한다. [그림 8-30]과 같이 포인터 리스트 2개를 사용하여 페이지를 관리한다.

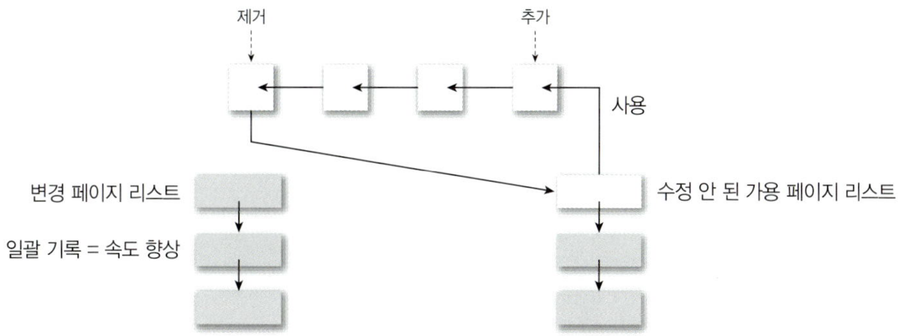

- 수정 안 된 가용 페이지 리스트 : 메모리에 적재한 후 수정한 적이 없는 프레임 리스트로, 교체할 필요가 없다.
- 변경 페이지 리스트 : 메모리에 적재한 후 수정한 프레임 리스트로, 디스크에 재저장해야 하므로 디스크에 쓰기를 대기한다.

그림 8-30 **페이지 버퍼링의 개념**

변경하지 않은 페이지를 대치할 때 대치된 페이지는 메모리에 남고, 페이지 프레임은 가용 페이지 리스트의 끝에 추가한다. 변경한 페이지를 대치할 때는 페이지 프레임을 변경 페이지 리스트의 끝에 추가한다. 페이지를 대치할 때는 페이지 테이블에 있는 항목만 삭제해서 가용 페이지 리스트나 변경 페이지 리스트에 놓고, 포인터 리스트의 각 항목은 대치되는 프레임 번호를 저장한다. 가용 페이지 리스트는 항상 사용 가능한 프레임을 몇 개 보유하고 있으므로 페이지를 읽어 들일 수 있는 페이지 프레임의 리스트라고 할 수 있다.

페이지를 읽을 때는 가용 리스트의 헤드가 가리키는 페이지 프레임(가용 페이지 리스트의 첫 페이지)을 사용하고, 그곳에 있던 페이지는 없어진다. 페이지 부재가 발생하면 리스트 2개를 검색하여 원하는 페이지가 아직 메모리에 있는지 검사한다. 메모리에 없으면 가용 페이지 리스트의 첫 번째 프레임에 원하는 페이지를 적재한다. 여기서는 대치할 페이지가 아직 메인 메모리에 남아 있다는 점이 중요하다. 프로세스가 페이지를 참조하면 오버헤드 없이 페이지가 해당 프로세스 작업에 추가되어 페이지 부재를 쉽게 해결한다. 변경 페이지 리스트에 있는 프레임은 개별적으로 디스크에 쓰기(백업)하는 것이 아니라 일괄적으로 처리한다. 따라서 입출력 연산 횟수가 감소하여 디스크 액세스 시간을 현저하게 줄이는 효과를 가져온다.

6 페이지 대치 알고리즘의 비교

베어Baer(1980년)가 발표한 페이지 대치 알고리즘을 비교하여 분석한 결과는 [그림 8-31]과 같다. 페이지 크기는 256워드로 변경하고, 프레임 수는 6개, 8개, 10개, 12개, 14개로 변경하면서 실행했다. [그림 8-31]과 같이 적은 수의 프레임을 사용할 때 현격한 차이가 난다.

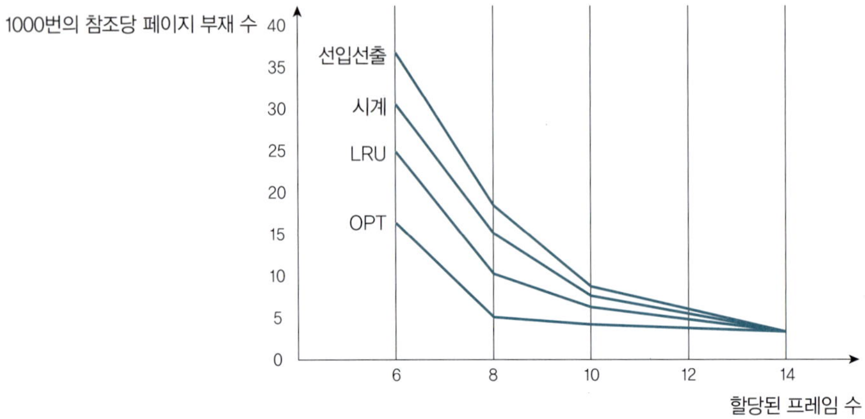

그림 8-31 **페이지 대치 알고리즘의 비교**

04 프레임 할당 알고리즘

1 프레임 할당 알고리즘의 필요성

페이지 대치 알고리즘을 사용하면 매우 유연하게 메모리를 관리할 수 있다. 사용자의 가상 메모리가 실제 메모리보다 훨씬 커져 요구 페이징 방법과 페이지 교환 방법으로 프로그램을 계속 수행할 수 있게 하기 때문이다. 그러나 프레임을 적절히 할당하여 페이지 부재의 횟수를 줄이는 방법도 매우 중요하다.

가상 메모리의 가장 단순한 구조는 단독 사용자 시스템이다. 하지만 이것도 형태가 다양하므로 메모리가 128K인 단일 사용자 마이크로컴퓨터 시스템을 생각해 보자. 페이지 크기는 1K, 프레임은 128개라고 가정하고 운영체제가 35K를 차지한다면 나머지 프레임 93개는 사용자 프로세스용으로 남는다. 순수 요구 페이징에서는 프레임 93개를 모두 사용 가능 프레임 리스트에 포함한다. 그러나 사용자가 프로세스 수행을 시작하면 페이지 부재가 계속 발생한다. 처음부터 93번까지 페이지 부재는 사용 가능 페이지 리스트에서 대기 중인 사용 가능 페이지를 모두 활용한다. 사용 가능 페이지가 없다면, 즉 94번째 발생한 페이지 부재를 해결하려면 메모리에 있는 페이지 93개 중에서 하나를 선택하여 대치해야 한다. 이때는 페이지 대치 알고리즘을 호출한다. 프로세스가 끝나면 프레임 93개는 모두 사용 가능 프레임 리스트에 들어간다.

이런 간단한 방법 외에 사용하지 않을 때는 사용자 페이지로 변환시켜 활용하는 방법도 있다. 또 사용 가능 리스트(93개 중)에서 프레임 3개를 확보하여 페이지 부재가 발생하면 항상 사용 가능 프레임이 있게도 할 수 있다. 그러나 다중 프로그래밍 환경에서는 메모리에 동시에 프로그램이 2개 이상 있으므로 프로세스 여러 개에 프레임 93개를 어떻게 할당할지 하는 문제가 발생한다.

메모리 할당은 제한적이라 총 유효 프레임 수보다 많이 할당할 수 없지만, 할당 가능한 최소 프레임 수는 있다. 각 프로세스에 할당되는 프레임 수가 줄어들면 페이지 부재 비율은 올라가고 프로세스 수행 속도는 떨어진다. 프레임을 몇 개만 할당하면 당연히 성능이 떨어지므로 할당해야 하는 최소 프레임 수가 정해져 있다.

최소 프레임 수는 명령어 구조로 정의한다. 수행 중인 명령어를 완료하기 전에 페이지 부재 현상이 일어나면 해당 명령어를 다시 시작해야 한다. 따라서 명령어가 참조하는 모든 페이지를 수용할 수 있는 충분한 프레임이 있어야 명령어 하나를 실행할 수 있다. 예를 들어, 컴퓨터의 메모리 참조 명령어는 메모리 주소가 단 하나만 있으며, 최소한 프레임 하나와 메모리를 참조하는 프레임 하나가 있어야 명령어를 수행할 수 있다. 주소가 간접 참조이면 페이징 방법에서는 프레임을 3개 요구한다. 한 프로세스당 최소 프레임 수는 컴퓨터 구조로 정의하지만, 최대 수는 유효 실제 기억장소의 양으로 정의한다. 이 둘 사이에서 적당한 프레임을 할당해야 한다.

2 균일 · 비례 프레임 할당 알고리즘

프레임 m개를 프로세스 n개에 나눠 주는 가장 쉬운 방법은 각 프로세스에 똑같이 프레임을 m/n개씩 할당하는 것으로, 이 방법을 균일 할당이라고 한다. 그리고 사용 가능한 메모리를 각 프로세스의 크기에 비례하여 할당하는 것을 비례 할당이라고 한다. 예를 들어, 프레임 수가 98개일 때 프로세스 3개에 할당하는 과정을 생각해 보자. 각 프로세스에 할당하는 프레임 수는 '프레임 98개/프로세스 3개'로 32개씩 할당하며, 남은 프레임 2개는 자유 프레임 버퍼로 사용한다.

10K 크기의 일반 프로그램 2개와 127K 크기의 프로세스 2개인 대화식 데이터베이스를 가진 시스템이 있다고 가정해 보자. 이때 데이터베이스 시스템의 각 프로세스에 프레임을 16개씩 할당하는 것은 큰 의미가 없다. 일반 프로그램은 프레임을 10개 이상 사용하지 않기 때문에 프레임 22개는 완전히 낭비된다.

각 프로세스에서 요구하는 메모리의 양이 서로 다르기 때문에 균일 할당 방법을 사용하면 어떤 프로세스는 페이지 프레임을 낭비하고, 또 다른 프로세스에서는 페이지 부재가 빈번하게 일어날 수 있다. 이런 문제점은 비례 할당 방법을 사용하여 해결할 수 있다.

프로세스 P_i의 가상 메모리 크기를 s_i라고 하면, 전체 프로세스가 갖는 가상 메모리 공간의 크기 S는 ❶처럼 정의한다. 사용 가능 프레임의 총수를 m이라고 하면, 프로세스 P_i에 프레임 a_i개를 할당한다. 이때 a_i는 대략 ❷와 같다. a_i는 명령어 집합에 필요한 최소 프레임 수보다는 크고 총합이 m을 넘지 않는 정수이어야 한다.

❶ $S = \Sigma s_i$

❷ $a_i = s_i / S \times m$

그림 8-32 전체 프로세스 가상공간과 프로세스당 프레임 수

비례 할당 방법에서는 프레임 62개를 일반 프로그램(페이지 10개)과 대화식 데이터베이스(페이지 127개)의 프로세스에 각각 프레임 4개, 프레임 57개로 분배한다.

```
10 / 137 × 62 ≈ 4
127 / 137 × 62 ≈ 57
```

이런 방법으로 모든 프로세스에 유효 프레임을 동일하게 분배하기보다는 각 프로세스에 필요한 메모리양이나 프로세스 크기에 따라 할당한다. 많은 메모리를 요구하는 프로세스는 적은 메모리를 요구하는 프로세스보다 더 많은 페이지 프레임을 할당받는다.

비례 할당 방법을 프로그램의 크기나 우선순위를 결합하여 할당하는 방법도 생각할 수 있다. 특히 우선순위가 높은 프로세스가 교환할 프레임을 우선순위가 낮은 프로세스에 할당한 프레임 중에서 고르게 한다면 우선순위가 높은 프로세스에 할당하는 프레임 수를 점점 증가시킬 수 있다. 물론 가변(비례) 할당 정책은 운영체제가 활동 중인 프로세스 정보를 알아야만 한다는 문제가 있어 소프트웨어 오버헤드가 발생한다.

현대 운영체제에서는 프로세스를 생성할 때 고정된 크기의 페이지를 할당하는 균일 할당 방법과 프로세스에 할당하는 페이지 프레임 수를 프로세스의 실행 과정에서 다르게 할당하는 비례 할당 방법을 혼합하여 이용한다.

05 메모리를 관리하는 프로세스 적재 정책

메인 메모리에 상주하는 프로세스 수가 다중 프로그래밍 수준이므로 메모리에 상주할 프로세스 수를 결정하는 것은 메모리 관리 측면에서 매우 중요하다. 메인 메모리에 너무 적은 수의 프로세스가 상주한다면 프로세스의 대기 상태가 자주 발생할 수 있다. 이를 해결하려고 빈번하게 대치 작업을 하면 효율성이 떨어진다. 반대로 메인 메모리에 많은 수의 프로세스가 상주하면 프로세스들이 차지하는 평균 페이지 감소로 페이지 부재가 자주 발생할 수도 있다. 여기서는 메모리를 관리하는 프로세스 적재 정책을 살펴본다.

1 스래싱

1.1 스래싱의 개념

어떤 프로세스에 프레임이 충분하지 않다고 하자. 할당된 프레임을 최소 프레임 수까지 줄일 수 있다 하더라도 실제 사용하는 프레임 수만큼 갖지 못하면 빈번하게 페이지 부재가 발생할 수 있다. 예를 들어, 메모리(프레임) 부족뿐 아니라 기타 자원 부족으로 필요한 연산을 수행할 수 없는 상태가 되면 운영체제는 다른 프로세스에서 자원을 회수하는 등 방법을 이용하여 자원을 확보한다. 따라서 페이징 동작(스왑 인, 스왑 아웃), 즉 디스크와 메모리 간에 빈번한 페이지 교환이 일어난다. 모든 페이지를 실제로 사용하고 있어도 페이지를 교환해야 한다면 페이지 부재는 연속으로 발생한다. 그리고 프로세스는 계속 페이지를 교환하려고 많은 시간을 낭비하면서 유용한 작업을 느리게 하므로 시스템 성능을 낮추거나 축소시킬 수 있다. 이처럼 페이지 교환이 계속 일어나는 현상을 스래싱thrashing이라고 한다. 어떤 프로세스가 프로세스 수행에 보내는 시간보다 페이지 교환에 보내는 시간이 더 길면 '스래싱을 하고 있다'고 표현한다.

1.2 스래싱의 발생 원인

운영체제는 항상 프로세서의 이용률을 감시하여 운영한다. 이용률이 떨어지면 새로운 프로세스를 추가한다. 그러고는 프로세서 사용률을 기반으로 허용된 다중 프로그래밍의 수준을 제어하여 이용률을 높인다. 이때 너무 많은 다중 프로그래밍, 즉 새로운 프로세스가 늘어나면 프로세스에 고정된 프레임 수가 현재 활동에 충분하지 않으므로 서로 프레임을 빼앗기고 뺏는 과정(지속적인 페이지 부재)을 유지하려고 한다. 또 일부 시스템에서 프로세서 사용률이 낮으면 다중 프로그래밍을 증가해야 한다고 해석하여 더 악화시킬 수 있다. 그러나 전역 페이지 대치에서는 새로운 프로세스가 수행 중인 프로세스의 페이지를 빼앗아서 수행을 시작하면 더 많은 페이지 부재를 발생시킨다. 그러므로 각 프로세스는 자신에게 필요한 만큼 프레임을 배당받지 못하게 된다.

프로세서가 요구하는 최소한의 수보다 페이지 프레임 수가 적으면 적을수록 페이지 부재 비율은 증가한다. 페이지 부재가 발생하면 페이징처리장치를 사용하려고 프로세스가 대기하기 때문에 준비 큐는 비게 된다. 페이지 부재가 많이 발생할수록 프로세스가 페이징처리장치를 기다리는 시간은 길어지므로 프로세스의 효율성은 떨어진다. 결국 프로세서의 이용률은 더 낮아지고 프로세서 스케줄러는 이용률을 올리려고 다중 프로그래밍의 정도를 점점 더 높이지만, 프로세스의 실행은 점점 느려진다. 이런 페이지 부재로 프로세서의 이용률이 감소하면 결국 스래싱이 발생하여 시스템의 처리율은 매우 낮고 페이지 부재는 엄청 늘어난다. 그래서 유효 메모리 액세스 시간은 증가하고, 페이지 교체 시간은 낭비하게 되어 아무것도 할 수 없다.

예를 들어, 프로세스가 프레임을 3개 배당하고, 페이지 대치 알고리즘은 최근 최소 사용 알고리즘을 사용한다고 가정하자. 참조 문자열이 123412341234……일 때 네 번째 문자열 액세스 이후로 모든 페이지에 부재가 발생한다. 이런 현상은 [그림 8-33]과 같이 프로세서의 이용률과 다중 프로그래밍의 정도에 따라 다르다. 다중 프로그래밍의 정도가 높아지면 프로세서의 이용률도 최댓값이 될 때까지 높아진다. 그러나 다중 프로그래밍의 정도가 더욱 커지면 스래싱이 발생하고 프로세서의 이용률은 급격히 떨어진다. 이때 프로세서의 이용률을 높이고 스래싱을 중단하려면 다중 프로그래밍의 정도를 낮춰야만 한다.

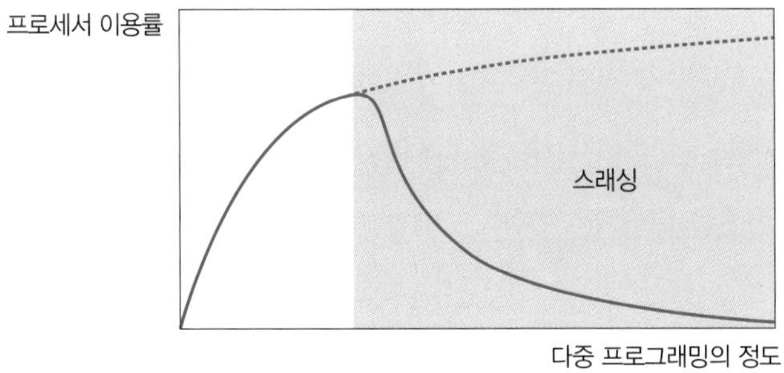

그림 8-33 프로세서의 이용률에 따른 스래싱 발생률

1.3 스래싱의 예방

시스템은 다중 프로그래밍의 수준과 프로세서 사용률의 수준을 비교 평가하여 스래싱을 발견할 수 있다. 다시 말해, 프로세서 사용률과 시스템 페이지 부재 비율을 감시하여 감지할 수 있다. 높은 페이지 부재율과 낮은 프로세서 사용률이 스래싱의 원인이므로 스래싱의 효과는 지역 교환 알고리즘이나 우선순위 교환 알고리즘을 이용하여 제한할 수 있다. 지역 교환 알고리즘을 이용하면 프로세스 하나에서 스래싱이 발생하더라도 다른 프로세스에서 프레임을 가져올 수는 없기 때문에 다른 프로세스는 스래싱 현상에 빠지지 않는다. 그러나 여러 프로세스에서 스래싱이 발생하면 프로세스들은 대부분의 시간을 페이징처리장치를 기다리는 큐에서 보내게 되어 페이지 부재를 처리하는 평균 시간이 증가한다. 비록 스래싱은 아니지만 유효 액세스 시간은 증가한다. 그러므로 프로세스에 필요한 많은 프레임을 제공하여 간단하게 스래싱을 방지할 수 있는데, 다음 방법을 사용한다.

- **작업 집합(워킹 셋) 모델** : 프로세스가 실제로 얼마큼 프레임을 많이 사용하는지 검사하여 지역 모델(작업 집합 모델)을 정의한다(작업 집합 모델은 뒤에서 다시 설명한다).
- **지역 모델** : 프로세스를 실행할 때 프로그램은 보통 지역 몇 개로 중첩해서 구성하므로 한 지역에서 다른 지역으로 이동하는 과정을 의미한다.

여기서 지역은 적극적으로 동시에 사용하는 페이지의 집합(서브루틴)을 나타낸다. 예를 들어, 서브루틴을 호출할 때는 새로운 지역을 정의한다. 일부 메모리 프레임에 있는 여러 페이지는 서브루틴 명령 또는 지역변수 등으로 메모리를 참조하기 때문에 서브루틴을 완료하면 프로세스는 지역을 떠나 또 다른 일을 하려고 다른 지역으로 이동한다. 이를 해결하려고 데닝Denning은 50% 수준의 다중 프로그래밍 정도를 제안했는데, 가장 확실한 예방은 프로세스에 필요한 만큼 프레임 수를 제공하는 것이다.

2 지역성(구역성)

지역성locality은 실행 중인 프로세스에서 나타나는 특성이다. 동일한 값이나 관련 저장 위치를 자주 액세스하는 현상, 즉 한번 참조한 데이터(동일한 값)를 짧은 시간 안에 다시 참조하거나 한번 참조한 데이터의 근처(관련 저장 위치)에 있는 데이터를 짧은 시간 안에 참조하는 현상을 의미한다. 다시 말해, 프로세스는 어느 실행 단계 동안 메모리의 정보를 균일하게 액세스하는 것이 아니라 선호하는 특정 페이지만 집중적으로 참조하는 현상으로 국부성이라고도 한다.

지역성은 잠시 동안 적은 양의 데이터만 집중적으로 참조하다가 데이터의 또 다른 작은 규모의 데이터 덩어리로 이동하는 경향이 있다. 예를 들어, 함수를 호출하면 새로운 지역을 정의한다. 여기서 메모리는 서브루틴의 명령어나 지역변수, 전역변수로 참조하고, 함수의 실행을 종료하면 프로세스는 언제 다시 사용할지 모르기 때문에 이 지역을 떠난다. 따라서 지역 개념은 프로그램에 따라 다르게 정의한다고 할 수 있다.

여러 페이지에서 프로세스의 메모리를 참조하는 유형은 [그림 8-34]와 같다. 빗금을 그은 부분은 프로세스가 연속적인 시간 간격에 참조한 메모리 영역을 나타내는데, 일정한 실행 시간 동안 특정 부분을 집중적으로 참조하고 있음을 보여 준다.

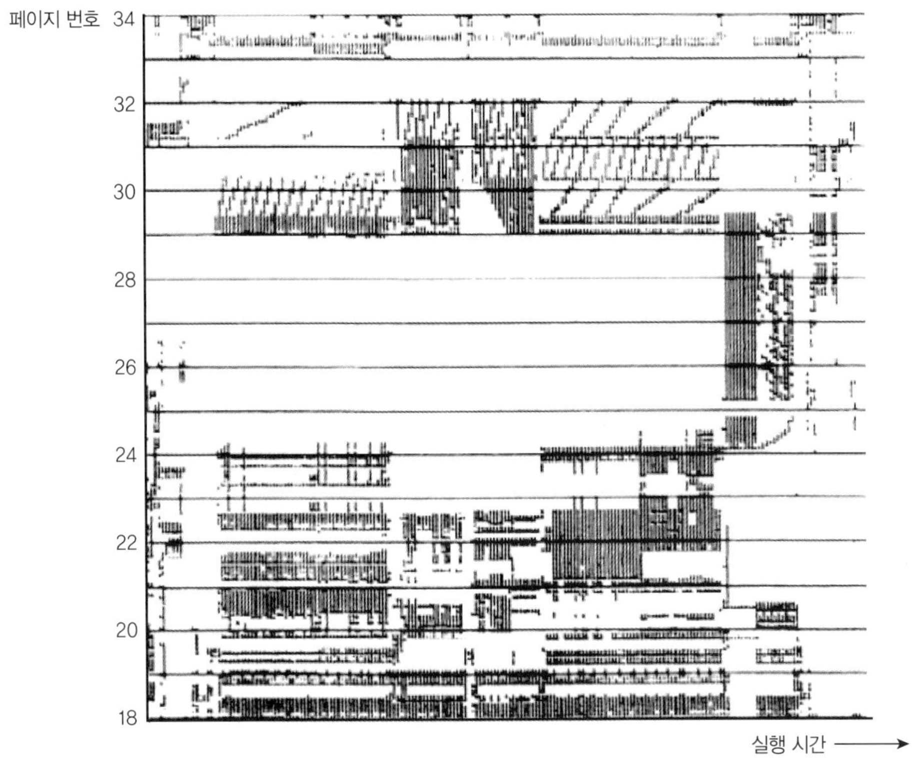

그림 8-34 메모리 참조 패턴의 지역성

출처 : IBM Systems Journal. ⓒ 1971

지역성은 프로그램들의 순환이나 서브 프로그램, 스택, 변수들의 계산과 합계, 배열 순례, 순차적 코드의 실행 등으로 발생한다. 또 프로그래머들이 관련 있는 변수들을 서로 근처에 배치시켜서 발생한다. 다음과 같이 크게 시간 지역성과 공간 지역성으로 분류할 수 있다.

■ 시간 지역성

시간 지역성은 특정 자원들을 상대적으로 짧은 시간 안에 재사용한다는 것을 의미한다. 한 순간 한 지점에서 특정 메모리 위치를 참조할 때 동일한 위치에서 가까운 미래에 다시 참조할 가능성이 높다. 즉, 최근에 액세스한 항목은 오래지 않아 다시 액세스할 가능성이 있다는 것이다. 그러므로 동일한 메모리 위치에 인접한 참조 사이에는 시간적 근접성이 있다. 미래 위치가 현재 위치와 동일하다면 시간 지역성은 공간 지역성의 매우 특별한 경우가 된다. 순환(루프), 서브 프로그램, 스택, 계산이나 합계에 사용하는 변수는 시간 지역성에 적용하는 예이다.

■ 공간 지역성

공간 지역성은 프로세스가 메모리의 어떤 위치를 참조하면 그 근처를 이후에도 계속 참조할 가능성이 높다는 것이다. 상대적으로 가까운 위치에서 데이터 요소를 사용한다는 것을 의미한다. 메모리의 특정 위치를 특정 시간에 참조할 때 가까운 미래에 가까운 메모리 위치를 참조할 가능성이 높다. 데이터 정렬과 1차원 배열의 요소 탐색과 같이 선형 액세스할 때를 순차적 지역성이라고 한다. 이는 공간 지역성의 특수한 경우이다. 배열 검색(순회), 순차적 코드의 실행, 근처의 관련 변수 선언 등이 공간 지역성을 적용하는 예이다.

스래싱 현상을 방지하려면 각 프로세스에 필요한 프레임을 제공할 수 있어야 한다. 이때 지역성을 이용하여 현재 지역 크기보다 적은 페이지 프레임을 할당하면 페이지 부재가 발생하는 원인이 될 수 있다.

3 작업 집합 모델

데닝은 작업 집합 모델WSM, Working Set Model을 개발하여 프로그램의 수행 과정을 지역성으로 설명했다. 프로세스가 메모리에서 페이지 부재를 가장 최소 비율로 유지하도록 가장 최근의 계산으로 필요한 메모리를 구하는 방법으로 제안된 모델이다. 프로세스가 많이 참조하는 페이지 집합을 메모리 공간에 계속 상주시켜 빈번한 페이지 대치 현상을 줄인다.

프로세스들을 메모리에 저장해야 프로세스를 효율적으로 실행할 수 있다. 그렇지 않으면 빈번한 페이지 대치 작업으로 스래싱이 발생한다. 프로세스의 작업 집합 모델을 구성하려면 작업 집합의 크기를 알아야 하는데, 작업 집합 크기는 작업 집합 창을 이용하여 구한다. 작업 집합 창은 매개변수를 사용하여 정의하며, '현재 시간(t)에서 최근의 일정 시간 단위(ϒ)'를 정하여 결정한다. 따라서 작업 집합 창의 크기는 매개변수인 시간 단위 ϒ에 따라 다르다. 기본 개념은 가장 최근의 ϒ 페이지 참조를 조사하여 가상 시간 t에서 프로세스가 참조한 페이지 집합을 나타내는 것이다.

어떤 페이지를 실제로 사용하고, 페이지는 작업 집합에 포함하며, 마지막으로 참조한 후 ϒ 시간 동안 참조하지 않으면 더 이상 사용하지 않는 것으로 간주하여 작업 집합에서 빠지게 된다. 따라서 가장 최근의 페이지 참조에 있는 페이지 집합을 작업 집합이라고 한다. 이때 작업 집합은 프로그램의 지역 근사치가 된다.

이처럼 작업 집합 모델 관리 방법은 프로세스의 작업 집합 모델 내의 페이지들, 즉 최근에 참조된 페이지들을 메인 메모리에 유지시켜 프로세스를 빠르게 실행할 수 있다. 그리고 새로운 프로세스들은 메인 메모리에 자신들의 작업 집합을 적재할 수 있는 공간이 있을 때만 시작할 수 있다.

데닝은 [그림 8-35]와 같이 시간 t에서 작업 집합 WS(t, w)를 시간 (t−w)부터 t까지 프로세스 시간 간격에 참조한 페이지의 집합으로 정의했다. 즉, t는 현재 프로세스 시간이며 w는 프로세스의 창 크기로 프로세스의 작업 집합을 계산할 때 과거 어느 시간까지 포함할지를 나타낸다.

프로세스 시간은 프로세서를 점유하고 있는 시간, 변수 w는 작업 집합 창 크기로 w를 정의하는 것은 매우 중요하다. w가 증가함에 따라 작업 집합 크기도 변한다([그림 8-36] 참조). 다시 말해, 창의 크기(설정 시간 간격) w가 커지면서 메인 메모리에 유지하는 작업 집합도 커지지만, w가 너무 크면 메인 메모리의 용량을 초과하므로 작업 집합은 증가하지 않는다.

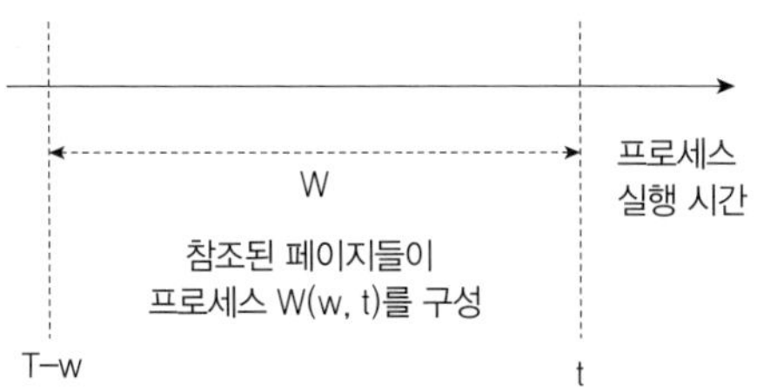

그림 8-35 **창 크기와 작업 집합**

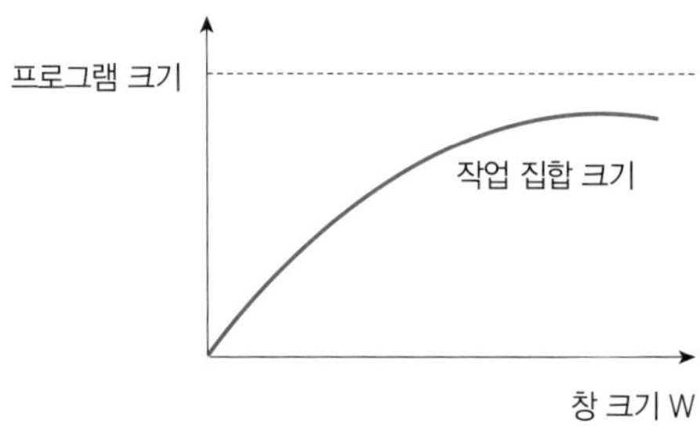

그림 8-36 **프로세스의 작업 집합 정의**

메모리 참조 순서가 주어졌을 때(Υ=10이라고 가정) t1 시간의 작업 집합은 {2, 1, 5, 7}, t2 시간의 작업 집합은 {7, 5, 1, 3, 4}, t3 시간의 작업 집합은 {3, 4}가 되는 예는 [그림 8-37]과 같다. 작업 집합의 정확성은 Υ 선택에 따라 좌우된다. Υ 값이 너무 작으면 전체 작업 집합을 충족하지 못할 것이고, 값이 너무 크면 전체 프로그램이 된다. 매드닉Madnick과 도노반Donovan은 적절한 값으로 10,000을 제안했다.

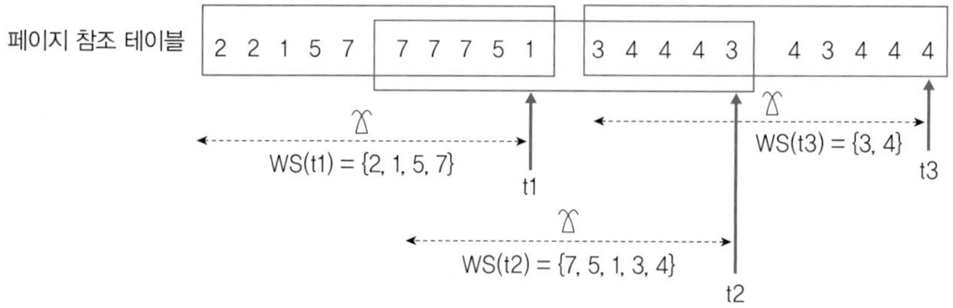

그림 8-37 작업 집합 모델(WS는 작업 집합 집합)

작업 집합에서 가장 중요한 성질은 작업 집합 크기WSS, Working Set Size이다. 시스템 내의 각 프로세스 P_i에서 작업 집합 크기 WSS_i를 계산하면, 가장 최근의 Υ 페이지 참조에 있는 페이지의 합계이므로 전체 요구 프레임 D는 다음과 같다.

$$D = \Sigma WSS_i$$

그림 8-38 전체 요구 프레임

각 프로세스는 실제로 각 작업 집합에 있는 페이지를 사용한다. 따라서 프로세스 P_i에는 WSS_i 프레임이 필요하다. 총 유효 프레임(m) 수보다 많이 요구하면(D>m) 스래싱이 발생된다. 이때 실행 가능한 모든 메모리를 많은 프로세스가 소비하면 스래싱은 피할 수 있지만, 프로세스의 실행은 지연될 수 있다. 하지만 한 프로세스가 다른 프로세스와 관련된 메모리의 프레임을 불공정하게 취득하지 않도록 주의해야 한다. 프로세스는 해당 작업 집합에 필요한 충분한 수의 페이지만 할당하는 것이 가장 이상적이다. 물론 프로세스의 작업 집합을 알지 못하고 프로세스가 액세스할 어떤 페이지도 예측할 수 없다.

운영체제는 가상 메모리의 작업 집합 모델을 사용할 수 있도록 각 프로세스의 작업 집합을 추적하여 작업 집합을 제공하려고 충분한 프레임을 각 프로세스에 할당한다. 그러나 한 지점에서 D>N일 때 운영체제는 일시 중단 프로세스를 선택한다. 이때 선택한 프로세스로 사용된 프레임은 다른 프로세스에 할당하여 스래싱을 예방할 수 있다. 또 프로세스에 할당된 프레임 수를 줄이거나 늘리는 결정을 하려고 페이지 부재 비율을 사용할 수 있다.

프로세스를 수행하는 동안 작업 집합은 계속 변하는데, Δ 값이 고정되어 있을 때 시간이 경과하면서 변화하는 작업 집합 크기는 [그림 8-39]와 같다.

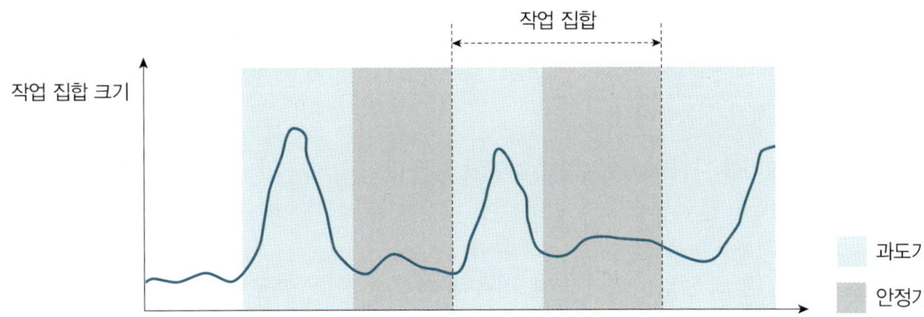

그림 8-39 시간 경과에 따른 작업 집합 크기 변화

대부분의 프로세스에서는 작업 집합 크기가 비교적 변하지 않는 안정기와 급격하게 변하는 과도기가 반복해서 나타난다. 프로세스를 처음 실행하면 새로운 페이지를 참조하므로 작업 집합 크기가 급격히 커진다. 그리고 지역성에 따라 프로세스는 안정기에 접어든다. 부분적으로 페이지를 작업 집합에서 삭제하거나 추가할 때는 작업 집합 크기가 거의 일정한 안정 상태로 유지된다. 그다음에 나타나는 과도기는 프로세스가 다른 지역으로 이동되는 것을 보여 준다. 즉, 프로세스의 전환이다. 첫 번째 프로세스에서 두 번째 프로세스로 환경이 바뀌면 이전 지역에 있던 페이지의 일부가 작업 집합 창에 남아 있는 상태에서 새로운 페이지를 참조하여 작업 집합 크기가 갑자기 커진다. 일정 시간이 지나면 점차 새로운 지역성을 유지하면서 만든 페이지들만 포함하므로 다시 작업 집합 크기가 일정한 안정 상태로 유지된다.

작업 집합 모델을 사용하는 방법은 아주 간단하다. 운영체제가 각 프로세스의 작업 집합을 감시하고 각 프로세스에 작업 집합 크기에 맞는 충분한 프레임을 할당한다. 여분의 페이지 프레임이 있을 때는 준비 상태에 있는 다른 프로세스를 불러들인 후 프레임을 할당하여 다중 프로그래밍의 정도를 증가시킨다. 다중 프로그래밍의 정도를 계속 증가시켜서 모든 프로세스가 갖는 작업 집합 크기의 합이 전체 유효 프레임 수보다 커지면 잠시 중지시킬 프로세스를 선정하여 페이지를 회수한다. 그러므로 작업 집합 방법은 가능한 다중 프로그래밍의 정도를 높이면서 스래싱을 방지하는 효과를 제공하여 프로세서의 효율성을 최적화하려고 한다. 이때 작업 집합 모델에서는 다음 문제가 발생한다.

- 우선 작업 집합이 갖는 과거의 참조가 미래의 참조를 항상 보장하지는 않는다.
- 작업 집합 크기와 구성 페이지들은 시간이 경과하면 변한다.
- 각 프로세스에서 작업 집합을 모두 측정한다는 것은 현실적으로 불가능하다.
- 프로세스를 실행하면서 작업 집합을 삭제 · 추가하기도 하므로 변화가 심하다.
- 각 프로세스가 참조한 페이지 시간과 시간 순서로 된 페이지 큐를 유지해야 하므로 작업 집합으로 메모리를 관리하기가 복잡하다.
- 작업 집합 창의 크기를 나타내는 매개변수인 Δ의 최적 값이 알려져 있지 않고, 처리하는 프로세스의 성격에 따라 Δ의 최적 값은 매우 다양하다.

정확한 참조 대신 프로세스의 페이지 부재 비율에 관심을 갖고, 프로세스 상주 집합 크기를 늘리는 만큼 페이지 부재 비율은 낮아지기 때문에 이런 문제점이 있음에도 작업 집합 모델의 기본 개념을 많은 운영체제에서 사용한다.

페이지 프레임 수와 페이지 부재 비율의 관계를 작업 집합 크기로 조사한 결과는 [그림 8-40]과 같다. 작업 집합 크기가 너무 작고 페이지 프레임 수가 적으면 페이지 부재 비율이 높다. 그러면 프로세스의 실제 작업 페이지들이 메모리에 있지 않고 스래싱 현상을 일으킬 수 있다. 반대로 작업 집합 크기가 너무 크고 페이지 프레임 수가 많으면 프로세스의 실제 작업 페이지뿐만 아니라 다른 페이지까지 메모리를 차지한다. 그러면 메모리 낭비를 가져오고 다중 프로그래밍 정도를 감소시킬 수 있다.

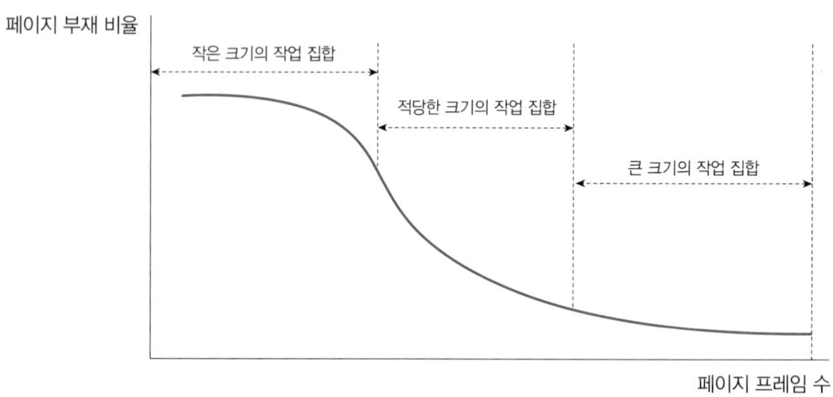

그림 8-40 작업 집합 크기에 따른 페이지 프레임 수와 부재 비율 관계

4 페이지 부재 비율

작업 집합 모델은 아주 성공적이고 작업 집합을 알면 페이지 부재를 방지할 수 있는 프리페이징prepaging에 유용하지만, 스래싱은 조절하기가 어렵다. 페이지 부재 비율PFF, Page Fault Frequency은 스래싱을 예방하는 직접적인 액세스 방법으로, 페이지 환경에서 프로세스의 실행을 측정하는 기준이 된다. 작업 집합 모델은 페이지가 메모리에 액세스할 때 조절하는 반면에, 페이지 부재 비율은 페이지 부재가 발생할 때 조절하여 작업 집합 모델보다 오버헤드가 적다.

작업 집합 방법과 마찬가지로 어떤 프로세스를 중지해야 할 때도 있다. 페이지 부재 비율이 증가하고 유효 프레임이 없으면 어떤 프로세스를 골라서 중지해야 한다. 프로세스를 중지하면 페이지 부재 비율이 높은 프로세스들에 프로세스에 할당된 프레임을 분배한다. 스래싱은 페이지 부재에서 발생하므로 페이지 부재 비율을 조절하는 것이 필요하다.

페이지 부재 비율이 높다는 것은 프로세스에 더 많은 프레임이 필요하다는 의미이고, 페이지 부재 비율이 낮다는 것은 프로세스에 프레임이 너무 많다는 의미이다. 프로세스 하나가 갖는 페이지 프레임 수에 따라 변하는 페이지 부재 비율은 [그림 8-41]과 같다.

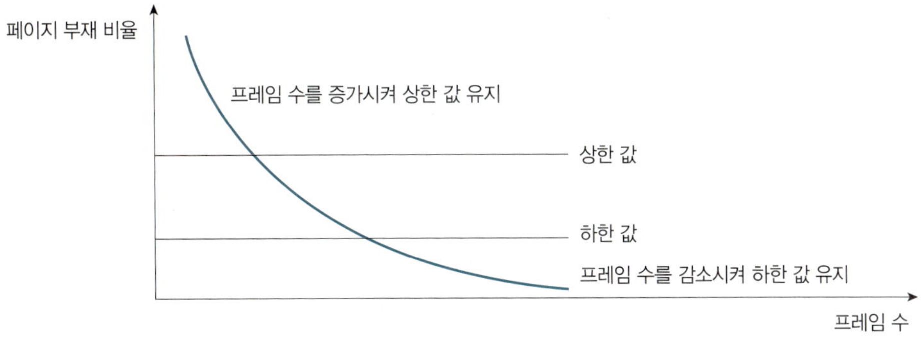

그림 8-41 페이지 부재 비율

상한 값과 하한 값을 다음과 같이 설정하여 페이지 부재 비율의 상한 값과 하한 값을 예측할 수 있다.

- **빈 프레임이 있을 때** : 페이지 부재 비율이 상한 값을 초과하면 현재 프로세스에 프레임을 할당한다. 페이지 부재 비율이 하한 값 이하로 떨어지면 현재 프로세스의 프레임을 제거한다.
- **빈 프레임이 없을 때** : 페이지 부재 비율이 상한 값을 초과하면 희생(제거)시킬 프로세스를 선택

하고, 그 프로세스의 실행을 일시 중단한다. 현재 프로세스의 페이지 부재 비율이 하한 값 이하로 떨어지면 현재 프로세스의 프레임을 제거한다.

적절한 값의 임계 값을 유지하는 것이 페이지 부재 비율을 적절하고 효율적으로 운영하는 핵심이다. 페이지 부재 비율이 상한 값을 넘으면 프로세스에 다른 프레임을 더 할당하고, 하한 값보다 낮으면 프레임을 회수한다. 이렇게 하면 직접적으로 스래싱을 방지하면서 페이지 부재 비율을 측정하고 조절할 수 있다. 물론 이렇게 페이지 부재 비율을 조절해도 작업 집합에서 보았던 일부 프로세스를 중지시키는 과정은 발생할 수 있다. 특히 페이지 부재 비율 알고리즘은 페이지 참조가 새로운 지역으로 이동하는 과도기에서는 제대로 작동하지 않는다. 즉, 페이지를 마지막으로 참조한 후 임의의 시간 단위(γ)가 지나기 전까지는 그대로 있게 된다. 작업 집합 페이지를 교체하는 페이지 부재 비율은 각 페이지 부재 후에 상주 페이지를 조정하므로 오버헤드가 낮다는 장점이 있다.

06 메모리 관리와 관련된 기타 이슈

앞서 살펴본 주요 방법 외에 시스템 성능에 영향을 미치는 메모리 관리와 관련된 몇 가지 문제를 더 살펴보자.

1 대치 범위

운영체제는 빈 프레임 리스트를 유지하고 프로세스가 페이지 부재를 발생시킬 때 사용자 프로그램은 빈 프레임 리스트에서 빈 프레임을 얻을 것이다. 그러나 이때 빈 프레임 리스트를 소진하고 더 많은 빈 프레임을 요청하면 운영체제는 페이지 대치 알고리즘을 이용하여 페이지 중 하나를 선택할 수 있다. 그러면 빈 페이지 프레임이 필요할 때 대치할 희생 페이지는 어떻게 선정할까? 각 프로세스당 프레임을 몇 개 할당할지 명백하게 결정할 필요는 없으나, 여러 프로세스가 제한된 수의 프레임을 사용하려면 할당 기준이 필요하다. 프레임 할당 기준으로 페이지 대치 범위를 모든 프로세스에 적용하는 전역 대치(리눅스의 대치 전략)와 프로세스를 개별적으로 제한하는 지역 대치(윈도우 XP의 대치 전략)가 있다.

전역 대치와 지역 대치는 사용 가능한 빈 프레임이 없을 때 페이지 부재를 해결하는 방법이다. 전역 대치는 프로세스가 교체할 프레임을 다른 프로세스에서 획득하며, 지역 대치는 각 프로세스에 할당된 프레임 중에서만 교체할 희생자를 선택할 수 있다. 보통 전역 대치는 구현이 쉽고 부담이 적은 반면에 지역 대치는 성능 분석이 쉽다고 알려져 있다.

전역 대치와 지역 대치의 차이는 [그림 8-42]와 같다. 새로운 프로세스 A6이 전역 대치라면 페이지 B3과 교체하나, 지역 대치라면 페이지 A5와 교체한다.

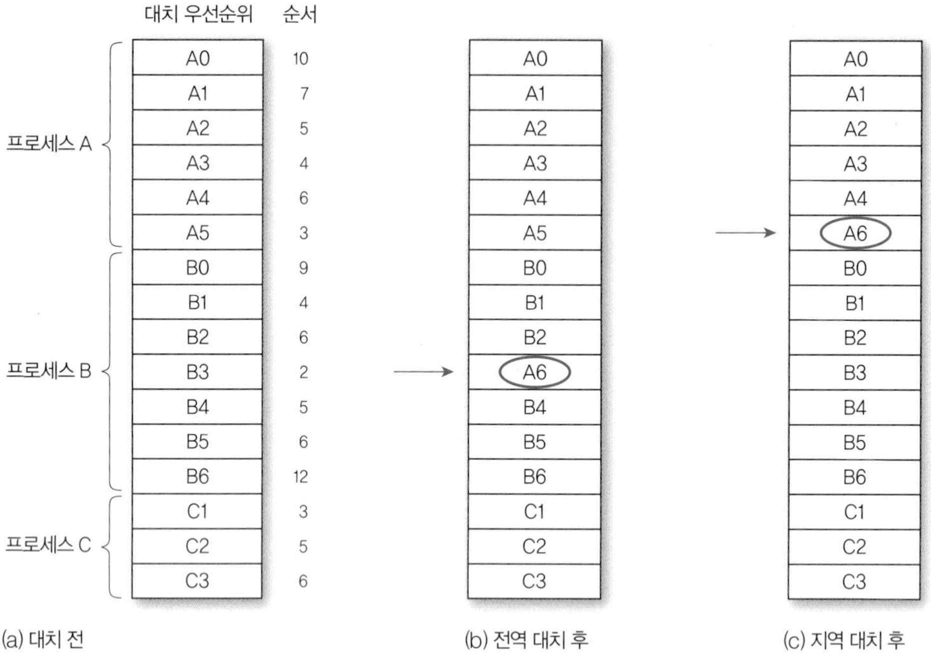

그림 8-42 전역 대치와 지역 대치

1.1 전역 대치

전역 대치에서는 특정 페이지를 점유하고 있는 프로세스에 관계없이 메인 메모리에 있는 모든 페이지를 자유롭게 선택하여 대치한다. 즉, 프로세스가 교환할 프레임을 현재 다른 프로세스에 할당했을지라도 개별 프로세스의 연산과 관계없이 전체 프레임 중에서 하나를 선택하여 프레임을 대치할 수 있다. 물론 이것은 다른 프로세스는 교환하려고 해당 프레임을 선택하지 않는다는 가정하에서 가능하다. 결과적으로 프로세스에 할당하는 프레임 수는 증가하고, 똑같은 프로그램도 외부적 환경에 따라서 전혀 다르게 수행할 수 있다. 예를 들어, 어떤 때는 0.5초가 걸리던 것이 다음 수행 때는 10.3초가 걸릴 수도 있다.

전역 대치 알고리즘에서 프로세스의 작업 집합은 더 많거나 더 적은 페이지 프레임 할당에 따라 증가하고 축소된다는 장점이 있다. 반면에 한 프로세스의 페이지 부재를 처리하려고 다른 프로세스의 페이지를 제거할 수 있어 각 프로세스의 페이지 부재 비율을 조절할 수 없다는 단점이 있다. 즉, 다른 프로세스의 영향을 받기 때문에 프로세스의 실행이 늦거나 반대로 빠를 수 있다. 이런 현상은 지역 대치 알고리즘에서는 나타나지 않는다. 따라서 전역 대치 정책은 프레임의 모든 잠금 해제를 고려해야 하며, 대치할 희생자 페이지에서 페이지 테이블을 조사할 필요가 있다. 또 페이지 테이블은 하드웨어로 직접 지원하지 않기 때문에 운영체제는 소프트웨어로 유지 · 관리한다.

대부분의 시스템은 개별 프로세스의 동작보다는 시스템 전반에 중점을 두기 때문에 최소한의 오버헤드로도 쉽게 구현할 수 있고, 합리적으로 잘 수행하기 때문에 대형 시스템에서 사용한다. 다음 이유에서 전역 대치 정책이 필요하다.

- 하나의 프로세스에 다른 것보다 메모리가 더 많이 필요할 수 있다.
- 프로세스당 필요한 할당(프로세스의 작업 집합)을 추측할 수 있다.
- 대기 프로세스가 점유한 메모리를 다른 프로세스가 사용 가능하다.

1.2 지역 대치

지역 대치는 페이지 부재를 발생한 프로세스의 상주 페이지에서 대치할 페이지를 선택한다. 즉, [그림 8-42]에서 프로세스 A는 프로세스 A에 할당된 프레임 중에서만 대치할 페이지 프레임을 선택할 수 있다. 들어오는 페이지는 해당 프로세스 주소 공간과 관련된 것만 가져오고 프로세스는 고정 할당되어 대치해야 할 페이지를 상주 집합에서 선택한다. 상주 집합 크기를 다시 계산하면서 페이지를 주기적으로 추가하거나 뺄 수 있다. 따라서 프로세스에 할당된 페이지 수를 고정하고 페이지 대치는 이 프로세스에 할당된 페이지 사이에 발생한다. 각 프로세스에 할당된 프레임 수는 변하지 않으며, 프로세스의 상대적인 중요도에 따라 메모리 할당을 조정하여 성능을 향상시킨다.

지역 대치는 특정 프로세스나 프로세스 집합에 얼마큼 많은 페이지를 할당할 수 있는지 결정하는데, 메모리 분할의 형태를 가정한다. 가장 일반적인 분할 형태는 고정 분할과 작업 집합 모델을 기반으로 한 균형 설정 알고리즘이다. 지역 대치는 프로세스가 자신의 페이지 부재 비율을 더 월등히 제어할 수 있으며, 다른 시스템 부하 수준에 주어진 프로세스의 더 일관된 성능으로 이어진다. 지역 페이지 대치의 장점은 확장성이다. 각 프로세스는 일부 공유 전역 데이터 구조에서 서로 경쟁하지 않고 독립적으로 페이지 부재를 처리할 수 있다.

2 프리 페이징

요구 페이징 시스템의 특징은 프로세스를 시작할 때 많은 페이지 부재를 발생한다는 것이다. 이것은 메모리에 최초의 지역성을 형성하려고 할 때 생기는 현상이다. 프리 페이징은 처음에 발생하는 많은 페이지 부재를 방지하는 방법으로, 예상되는 모든 페이지를 사전에 한꺼번에 메모리 내로 가져온다. 예를 들어, 작업 집합 모델을 사용하는 시스템에서 각 프로세스에는 작업 집합에 포함되는 페이지 집합이 있다. 입출력을 기다리거나 유효 프레임이 부족하여 한 프로세스를 쉬게 해야 한다면, 쉬게 할 프로세스의 작업 집합을 기억했다가 다시 시작하기 전에 모든 페이지를 메모리에 자동으로 가져온다.

프로세스가 사용할 페이지를 잘못 결정하거나 페이지 프레임, 디스크 입출력 등 많은 자원을 사용하면 오히려 요구 페이징 시스템보다 프리 페이징의 성능이 더 떨어질 수 있다. 그러므로 프리 페이징에 할당된 메인 메모리 크기와 한 번에 미리 가져올 수 있는 페이지 수, 어떤 페이지를 미리 가져올지 결정할 수 있는 경험적(공간적 · 시간적 지역성에 따라 예상하는) 알고리즘은 중요한 요소이다.

특히 프리 페이징은 입출력 인터럽트를 위해 연속된 페이지를 한 번에 메모리로 가져오기 때문에 입출력을 여러 번 수행하는 요구 페이징보다 성능이 좋다. 그래서 어떤 상황에서든 장점이 될 수 있으나, 프리 페이징의 비용이 그에 상당하는 페이지 부재를 해결하는 데 드는 비용보다는 적은가 하는 문제가 발생한다. 또 페이징 때문에 메모리로 돌아온 페이지 중에서 상당수는 사용하지 않을 수도 있다.

페이지 s개를 프리 페이징했고 실제로는 확률 $a(0 \le a \le 1)$만큼만 사용한다면, 문제는 불필요한 페이지 $(1-a)\times s$개를 프리 페이징하는 데 필요한 비용이 페이지 부재 $a\times s$개를 해결하는 데 필요한 비용보다 많은지 또는 적은지에 있다. a가 0에 가까우면 프리 페이징 효과가 좋지 않고, a가 1에 가까우면 프리 페이징 효과가 좋다.

3 페이지 크기

앞서 페이지 부재는 프로세스에 할당되는 프레임 수와 관련되어 있음을 살펴보았다. 또 어떤 시간에는 한 번의 단일 참조가 페이지 부재를 두 배 발생시키는 원인이 될 수 있다. 즉, 하나는 페이지 테이블 일부가 필요하고, 다른 하나는 프로세스 페이지를 가져오는 데 필요하기 때문이다. 따라서 페이지 크기는 하드웨어 디자인에서 매우 중요한 요소이다.

운영체제를 설계하는 사람에게는 페이지 크기에서 선택권이 거의 없지만, 최적 페이지 크기와 관련된 결정은 해야 한다. 보통 페이지 크기는 2의 지수승이고, 256(2^8)에서 4,096(2^{12})바이트나 워드이다. 페이지 크기는 메인 메모리의 크기와 프로그램 크기 자체에 영향을 받는다. 최근에는 시스템에 대한 큰 메인 메모리 방향으로 진행되는 추세이나, 응용 프로그램은 더 복잡하고 프로그래밍 기술은 지역성 원칙과는 멀어졌다. 객체 지향 접근 방법은 많은 수의 개체에 참조가 분산되기 때문에 작은 프로그램과 데이터 모듈을 요구한다. 다중 스레드 응용 프로그램은 때때로 명령어 스트림에서 급격한 변화의 원인이 될 수 있다.

페이지 크기를 결정할 때는 페이지 테이블의 크기를 고려해야 한다. 가상 메모리 공간이 주어졌을 때 페이지 크기를 감소시키면 페이지 수가 증가하여 페이지 테이블의 크기도 증가한다. 크기가 4MB인 가상 메모리 공간은 1,024바이트의 페이지 4,096개가 되지만 8,192바이트라면 페이지는 512개가 된다. 활동 중인 각 프로세스는 페이지 테이블의 사본을 가져야 하므로 페이지 크기가 큰 것이 좋다.

반면에 메모리는 크기가 작은 페이지가 이용하기에 좋다. 어떤 프로세스가 주소 0000에서 시작하여 필요한 만큼 연속적으로 할당되면 프로세스는 정확히 페이지 경계에서 끝나지 않을 것이다. 그래서 마지막 페이지의 어떤 부분은 할당되지만, 사용하지 않는 내부 단편화가 발생한다. 프로세스 크기, 페이지 크기와 관계없다면 평균적으로 각 프로세스의 마지막 페이지 반은 낭비된다. 이 낭비는 512바이트의 페이지에서는 256바이트 정도이지만 8,192바이트의 페이지에서는 4,096바이트가 된다.

내부 단편화를 최소화하려면 크기가 작은 페이지가 필요하다. 또 한 페이지를 읽거나 기록하는 데 요구하는 시간도 중요하다. 입출력 시간은 회전 지연시간과 전송시간으로 구성된다. 전송시간은 전송하는 양에 비례하는데, 이는 페이지 크기가 작을수록 유리하다는 의미이다. 그러나 회전 지연시간은 전송하는 양에 비례하지 않는다. 전송률이 초당 2MB일 때 512바이트를 전송하는 데 0.2밀리초가 걸린다. 반면에 회전 지연시간은 약 8밀리초가 걸린다. 그러므로 총 입출력 시간(28.2밀리초) 가운데 단지 10%만 실제 전송과 관련된다.

페이지 크기를 두 배로 하면 입출력 시간은 28.4밀리초가 걸린다. 즉, 1,024바이트의 페이지 하나를 읽는 데는 28.4밀리초가 걸리지만, 512바이트의 페이지 2개를 읽는 데는 56.4밀리초가 걸린다. 결국 입출력 시간을 최소화시키려면 페이지 크기를 더 크게 하는 것이 유리함을 알 수 있다.

페이지 크기는 컴퓨터 종류별로 매우 다양한데, 프로세서의 속도와 메모리 용량, 디스크 속도가 증가하면서 오늘날 페이지 크기는 더 커졌다. 페이지 부재는 전반적인 시스템 성능 향상 면에서 과거보다는 처리 비용이 크다. 그러므로 페이지 크기를 증가시키는 것이 페이지 부재의 빈도를 줄이는 데 더 유리하다. 물론 페이지 크기가 증가하면 내부 단편화는 많아진다. 어떤 요인(내부 단편화, 지역성)은 크기가 작은 페이지가 유리하고, 다른 요인(테이블 크기, 입출력 시간)은 크기가 큰 페이지가 유리하다. IBM/370에서 MVS가 4KB 페이지를 선택하고 VS/1은 2KB 페이지를 선택한 사실에 비춰 봤을 때, 페이지 크기를 결정하는 것이 쉽지 않음을 알 수 있다.

페이지 크기에 따른 특징을 요약하면 [표 8-2]와 같다.

표 8-2 **페이지 크기별 특징**

작은 페이지	큰 페이지
• 페이지 테이블의 크기 증가 • 내부 단편화 감소 • 디스크 입출력 증가 • 지역성 증가와 페이지 부재 비율 증가	• 페이지 테이블의 크기 감소 • 내부 단편화 증가 • 디스크 입출력 감소 • 지역성 악화와 페이지 부재 비율 감소

4 페이지 테이블의 구조

프로세스에는 페이지 테이블이 하나 있으며 페이지 테이블을 이용하여 가상 주소를 프레임 번호와 오프셋으로 구성된 물리적 주소로 변환한다. 그러므로 페이지 테이블의 크기는 페이지 테이블 관리에서 중요한 관심사이다. 예를 들어, 항목이 100만 개인 테이블은 약 1GB의 메모리를 요구한다. 실제로 VAX 컴퓨터 구조에서 각 프로세스는 최대 2GB(2^{31})의 가상 메모리를 사용할 수 있으므로 한 페이지의 크기가 512(2^{9})바이트라면 프로세스마다 페이지 테이블 항목이 2^{22}개 필요하다. 물론 메인 메모리에서 이렇게 페이지 테이블을 유지한다는 것은 불가능하므로 가상 메모리에 페이지 테이블을 저장한다. 이는 페이지 테이블 역시 다른 페이지처럼 페이징의 대상이 된다는 의미이다.

가상 주소가 64비트, 페이지 크기가 4KB(2^{12}비트), 메모리가 512MB(2^{29}비트)인 시스템에서 단일 수준 페이지 테이블을 유지하는 데 필요한 공간은 [그림 8-43]과 같다.

❶ 가상 페이지당 페이지 테이블 항목 수 : 페이지 테이블 항목 $2^{64}/2^{12} = 2^{64-12} = 2^{52}$개

❷ 페이지 테이블 항목 크기 : 약 4바이트

- 512MB = 2^{29}이고 물리적 페이지는 $2^{29}/2^{12} = 2^{29-12} = 2^{17}$개이므로 물리적 페이지 번호를 유지하는 데 17비트 필요
- 페이지 테이블 항목 : 액세스 제어 비트(약 1바이트) + 물리적 페이지 번호(17비트)가 되므로 페이지 테이블 항목의 크기는 약 4바이트

❸ 전체 페이지 테이블 크기 : 2^{52}(페이지 테이블 수) × 2^{2}(페이지 테이블 항목 크기) = $2^{52+2} = 2^{54}$ = 16,777,216GB = 16PB로 프로세스 하나에 놀랄 만한 크기의 페이지 테이블이 있다.

그림 8-43 페이지 테이블 공간 계산 예

7장에서 살펴본 다중 계층 페이징 방법으로 구현할 수 있다. 하지만 4바이트 공간의 항목을 가정할 때 1,024항목 또는 10비트의 주소 공간이 있다고 가정하면, [52/10]=6단계의 계층 구조를 유지하여 메모리 액세스를 여섯 번 요구하므로 시스템 성능은 떨어진다. 그러나 512MB 메모리 시스템 또는 $2^{29-12} = 2^{17}$ = 128KB의 페이지에서 페이지당 페이지 테이블 항목 하나로 저장 관리할 수 있는 방법이 있다면 페이지 테이블의 크기를 작게 줄일 수 있다. 테이블의 크기를 2MB 정도로 줄이면 각 항목은 16(2^4)바이트가 될 것이다. 16바이트는 물리적 주소를 가상 주소로 매핑하기 때문에 필요하다. 즉, 페이지 테이블 항목은 물리적 페이지 번호가 아니라 가상 페이지 번호이다. 따라서 $2^{17} \times 2^4 = 2^{21}$ = 2MB이다. 프로세스들이 물리적 페이지를 공유할 수 있도록 하나의 전역 페이지 테이블이 필요한데, 이것이 바로 역 페이지 테이블이다.

전통적인 페이지 테이블과 역 페이지 테이블의 구조는 [그림 8-44]와 같다. 전통적인 페이지 테이블은 각 페이지 항목을 유지하므로 크기는 가상 주소 공간의 크기에 비례하고 가상 페이지로 색인 과정을 거친다. 하지만 역 페이지 테이블은 해시로 색인 과정을 거친다.

프로세스를 실행하려면 현재 실행 중인 페이지의 페이지 테이블 항목을 포함하여 페이지 테이블 일부를 메인 메모리에 적재해야 한다. 이런 문제를 해결할 대안으로 역 페이지 테이블 구조를 제안했으며, 전체 시스템에서 단 하나의 역 페이지 테이블을 유지한다.

역 페이지 테이블 방법은 IBM의 AS/400, IBM RT-PC, PowerPC, HP 워크스테이션에 사용했다. 역 페이지 테이블은 각 프레임에서 페이지 테이블 항목을 메인 메모리에 저장하므로 페이지 테이블 항목 수는 가상 주소의 크기가 아닌 물리적 주소의 크기에 비례한다. 또 페이지 테이블 항목은 프레임에 배치된 논리적 페이지 정보를 유지하고 메인 메모리의 한 프레임

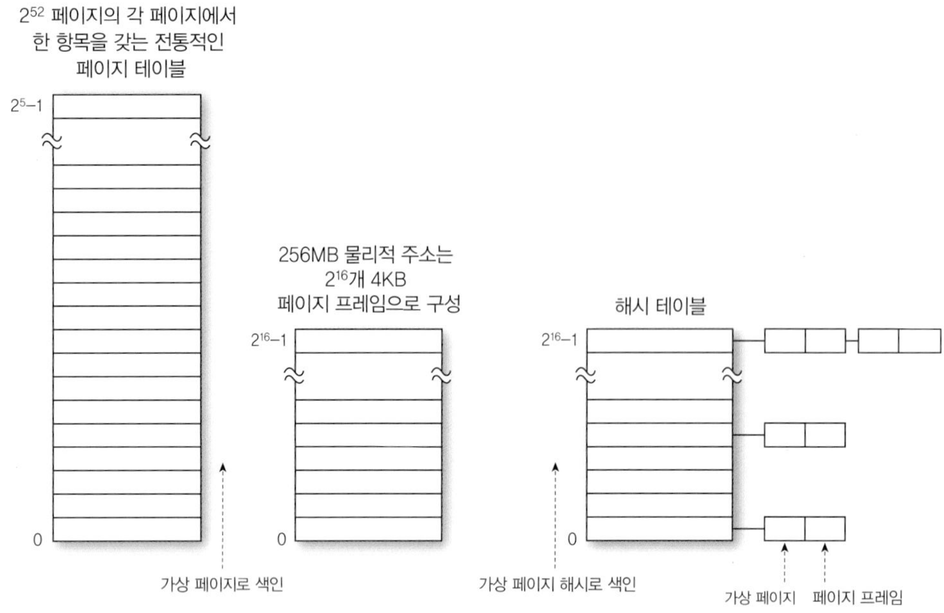

(a) 전통적인 페이지 테이블 (b) 역 페이지 테이블

그림 8-44 전통적인 페이지 테이블과 역 페이지 테이블의 구조

정보를 저장한다. 하지만 논리적 페이지 번호가 아니고 페이지 프레임 번호로 색인하므로 일반적인 페이지 테이블 참조와 비교하면 역(반대)이다. 또 2차 저장소(디스크)에 있는 페이지와 관련된 어떤 정보도 유지하지 않아 운영체제가 관리해야 한다.

역 페이지 테이블의 가장 단순한 형태는 선형 배열에 페이지당 하나의 항목으로 구성된다. 즉, 메모리 프레임마다 한 항목씩 할당한다. 테이블은 공유되므로 각 항목은 프레임에 올라와 있는 페이지 주소, 페이지를 소유하고 있는 프로세스 ID를 표시한다. 그러면 페이지 테이블 하나와 테이블 내 각 항목은 메모리 한 프레임을 가리킨다.

물리적 페이지는 가상 주소에 매핑되므로 각 항목의 내용은 물리 페이지 번호 대신 가상 페이지 번호가 된다. 가상 페이지 번호에 따른 테이블 색인 때문에 물리적 페이지 번호는 저장하지 않는다. 가상 주소를 변환하려고 가상 페이지 번호와 현재의 프로세스 식별자를 각 항목(배열)과 순차적으로 비교한다. 가상 페이지 번호와 일치하는 항목을 찾으면 그 항목의 인덱스가 프레임 번호가 된다. 일치하는 항목이 없으면 페이지 오류가 발생한다. 이런 과정은 [그림 8-45]와 같다. 역 페이지 테이블에서 페이징 시스템의 가상 주소는 〈프로세스 식별자(0),

가상 페이지 번호(0x1), 오프셋(0x123)〉으로 구성된다. 메모리 참조가 일어나면 역 페이지 테이블의 〈프로세스 식별자(0), 가상 페이지 번호(0x1)〉와 일치하는 0x18F1B가 페이지 번호가 된다. 테이블 크기는 작지만 간단한 역 페이지 테이블을 조회하는 시간은 매우 클 수 있다. 물론 역 페이지 테이블은 물리적 주소로 정렬하지만 테이블 탐색은 비효율적이다. 가상 페이지 주소를 찾으려면 테이블 전체를 탐색하거나 페이지 크기의 메모리를 액세스해야 하기 때문이다. 그러므로 탐색 시간을 줄이려면 해싱이 필요하다.

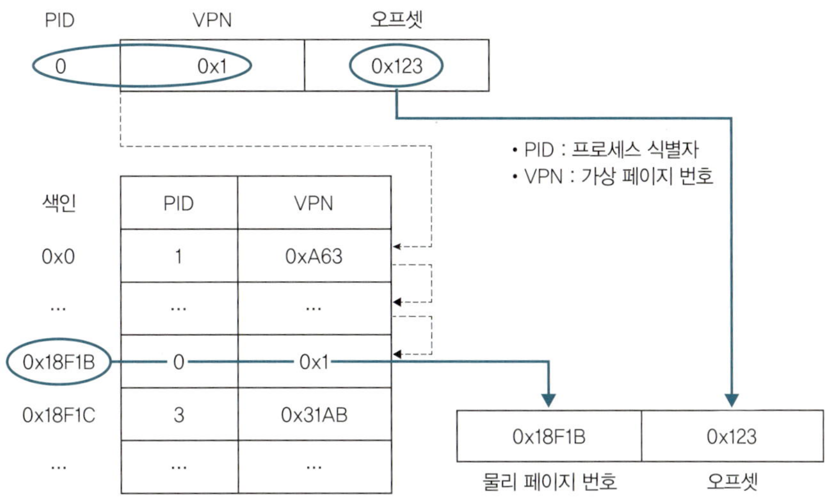

그림 8-45 선형 역 페이지 테이블을 이용한 변환 절차

메모리 주소를 저장하기 때문에 가상 주소에서 탐색하지만, 모든 테이블을 탐색하여 일치 여부를 확인한다. 이런 탐색 시간은 페이지 테이블 항목에서 하나 또는 몇 개의 항목을 찾는 해시 테이블을 사용하면 줄일 수 있다. 해시 테이블은 역 페이지 테이블을 지시하는 포인터를 포함하고, 역 페이지 테이블은 페이지 테이블 항목을 포함한다. 여기서 해시 테이블과 역 페이지 테이블에는 실제 메모리 페이지 항목이 존재한다. 즉, 다른 주소가 동일한 해시 테이블 항목에 사상(충돌)될 수 있기 때문에 체인 연결 방법을 사용한다. 여기서 충돌이란 프로세스의 가상 페이지 수가 페이지 프레임 수보다 커서 여러 입력 값(가상 주소)이 동일한 해시 값을 생성하는 것을 의미한다. 충돌하면 역 페이지 테이블은 해시 테이블의 동일한 셀에 들어가는 항목들이 다른 값으로 덮어쓰지 않도록 셀 항목의 위치를 가리키는 포인터(연결 리스트)를 추가한다.

[그림 8-46]과 같이 가상 주소, 즉 프로세스 식별자(0)와 가상 페이지(0x1)에 대응하는 해시 테이블 항목을 찾으려고 해시 함수로 해시 값(0x0)을 생성한다. 이때 역 페이지 테이블의 해시 값(0x0) 색인 셀(VPN)에 가상 페이지 번호(0x1)가 저장되어 있으면 요청된 가상 주소는 페이지 프레임 0x0에 있다. 그러나 0x0의 셀(VPN)에 저장된 페이지 번호가 가상 페이지(0x1)와 다르면 체인(연결) 포인터를 검사한다. 널[null]이면 페이지 부재가 발생하므로 디스크에서 해당 페이지를 가져오고, 아니면 체인 포인터를 따라 이동하여 가상 페이지 셀, 프로세스 식별자(0)와 일치하는 항목을 찾는다. 발견한 색인은 물리 페이지 번호(0x18F1B), 즉 페이지 프레임이 된다. 따라서 가상 메모리 하나를 참조하려면 메인 메모리 액세스가 두 번 필요하다. 액세스할 때 해시 테이블 진입을 먼저 읽고 페이지 테이블을 읽는데, 최근에는 캐시를 사용하여 처리함으로써 성능을 향상시킨다.

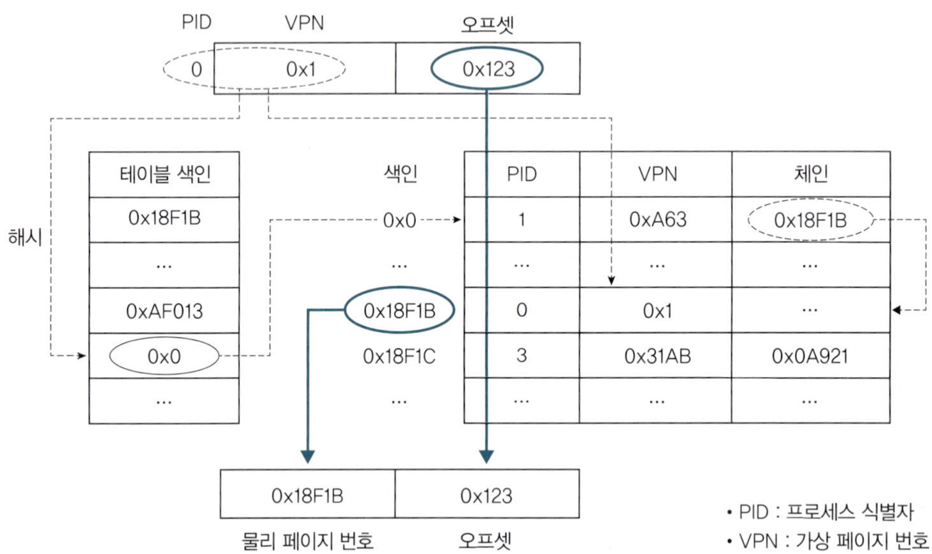

그림 8-46 해시 역 페이지 테이블 구조의 주소 변환

NOTE_ 해시

해시[hash](값)는 해시 함수로 만드는 숫자(문자열)를 사용하여 단방향으로 연산한다. 여기서 n-비트 페이지 번호를 m-비트 프레임으로 매핑[페이지 2n개, 프레임(n>m) 2m개])하고, 해시 함수로 해시 값을 생성했다면 해시 값에서 원래 숫자(비트열)를 알아내는 것은 불가능하다. 따라서 원본 메시지를 손상했는지 알아내는 데 해시 함수를 이용하여 사용자 인증, 디지털 서명 등에 응용한다. 소프트웨어의 손상 유무, 메시지의 손상을 방지하는 데도 널리 사용한다.

가상 메모리를 참조하는 메모리 액세스 시간이 늘어나는 문제를 해결하려고 페이지 테이블의 항목들에 특별한 캐시를 사용하는데, 이것을 변환 우선참조 버퍼TLB, Translation Look-aside Buffer라고 한다. 메모리의 캐시와 동일하게 동작한다. 변환 우선참조 버퍼는 프로세스의 전체 페이지 테이블 중 가장 최근에 참조한 페이지 일부만 저장한다. 이런 방법은 최근 참조한 페이지는 가까운 미래에 다시 참조할 가능성이 있다는, 즉 앞서 설명한 시간의 지역성에 따른다.

가상 주소[V=(p, d)]가 주어지면 프로세서는 먼저 변환 우선참조 버퍼를 조사하여 페이지 p를 찾는다. 원하는 페이지 테이블의 항목이 있으면(TLB 적중) 프레임 번호PFN를 조사하여 메모리 주소를 작성한다. 없으면(TLB 실패) 프로세서는 페이지 번호를 사용하여 해당 페이지 테이블 항목을 조사한다. 이때 원하는 항목이 있다면 해당 페이지는 메인 메모리에 적재되어 있으므로 변환 우선참조 버퍼를 갱신하여 메모리 주소를 작성한다.

변환 우선참조 버퍼를 갱신할 때 페이지 테이블 항목이 변환 우선참조 버퍼에 포함된다. 이때 원하는 항목이 없다면 페이지 부재 현상이 발생하므로 운영체제를 호출하여 처리한다. 변환 우선참조 버퍼를 이용한 페이징 시스템은 [그림 8-47]과 같다.

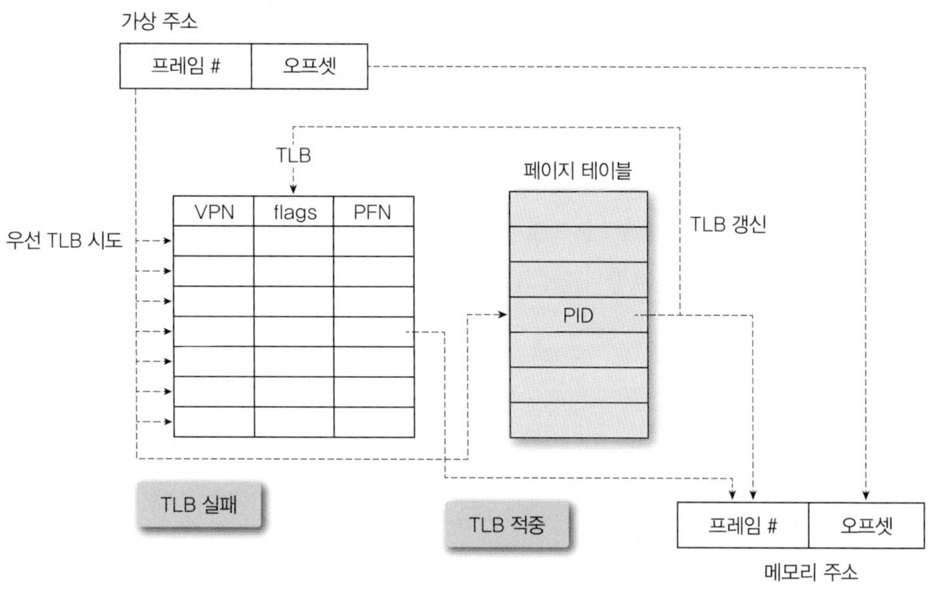

그림 8-47 **변환 우선참조 버퍼를 이용한 페이징 시스템**

요약

01 가상 메모리

가상 메모리는 사용자와 논리적 주소를 물리적으로 분리한 후 사용자가 메인 메모리 용량을 초과한 프로세스에 주소를 지정하여 메모리를 제한 없이 사용할 수 있도록 하는 개념이다. 각 프로세스에 균일한 주소 공간을 제공하여 메모리 관리가 단순하며, 메인 메모리를 더 효율적으로 사용할 수 있다.

02 요구 페이징

가장 일반적인 가상 메모리 체계로 스와핑을 사용하는 페이징 시스템과 비슷하다. 프로그램을 실행하려고 프로그램의 일부만 메인 메모리에 적재한다. 순차적으로 작성되어 있는 프로그램의 모듈을 처리할 때 다른 부분은 실행하지 않는다는 특징을 이용한다. 메모리를 효율적으로 사용할 수 있지만, 메인 메모리와 디스크 간의 과도한 페이지 교체로 오버헤드를 증가시켜 시스템의 성능을 떨어뜨린다는 단점이 있다.

03 페이지 부재

페이지 부재page fault는 저장하지 않은 페이지를 사용하려고 할 때 나타나는 현상이다.

04 페이지 대치

페이지 대치는 페이지 부재가 발생하면 메인 메모리에 있으면서 사용하지 않는 페이지를 디스크로 내보내고 새로운 페이지로 바꾸는 과정이다. 내보낼 페이지를 고를 때는 시스템의 효율성에 영향을 주므로 페이지 부재 비율이 가능 낮은 알고리즘을 선택한다.

05 선입선출 대치 알고리즘

가장 간단한 페이지 대치 알고리즘으로 각 페이지가 메모리 안으로 들어간 시간을 이용하여 가장 오래된 페이지부터 우선 대치한다. 선입선출FIFO 대치 알고리즘은 프로그램이 쉽지만 벨래디의 변이Belady's anomaly 현상 때문에 문제가 있다.

06 최적 페이지 대치 알고리즘

최적 페이지 대치 알고리즘은 모든 알고리즘 가운데 페이지 부재 비율이 가장 낮다. '앞으로 가장 오랫동안 사용하지 않을 페이지를 대치한다'는 아이디어를 표현한 알고리즘으로 고정된 프레임 수에서 가능한 가장 낮은 페이지 부재 비율을 보장한다. 최적 페이지 대치 알고리즘은 참조 문자열을 정확하게 언제 사용할지 정보를 요구하는데, 이것은 알기 어렵기 때문에 현실적으로 최적 페이지 대치 알고리즘을 구현하기가 어렵다.

07 최근 최소 사용 대치 알고리즘

가까운 미래의 근사치로서 가장 최근의 과거를 사용하여 오랫동안 사용하지 않은 페이지를 대치하는 알고리즘이다. 최근 최소 사용 알고리즘은 최적의 근사치이지만 구현하려면 하드웨어를 지원해야 한다.

08 최근 최소 사용 근접 알고리즘

최근 최소 사용 알고리즘을 이용한 페이지 대치에서 하드웨어를 지원하지 않기 때문에 다른 알고리즘을 사용하기도 한다. 저렴한 가격으로 최근 최소 사용 알고리즘을 구현하려고 상당수 시스템이 참조 비트reference bit의 형태를 지원한다.

- 시계(2차적 기회 대치) 알고리즘
- NURNot Used Recently 알고리즘
- 최소 사용 빈도수LFU, Least Frequently Used 알고리즘
- 최대 사용 빈도수MFU, Most Frequently Used 알고리즘
- 페이지 버퍼링Page Buffering

09 프레임 할당 알고리즘

페이지 부재의 횟수를 줄이려면 프레임을 할당하는 방법도 매우 중요하다.

- 균일 프레임 할당 알고리즘 : 각 프로세스에 똑같이 프레임을 m/n개씩 할당하는 방법
- 비례 프레임 할당 알고리즘 : 사용 가능한 메모리를 각 프로세스의 크기에 비례하여 할당하는 방법

10 스래싱

스래싱은 페이지 교환이 계속 일어나는 현상이다. 즉, 어떤 프로세스가 현재 작업 집합에서 프레임이 충분하지 않을 때 발생한다. 스래싱은 각 프로세스에 충분한 프레임을 주거나 적절하게 스케줄링하여 방지할 수 있다.

- 작업 집합working set(워킹 셋) 모델
- 지역 모델

11 지역성(구역성)

프로세스는 어느 실행 단계 동안 메모리의 정보를 균일하게 액세스하는 것이 아니라 선호하는 특정 페이지만 집중적으로 참조하는 현상이다.

- **시간 지역성** : 순환(루프), 서브 프로그램, 스택, 계산이나 합계에 사용하는 변수
- **공간 지역성** : 배열 검색(순회), 순차적 코드의 실행, 근처의 관련 변수 선언

12 작업 집합 모델

프로세스가 많이 참조하는 페이지 집합을 메모리 공간에 계속 상주시켜 빈번한 페이지 대치 현상을 줄이도록 프로그램의 수행 과정을 지역성으로 설명하는 모델이다.

- 작업 집합 크기가 작고 페이지 프레임 수가 적으면, 페이지 부재 비율이 높아 스래싱 현상을 일으킬 수 있다.
- 작업 집합 크기가 크고 페이지 프레임 수가 많으면, 프로세스의 실제 작업 페이지와 다른 페이지까지 메모리를 차지하여 메모리 낭비와 다중 프로그래밍 정도를 감소시킬 수 있다.

13 페이지 부재 비율

페이지 부재 비율PFF, Page Fault Frequency은 스래싱을 예방하는 직접적인 액세스 방법으로, 페이지 환경에서 프로세스의 실행을 측정하는 기준이 된다. 페이지 부재 비율이 상한 값을 넘으면 프로세스에 다른 프레임을 더 할당한다. 하한 값보다 낮으면 프레임을 회수하여 스래싱을 방지하면서 페이지 부재 비율을 측정 · 조절하여 작업 집합 모델보다 오버헤드가 적다.

14 시스템 성능을 향상시키는 기타 이슈

가상 메모리의 페이지 방법에서 할당 알고리즘과 대치 알고리즘, 적재 정책 이외에 시스템 성능에 영향을 미치는 첫 번째 요소는 프레임 할당 기준으로 페이지 대치 범위를 모든 프로세스에 적용하는 전역 대치와 프로세스를 개별적으로 제한하는 지역 대치가 있다. 두 번째 요소는 예상되는 모든 페이지를 사전에 한꺼번에 메모리로 가져오는 프리 페이징prepaging 방법이다. 또 페이지 테이블의 크기와 페이지 테이블 구조(역 페이지 테이블의 구조, 변환 우선참조 버퍼TLB, Translation Look-aside Buffer) 등도 고려해야 한다.

연습문제

01 가상기억장치virtual memory에 대한 설명으로 거리가 먼 것은?

① 디스크(보조기억장치)의 일부 용량을 주기억장치처럼 가상하여 사용할 수 있게 한다.
② 별도의 주소 매핑 작업 없이 가상기억장치에 있는 프로그램을 주기억장치에 적재하여 실행할 수 있다.
③ 가상기억장치의 구현은 일반적으로 페이징 방법과 세그먼테이션 방법을 이용한다.
④ 주기억장치의 이용률과 다중 프로그래밍의 효율을 높일 수 있다.

02 가상기억장치에 대한 설명으로 옳지 않은 것은?

① 컴퓨터 시스템의 주기억장치 용량보다 더 큰 저장 용량을 주소로 지정할 수 있게 한다.
② 페이징과 세그먼테이션 방법을 이용하여 가상기억장치를 구현할 수 있다.
③ 다중 프로그래밍의 효율을 높일 수 있다.
④ 프로세스의 가상 주소 공간상 연속적인 주소가 실제 기억장치에서도 연속적이어야 한다.

03 가상기억장치 구현 방법에 대한 설명으로 옳지 않은 것은?

① 가상기억장치 방법은 가상적인 것으로 현재 실무에서는 실현하는 방법이 아니다.
② 가상기억장치를 구현하는 일반적인 방법에는 paging과 segmentation이 있다.
③ 주기억장치의 이용률과 다중 프로그래밍의 요율을 높일 수 있다.
④ 주기억장치의 용량보다 큰 프로그램을 실현하려고 사용한다.

04 가상기억장치에 대한 설명으로 옳지 않은 것은?

① 연속 배당 방법에서 메모리 단편화 문제를 적극적으로 해결할 수 있다.
② 기억장치의 이용률과 다중 프로그래밍의 효율을 높일 수 있다.
③ 가상기억장치의 일반적인 구현 방법에는 페이징과 세그먼테이션이 있다.
④ 메인 메모리의 물리적 공간보다 큰 프로그램은 실행할 수 없다.

05 너무 자주 페이지 교환이 발생하여 어떤 프로세스가 프로그램 수행에 소요되는 시간보다 페이지 교환에 소요되는 시간이 더 많을 때는?

① locality　② thrashing　③ working　④ prepaging

06 프로세스의 처리 시간보다 페이지 교체에 소요되는 시간이 더 많아지는 현상을 의미하는 것은?

① 스케줄링　② 스래싱　③ 프리 페이징　④ 작업 집합(워킹 셋)

07 가상 메모리에 대한 설명 중 옳지 않은 것은?

① 동적 주소 변환DAT 방법은 프로세스를 수행할 때 가상 주소를 실제 주소로 바꾼다.

② 크기가 고정된 블록을 페이지라고 하며, 크기가 변할 수 있는 블록을 세그먼트라고 한다.

③ 인위적 연속성artificial contiguity이란 가상 주소 공간상의 연속적인 주소가 주기억장치에서도 인위적으로 연속성을 보장해야 하는 성질을 말한다.

④ 세그먼트 방법에서 한 프로세스의 세그먼트들은 동시에 모두 기억장치에 있을 필요가 없으며, 연속적일 필요도 없다.

08 스래싱thrashing에 대한 설명으로 가장 거리가 먼 것은?

① 스래싱이 발생하면 CUP가 제 기능을 발휘하지 못한다.

② 프로세스가 프로그램 수행에 소요되는 시간보다 페이지 교환에 소요되는 시간이 더 큰 경우를 의미한다.

③ 스래싱을 방지하려면 다중 프로그래밍 정도degree를 높여야 한다.

④ 프로세스들이 작업 집합(워킹 셋)을 확보하지 못한 결과이다.

09 프로세스 하나가 작업 수행 과정에서 수행하는 기억장치 접근에서 지나치게 페이지 폴트가 발생하여 프로세스 수행에 소요되는 시간보다 페이지 이동에 소요되는 시간이 더 커지는 현상은?

① 스래싱thrashing ② 작업 집합working set

③ 세마포semaphore ④ 교환swapping

10 다음 현상은 무엇을 의미하는가?

- 페이지 부재는 계속 늘어나고, 기억장치 접근시간은 계속 증가한다.
- 프로세스의 수행 시간보다 페이지를 대치하는 시간이 더 많다.
- 대부분의 시간을 페이지 대치에 소요하고, 실행하는 것은 거의 없다.
- 시스템의 처리율이 형편없이 떨어져서 아무런 의미 있는 일을 하지 못하게 된다.

① segmentation ② locality ③ thrashing ④ monitor

11 스래싱thrashing 현상에 대한 설명으로 옳은 것은?

① CPU가 프로그램 실행보다는 페이지 대체에 많은 시간을 소모하는 현상

② 프로세스의 페이지 요청이 급격히 증가하는 현상

③ 다중 프로세스 시스템에서 데이터의 일관성이 무너지는 현상

④ 실시간 시스템에서 작업들을 종료 시한 이내에 처리하지 못하는 현상

12 페이지 대치 문제에 관련된 사항 중 잘못된 것은?

① 스래싱thrashing 현상이 일어나면 시스템 처리율이 증가한다.

② 시간 지역성이란 최근에 참조한 기억장소를 다시 참조할 가능성이 높다는 것이다.

③ 공간 지역성이란 참조한 기억장소의 근처에 있는 기억장소를 다시 참조할 가능성이 높다는 것이다.

④ 어떤 프로세스가 빈번하게 참조하는 페이지의 집합을 작업 집합이라고 한다.

13 스래싱thrashing 현상을 해결하는 방법으로 틀린 것은?

① 다중 프로그래밍 정도를 증가시킨다.

② 프로세스에 필요한 만큼의 프레임을 제공하여 예방한다.

③ 일부 프로세스를 종료시킨다.

④ 부족한 자원을 증설한다.

14 일반적으로 가상 메모리 시스템에서 다중 프로그래밍 정도가 클수록(적재된 작업 수가 많을수록) CPU의 이용률은 증가한다. 그러나 어느 정도를 넘어서면 CPU 이용률이 급격히 떨어져 디스크 장치의 이용률이 증가한다. 이런 현상을 무엇이라고 하는가?

① thrashing ② locality ③ fragmentation ④ working set

15 구역성locality에 대한 설명으로 옳지 않은 것은?

① 프로세스를 실행하는 동안 일부 페이지만 집중적으로 참조하는 경향을 말한다.

② 시간 구역성은 최근에 참조한 기억장소를 가까운 장래에도 계속 참조할 가능성이 높음을 의미한다.

③ 공간 구역성은 하나의 기억장소를 참조하면 그 근처의 기억장소는 계속 참조하는 경향이 있음을 의미한다.

④ 프로세스를 효율적으로 실행하려고 프로세스가 자주 참조하는 페이지의 집합을 말한다.

16 시간 구역성tempral locality과 거리가 먼 것은?

① 스택 ② 순환문 ③ 부 프로그램 ④ 배열 순회

17 프로세스들이 국부적인 부분만을 집중적으로 참조하는 구역성에는 시간 구역성과 공간 구역성이 있는데, 다음 중 공간 구역성은?

① 순환looping ② 배열 순회array traversal

③ 스택stack ④ 집계totaling에 사용하는 변수

18 구역성locality에 대한 설명으로 옳지 않은 것은?

① 시간 구역성의 예로는 순환, 부 프로그램, 스택 등이 있다.
② 구역성에는 시간 구역성과 공간 구역성이 있다.
③ 어떤 프로세스를 효과적으로 실행하려고 주기억장치에 유지해야 하는 페이지의 집합을 의미한다.
④ 프로세서들은 기억장치 내의 정보를 균일하게 액세스하는 것이 아니라, 어느 한순간에 특정 부분을 집중적으로 참조하는 경향이 있다.

19 구역성locality에 대한 설명으로 옳지 않은 것은?

① Denning이 증명한 이론으로, 어떤 프로그램의 참조 영역은 지역화한다는 것이다.
② 작업 집합working set 이론의 바탕이 되었다.
③ 시간 구역성은 어떤 프로세스가 최근에 참조한 기억장소의 특정 부분은 후에도 계속 참조할 가능성이 높음을 의미한다.
④ 부 프로그램이나 서브루틴, 순환 구조를 가진 루틴, 스택 등 프로그램 구조나 자료구조는 공간 구역성의 특성이 있다.

20 실행 중인 프로세스는 일정 시간에 메모리의 일정 부분만을 집중적으로 참조한다는 개념을 의미하는 것은?

① locality ② monitor ③ spooling ④ fragmentation

21 구역성locality에 대한 설명으로 옳지 않은 것은?

① 실행 중인 프로세스가 일정 시간 동안에 참조하는 페이지의 집합을 의미한다.
② 시간 구역성과 공간 구역성이 있다.
③ 캐시 메모리 시스템의 이론적 근거이다.
④ Denning 교수가 구역성 개념을 증명했다.

22 시간 구역성locality이란 한 번 참조한 기억장소는 가까운 미래에도 계속 참조할 가능성이 높다는 것이다. 시간 구역성의 예가 아닌 것은?

① 스택 ② 순환문
③ 부 프로그램 ④ 순차적 코드의 실행

23 시간 구역성locality과 관련이 적은 것은?

① counting ② subroutine ③ array ④ stack

24 작업 집합working set의 의미로 가장 적합한 것은?

① 일정 시간 동안 CPU가 참조한 페이지의 집합
② 한 작업을 구성하는 페이지 수
③ 프로세스가 자주 참조하는 페이지의 집합
④ 단위시간당 처리한 작업의 양

25 작업 집합working set에 대한 설명으로 옳지 않은 것은?

① 프로세스를 실행하는 과정에서 시간이 지나면 자주 참조하는 페이지의 집합이 변화하기 때문에 작업 집합은 시간에 따라 바뀐다.
② 프로그램의 구역성locality 특징을 이용한다.
③ 작업 집합에 속한 페이지를 참조하면 프로세스의 기억장치 사용은 안전 상태가 된다.
④ 페이지 이동에 소요되는 시간과 프로세스 수행에 소요되는 시간의 차이를 의미한다.

26 Denning이 제안한 프로그램의 움직임에 관한 모델로 프로세스를 효과적으로 실행하려고 주기억장치에 유지해야 하는 페이지의 집합을 의미하는 것은?

① locality ② working set
③ overlay ④ mapping

27 프로세스 하나가 자주 참조하는 페이지의 집합을 의미하며, 이런 페이지 집합이 적재되면 프로세스는 한동안 페이지 부재 없이 실행할 수 있다. 이런 페이지 집합을 무엇이라고 하는가?

① working set ② critical section
③ paging ④ fragmentation

28 작업 집합working set의 의미로 가장 적합한 것은?

① 프로세스를 실행하는 동안 일부 페이지만 집중적으로 참조하는 경향을 의미한다.
② 최근에 참조한 기억장소는 가까운 장래에도 계속 참조할 가능성이 높음을 의미한다.
③ 기억장소 하나를 참조하면 그 근처의 기억장소는 계속 참조하는 경향이 있음을 의미한다.
④ 프로세스를 효율적으로 실행하려고 프로세스가 자주 참조하는 페이지의 집합을 말한다.

29 실행 중인 프로세스가 일정 시간 동안에 참조하는 페이지의 집합을 의미하는 것은?

① working set ② locality
③ fragmentation ④ segment

30 작업 집합에 대한 설명으로 옳지 않은 것은?

① 주기억장치에 적재되지 않으면 스래싱이 발생할 수 있다.
② 실행 중인 프로세스가 일정 시간 동안 참조하는 페이지의 집합이다.
③ 주기억장치에 적재해야 효율적인 실행이 가능하다.
④ 프로세스 실행 중에는 크기가 변하지 않는다.

31 작업 집합 W(t, w)는 t-w시간보다 t까지 참조된 page의 집합을 말한다. 그 시간에 참조된 페이지가 {2, 3, 5, 5, 6, 7}이라면 working set은?

① {3, 5}
② {2, 6, 7}
③ {2, 3, 5, 6, 7}
④ {2, 7}

32 페이지 교체replacement 알고리즘 중에서 각 페이지들이 얼마나 자주 사용했느냐에 중점을 두어 참조된 횟수가 가장 적은 페이지를 교체시키는 방법은?

① FIFOFirst In First Out
② LRULeast Recently Used
③ LFULeast Frequently Used
④ NURNot Used Recently

33 기억장치 관리의 페이지 교체 방법이 아닌 것은?

① LFU ② FIFO ③ SJF ④ LRU

34 현 시점에서 가장 오랫동안 사용하지 않은 페이지를 선택하여 교체하는 알고리즘은?

① LRU 알고리즘 ② FIFO 알고리즘 ③ LFU 알고리즘 ④ second change

35 가상 메모리의 페이지 대치 알고리즘 중에서 한 프로세스에서 사용하는 각 페이지마다 계수기를 두어 현 시점에서 볼 때 가장 오래 전에 사용한 페이지를 대치하는 것은?

① LIFOLast In First Out
② FIFOFirst In First Out
③ LRULeast Recently Used
④ LFULeast Frequently Used

36 NURNot Used Recently 페이지 대치 방법에서 가장 우선적으로 대치하는 대상은?

① 참조하여 변형된 페이지
② 참조는 하지 않고 변형된 페이지
③ 참조는 했으나 변형은 되지 않은 페이지
④ 참조도 하지 않고 변형도 되지 않은 페이지

37 페이지 교체 방법 중 시간 오버헤드를 줄이는 방법으로서 참조 비트reference bit와 변형 비트modified bit가 필요한 방법은?

① FIFO　　② LRU　　③ LFU　　④ NUR

38 LRU 방법을 이용하여 페이지 교체 방법을 사용하는 시스템에서 새로운 페이지를 적재하고자 한다. 어떤 페이지를 교체해야 하는가?

① 가장 최근에 적재된 페이지를 교체한다.
② 가장 참조 횟수가 적은 페이지를 교체한다.
③ 가장 오랫동안 참조하지 않은 페이지를 교체한다.
④ 앞으로 참조하지 않을 페이지를 교체한다.

39 NUR 방법에는 호출 비트와 변형 비트가 있다. 다음 중 가장 나중에 교체될 페이지는?

① 호출 비트 : 0, 변형 비트 : 0　　② 호출 비트 : 0, 변형 비트 : 1
③ 호출 비트 : 1, 변형 비트 : 0　　④ 호출 비트 : 1, 변형 비트 : 1

40 FIFO 교체 알고리즘을 사용하고 페이지 참조의 순서가 다음과 같다고 가정한다면, 할당된 프레임 수가 4개일 때 몇 번의 페이지 부재가 발생하는가? (단, 초기 프레임은 모두 비어 있다고 가정한다.)

> 페이지 참조 순서 : 0 1 2 3 0 1 4 2 3 4

① 7　　② 8　　③ 9　　④ 5

41 가상 메모리의 교체 정책 중 LRULeast Recently Used 알고리즘으로 구현한다. 그림에서 D 페이지가 참조할 때 적재하는 프레임으로 옳은 것은? (단, 고정 프레임을 적용하여 프로세스에 프레임을 3개 배정하고, 서로 다른 페이지 4개(A, B, C, D)를 B, C, B, A, D 순서로 참조한다고 가정한다.)

페이지 주소 열	B	C	B	A	D
	B	B	B	B	
		C	C	C	
				A	

①	②	③	④
B	D	A	B
D	B	B	A
A	A	D	D

42 다음 페이지 참조 열page reference string에서 페이지 교체 방법으로 FIFO를 사용할 때 페이지 폴트 횟수는? (단, 할당된 페이지 프레임 수는 3이고, 처음에는 모든 프레임이 비어 있다.)

> 페이지 참조열 : 7, 0, 1, 2, 0, 3, 0, 4, 2, 3, 0, 3, 2, 1, 2, 0, 1, 7, 0, 1

① 6 ② 12 ③ 15 ④ 20

43 페이지 4개를 수용할 수 있는 주기억장치가 있으며, 초기에는 모두 비어 있다고 가정한다. 다음 순서로 페이지 참조가 발생할 때, LRU 페이지 교체 알고리즘을 사용하면 페이지 결함이 몇 번 발생하는가?

> 페이지 참조 순서 : 1, 2, 3, 1, 2, 4, 1, 2, 5

① 5회 ② 6회 ③ 7회 ④ 8회

44 페이지 4개를 수용할 수 있는 주기억장치가 있으며, 초기에는 모두 비어 있다고 가정한다. 다음 순서로 페이지 참조가 발생할 때, FIFO 페이지 교체 알고리즘을 사용한다면 페이지 결함이 발생할 횟수는?

> 페이지 참조 순서 : 1, 2, 3, 1, 2, 4, 5, 1

① 6회 ② 7회 ③ 8회 ④ 9회

45 페이지 프레임이 3개 있는 시스템에서 페이지 참조 순서가 1, 2, 1, 0, 4, 1, 3일 때, LRULeast Recently Used 알고리즘으로 페이지 대치를 한 최종 결과와 FIFO 알고리즘으로 페이지 대치를 한 최종 결과를 올바르게 짝지은 것은?

① 1, 4, 3–4, 1, 3 ② 1, 2, 0–2, 4, 3
③ 2, 4, 3–1, 2, 0 ④ 0, 1, 3–4, 1, 3

46 LRULeast Recently Used 교체 알고리즘을 사용하고 페이지 참조의 순서가 다음과 같다고 가정한다. 할당된 프레임 수가 4개일 때 페이지 부재는 몇 번 발생하는가? (단, 초기에는 기억장치가 모두 비어 있다고 가정한다.)

> 페이지 참조 순서 : 0, 1, 2, 3, 0, 1, 4, 0, 1, 2, 3, 4

① 7 ② 8 ③ 9 ④ 10

47 페이지 프레임frame이 3개인 기억장치에서 페이지 요청을 다음과 같은 페이지 번호 순으로 요청했을 때, 교체 알고리즘으로 FIFO 방법을 사용한다면 페이지 부재fault는 몇 번 발생하는가? (단, 현재 기억장치는 모두 비어 있다고 가정한다.)

요청된 페이지 번호의 순서 : 2, 3, 2, 1, 5, 2, 4, 5, 3, 2, 5, 2

① 7번 ② 8번 ③ 9번 ④ 10번

48 3페이지가 들어갈 수 있는 기억장치에서 다음 순서로 페이지를 참조할 때 LRU 방법을 사용하면 최종적으로 기억 공간에 남는 페이지는? (단, 현재 기억장치는 모두 비어 있다고 가정한다.)

참조 페이지 번호 : 1, 2, 3, 4, 1, 3, 1, 2

① 2, 1, 3 ② 1, 2, 4 ③ 2, 3, 4 ④ 1, 3, 4

49 페이징 방법에서 페이지 크기가 작을수록 발생하는 현상으로 거리가 먼 것은?

① 기억장소 이용 효율이 증가한다. ② 입출력 시간이 늘어난다.
③ 내부 단편화가 감소한다. ④ 페이지 맵 테이블의 크기가 감소한다.

50 시스템을 설계할 때는 최적의 페이지 크기를 결정해야 한다. 페이지 크기에 관한 설명으로 옳지 않은 것은?

① 페이지 크기가 크면 페이지 테이블 공간은 증가한다.
② 입출력을 전송할 때는 큰 페이지가 더 효율적이다.
③ 페이지 크기가 클수록 디스크 접근시간 부담은 감소한다.
④ 페이지 크기가 작으면 페이지 단편화가 감소한다.

51 페이지 방법에 대한 설명으로 옳지 않은 것은?

① 페이지 크기가 작으면 페이지 테이블의 공간을 작게 요구한다.
② 지역성locality 이론에 따라 작은 크기의 페이지가 효과적이다.
③ 입출력을 전송할 때 큰 페이지가 효율적이다.
④ 페이지가 크면 단편화fragmentation로 많은 기억 공간을 낭비하게 된다.

52 페이징 방법에서 페이지 크기가 작을수록 발생하는 현상과 거리가 먼 것은?

① 기억장소 이용 효율이 증가한다. ② 입출력 시간이 늘어난다.
③ 내부 단편화가 감소한다. ④ 페이지 맵 테이블의 크기가 감소한다.

53 페이지page 크기에 대한 설명으로 옳은 것은?

① 페이지 크기가 작으면 동일한 크기의 프로그램에 더 많은 수의 페이지가 필요하게 되어 주소 변환에 필요한 페이지 사상표 공간은 더 작게 요구한다.

② 페이지 크기가 작으면 페이지 단편화를 감소시키고 특정한 참조 지역성만을 포함하기 때문에 기억장치 효율은 좋을 수 있다.

③ 페이지 크기가 크면 페이지 단편화로 많은 기억 공간을 낭비하고 페이지 사상표의 크기도 늘어난다.

④ 페이지 크기가 크면 디스크와 기억장치 간에 대량의 바이트 단위로 페이지가 이동하기 때문에 디스크 접근시간 부담이 증가하여 페이지 이동 효율이 나쁘다.

54 페이징 방법에서 페이지 크기와 관련된 사항으로 옳지 않은 것은?

① 페이지 크기가 작을수록 페이지 테이블 크기는 크다.

② 페이지 크기가 작을수록 좀 더 알찬 작업 집합을 유지할 수 있다.

③ 페이지 크기가 클수록 실제 프로그램 수행과 무관한 내용이 포함될 수 있다.

④ 페이지 크기가 클수록 디스크 입출력은 비효율적이다.

55 페이지 방법 설명으로 옳지 않은 것은?

① 페이지 크기가 작을수록 더 많은 페이지가 있다.

② 페이지가 클수록 더 큰 페이지 테이블 공간이 필요하다.

③ 페이지 크기가 작으면 우수한 working set을 가질 수 있다.

④ 페이지 크기가 클수록 참조하는 정보와는 무관한 많은 양의 정보가 메인 메모리에 남는다.

56 페이지 크기에 대한 설명으로 옳지 않은 것은?

① 페이지 크기가 작을수록 페이지 테이블 크기는 커진다.

② 페이지 크기가 작을수록 입출력 전송은 효율적이다.

③ 페이지 크기가 작을수록 내부 단편화로 낭비 공간이 줄어든다.

④ 페이지 크기가 작을수록 좀 더 효율적인 작업 집합을 유지할 수 있다.

57 페이지 크기에 대한 설명으로 옳지 않은 것은?

① 페이지 크기가 크면 전체적인 입출력 효율성이 증가한다.

② 페이지 크기가 작으면 페이지 맵 테이블의 크기가 작아지고 매핑 속도는 빨라진다.

③ 페이지 크기가 크면 프로그램 수행에 불필요한 내용까지도 주기억장치에 적재할 수 있다.

④ 페이지가 크기가 작으면 디스크 접근 횟수가 많아진다.

58 가상기억장치 관리 방법에서 페이지page 크기 설명으로 옳은 것은?

① 페이지 크기가 작을 때 : 참조하는 정보와는 무관한 정보가 페이지 크기가 클 때보다 더 많이 주기억장치에 적재될 수 있다.
② 페이지 크기가 작을 때 : 마지막 페이지의 내부 단편화는 늘어난다.
③ 페이지 크기가 클 때 : 마지막 페이지의 내부 단편화가 줄어든다.
④ 페이지 크기가 클 때 : 페이지 테이블의 크기는 작아진다.

59 페이지 부재 비율page fault ratio과 스래싱thrashing에 대한 설명으로 옳은 것은?

① 페이지 부재 비율이 크면 스래싱이 많이 일어난 것이다.
② 페이지 부재 비율과 스래싱은 전혀 관계가 없다.
③ 스래싱이 많이 발생하면 페이지 부재 비율이 감소한다.
④ 다중 프로그래밍 정도가 높을수록 페이지 부재 비율과 스래싱이 감소한다.

60 페이지를 이용한 가상 메모리 관리 시스템에서 페이지에 대한 설명으로 옳지 않은 것은?

① 한 페이지의 크기가 작을수록 더 많은 페이지 수가 필요한데, 이에 따라 PMTPage Map Table 크기도 더 많이 요구한다.
② 페이지 크기가 작을수록 디스크 접근 횟수가 줄어들어 전체적인 입출력 효율성이 증가한다.
③ 프로그램이 지역성을 갖는 환경에서는 페이지 크기가 작을수록 효과적인 working set을 가진다.
④ 페이지 크기가 너무 크면 프로그램 내의 필요 없는 부분까지 한 페이지에 존재하여 낭비가 크다.

61 요구 페이징과 프리 페이징을 설명하시오.

62 요구 페이지의 장점을 열거하시오.

63 페이지 부재란 무엇인지 설명하시오.

64 페이지 부재를 수행하는 여섯 단계를 열거하시오.

65 페이지 대치란 무엇인지 설명하시오.

66 스래싱이란 무엇인지 설명하시오.

67 작업 집합 모델의 장점을 설명하시오.

68 단순 페이지 시스템을 다음 매개변수 관점에서 살펴보자.

- 물리적 주소 : 2^{32}바이트
- 페이지 크기 : 2^{10}바이트
- 논리적 주소 공간 : 2^{16}페이지

① 논리적 주소에서는 몇 개의 비트가 있는가?
② 프레임에 몇 개의 바이트가 있는가?
③ 물리적 주소에서 프레임을 나타내는 비트는 몇 개인가?
④ 페이지 테이블에 있는 항목들은 몇 개인가?
⑤ 각 페이지 테이블 항목에는 몇 개의 비트가 있는가? (단, 각 페이지 테이블 항목은 유효 · 무효 비트를 포함하고 있다고 가정한다.)

69 프리 페이징을 사용하는 이유를 설명하시오.

70 페이지 크기를 결정하는 요소를 열거하시오.

71 시스템 하나에 32비트 가상 주소와 24비트 물리적 주소가 있을 때, 페이지 하나가 16KB라면 페이지 테이블에는 항목이 몇 개 있어야 하는가?

72 역 페이지 테이블과 종래의 페이지 테이블을 비교 설명하시오.

73 48비트 가상 주소와 32비트 물리적 주소를 가진 기계가 있다. 페이지는 8KB이다. 페이지 테이블은 항목 몇 개로 구성되는가?

74 32비트(4GB) 가상 주소와 1GB 물리적 주소, 1MB 페이지를 사용하는 시스템이 있다. 다음 물음에 답하시오.

① 주소 공간에 가상 페이지가 몇 개 있는가?
② 주소 공간에 물리적 페이지가 몇 개 있는가?
③ 오프셋에 얼마큼 비트가 있는가?
④ 가상 페이지 번호에 비트가 몇 개 필요한가?
⑤ 물리적 페이지 번호에 비트가 몇 개 필요한가?

75 다음 페이지 참조열에서 ①~③의 대치 알고리즘에 페이지 부재가 몇 개 일어나는가? (단, 페이지 프레임은 4개로 가정한다.)

페이지 참조열 : 0, 6, 5, 1, 4, 5, 0, 5, 3, 6, 5, 5, 2, 3, 2, 3, 5, 2, 2, 6

① LRU　　② 선입선출FIFO　　③ 최적optimal

Chapter 09

입출력 시스템과 디스크 관리

학습목표

- 입출력 시스템과 모듈을 이해한다.
- 디스크의 구조와 스케줄링을 살펴본다.
- RAID의 제안 방법을 알아본다.

01 입출력 시스템 관리

1 입출력 시스템과 입출력 모듈

프로그램의 실행 속도는 입출력 시스템의 성능에 영향을 많이 받는다. 그러므로 운영체제의 역할 중 입출력을 관리하고 제어하는 일은 매우 중요하다. 흔히 입출력 시스템이라고 하면 모니터나 프린터 같은 하드웨어 장치를 먼저 떠올리는데, 사실 입출력 시스템은 이런 물리적 장치뿐만 아니라 입출력 모듈까지 포함하는 개념이다. 물리적 입출력장치가 실제로 입출력을 수행하고, 입출력 모듈은 메모리나 프로세서, 레지스터 등 내부 저장장치와 물리적 입출력장치 사이의 이진 정보를 전송하는 방법을 제공한다.

입출력 모듈이 프로세서를 대신하여 입출력과 관련된 복잡한 일을 처리하면 입출력 채널I/O channel 또는 입출력 프로세서I/O processor가 되고, 단순히 프로세서의 입출력과 관련된 일을 담당하면 입출력 제어기I/O controller 또는 장치 제어기device controller가 된다. 1장에서 살펴본 [그림 9-1]은 주변장치(입출력장치)를 입출력 제어기(입출력 모듈)로 시스템 버스에 연결한다. 입출력장치를 직접 시스템 버스에 연결하지 않고 입출력 모듈을 이용하여 연결하는 이유는 입출력장치에 따라 제어하고 운용하는 방법이 다르기 때문이다.

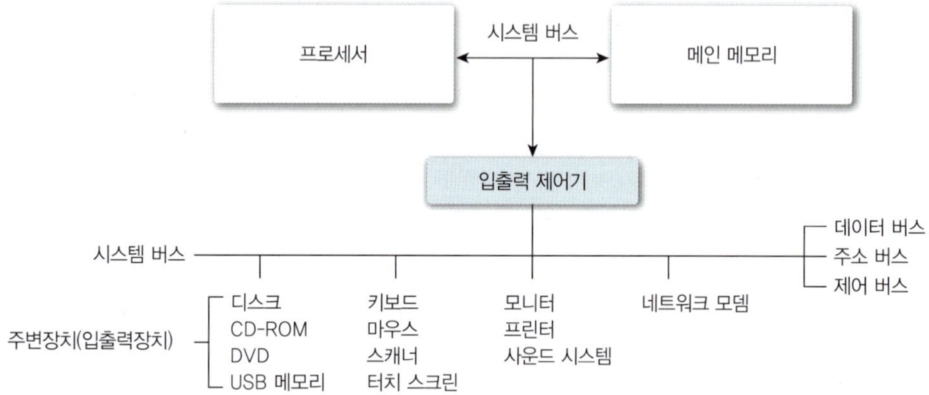

그림 9-1 컴퓨터 하드웨어 구성과 입출력 모듈

입출력장치들은 동시에 입출력을 수행하므로 각종 문제가 발생할 수 있는데, 이를 판별하고 대비해야 한다. 하지만 입출력장치를 직접 제어하는 회로를 프로세서 내부에 모두 포함하는 것은 불가능하고 실용적이지도 않다. 프로세스와 입출력장치는 속도가 다르므로 이를 맞추는 과정이 필요하기 때문이다. 예를 들어, 저속인 키보드, CRT와 중속인 프린터, 고속인 디스크를 함께 사용하려면 장치들의 속도를 동기화하는 작업이 필요하다. 동기화하지 못하면 속도가 달라 데이터를 잃어버릴 수 있기 때문이다. 또 정보 단위와 처리량도 동기화해야 한다. 보통 컴퓨터 내부의 정보 단위는 워드로, 입출력장치는 문자 정보 단위를 다룬다. 일반 입출력장치는 워드 단위로 데이터 전송을 할 수 있다. 디스크와 테이프 등은 데이터 저장량이 크고 고속의 데이터 입출력이 가능하여 블록 단위로 데이터 전송이 가능하다. 그러나 프로세서보다 입출력 처리 속도는 느리다. 프로세서는 데이터를 블록 단위로 전송할 수 있지만, 디스크가 입출력 처리를 완료할 때까지 대기해야 하므로 시간이 낭비된다.

2 입출력 모듈의 구성

입출력 모듈은 입출력장치의 수와 구조에 따라 다양하게 구성할 수 있지만, 일반 구성은 [그림 9-2]와 같다.

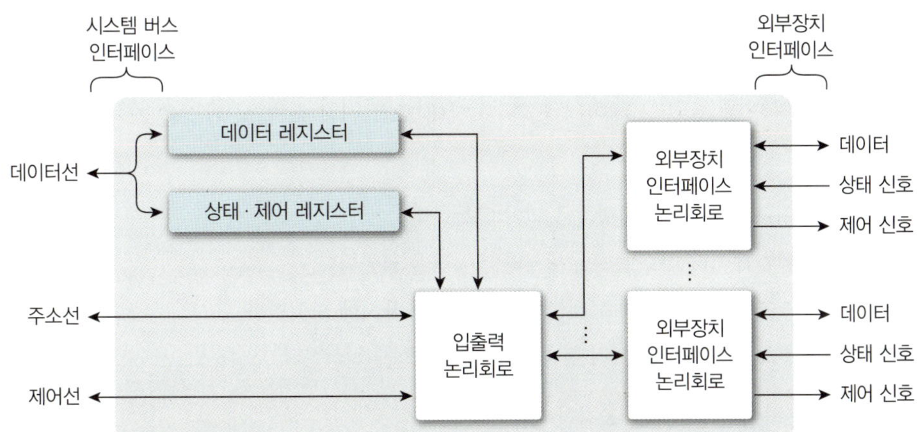

그림 9-2 **입출력 모듈의 내부 조직**

입출력 모듈로 들어가거나 나오는 데이터는 데이터 레지스터에 일시적으로 저장하며, 현재의 상태 정보를 저장하는 상태 레지스터는 제어 레지스터로 동작한다. 상태 레지스터에는 프로세서의 명령에 따라 입출력 모듈을 제어하는 장치와 인터페이스를 제어하는 입출력 논리회로가 있다. 입출력 논리회로는 상태 레지스터가 제어하는 장치의 주소를 인식하고 주소도 발생할 수 있어야 하므로 연결된 각 장치와 인터페이스를 제어하려고 장치 인터페이스를 포함한다. 그리고 제어 버스로 프로세서와 교신한다.

3 입출력 모듈의 기능

입출력 모듈은 프로세서가 여러 입출력장치를 쉽게 제어할 수 있도록 다음 기능을 제공한다.

- **내부 자원과 데이터 입출력 등 다양한 동작을 제어하고 타이밍 기능을 제공한다**

  입출력 모듈이 외부장치의 타이밍과 데이터 형식, 기계적인 세부 사항들을 처리하므로 프로세서는 단순히 파일 열기나 닫기 명령만으로도 장치를 제어할 수 있다.

  프로세서가 입출력장치에 명령을 보내려면 입출력장치의 식별자identity를 주소로 지정해야 한다. 주소를 지정하는 방법은 다음 두 가지이다. 메모리 주소 공간과 입출력 주소 공간이 별도로 있는 전용 입출력 주소 방법과 메모리 주소 공간의 일부를 입출력 주소 공간으로 공유하는 메모리 매핑 주소 방법이 있다. 메모리 매핑 주소 방법은 임의의 기계 명령과 주소를 입출력장치를 지정하는 데 사용하는 등 다양한 유연성이 있으며, 데이터 전송 완료를 통보하려고 인터럽트 신호를 생성한다.

- **프로세서에서 명령을 전달받고, 관련된 메시지를 인식하는 기능을 제공한다**

  입출력 모듈은 명령 해독 → 데이터 교환 → 상태 보고 → 주소 인식 과정을 거쳐 메시지를 인식한다.

  - 명령 해독 : 프로세서에서 명령들을 받아 해독한다.
  - 데이터 교환 : 데이터 버스로 프로세서와 데이터를 교환한다.
  - 상태 보고 : 저속 주변장치의 상태를 확인하여 프로세서에 보고한다.
  - 주소 인식 : 모듈에 연결된 여러 장치를 구분할 주소를 인식한다.

- **버퍼링을 이용하여 전송속도를 조절한다**

  메인 메모리나 프로세서의 데이터 전송속도가 빠르지만, 입출력장치는 대부분 전송속도가 느리다. 그러므로 데이터를 입출력 모듈에 일시 저장했다가 적절한 속도로 주변장치로 보내야 한다. 반대로 메인 메모리로 데이터를 보낼 때는 느린 전송속도에 영향을 받지 않도록 데이터를 일시 저장할 수 있는 버퍼를 제공하여 데이터를 전송한다.

- **오류를 검출한다**

  오류에는 종이 걸림, 불량 디스크 트랙 같은 기계적 오류와 데이터 전송 중에 발생하는 전송 오류가 있다. 전송 오류를 검출하려고 오류 검출 코드를 사용하는데, 대표적인 예가 패리티 비트이다.

4 프로세서 역할에 따른 입출력 방법

프로세서와 입출력장치의 속도 차이로 데이터를 전송할 때는 프로세서의 부담이 크다. 프로세서는 입출력장치와 전송속도를 조절하는데, 데이터를 전송하는 프로세서의 역할에 따라 입출력 방법은 크게 다음 세 가지로 구분할 수 있다. 프로세서 제어 입출력 방법은 프로그램 제어 입출력과 인터럽트 기반 입출력 방법으로 나눌 수 있다.

- 프로세서 제어 입출력(프로그램 제어 입출력, 인터럽트 기반 입출력)
- DMA 입출력
- 입출력 채널

4.1 프로그램 제어 입출력 방법

프로그램 제어 입출력은 프로세서 내부의 입출력 데이터와 주소 레지스터를 입출력 모듈과 연결한 형태이다. 주소 레지스터와 버스 사이에서 데이터를 직접 전송할 수 있는 가장 단순한 형태로 구성은 [그림 9-3]과 같다. 데이터를 입력할 때는 입출력 모듈을 거쳐 한 번에 한 워드씩만 데이터 레지스터로 전송하고, 입출력 데이터 레지스터에서는 프로그램을 이용하여 산술논리연산장치로 전송한다. 반대로 데이터를 출력할 때는 산술논리연산장치에서 입출력 데이터 레지스터로 이동하고 프로그램을 이용하여 입출력 모듈로 전송한다.

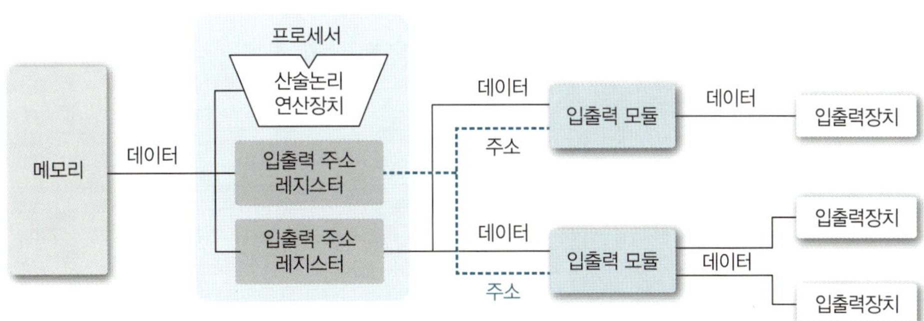

그림 9-3 프로그램 제어 입출력 방법의 구성

프로세서는 자신보다 느린 입출력장치의 상태를 확인하려고 주기적으로 입출력 모듈의 상태를 점검한다. 그래서 프로그램 제어 입출력 방법을 폴링polling 방법이라고도 한다. 폴링은 상태 비트status bit를 주기적으로 검사하여 프로세서보다 상대적으로 느린 입출력장치의 상태를 확인한다. 폴링 방법으로 데이터를 전송할 때는 [그림 9-4]와 같이 폴링 순환을 수행한다. 프로세서는 주변장치에 전송할 데이터가 있을 때 포트 상태 레지스터를 확인하여 입출력장치가 데이터를 받을 준비가 되어 있는지 알아본다. 플래그를 검사하여 입출력장치가 받을 준비가 되어 있으면 데이터를 전송하고, 받을 준비가 되어 있지 않으면 순환하면서 포트 상태 레지스터를 확인한다. 폴링 방법에서는 순환 횟수가 데이터 전송 성능에 영향을 줄 수 있다. 너무 빈번하게 순환하면 입출력 동작의 진행 여부를 검사하는 데 시간을 많이 낭비한다. 반대로 폴링 횟수가 너무 많으면 입출력장치가 오래 쉴 수 있다.

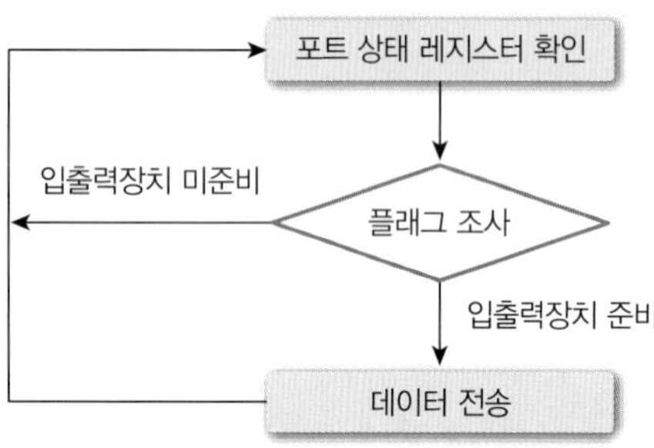

그림 9-4 **폴링 순환**

프로그램 제어 입출력 방법에서 모든 데이터는 프로세서의 입출력 명령에 따라 전송하며, 입출력장치는 메모리를 직접 액세스할 수 없다. 따라서 입출력장치에서 메모리로 데이터를 전송하려면 프로세서 명령이 필요하고 그에 따라 프로세서 역할을 바꿔야 하므로 프로세서의 부담이 크다. 명령으로 입력에서 출력으로 바꾸는 방법이기 때문에 프로세서에 입출력장치가 여러 개 연결된 형태와 비슷하다. 데이터 처리 속도는 느린데, 명령어 인출과 실행 사이클이 모든 데이터의 입출력을 종료한 후에 실행하기 때문이다. 그러므로 키보드, 문자 모드의 프린터와 모니터(스크린) 등 저속장치에 적합하다.

NOTE_ 채널 상태 워드

입출력장치의 동작 가능, 동작 완료 등을 탐지하려면 프로세서의 하드웨어 플래그를 조사해야 한다. 메인 메모리에 위치한 플래그는 3비트로 구성되며, 채널의 상태 정보가 있는 채널 상태 워드channel status word에 위치한다. 여기서 3비트는 채널, 제어장치, 각 장치를 나타낸다.

4.2 인터럽트 기반 입출력 방법

인터럽트 기반 입출력 방법은 프로그램 제어 입출력 방법과 달리 입출력장치가 작업을 완료한 후에 작업과 관련된 상태와 결과를 메모리에 저장하고 인터럽트를 발생시켜 프로세서에 알린다. 인터럽트를 받은 프로세서는 입출력 명령을 전송하고 입출력 작업 중에 다른 명령을 시작할 수 있다. 이는 프로세서가 프로세서의 도움이 필요한지 입출력장치에 확인하는 대신 입출력장치가 프로세서에 직접 신호를 주는 방법이다. 따라서 불규칙적이고 빠른 응답성을 요구할 때 적합하다. [그림 9-5]는 인터럽트 기반 입출력 방법의 기본 구성이다.

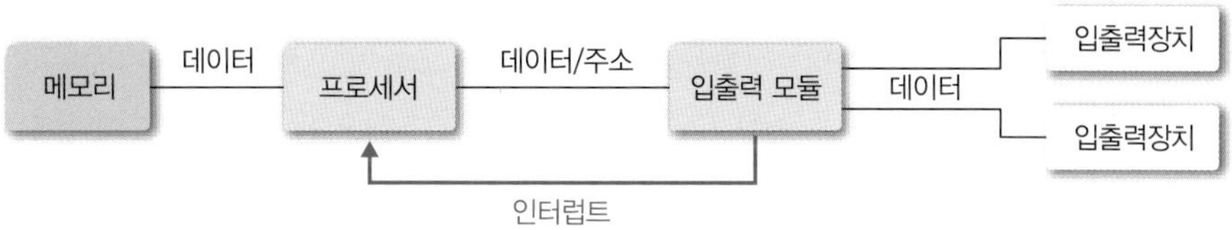

그림 9-5 **인터럽트 기반 입출력 방법의 구성**

인터럽트 기반 입출력 방법의 과정은 [그림 9-6]과 같다. 프로세서가 폴링 절차를 생략할 수 있어 입출력 연산의 대기시간이 필요 없으므로 효율성이 증가했다. 그러나 현재의 작업 내용을 스택에 저장해야 하는 오버헤드가 발생하고, 프로세서의 레지스터에서 모든 데이터를 전송한다는 단점이 있다.

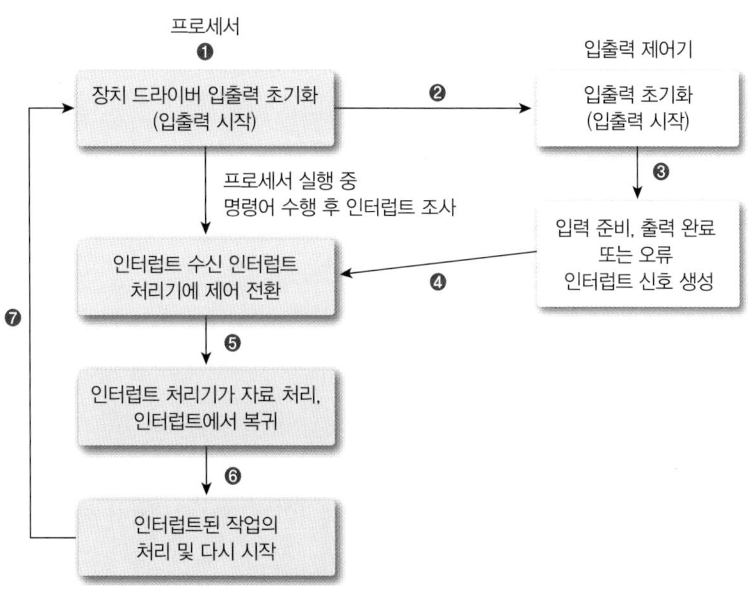

그림 9-6 **인터럽트 기반 입출력 방법 과정**

4.3 DMA 입출력 방법

프로그램 제어 입출력은 프로세서가 데이터 전송과 관리를 담당하므로 프로세서의 부담이 크다. 이와 달리 프로세서의 도움 없이도 메인 메모리를 직접 제어하여 데이터를 전송하는 형태를 DMA(Direct Memory Access)(직접 메모리 액세스)라고 한다. DMA 입출력 방법의 기본 구성은 [그림 9-7]과 같다. 프로세서가 읽기와 쓰기 정보, 입출력 주소와 메모리 주소, 길이를 DMA 제어기에 전달하여 입출력을 요청하면 DMA 제어기는 이것을 직접 처리한다. 즉, 입출력장치에서 메모리로 데이터를 블록 단위로 전송할 수 있다. 이때 제어는 입출력 모듈이 담당하고, 전송은 프로그램 제어 입출력이 담당하므로 프로세서가 입출력 모듈과 메모리 사이의 데이터 전송에 관여하지 않는다. 전송을 완료하면 출력 모듈이 프로세서에 인터럽트를 발생하여 종료를 통보하고 데이터를 메모리에 보관하며, 프로그램은 메모리의 이 데이터를 사용한다.

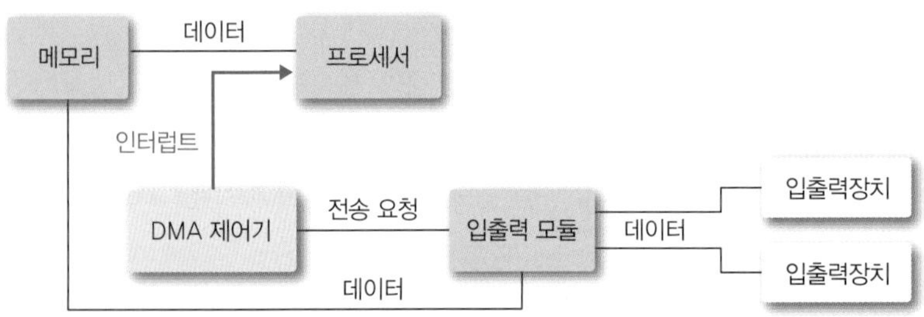

그림 9-7 DMA 입출력 방법의 구성

대개 입출력장치에는 메모리 중 연속된 일부분을 할당하는데, 프로세서는 입출력 전송에 참여하지 않아도 되므로 프로세서 부담을 줄일 수 있다. 그러므로 이 방법은 디스크의 데이터 전송과 멀티미디어 같은 대용량 데이터 전송에 적합하다.

DMA 전송 동작은 [그림 9-8]과 같다. 그림과 같이 프로세서는 데이터 전송을 시작하고 종료할 때만 관여한다.

버스 시스템이 하나인 마이크로컴퓨터에서는 입출력을 진행하는 동안 모든 버스 제어 신호를 생성하고 전송하는 버스 마스터 역할을 DMA 제어기가 담당한다. DMA 제어기의 우선순위가 더 높기 때문에 프로세서는 DMA 제어기가 버스를 사용할 때 버스를 사용할 수 없다. 이렇게 프로세서가 버스를 사용하려고 기다리는 현상을 'DMA 제어기는 프로세서에서 버스 사이클을 스틸(steal)한다'고 표현한다. 즉, 프로세서와 DMA 제어기가 동시에 메모리에 액세스하여 입출력을 할 때, DMA 제어기는 우선적으로 메모리 참조 사이클을 수행하여 입출력을 한다. DMA 제어기가 데이터를 전송하는 동안 프로세서는 다른 작업을 수행할 수 있다. 이런 프로세서의 도움 없이 RAM에 액세스하는 방법인 사이클 스틸링cycle stealing은 입출력장치가 시스템 버스나 저장 시스템과 같은 분할 자원을 독점적으로 액세스하려고 하기 때문에 발생하는 현상이다.

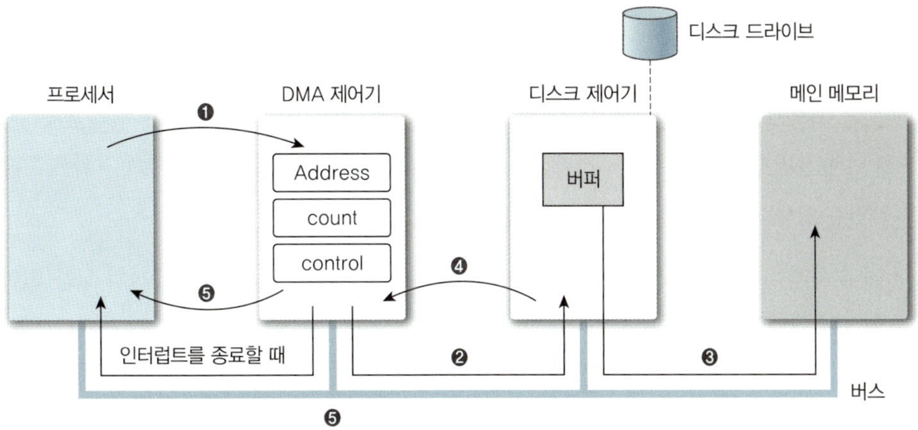

❶ 프로세서가 전송 방향, 전송 바이트 수, 데이터 블록의 메모리 주소 등을 DMA 제어기에 보낸다.

❷ DMA 제어기는 디스크 제어기에 데이터를 메인 메모리로 전송하라고 요청한다.

❸ 디스크 제어기가 메인 메모리에 데이터를 전송한다.

❹ 데이터 전송을 완료하면 디스크 제어기는 DMA 제어기에 완료 메시지를 전달한다.

❺ DMA 제어기가 프로세서에 인터럽트 신호를 보낸다.

그림 9-8 DMA 전송 동작

사이클 스틸링은 프로세서의 속도를 떨어뜨리지만, 입출력 작업을 DMA에 전담시키므로 시스템의 전체 성능은 올라간다. 때에 따라 물리적 주소를 사용하지 않고 직접 가상 주소 액세스DVMA, Direct Virtual Memory Access를 사용하기도 한다. 그러면 프로세서나 메모리의 도움 없이도 가상 주소를 사용하여 메모리 맵 장치 사이에서 데이터를 전송할 수 있다.

IBM에서 제작한 컴퓨터에서는 이 기능이 있는 입출력 모듈을 입출력 채널channel이라고 한다. 채널이라는 단순한 입출력 프로세서를 사용하며, 채널 프로그램이라는 아주 단순한 프로그램을 제어하여 DMA 입출력을 수행한다.

4.4 입출력 채널을 이용한 입출력

입출력 채널을 이용한 입출력을 살펴보기 전에 프로그램 제어 입출력과 DMA 입출력 방법을 다시 정리해 보자.

프로그램 제어 입출력은 프로세서가 계속 제어하므로 입출력장치와 컴퓨터를 연결하는 데 최소한의 하드웨어만 있으면 된다. 그리고 DMA 입출력은 매개변수 초기화를 제외하고 프로세서를 모든 입출력 연산과 분리하므로 외부 제어기가 있어야 데이터 전달을 제어할 수 있다. 두 방법은 대부분의 기계에서 필요한 입출력 성능을 충족시킨다. 저속장치에서는 프로그램 입출력을 사용하고, 고속장치에서는 DMA를 사용한다. 그러나 대형 컴퓨터에서는 프로세서를 좀 더 효율적으로 이용하려는 적절한 노력이 필요했는데, 이런 이유로 다수의 장치를 공유할 수 있는 입출력 전용 프로세서가 등장했다.

입출력 모듈은 입출력 동작 명령어가 있는 프로세서를 포함하여 다른 프로세서의 도움 없이 입출력 프로그램의 입출력 동작을 지시한다. 그리고 입출력 채널은 모든 입출력 동작을 완료한 시점에서 인터럽트를 받는, 즉 프로세서와 메인 메모리를 입출력장치에 결합하여 프로세서의 명령으로 입출력을 제어하는 장치이다. 입출력 모듈이 지역 기억장치local memory를 가지면서 사실상 하나의 컴퓨터가 되었다. 또 프로세서의 개입이 최소화된 상태에서 많은 입출력장치를 제어하게 되어 입출력 프로세서라고 했다.

입출력 채널을 사용하는 컴퓨터 구조의 예는 [그림 9-9]와 같다. 채널 서브시스템은 여러 개로 구성할 수 있으며, 프로세서와 메인 메모리의 액세스를 조정한다. 채널은 사이클 스틸을 사용하여 메모리에 직접 액세스하며, 각 입출력장치는 제어장치를 사용하여 채널과 연결한다. 제어장치는 채널과 통신하고 장치를 제어하는 기능을 수행한다. 유사한 장치에서는 제어장치를 하나만 사용하므로 한순간에는 장치 하나만 활성화된다.

입출력 채널에는 DMA 개념을 확장하여 입출력 명령어들을 실행할 수 있는 기능이 있으므로 입출력 동작을 완전히 제어하는 권한이 있다. 따라서 컴퓨터 시스템에서는 프로세서가 입출력 명령어들을 실행하지 않아도 입출력 데이터를 메인 메모리에 저장한다. 이런 과정은 입출력 채널에 있는 특수 목적용 프로세서로 실행한다. 프로세서는 입출력 채널이 메인 메모리에 있는 프로그램을 실행하도록 지시하여 입출력 전송을 실행한다. 입출력 채널은 메인 메모리에 저장된 명령어들을 실행하면서 데이터 전송을 제어한다.

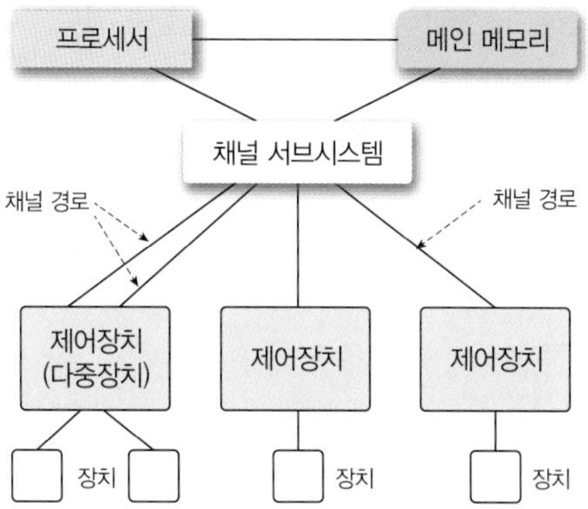

그림 9-9 **입출력 채널 구조**

채널은 동기화, 데이터의 분해 · 조립 기능 등 제어 방법에 따라 다음과 같이 구분할 수 있다. 이를 도식화하면 [그림 9-10]과 같다.

■ **실렉터 채널**

실렉터 채널selector channel은 어떤 장치의 입출력을 종료할 때까지 다른 장치를 실행하지 않도록 하는 것이다. 자기디스크, 자기테이프, 드럼과 같은 고속장치들은 멀티플렉서 채널을 사용하여 데이터를 고속으로 전송하기 때문에 다른 장치들과 다중화하기 쉽지 않다. 이때는 한 번에 하나씩 처리하는 전용 채널을 이용하여 다중화할 수 있다. 어느 한순간에 입출력장치 중 한 장치와 하는 데이터 전송만 제어하므로 입출력 채널은 장치를 한 개 선택하여 데이터를 전송한다.

■ **멀티플렉서 채널**

멀티플렉서 채널multiplexer channel은 바이트 단위로 시분할하여 여러 장치의 출력을 처리한다. 다수의 저속 · 중속장치(카드 리더, 프린터)들을 연결할 때 사용한다. 채널-메모리 연결은 장치와 채널 사이의 데이터 전달 속도보다 더 빠른 속도로 데이터를 전달할 수 있기 때문에 속도가 느린 다수의 입출력장치를 동시에 동작할 수 있다.

■ **블록 멀티플렉서 채널**

블록 멀티플렉서 채널block multiplexer channel은 실렉터 채널과 멀티플렉서 채널의 장점을 결합한 것으로, 여러 대의 고속 입출력장치들을 블록 단위로 처리한다. 동일한 채널에서 여러 고속장치를 활성화할 수 있다. 채널 명령어는 장치 하나와 입출력 명령어를 수행한 후 별도의 지시가 없어도 자동으로 다른 장치와 명령을 수행하도록 변환되는 특징이 있다. 따라서 한 채널이 여러 입출력장치를 시분할 방법으로 사용할 수 있지만, 어떤 때는 장치 하나에만 서비스하므로 실렉터 채널과 비슷하다. 그러나 멀티플렉서 채널처럼 다른 장치 서비스를 완료할 때까지 기다리지 않아도 된다.

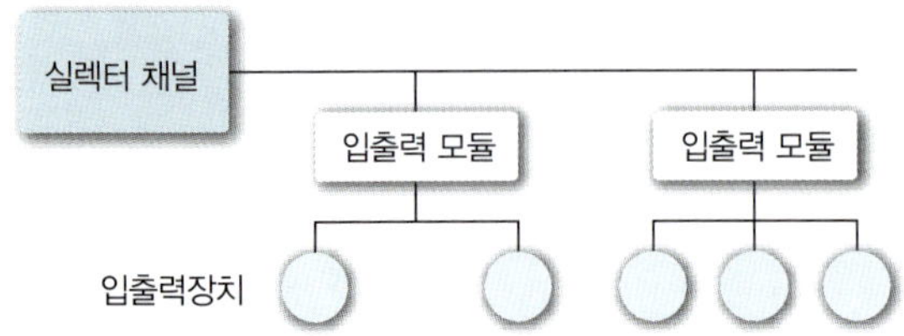

(a) 실렉터 채널

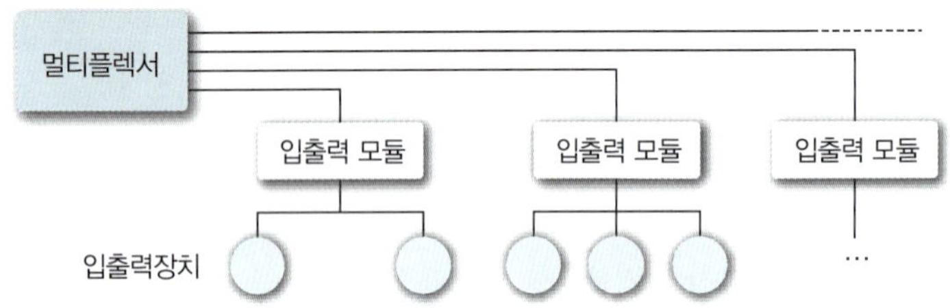

(b) 멀티플렉서 채널

그림 9-10 입출력 채널의 여러 형태

5 커널 입출력 서브시스템

지금까지 입출력 모듈을 중심으로 프로세서와 장치 드라이버나 장치 간에 간단하게 제어하고 데이터를 전송하는 방법을 살펴보았다. 여기서는 입출력 인터페이스를 제공하는 커널을 중심으로 살펴보자.

5.1 커널 입출력 구조

커널(운영체제)이 제공하는 입출력 서비스와 입출력 인터페이스를 입출력장치들이 정의한 방법에 따라 실행하려면 먼저 인터페이스를 구성해야 한다. 예를 들어, [그림 9-11]에서 응용 프로그램은 입출력장치의 모델이나 제조사와 관계없이 공통된 특징을 지닌 입출력장치들을 액세스하는 데 필요한 표준 함수를 정의한다. 그리고 정의된 함수는 키보드, 마우스 등 장치 드라이버로 수행한다. 장치 드라이버는 여러 입출력장치의 차이를 간단한 표준 인터페이스로 변환하여 상위의 커널 입출력 서브시스템에 제공한다.

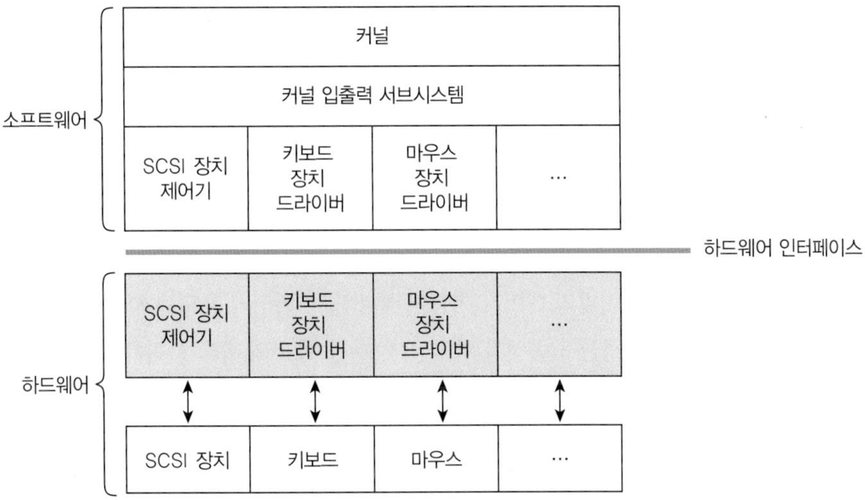

그림 9-11 **커널 입출력 구조**

5.2 커널이 제공하는 입출력 관련 서비스

커널은 입출력과 관련된 다양한 서비스를 제공한다. 즉, 커널 입출력 서브시스템은 입출력 스케줄링, 버퍼링, 캐싱, 스풀링 등 다양한 방법으로 메모리나 디스크를 사용하여 컴퓨터 효율성을 증진시킨다.

■ **입출력 스케줄링**

입출력 요구를 스케줄링한다는 것은 요구들의 실행 순서를 결정한다는 의미이다. 응용 프로그램은 입출력을 요청한 대로 실행 순서를 결정하기보다는 전반적인 시스템 성능을 향상시키면서 프로세스의 요구를 공평하게 처리할 수 있도록 실행 순서를 결정한다. 디스크 입출력 스케줄링은 다음 절에서 더 자세히 다룬다.

■ **버퍼링**

버퍼링은 입출력장치와 응용 프로그램 사이에 전송되는 데이터를 버퍼에 임시로 저장하는 방법이다. 버퍼링은 송신자와 수신자의 전송속도 차이로 발생하는 시스템의 데이터 전송 문제를 해결한다. [그림 9-12]와 같이 다양한 형태로 활용할 수 있다.

입출력장치에서 들어온 데이터는 모뎀을 이용하여 디스크에 기록한다고 가정하자. [그림 9-12]의 (a)에서는 입출력장치의 모뎀에 버퍼가 없어 데이터 입력 속도에 따라 디스크에 전달하므로, 디스크는 모든 데이터가 도착할 때까지 기다려야 한다. 이때 입력 모뎀은 디스크보다 속도가 느리기 때문에 (b)와 같이 메모리에 버퍼를 만들어 시스템 성능을 향상시킨다. 모뎀이 만든 버퍼에 모든 자료가 도착하면 한꺼번에 디스크에 자료를 전송하여 기록한다. 이때 디스크에 즉시 기록하는 것은 아니며, 디스크에 기록하는 동안 계속해서 데이터가 추가로 도착할 수 있다. 이런 데이터는 (c)와 같이 버퍼를 2개 사용(이중 버퍼링)하면 효율적으로 저장하고 운영할 수 있다. 첫 번째 버퍼를 채운 후 디스크에 기록하는 동안 두 번째 버퍼를 채우기 시작하여 첫 번째 버퍼의 데이터 이동이 끝나면 두 버퍼의 용도는 서로 교체할 수 있다. 이중 버퍼링은 데이터 생산자(송신자)와 소비자(수신자) 간의 속도 차이를 해결한다.

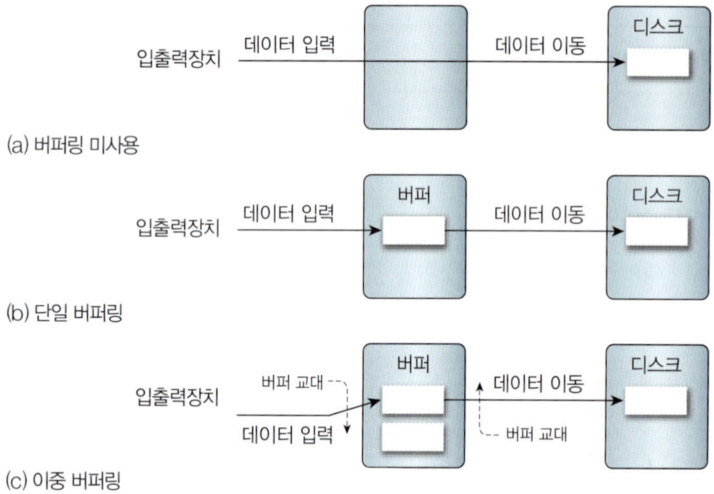

그림 9-12 버퍼링 사용 예

버퍼링을 사용하는 또 다른 이유는 장치들이 보내는 데이터 크기가 달라서 발생하는 메시지의 전송 문제를 해결하기 위해서이다. 대부분의 전송 메시지는 작은 네트워크 패킷으로 나눠 전송하고, 수신 측에서는 원래의 자료로 복원하려고 패킷들을 버퍼에서 결합한다.

■ 캐싱

캐싱은 명령어와 데이터를 캐시에 일시적으로 저장하여 프로세서와 메모리 간의 액세스 속도 차이를 줄여서 컴퓨터 성능을 향상시키는 방법이다. 캐시는 버퍼와 달리 자주 사용할 자료를 미리 복사하여 저장하는 빠른 메모리 영역이다. 데이터가 위치하는 유일한 장소가 버퍼라고 한다면, 다른 곳에 저장된 데이터의 복사본을 저장하는 장소는 캐시이다.

캐싱과 버퍼링은 서로 기능이 다르지만, 때로는 한 메모리 영역을 두 가지 목적에서 사용할 수도 있다. 예를 들어, 커널에 데이터 입출력을 요구하면, 커널은 먼저 데이터가 캐시에 있는지 조사한다. 데이터가 캐시에 있으면 디스크 입출력을 생략하여 입출력의 효율성을 높일 수 있다. 또 메모리 내에 버퍼를 사용하여 디스크 입출력 스케줄링을 효율적으로 수행하거나 프로세스 간에 공유해야 하는 파일들을 위한 캐시로도 사용할 수 있다.

■ 스풀링

많은 응용 프로그램이 동시에 출력 데이터를 프린터로 전송하면 커널(운영체제)은 각 출력이 다른 프로그램의 출력과 섞이지 않고 프린터로 출력할 수 있도록 관리한다. 각 응용 프로그램의 출력은 각각 대응되는 디스크 파일에 스풀링한다. 스풀링 시스템은 응용 프로그램이 출력 데이터 작업을 종료하면 그때까지 모아 놓은 출력 데이터를 프린터 출력용 준비 큐에 삽입하여 스풀 파일을 한 번에 하나씩 프린터에 내보낸다. 이런 스풀링은 커널 스레드로 처리한다.

■ 오류 처리

커널은 입출력장치의 고장이나 네트워크 전송 오류로 발생하는 일시적인 고장을 효과적으로 해결할 수 있다. 예를 들어, 디스크 읽기 실패나 망의 전송 오류는 재실행하여 문제를 해결한다. 그러나 중요한 구성 요소가 영구적인 고장을 일으키면 커널이 문제를 완전히 극복하기는 어렵다.

■ 자료 관리

커널은 입출력 구성에서 상태 정보를 유지한다. 입출력 서비스를 커널이 아닌 독립 프로그램이 담당하면 장치 드라이버와 커널의 정보 공유로 메시지를 교환하려는 오버헤드가 증가하는 단점이 있다. 장점은 입출력 시스템의 구조와 설계가 간단하고, 운영체제 커널의 크기가 작고, 유연성이 좋다는 것이다. 따라서 입출력 서브시스템은 광범위한 서비스를 조정하며, 다음 사항들을 관리한다.

- 장치 이름과 장치 액세스 제어 관리
- 장치 할당과 입출력 스케줄링 관리
- 버퍼링, 캐싱, 스풀링 관리
- 장치 상태 모니터링과 오류 처리, 고장 복구 관리

02 디스크의 구조와 스케줄링

1 디스크의 구조

컴퓨터 시스템의 주요 목적은 프로그램을 수행하는 것이고, 프로그램을 수행하려면 프로그램과 관련 데이터를 메인 메모리에 올려야 한다. 그러나 메인 메모리의 용량은 너무 작아서 필요한 모든 프로그램을 저장할 수 없다.

보조기억장치의 목적은 방대한 데이터를 영구히 저장하는 것이다. 초기에는 보조기억장치로 자기테이프를 사용했다. 이것은 방대한 데이터를 저장할 수 있다는 장점이 있는 반면에, 메인 메모리에 비해 액세스 시간이 늦고 순차 액세스만 허용한다는 단점이 있었다. 가상 메모리에 필요한 비순차 액세스가 불가능하여 현재는 백업용으로 사용한다. 보조기억장치로는 자기디스크(이하 디스크로 통일)를 사용하게 되었다. 자기디스크는 컴퓨터 시스템에서 대용량 보조기억장치뿐만 아니라 온라인 기억장치로도 사용한다.

디스크의 구조는 [그림 9-13]과 같다. 양 표면에 자기 물질을 입힌 원판 모양의 디스크에 정보를 기록하여 저장한다. 디스크 표면은 논리적으로 트랙으로 나누고, 입출력 헤드 아래의 트랙에 정보를 자기적으로 기록한다. 보통 디스크 한 표면은 트랙 수백 개로 구성된다. 디스크 표면 바로 위에는 입출력 헤드가 위치하는데, (a)와 같은 고정 헤드 디스크는 트랙마다 헤드가 있다. 반면에 이동 헤드 디스크는 헤드 하나와 이 헤드를 이동시키는 하드웨어만으로 구성된다. 이때 고속 디스크나 램 디스크RAM disk를 사용하면 일반 이동 헤드 디스크보다 액세스와 데이터 전송이 빠르다. 디스크는 표면을 높이거나 트랙 수를 늘려 저장 기능을 향상시킬 수 있다. 또 원판 양면에 헤드를 각각 설치하여 저장 기능을 두 배로 올릴 수도 있다. 그래서 (b)와 같은 디스크 장치는 회전축 한 개에 디스크를 여러 개 쌓고 이를 구동 모터 하나로 회전시켜 디스크마다 각자 입출력 헤드로 처리할 수 있도록 했다. 또 디스크를 교체할 수 있어 필요에 따라 다른 디스크를 장착하여 사용할 수도 있다.

디스크 시스템은 디스크 드라이버, 프로세서, 디스크 제어기로 나눌 수 있다. 디스크 드라이버는 구동 모터, 액세스 암 이동장치, 입출력 헤드 부분의 기계적인 부분을 담당한다. 프로세서는 원하는 컴퓨터의 논리적인 상호작용, 즉 원하는 데이터의 위치(디스크 주소)와 버퍼, 판독, 기록 등을 관리한다. 마지막으로 디스크 제어기는 디스크 드라이버의 인터페이스 역할을 한다.

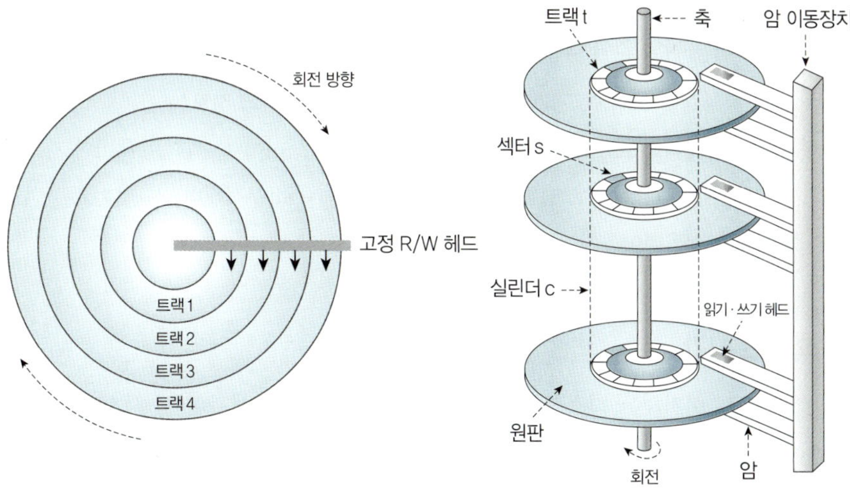

(a) 고정 헤드 디스크

(b) 이동 헤드 디스크장치

그림 9-13 디스크의 종류와 구조

디스크 제어기는 프로세서에서 명령을 받아 디스크 드라이버를 동작하고, 디스크 드라이버는 탐색[seek], 기록, 판독 등 명령을 수행한다. 디스크의 정보는 드라이버 번호, 표면 번호, 트랙 번호 등으로 나누는 디스크 주소로 참조한다.

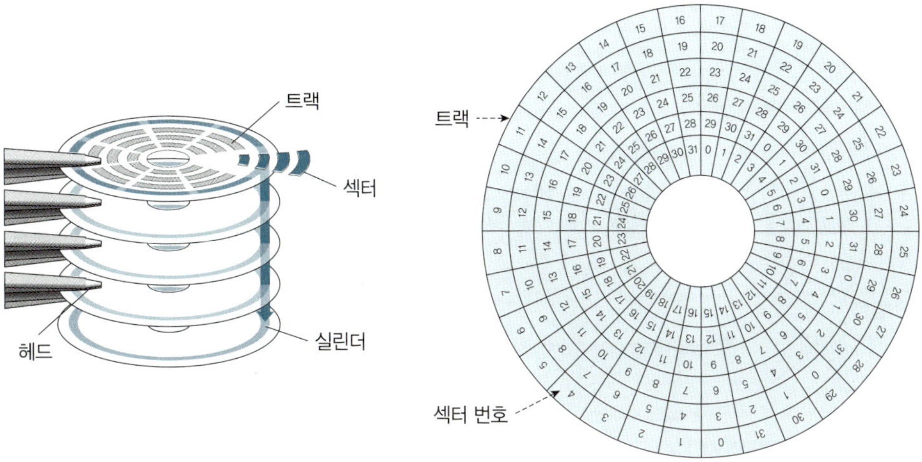

그림 9-14 디스크의 논리적 구조

- **트랙**track : 원형 평판 표면에 데이터를 저장할 수 있는 동심원을 가리킨다. 자기장의 간섭을 줄이거나 헤드를 정렬하려고 트랙 사이에 일정한 공간을 두어 트랙을 구분한다.
- **실린더**cylinder : 동일한 동심원으로 구성된 모든 트랙, 즉 동일한 위치에 있는 모든 트랙의 집합을 의미한다. 헤드의 움직임 없이 액세스할 수 있는 드라이브의 모든 트랙에 해당된다.
- **섹터**sector : 트랙을 부채꼴 모양으로 나눈 조각을 의미한다. 트랙 내의 정보는 블록block을 구성하고, 이 블록이 하드웨어적으로 크기가 고정되었을 때가 바로 섹터이다. 섹터는 데이터 기록이나 전송의 기본 단위로, 일반적으로 512바이트의 데이터 영역으로 구성된다. 섹터는 고유 번호가 있어 디스크에 저장된 데이터의 위치를 식별할 수 있다.

2 디스크 액세스 시간

디스크 액세스 시간은 회전하는 디스크의 섹터를 액세스할 수 있는 시간이다. 시스템은 헤드를 해당 트랙이나 실린더에 위치시켜 디스크의 원하는 섹터에 액세스하는데, 이런 동작을 탐색이라고 한다. 이때 걸리는 시간을 탐색 시간seek time이라고 한다. 탐색 시간은 디스크의 헤드가 움직이는 시간에 좌우되므로 멀리 떨어진 트랙을 탐색할 때는 탐색 시간이 길다. 헤드가 지정된 트랙에 위치했더라도 원하는 섹터가 입출력 헤드 아래로 회전할 때까지 기다려야 하는데, 이때 기다리는 시간을 회전 지연시간이라고 한다. 그리고 디스크와 메인 메모리 간의 섹터를 주고받는 데 걸리는 시간을 전송시간이라고 한다.

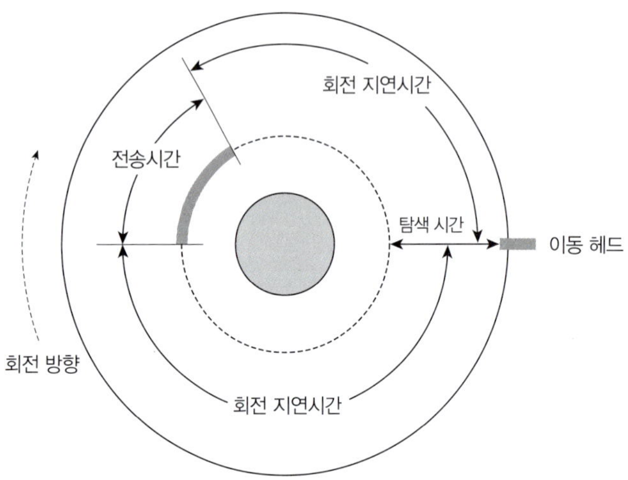

그림 9-15 디스크 액세스 시간

이동 디스크의 데이터 액세스 시간은 '탐색 시간+회전 지연시간+전송시간'이다. 고정 헤드 디스크는 각 트랙에 읽기 · 쓰기 헤드가 있어 탐색 시간이 필요 없으므로 데이터 액세스 시간은 '회전 지연시간+전송시간'이 된다. 예는 다음과 같다.

- 탐색 시간 : 50밀리초
- 회전 지연시간 : 16.8밀리초
- 전송시간 : 0.00094밀리초/바이트[1KB 전송시간 : 0.96256(= 0.00094 × 1,024)]

(a) 탐색 시간, 회전 지연시간, 전송시간 예

- 이동 헤드 디스크의 데이터 액세스 시간 = 50 + 16.8 + 0.96256
- 고정 헤드 디스크의 데이터 액세스 시간 = 16.8 + 0.96256

(b) 디스크 종류에 따른 데이터 액세스 시간

그림 9-16 **디스크 액세스 시간을 계산하는 예**

메모리와 디스크 사이의 입출력은 하나 이상의 섹터 단위로 전송한다. 특정 섹터의 주소를 만들려면 트랙 번호(또는 실린더), 표면 번호, 섹터 번호 등이 필요하다. 그러므로 섹터는 3차원 배열로 볼 수 있다. 트랙당 섹터 수를 s, 실린더당 트랙 수를 t, 실린더 번호를 i, 표면 번호를 j라고 하면 [그림 9-17]과 같이 섹터 번호 k의 디스크 주소는 1차원 블록 수 b로 표현할 수 있다.

$$b = k + s \times (j + i \times t)$$

그림 9-17 **섹터 번호 k의 디스크 주소(b)**

이런 매핑에서 블록 b+1을 액세스할 때 b는 실린더의 마지막 블록이 된다. 따라서 b+1 블록(실린더) 탐색이 필요한데, 헤드가 단지 한 트랙만 옮기면 된다.

보통 디스크에는 디스크에 어떤 파일이 있는지 표시하는 장치 디렉터리가 있다. 장치 디렉터리는 파일 이름으로 리스트를 나타내며, 파일의 길이, 종류, 소유주, 생성된 날짜, 마지막으로 사용한 시간, 부호 등 디스크에 파일이 위치한 정보를 포함한다.

3 디스크 스케줄링의 개념과 종류

입출력장치(디스크 드라이버)에는 요청 큐가 있다. 요청은 다음 정보를 포함한다.

- 입력 동작인지, 출력 동작인지 하는 정보
- 디스크 주소(구동기, 실린더, 표면, 블록)
- 메모리 주소
- 전송할 정보의 총량(바이트나 단어의 수)

NOTE_ 구동기는 하나의 장치를 제어하거나 조절하는 하드웨어 장치 또는 프로그램이다.

디스크 드라이버와 제어기를 사용할 수 있다면 요청을 즉시 처리할 수 있지만, 다른 프로세스가 둘 중 하나라도 사용하고 있다면 요청은 디스크 대기 큐에 저장한다. 디스크 대기 큐에서 어떤 프로세스를 선택하여 실행할 것인지 결정하는 알고리즘이 필요하다. 대부분의 작업이 적재 과정과 파일 입출력을 디스크에 의존하므로 디스크 스케줄링은 매우 중요하다. 스케줄링은 다음 몇 가지 기준으로 평가할 수 있다.

- **처리량** : 시간당 처리한 서비스 요청 수
- **탐색 시간** : 디스크 헤드(암) 이동 시간
- **평균 반응시간** : 요청 후 서비스할 때까지 대기시간
- **반응(응답)시간 변화** : 반응시간 예측 정도. 즉, 적절한 시간 안에 서비스하여 요청이 무기한 연기되지 않도록 방지

운영체제는 디스크 액세스 요청을 스케줄하여 디스크를 처리하는 평균 시간을 향상시키는데, 처리량을 최대화하고 평균 반응시간을 최소화하면서 탐색 시간을 최소화하도록 해야 한다. 물론 시스템 성능은 처리량과 평균 반응시간을 최적화하여 향상시킬 수 있다. 그러나 개별 요청에 지연이 발생할 수 있으므로 시스템 자원을 효과적으로 사용하려면 스케줄링이 필요하다.

디스크 스케줄링은 [그림 9-18]과 같이 크게 탐색 시간 최적화와 회전 지연시간 최적화로 분류할 수 있다. 탐색 시간 최적화의 목적은 대기시간과 총 처리 시간을 줄이려고 디스크 헤드 이동을 최소화하는 것이다. 그러나 초기 디스크 시스템과는 달리 현재의 디스크 시스템은 탐색 시간과 평균 지연시간이 비슷하기 때문에 회전 최적화로도 성능을 개선할 수 있다. 물론

데이터를 순차적으로 액세스하는 일괄 처리 프로세스들은 데이터의 트랙 전체를 액세스하기 때문에 회전 최적화의 효과를 얻을 수 없다. 하지만 대화식 프로세스처럼 디스크의 실린더에 분산된 소량의 데이터만 많이 요청할 때는 회전 최적화로도 성능을 크게 개선할 수 있다.

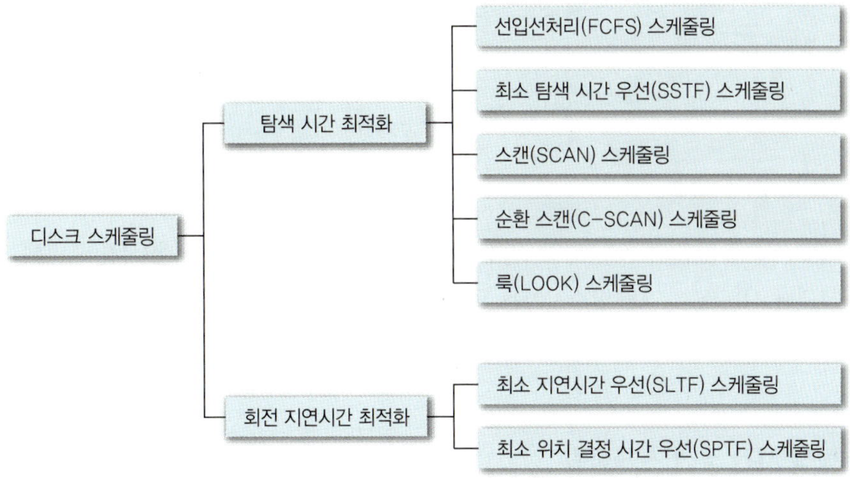

그림 9-18 디스크 스케줄링의 종류

4 선입선처리 스케줄링

가장 간단한 스케줄링 알고리즘은 요청이 도착한 순서에 따라 처리하는 선입선처리FCFS, First Come First Served 스케줄링이다. 선입선처리 스케줄링은 프로그래밍하기 쉽고, 어떤 요청도 무기한 연기하지 않고, 본질적으로 공평성(공정성)을 유지한다는 점이 특징이다.

선입선처리 스케줄링이 언제나 최상은 아니다. 예를 들어, 처음 요청은 트랙 46이고 마지막은 트랙 96으로 되는 선형 요청 디스크 큐를 생각해 보자. 입출력 헤드가 초기에 트랙 50에 있을 때 헤드는 50에서 46으로 움직일 것이다. 그 후에 〈110, 32, 52, 14, 120, 36, 96〉으로 움직여 트랙 총 454개의 헤드 이동이 발생한다. 즉, 헤드가 트랙 14에서 트랙 120까지 이동한 후 다시 트랙 36으로 이동해야 한다. 트랙 14와 트랙 120이 요구하기 전과 후에 트랙 36과 트랙 96을 함께 처리한다면 헤드의 총 이동 거리를 실질적으로 줄일 수 있다. 따라서 요청 처리 시간이 감소하여 디스크의 처리율을 높일 수 있을 것이다.

- 큐 : 46, 110, 32, 52, 14, 120, 36, 96
- 헤드 시작 위치 : 50

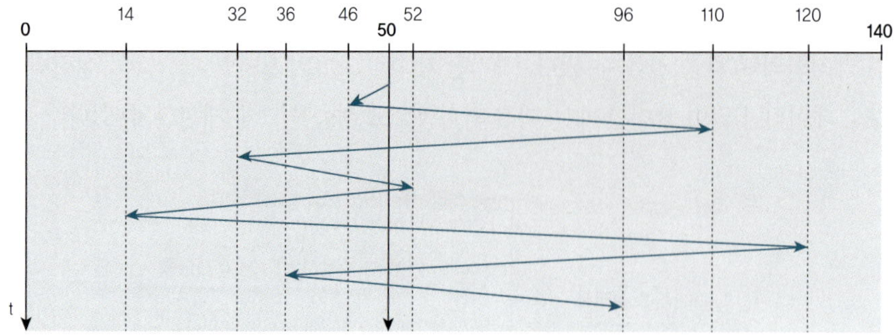

그림 9-19 선입선처리 스케줄링

선입선처리 스케줄링은 [그림 9-19]와 같이 디스크 요청이 흩어질 때는 실행 시간 오버헤드가 적다. 그러나 서비스 지연을 감소시키는 요청을 재정렬하지 않아서 일반적인 임의의 탐색 패턴 결과로 탐색 시간이 증가하면서 처리량이 감소한다는 단점이 있다.

5 최소 탐색 시간 우선 스케줄링

최소 탐색 시간 우선SSTF, Shortest Seek Time First 스케줄링은 디스크 요청을 처리하려고 헤드가 먼 곳까지 이동하기 전에 현재 헤드 위치에 가까운 모든 요구를 먼저 처리하는 방법이다.

[그림 9-20]에서 예로 든 큐는 초기의 헤드 위치 50에서 가장 가까운 요청 트랙이 52이다. 또 트랙 52에서 가장 가까운 다음 요청 트랙은 46이다. 그리고 트랙 46에서 트랙 36, 트랙 32로 이동한다. 이런 방법에 따르면 트랙 〈14, 96, 110, 120〉 순으로 처리한다. 이 방법은 선입선처리와 비교하면 헤드의 이동 거리가 1/3 정도로 트랙 146개를 이동하므로 디스크 서비스 시간을 실질적으로 줄일 수 있다.

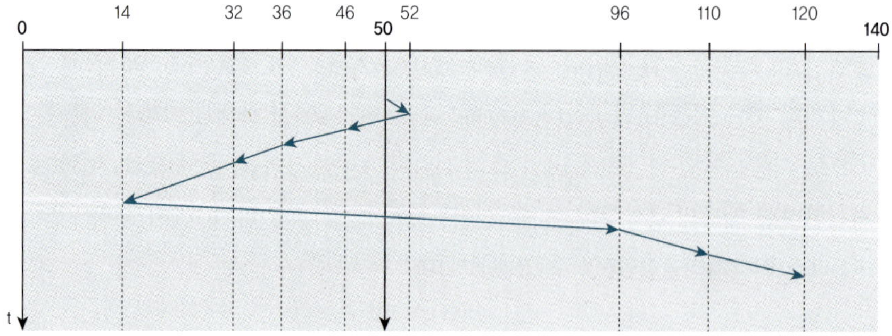

그림 9-20 최소 탐색 시간 우선 스케줄링

- 큐 : 46, 110, 32, 52, 14, 120, 36, 96
- 헤드 시작 위치 : 50

그러나 최소 탐색 시간 우선 스케줄링은 최소작업을 우선 수행하므로 디스크 요구의 기아 상태가 발생할 수 있다. 실제 시스템에서 언제라도 요구가 발생할 수 있다는 점을 기억하면서 트랙 14와 트랙 120 요청이 큐에 있다고 가정하자. 트랙 120을 기다리게 하고 트랙 14를 먼저 처리하면, 트랙 14를 처리하는 동안 트랙 14와 가까운 곳에서 다른 요청이 계속 발생할 수 있다. 이론적으로 트랙 120을 무한히 기다리도록 하는 연속적인 요청이 있을 가능성이 있다는 의미이다.

처리량과 평균 반응시간이 중요한 배치 처리 시스템에서는 반응시간의 변화가 커도 미치는 영향은 적어 최소 탐색 시간 우선 스케줄링을 적용할 수 있다. 하지만 대화형 시스템에서는 불확실한 예측 가능 시간 때문에 적용하기가 부적합하다. 최소 탐색 시간 우선 스케줄링은 선입선처리 스케줄링보다는 일괄 처리 시스템에서 합리적인 해결책이다. 특히 높은 처리량과 낮은 응답시간은 실질적으로 상당히 개선했지만 최적의 방법은 아니다. 공정성을 보장할 수 없고, 서비스를 무기한 연기할 수 있으며, 응답시간의 높은 분산은 대화형 시스템에서는 받아들일 수 없는 단점이다.

6 스캔 스케줄링

스캔SCAN 스케줄링은 요청 큐의 동적 특성을 반영하여 기아 상태를 해결한다. 입출력 헤드가 디스크의 한쪽 끝에서 다른 끝으로 이동하며, 한쪽 끝에 도달했을 때는 역방향으로 이동하면서 요청한 트랙을 처리한다. 다시 말해, 스캔 스케줄링은 헤드가 디스크의 한쪽 끝과 다른 끝 사이를 계속해서 왕복하면서 한 방향으로만 서비스(트랙 번호 하나 증가 또는 감소)하고, 디스크 가장자리에 도달하거나 트랙 0에 도달할 때까지 그 방향의 마지막 트랙까지 서비스한 후 그 역방향으로 전환하는 스케줄링이다. 요청 트랙이 〈46, 110, 32, 52, 14, 120, 36, 96〉 순서로 발생했다면 먼저 현재 헤드의 위치와 이동 방향을 알아야 한다. 헤드가 트랙 50에서 트랙 0으로 이동하고 있다면 트랙 46과 트랙 36을 처리하면서 계속 트랙 32, 트랙 14를 서비스하고 트랙 0에 도착한다. 다시 역방향으로 헤드를 이동해 가면서 〈52, 96, 110, 120〉 순으로 처리할 것이다. 그러면 트랙 총 170개의 헤드 이동이 발생한다.

- 큐 : 46, 110, 32, 52, 14, 120, 36, 96
- 헤드 시작 위치 : 50
- 헤드 이동 방향 : 0 ↔ 140

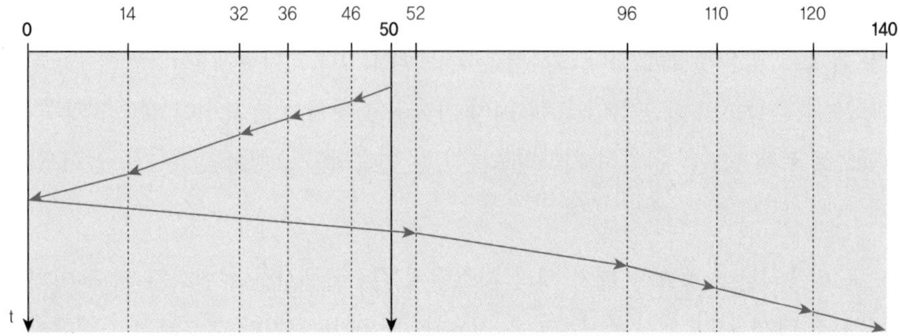

그림 9-21 스캔 스케줄링(안쪽(0) 트랙으로 이동)

이번에는 헤드가 트랙 50에서 트랙 140으로 이동하고 있다면 트랙 52와 트랙 96을 처리하면서 계속 트랙 110, 트랙 120을 서비스하고 트랙 140에 도착한다. 다시 역방향으로 헤드를 이동해 가면서 〈46, 36, 32, 14〉 순으로 처리할 것이다. 그러면 트랙 총 216개의 헤드 이동이 발생한다.

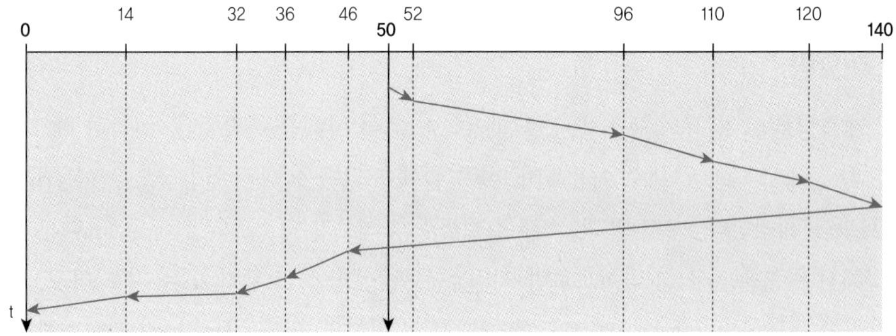

그림 9-22 스캔 스케줄링(바깥쪽(140) 트랙으로 이동)

물론 새로운 디스크 서비스 요청이 헤드의 바로 앞 요청 큐에 도착하면 즉시 처리한다. 그러나 반대로 헤드 바로 뒤에 있다면 헤드가 디스크 끝까지 이동하고 나서 되돌아올 때까지 기다려야 한다.

스캔 스케줄링은 엘리베이터 동작과 유사하기 때문에 엘리베이터 스케줄링이라고도 하며, 눈

치우기와 비슷하다. 눈이 내릴 때, 길 한쪽 끝에서 시작하여 반대 방향으로 눈을 치우면서 가면 눈을 치운 뒤쪽에 다시 눈이 쌓인다. 각 트랙에 요청이 균등하다고 가정하면 눈이 쌓이는 현상처럼 한쪽 끝에 이른 헤드가 방향을 바꿀 때 요청 밀도는 최초의 시작 부분이 가장 높고, 나중에 처리한 헤드 바로 뒷부분은 비교적 밀도가 낮다. 따라서 밀도가 높은 쪽의 요청은 상당히 오랫동안 기다려야 한다.

7 순환 스캔 스케줄링

순환 스캔C-SCAN, Circular-SCAN 스케줄링은 스캔 스케줄링을 변형하여 대기시간을 좀 더 균등하게 처리하는 방법이다. 스캔 스케줄링처럼 헤드는 한쪽 방향으로 이동하면서 요청을 처리하지만, 한쪽 끝에 다다르면 역방향으로 헤드를 이동하는 것이 아니라 다시 처음부터 요청을 처리한다. 따라서 [그림 9-23]과 같이 스캔 알고리즘에서 헤드가 트랙 50에서 트랙 140으로 이동한 후 다시 역방향으로 헤드를 이동해 가면서 서비스를 처리하지 않고 바로 트랙 0으로 이동한다. 다시 트랙 140으로 이동하면서 〈14, 32, 36 46〉 트랙 서비스를 처리한다. 그러면 트랙 총 276개의 헤드 이동이 발생한다. 순환 스캔 스케줄링은 처음과 마지막 트랙을 서로 인접시킨 원형처럼 디스크를 처리하여 처리량을 향상시킨다. 또 바깥쪽 트랙과 안쪽 트랙을 차별하지 않아 반응시간의 변화를 줄인다. 물론 동일한 실린더(트랙) 요청이 연속적으로 발생하면 처리가 무기한 연기될 수 있다.

- 큐 : 46, 110, 32, 52, 14, 120, 36, 96
- 헤드 시작 위치 : 50

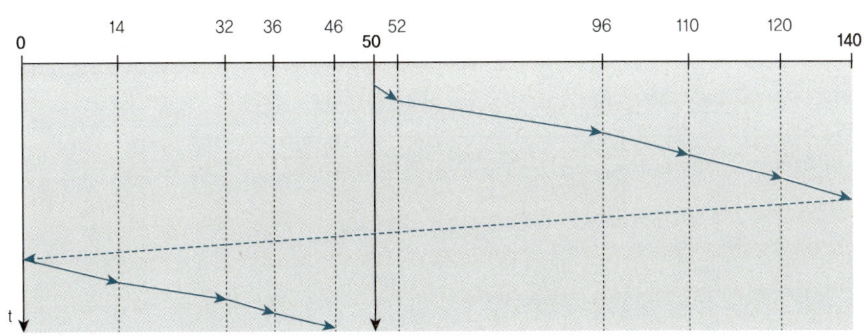

그림 9-23 순환 스캔 스케줄링

NOTE_ N-단계 스캔 스케줄링

스캔 스케줄링과 비슷한 방법이다. 디스크 요청 큐는 고정 길이 N의 서브 큐들로 분할하고 서브 큐는 각 서브 큐 내부 스캔을 사용하여 한 번에 하나씩 처리한다. 따라서 어느 방향으로 진행할 때 큐에 대기 중인 요청에서만 서비스를 진행한다(큐를 비움). 진행 도중 도착한 요청(새 요청)은 다른 큐로 이동 · 추가하여 다시 디스크 헤드가 방향을 바꿔 진행할 때 서비스한다. N이 크면 스캔 알고리즘에 근접하지만, N=1이면 FIFO에 근접한다. 이 스케줄링은 유연한 대신 복잡하다.

8 룩 스케줄링

스캔 스케줄링이나 순환 스캔 스케줄링은 헤드를 디스크의 끝에서 끝으로 이동한다는 원리이지만, 실제로는 이런 방법으로 구현하지 않는다. 보통 헤드는 요청에 따라 각 방향으로 이동하지만, 현재 방향에 더는 요청이 없을 때 이동 방향을 바꿔 서비스를 처리한다. 스캔 스케줄링과 순환 스캔 스케줄링의 이런 형태를 룩LOOK 또는 순환룩C-LOOK이라고 한다. 룩은 진행 방향으로 움직이기 전에 먼저 요청이 있는지 검사한다는 의미이다. 스캔 스케줄링이나 순환 스캔 스케줄링은 헤드를 디스크의 끝에서 끝으로 이동하는 원리이다. 반면에 룩 스케줄링은 헤드를 각 방향으로 요청에 따르는 거리만큼만 이동하는 원리이다. 현재 방향에서 더는 요청이 없다면 헤드의 이동 방향을 바꾸는 방법이다. 따라서 직접 디스크 0에 가지 않고 디스크 14에서 서비스를 처리한 후 다시 방향을 바꿔 디스크 32를 처리할 수 있으므로 디스크 헤드 이동을 줄일 수 있다. [그림 9-24]에서 헤드가 트랙 50에서 이동하여 트랙 52와 트랙 96을 처리하면서 계속 트랙 110, 트랙 120을 서비스하고, 더는 요청이 없으므로 방향을 바꿔 트랙 14에 도착한다. 다시 역방향으로 헤드를 이동해 가면서 〈32, 36, 46〉 순으로 처리할 것이다. 그러면 트랙 총 208개의 헤드 이동이 발생한다.

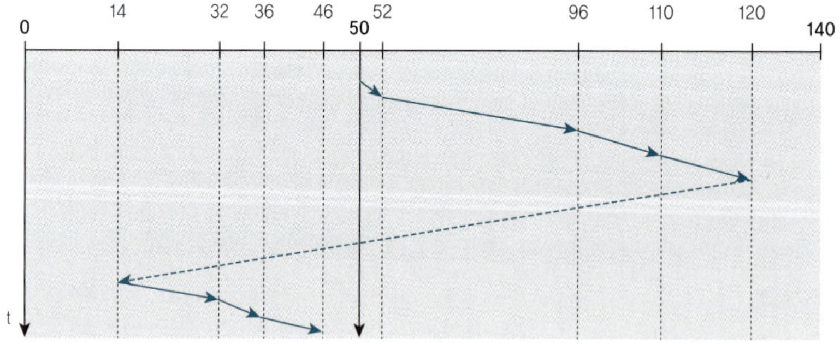

그림 9-24 룩 스케줄링

9 최소 지연시간 우선 스케줄링

최소 지연시간 우선SLTF, Shortest Latency Time First 스케줄링은 모든 요청 중 회전 지연시간이 가장 짧은 요청을 먼저 처리한다. 즉, 디스크 헤드가 특정 실린더에 도달했을 때 해당 실린더의 트랙 요청들이 대기하고 있다면, 헤드는 더 이상 움직이지 않고 도착 순서와 관계없이 모든 요청을 우선 처리한다. 최소 지연시간 우선 스케줄링은 트랙을 일정한 수의 블록으로 나눈 섹터를 토대로 요청들을 섹터 위치에 따라 큐에 넣은 후 가장 가까운 섹터 요청을 먼저 처리한다. 이때 디스크 액세스 요청(디스크의 주소)은 트랙과 섹터로 구성된다. 고정 헤드에서는 탐색을 하지 않으므로 탐색 시간이 없다. 따라서 회전 지연시간만 지연시간이 되므로 드럼처럼 고정 헤드를 사용하면 효과적인 알고리즘이다. 때로는 섹터 큐잉sector queuing 알고리즘이라고 표현하기도 한다.

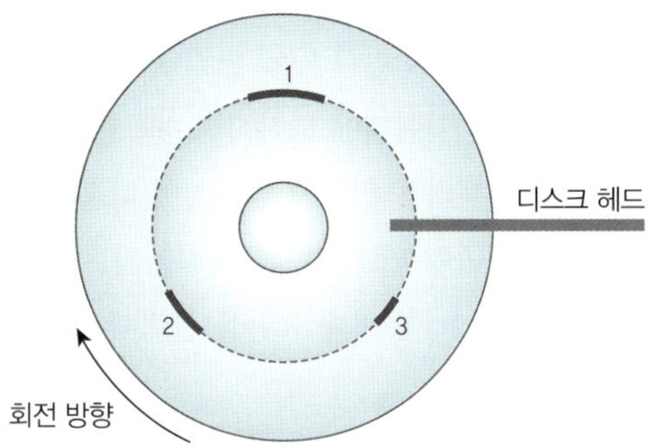

그림 9-25 최소 지연시간 우선 스케줄링

선입선처리 스케줄링에서 요청이 모든 섹터에 골고루 분포되어 있다면 예상되는 지연은 0.5 회전이다. 이런 섹터 큐의 예는 [그림 9-26]과 같다. 고정 헤드 디스크의 다음 섹터 경로를 선택할 때 섹터 지원 시간의 간격은 트랙이 전환하는 데 걸리는 시간이다. 모든 Q1, ……, Q8 섹터 큐가 가득 차면 큐의 블록(T1, ……, T5)은 한 트랙의 회전 동안 처리된다. 따라서 최대 가동률은 '액세스된 사용자 블록 수/통과된 디스크 블록 수'이다.

처리할 블록 또는 트랙이 기다리고 있어도 빈 큐가 있을 수 있다. [그림 9-26]에서 8개로 구성된 섹터 큐에 요청이 12개 있다고 가정하자. 아직 섹터 S8을 위한 Q8은 비어 있다. 두 섹터(S6, S7)를 지나 섹터 S8에 다다를 때까지 큐 Q8에 요청(T1, T5)이 도달하지 않으면 사용할 수 없다(헤드가 큐 Q8을 지나친다). 이때 요청이 대기 큐waiting queue의 앞부분에 있지 않더라도 헤드가 지나는 섹터 요청을 서비스하여 처리율을 향상시킬 수 있다.

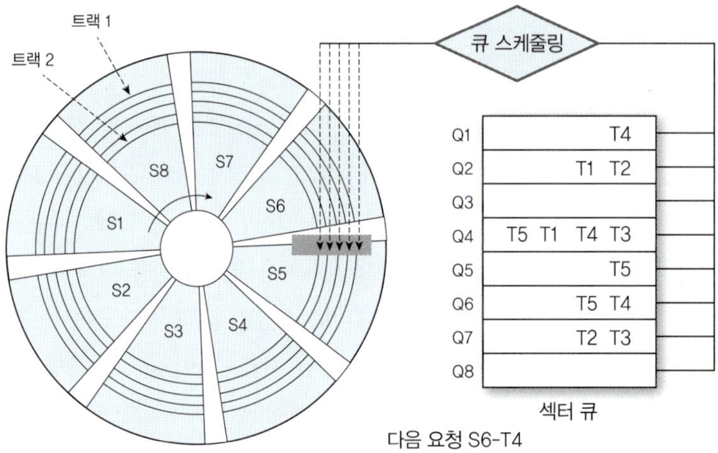

그림 9-26 고정 헤드 디스크를 위한 큐 최적화

섹터 큐잉은 고정헤드장치에서도 사용하지만 특별한 트랙마다 실린더 내에 처리 요청이 하나 이상일 때는 이동헤드장치에서도 쓸 수 있다. 헤드가 특정한 실린더에 도착하면 헤드를 더 이상 움직이지 않고 모든 실린더 요청을 처리한다. 그러므로 섹터 큐잉은 동일한 실린더 내에서 다중 요청을 정렬하는 데 사용할 수 있다. 물론 다른 스케줄링 알고리즘과 마찬가지로 섹터 큐잉도 운영체제가 하나 이상의 요청 중에서 헤드 밑에 위치한 첫 번째 요청을 선택해야 효과가 있다.

10 최소 위치 결정 시간 우선 스케줄링

최소 위치 결정 시간 우선[SPTF, Shortest Positioning Time First] 스케줄링은 가장 짧은 위치 결정 시간, 즉 탐색 시간과 회전 지연시간의 합이 가장 짧은 요청을 다음 서비스 대상으로 선택한다. 최소 위치 결정 시간 우선 스케줄링은 최소 탐색 시간 우선 스케줄링처럼 처리량이 많고 평균 반응시간은 짧다. 그러나 가장 안쪽과 바깥쪽 실린더 요청이 무기한 연기될 가능성이 있다. 서로 인접한 곳에 위치해 있는 크기가 동일한 데이터 레코드 A와 B의 요청을 가정해 보자. 데이터 레코드 A는 읽기 · 쓰기 헤드가 있는 동일한 실린더에 위치하지만, 읽기 · 쓰기 헤드에서 약 반 회전 정도 떨어져 있다. 데이터 레코드 B는 읽기 · 쓰기 헤드 근처에 있지만 인접한 실린더에 위치한다. 이때 데이터 레코드 A와 B의 크기가 같기 때문에 전송시간은 동일하다.

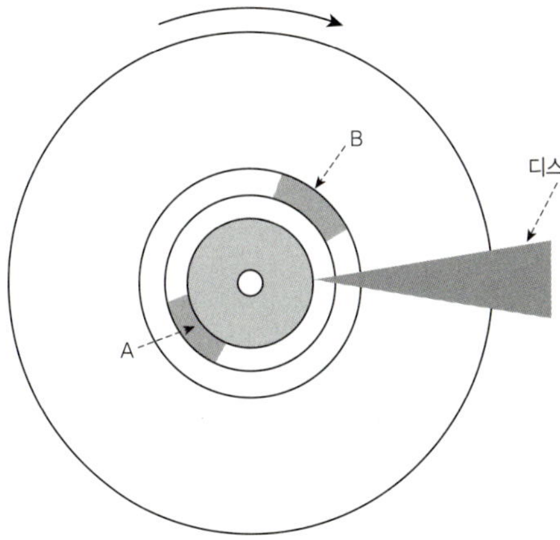

그림 9-27 최소 위치 결정 시간 우선 스케줄링

최소 위치 결정 시간 우선 스케줄링은 데이터 레코드 B에서 한 요청을 먼저 처리할 것이다. 180도 정도 회전시키는 것보다 단일 실린더 탐색을 연산하는 데 걸리는 시간이 더 짧기 때문이다. 탐색 시간이 적절히 짧으면 디스크는 데이터 레코드 B 요청을 처리한 후 디스크를 한 번 회전하여 헤드의 위치를 다시 잡아서 데이터 레코드 A 요청을 처리할 것이다. 반면에 최소 탐색 시간 우선 스케줄링은 데이터 레코드 A를 먼저 처리해서 한 번 이상 플래터를 회전시켜 두 요청을 모두 충족할 것이다. 그러므로 최소 위치 결정 시간 우선 스케줄링은 최소 탐색 시간 우선 스케줄링보다 처리량을 늘릴 수 있다.

이처럼 탐색 시간과 회전 지연시간을 최적화하려고 한 것으로 에센바흐 방법Eschenbach Scheme이 있다. 헤드는 순환 스캔 스케줄링처럼 진행하나, 요청과 관계없이 트랙이 한 바퀴 회전할 동안 요청을 처리하도록 재배열하는 알고리즘이다. 1회전 동안 섹터의 많은 레코드를 처리하여 회전 지연시간을 줄일 수 있다. 그러나 한 방향으로 회전하기 때문에 요청 2개가 실린더의 동일한 섹터에 있으면 요청을 한 개만 처리하여 순환 스캔 스케줄링보다는 성능이 떨어질 수 있다.

11 디스크 스케줄링 알고리즘의 선택

최소 탐색 시간 우선 스케줄링이 일반적이고 자연스러운 선택이라면, 스캔 스케줄링이나 순환 스캔 스케줄링은 디스크를 많이 사용하는 시스템에 적당하다. 최적 알고리즘을 결정하는 것은 가능하지만, 최적 스케줄링에 필요한 계산량 때문에 스캔 스케줄링이나 최소 탐색 시간 우선 스케줄링 이상의 처리 효율을 얻을 수 있을지 평가하기가 어렵다.

어느 스케줄링 알고리즘이든 성능은 요청의 형태와 수에 좌우된다. 특히 큐가 하나 정도밖에 요청을 하지 않는다면 모든 스케줄링 알고리즘의 효과는 거의 동일하다. 이때는 선입선처리 스케줄링이 적당하다.

디스크 서비스의 요청은 파일 할당 방법에 많은 영향을 받을 수 있다. 연속적으로 할당된 파일을 읽는 프로그램은 디스크의 인접한 범위 내에서 많은 요청이 발생하여 헤드 이동을 제한한다. 링크 파일이나 색인 파일은 블록들이 디스크에 흩어져 헤드의 이동 거리는 길지만, 디스크 상용 효율은 높다.

모든 파일은 열어야 사용할 수 있고, 파일을 열려면 디렉터리 구조를 조사해야 하기 때문에 디렉터리를 자주 호출한다. 따라서 디렉터리 위치에 따라 이동 거리가 다르다. 디렉터리를 디스크의 양 끝에 두는 것보다는 중간 부분에 두는 것이 디스크 헤드 이동을 줄일 수 있다.

지금까지 살펴본 디스크 스케줄링에서 디스크는 시스템의 성능과 신뢰성 측면에서 병목 현상이 일어나는 주요 원인이다. 디스크는 컴퓨터의 장치 중에서 가장 속도가 느린 장치이다. 비록 메모리와 제어기 캐시 같은 기술이 성능을 증가시키는 데 도움이 되지만, 전반적으로 시스템 성능은 아직도 디스크의 속도와 신뢰성에 좌우된다.

03 RAID

1 RAID의 소개

RAID(Redundant Array of Inexpensive Disks(또는 Redundant Array of Independent Disks))란 운영체제로 여러 대의 물리적 디스크를 하나의 논리적 디스크로 인식하는 기술이다. 지금까지는 디스크 같은 장치 하나를 발전시켜 컴퓨터의 성능을 향상시키는 방법을 살펴보았다. 이제는 다수의 장치를 병렬로 구성 · 처리하여 성능을 향상시키는 방법을 살펴보자.

다수의 장치로 컴퓨터의 성능을 향상시키려는 연구 결과로 디스크 장치를 독립적이면서 병렬적으로 작동하는 디스크 배열을 개발했다. 초기의 RAID는 프로세서와 디스크의 속도 차이를 극복하려고 디스크 여러 대를 이용하여 다수의 드라이버에 있는 데이터를 동시 액세스할 수 있도록 데이터를 분산 · 저장했다. 이런 RAID 제안은 데이터 중복의 필요성을 효과적으로 해결하는 데 큰 도움이 되었다.

2 RAID 계층

RAID는 하드디스크 여러 개를 논리적 가상 디스크 하나로 구성하여 대용량 저장장치로 사용할 수 있는 방법이다. 데이터를 하드디스크 여러 개에 분할 · 저장하여 전송속도를 향상시키고, 시스템 가동 중 생길 수 있는 디스크 오류를 시스템을 정지하지 않고도 교체 가능하다는 특징이 있다. RAID 방법은 6계층으로 분류되며, 서로 다른 용도로 사용한다. 초기 RAID 제안자들이 6개로 구분했던 RAID 각 계층을 좀 더 다양화했으며, 구성과 기능 면에서 다르게 변했기 때문에 사용자 목적에 맞는 RAID 계층 구성이 필요하다.

RAID의 구성 방법으로 초기 6계층 외에 RAID 6, RAID 7, RAID 0+1, RAID 50, RAID 53 등 지속적으로 새로운 방법을 개발하고 있다. 하지만 RAID 0, RAID 1, RAID 0+1, RAID 5를 제외한 나머지 방법은 거의 사용하지 않는다.

2.1 RAID 0(스트라이핑)

RAID 0은 일련의 데이터를 논리적 디스크 배열 하나에 일정한 크기로 나눠서 분산 저장하는 방법이다. 따라서 사용자와 시스템 데이터는 논리 디스크 하나에 저장되어 있는 것으로 인식한다. 디스크는 크기가 일정한 섹터 또는 물리적 블록 단위인 스트립strip으로 나눠 연속적인 배열 첨자와 대응되도록 순환 할당한다.

RAID 0에서 스트립 하나와 각 배열의 구성 요소가 대응하는 논리적으로 연속적인 스트립의 집합을 스트라이프stripe라고 한다. 예를 들어, n-디스크 배열에서 첫 번째 n개의 논리 스트립들은 각 디스크 n개의 첫 번째 스트립들로 저장하며, 두 번째 n개의 논리 스트립들은 각 디스크의 두 번째 스트립들로 분산 저장한다. 따라서 이 방법은 동일한 하드디스크 여러 대를 병렬 방법으로 구성하며, 입출력 전송시간을 매우 줄일 수 있다. 디스크 4개로 구성된 RAID 0 계층은 [그림 9-28]과 같다. RAID 0에서는 데이터 ABCD를 입력하면 각 디스크에 A, B, C, D로 분산 저장하고, 데이터를 읽을 때는 여러 하드디스크에 분산된 데이터를 동시에 읽어온다. 따라서 대기 중인 다수의 입출력 요구를 병렬적으로 처리하여 높은 전송률을 유지할 수 있다.

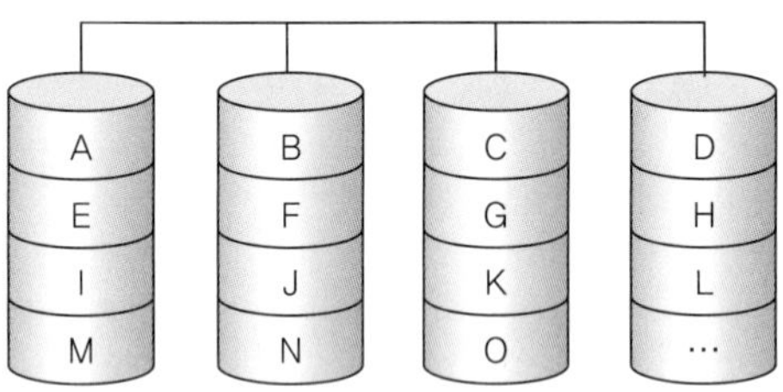

그림 9-28 RAID 0(스트라이핑)

RAID 0 계층에는 스트라이프가 있지만 데이터를 중복해서 기록하지 않으므로 장애 발생에 대비한 여분의 저장 공간은 없다. 따라서 어느 한 디스크에서 장애가 발생하면 데이터는 손실된다. 본질적으로는 안정성을 추구하는 RAID 시스템에 부합하지 않는다고 할 수 있다.

RAID 0에서는 데이터를 입출력할 때 RAID 컨트롤러에서 디스크 여러 개로 나눠서 쓰고 읽어 들인다. 그러므로 중요하지 않은 데이터에서 빠른 데이터 입출력 성능을 요구하는 동영상 편집 등에 적합하다.

2.2 RAID 1(미러링)

RAID 1은 RAID 0처럼 데이터 스트라이핑을 사용하면서 배열 내의 모든 디스크에 동일한 데이터가 있는 미러 디스크mirror disk를 가진다([그림 9-29] 참조). 각 논리적 스트립은 별도의 디스크 2개에 대응하므로 미러링mirroring이라고도 한다. 중복 저장된 데이터가 적어도 2개가 있는 드라이브로 구성된다. 읽기 요구는 요구 데이터가 있는 디스크 2개 중 어떤 디스크에서도 서비스를 받을 수 있기 때문에 성능이 향상될 수 있다. 그러나 데이터를 분할 저장하지 않기 때문에 두 스트립을 갱신해야 하며, 쓰기 요구는 단일 디스크 드라이브와 같다. 물론 이때도 병렬적으로 갱신한다.

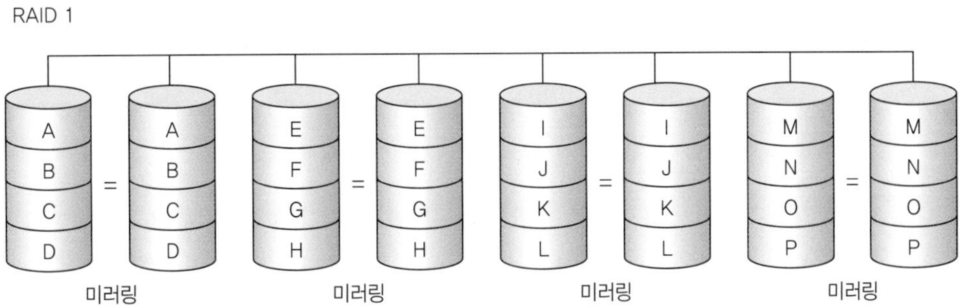

그림 9-29 RAID 1(미러링)

RAID 1은 드라이브에 장애가 발생하거나 데이터에 손실이 발생해도 즉시 두 번째 디스크로 액세스할 수 있다. 그러나 전체 용량의 절반을 여분의 데이터를 기록하는 데 사용하기 때문에, 즉 지원하는 논리적 디스크 공간의 두 배가 필요하므로 비용이 증가한다.

일반적인 응용에서 읽기 요구가 많으면 높은 입출력 요청을 달성할 수 있지만(이때 RAID 0보다 두 배 증가), 쓰기 요구가 많으면 RAID 1의 성능은 RAID 0의 성능과 비슷하다. 따라서 시스템 드라이브와 같은 중요한 파일에 적합하다.

2.3 RAID 2(허밍 코드를 이용한 중복)

RAID 2와 RAID 3은 병렬 액세스 방법을 사용하므로 모든 멤버 디스크는 모든 입출력 요구에 참여한다. 디스크 간에 데이터 스트라이핑을 사용하며, 오류 검출 능력이 없는 드라이브는 허밍hamming 코드 방법을 사용한다. 몇몇 디스크에는 오류를 감지하고 수정하는 데 사용하는 오류 정정 코드ECC, Error Correcting Code 정보가 저장되어 있다. 허밍 오류 정정 코드는 패리티 비트를 사용하여 디스크에서 전송된 데이터에 오류가 있는지 확인하여 오류를 정정한다.

오류 정정 코드는 각 데이터 디스크에 대응하는 비트들을 계산한다. 예를 들어, [그림 9-30]과 같이 데이터 A를 A0 · A1 · A2 · A3비트로 분할하여 기록하고, 패리트 비트(허밍 코드)들은 ESS(패리티) 디스크의 대응하는 위치에 ECC/Ax · Ay · Az로 저장한다. 각 데이터는 ESS 디스크에 저장된 허밍 코드를 이용하여 오류를 검출하고 정정한다.

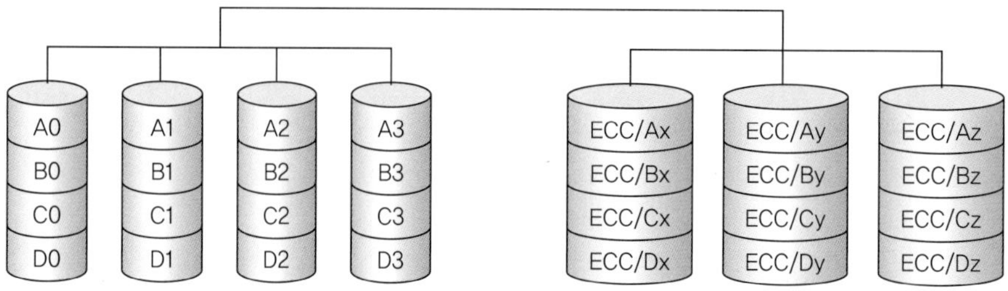

A0 to A3 = Word A; B0 to B3 = Word B;
C0 to C3 = Word C; D0 to D3 = Word D;

ECC/Ax to Az Word A ECC; ECC/Bx to Bz Word B ECC;
ECC/Cx to Cz Word C ECC; ECC/Dx to Dz Word D ECC;

그림 9-30 RAID 2(허밍 코드를 이용한 중복)

RAID 2는 실시간으로 오류를 수정할 수 있다는 장점이 있지만, 현재의 SCSI 드라이브에는 자체적으로 오류를 검출하는 능력이 있어 별로 사용하지 않는다. 디스크에 오류 발생이 많을 때는 효과가 있지만, 디스크의 신뢰성이 높으면 낭비가 크므로 구현 자체가 제외될 때가 많다. 빠른 기록 속도와 함께 장애 복구 능력을 요구할 때 사용하며, 드라이브 두 대만으로 구성할 수 있기 때문에 작은 시스템에 적합하다.

NOTE_ 허밍 코드

허밍 코드는 패리티 비트를 필요한 수만큼 정해진 위치에 두어 오류가 발생했을 때 오류 발생 비트를 알아내어 정정이 가능하도록 한다.

- 허밍 코드의 비트 수 : 정보 비트의 수가 m이면 패리티 비트 수 p는 2p >= m + p + 1
- 패리티 비트의 위치 : 허밍 코드의 왼쪽부터 1, 2, 4, 8, 2n–1에 위치

예를 들어, 정보 비트 수가 4, 패리티 비트 수가 3이라면 P1 P2 D1 P3 D2 D3 D4(1번, 2번, 4번 자리에 패리티 비트 위치)

2.4 RAID 3(비트 인터리브된 패리티)

데이터를 분산 저장할 때는 앞서 설명한 RAID 0처럼 스트라이프를 사용하며, 오류 검출과 수정할 때는 별도의 드라이브 한 대를 패리티 드라이브로 사용한다. 내장된 오류 정정 코드 정

보는 오류를 감지하는 데 사용하며, 데이터 복구는 다른 드라이브에 기록된 정보 XOR을 계산하여 수행한다.

각 데이터 디스크에 데이터를 비트 단위로 스트라이핑하여 기록한다. 디스크에 입출력할 데이터 크기가 K바이트라면, 디스크 N개에 나눠(K/N) 분산 저장하고, N+1 디스크에는 패리티 비트를 저장한다. 따라서 바이트 단위의 분산 저장을 경제적으로 수행하려면 하드웨어적인 지원이 필요하다.

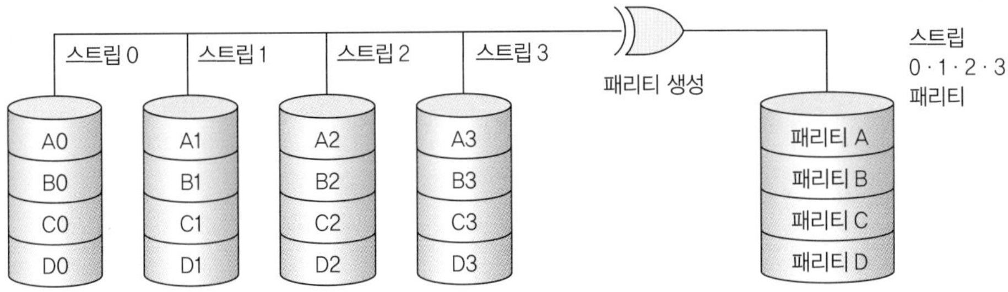

그림 9-31 RAID 3(비트 인터리브된 패리티)

데이터는 스트립들로 나누므로 높은 데이터 전송률을 제공하나(병렬적 데이터 전송 가능), 입출력 작업은 드라이브에서 모두 처리하므로 파일 서버file server 등 입출력이 빈번한 곳에서 사용하는 것은 부적합하다. 입출력 요청을 한 번에 한 요청만 실행하기 때문이다. 그렇지만 대형 레코드를 많이 사용하는 단일 사용자 시스템과 다량의 데이터 전송을 요구하는 CAD나 이미지 작업에는 적합하다.

2.5 RAID 4(블록 인터리브된 패리티)

RAID 4와 RAID 5는 독립된 액세스 방법을 사용한다. 패리티 드라이브를 사용한다는 점에서 RAID 3과 비슷하지만, 각 드라이브에 데이터를 블록 단위로 분산 저장한다는 점에서 다르다. 다른 방법처럼 데이터를 분산 저장하려고 스트라이핑을 사용한다. 독립된 액세스 방법을 사용하여 디스크의 각 멤버는 독립적으로 동작하며, 각각 분리된 입출력 요구들을 병렬로 처리 가능하므로 많은 입출력 요청이 필요한 업무에 적합하다. 하지만 높은 데이터 전송률이 필요한 업무에서는 성능이 떨어진다.

RAID 4는 크기가 작은 입출력을 요청할 때 쓰기 성능이 떨어진다. 쓰기 요청이 있을 때마다 사용자 데이터와 함께 패리티 정보를 갱신해야 하기 때문에 추가 시간이 소요(입출력의 병목 현상을 가져온다)되기 때문이다. 그러나 데이터 읽기 요청은 RAID 0과 비슷한 성능을 보인다. 여러 드라이브 중에서 드라이브 한 대만 여분의 패리티 정보를 기록하는 데 사용하기 때문에 용량당 비용은 그리 높지 않다. 저렴한 가격으로 장애 복구 능력을 요구하거나 빠른 판독 속도가 필요할 때 사용한다.

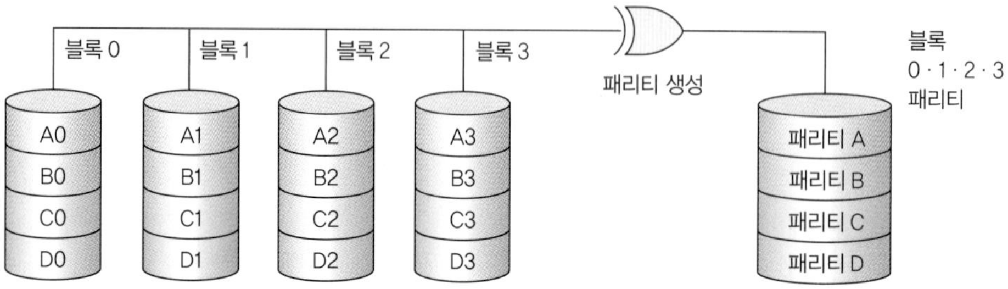

그림 9-32 RAID 4(블록 인터리브된 패리티)

2.6 RAID 5(블록 인터리브된 분산 패리티 블록)

RAID 4 구성과 비슷하며, 별도의 패리티 드라이브 대신 모든 드라이브에 패리티 정보를 나눠서 저장하기 때문에 패리티를 담당하는 디스크의 병목 현상을 일으키지 않는다. 다중 프로세스 시스템처럼 작고 잦은 데이터 기록이 있을 때 더 빠르다. 그러나 읽기 요청은 각 드라이브에서 패리티 정보를 건너뛰어야 하기 때문에 RAID 4보다 느리다.

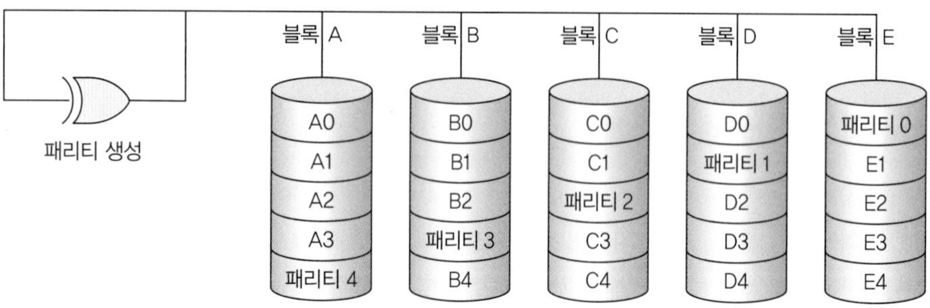

그림 9-33 RAID 5(블록 인터리브된 분산 패리티 블록)

최소한 세 대, 보통은 다섯 대 이상의 드라이브가 필요하며, 데이터는 각 데이터 영역에 블록 단위로 스트라이핑하여 저장한다. 병렬 입출력이 가능하기 때문에 기록과 읽기가 동시에 가능하며, 데이터 입출력 성능이 아주 빠르면서도 안전성 또한 높은 편으로 파일 서버 등 입출력이 빈번한 업무에 적합하다. 현재 가장 널리 사용하는 RAID 방법이다.

2.7 RAID 0+1

스트라이핑 방법(RAID 0의 빠른 속도)과 미러링 방법(RAID 1의 안정적인 복구 기능)을 혼합한 형태로 각각의 장점을 살린 시스템이다. 미러링은 반드시 디스크 수가 똑같아야 하기 때문에 디스크 2개를 사용하여 스트라이핑하려면 최소 디스크가 네 개 필요하다.

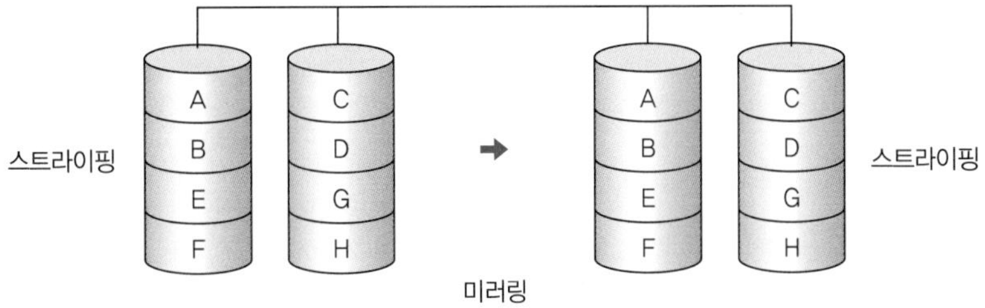

그림 9-34 RAID 0+1

예를 들어, 하드디스크 4개로 구성된 RAID 시스템에 데이터 ABCD를 입력하면 디스크 2개에 데이터 AB와 데이터 CD로 나눠서 입력한다. 나머지 디스크 2개에도 똑같이 데이터 AB와 데이터 CD로 나눠서 저장한다. 쓰기 속도는 디스크 2개로 스트라이핑할 때와 동일하며, 디스크 4개에서 나눠서 읽어 오기 때문에 읽기 속도는 빠르다. 물론 미러링으로 동일한 디스크 복사본을 가지고 있기 때문에 디스크에 오류가 발생하면 복구가 가능하다. 디스크가 여럿 필요하기 때문에 안정성과 빠른 속도가 모두 필요한 중대형 서버에서 많이 사용한다.

요약

01 입출력 시스템

입출력 시스템은 컴퓨터 시스템의 물리적 입출력장치와 입출력 모듈을 포함한다. 물리적 입출력장치는 실제 입출력을 수행하며, 입출력 모듈은 메모리나 프로세서, 레지스터 등 내부 저장장치와 물리적 입출력장치 사이의 이진 정보를 제공한다.

02 입출력 모듈의 기능

- 내부 자원과 데이터 입출력 등 다양한 동작을 제어하고 타이밍 기능을 제공한다.
- 프로세서에서 명령을 전달받고, 관련된 메시지를 인식하는 기능을 제공한다.
- 버퍼링을 이용하여 전송속도를 조절한다.
- 오류를 검출한다.

03 프로세서 역할에 따른 입출력 방법

- 프로세서 제어 입출력 방법 : 프로그램 제어 입출력, 인터럽트 기반 입출력
- DMA 입출력 방법
- 입출력 채널을 이용한 방법

04 커널 입출력 서브시스템

컴퓨터의 효율성을 높이는 방법으로 커널이 제공하는 입출력 관련 서비스는 다음과 같다.

- 입출력 스케줄링
- 버퍼링
- 캐싱
- 스풀링
- 오류 처리
- 자료 관리

05 디스크 시스템

디스크 시스템은 디스크 드라이버, 프로세서, 디스크 제어기로 분류할 수 있다. 디스크 드라이버는 구동 모터, 액세스 암 이동장치, 입출력 헤드 부분의 기계적인 부분을 담당한다. 프로세서는 원하는 컴퓨터의 논리적인 상호작용, 즉 원하는 데이터의 위치(디스크 주소)와 버퍼, 판독, 기록 등을 관리한다. 디스크 제어기는 디스크 드라이버의 인터페이스 역할을 한다.

06 데이터 액세스 시간

이동 디스크의 데이터 액세스 시간은 '탐색 시간+회전 지연시간+전송시간'이다. 고정 헤드 디스크는 탐색 시간이 필요 없으므로 데이터 액세스 시간은 '회전 지연시간+전송시간'이 된다.

07 디스크 스케줄링 알고리즘

스케줄링 알고리즘은 선입선처리FCFS 스케줄링, 최소 탐색 시간 우선SSTF 스케줄링, 스캔SCAN 스케줄링, 순환 스캔C-SCAN 스케줄링, 룩LOOK 스케줄링 등 탐색 시간 최적화 알고리즘과 최소 지연시간 우선SLTF 스케줄링, 최소 위치 결정 시간 우선SPTF 스케줄링 등 회전 지연시간 최적화 알고리즘으로 분류할 수 있다.

08 RAID

RAID는 하드디스크 여러 개를 논리적 가상 디스크 하나로 구성하여 대용량 저장장치로 사용할 수 있는 방법이다. 데이터를 하드디스크 여러 개에 분할 · 저장하여 전송속도를 향상시키고, 시스템 가동 중 생길 수 있는 디스크 오류를 시스템을 정지하지 않고도 교체 가능하다는 특징이 있다. RAID 방법은 6계층으로 분류하며, 서로 다른 용도로 사용한다.

연습문제

01 디스크 스케줄링의 목적과 거리가 먼 것은?

① 처리율 극대화
② 평균 반응시간의 단축
③ 응답시간 편차의 최소화
④ 디스크 공간 확보

02 버퍼링buffering에 대한 설명 중 틀린 것은?

① 디스크 전체를 매우 큰 버퍼처럼 사용한다.
② 한 레코드를 읽어서 CPU가 그것에 대한 작업을 시작함과 동시에 입출력장치가 필요한 레코드를 미리 읽어 CPU에 저장한다.
③ CPU가 필요한 레코드를 읽으려고 기다리는 일이 없도록 한다.
④ 저속의 입출력장치와 고속의 CPU 간의 속도 차이를 해소하는 데 사용한다.

03 스풀링spooling에 대한 설명으로 옳지 않는 것은?

① SPOOL은 Simultaneous Peripheral Operation On-Line의 약어이다.
② 스풀링은 주기억장치를 버퍼로 사용한다.
③ 어떤 작업의 입출력과 다른 작업의 계산을 병행 처리하는 방법이다.
④ 다중 프로그래밍 시스템의 성능 향상을 가져온다.

04 컴퓨터 시스템 성능을 향상시키는 스풀링spooling에 대한 설명으로 옳지 않은 것은?

① 여러 작업의 입출력과 계산을 동시에 수행할 수 있다.
② 주기억장치의 일부를 스풀 공간으로 사용하며, 소프트웨어적인 방법이다.
③ 제한된 수의 입출력장치 사용으로 입출력 작업의 지연을 방지한다.
④ 저속의 입출력장치에서 읽어 온 자료를 우선 중간의 저장장치에 저장하는 방법이다.

05 스풀링spooling에 대한 설명으로 틀린 것은?

① SPOOL은 Simultaneous Peripheral Operation On-Line의 약어이다.
② 기억장소는 주로 디스크를 이용한다.
③ 출력 작업에서만 사용한다.
④ 고속장치와 저속장치 간의 처리 속도 차이를 줄이는 방법이다.

06 버퍼링buffering과 스풀링spooling에 대한 설명으로 옳지 않은 것은?

① 버퍼란 입출력이 일어나는 동안 그 데이터를 저장하는 주기억장치의 일부분이다.

② 버퍼링으로 계산computation과 입출력의 병렬 처리가 가능하다.

③ 스풀링은 CPU의 처리 속도에 비해 입출력 장치의 처리 속도가 훨씬 느리기 때문에 전체적인 처리 속도의 차이를 줄이려고 고안했다.

④ 버퍼링은 스풀링보다 많은 입출력 작업을 중첩시킬 수 있다.

07 디스크를 스케줄링할 때 발생하는 병목 현상을 제거하는 방법으로 옳지 않은 것은?

① 제어장치가 포화 상태가 되면 해당 제어장치에 부착된 디스크 수를 감소시킨다.

② 입출력 채널이 복잡하면 그 채널에 부착된 제어장치 중 몇 개를 다른 채널로 옮긴다.

③ 입출력 채널이 복잡하면 채널을 추가한다.

④ 입출력 채널이 복잡하면 그 채널에 부착된 제어장치를 통합한다.

08 회전 지연시간을 최적화하는 스케줄링 방법은 탐구 시간이 필요하지 않는 고정 헤드 디스크 시스템이나 각 트랙마다 헤드가 있는 드럼 등 보조기억장치에서 사용한다. 회전 시간을 최적화하려고 구현된 디스크 스케줄링 방법은?

① C-SCAN　　② sector queuing

③ SSTF　　④ FCFS

09 탐색 거리가 가장 짧은 요청이 먼저 서비스를 받는 디스크 스케줄링 방법이다. 처리량이 주안점인 일괄 처리에는 유효하나, 응답시간의 편차가 크기 때문에 대화형 시스템에서는 부적합한 것은?

① FIFO　　② SSTF

③ SCAN　　④ C-SCAN

10 디스크의 요청을 처리하려고 헤드가 먼 곳까지 이동하기 전에, 현재 헤드 위치에서 가까운 모든 요구를 먼저 처리하여 전반적인 탐색 시간을 줄이는 알고리즘은?

① SCAN 스케줄링　　② FCFS 스케줄링

③ C-SCAN 스케줄링　　④ SSTF 스케줄링

11 디스크 스케줄링 방법 중에서 탐색 거리가 가장 짧은 요청이 먼저 서비스를 받는 방법이다. 탐색 패턴이 편중되어 안쪽이나 바깥쪽 트랙이 가운데 트랙보다 서비스를 덜 받는 경향이 있는 방법은?

① FCFS　　② C-SCAN　　③ LOOK　　④ SSTF

12 SSTF 스케줄링에 대한 설명으로 옳은 것은?

① 탐색 거리가 가장 긴 요청이 먼저 서비스를 받는다.

② 응답시간의 편차가 거의 없으므로 대화형 시스템에 적합하다.

③ 헤드에서 먼 곳에 대한 요청은 기아starvation 상태를 일으킬 수 있다.

④ 헤드가 제일 바깥쪽 트랙에서 안쪽으로 이동하면서 진행 방향에 있는 요구를 차례대로 서비스한다.

13 SSTF 방법을 사용할 때 현재 헤드의 위치는 60이며, 트랙 바깥쪽 방향으로 진행 중이다. 디스크 대기 큐에 다음 순서(왼쪽부터 먼저 도착한 순서)로 액세스 요청이 대기 중일 때 가장 먼저 실행되는 것은? (단, 가장 안쪽 방향의 트랙 번호는 0이다.)

> 디스크 대기 큐 : 80, 122, 69, 76, 58

① 58　② 76　③ 69　④ 80

14 초기 헤드 위치가 50이며 트랙 0 방향으로 이동 중이다. 디스크 대기 큐에 다음 순서로 액세스 요청이 대기 중일 때 모든 처리를 완료하는 헤드의 총 이동 거리는 370이다. 이때 사용된 디스크 스케줄링 방법은? (단, 가장 안쪽 트랙 0, 가장 바깥쪽 트랙 200)

> 대기 큐 : 100, 180, 40, 120, 0, 130, 70, 80, 150, 200

① SCAN　② SSTF　③ FIFO　④ C-SCAN

15 디스크 스케줄링에서 SSTFShortest Seek Time First에 대한 설명으로 옳지 않은 것은?

① 탐색 거리가 가장 짧은 요청이 먼저 서비스를 받는다.

② 일괄 처리 시스템보다 대화형 시스템에 적합하다.

③ 가운데 트랙이 안쪽이나 바깥쪽 트랙보다 서비스를 받을 확률이 높다.

④ 헤드에서 멀리 떨어진 요청은 기아starvation 상태가 발생할 수 있다.

16 SSTF 방법을 사용할 때, 헤드의 현재 위치가 트랙 53(그 전의 위치는 트랙 59)이고, 요구 큐에는 트랙 번호 〈98, 180, 37, 64, 10, 28〉이 저장되어 있다. 헤드는 몇 번 트랙으로 이동하는가?

① 10　② 28　③ 37　④ 64

17 현재 헤드 위치가 53에 있고 트랙 0번 방향으로 이동 중이다. 요청 대기 큐에는 다음 순서로 액세스 요청이 대기 중일 때 SSTF 스케줄링 알고리즘을 사용한다면 헤드의 총 이동 거리는 얼마인가?

대기 큐 : 98, 203, 37, 122, 14, 124, 65, 67

① 201 ② 236 ③ 256 ④ 320

18 어떤 방향의 진행이 시작될 당시에 대기 중이던 요청들만 서비스하고, 진행 도중 도착한 요청들은 한데 모아서 다음 반대 방향으로 진행할 때 최적으로 서비스할 수 있도록 배열하는 디스크 스케줄링 방법은?

① SSTF ② FCFS
③ N-step SCAN ④ S-step SCAN

19 SCAN의 무한 대기 발생 가능성을 제거한 것으로 SCAN보다 응답시간의 편차가 적고, SCAN처럼 진행 방향의 요청을 서비스하지만 진행 중에 새로 추가된 요청은 서비스하지 않은 채 다음 진행할 때 서비스하는 디스크 스케줄링 방법은?

① N-step SCAN 스케줄링 ② C-SCAN 스케줄링
③ SSTF 스케줄링 ④ FCFS 스케줄링

20 먼저 도착한 요청이 먼저 서비스를 받으며, 일단 요청이 도착하면 실행 예정 순서가 고정된다는 점에서 공평한 디스크 스케줄링 정책은?

① SSTF ② SCAN ③ FCFS ④ C-SCAN

21 다음과 같이 트랙을 요청하여 큐에 순서대로 도착했다. 모든 트랙을 서비스하려고 디스크 스케줄링 방법 중 FCFS 스케줄링을 사용할 때, 트랙 40은 요청된 트랙 중 몇 번째에 서비스를 받게 되는가? (단, 현재 헤드의 위치는 트랙 50이다.)

큐에 도착한 요청 트랙의 순서 : 10, 40, 55, 35

① 첫 번째 ② 두 번째 ③ 세 번째 ④ 네 번째

22 현재 헤드의 위치는 트랙 50이다. 다음과 같이 트랙을 요청하여 큐에 순서대로 도착했다. 모든 트랙을 서비스하려고 디스크 스케줄링 방법 중 FCFS 스케줄링을 사용했을 때 총 이동 거리는? (단, 가장 안쪽 트랙은 0이다.)

> 큐에 도착한 요청 트랙의 순서 : 10, 40, 55, 35

① 50 ② 60 ③ 105 ④ 140

23 디스크 스케줄링에서 SCAN 방법을 사용할 때, 다음 작업 대기 큐의 작업들을 수행할 헤드의 총 트랙 이동 거리는? (단, 초기 헤드의 위치는 30이고, 현재 0번 트랙으로 이동 중이다.)

> 대기 큐 : 7, 46, 15, 38, 3

① 39 ② 59 ③ 70 ④ 151

24 디스크 스케줄링 방법 중 다음 설명에 해당하는 것은?

> 헤드가 진행하는 과정에서 각 실린더에 대해 디스크팩의 한 번의 회전 시간 동안만 입출력 요구들을 처리하는 기법이다. 즉, 한 회전 동안 서비스를 받지 못하는 요구 처리는 다음으로 미루는 것이다. 이렇게 하려면 한 실린더 내의 트랙이나 섹터 요구들을 별도로 순서화하는 메커니즘이 필요하다. 결국 탐구 시간의 최적화와 회전 지연시간의 최적화를 동시에 추구하는 기본적인 방법인 것이다.

① SSTF 스케줄링
② Eschenbach 스케줄링
③ FCFS 스케줄링
④ N-SCAN 스케줄링

25 디스크 탐색 시간 최적화 전략 중 C-SCAN 스케줄링 전략에 대한 설명으로 가장 적합한 것은?

① 현재 헤드의 위치에서 가장 가까운 I/O 요청을 서비스한다.
② 헤드가 디스크 표면을 양방향(안쪽과 바깥쪽)으로 이동하면서 이동하는 동선의 I/O 요청을 서비스한다. 이때 헤드는 이동하는 동선의 앞쪽에 I/O 요청이 없을 때만 후퇴가 가능하다.
③ 헤드는 트랙의 안쪽으로 한 방향으로만 움직이며, 안쪽에 더 이상 I/O 요청이 없으면 다시 바깥쪽에서 안쪽으로 이동하면서 I/O 요청을 서비스한다.
④ 먼저 도착한 I/O 요청을 먼저 서비스한다.

26 디스크 스케줄링 방법 중 SCAN을 사용하여 다음 작업 대기 큐의 작업을 모두 처리할 때 가장 최후에 처리되는 트랙은? (단, 현재 디스크 헤드는 트랙 50에서 트랙 40으로 이동했다고 가정한다.)

작업 대기 큐 : 7, 55, 15, 38, 3

① 3 ② 15 ③ 38 ④ 55

27 현재 헤드의 위치가 50에 있고, 요청 대기 열에는 다음 순서로 들어 있다고 가정하자. C-SCAN 스케줄링 알고리즘을 사용한다면 헤드의 총 이동 거리는 얼마인가?

요청 대기 열 : 100, 180, 40, 120, 0, 130, 70, 80, 150, 200

① 790 ② 380 ③ 370 ④ 250

28 현재 헤드의 위치가 50에 있고 트랙 0번 방향으로 이동하며, 요청 대기 열에는 다음 순서로 들어 있다고 가정하자. 헤드의 총 이동 거리가 가장 짧은 스케줄링은?

요청 대기 열 : 100, 180, 40, 120, 0, 130, 70, 80, 150, 200

① C-SCAN 스케줄링 ② FCFS 스케줄링
③ SCAN 스케줄링 ④ SSTF 스케줄링

29 디스크에서 헤드가 트랙 70을 처리하고 트랙 60으로 이동해 왔다. SCAN 방법을 사용할 때 다음 디스크 큐에서 가장 먼저 처리하는 트랙은?

디스크 큐 : 20, 50, 80, 100

① 20 ② 50 ③ 80 ④ 100

30 사용자가 요청한 디스크 입출력 내용이 다음 순서대로 큐에 들어 있다. 이때 이를 모두 처리하는 데 소요되는 시간이 가장 긴 스케줄링 방법은? (단, 현재 디스크 헤드 위치는 53이고, 가장 안쪽이 1번, 가장 바깥쪽이 200번 트랙이라고 가정하자.)

큐의 내용 : 98, 183, 37, 122, 14, 124, 65, 67

① FCFS ② SSTF ③ SCAN ④ C-SCAN

31 디스크의 서비스 요청 대기 큐에 도착한 요청이 다음과 같을 때 최소 탐색 시간 우선SSTF 스케줄링 방법을 사용한다면 트랙 75번은 몇 번째로 처리되는가? (단, 현재 헤드 위치는 100번 트랙으로 가정한다.)

요청 대기 큐 : 105, 75, 58, 90, 35, 200, 64, 89

① 두 번째 ② 세 번째
③ 네 번째 ④ 다섯 번째

32 현재 헤드 위치가 53에 있고 트랙 0번 방향으로 이동 중이다. 요청 대기 큐에는 다음 순서로 액세스 요청이 대기 중일 때, SSTF 스케줄링 알고리즘을 사용한다면 헤드의 총 이동 거리는 얼마인가? (단, 트랙 0번이 가장 안쪽에 위치한다.)

요청 대기 큐 : 98, 203, 37, 122, 14, 124, 65, 67

① 202 ② 236
③ 256 ④ 320

33 다음이 설명하는 디스크 스케줄링 방법은?

- 부하가 매우 큰 항공예약 시스템에서 사용하려고 개발했으며, 탐색 시간seek time뿐만 아니라 회전 지연시간rotational delay time을 최적화하려고 개발한 방법이다.
- 헤드는 C-SCAN처럼 움직이며, 예외적으로 모든 실린더는 요청이 있든 없든 간에 전체 트랙이 한 바퀴 회전할 동안 서비스를 받는다.

① SSTF 방법 ② N-단계 SCAN 방법
③ FCFS 방법 ④ 에센바흐Eschenbach 방법

34 디스크 스케줄링 방법 중 LOOK 방법을 사용할 때 현재 헤드가 60에서 50으로 이동해 왔다고 가정하자. 다음 디스크 큐에서 가장 먼저 처리되는 것은?

디스크 큐 : 70, 80, 100, 90

① 70 ② 80
③ 100 ④ 90

35 초기 헤드 위치가 50이며 트랙 0번 방향으로 이동 중이었다. 디스크 대기 큐에 다음 순서로 액세스 요청이 대기 중일 때, SSTF 스케줄링을 사용하여 모든 처리를 완료하고자 한다. 가장 먼저 처리되는 트랙은? (단, 트랙 가장 안쪽 트랙 0, 가장 바깥쪽 트랙 200)

> 대기 큐 : 100, 180, 40, 120, 0, 130, 55, 80, 51, 200

① 0 ② 40
③ 51 ④ 200

36 현재 헤드의 위치가 50에 있으며, 디스크 대기 큐에 다음 순서로 액세스 요청이 대기 중일 때 C-SCAN 방법을 사용한다면 제일 먼저 서비스 받는 트랙은?

> 디스크 대기 큐 : 55, 10, 30, 120, 0, 60

① 10 ② 30
③ 55 ④ 120

37 디스크 스케줄링 방법 중 헤드가 항상 바깥쪽에서 안쪽으로 움직이면서 가장 짧은 탐색 거리를 갖는 요청을 서비스하는 것은?

① FCFS ② C-SCAN
③ SCAN ④ SSTF

38 다음 설명에 해당하는 디스크 스케줄링 방법은?

> 입출력 헤드가 디스크의 양쪽 끝을 왕복하면서 동작한다. 움직이고 있는 방향으로 트랙 요청이 있는지 검사하여 그 방향으로 더는 트랙 요청이 없으면, 끝까지 가지 않고 그 자리에서 방향을 바꿔 다른 한쪽으로 움직여 나가게 된다.

① FCFS ② C-SCAN
③ SCAN ④ LOOK

39 입출력 모듈의 기능을 간략하게 설명하시오.

40 DMA를 설명하시오.

41 DMA 방법은 어떻게 병렬 처리 시스템의 성능을 향상시키는가? 하드웨어 설계가 복잡해지는 이유는?

42 디스크 액세스 시간(속도)을 결정하는 요소는?

43 디스크 입출력에 필요한 정보는?

44 프로세서 속도를 높일 때 시스템 버스와 장치 속도 크기를 증가시켜야 하는 이유는? 입출력 50%와 연산(프로세서 작업) 50%를 수행하는 하나의 시스템을 고려하여 설명하시오.

45 디스크 스케줄링 방법 중 최소 탐색 시간 우선SSTF 스케줄링을 설명하시오.

46 최소 탐색 시간 우선SSTF 스케줄링은 실린더의 너무 안쪽이나 바깥쪽보다 중간쯤이 좋다. 그 이유를 설명하시오.

47 선입선처리FCFS, First Come First Served 스케줄링의 문제점은?

48 단일 사용자 환경에서 선입선처리FCFS 외의 다른 스케줄링이 유용한가?

49 C-SCAN 방법은 SCAN 방법을 어떻게 변경한 것인가?

50 다음과 같은 선형 요청 디스크 큐가 있다. ①~③의 디스크 스케줄링 알고리즘에서 트랙의 헤드 이동 수는?

- 큐 : 15, 13, 57, 20, 0, 30, 41, 9, 61, 11
- 헤드 시작 위치 : 0

① FIFO

② SSTF

③ LOOK

51 RAID를 사용할 때의 장점, RAID의 0~3계층까지 구조와 차이점을 비교 설명하시오.

Chapter 10

파일 관리

학습목표

- 파일 시스템의 기능과 구조, 파일을 살펴본다.
- 파일을 관리하는 디렉터리 시스템을 살펴본다.
- 파일의 디스크 할당 방법을 살펴본다.
- 파일의 보호를 살펴본다.

01 파일 시스템과 파일

1 파일 시스템의 개념

운영체제는 정보를 저장하는 논리적인 관점과 저장장치의 물리적인 특성을 고려하여 논리적 저장 단위인 파일을 정의하고 메모리에 매핑시키는 파일 시스템 기능을 제공한다. 파일 시스템으로 파일을 구성하고 데이터 액세스를 관리하므로, 파일 시스템은 데이터를 실제로 저장하는 파일과 이를 계층적으로 연결하는 디렉터리로 구성된다.

NOTE_ 좀 더 세밀한 파일 내용은 자료구조와 파일 처리론 관련 자료를 참조한다.

파일은 보조저장장치(디스크)에 기록된 이름과 정보의 모음으로 프로그램과 사용자 데이터를 저장하며, 데이터는 사용자가 가장 관심 있어 하는 파일의 기본 내용이다. 파일은 텍스트 파일처럼 형식이 자유롭거나 엄격하게 제한될 수 있다. 일반적으로 파일은 파일 제작자와 사용자가 정의한 비트, 바이트, 레코드의 집합을 의미한다. 사용 목적과 기능에 따라 구조가 특별하다. 파일 시스템은 이런 파일 자원을 관리하며, 파일의 생성과 삭제 등 파일을 액세스하고 제어하는 책임이 있는 소프트웨어이다. 따라서 파일의 저장 위치, 저장 방법, 저장 공간 활용, 파일 사용 할당, 파일 접근 횟수 등 복잡한 작업을 수행한다. 이런 작업은 각 파일 정보를 기록한 디렉터리로 해당 파일을 관리하여 수행한다.

파일 시스템은 특히 디스크 저장소를 관리(저장 공간 할당)하는 것과 관련이 많고, 메인 메모리와 다른 매체에 저장된 파일 데이터 액세스도 포함한다. 또 사용자가 파일을 생성 · 수정 · 삭제할 수 있도록 지원하며, 파일을 각 응용 프로그램에 가장 적합한 구조로 구성할 수 있도록 지원한다. 물론 파일 읽기, 쓰기, 실행 등을 다양하게 액세스하도록 제어된 방법도 제공한다.

파일 시스템을 설계하려면 사용자 수, 사용자당 평균 파일 수와 크기 등 사용자 정보가 필요하고, 해당 시스템에서 실행할 응용 프로그램의 특성을 이해하여 적합한 파일 구성과 디렉터리 구조를 결정해야 한다.

2 파일 시스템의 기능

파일 시스템은 파일을 사용하는 사용자와 응용 프로그램에 서비스를 제공하는 시스템 소프트웨어이다. 사용자는 파일 관리 시스템으로 파일에 액세스한다. 보통 파일 시스템은 다음 기능을 한다.

- **파일 구성** : 사용자가 각 응용 업무에 적합하게 파일을 구성할 수 있게 한다.
- **파일 관리** : 파일의 생성, 수정, 저장, 참조, 제거, 보호 기능을 제공하며, 파일을 공유하는 다양한 액세스 제어 방법을 제공한다.
- **보조 메모리 관리** : 다양한 형태의 저장장치에 입출력을 지원하며, 2차 저장장치에 파일을 저장할 공간을 할당한다.
- **파일 무결성 보장** : 파일에 저장된 정보를 손상하지 않도록 보장한다.
- **파일 액세스 방법 제공** : 저장된 데이터(파일) 읽기, 쓰기, 실행, 이들을 여러 형태로 조합한 다양한 액세스 제어 방법을 제공한다.
- **장치 독립성 유지** : 물리적 장치 이름을 사용하는 대신 기호화된 이름(예를 들어, myDirectory:myFile.txt)으로 자신의 파일을 참조하여 장치와 독립성을 유지한다.
- **파일 백업과 복구** : 사고로 정보를 손실하거나 고의로 손상하는 일을 방지하려고 데이터 사본(중복)을 생성하는 백업backup과 손상된 데이터를 복구recovery할 수 있는 기능을 제공해야 한다.
- **파일 보호** : 정보를 암호화하고 해독할 수 있는 기능을 제공하여 정보의 안전과 비밀을 보장한다.
- **정보 전송** : 사용자가 파일 간에 정보 전송 명령을 내릴 수 있게 한다.

이 기능과 더불어 파일 시스템은 사용하기 편리한 인터페이스를 제공해야 한다. 즉, 파일 시스템의 목적은 다양한 형태의 저장장치에 입출력을 지원하는 것과 함께 데이터의 보호와 처리율을 향상시키려고 성능을 최적화하는 것이다. 이런 파일 관리 요소는 [그림 10-1]과 같다.

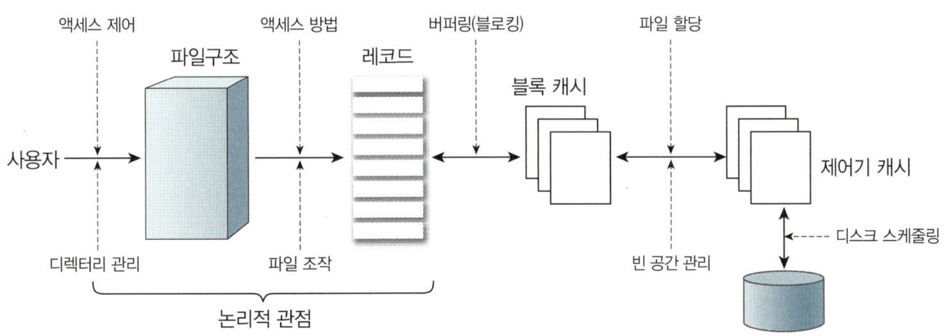

그림 10-1 **파일 관리 요소**

사용자(애플리케이션)는 파일의 생성과 삭제, 파일 연산을 수행하려고 파일 시스템과 상호작용하며, 모든 파일의 위치와 파일의 속성을 기술하는 디렉터리를 사용한다. 허가된 사용자만이 특정 파일을 액세스할 수 있도록 사용자 액세스를 제어한다.

파일에서 수행할 수 있는 기본 연산(생성, 기록, 판독, 삭제 등)들은 레코드 수준에서 수행한다. 파일에는 레코드로 구성되는 여러 형태의 구조(순차, 인덱스 등)가 있다. 파일구조에 타당한 액세스 방법을 사용하며, 특정한 파일 조작 명령으로 실행한다.

사용자 프로그램은 레코드와 관련 있고 입출력은 블록과 관련 있으므로, 파일의 레코드들은 블록화하여 출력해야 하고 입력 후에는 블록을 해제해야 한다. 파일의 블록 입출력을 지원하려면 파일을 디스크의 미사용 블록에 할당하고 회수하는 등 빈(가용) 공간 관리와 각 블록 입출력 요구들의 스케줄링(9장 참조)이 필요하다. 따라서 디스크 스케줄링과 더불어 파일 할당은 성능의 최적화와 관련이 있다.

3 파일 시스템의 구조

파일 시스템은 파일의 개념, 속성, 디렉터리 구조, 파일에 허용하는 연산 등을 정의하는(파일의 정의, 속성, 디렉터리 구조, 파일에 허용하는 연산 등을 표현하는) 논리적 파일과 실제 디스크에 이런 논리 파일 시스템을 매핑mapping하는 것으로 구분할 수 있다.

파일 시스템은 [그림 10-2]와 같이 여러 계층(수준)으로 구성되어 있으며, 각 계층은 낮은 계층의 서비스를 사용한다.

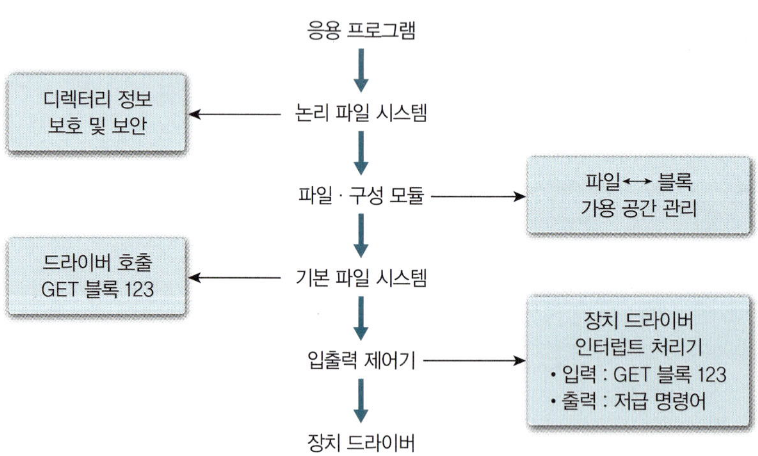

그림 10-2 **계층적 파일 시스템**

- **장치 드라이버** : 주변장치, 장치 제어기나 채널들과 직접적으로 통신하며, 장치에서 입출력 연산을 시작하고 입출력 요구를 완료하는 등 입출력을 수행한다. 대표적인 장치는 디스크와 테이프 드라이브이다. 장치 드라이버는 보통 운영체제의 일부분이다.
- **입출력 제어기** : 장치 드라이버 루틴과 인터럽트 처리기로 구성되어 있으며, 명령어를 해석하여 메모리와 디스크 시스템 간에 정보를 전송한다.
- **기본 파일 시스템** : 물리적 입출력 수준으로 컴퓨터 시스템의 외부 환경과 연결하는 주요 인터페이스이다. 물리적 블록을 읽거나 쓰려고 적절한 장치 드라이버를 호출(명령)하는 계층으로, 디스크에서 블록을 배치하는 것과 관련이 있다(데이터 블록 처리). 이때 각 디스크 블록은 숫자로 표시된 디스크 주소(예 : 드라이브 1의 실린더 53, 트랙 12, 섹터 12)로 식별한다.
- **파일 · 구성 모듈** : 특정 파일의 논리 블록과 물리 블록 정보뿐만 아니라 파일 할당과 유형 정보를 이용하여 파일의 논리 블록 주소를 물리 블록 주소로 변환해서 기본 파일 시스템에서 이동할 수 있도록 한다. 또 디스크의 빈(가용) 공간을 파악한다.
- **논리 파일 시스템** : 사용자들이 파일 이름과 디렉터리 등 정보를 이용하여 레코드를 처리(액세스)한 후 하위 층에 넘긴다. 보호 및 보안 관련 일도 이 계층에서 한다. 따라서 논리적 입출력은 레코드 입출력 기능을 제공하고 파일의 기초 데이터를 유지한다.

4 파일 시스템의 관리

4.1 블록

파일은 디스크의 블록 하나 이상에 저장된다. 블록은 메모리와 디스크 간 전송 단위이다. 디스크에서 블록은 섹터 하나 이상으로 구성되며, 블록을 할당하는 방법은 사용하는 운영체제에 따라 다르다. 운영체제는 파일에 속하는 정보를 블록에 유지하며, 0에서 시작하는 연속 정수로 일부 최대 수에 달하는 논리 블록 번호를 사용한다.

논리 블록 번호는 물리적 디스크 주소(트랙, 실린더, 표면, 섹터)로 변환된다. 변환은 장치 드라이버가 수행하며, 디스크 제어기에 낮은 수준의 하드웨어 명령어로 전달한다.

파일 시스템(운영체제)으로 논리적 파일인 가상 블록 번호VBN, Virtual Block Number를 물리적 파일인 논리 블록 번호LBN, Logical Block Number로 매핑시키는 과정은 [그림 10-3]과 같다.

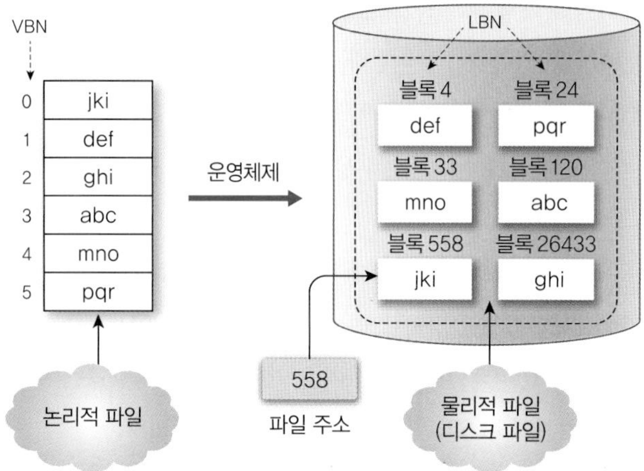

그림 10-3 **논리적 파일을 물리적 파일로 매핑**

4.2 메타데이터

대부분의 파일 시스템은 임의의 특정 파일과 연관되지 않는 메타데이터를 저장한다. 메타데이터는 데이터 정보이다. 예를 들어, 텍스트 파일을 생각해 보자. 텍스트 파일은 파일에 포함된 실제 데이터, 즉 문자 시퀀스이다. 메타데이터에는 데이터와 디렉터리 외에도 파일 시스템 크기, 새로운 데이터가 이미 사용하는 블록을 덮어쓰지 않도록 저장장치의 가용 블록(공간) 정보(위치), 루트 데이터 위치와 파일 소유자, 크기, 파일을 마지막으로 수정(액세스)한 시간 등 여러 데이터 정보가 들어 있다. 이런 데이터를 메타데이터metadata라고 한다. 파일 이름은 보통 메타데이터의 일부로 고려하지 않는다.

특히 메타데이터에는 비어 있는 공간 비트맵bitmap, 가용 블록 정보와 불량 섹터 정보가 포함되어 있다. 물론 메타데이터 역시 데이터와 동일한 방법으로 처리할 수 있다. 예를 들어, 유닉스는 데이터 파일인 디렉터리(폴더)에 메타데이터를 저장한다. 유닉스 파일 시스템은 기본 저장 장치unit인 i 노드를 사용한다. 각각의 i 노드는 실제 데이터 파일뿐만 아니라 디렉터리 정보(메타데이터), 사용하지 않는(비어 있는) 정보를 포함한다.

메타데이터는 사용자가 직접 수정할 수 없으므로 파일 시스템의 무결성을 유지한다.

4.3 마운팅

사용자는 시스템에서 초기에 제공하는 파일 시스템, 즉 부팅과 동시에 영구적으로 제공하는 파일native file의 일부가 아닌 다른 정보에도 액세스해야 할 때가 있다. 예를 들어, 보조기억장치(디스크)나 DVD 등 다양한 장치에 데이터를 저장할 수도 있다. 파일을 개방해야 사용되는 것처럼 시스템에서도 새로운 파일 시스템을 사용하려면 파일 시스템을 미리 제공된 파일 시스템의 디렉터리에 설치해야 한다. 이런 절차를 마운트mount 또는 마운팅이라고 한다.

운영체제는 여러 파일 시스템을 마운트할 수 있는 기능을 제공한다. 마운트는 간단하다. 여러 파일 시스템을 단일 파일 시스템에서 식별할 수 있는 파일 집합으로 결합한다. 즉, 운영체제에 마운트하려는 파일 시스템의 저장 위치(장치 이름)와 새로운 파일 시스템의 설치(올려놓을) 지점, 즉 마운트 포인트를 제공하면 된다.

예를 들어, 유닉스 시스템에서 mount 명령어는 초기 파일 시스템의 마운트 포인트(디렉터리)를 마운트된 파일 시스템의 루트에 할당한다. 운영체제를 포함하고 있는 파일 시스템은 'C:'에 마운트되고, 그다음 파일 시스템은 'D:'에 마운트되는 현상이 전형적인 예이다. mount 명령어가 새로운 파일 시스템(/dev/sda6)을 초기 파일 시스템의 /mnt/로 액세스할 수 있도록 마운트되는 과정은 [그림 10-4]와 같다.

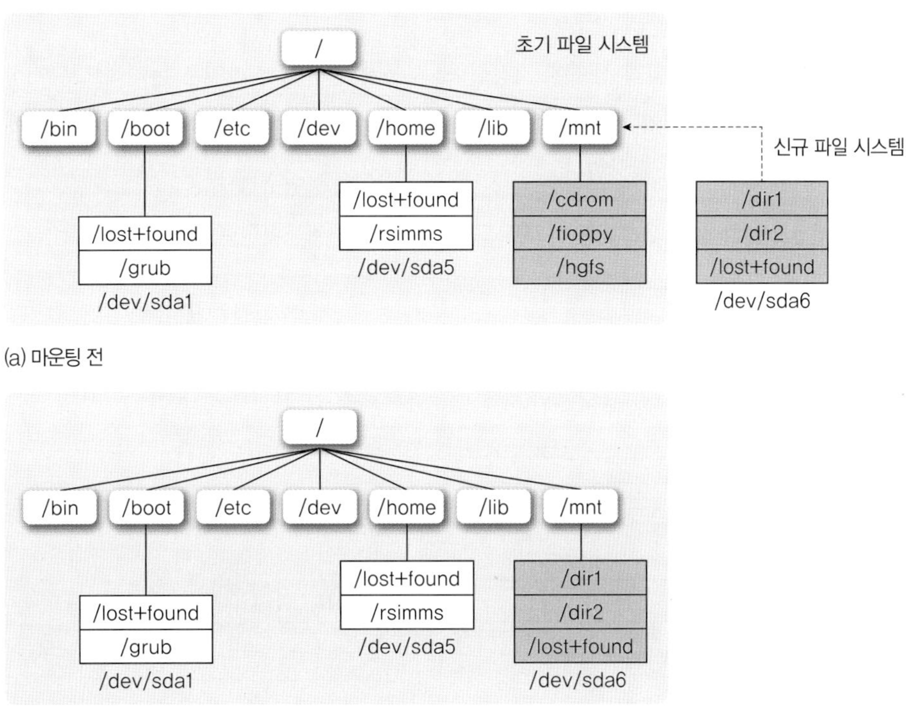

그림 10-4 **마운팅 전후 파일 시스템**

초기 파일 시스템의 디렉터리 이름 앞에 /mnt를 삽입한 경로명(mnt/dir1 또는 mnt/dir2)을 사용하여 신규 파일 시스템(/dev/sda6)에 액세스할 수 있다. 이때 파일 시스템이 마운트되어 있으면, 사용자는 해당 파일 시스템이 다시 언마운트unmount될 때까지 마운트 지점에 있는 디렉터리(cdrom 등) 내용을 사용할 수 없다.

이제 사용자는 마운트된 데이터를 마치 초기 파일 시스템에 있는 것처럼 자유롭게 액세스할 수 있다. 파일 시스템은 마운트 테이블을 사용하여 마운트된 디렉터리들을 관리한다. 마운트 테이블은 마운트 지점 경로명과 마운트된 각 파일 시스템을 저장하는 장치 정보를 포함한다.

5 파일의 개념과 구성

대부분의 컴퓨터는 파일file 개념을 사용한다. 파일은 프로그램과 데이터 등 정보의 모음(집합)이다. 사용자에게 프로그램과 데이터는 다른 개체이지만, 파일 관리 시스템은 이 둘을 동일하게 파일로 처리한다. 파일은 텍스트처럼 형태가 자유롭거나 엄격하게 제한될 수 있으며, 사용 목적에 따라 구조가 특별할 때도 있다.

파일 내용은 운영체제가 물리적 장치에 저장한다. 사용자 관점에서 파일은 논리적으로 저장되는 기본 단위로, 프로그램이나 데이터가 될 수 있다. 이 논리적 파일을 실제 저장장치에 매핑시키는 작업은 운영체제가 담당한다.

파일은 [그림 10-5]와 같이 필드(항목), 레코드, 블록 등으로 세분화할 수 있다.

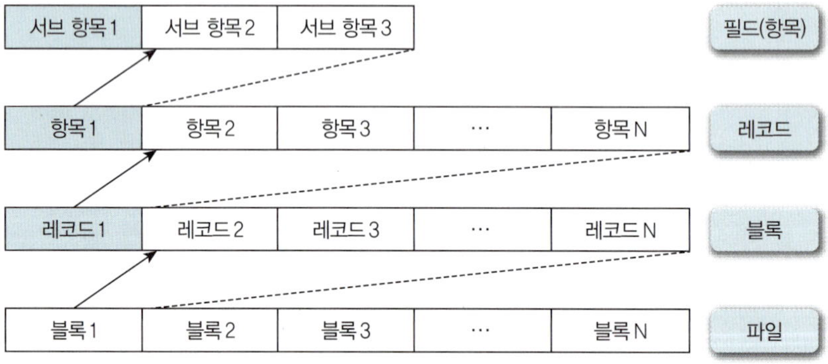

그림 10-5 **필드(항목), 레코드, 블록, 파일의 관계**

■ 필드(항목)

필드는 레코드를 구성하는 바이트의 모임으로, 의미 있는 데이터의 가장 작은 단위이다. 필드는 고정 길이나 가변 길이로 구성된다. 고정 길이는 포함할 문자나 바이트 수가 미리 결정된 것이고, 가변 길이는 입력하는 데이터 크기에 맞게 최대 한계까지 확장하는 것이다. 고정 길이 필드에 입력하는 데이터는 할당된 필드 길이를 초과할 수 없고, 필드에 입력한 데이터가 할당한 데이터의 길이보다 짧으면 나머지 부분이 빈 공간으로 남는다.

■ 레코드

레코드는 파일을 구성하는 요소로, 필요에 따라 [그림 10-5]와 같이 레코드 몇 개가 모여 블록을 형성하기도 한다. 레코드는 고정 길이나 가변 길이로 구성된다. 고정 길이 레코드는 직접 액세스하기가 쉬워 가장 일반적인 형태이지만, 레코드 크기가 너무 작으면 남은 문자열들은 잘려 나가고, 너무 크면 저장 공간이 낭비된다. 반면에 가변 길이 레코드는 고정 길이의 단점을 해결하지만, 레코드의 정확한 위치를 파악하기가 어려워 직접 액세스하기 힘들다. 그래서 대부분 순차 처리에 적합하다.

6 파일의 이름 명명

사용자가 이름을 사용하여 파일을 참조할 수 있게 하려면 유일한 이름이어야 한다. 당연히 뒤에서 다룰 트리 구조의 디렉터리가 유일한 파일 이름을 제공할 때 따르는 어려움도 최소화시켜 준다. 파일에는 디렉터리의 루트에서 위치까지 경로가 포함되어 있는데, 특정 파일의 경로명은 디렉터리 이름과 파일 이름으로 구성된다.

예를 들어, [그림 10-6]에서 수학과 김정수 교수의 제안서 파일은 경로명이 '/수학과/교수/김정수/제안서'가 된다. 여기서 /는 경로명에서 이름을 구분하는 기호이다. 그러므로 같은 파일이더라도 경로명이 다르면 존재할 수 있다. 이런 예는 박성식 교수의 제안서 파일로, 파일 이름은 '제안서'로 같지만, 경로명은 '/수학과/교수/박성식/제안서'이다.

모든 경로명을 표시하여 파일을 참조하는 절대 경로가 너무 길어 불편할 때는 작업 디렉터리에서 상대적 위치를 지정하는 상대 경로로 참조할 수 있다. [그림 10-6]에서 p3.c 파일의 절대 경로명은 '/수학과/교수/김정수/교육과정/570/프로그램/a3/p3.c'이고, 현재 위치가 수학과일 때 상대 경로명은 '/교수/김정수/교육과정/570/프로그램/a3/p3.c'이다.

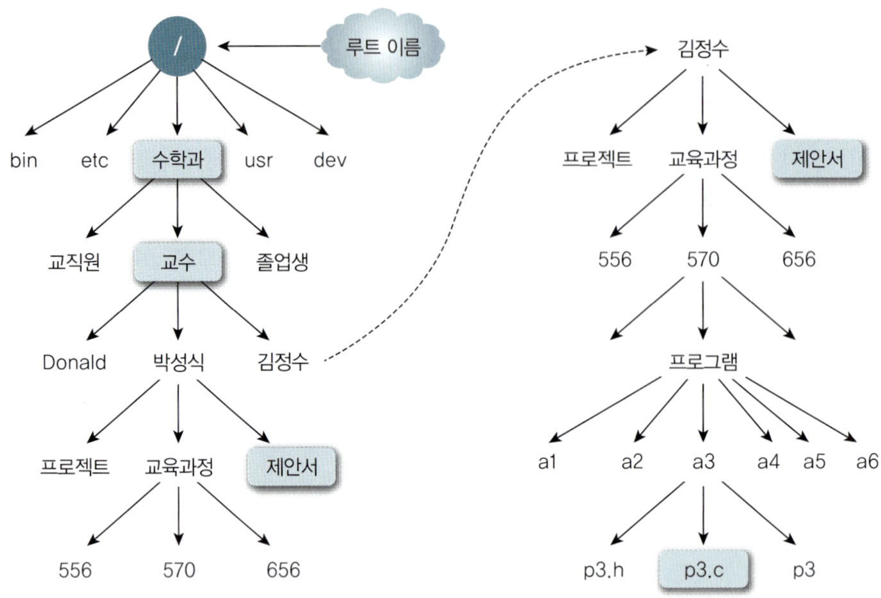

그림 10-6 **디렉터리 계층 구조와 경로명**

7 파일의 속성

운영체제는 파일을 열 때 먼저 디렉터리에서 파일 정보가 있는 위치를 찾는다. 시스템이 파일을 관리하는 데 필요한 정보를 파일 속성이라고 한다. 대부분 속성을 포함하는 파일 제어 블록은 디스크에 저장하고, 파일 정보는 메인 메모리에 유지하여 파일을 열 때 탐색 시간을 줄인다.

파일 속성은 파일 시스템에 따라 구성이 다르지만, 보통은 [그림 10-7]과 같이 디렉터리와 파일 헤더로 구성하여 다음 속성을 제공한다.

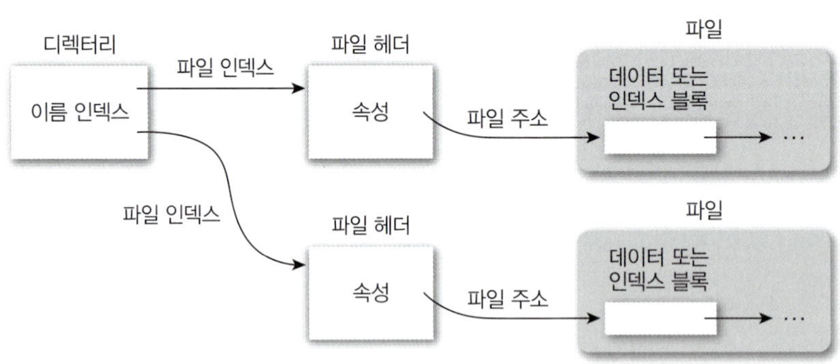

그림 10-7 **파일의 속성**

- **파일 이름** : 사용자들이 이해할 수 있는 형태(보통 아스키ASCII 코드)로 붙인다.
- **파일 식별자** : 식별하려고 각 파일에 할당한 고유 번호로, 사용자가 판독이 불가능한 이름이다.
- **파일 유형** : 다양한 파일 형식을 지원하는 시스템에 필요하다.
- **저장 위치** : 파일이 저장된 장치와 그 장치 위치를 표시하는 포인터이다.
- **파일 크기** : 파일의 현재 크기로, 허용 가능한 최대 크기를 포함할 수도 있다.
- **액세스 제어 데이터** : 파일 읽기, 쓰기, 실행 등 권한 정보이다.
- **소유자** : 파일을 최초로 생성한 사람이다.
- **레코드 크기** : 고정된 크기나 최대 크기 등 레코드 종류에 따라 다르다.
- **시간, 날짜, 사용자 식별 정보** : 생성 시간, 수정 변경 시간, 최근 사용 시간 등으로, 파일을 보호 · 보안하고 사용자를 감시하는 데 사용한다.

디렉터리에는 파일 이름이 파일 인덱스한 매핑과 여러 개의 파일이 들어 있다. 각 파일에 있는 파일 헤더가 파일 속성과 내용을 저장하는데, 유닉스에서는 이 파일 헤더를 i 노드i node라고 한다.

8 파일의 유형

파일에는 그 파일을 다루는 프로그램으로 인식 가능한 내부 구조가 있으므로 파일의 유형으로 파일의 내부 구조 형태도 짐작할 수 있다. 운영체제는 파일 시스템이 지원 가능한 파일 구조를 정의하고, 해당 파일을 다룰 수 있는 특별한 연산 기능을 제공한다. 예를 들어, 시스템이 텍스트 파일과 목적(실행) 파일을 다르게 인식할 수 있다면 이진 목적 파일을 프린트로 출력할 때 이를 미리 막을 수 있다. 파일은 크게 다음 세 가지 유형으로 구분할 수 있다.

■ 일반(정규) 파일

일반(정규) 파일은 가장 일반적인 파일과 데이터를 포함하는 데 사용하며, 텍스트나 이진binary 형태이다. 텍스트 파일은 아스키 형식으로 텍스트에 저장된 정보를 포함하고, 사용자가 읽을 수 있는 파일로 표시하거나 인쇄할 수 있다. 이진 파일은 컴퓨터로 읽을 수 있는 정보를 포함하는 정규 파일로, 작업을 수행하려고 시스템에 지시하는 실행 파일이다. 따라서 명령이나 프로그램은 이진 파일에 저장하여 실행한다.

■ 디렉터리 파일

디렉터리 파일은 모든 유형의 파일에 액세스할 수 있는 정보를 포함하나, 실제 파일 데이터는 포함하지 않는다. 디렉터리는 정규 파일보다 적은 공간을 차지하며, 파일 시스템 구조에 유연성과 깊이depth를 더한다. 각 디렉터리 항목은 파일이나 하위 디렉터리 중 하나를 나타낸다.

■ **특수 파일**

특수 파일은 시스템 장치를 정의하거나 프로세스로 생성한 임시 파일로 파이프pipe라고 하는 FIFO(선입선출), 블록, 문자가 이에 해당된다. 파이프는 일시적으로 다른 프로세스와 통신할 수 있게 하려고 프로세스 하나로 생성하며, 한 프로세스 출력을 다른 프로세스 입력으로 사용할 수 있도록 두 프로세스 사이를 연결한다. 그리고 블록과 문자 파일은 장치를 정의한다.

운영체제가 여러 파일의 구조를 지원하면 크기가 커져 복잡해진다는 단점이 있지만, 너무 적은 파일구조를 지원하면 프로그래밍이 매우 힘들 수 있다. 특히 운영체제에서 지원하지 않는 파일 유형을 지원해야 하는 새로운 응용 프로그램에서는 심각한 문제가 발생할 수도 있다.

파일 형태와 구조에 제한이 거의 없는 유닉스나 도스 운영체제는 파일을 단순히 8비트(바이트) 단순 집합으로 보므로, 파일 사용이 자유로워 유연성은 극대화된다. 대신 시스템 차원에서 파일 유형은 상대적으로 지원이 적다. 파일 확장자도 유닉스는 파일 이름의 확장자를 참조할 뿐 이 확장자를 운영체제가 강요하지는 않는다. 따라서 응용 프로그램이 사용하는 파일을 적절하게 해석하고 운용을 책임져야 한다.

보통은 파일 이름에 마침표를 넣어서 구분하여 파일 유형을 나타낸다. 즉, 파일 이름은 크게 순수 이름과 확장자로 구성된다. 대표적인 파일 유형과 확장자의 예는 [표 10-1]과 같다.

표 10-1 **파일 유형과 확장자 예**

파일 유형	확장자	기능
실행 가능	exe, com, bin 등	이진 수행 가능 프로그램
소스 코드	c, p, pas, f77, asm, a	다양한 언어로 된 소스 코드
배치	bat, sh	명령어 해석기에서 명령
문서	txt, doc	텍스트 데이터, 서류
워드 프로세서	wod, hwp, doc, 기타	다양한 워드 프로세서 형식
라이브러리	lib, a, DLL	프로그래머들이 사용하는 라이브러리 루틴
백업, 보관	arc, zip, tar	관련된 파일을 하나로 묶어서 보관하는 것으로 저장용 압축도 가능

9 파일의 연산

운영체제는 파일에서 다음과 같이 다양한 연산을 지원하여 컴퓨터에서 파일을 사용하도록 한다. 이외에도 파일을 편집하고 내용을 수정 · 복사할 수도 있다. 그리고 파일이 목적 코드 형태이면 실행도 할 수 있다.

- **파일 생성하기** : 크게 2단계로 생성된다. 먼저 파일 시스템에 있는 공간을 찾는다. 다음으로 새로 생성한 파일 항목을 디렉터리에 만들어 파일 이름과 파일 시스템 내의 위치를 기록한다.
- **파일 열기** : 파일을 사용하기 전에 프로세스를 열어야 한다. 시스템 호출에 빠르게 액세스하려고 메인 메모리로 디스크 주소의 속성과 리스트를 가져올 수 있도록 한다.
- **파일 쓰기** : 파일을 기록하려고 파일 이름과 파일에 기록할 정보를 표시하는 시스템 호출을 수행한다. 파일 이름이 주어지면 시스템은 파일의 위치를 알려고 디렉터리를 탐색한다. 디렉터리 항목에는 파일의 현재 블록 포인터를 기록할 필요가 있다. 이 포인터를 사용하여 다음 블록의 주소를 계산하고 정보를 기록할 수 있다. 이때 기록 포인터write pointer는 갱신한다.
- **파일 읽기** : 파일은 읽기나 쓰기를 하므로 읽기와 쓰기 포인터를 가질 수 있다. 대부분의 시스템에는 현재 파일 포인터가 하나 있다. 읽기와 쓰기 동작에 포인터를 사용하여 디렉터리 항목의 공간을 절약하고 시스템의 복잡성을 감소시킨다.
- **파일 재설정하기** : 현재의 파일 포인터를 조정한다. 포인터 값만 바꾸는 것이므로 실제적인 입출력은 할 필요가 없다. 디렉터리를 탐색하면 현재 파일 위치는 파일의 첫 부분으로 재설정reposition한다. 이 연산은 파일 탐색이라는 명령으로 잘 알려져 있다. 임의 액세스 파일에서 데이터를 사용하려면 위치 지정 방법(탐색)이 필요하다.
- **파일 삭제하기** : 파일이 필요 없을 때는 디스크 공간을 확보하려고 삭제할 수 있다. 디렉터리에서 해당 파일을 찾아 파일을 삭제한다. 관련 디렉터리 항목을 발견하면, 해당 파일의 모든 공간을 해제하고 디렉터리 항목을 무효화시킨다. 그러면 해당 파일의 공간은 다른 파일이 재사용할 수 있다.
- **파일 크기 조절하기**
- **속성 설정하기** : 일부 속성은 사용자가 설정할 수 있고, 파일을 생성한 후 변경할 수 있다. 보호 모드 정보가 한 예이다. 플래그의 대부분은 이 범주에 속한다.
- **파일 이름 바꾸기** : 사용자가 기존 파일의 이름을 변경할 때 새 이름으로 파일을 복사할 수 있다. 오래된 파일을 삭제하므로 꼭 필요하지는 않다.

• **파일 닫기** : 모든 액세스를 완료하면 속성과 디스크 주소는 이제 필요하지 않으므로, 내부 테이블 공간을 확보하려면 파일을 닫아야 한다.

10 파일 디스크립터

운영체제는 파일을 열 때 디렉터리를 탐색하여 파일 정보가 있는 위치를 찾는다. 시스템은 탐색에 도움을 주고자 열린 파일 테이블을 메인 메모리에 유지한다. 열린 파일 테이블은 프로세스나 프로세스 그룹이 현재 열린 파일에 액세스하는 방법을 기록한다. 파일을 열면 다음 연산의 시작 포인터 등 정보가 포함된 파일 개체와 연결되어 있다.

파일 디스크립터descriptor(기술자)는 파일을 액세스하는 동안 운영체제에 필요한 정보를 모아 놓은 자료구조이다. [그림 10-8]의 (a)와 같은 정보를 담고 있다. 파일마다 독립적으로 존재

- 파일 이름, 크기, ID(번호), 구조, 저장 주소(디스크 내)
- 공유 가능
- 액세스 제어 정보
- 생성 날짜(시간)
- 저장장치 정보

(a) 파일 디스크립터의 내용

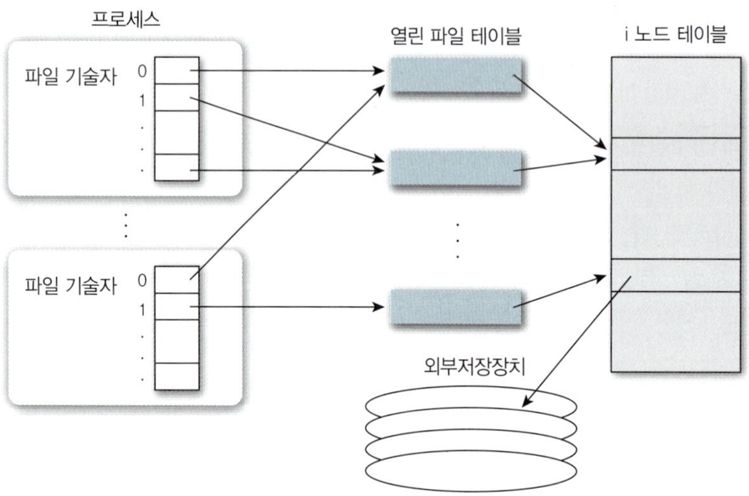

(b) 파일 디스크립터의 역할

그림 10-8 **파일 디스크립터**

하며, (b)와 같이 파일을 열 때 프로세스가 생성한다. 파일 디스크립터는 음이 아닌 고유의 정수로, 파일을 액세스하려고 열린 파일(테이블)을 식별하는 데 사용한다. 또 시스템에 따라 구조가 다를 수 있으며, 파일 시스템이 관리하므로 사용자가 직접 참조할 수 없다. 디스크의 모든 파일이나 디렉터리는 디스크에 저장하므로, 열린 각 파일이나 디렉터리의 파일 디스크립터는 디스크에 저장했다가 파일을 열면 메모리에 복사한다. 그리고 파일을 닫거나 프로세스를 종료할 때 폐기한다.

11 파일에 액세스하는 방법

파일은 정보를 저장하고 저장된 정보는 액세스하여 컴퓨터 메모리에 저장한다. 초기 운영체제는 파일 액세스 방법으로 순차 액세스만 제공했다. 파일에 한 가지 액세스 방법만 제공할 때도 많다. 파일에 액세스하는 방법은 크게 순차 액세스, 직접 액세스, 인덱스 순차 액세스로 분류한다.

11.1 순차 액세스

파일에 있는 정보는 레코드 단위의 순서로 처리하는 것이 가장 일반적이다. 파일에서 대부분의 동작은 읽기와 쓰기이다. 순차 액세스에서 읽기 동작은 파일의 다음 부분을 읽은 후 자동으로 파일 포인터를 증가시킨다. 쓰기 동작은 파일의 끝에 내용을 추가하고, 포인터를 쓴 내용(파일의 새로운 끝)의 끝으로 이동한다. 순차 파일은 일반적으로 데이터 입력 파일에는 사용하지 않고 프로그램의 임시 작업 파일로 사용한다. 이런 파일은 시작 위치로 재설정할 수 있고, 어떤 시스템에서 프로그램은 정수 n개의 레코드를 앞뒤로 건너뛸 수 있다. 순차 액세스는 파일의 테이프 모델을 기반으로 한다.

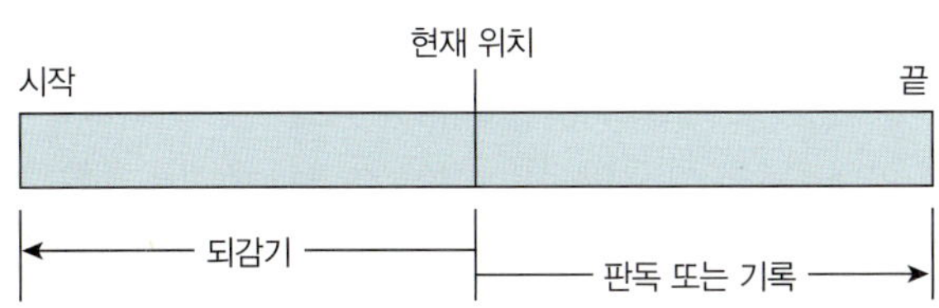

그림 10-9 **순차 액세스**

11.2 직접 액세스

직접 액세스에서는 모든 블록을 직접 읽거나 쓸 수 있으며, 읽기나 쓰기 순서는 없다. 따라서 대규모 정보를 직접 액세스할 수 있다. 블록 14를 읽은 후 블록 57을 읽을 수 있고, 이어서 블록 7에 쓰기도 할 수 있다. 직접 액세스는 대규모 데이터베이스에서 유용한 방법이고, 파일의 디스크 모델을 기반으로 한다.

순차 액세스의 구현과 직접 액세스의 구현을 비교하면 [그림 10-10]과 같다.

(a) 순차 액세스	(b) 직접 액세스
reset(*초기화*)	`cp = 0;`
read next(*다음 것을 읽음*)	`read cp;` `cp = cp + 1;`
write next(*다음 것을 기록*)	`write cp;` `cp = cp + 1;`

그림 10-10 **순차 액세스와 직접 액세스의 구현 비교**

11.3 인덱스 순차 액세스

인덱스 순차 액세스ISAM, Indexed Sequential Access Method는 직접 액세스를 기반으로 디스크의 물리적 특성에 따라 인덱스를 구성하여 탐색하고, 포인터를 사용하여 파일을 액세스한다. 큰 파일도 적은 입출력으로 탐색이 가능하며, 인덱스도 1~2차 인덱스 파일로 구성하여 처리할 수 있다. 파일에서 특정 항목을 찾으려면, 먼저 인덱스를 탐색한다. 그런 다음 포인터를 사용하여 파일을 직접 액세스해서 원하는 항목을 찾아낸다.

예를 들어, 인덱스 순차 액세스는 2차 인덱스의 디스크 블록을 지정하는 작은 마스터 인덱스를 사용한다. 2차 인덱스 블록은 실제 파일 블록을 지정한다. 파일은 정의된 키에 따라 정렬한다. 특정 품목을 찾으려면, 먼저 마스터 인덱스에서 이진 탐색을 실행하여 2차 인덱스 블록 번호를 알아내야 한다. 그런 다음 이 블록을 읽어 들인 후 다시 이진 탐색을 실행하여 원하는 레코드를 포함하는 블록을 찾고, 마지막으로 이 블록을 순차적으로 탐색한다. 이 방법으로 최대 직접 액세스 과정을 두 번 거쳐 어떤 레코드든 그 위치를 알 수 있다.

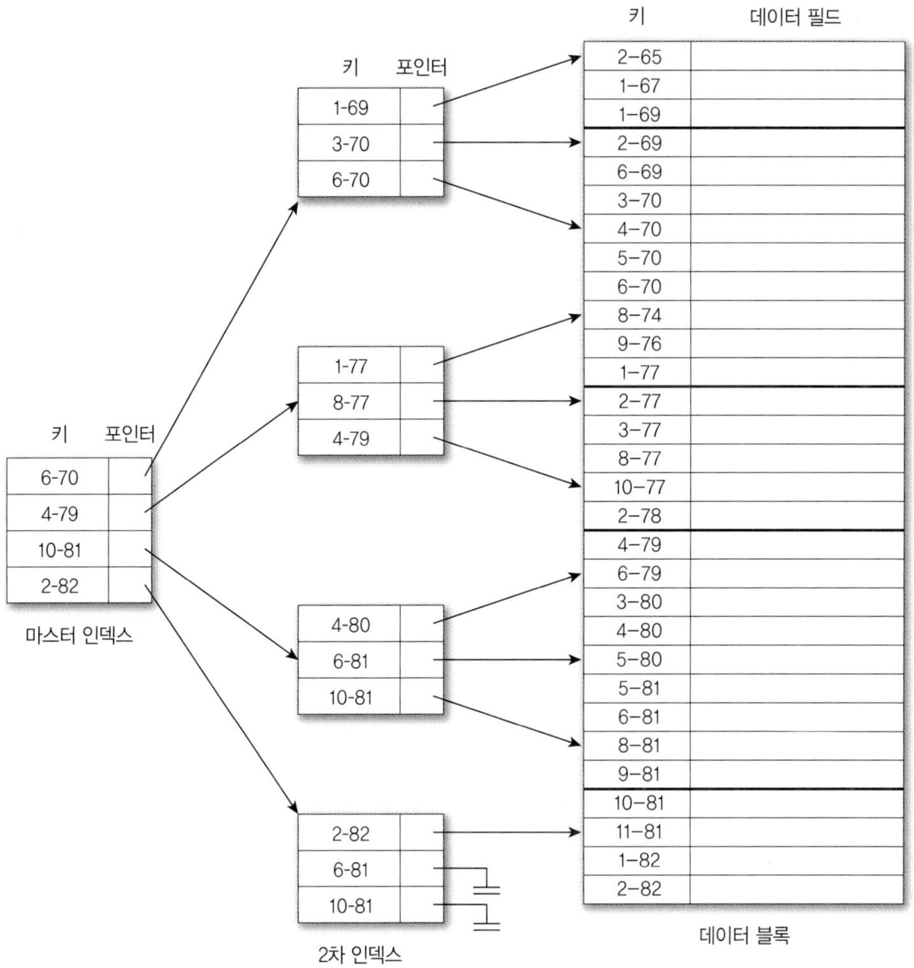

그림 10–11 **인덱스 순차 액세스 : ISAM 파일 예**

02 파일을 관리하는 디렉터리 시스템

1 디렉터리의 개념

운영체제는 논리적 저장장치인 디렉터리를 유지하고 관리하여 디스크 등에 저장된 파일을 관리한다. 시스템에는 다음과 같이 장치 디렉터리와 파일 디렉터리로 분리된 디렉터리가 있다. 여기서 파일 디렉터리 항목 하나는 물리적 속성을 제공하려고 장치 디렉터리 포인터를 가지며, 해당 정보의 복사본을 하나 더 가질 수도 있다.

- **장치 디렉터리** : 각 실제 장치에 저장되어 있다. 장치에 있는 파일의 물리적 속성, 예를 들어 파일의 위치, 파일의 크기와 할당 과정 등을 나타낸다.
- **파일 디렉터리** : 모든 파일의 논리적 구성으로 이름, 파일 유형, 소유한 사용자, 계정 정보, 보호 액세스 코드 등을 기술한다.

현재 다양한 디렉터리 구조를 사용하는데, 기본적으로 심벌 테이블symbol table로 구성된다. 운영체제는 심벌로 주어진 파일 이름으로 해당 파일을 찾는다.

단일 사용자 시스템에서 장치 디렉터리는 충분할 수 있다. 그러나 저장 공간의 양과 사용자 수가 증가하면 사용자가 모든 파일을 구성하고 추적하기가 점점 어렵게 된다. 시스템의 디스크에는 파일이 수백만 개 있을 수 있다. 이 파일들을 적절한 반응시간 안에 빨리 액세스할 수 있어야 한다. 이런 문제점을 해결하는 방법은 다른 디렉터리 구조를 추가하여 파일 시스템에 있는 파일들을 구성하도록 하는 것이다.

디렉터리는 파일 시스템에서 다른 파일들의 이름과 위치 정보(파일 인덱스)를 담은 파일로, 다른 파일들과 달리 사용자 데이터를 저장하지 않는다. 따라서 장치의 범위를 확장할 수 있고 다른 디스크 장치들을 포함할 수 있다. 디렉터리에 있는 정보 중 일부는 사용자나 응용 프로그램이 이용할 수 있으나, 대부분 시스템 루틴이 사용자에게 간접적으로 제공한다.

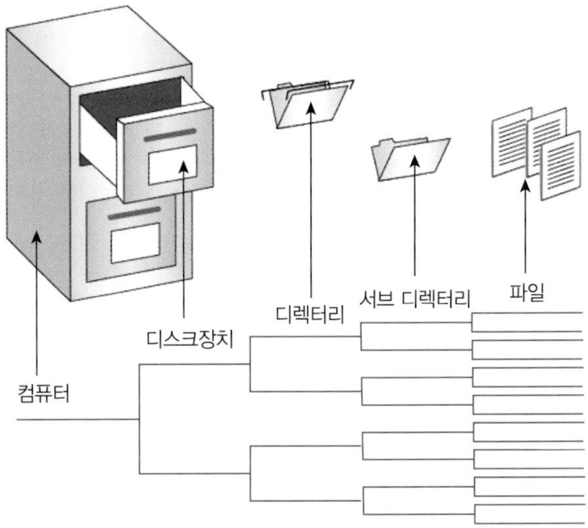

그림 10-12 **디렉터리와 파일**

디렉터리 내에 있는 각 파일 정보는 운영체제마다 다르지만, 대체로 다음 정보(공통적인 디렉터리 필드)를 포함한다.

- **파일 이름** : 기호로 된 각 파일의 이름은 사람이 읽을 수 있는 형태이어야 하고, 특정 디렉터리 내에서는 유일해야 한다.
- **파일 형태** : 다른 유형들을 제공하는 시스템에 필요하다. 예를 들어, 텍스트, 이진 파일, 적재 모듈 등이다.
- **위치** : 파일이 위치한 장치와 위치 포인터이다. 예를 들어, 경로명이다.
- **크기** : 바이트, 워드, 블록들로 나타내며, 파일의 현재 상태 크기와 최대 허용 가능한 크기를 포함한다.
- **현재 위치** : 파일에서 현재 읽기나 쓰기를 행하는 위치의 포인터이다.
- **보호** : 액세스 제어 정보는 사용자에 따라 읽기, 쓰기, 실행하기 등을 할 수 있는지 여부를 제어한다.
- **사용 수** : 현재 열린 파일을 사용하는 프로세스 수이다.
- **시간, 날짜, 처리 식별** : 생성 시간, 수정 시간, 마지막 액세스 시간 등을 유지하며, 보호와 사용 감시에 이용한다.

2 디렉터리의 구현

2.1 디렉터리의 구조

디렉터리 공간을 할당하고 관리하는 방법은 파일 시스템의 효율성과 신뢰성에 큰 영향을 준다. 디렉터리는 파일 이름, 파일 인덱스의 내용을 포함하는 파일로 구현한다. 디렉터리에 각 파일의 전체 경로명을 포함할 때는 너무 복잡하고 파일 하나로 구성된 디렉터리에서는 공간을 낭비하므로 디렉터리는 계층적으로 구성되어 있다. '/수학과/교수/programs/a3/p3.c' 경로명의 디렉터리와 속성(파일 헤더)으로 디렉터리를 구현한 예는 [그림 10-13]과 같다.

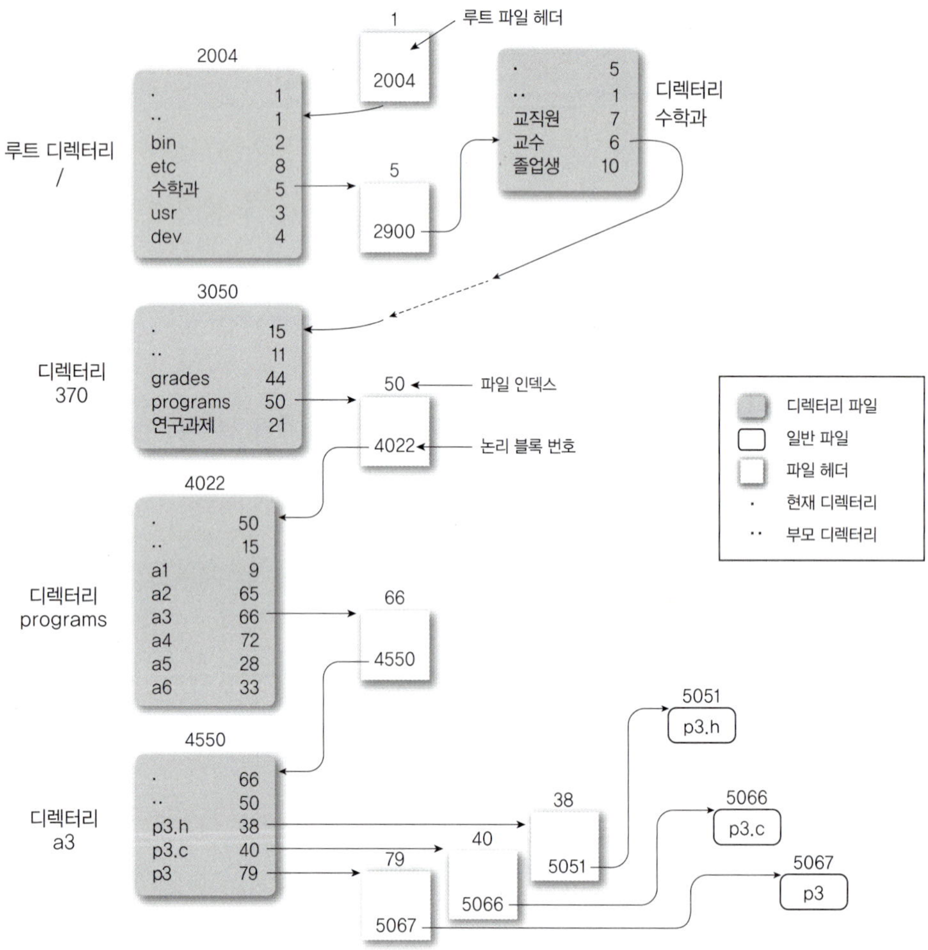

그림 10-13 **디렉터리의 구조**

먼저 루트 파일 헤더는 루트 디렉터리에 대한 논리 블록 번호 2004를 가리킨다. 수학과 디렉터리의 파일 헤더는 파일 인덱스 5, 논리 블록 번호 2900을 가리킨다. 따라서 동일한 의미로 a3 디렉터리에 있는 p3.h, p3.c, p3 파일 3개의 파일 헤더는 다음과 같다.

- **p3.h** : 파일 인덱스 38, 논리 블록 번호 5051
- **p3.c** : 파일 인덱스 40, 논리 블록 번호 5066
- **p3** : 파일 인덱스 79, 논리 블록 번호 5067

이때 루트 디렉터리에서 a3 디렉터리의 p3.c 파일을 액세스하기까지 파일 헤더 액세스와 디스크 블록 액세스는 각각 디스크 입출력을 여섯 번 실행한다. 그러나 파일 헤더를 메모리에 유지한다면 탐색은 여섯 번(메모리에서), 디스크 전송은 한 번 실행한다. a3이 현재 디렉터리에 있다면, p3.c 파일을 액세스하기까지 파일 헤더 액세스와 디스크 블록 액세스는 각각 디스크 입출력을 한 번 실행한다. 그러므로 파일 액세스를 효율적으로 개선하는 방안은 먼저 열린 파일에서 가능하면 파일 헤더를 메모리에 유지하고, 최근에 사용한 디스크 블록(디렉터리와 정규 파일 등)은 메모리에 유지하는 것이다.

리스트 디렉터리를 구현할 때는 선형 리스트나 해시 테이블을 이용할 수 있다.

2.2 선형 리스트를 이용한 디렉터리 구현

간단한 디렉터리를 구현하는 방법은 디렉터리에 파일 이름, 포인터들의 선형적 리스트를 구성하여 파일의 생성과 삭제 등을 실행하는 것이다. 이때 선형 탐색을 해야 파일을 찾을 수 있어 오버헤드가 증가하므로 시스템의 성능을 떨어뜨릴 수 있다는 단점이 있다.

운영체제는 사용된 디렉터리 정보를 저장하는 소프트웨어 캐시를 구현하여 정보를 매번 디스크에서 읽어 오지 않도록 한다(캐시 적중). 또 다른 방법은 리스트를 정렬하여 이진 탐색 방법을 이용하는 것이다. 이 방법은 평균 탐색 시간은 줄일 수 있으나, 리스트가 정렬 상태를 유지하려고 하면 파일 생성과 삭제가 복잡해질 수 있다. 상당한 정보를 이동해야 정렬을 유지할 수 있기 때문이다. 이것은 이진 연결 트리를 사용하여 해결할 수 있다.

2.3 해시 테이블을 이용한 디렉터리 구현

해시 테이블hash table을 이용하여 파일 이름을 제시하면, 해시에서 값을 얻어 리스트를 직접 액세스하도록 디렉터리를 구현할 수 있다. 이 방법은 디렉터리 탐색 시간을 줄이면서 성능을 개선하기에 많이 사용한다. 둘 이상의 파일 이름이 같은 위치를 지정할 때는 충돌이 발생할 수 있는데, 보완하면 쉽게 삽입 · 삭제할 수 있다.

그런데 이 방법은 해시 테이블의 크기가 고정되고 크기에 따라 해시 기능이 제한을 받는다는 문제점이 있다. 예를 들어, 항목이 62개인 해시 테이블을 구성한다고 가정해 보자. 해시 함수는 64로 나눈 나머지 값을 이용하여 파일 이름을 0부터 63까지 정수로 변환한다. 이때 65번째 파일을 생성하려면 디렉터리 해시 테이블에 항목이 128개 들어가도록 증가시키고, 반드시 파일 이름에 0에서 127까지 대응하는 새로운 해시 함수를 사용해야 한다. 또 디렉터리를 새로운 해시 값에 맞게 재구성해야 한다.

해시 테이블의 크기는 파일의 크기 정보를 활용한다. 예를 들어, 한 파일을 평균 n개의 블록으로 구성한다고 가정하여 전체 장치의 크기를 n으로 나눈 결과가 해시 테이블의 크기가 된다. 다시 말해, 장치의 파일 수 평균값이 해시 테이블의 크기가 된다.

해시 테이블에서 충돌을 해결하는 방법으로 체인 오버플로 해시 테이블을 사용할 수 있다. 각 해시 항목은 하나의 값이 아니라 연결 리스트가 되고, 새로운 항목을 연결 리스트에 추가하여 충돌을 해결한다. 따라서 이름을 찾으려면 연결 리스트를 살펴봐야 하기 때문에 찾기 작업은 다소 늦어지나, 전체 디렉터리를 선형으로 찾는 것보다는 훨씬 빠를 것이다.

3 디렉터리의 연산

파일과 마찬가지로 디렉터리에서도 다양한 연산을 수행할 수 있다.

- **탐색하기** : 파일에 기호로 된 이름symbolic name이 있고, 이 이름은 파일 간의 연관성을 나타내기 때문에 특정 파일을 찾으려고 디렉터리를 탐색한다.
- **파일 생성하기** : 새로운 파일을 생성하여 디렉터리에 추가한다.
- **파일 삭제하기** : 필요 없는 파일은 디렉터리에서 지운다.
- **파일 열람하기** : 디렉터리의 내용이 되는 파일과 각 파일에서 디렉터리 항목 값을 보여 준다.
- **파일 이름 변경하기** : 파일의 이름을 변경한다.
- **파일 시스템 순회하기** : 파일 시스템의 여러 디렉터리를 순회하면서 파일들을 볼 수 있게 한다.
- **백업하기** : 신뢰성을 위해 일정한 시간마다 파일 시스템의 내용과 구조를 자기테이프에 복사한다. 백업한 디스크 공간은 다른 목적으로 전용이 가능하다.

4 디렉터리의 구조

디렉터리는 파일 시스템 내부의 파일들을 조직화하고 연결하므로 다양하게 구성되어 있다. 여기서는 사용자가 관심을 갖는 논리적인 파일의 디렉터리 구조를 살펴보자.

4.1 1단계 디렉터리

1단계single level 디렉터리는 가장 간단한 구조로, 장치 디렉터리가 그 예이다. 모든 파일이 동일한 디렉터리에 있어 유지하고 이해하기가 쉽다. 그러나 파일 수가 증가하거나 다수의 사용자가 있을 때 모든 파일이 동일한 디렉터리에 있으므로 모두 고유한 이름을 가져야 하는 불편이 따른다. 파일 이름은 보통 내용과 관련되어 있지만, 시스템이 정하는 길이의 제한을 받는다. 더불어 사용자가 한 사람이라도 파일 수가 많을 때는 고유한 이름으로 새 파일을 생성해야 하므로 모든 파일 이름을 기억해야 한다.

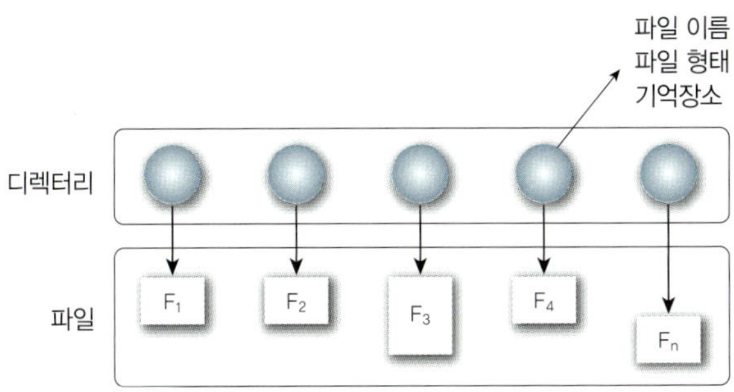

그림 10-14 **1단계 디렉터리**

4.2 2단계 디렉터리

2단계 디렉터리는 사용자들이 자신의 서브디렉터리subdirectory를 생성하고 그곳에 자신의 파일을 구성하는 것으로, 유닉스나 도스가 여기에 해당한다. 사용자 간에 파일 이름이 뒤죽박죽되지 않도록 각 사용자는 다른 디렉터리를 만들어 사용해야 하고, 모든 파일이 물리적으로 동일한 장치에 있으므로 대형 시스템에서는 사용자 디렉터리를 논리적으로 구성한다.

2단계 디렉터리 구조에서 루트는 마스터 파일 디렉터리이고, 아래로 사용자 파일 디렉터리와 다시 그 아래로 파일이 있다. 파일은 트리의 리프leaf에 해당한다. 사용자 이름과 파일 이름은 루트 디렉터리에서 리프까지 경로로 정의하는데, 이를 경로명이라고 한다. 따라서 시스템 내의 모든 파일의 경로명은 유일하며, 원하는 파일의 경로명을 알아야 해당 파일을 지정할 수 있다. 예를 들어, [그림 10-15]에서 john이 자신의 test 파일에 액세스한다면, 단순히 test 파일을 참조하면 된다. 그러나 harry의 디렉터리에 있는 test 파일을 액세스하려면 '/harry/test'처럼 해야 한다.

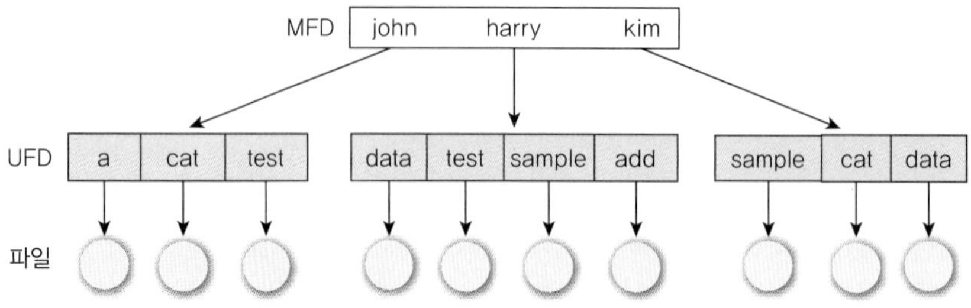

그림 10-15 2단계 디렉터리 구조

2단계 디렉터리 구조에서 각 사용자는 자신의 사용자 파일 디렉터리UFD, User File Directory를 가진다. 사용자 파일 디렉터리는 비슷한 선형, 이진, 해시 등 구조로 오직 한 사용자의 파일만 나타낸다. 따라서 파일 이름이 충돌하는 문제를 해결하고 다른 사용자가 액세스할 수 없다는 장점이 있다. 반면에 두 사용자가 한 파일을 공유해서 사용할 때는 문제가 발생한다. 서로 자신의 사용자 파일 디렉터리 액세스를 허용하지 않으면 공유는 불가능하기 때문이다. 그리고 액세스를 허용하려고 해도 다른 사용자 디렉터리 밑에 있는 파일 이름을 알아야 하는 불편이 따른다.

2단계 디렉터리 구조에서 한 사용자의 업무를 시작하거나 새로 등록(로그인)할 때는 각 사용자 이름이나 계정 번호 인덱스, 사용자 디렉터리에서 각 항목 포인터가 있는 마스터 파일 디렉터리MFD, Master File Directory를 먼저 탐색한다. 사용자가 특정 파일을 참조할 때 자신의 디렉터리만 탐색하므로 각 사용자 파일 디렉터리에 있는 모든 파일의 이름이 고유하더라도 사용자 사이에서는 동일한 파일 이름이 있을 수 있다. 또 한 사용자가 파일을 생성할 때 운영체제가 해당 사용자의 디렉터리만 탐색하므로 사용자 사이에 동일한 파일 이름이 있을 수 있다. 파일을 삭제할 때도 운영체제는 지역 UFD만 탐색하므로 이름이 동일한 다른 사용자의 파일은 삭제하지 않는다.

2단계 디렉터리 구조에서 사용자 디렉터리는 필요에 따라 생성 · 삭제할 수 있다. 특수한 시스템 프로그램에서는 해당 사용자 이름과 계정한 정보를 미리 준비해 두었다 한 사용자가 파일 디렉터리를 생성할 때 해당 파일 항목을 마스터 파일 디렉터리에 추가하기도 한다. 그리고 모든 시스템에는 파일을 지명하는 문법이 있다. 예를 들어, 도스에서 파티션은 글자 뒤에 콜론(:)을 붙인다. 그리고 VMS에서는 login.com 파일이 u:[sst.jdeck]login.com;1이다. 여기서 u는 파티션 이름, sst는 디렉터리 이름, jdeck은 서브디렉터리 이름, 맨 뒤의 1은 버전이다.

운영체제가 사용자의 사용자 파일 디렉터리를 먼저 탐색하고, 이어서 자동으로 특수한 시스템 디렉터리를 탐색하는 순서를 탐색 경로search path라고 한다. 2단계 디렉터리 구조에서는 탐색 경로를 수시로 변경할 수 있는데, 이를 유닉스와 도스에서 사용한다.

4.3 트리 구조 디렉터리

트리 구조 디렉터리 중 높이가 2인 트리가 앞서 다룬 2단계 디렉터리로, 유닉스나 윈도우에서 사용한다. 트리 구조 디렉터리에서 트리는 루트root 디렉터리가 하나 있고, 시스템 내의 모든 파일의 경로명은 유일하다. 각 디렉터리에는 서브디렉터리나 파일이 있으며, 모든 디렉터리는 내부적으로 형식이 동일하다. 그래서 항목 속의 한 비트로 파일(0), 서브디렉터리(1)를 구분한다.

보통 각 사용자에게는 현재 디렉터리가 있다. 파일 참조가 일어나면 현재 디렉터리를 검색하고, 현재 디렉터리에 없는 파일을 사용하려면 경로명을 직접 입력하거나 현재 디렉터리를 바꿔야 한다. 디렉터리는 시스템 호출로 변경할 수 있다. 사용자가 작업을 시작하거나 사용자가 등록할 때 운영체제는 이 사용자 항목을 탐색한다. 첫 번째 사용자 디렉터리 포인터는 계정 파일에 들어 있고, 사용자의 지역변수를 정의하여 사용자의 현재 디렉터리를 명시한다.

경로명에는 절대 경로와 상대 경로가 있다. 절대 경로명은 루트에서부터 가리킨 파일까지 모든 경로를 지정하는 것이고, 상대 경로는 현재 디렉터리의 위치를 기준으로 목적하는 파일까지 경로를 지정하는 것이다. 예를 들어, [그림 10-16]에서 현재 디렉터리가 root/john/proj라면 파일 spell의 절대 경로명은 root/john/proj/list/test/spell이고, 상대 경로명은 list/test/spell이 된다.

트리 구조 디렉터리에서는 빈 디렉터리라면 삭제가 간단하다. 그러나 비어 있지 않은 디렉터리를 삭제하려면, 먼저 해당 디렉터리에 있는 모든 파일을 제거해야 한다. 또 다른 방법은 해당 디렉터리에 있는 모든 파일과 서브디렉터리에 있는 모든 파일도 삭제된다고 가정하고 삭제하는 것이다. 물론 이 방법은 편리하지만 위험하다. 두 방법 모두 구현은 쉬우므로 필요에 따라 결정하면 된다.

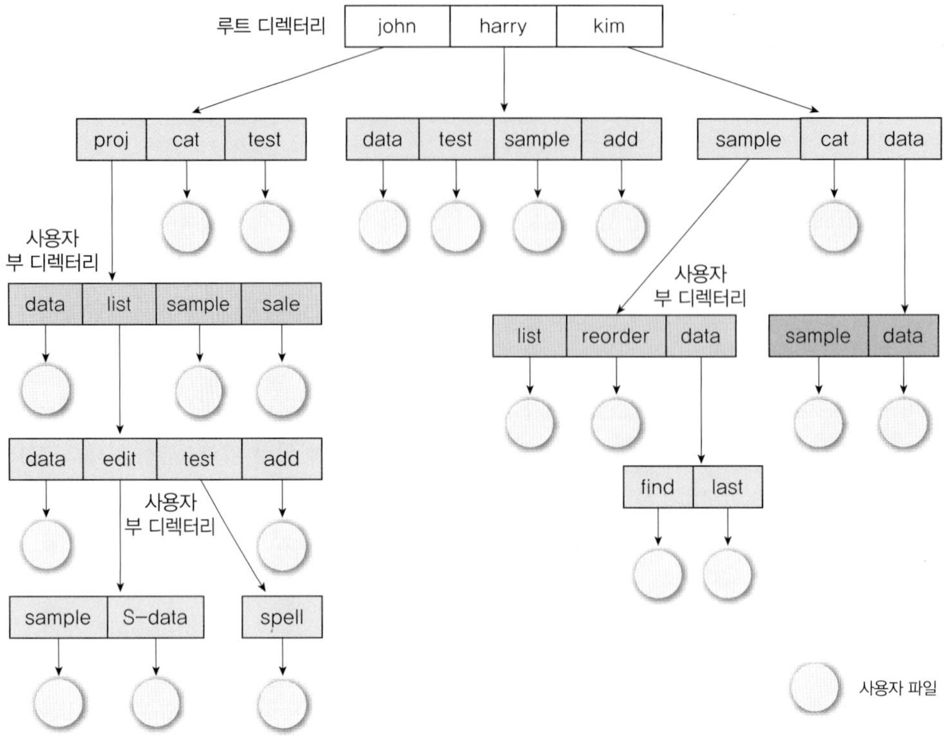

그림 10-16 **트리 구조 디렉터리**

4.4 비순환 그래프 디렉터리

비순환 그래프acyclic graph 디렉터리는 트리 구조 디렉터리를 확장하여 일반화한 것이다. 트리 구조 디렉터리에서는 파일이나 디렉터리(서브디렉터리)의 공유를 금지한 반면에, 비순환 그래프 디렉터리에서는 [그림 10-17]과 같이 디렉터리가 서브디렉터리와 파일을 공유하는 것을 허용한다. 사용자가 자신의 디렉터리를 정의하도록 파일이 별도의 구조를 가질 수 있게 한다. 동일한 파일이나 서브디렉터리는 다른 디렉터리에 있을 수 있다.

비순환 그래프 디렉터리에서 공유는 복사의 개념이 아니고, 공유 파일은 파일 복사본과 다르다. 일반적으로 복사는 한 사람이 복사본의 내용을 바꿔도 다른 복사본에는 영향을 미치지 않는다. 그러나 공유는 한 사람이 실행한 변화를 다른 사람이 볼 수 있다. 이런 성질은 공유 서브디렉터리에서 특히 중요하다. 그래서 한 사람이 생성한 파일이 모든 공유 서브디렉터리에 자동으로 나타난다. 공유 파일과 서브디렉터리를 구현하는 일반적인 방법은 링크를 이용하는 것이다. 링크는 다른 파일이나 서브디렉터리를 가리키는 포인터로, 경로명(기호로 된 링크)으로 구현할 수 있다.

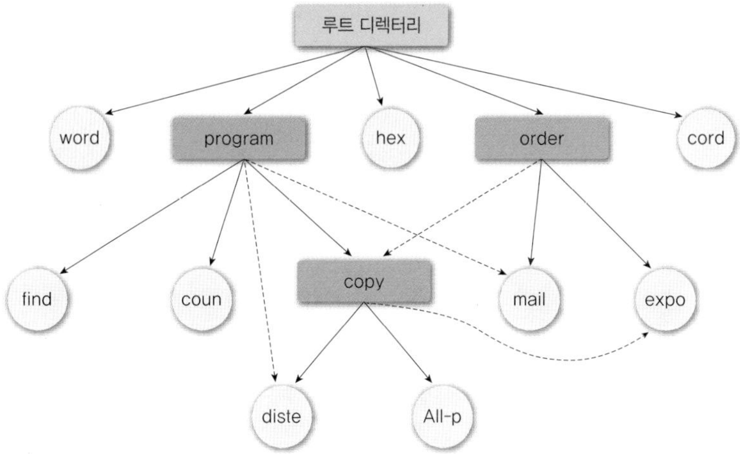

그림 10-17 **비순환 그래프 디렉터리**

기존 파일을 사용할 때는 디렉터리를 찾게 되는데, 디렉터리 항목이 링크로 표시되어 있으며 실제 파일을 찾으려고 경로명을 사용하여 링크를 해결한다. 공유 파일 정보를 그대로 복사하여 필요한 디렉터리에 저장하는 방법도 있는데, 여기서 두 항목은 완전히 동일하다. 복사 디렉터리 항목에서는 복사본과 원본을 구분하기 어려우므로 파일을 수정할 때 그 동일성을 유지해야 하는 문제가 남는다. 따라서 비순환 그래프 디렉터리는 트리 구조 디렉터리보다 융통성은 좋으나 복잡하다. 예를 들어, 파일의 경로명이 여러 개 있어 서로 다른 경로명이 동일한 파일을 나타낼 수 있으므로 공유된 파일을 두 번 이상 탐색할 수 있다. 또 공유 파일을 삭제하면 고아 포인터dangling pointer가 발생할 수 있다. 이는 삭제 명령이 들어올 때마다 공유 파일을 삭제하면 삭제한 파일 포인터가 그대로 남기 때문이다. 이 파일의 포인터를 다른 파일에 재사용하면 삭제한 포인터가 실제로 존재하는 다른 파일의 중간을 가리키므로 문제가 된다. 이 문제는 파일에서 모든 참조 리스트를 유지하여 디렉터리 항목에서 링크나 복사가 되면 새로운 항목을 파일 참조 리스트에 추가하고, 끝나면 리스트에서 삭제하는 과정을 거쳐 파일 참조 리스트가 비면 파일을 삭제하는 방법으로 해결할 수 있다. 유닉스는 i 노드에 참조 카운터를 두어 파일 참조 작업을 수행하면 참조 카운터를 증가시키고, 끝나면 감소시켜 참조 카운터가 0이면 파일을 삭제한다.

4.5 일반 그래프 디렉터리

비순환 그래프 디렉터리의 중요한 문제점은 순환이 발생하지 않도록 보장하는 것이다. 2단계 디렉터리에서 사용자에게 서브디렉터리를 생성하도록 하면 트리 구조 디렉터리가 된다. 그리고 트리 구조 디렉터리에 새로운 파일을 첨가하거나 서브디렉터리를 첨가하면 트리 구조는 그대로 유지하지만, 링크를 가지면 트리 구조가 파괴되어 일반 그래프 디렉터리가 된다.

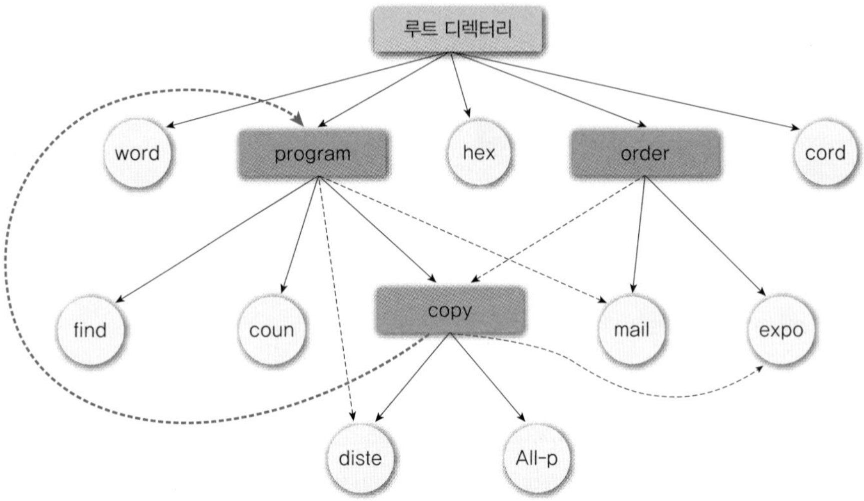

그림 10-18 **그래프 디렉터리**

디렉터리에 순환을 허용할 때는 정확성과 성능을 향상시키려고 어떤 구성 요소를 두 번 탐색하지 않도록 신중하게 전역 탐색을 해야 한다. 이때 파일의 삭제도 문제가 된다. 비순환 그래프와는 달리 파일 참조가 끝났음에도 참조 카운터가 0이 아닐 수 있는데, 이 현상은 순환으로 자기 자신을 참조할 때 발생한다. 이때 마지막 참조가 끝났는데도 메모리를 재할당할 수 있는지 결정하려면 쓰레기 수집garbage collection이 필요하다. 쓰레기 수집은 전 파일 시스템을 탐색하여 액세스할 수 있는 파일들에 표시하고, 두 번째 탐색에서는 표시하지 않은 메모리를 사용 가능 메모리 리스트에 추가하는 것이다. 그런데 디스크 시스템에서는 쓰레기를 수집하는 데 많은 시간이 걸리므로 잘 사용하지 않는다. 쓰레기 수집도 그래프의 순환 가능성 때문에 필요한데, 여기서 문제점은 구조에 링크를 첨가할 때 순환을 피해야 한다는 것이다. 물론 순환 발생을 검사하는 알고리즘이 있지만, 비용이 많이 든다. 특히 디스크 시스템에서는 비용이 더 많이 든다.

03 파일의 디스크 할당

1 파일의 디스크 할당 방법

컴퓨터 시스템에서는 많은 파일을 대부분 동일한 디스크에 저장한다. 그러므로 운영체제의 최대 관심사는 이런 파일들을 어떻게 배치하여 공간을 효율적으로 사용하고 빨리 액세스할 수 있느냐이다. 파일을 디스크에 할당할 때는 연속 할당, 연결 할당, 인덱스 할당을 많이 사용한다. 일반적으로 시스템 하나는 한 가지 방법을 사용한다. 여기서는 설명의 편의성 때문에 파일을 블록으로 구성했다고 가정한다.

1.1 연속 할당

연속 할당은 파일을 디스크의 연속적인 주소에 할당하는 방법이다. 앞서 설명한 메인 메모리의 동적 분할 방법과 비슷하다. 순서가 있어 블록 b 다음에 블록 b+1을 액세스하는 데 헤드 이동이 필요 없다. 헤드가 한 실린더의 마지막 섹터에서 다음 실린더의 첫 번째 섹터만 오직 1 트랩 이동시키면 된다. 그래서 연속적으로 할당된 파일들에 액세스하는 데 필요한 디스크 탐색의 횟수를 최소화할 수 있다.

한 파일의 연속 할당은 주소와 첫 번째 블록 수로 정의한다. 파일에 n개의 블록이 있고 b 위치에서 시작한다면, 이 파일은 블록 b와 b+1, b+2, ……, b+n−1개의 블록을 차지한다. 예를 들어, [그림 1−19]에서 CTR.doc 파일은 블록 1에서 4개가 연속 할당되고, SaleRep 파일은 블록 11에서 7개가 연속 할당된다. 각 파일의 항목은 시작 블록의 번지와 이 파일에 할당된 영역의 길이를 표시한다.

연속 할당에서는 파일에 액세스할 때 액세스할 시작 위치만 기억하면 되므로 직접 액세스가 가능하다. 그리고 순차 액세스도 마지막으로 참조된 블록의 디스크 주소를 기억했다가 필요할 때 다음 블록을 읽으면 되므로, 블록 b에서 시작되는 파일의 i번째 블록에 직접 액세스하려면 블록 b+i에 액세스한다. 그래서 순차 액세스와 직접 액세스 모두 연속 할당 방법을 지원할 수 있다. 특히 디스크의 연속 블록을 읽는다면 좋은 성능을 기대할 수 있다.

디렉터리

파일	시작 블록	길이
CTR.doc	1	4
SaleRep	11	7
Test	21	3

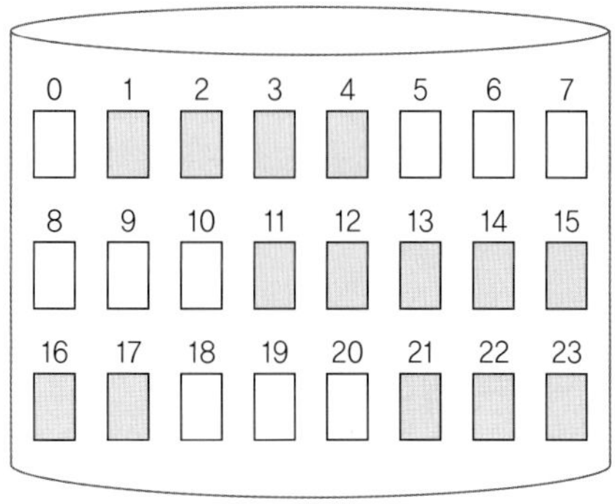

그림 10-19 **디스크 공간의 연속 할당**

연속 할당 방법에서는 새로운 파일을 위해 연속적인 빈 공간을 찾기가 어렵다. 새로 생성하는 파일의 블록이 n개라면, 빈 공간 리스트에서 크기가 n개인 빈 연속적인 블록을 찾아야 한다. 연속 할당의 문제점은 동적 메모리 할당의 특별한 경우로 볼 수 있는데, 이는 빈 공간 리스트로 크기 n의 요구 사항을 만족해야 하기 때문이다. 사용 가능한 빈 영역을 선택하는 가장 일반적인 방법은 앞서 다룬 최초 적합, 최적 적합, 최악 적합이다. 그렇지만 다음 문제점이 있다.

■ **외부 단편화 발생**

파일을 할당하고 삭제하면서 디스크 공간을 작은 조각들로 나눈다. 전체 디스크 공간이 요구량을 만족할 때도 연속된 공간이 아니면 외부 단편화가 발생된다. 이런 외부 단편화는 디스크 전체 크기와 평균 파일의 크기에 따라 다르다. 이것은 사용자가 전체 파일 시스템을 다른 플로피 디스크나 테이프에 복사하는 재포장 루틴routine을 수행한 후 플로피 디스크를 완전히 비워서 커다란 연속 사용 가능 공간을 생성하면 해결할 수 있다.

■ **파일 공간 크기를 결정하는 어려움**

파일에 공간이 얼마큼 필요할지 결정하기가 어렵다는 것이다. 생성자는 파일 복사 등 과정을 거쳐 생성 파일의 크기를 알 수 있지만, 일반적으로 출력되는 파일의 크기를 평가하기는 어렵다. 이때 해결 방법은 다음과 같다.

- 사용자 프로그램이 오류 메시지를 출력하고 종료하면, 사용자가 더 많은 공간을 할당하여 프로그램을 다시 수행하는 방법이다. 그러나 이 방법은 비용이 더 들 수 있는데, 사용자는 일반적으로 필요한 공간의 양을 크게 추정하므로 결국 공간이 낭비된다.

- 아주 큰 공간을 찾아 파일의 항목을 새로운 공간에 복사하고 이전 공간은 해제하는 방법이 있으나, 이 또한 시간의 제약을 받는다.

1.2 연결 할당

연결 할당은 각 파일을 디스크 블록들의 리스트에 연결하고, 디스크 블록들은 디스크 내에 흩어져 있어도 되는 방법이다. 이때 디렉터리는 파일의 첫 번째 블록 포인터를 가지고 있다.

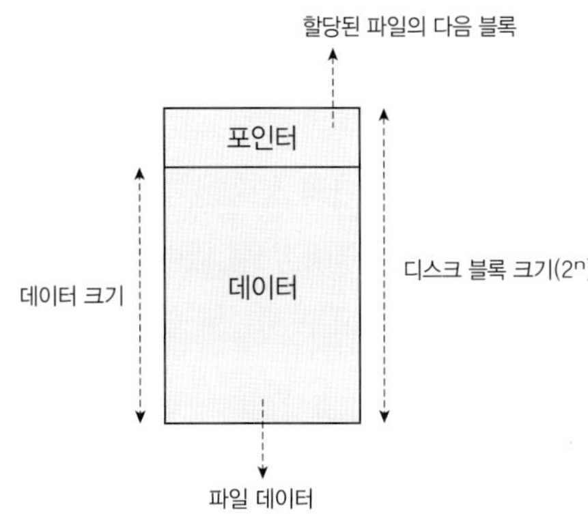

그림 10-20 **블록 구조**

예를 들어, [그림 10-21]에서 각 디렉터리 항목은 파일의 첫 번째 블록을 가리킨다. 블록 5에서 시작하여 블록 11, 블록 12, 블록 14, 블록 23, 블록 220 순으로 연결된다. 각 블록은 다음 블록 포인터를 가지고 있는데, 사용자는 이 포인터들을 사용할 수 없다. [그림 10-21]에서 블록이 512워드로 구성되어 있다고 할 때, 디스크 주소(포인터)는 2워드이다. 그러면 사용자는 510워드의 블록을 사용할 수 있다.

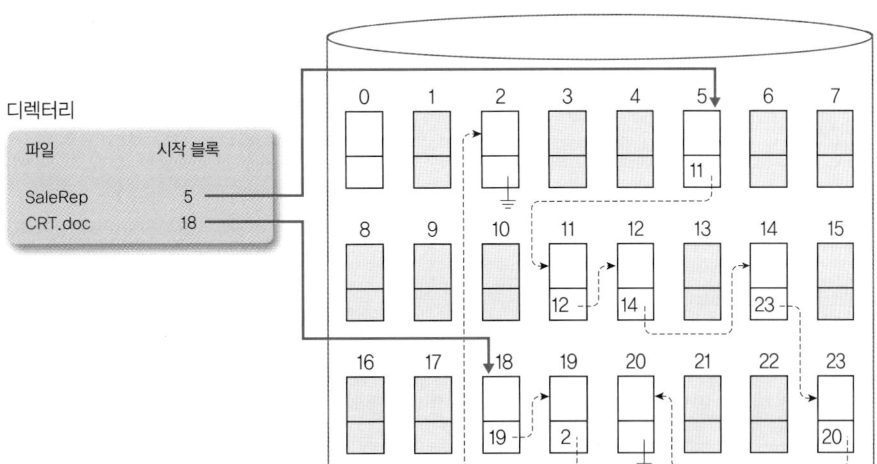

그림 10-21 **디스크 공간의 연결 할당**

연결 할당에서 파일을 생성하기는 쉽다. 장치 디렉터리에 새로운 항목들만 생성하면 되기 때문이다. 그리고 파일의 첫 번째 디스크 블록의 포인트를 가지는데, nil(리스트의 마지막 포인터 값)로 초기화하면 빈 파일이라는 것을 나타낸다. 파일을 읽을 때는 블록에서 블록까지 포인터를 따라가면서 읽는다. 이처럼 연결 할당은 파일을 쉽게 확장할 수 있으며, 블록당 디스크 포인터 공간이 필요함에도 쉽게 구현할 수 있다. 또 외부 단편화가 없다.

연결 할당에서 블록이 크면 내부 단편화가 발생할 수 있으나, 파일 데이터에 액세스하는 데 필요한 입출력 연산의 횟수는 감소할 수 있다. 반면에 블록이 작으면 데이터를 여러 블록에 분산시켜 성능이 떨어질 수 있다. 모든 블록이 함께 연결되기 때문에 빈 공간 리스트에 사용 가능한 각 블록은 요구 사항에 맞게 이용할 수 있다. 그렇지만 다음 문제가 발생한다.

- **순차 액세스 파일에만 적합**

  디스크 공간의 압축 과정은 없으나 순차적 액세스 파일에만 효과적으로 사용할 수 있다. 파일의 i번째 블록을 찾으려면 파일의 처음부터 시작하여 i번째 블록을 얻을 수 있는 포인터들을 따라가야 한다. 그러므로 연결 할당 파일에는 직접 액세스 기능을 지원할 수 없다.

- **포인터 공간 필요**

  512워드의 블록 중 포인터에 2워드가 필요하다면, 디스크의 0.39%를 데이터가 아닌 포인터로 사용하므로 각 파일에 약간씩 공간이 더 필요하다.

- **신뢰성 유지가 어려움**

  각 파일을 포인터로 연결하여 포인터를 잃어버리거나 파괴하면 곤란하다.

- **탐색 시간 증가**

  파일들이 디스크 블록 위치로 흩어져 파일 탐색 시간이 증가한다. 또 임의 주소를 계산하기가 어렵다.

이 문제들은 이중 연결 리스트를 사용하거나 각 블록 내의 관련 블록과 파일 이름을 저장하면 부분적으로 해결할 수 있다. 이런 방법들은 각 파일에 많은 부담을 준다. 연결 할당의 중요한 변형은 파일 할당표[FAT]를 사용하는 것이다. 파일 할당표는 사용자가 해당 블록의 포인트를 실수로 지우지 않게 하며, 블록 접근을 빠르게 하려고 포인터를 모아 놓은 곳이다. 파일 할당표는 각 디스크 블록 내에 항목이 한 개 있고, 블록 번호로 참조하며, 연결 리스트로 많이 사용한다. 디렉터리는 파일의 첫 번째 블록 번호를 포함한다. 그 블록 번호로 인덱스된 테이블 번호는 파일 내 다음 블록의 블록 번호를 가진다. 테이블 항목 내에서 특별히 끝EOF, End of File 값이 있는 마지막 블록까지 연결을 계속하며, 사용하지 않는 블록들은 제로 테이블 값으로 표시한다. 파일 할당표는 단순하지만 디스크 공간 할당에서는 효율적인 방법으로, 도스와 OS/2 운영체제에 사용한다.

디스크 블록 4, 9, 6, 10, 12로 구성된 Sale-R 파일과 디스크 블록 7, 13, 5로 구성된 CRT.c 파일의 파일 할당표FAT 구조는 [그림 10-22]와 같다.

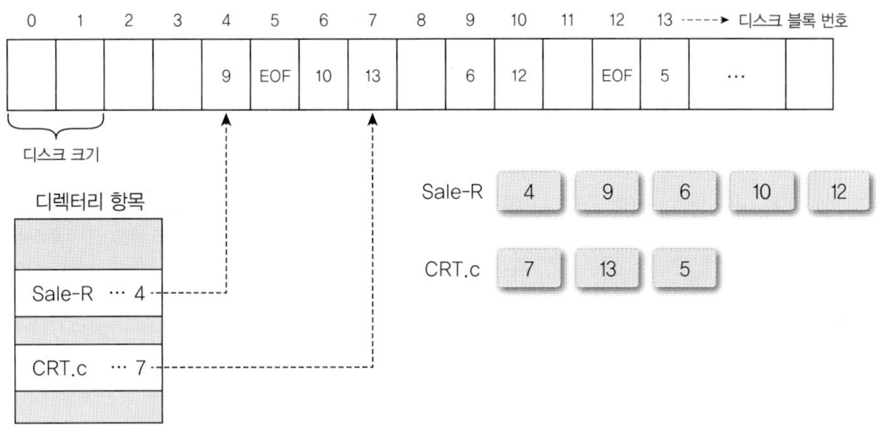

그림 10-22 **파일 할당표**

1.3 인덱스 할당

연결 할당은 연속 할당의 외부 단편화와 크기 문제를 해결했으나 직접 액세스를 지원할 수 없고, 블록의 포인터가 디스크 전반에 흩어져 있다. 반면에 인덱스 할당은 모든 포인터를 인덱스 블록이라는 하나의 장소에서 관리하여 직접 액세스를 지원한다. 각 파일에는 디스크 블록 주소의 배열인 자신만의 인덱스 블록이 있다. [그림 10-23]에서 인덱스 블록의 i번째 항목은 파일의 i번째 블록으로 연결되어 있다. 디렉터리에는 각 항목의 인덱스 블록 주소(포인터)가 있다.

i번째 블록을 읽으려고 i번째 인덱스 블록 항목을 블록 진입 내에 있는 포인터를 사용해서 찾는다. 이는 페이징 방법과 비슷하다. 순차 액세스는 효율성이 떨어지나, 직접 액세스는 빠르다. 파일을 생성할 때 인덱스 블록의 모든 포인터는 null 값으로 설정한다.

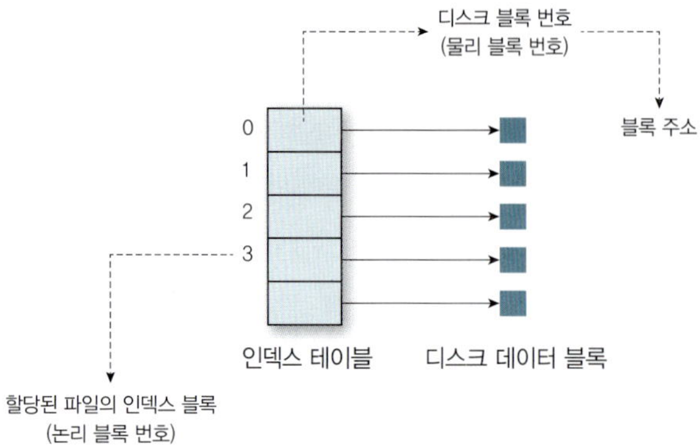

그림 10-23 **인덱스 할당**

i번째 블록을 처음 사용하면 그 블록을 빈 공간 리스트에서 제거하고, 그 주소는 i번째 인덱스 블록 항목에 기록한다. 인덱스 할당은 외부 단편화와 상관없이 직접 주소를 제공하지만, 공간 낭비가 더 심하다. 따라서 연결 할당의 포인터보다 부담이 크다.

대부분의 파일은 크기가 작다. 그러나 인덱스 할당에서는 전체 인덱스 블록을 할당해야 하며, 포인터 한 개나 2개가 nil이 아니어야 하므로 인덱스 블록이 커진다. 각 파일은 인덱스 블록을 하나만 가져야 하므로 인덱스 블록의 크기는 가능한 작은 것이 좋다. 그러나 인덱스 블록이 너무 작으면 큰 파일들에서는 포인터가 충분하지 않을 것이다.

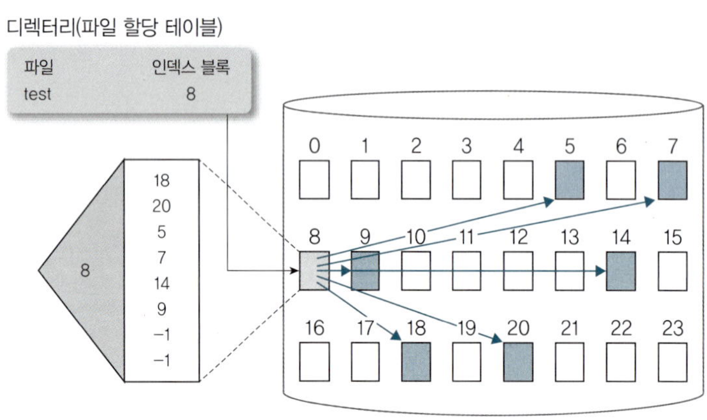

그림 10-24 **디스크 공간의 인덱스 할당**

인덱스 할당은 구현하기가 쉽고 외부 단편화가 없다. 파일은 블록 배열의 최대 크기로 쉽게 확장할 수 있으나, 블록 배열의 최대 크기로 제한된다. 인덱스로 빠르게 임의 액세스(두 번 탐색으로)가 가능하다는 장점이 있다. 순차 액세스는 느릴 수 있지만, 각 블록당 탐색을 요구하는 연결 할당만큼은 나쁘지 않다. 파일 크기가 블록 인덱스를 초과할 때가 문제이다. 또 인덱스 블록에 사용되지 않는 nil 항목으로 공간 부담이 크다. 따라서 빠르게 액세스하려면 연속 블록을 할당해야 한다.

단일 인덱스 파일 할당은 메모리 관리의 단일 페이징 방법과 비슷하다. 페이지 테이블과 같은 인덱스 블록 인덱스(가상 블록 번호)를 항목 값(논리 블록 번호)으로 변환한다. 인덱스 블록을 구성하는 블록의 인덱스로 주소를 지정할 수 있는 블록 범위를 넓히려고 유닉스에서는 여러 항목에 파일 주소를 사용하는 다중 인덱스 파일 할당Multilevel Indexed Allocation, 즉 i 노드를 이용한다.

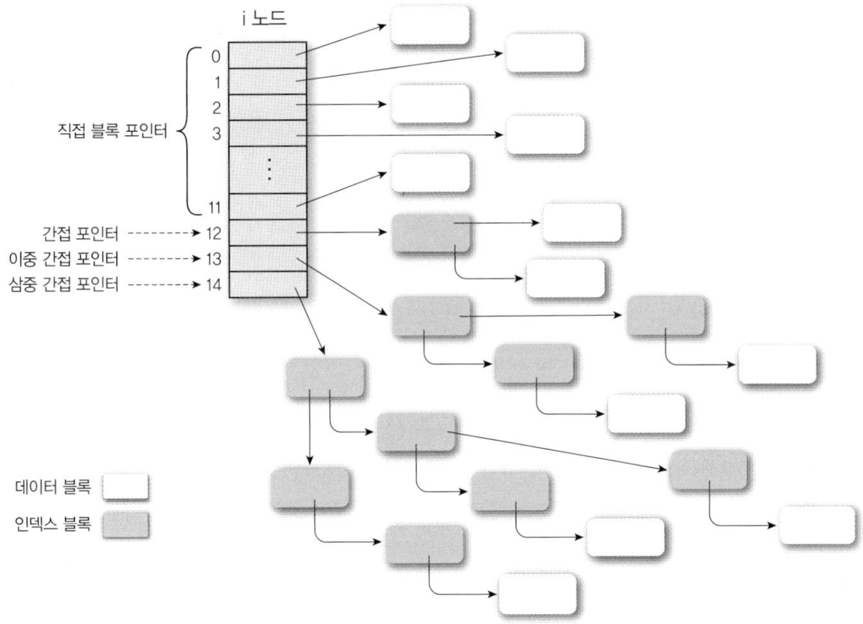

그림 10-25 **i 노드 구조**

i 노드는 처음 항목 12개(일부 시스템은 항목 10개)의 데이터 블록 주소LBN가 포함되어 있는 구조이다. 나머지 항목은 첫 번째 간접 포인터는 데이터 블록(한 단계 간접적), 두 번째 간접 포인터는 또 다른 간접 블록을 참조하는 포인터로 이중으로 간접적인 데이터 블록을 가리킨다. 마지막 삼중 간접 포인터는 다른 간접 블록을 참조하는 포인터이다. 그리고 이 블록들은 또 다른 많은 간접 블록을 가리키고, 이 블록들이 데이터 블록을 가리키는 삼중 간접의 구조이다.

2 디스크 할당 방법의 비교

저장의 효율성은 디스크 할당 방법에 따라 다르며, 디스크의 블록을 액세스하는 데 필요한 시간에 따라서도 다르다. 시스템의 성능을 비교할 때는 시스템을 어떻게 사용할지 결정하는 것이 어렵다. 대부분의 순차 액세스 시스템은 직접 액세스 시스템과는 다른 방법을 사용해야 한다. 연속 할당은 디스크 블록을 얻는 데 단 한 번의 액세스만 필요하다. 메인 메모리에 파일의 초기 주소를 유지하는 것은 쉽기 때문에 i번째 블록(또는 그 다음의 블록)의 디스크 주소를 즉시 계산할 수 있고 직접 그것을 읽을 수 있다.

링크 할당은 메모리에 다음 블록의 주소를 유지할 수 있고 직접 판독할 수도 있다. 직접 액세스보다는 순차 액세스에 더 적합하여 직접 액세스가 필요한 응용 프로그램에서는 사용할 수 없다는 문제점이 있다. 그러므로 일부 시스템은 링크 할당을 사용하여 순차 액세스 파일을 지원하고, 연속 할당을 사용하여 직접 액세스 파일을 지원한다.

- **연속 할당** : 파일의 직접 액세스를 지원하며, 연결 할당으로 순차 액세스를 지원한다. 작은 파일에 효율적이며, 평균 성능이 아주 좋다.
- **연결 할당** : 메모리에 다음 블록 주소를 보관할 수 있으며, 이를 직접 읽을 수 있다. 순차 액세스는 매우 쉬우나, 직접 액세스는 i번째 블록을 읽으려고 디스크를 i번 읽어야 할 때도 있다.
- **인덱스 할당** : 인덱스 블록이 메모리에 있으면 직접 액세스가 가능하다. 그러나 메모리에 인덱스 블록을 보관하려면 메모리가 많이 필요하다. 이 메모리 공간을 사용할 수 없다면 먼저 인덱스 블록을 읽은 후 원하는 데이터 블록을 읽어야만 한다. 그러므로 2단계 인덱스는 인덱스 블록을 두 번 읽어야 한다. 인덱스 할당의 성능은 인덱스 구조와 파일의 크기, 원하는 블록의 위치가 좌우한다. 파일이 작으면(블록 3~4개 정도) 연속 할당을 사용하고, 파일이 크면 자동 인덱스 할당으로 변환하는 방법을 사용하기도 한다.

3 디스크의 빈 공간 관리 방법

디스크의 공간은 제한적이므로 삭제된 파일의 공간은 새로운 파일이 다시 사용해야 한다. 그래서 디스크 공간의 빈 트랙을 보존하려고 시스템은 빈 공간 리스트를 두어 여기에 디스크의 블록을 모두 등록한다. 빈 공간 리스트를 탐색하여 탐색된 공간에 새로운 파일을 할당한다. 그리고 이 공간은 빈 공간 리스트에서 삭제한다. 반대로 파일을 삭제할 때는 이 공간을 빈 공간 리스트에 추가한다.

디스크에서 빈 공간 리스트를 관리하는 방법은 크게 비트맵, 연결 리스트, 인덱스 블록으로 구분한다.

3.1 비트맵

빈 공간 리스트는 비트맵bitmap 또는 비트 벡터bit vector로 구현할 수 있다. 그런 다음 각 블록의 사용 여부를 [그림 10-26]과 같이 1비트로 표현한다.

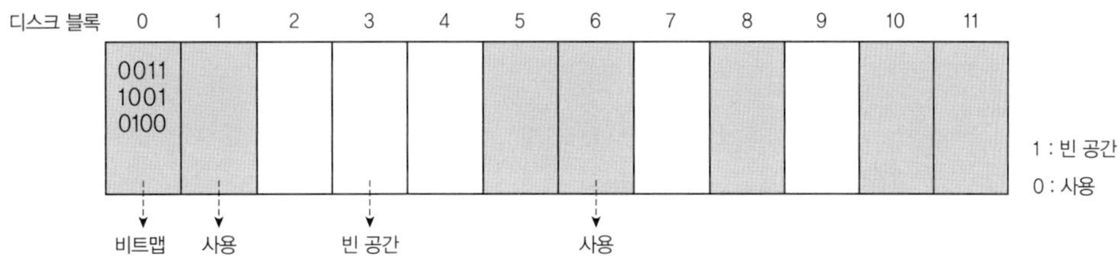

그림 10-26 **비트 벡터**

예를 들어, 디스크의 블록 3 · 4 · 7 · 8 · 16 · 17 · 18 · 19 · 25 · 26 · 30 · 32 · 34가 비어 있고, 나머지 블록은 사용 중이라면 사용 가능 공간 비트맵은 0001100110000000111100000 1100010101000……이 될 것이다([그림 10-27] 참조). 이런 비트맵은 추가 공간을 요구한다. 블록 크기는 2KB, 디스크 크기는 1GB일 때 비트맵 저장에 필요한 공간은 다음과 같다. 비트맵은 2^{18}비트가 필요하므로, 비트맵 저장에 $2^{18}/2^3 = 2^{15}$바이트=32KB를 요구한다.

- 블록 크기=2^{12}바이트
- 디스크 크기=1GB(2^{30}바이트)
- 블록 수=$2^{30}/2^{12} = 2^{18}$

이 방법은 간편하고 디스크에 연속적인 빈 블록 n개를 찾는 데 효과적인 장점이 있다. 그러나 비트 벡터 전체를 메모리에 보관하지 않으면 비효율적이라서 대형 컴퓨터보다는 마이크로컴퓨터 환경에 더 알맞다.

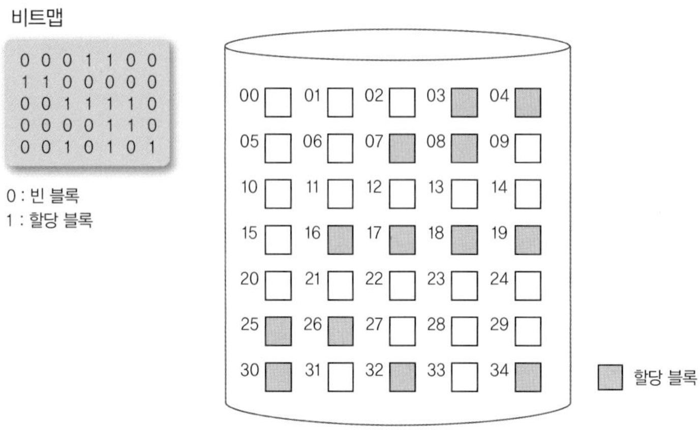

그림 10-27 **디스크의 비트맵**

3.2 연결 리스트

디스크의 빈 디스크 블록을 첫 번째 빈 블록 내에서 다음 빈 디스크 블록의 포인터를 갖도록 [그림 10-28]과 같이 연결 리스트로 구현할 수 있다.

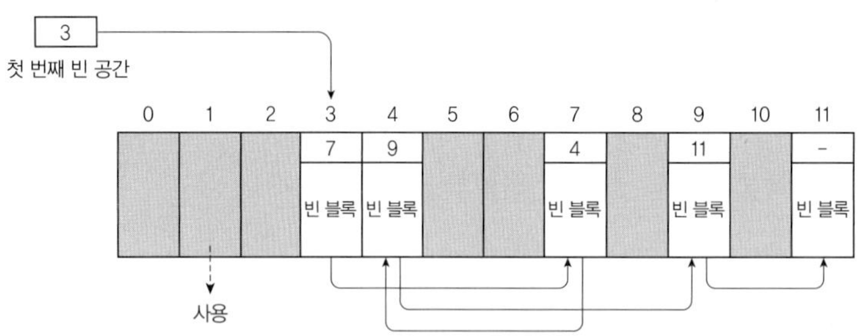

그림 10-28 **연결(링크된) 리스트**

예를 들어, [그림 10-29]는 첫 번째 빈 블록 0에는 빈 공간의 포인터 16이 있고, 블록 16에는 블록 8의 포인터가, 블록 8에는 블록 4의 포인터가, 블록 4에는 블록 19의 포인터가, 블록 19에는 블록 34의 포인터가, 블록 34에는 블록 18의 포인터가 있다. 이런 방법은 빈 공간 리스트를 탐색할 때 각 블록을 모두 읽어야 하기 때문에 비효율적이다.

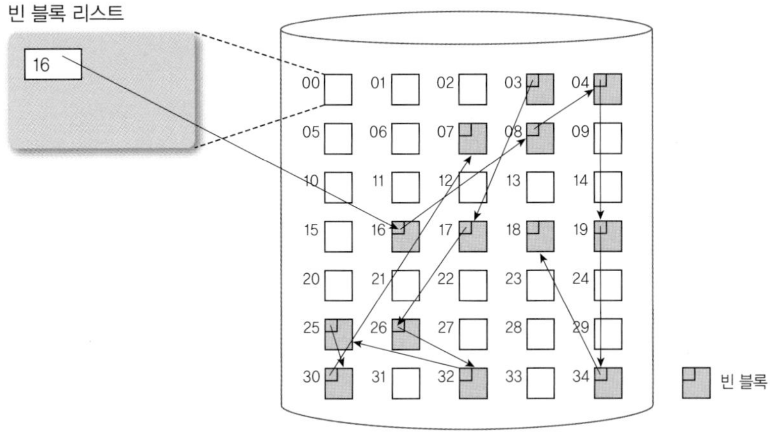

그림 10-29 **디스크에서 연결 리스트**

3.3 인덱스 블록(그룹핑)

인덱스 블록 방법에서는 빈 블록의 포인터를 인덱스 블록에 보관하며, 이들은 서로 연결되어 있다. 인덱스 블록은 빈 블록 주소를 포함하여 인덱스 역할을 하므로, 첫 번째 빈 블록 내에 빈 블록 n개의 번지를 저장한다. 이것의 처음 n−1개는 실제로 비어 있고, 마지막 한 개는 다른 빈 블록 n개의 주소를 포함하는 다른 블록의 디스크 주소이다. 이 방법은 사용 가능한 블록 주소를 여러 개 쉽게 찾을 수 있게 한다. [그림 10−30]에서는 첫 번째 인덱스 블록에 블록 2 · 3 · 7 등이 저장되어 있다.

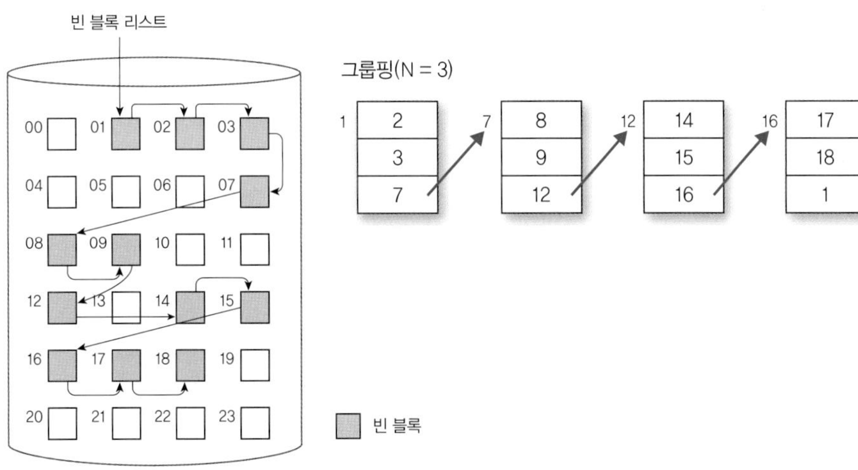

그림 10-30 **인덱스 블록(그룹핑)**

04 파일 보호

1 파일 보호의 필요성

컴퓨터 시스템은 다수의 사용자가 사용하므로 정보를 저장한 파일은 물리적인 손상이나 부적합한 액세스에서 보호해야 한다. 특히 파일을 물리적인 손상에서 보호하는 것을 신뢰성을 보호한다고 표현한다. 보통은 디스크에서 테이프로 파일을 자동 복사하여 파일이 불의의 사고로 손실되거나 손상되는 것을 방지한다. 하지만 파일 시스템은 하드웨어의 문제점인 전원 장애, 헤드 파손, 먼지, 온도, 고의적인 파괴 행위로 손상을 받거나 우연한 사고로 제거될 수 있다. 또 파일 시스템 소프트웨어의 오류로 파일 내용을 분실할 수도 있다. 단일 사용자 시스템이라면 단순히 사용 디스켓을 잘 관리하거나 잠금 장치를 이용하면 되지만 다수 사용자 시스템에서는 다른 방법이 필요하다.

파일은 허용하는 액세스 종류를 제한하여 보호할 수 있는데, 파일 액세스는 대개 다음과 같이 세분화할 수 있다.

- **읽기** : 파일을 읽는다.
- **쓰기** : 파일에 기록한다(또는 재기록한다).
- **실행하기** : 메모리에 파일을 적재하고, 적재된 파일을 실행한다.
- **추가하기** : 파일의 끝에 새로운 데이터를 기록한다.
- **삭제하기** : 파일을 삭제하며, 재사용하려고 공간을 해제한다.

이외에도 파일 이름 다시 지정, 복사, 편집 등도 제어할 수 있는데, 이런 상위 기능은 하위 수준의 시스템 호출로 해결할 수 있다. 예를 들어, 파일 읽기가 가능한 사용자는 파일의 복사나 인쇄도 가능하다. 반면에 디렉터리를 보호하는 데는 다소 어려움이 있다. 사용자에 따라 파일을 생성 · 삭제하고 디렉터리의 파일 존재 여부를 제어하고 싶어 할 수도 있다.

보호 방법은 파일 자체 보호와 액세스 경로 보호로 나눌 수 있는데, 좀 더 일반적인 보호 방법은 액세스 경로 보호이다. 디렉터리에 있는 파일을 참조하려면, 먼저 디렉터리와 파일 모두 액세스가 가능해야 하기 때문이다. 따라서 사용자는 사용한 경로명에 따라 파일의 액세스 권한을 갖는다.

2 파일 보호 방법

2.1 파일 명명file naming

액세스하려는 파일을 명명할 수 없는 사용자를 액세스 대상에서 제외하여 파일을 보호할 수 있다. 즉, 사용자가 파일을 명명할 수 없으면 해당 사용자는 파일을 작성할 수 없다. 이는 다른 사용자의 파일 이름을 알 수 있는 방법이 없고, 추측하기도 힘들다는 가정에 근거한다. 그러나 파일 이름은 보통 기억하기 쉬운 글자를 많이 사용하므로 추측도 가능할 수 있다.

2.2 암호password(비밀번호)

각 파일에 암호를 설정하여 보호할 수 있다. 컴퓨터 시스템 자체를 암호로 제어하는 것처럼 각 파일 액세스도 암호로 제어할 수 있다. 암호를 임의로 정하고 자주 변경하면 파일의 액세스를 효율적으로 제한할 수 있다. 하지만 이 방법은 파일별로 독립된 암호가 있어 기억해야 할 암호가 너무 많아 비현실적일 수 있고, 모든 파일의 암호가 하나이면 한 번만 노출되어도 모든 파일에 액세스할 수 있다는 문제가 발생한다. 따라서 세밀한 수준의 보호를 제공하려면 다중 암호를 사용해야 한다.

2.3 액세스 제어access control

사용자에 따라 액세스할 수 있는 파일이나 디렉터리 리스트를 두어 사용자 신원에 따라 서로 다른 액세스 권한을 부여한다. 액세스 요구가 발생하면 운영체제가 이 액세스 리스트를 참조하여 액세스 여부를 결정하는 방법으로 보호하는 것이다.

2.4 액세스 그룹access group

액세스 리스트에서 주된 문제점은 리스트 길이다. 모든 사용자에게 파일 액세스를 허용하면 모든 사용자가 읽기 액세스를 할 수 있도록 등록해야 하는 문제가 발생한다. 시스템에 있는 사용자의 리스트를 계속 추적하여 액세스 리스트를 구성하면, 고정 크기인 디렉터리 항목이 가변 크기로 바뀌는 등 복잡한 공간 관리 문제가 발생한다. 이 문제점은 각 파일과 연관된 사용자를 다음 세 가지로 분류하면 해결할 수 있는데, 액세스 리스트의 길이가 한결 간결하다.

- **소유자** : 파일을 생성한 사용자이다.
- **그룹** : 파일을 공유하고 비슷한 액세스가 필요한 사용자의 집합이다.
- **모든 사람** : 시스템에 있는 모든 다른 사용자이다.

유닉스는 [그림 10-31]과 같이 각 그룹을 3비트로 표현하는데, 읽기(r) 액세스, 쓰기(w) 액세스, 실행(x) 액세스를 제어하여 파일당 9비트로 보호 정보를 사용한다.

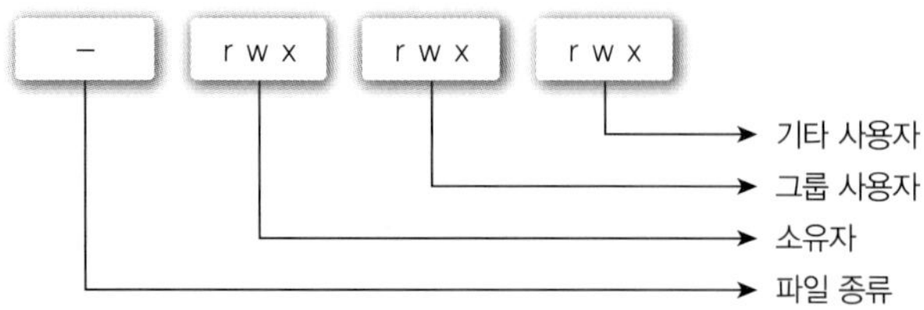

그림 10-31 **파일을 보호하는 그룹별 제어 비트**

2.5 사용자 권한user permission 지정

제2의 방어벽이라고 할 수 있는 사용자 권한 지정은 침입자의 손상 정도를 줄일 수 있는 방법이다. 사용자가 계정을 받을 때부터 특정한 디렉터리와 파일만 액세스할 수 있도록 시스템 관리자가 허락하고, 그 외의 영역은 액세스를 불허하는 방법이다. 예를 들어, 한 사용자가 프로그램이 들어 있는 어떤 디렉터리에서는 읽기 권한만 부여받았다고 하자. 이는 사용자가 디렉터리의 프로그램을 삭제하거나 수정하는 것을 방지하려고 관리자가 사용자 권한을 축소한 것이다.

네트워크와 호스트 컴퓨터 시스템 관리자는 사용자 권한을 다음과 같이 지정한다.

표 10-2 **사용자 권한 지정**

권한	설명
삭제하기	파일 삭제를 허용한다.
생성하기	새로운 파일 생성을 허용한다.
쓰기	파일에 새 정보를 저장하는 것을 허용한다.
읽기	파일을 열어 정보를 읽는 것을 허용한다.
검색하기	권한 검색 명령을 이용하여 파일을 검색하는 것을 허용한다.

요약

01 파일 시스템

파일 시스템은 정보를 저장하는 논리적인 관점과 저장장치의 물리적인 특성을 고려하여 논리적 저장 단위인 파일을 정의하고 메모리에 매핑시키는 기능을 제공한다. 즉, 파일 구성, 파일 관리, 보조 메모리 관리, 파일 무결성 보장, 파일 액세스 방법 제공, 장치 독립성 유지, 파일 백업과 복구 등 기능을 제공한다.

02 파일

파일은 보조저장장치(디스크)에 기록된 이름과 정보의 모음으로 프로그램과 사용자 데이터를 저장하며, 필드(항목), 블록, 레코드 등으로 세분화할 수 있다.

- **속성** : 파일 이름, 파일 식별자, 파일 유형, 저장 위치, 파일 크기, 액세스 제어 데이터, 소유자, 레코드 크기, 시간, 날짜, 사용자 식별 정보
- **유형** : 일반(정규) 파일, 디렉터리 파일, 특수 파일
- **연산** : 파일 생성하기, 파일 열기, 파일 쓰기, 파일 읽기, 파일 재설정하기, 파일 삭제하기, 파일 크기 조절하기, 속성 설정하기, 파일 이름 바꾸기, 파일 닫기

03 파일 디스크립터

파일 디스크립터descriptor는 파일을 액세스하는 동안 운영체제에 필요한 정보를 모아 놓은 자료구조이다. 파일 이름, 크기, ID(번호), 구조, 저장 주소(디스크 내), 공유 가능, 액세스 제어 정보, 생성 날짜(시간), 저장장치 정보 등을 담고 있다.

04 파일에 액세스하는 방법

파일에 액세스하는 방법에는 순차 액세스, 직접 액세스, 인덱스 순차 액세스가 있다.

05 디렉터리

디렉터리는 운영체제가 디스크 등에 저장된 파일을 관리하는 데 사용하는 논리적 저장장치로, 파일 시스템에서 다른 파일의 이름과 위치 정보를 담은 파일이다. 다른 파일과 사용자 데이터는 저장하지 않는다. 장치 디렉터리와 파일 디렉터리로 구분한다. 디렉터리 구조에는 1단계 디렉터리, 2단계 디렉터리, 트리 구조 디렉터리, 비순환 그래프 디렉터리, 일반 그래프 디렉터리 등이 있다.

06 파일의 디스크 할당

- **연속 할당** : 파일을 디스크의 연속적인 주소에 할당하는 방법이다. 파일의 직접 액세스와 연결 할당을 이용한 순차 액세스를 지원한다. 작은 파일에 효율적이며, 평균 성능이 아주 좋다.
- **연결 할당** : 각 파일을 디스크 블록의 리스트에 연결하여 할당하는 방법이다. 순차 액세스는 매우 쉬우나, 직접 액세스는 i번째 블록을 읽으려고 디스크를 i번 읽어야 할 때도 있다.
- **인덱스 할당** : 포인터를 인덱스 블록이라는 하나의 장소에서 관리하여 할당하는 방법으로 직접 액세스를 지원한다. 구현하기가 쉽고 외부 단편화가 없으나 인덱스 블록을 보관하려면 메모리가 많이 필요하다. 따라서 인덱스 할당의 성능은 인덱스 구조와 파일의 크기, 원하는 블록의 위치로 좌우된다.

07 디스크의 빈 공간 관리 방법

- **비트맵**bitmap **또는 비트 벡터**bit vector : 간편하고 디스크에 연속적인 빈 블록 n개를 찾는 데 효과적이나, 비트 벡터 전체를 메모리에 보관하지 않으면 비효율적이라서 대형 컴퓨터보다는 마이크로컴퓨터 환경에 더 알맞다.
- **연결 리스트** : 디스크의 빈 디스크 블록을 첫 번째 빈 블록 내에 다음 빈 디스크 블록의 포인터를 갖도록 연결 리스트로 구현한다. 빈 공간 리스트를 탐색할 때 각 블록을 모두 읽어야 하기 때문에 비효율적이다.
- **인덱스 블록(그룹핑)** : 빈 블록의 포인터를 인덱스 블록에 보관하며, 이들은 서로 연결되어 있다. 사용 가능한 블록 주소를 여러 개 쉽게 찾을 수 있다.

08 파일 보호

파일은 주요 정보를 저장하므로 보호가 필요하다. 파일 액세스는 읽기, 쓰기, 실행하기, 추가하기, 삭제하기, 디렉터리 리스트 등 개별적으로 제어할 수 있다. 파일을 보호하는 방법은 다음과 같다.

- 파일 명명file naming
- 암호(비밀번호)password
- 액세스 제어access control
- 액세스 그룹access group
- 사용자 권한user right 지정

연습문제

01 파일 시스템에 대한 설명으로 틀린 것은?

① 고급 언어 번역 기능을 제공한다.
② 사용자가 파일을 생성 · 수정 · 제거할 수 있도록 한다.
③ 파일을 공유하는 여러 종류의 접근 제어 방법을 제공한다.
④ 불의의 사태에 대비하는 백업backup과 복구recovery 능력을 갖춰야 한다.

02 파일 시스템에 대한 설명으로 옳지 않은 것은?

① 사용자가 파일을 생성하고 수정하며 제거할 수 있도록 한다.
② 한 파일을 여러 사용자가 공동으로 사용할 수 있도록 한다.
③ 사용자가 적합한 구조로 파일을 구성할 수 없도록 제한한다.
④ 사용자와 보조기억장치 사이에서 인터페이스를 제공한다.

03 파일 시스템에 대한 설명으로 틀린 것은?

① 사용자가 파일을 생성하고 수정하며 제거할 수 있도록 한다.
② 사용자는 자료가 저장되어 있는 특정 장치의 물리적인 제어 방법을 알고 있어야 한다.
③ 파일을 안전하게 사용할 수 있도록 하고, 파일을 보호해야 한다.
④ 손쉽게 사용할 수 있도록 편리한 사용자 인터페이스를 제공해야 한다.

04 파일 시스템의 기능으로 거리가 먼 것은?

① 여러 종류의 접근 제어 방법 제공
② 파일의 생성, 변경, 제거
③ 네트워크 제어
④ 파일의 무결성과 보안을 유지할 수 있는 방안 제공

05 파일 시스템의 기능이 아닌 것은?

① 파일의 생성, 변경, 제거
② 파일 접근을 제어하는 여러 가지 방법 제공
③ 정보 손실이나 파괴를 방지하는 기능
④ 고급 언어로 작성된 원시 프로그램의 번역

06 파일 시스템에 대한 설명 중 옳지 않은 것은?

① 파일file은 연관된 데이터의 집합이다.
② 파일은 각각의 고유한 이름을 갖고 있다.
③ 파일은 주로 주기억장치에 저장하여 사용한다.
④ 사용자는 파일을 생성하고 수정하며 제거할 수 있다.

07 파일 시스템의 기능으로 거리가 먼 것은?

① 사용자가 물리적 이름을 사용하는 대신에 기호형 이름을 사용하여 자신의 파일을 참조할 수 있도록 장치 독립성을 제공한다.
② 이용자의 데이터와 이들 데이터를 수행할 수 있는 작업의 물리적 구조를 제공한다.
③ 불의의 사고로 정보의 손실이나 고의적인 파괴를 방지하려면 백업과 복구 능력을 갖춰야 한다.
④ 정보를 안전하게 보호하고 비밀을 보장해야 하는 환경에서는 정보를 암호화하고 해독할 수 있는 능력을 갖춰야 한다.

08 다음 중 파일의 특성을 결정하는 기준이 아닌 것은?

① 소멸성volatility ② 활성률activity
③ 크기size ④ 볼륨volume

09 파일의 특성을 결정하는 기준 중 파일에 자료를 추가하거나 파일에서 제거하는 작업의 빈도수를 의미하는 것은?

① activity ② volatility ③ size ④ access

10 사용자가 해당 블록의 포인트를 실수로 지우는 것을 예방하고 블록 접근을 빠르게 하려고 포인터를 모아 놓은 곳은?

① 파일 할당표FAT ② 블록 할당표BAT
③ 인덱스표IAT ④ 디렉터리표DRT

11 파일 디스크립터file descriptor에 포함하지 않는 내용은?

① 파일 작성자 ② 파일 작성 일자
③ 파일의 위치 ④ 판독 횟수

12 파일 디스크립터file descriptor에 대한 설명으로 옳지 않은 것은?

① 파일 디스크립터의 내용에는 파일의 ID 번호, 디스크 내 주소, 파일 크기 등 정보를 수록한다.
② 파일을 액세스하는 동안 운영체제가 관리 목적으로 알아야 할 정보를 모아 놓은 자료구조이다.
③ 해당 파일을 오픈하면 FCBFile Control Block를 메모리에 올려야 한다.
④ 모든 시스템에서 자료구조가 동일하다.

13 파일 디스크립터에 대한 설명으로 옳지 않은 것은?

① 해당 파일의 오픈에 상관없이 주기억장치에 상주한다.
② 파일마다 독립적으로 존재한다.
③ File Control Block이라고도 한다.
④ 시스템에 따라 구조가 다를 수 있다.

14 파일 디스크립터에 대한 설명으로 옳지 않은 것은?

① 파일 제어 블록이라고도 한다.
② 시스템에 따라 구조가 다르다.
③ 파일 시스템이 관리하므로 사용자가 직접 참조할 수 없다.
④ 모든 파일이 파일 디스크립터 하나를 공용한다.

15 파일 디스크립터file descriptor의 내용으로 거리가 먼 것은?

① 파일 수정 시간
② 파일의 이름
③ 파일 접근 횟수
④ 파일 오류 처리 방법

16 파일 디스크립터에 들어 있는 정보가 아닌 것은?

① 파일의 구조
② 접근 제어 정보
③ 보조기억장치의 파일 위치
④ 파일의 백업 방법

17 파일 디스크립터의 내용으로 옳지 않은 것은?

① 오류가 발생할 때 처리 방법
② 보조기억장치의 유형
③ 파일의 구조
④ 접근 제어 정보

18 파일 디스크립터에 대한 설명으로 옳지 않은 것은?

① 사용자가 직접 관리하므로 사용자가 참조할 수 있다.

② 파일을 관리하려고 시스템에 필요한 정보를 보관한다.

③ 일반적으로 보조기억장치에 저장되어 있다가 파일을 개방할 때 주기억장치로 옮긴다.

④ File Control Block이라고도 한다.

19 파일 디스크립터file descriptor에 대한 설명으로 옳지 않은 것은?

① 파일을 관리하는 파일 제어 블록이다.

② 시스템에 따라 구조가 다를 수 있다.

③ 보조기억장치에 저장되어 있다가 파일을 개방할 때 주기억장치로 옮긴다.

④ 사용자의 직접 참조가 가능하다.

20 파일 구성 방법 중 ISAMIndexed Sequential Access Method의 물리적인 색인 구성은 디스크의 물리적 특성에 따라 색인index을 구성하는데, 다음 중 3단계 색인에 해당하지 않는 것은?

① 실린더 색인cylinder index

② 트랙 색인track index

③ 마스터 색인master index

④ 볼륨 색인volume index

21 파일 구성 방법 중 Indexed Sequential Access Method의 특징으로 맞지 않는 것은?

① 각 레코드는 레코드 키 값에 따라 논리적으로 배열한다.

② 시스템은 각 레코드의 실제 주소가 저장된 인덱스를 관리한다.

③ 일반적으로 디스크 기억장치에 많이 이용한다.

④ 레코드가 직접 액세스 기억장치DASD의 물리적 주소로 직접 액세스한다.

22 파일의 구성 방법 중 Indexed Sequential Access Method에서 색인 구역index area의 색인 종류에 해당하지 않는 것은?

① 레코드 색인　　② 마스터 색인

③ 실린더 색인　　④ 트랙 색인

23 색인 순차 파일의 인덱스에 포함되지 않는 것은?

① 오버플로 인덱스overflow index
② 마스터 인덱스master index
③ 트랙 인덱스track index
④ 실린더 인덱스cylinder index

24 직접 파일direct file에 대한 설명으로 거리가 먼 것은?

① 직접 접근 기억장치의 물리적 주소로 직접 레코드에 접근한다.
② 키에 일정한 함수를 적용하여 상대 레코드 주소를 얻고, 그 주소를 레코드에 저장하는 파일 구조이다.
③ 직접 접근 기억장치의 물리적 구조에 지식이 필요하다.
④ 직접 파일에 적합한 장치로는 자기테이프를 주로 사용한다.

25 해싱 등 매핑 함수를 사용하여 레코드 키로 주소를 계산해서 레코드에 접근할 수 있도록 구성한 파일은?

① 순차 파일
② 인덱스 파일
③ 직접 파일
④ 다중 링 파일

26 특정 레코드를 검색하려고 키key와 보조기억장치 사이의 물리적인 주소로 변환할 수 있는 매핑 함수mapping function가 필요한 파일은?

① 순차 파일
② 인덱스된 순차 파일
③ 직접 파일
④ 분할 파일

27 레코드가 직접 액세스 기억장치의 물리적 주소를 이용하여 직접 액세스하는 파일구조는?

① sequential file
② indexed sequential file
③ direct file
④ partitioned file

28 파일구조 중 순차 편성에 대한 설명으로 옳지 않은 것은?

① 특정 레코드를 검색할 때 순차적으로 검색하므로 검색 효율이 높다.
② 어떠한 기억 매체에서도 실현 가능하다.
③ 주기적으로 처리할 때는 시간적으로 속도가 빠르며, 처리 비용이 절감된다.
④ 순차적으로 실제 데이터만 저장하므로 기억 공간의 활용률이 높다.

29 파일의 구성 방법 중 순차 파일에 대한 설명으로 옳지 않은 것은?

① 부가적인 정보를 보관하지 않으므로 불필요한 공간 낭비가 없다.

② 파일 구성이 용이하다.

③ 대화식 처리보다 일괄 처리에 적합한 구조이다.

④ 임의의 특정 레코드를 검색하는 효율이 높다.

30 파일 시스템에서 일반적인 디렉터리 구성 방법이 아닌 것은?

① 1단계 디렉터리 구조
② 2단계 디렉터리 구조
③ 3단계 디렉터리 구조
④ 트리 디렉터리 구조

31 파일 시스템의 디렉터리 중 가장 간단한 디렉터리 구조로, 모든 파일의 이름이 유일하고 동일한 디렉터리 내에 위치하여 관리하는 디렉터리 구조는?

① 1단계 디렉터리 구조

② 2단계 디렉터리 구조

③ 트리 디렉터리 구조

④ 비주기 디렉터리 구조

32 디렉터리 구조 중 MFD와 UFD로 구성된다. MFD는 각 사용자의 이름이나 계정 번호, UFD를 가리키는 포인터를 갖고, UFD는 오직 한 사용자에게만 있는 파일 정보만 갖는 것은?

① 1단계 디렉터리

② 2단계 디렉터리

③ 트리 디렉터리

④ 비순환 그래프 디렉터리

33 디렉터리의 구조 중 중앙에 마스터 파일 디렉터리가 있고 하부에 사용자 파일 디렉터리가 있는 구조는?

① 단일 디렉터리 구조

② 2단계 디렉터리 구조

③ 트리 디렉터리 구조

④ 비순환 그래프 디렉터리 구조

34 파일 시스템에서 중앙에 마스터 파일 디렉터리가 있고, 그 아래 사용자 파일 디렉터리가 있는 구조이다. 다른 사용자와 파일 공유가 어렵고, 파일 이름이 보통 사용 이름, 파일 이름의 형태를 취하여 파일 이름의 길이가 긴 디렉터리 구조는?

① 단일 디렉터리 구조
② 2단계 디렉터리 구조
③ 트리 형태 디렉터리 구조
④ 비순환 그래프 디렉터리 구조

35 마스터 파일 디렉터리와 각 사용자별로 만든 사용자 파일 디렉터리로 구성되는 디렉터리 구조는?

① 트리 디렉터리 구조
② 비순환 그래프 디렉터리 구조
③ 1단계 디렉터리 구조
④ 2단계 디렉터리 구조

36 다음 설명에 해당하는 디렉터리 구조는?

- 유닉스에서 사용하는 디렉터리 구조이다.
- 각 디렉터리는 서브디렉터리나 파일을 가질 수 있다.
- 디렉터리의 생성과 파괴가 비교적 용이하다.
- 디렉터리의 탐색은 포인터를 사용하며, 절대 경로명과 상대 경로명을 사용한다.

① 비순환 그래프 디렉터리 구조
② 1단계 디렉터리 구조
③ 트리 디렉터리 구조
④ 2단계 디렉터리 구조

37 디렉터리directory 구조를 확장한 임의 트리로 하나의 루트 디렉터리와 다수의 종속 디렉터리로 구성된 디렉터리는?

① 트리 디렉터리
② 1단계 디렉터리
③ 2단계 디렉터리
④ 비주기 디렉터리

38 다음 설명에 해당하는 디렉터리는?

- 하나의 루트 디렉터리와 여러 개의 종속 디렉터리로 구성된 구조
- 유닉스, 윈도우 운영체제에서 사용하는 디렉터리 구조

① 1단계 디렉터리
② 2단계 디렉터리
③ 비순환 그래프 디렉터리
④ 트리 디렉터리

39 여러 사용자가 공유하려는 파일들을 하나의 디렉터리 또는 일부 서브 트리에 저장해 놓고, 여러 사용자가 이를 같이 사용할 수 있도록 지원하는 가장 효율적인 디렉터리 구조는?

① 비순환 그래프 디렉터리 구조
② 트리 디렉터리 구조
③ 1단계 디렉터리 구조
④ 2단계 디렉터리 구조

40 다음 설명에 해당하는 디렉터리 구조는?

- 하위 디렉터리가 상위 디렉터리나 상위 파일을 공유할 수 있다.
- 하나의 파일이나 디렉터리가 경로 이름을 여러 개 가질 수 있다.
- 공유된 파일을 삭제할 때는 고아 포인터dangling pointer가 발생할 수 있다.
- 공유된 하나의 파일을 탐색할 때 다른 경로로 두 번 이상 찾아갈 수 있으므로 성능 저하를 초래할 수 있다.

① 트리 디렉터리 구조
② 1단계 디렉터리 구조
③ 2단계 디렉터리 구조
④ 비순환 그래프 디렉터리 구조

41 다음 설명에 해당하는 디렉터리 구조는?

- 부 디렉터리의 공동 사용이 가능하다.
- 디스크 공간을 절약할 수 있다.
- 하나의 파일이나 디렉터리가 경로 이름을 여러 개 가질 수 있다.
- 공유하고 있는 파일을 제거하면 떨어진 고아 포인터dangling pointer 문제가 발생할 수 있다.

① 비순환 그래프 디렉터리 시스템
② 트리 구조 디렉터리 시스템
③ 1단계 디렉터리 시스템
④ 2단계 디렉터리 시스템

42 다음 설명에 해당하는 디렉터리 구조는?

- 디렉터리와 파일 공유에 융통성이 있음
- 사이클 허용
- 탐색 알고리즘이 간단하고 원하는 파일에 쉽게 접근 가능
- 불필요한 파일을 제거하는 참조 카운터 필요

① 1단계 디렉터리 구조
② 2단계 디렉터리 구조
③ 일반적인 그래프 디렉터리 구조
④ 트리 디렉터리 구조

43 사이클을 허용하며, 불필요한 파일을 제거하려고 참조 카운터가 필요한 디렉터리 구조는?

① 1단계 디렉터리 구조
② 2단계 디렉터리 구조
③ 트리 디렉터리 구조
④ 일반 그래프 디렉터리 구조

44 그래프 탐색 알고리즘이 간단하고, 원하는 파일로 접근이 쉽고, 파일을 제거하려고 쓰레기를 수집garbage collection하는 참조 계수기가 필요한 디렉터리 구조는?

① 1단계 디렉터리
② 2단계 디렉터리
③ 일반 그래프 디렉터리
④ 비순환 그래프 디렉터리

45 파일 보호 방법 중 다음 설명에 해당하는 것은?

사용자에 따라 접근할 수 있는 파일이나 디렉터리의 리스트를 정해서 사용자의 신원에 따라 서로 다른 접근 권한을 허용한다.

① cryptography
② password
③ naming
④ access control

46 파일 보호 방법 중 각 파일에 접근 리스트를 두어 접근 가능한 사용자와 가능한 동작을 기록한 후 이를 근거로 접근을 허용하는 방법은?

① 파일 명명file naming

② 비밀번호password

③ 접근 제어access control

④ 암호화cryptography

47 파일 손상을 막는 파일 보호 방법이 아닌 것은?

① 파일 명명file naming

② 접근 제어access control

③ 암호화password/cryptography

④ 복구recovery

48 메인 메모리보다 대용량의 기억장치에서 파일을 할당하는 비트맵을 사용해야 하는 이유는?

49 연속 할당 정책, 연결 할당 정책, 인덱스 할당 정책을 지원하는 시스템이 있다. 할당 정책을 선택하는 기준과 특정 파일에서는 어떤 할당 정책을 이용해야 하는지 설명하시오.

50 파일의 액세스 속도에서 할당 방법을 평가한다면?

51 각 디스크 블록이 8KB(213바이트)인 128GB(237바이트) 디스크의 파일 시스템이 있는 컴퓨터를 가정하자. 이 컴퓨터의 운영체제가 FAT를 사용할 때 FAT가 사용하는 최소 메모리 크기는?

52 파일을 포함한 디스크 블록을 구성하는 많은 방법이 있다. 다음 물음에 답하시오.

① 연속 할당이 인덱스 할당보다 어떤 장점이 있는지 설명하시오.

② 인덱스 할당이 연속 할당보다 어떤 장점이 있는지 설명하시오.

53 디스크 크기가 40GB라고 하자. 파일에서 다음 블록의 블록 번호 4바이트가 필요하고, 기타 데이터 2바이트가 필요하다면 각 블록의 크기가 1K일 때 FAT 테이블의 크기는?

Chapter 11

분산 및 다중(병렬) 처리 시스템

학습목표

- 분산 컴퓨팅의 목적과 특징을 알아본다.
- 분산 및 네트워크 운영체제를 알아본다.
- 다중 처리 시스템을 알아본다

01 분산 시스템

1 네트워크와 분산 시스템

운영체제에서 분산 처리는 컴퓨터 사용자 간에 서로 데이터를 교환하여 처리할 수 있도록 네트워크로 상호 연결한 것이다. 네트워크로 연결한 시스템은 사용자의 액세스를 제어하여 편리하게 자원을 공유할 수 있게 한다. 네트워크로 연결한 시스템은 분산 시스템과 다중 처리 시스템으로 나눈다. 분산 시스템은 메모리와 클록을 공유하지 않고 지역 메모리를 유지하는 프로세서로 구성되는데, 서로 독자적으로 동작한다. 반면에 다중 처리 시스템은 병렬 처리 시스템이라고도 한다. 하나 이상의 프로세스로 구성되며, 프로세스들이 메모리와 출력을 공유한다. 이 절에서는 분산 시스템을 지원하는 네트워크의 구성, 분산 시스템의 목적과 특징을 알아본다.

2 네트워크의 구성

네트워크는 서로 독립된 시스템 몇 개가 적절한 영역 안에서 속도가 빠른 통신 채널을 이용하여 상호 통신할 수 있도록 지원하는 데이터 통신 시스템이다. 컴퓨터 네트워크는 1960년대 주로 사이트 간에 효율적으로 통신하려는 학교 연구 프로젝트로 탄생했다. 광범위한 사용자 모임 간에 하드웨어나 소프트웨어를 편리하고 경제적으로 공유할 수 있도록 지원했다. 최초로 개발된 네트워크는 알파넷ARPANET으로 1968년에 처음 작동했다. 네트워크는 사용자가 원거리의 하드웨어나 소프트웨어 자원에 액세스할 수 있는 기능을 제공한다. 네트워킹 속도와 신뢰성을 개선하면서 전 세계 컴퓨터를 더 많이 연결한다. 최근 컴퓨터 체제에서는 여럿 물리적 프로세서 사이에서 연산을 분산시키려는 경향이 나타난다.

네트워크 시스템을 구성하는 방법에는 강결합과 약결합 두 가지가 있다.

2.1 강결합 시스템

강결합tightly coupled(단단히 결합된) 시스템은 [그림 11-1]과 같이 프로세서들이 메모리를 공유하는 다중 처리 시스템이다. 프로세서 간에 공유 메모리를 이용하여 통신하므로 공유 메모리를 차지하려는 프로세서 간의 경쟁을 최소화해야 한다. 프로세서 간의 경쟁은 결합 교환combining switch 방법으로 해결할 수 있다. 이는 하나의 공유 메모리를 차지하려는 프로세서 여러 개 중 오직 하나의 프로세서만 액세스를 허용하는 것이다.

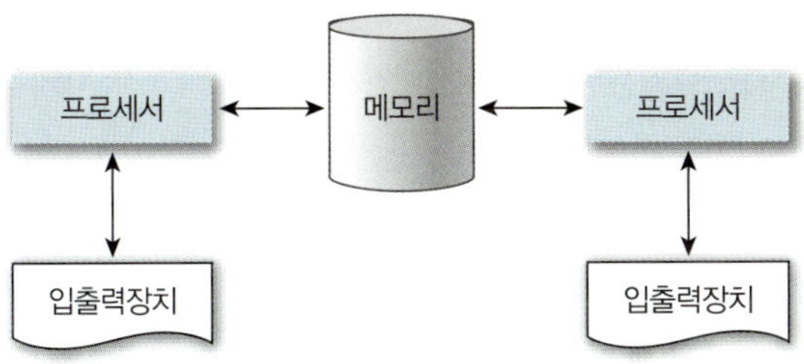

그림 11-1 **강결합 시스템**

2.2 약결합 시스템

약결합loosely coupled 시스템은 둘 이상의 독립된 시스템을 통신선으로 연결한다. 각 시스템은 [그림 11-2]와 같이 자신만의 운영체제, 메모리, 프로세서, 입출력장치 등이 있으며, 독립적으로 운영한다. 그리고 필요할 때 통신선을 이용하여 메시지 전달이나 원격 프로시저 호출로 통신한다. 통신선으로 다른 시스템의 파일을 참조할 수 있으며, 각 시스템의 부하를 조절하려고 부하가 적은 프로세서에 작업을 보낼 수도 있다. 하나의 시스템에서 장애가 발생해도 다른 시스템의 프로세서를 독립적으로 수행할 수 있어 치명적인 시스템 장애는 발생하지 않는다.

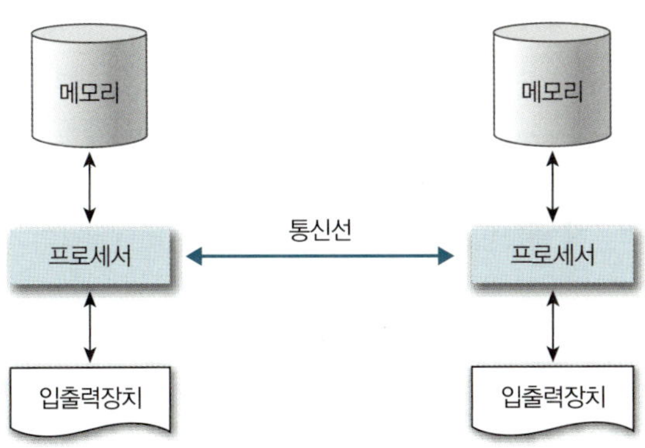

그림 11-2 **약결합 시스템**

3 네트워크의 구조

네트워크의 구조topology(토폴로지, 위상)는 네트워크의 노드나 링크 요소를 물리적으로 연결해 놓은 연결 방법이다. 네트워크에서 노드는 사이트를 나타내고, 각 노드 사이의 링크는 두 노드 간 직접 통신을 나타낸다.

3.1 망 구조

망mesh 구조는 각 노드를 시스템의 모든 노드와 직접 연결하는 완전 연결fully connected 방법이다. 두 노드 간에 직접 통신선이 있어야 하므로 처음 설치할 때 비용이 많이 든다. 메시지를 전달할 때 두 노드를 연결하는 링크 하나만 매우 빠르다. 그리고 많은 링크가 고장이 나야 시스템을 분할하므로 신뢰성이 매우 높다.

NOTE_ 노드는 사이트, 터미널, 컴퓨터 등 다양한 용어로 표현할 수 있는데, 여기서는 노드라는 용어를 주로 사용한다.

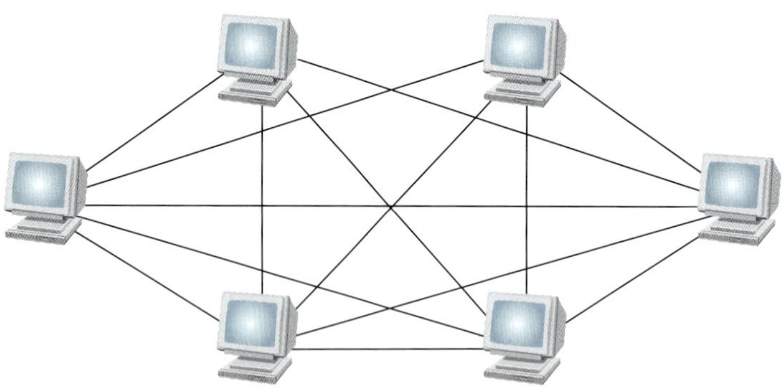

그림 11-3 **완전 연결 네트워크**

3.2 트리 구조

트리tree 또는 계층hierarchy 구조는 회사의 컴퓨터 네트워크에 사용하는 방법으로, 네트워크의 각 노드가 트리로 구성되어 있다. 루트 A를 제외한 각 노드는 단일 부모와 자식 몇 개를 가진다. 기본 비용은 일반적으로 망 구조보다는 낮다. 예를 들어, [그림 11-4]에서 부모 B와 자식 C는 직접 통신할 수 있으나, 형제 C와 형제 D는 공통의 부모 B를 이용하여 서로 통신해야 한다. 부모가 고장이 나면 그 자식들은 서로 통신을 할 수 없고, 다른 프로세스와도 통신할 수 없다.

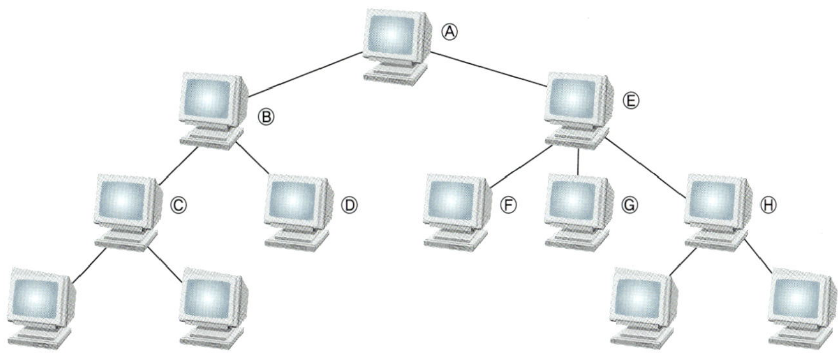

그림 11-4 **트리 구조 네트워크**

3.3 성형 구조

성형star 구조는 [그림 11-5]와 같이 모든 노드를 중앙 노드에 직접 연결하고, 중앙 노드 외의 다른 노드는 서로 연결하지 않는다. 중앙 노드가 메시지 교환을 담당한다. 중앙 노드에서 병목 현상이 발생하면 성능이 현저히 떨어지고, 중앙 노드에 장애가 발생하면 전체 시스템이 마비된다. 성형 구조는 기본 비용이 노드 수에 비례하여 늘어난다. 하지만 비교적 간단한 구조이고, 통신 비용이 저렴하며, 집중 제어로 유지 보수하기가 쉽다.

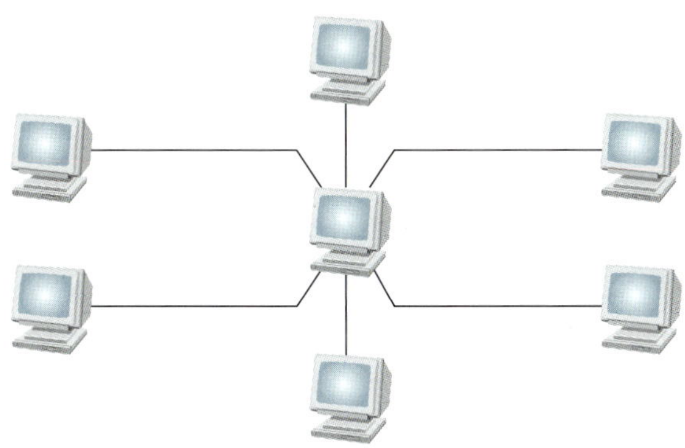

그림 11-5 **성형 구조 네트워크**

3.4 링 구조

링ring(환형) 구조는 [그림 11-6]과 같이 각 노드를 정확히 다른 노드 2개와 연결하는 방법이다. 메시지를 전달하는 방향을 단방향 또는 양방향으로 구현할 수 있다. 단방향 구조는 한 노드의 한쪽 이웃 노드에만 전달할 수 있으나, 양방향 구조는 한 노드가 양쪽 노드 모두에 전달할 수 있다. 그리고 단방향 구조에서는 한 노드나 링크가 고장 나면 네트워크를 분할하고, 양방향 구조에서는 연결이 2개 고장이 나면 네트워크를 분할한다. 링 구조는 기본 비용이 노드 수에 비례하여 늘어나고, 메시지가 링을 순환할 때 통신 비용이 증가한다.

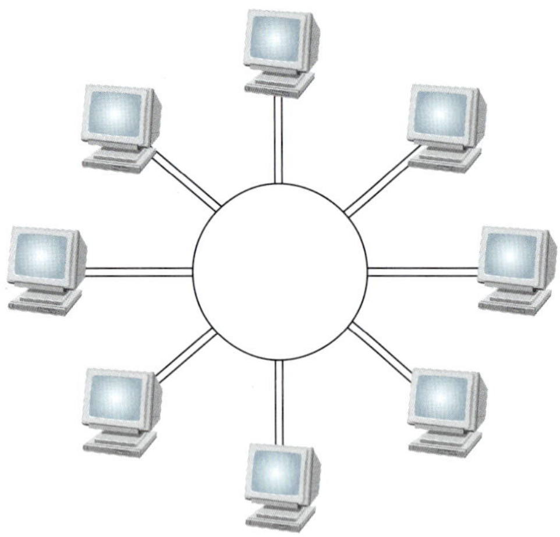

그림 11-6 **링 구조 네트워크**

3.5 버스 구조

버스bus 구조는 연결 버스(중앙의 통신회선) 하나에 모든 노드를 연결하는 방법이다. 네트워크의 기본 비용은 노드 수에 비례하고, 버스를 공유하여 경제적이다. 링크가 고장 나면 모든 노드 간의 통신이 불가능하다. 하지만 각 노드의 고장이 나머지 노드 간 통신에는 영향을 주지 않아 신뢰성이 높고, 노드의 추가 · 변경 · 제거 등이 비교적 쉬워 확장성이 좋다. 단점은 버스에 장애가 발생하면 네트워크 전체에 영향을 미친다는 것이다.

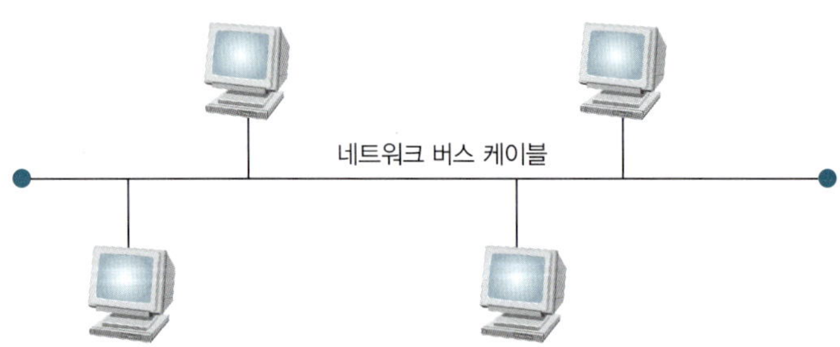

그림 11-7 **버스 구조 네트워크**

4 원격 프로시저 호출

분산 시스템과 단일 시스템의 가장 큰 차이는 프로세스 간 통신이다. 단일 시스템에서 프로세스들은 공유 메모리로 입출력하여 서로 통신할 수 있으나, 분산 시스템은 공유 메모리가 없다. 분산 시스템에서 프로세스 간 통신은 클라이언트와 서버의 요청 · 응답 형태로 구현할 수 있는데, 대표적인 예가 원격 프로시저 호출이다.

원격 프로시저 호출RPC, Remote Procedure Call은 비렐Birrell과 넬슨Nelson이 제안했다. RPC는 한 컴퓨터에서 실행하는 프로세스를 다른 컴퓨터에서 실행하는 프로세스의 프로시저(또는 함수)가 호출할 수 있게 하는 것으로, 클라이언트/서버 모델을 전제로 한다. 클라이언트와 서버 사이에 프로시저를 호출하는 프로그램을 허용하여 지역 프로시저를 호출해서 지역적으로 분산된 원격 프로시저를 호출한다. 클라이언트에 있는 프로세스가 서버에 있는 프로시저를 호출하면 클라이언트에 있는 프로세스는 중단하고 서버에 있는 호출된 프로시저를 실행한다. 그리고 함수의 반환 값이 네트워크를 이용하여 클라이언트로 전송된다. 일반적인 RPC 단계는 [그림 11-8]과 같은데, 요청과 응답 관계가 일대일(1:1)이다.

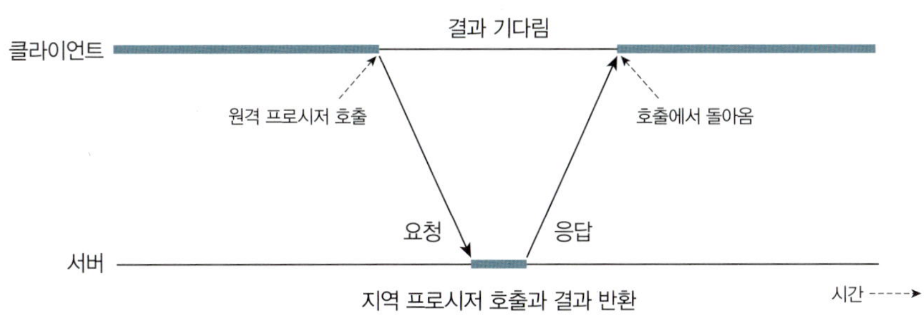

그림 11-8 **클라이언트와 서버 간 RPC 원리**

호출 프로그램과 피호출 프로그램이 데이터를 공유하므로 호출자와 피호출자 사이의 정보는 인자로 전달한다. 따라서 원격지 컴퓨터의 프로그램을 호출할 때 클라이언트에 필요한 데이터가 원격지에 있다면 프로시저 호출 방법을 사용할 수 있다. 이때 전송 데이터를 준비하고 수신 데이터를 변환해서 올바르게 해석할 수 있도록 지원하여 처리 결과를 교환하는 모듈을 스터브stub라고 한다. 스터브는 RPC나 지역 호출이 같도록 만드는데, 클라이언트 스터브와 서버 스터브로 분류할 수 있다. 이런 스터브 프로그램은 데이터를 전송하려고 다양한 형태의 데이터로 서로 변환하는 기능을 수행한다.

RPC의 동작 과정은 [그림 11-9]와 같다.

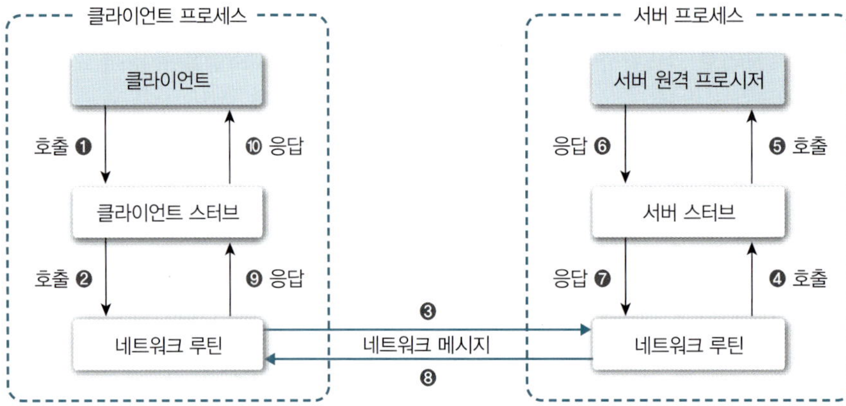

❶ 클라이언트가 클라이언트 스터브를 호출한다. 이때 원격 프로시저 호출을 하는 인자들이 전달되고 이렇게 원격 프로시저에 인자를 포함하는 과정을 마샬링marshalling이라고 한다.

❷ 클라이언트 스터브가 네트워크 메시지를 원격 시스템에 보내려고 운영체제 커널의 네트워크 루틴을 호출한다.

❸ 원격 시스템 커널이 프로토콜로 네트워크 메시지(요청 메시지)를 서버 스터브에 전달한다.

❹ 메시지를 수신한 서버 스터브가 요청 메시지를 프로시저의 인자로 마샬링하고 해당 프로시저를 호출한다.

❺ 서버 스터브가 지역 프로시저 호출(서버 기능 호출)을 실행하여 클라이언트에서 받은 인자를 전달한다.

❻ 프로시저를 완료하면 응답(반환 값)과 함께 서버 스터브에 전달한다.

❼ 서버 스터브는 필요에 따라 응답 값을 표준 형식으로 변환하고, 클라이언트 스터브로 전송하려고 하나 이상의 네트워크 메시지로 마샬링한다.

❽ 클라이언트 스터브는 네트워크로 네트워크 메시지(응답 메시지)를 전송받는다.

❾ 응답 메시지를 다시 클라이언트 스터브에 전달하여 결과 값으로 변환한다.

❿ 결과 값을 요청한 클라이언트에 전달한다.

그림 11-9 **RPC(원격 프로시저 호출)의 동작 과정**

RPC는 프로세스들이 원격 컴퓨터에 있는 프로시저를 지역 컴퓨터에 있는 프로시저처럼 쉽게 호출하여 결과 값을 반환받아 상호 운용성은 증진되지만, 통신의 신뢰성과 보안, 전역변수의 미지원 등 문제가 있다.

5 분산 시스템의 구조와 구축 목적

분산 시스템은 저렴한 노드 여러 개를 운영체제 하나가 제어할 수 있도록 구현하여 강력한 시스템을 구성한다. 네트워크로 연결된 여러 노드에 프로그램 하나를 분산하여 실행하면서 마치

하나의 프로그램처럼 움직인다. 즉, 공유 메모리와 공유 클록이 없는 프로세서의 집합으로, 각 프로세서는 자신들의 메모리와 통신회선을 이용하여 서로 정보를 교환한다. 또 여러 사용자가 자원을 공유하여 대규모 작업을 지원하기 때문에 다양한 사용자에게 서비스할 수 있다. 각 프로세서는 초소형 프로세서부터 워크스테이션, 소형컴퓨터, 대형컴퓨터까지 다양하다.

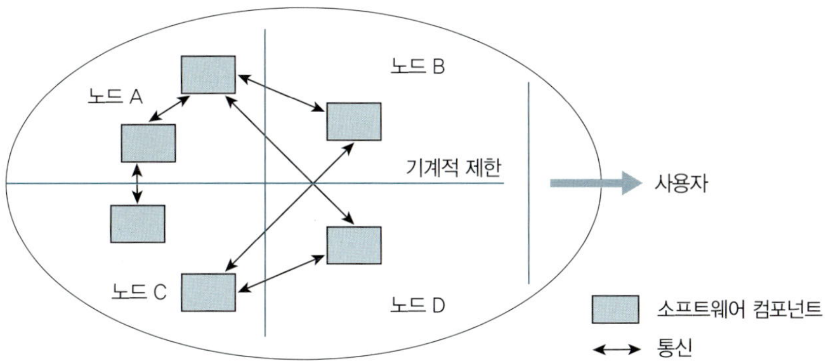

그림 11-10 **분산 시스템**

분산 시스템의 소프트웨어는 하드웨어와 소프트웨어의 시스템 자원을 공유할 수 있게 한다. 사용자에게 분산 시스템을 구성하는 모든 시스템 자원의 실제 위치에 상관없이 하나의 컴퓨터를 사용하듯이 사용할 수 있는 환경을 제공하여 입출력장치, 메모리, 파일, 프로세서들로 구성된 하나의 가상컴퓨터를 사용하게 한다. 그러므로 분산 시스템은 사용자들이 서로 다른 장소에 위치한 컴퓨터를 하나의 통합된 컴퓨팅 장비로 인식하여 시스템 자원의 위치에 관계없이 사용할 수 있는 환경을 제공한다. 즉, 분리된 상태에서 컴퓨터 통신 네트워크로 약결합을 하는 정보 시스템이다. 단일 시스템에 비해 처리 능력이 뛰어나고 저장 용량이 크며, 신뢰성이 향상된다는 특징이 있다. 그러나 네트워크와 관련된 통신 지연과 시스템 고장 처리 등 구현과 관리가 복잡하고 어렵다는 문제가 있다. 분산 시스템의 목적은 사용자가 하나의 컴퓨터 시스템으로 인식할 수 있도록 완전한 투명성을 제공하는 것이다.

분산 시스템의 프로세서들은 크기와 기능이 다양하다. 이들을 분산 시스템으로 구축하는 목적은 다음과 같다.

■ **자원 공유 용이**

기능이 다른 많은 노드를 서로 연결했다면, 한 노드에 있는 사용자가 다른 노드의 자원을 사용할 수 있다. 예를 들어, 노드 A 사용자가 노드 B에서 제공하는 레이저 프린터를 이용할 수 있고, 노드 B 사용자가 노드 A에 있는 파일에 액세스할 수 있다. 분산 시스템이 자원을 공유하는 방법에는 원거리에 있는 고속의 배열을 조작하거나 다른 연산을 위한 특수한 목적의 하드웨어를 사용하고, 원격 노드의 파일을 공유하고, 분산 데이터베이스에서 정보를 처리하고, 원격 노드 파일을 프린팅하는 기능을 제공하는 것 등이 있다.

- **연산 속도 향상**

  특정 연산을 동시 수행 가능한 다수의 부분 연산으로 분할할 수 있다면, 여러 노드에 연산을 분산시켜 이들을 동시에 수행할 수 있다. 이외에 특정 노드가 현재 너무 많은 작업 때문에 과부하되었다면 일부를 부하가 적게 걸린 노드로 이동시킬 수 있다. 이런 작업의 이동을 부하 분담load sharing이라고 한다.

- **신뢰성 향상**

  컴퓨터 시스템을 조그만 기계로 구성하면 하나만 고장 나도 전체 시스템의 동작이 중단될 수 있는데, 이런 문제는 분산 시스템으로 해결할 수 있다. 즉, 한 노드가 고장 나도 나머지 노드가 계속 작동하므로 동작의 신뢰성을 보장할 수 있다. 분산 시스템에 종류가 같은 하드웨어와 데이터가 여러 개 있다면, 한 노드가 고장 나도 기능이 동일한 다른 노드가 기능을 이동시키므로 시스템을 계속 작동할 수 있는 것이다. 따라서 한 노드의 고장은 반드시 시스템으로 감지해야 하며, 그 고장을 회복시키는 적당한 작업이 필요하다. 시스템은 고장에서 회복할 때까지 해당 노드의 서비스를 더 이상 사용할 수 없다. 또 고장이 난 노드의 기능을 다른 노드가 대행한다면 기능을 올바르게 이동했는지 확인해야 한다. 마지막으로 고장 난 노드를 회복 · 수리했을 때 시스템에 다시 포함시키는 방법이 필요하다.

- **통신 가능**

  다수의 노드를 통신 네트워크를 이용하여 연결하면 다른 노드에 있는 사용자들이 정보를 서로 교환할 수 있다. 따라서 지역적으로 멀리 떨어져 있어도 임의의 작업이 가능하고 자원을 이용할 수 있기 때문에 효율적으로 시스템을 관리할 수 있다.

분산 처리 시스템의 기본 목표 중 하나는 시스템에 있는 각종 자원의 투명성transparency을 보장하는 것이다. 투명성은 상호 연결된 컴퓨터를 사용자가 하나의 컴퓨터 시스템으로 인식할 수 있도록 분산을 감추어 사용자가 이 정보를 몰라도 작업을 수행할 수 있도록 지원하는 개념이다. 따라서 투명성 때문에 사용자는 프로세스 사이의 통신 과정과 사용자 요청을 처리하는 프로세스, 자원의 물리적 위치를 몰라도 자원에 액세스할 수 있다. 예를 들어, 여러 원격 컴퓨터에 분산된 파일 시스템에 액세스하거나 지역 파일 시스템에 액세스하는 것은 같다. 사용자 관점에서는 서로 다른 컴퓨터를 통신으로 연결한 상태가 아니라 단지 하나의 가상적인 프로세서만 인식하는 것이다. 따라서 시스템 내부의 변화가 클라이언트에 제공되는 서비스에 영향을 미치지 않도록 해야 한다.

- **액세스**[access] **투명성** : 서로 다른 컴퓨터 구조와 프로그램 언어 사이에서 상호 교류할 수 있게 한다. 프로세스가 지역이든 전역이든 동일한 형식으로 액세스할 수 있어 사용자는 시스템 전체에서 다른 형식으로 저장된 데이터에 액세스할 수 있다.
  예 : SQL 쿼리, 웹 내비게이션
- **위치**[location] **투명성** : 자원 위치와 각 컴포넌트가 상호작용하는 위치를 사용자가 몰라도 된다. 따라서 사용자는 지역 파일에 액세스하듯 원격 파일에 액세스하여 어떤 서버가 해당 파일을 보유하는지 알지 못한다.
  예 : 웹페이지, NFS[Network File System](네트워크 파일 시스템)
- **고장**[failure] **투명성** : 시스템 구성 요소(컴포넌트)와 통신 오류 때문에 시스템을 수행하는 데 장애를 받지 않게 한다. 여러 자원이나 컴퓨터에 오류가 발생할 때 시스템 사용자는 성능이 떨어지는 정도만 느낄 수 있다. 오류를 시스템에서 제거하고 재사용할 수 있도록 회복시켜 준다. 대체로 복제나 복구를 이용하여 구현한다. 복제한 자원 중 하나만 남고 모두 고장이 나더라도 분산 시스템은 기능을 계속할 수 있다.
  예 : 데이터베이스 관리 시스템[database management system]
- **중복**[replication] **투명성** : 시스템에 자원 사본이 여러 개 있다는 사실을 감춘다. 동일한 자원이 다수의 컴퓨터에 있더라도 사용자에게는 자원 하나로만 보이게 한다. 즉, 복제한 자원 그룹에서 모든 액세스가 자원이 하나만 있는 것처럼 보이게 하여 신뢰성과 유용성을 높일 수 있다.
  예 : 분산 DBMS, 웹페이지 미러링[mirroring]
- **이동**[migration]**(이주) 투명성** : 자원을 한 시스템에서 다른 시스템으로 이동해도 사용자가 이를 의식하지 않고 이용할 수 있도록 하는 것이다. 예를 들어, 파일을 한 서버에서 다른 서버로 이동하는 것처럼 한 객체를 한 위치에서 다른 위치로 변경할 수 있게 한다.
  예 : 웹페이지, NFS
- **영속**[permanence] **투명성** : 자원이 저장된 위치(메모리나 디스크) 정보를 감춘다.

- **자원**resource **투명성** : 구성 요소에서 자원의 배당과 해제 정보를 감춘다. 자원을 공유하는 데 제공된다.
- **트랜잭션**transaction **투명성** : 공유 공간에서 동작하는 트랜잭션 연산 조정과 자원 집합 사이의 결합을 숨겨 데이터 무결성과 일관성을 확보할 수 있게 한다.
- **재배치**reassignment **투명성** : 한 객체의 재배치를 이와 통신하는 다른 객체에 감출 수 있게 한다.
- **규모**scale **투명성** : 구성 요소를 추가하거나 제거하는 등 규모가 바뀌어도 사용자가 의식하지 않는다.
  예 : 웹페이지
- **병행**concurrency **투명성** : 사용자와 응용 프로그램이 서로 간섭 없이 공유 데이터 또는 객체에 동시에 액세스할 수 있다. 분산 시스템에서 매우 복잡한 메커니즘이 필요하다.
  예 : NFS, 금융 자동화 기기ATM 네트워크

이 투명성들을 실현하는 작업은 상당히 복잡하고 비용이 많이 든다. 각 응용 시스템마다 필요한 투명성의 종류가 다르고, 모든 투명성이 항상 필요하지는 않으므로 응용에 따라 선택적으로 제공할 수 있어야 한다.

02 네트워크 운영체제

네트워크 운영체제는 단일 사용자 환경인 과거 운영체제에 네트워크 기능을 추가한 네트워크 운영체제와 사용자가 시스템에 연결된 모든 컴퓨터의 원격 자원을 지역 자원으로 공유하는 분산 운영체제로 구분한다.

1 네트워크 운영체제

1.1 네트워크 운영체제의 원리

네트워크 운영체제NOS, Network Operating System는 통신을 제어하고 분산된 자원을 공유하면서 독립된 시스템들을 서로 연결하려고 개발했다. [그림 11-11]과 같은 네트워크 운영체제는 서버에 저장된 대용량 파일이나 서버에 연결된 공유 프린터 등 자원을 요청한 클라이언트에 제공하려고 설계했다. 네트워크 운영체제는 자원 공유(프린트 서비스, 주변장치 공유), 파일 전송, 액세스 권한(원격 처리, 사용자 관리), 데이터 보호(보안 인증, 권한 부여), 관리 제어(전자우편, 네트워크 관리) 등 기능을 제공한다. 여기서 서버의 분산 응용 프로그램은 서버와 클라이언트 간에 원활하게 통신할 수 있도록 자원 공유 서비스와 각 클라이언트의 관리 기능을 제공하는데, 주로 자원 공유 기능 서비스를 제공한다.

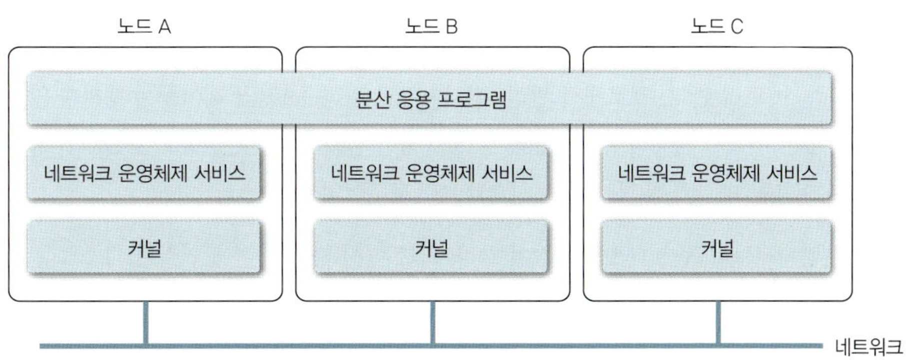

그림 11-11 **네트워크 운영체제의 일반 구조**

각 노드(컴퓨터)는 독립된 운영체제(커널)로 파일 공유나 프린터 공유 등을 실현한다. 일반적인 운영체제는 컴퓨터 한 대나 워크스테이션의 자원을 관리한다. 반면에 네트워크 운영체제는 사용자가 다른 컴퓨터와 쉽게 통신할 수 있는 기능을 제공하고 여러 대로 구성된 LAN Local Area Network(근거리 통신망)의 전체 자원을 관리하여 클라이언트가 서버와 상호작용할 수 있도록 도와준다.

이때 사용자는 네트워크에 다수의 독립된 컴퓨터가 있다는 사실을 인식해야 한다. 그래야 다른 컴퓨터의 네트워크 주소를 사용하여 액세스하고, 원격 사용을 등록하며, 파일을 전송할 수 있다. 네트워크 운영체제는 제한된 자원을 공유하고 지역적으로 분산된 서로 다른 기종의 컴퓨터 시스템을 연결하기 때문에 사용자는 네트워크로 서버의 자원을 사용자 시스템의 자원처럼 이용할 수 있다. 특히 최근 네트워크 운영체제는 디렉터리 서비스를 지원하여 자원의 위치 투명성을 지원한다.

NOTE_ 네트워크 운영체제의 종류

- 윈도우 NT 서버 : 윈도우 기반의 1세대 네트워크 운영체제
- 윈도우 2000~2003 서버 : 윈도우 NT가 발전된 네트워크 운영체제
- 노벨 넷웨어 Novell Netware : 노벨사가 클라이언트/서버 환경을 위해 설계한 네트워크 운영체제
- 유닉스
- 리눅스

물론 각 노드의 운영체제는 네트워크와 관계없으며, 네트워크 사용은 각 노드에서 실행하는 사용자 프로그램이 제어한다. 컴퓨터 운영체제가 서비스를 요구하면, 네트워크 운영체제가 실제로 필요한 요구로 받아들이고 수행한다. 따라서 네트워크 운영체제는 실질적인 운영체제가 아니다. 즉, 메모리 관리, 프로세서 관리, 장치 · 파일 관리 등 전역 제어를 수행하지 않고 네트워크에 있는 서버를 사용하도록 지원하여, 자율적인 컴퓨터들이 편리하고 효율적인 방법으로 서로를 이용할 수 있도록 하는 분산 시스템 소프트웨어의 집합이다.

네트워크 운영체제는 [그림 11-12]와 같이 클라이언트에서 파일 서버에 연결된 디스크나 공유 파일 시스템을 마치 자신의 컴퓨터에 연결되어 있는 것처럼 사용할 수 있다.

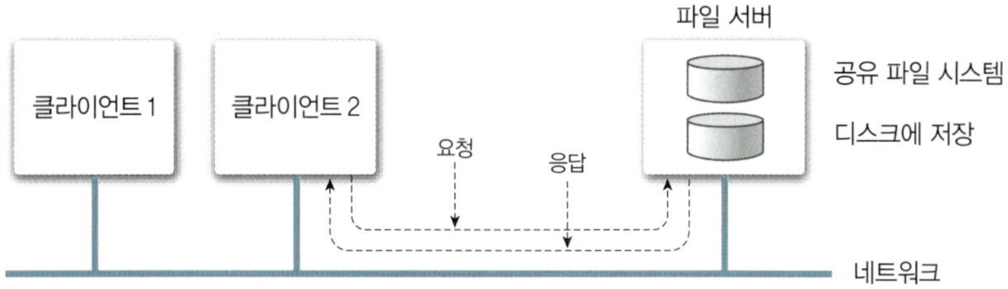

그림 11-12 **네트워크 운영체제의 클라이언트와 서버**

1.2 네트워크 운영체제의 주요 기능

네트워크 운영체제는 비교적 실행하기가 쉽고 기존 소프트웨어를 활용할 수 있다는 장점이 있으나, 네트워크 사용자마다 방법은 다를 수 있다. 따라서 동질성이 부족하므로, 가능하면 표준을 유지하면서 모든 컴퓨터를 지원하도록 새로운 기술을 용이하게 적용할 수 있는 구조이어야 한다. 프린터나 파일 관리는 물론 네트워크 전체를 항상 관리 · 감시하면서 장애가 발생하면 복구도 수행할 수 있는 환경을 보장해야 한다. 또 다수의 네트워크 클라이언트가 신속하게 데이터에 액세스할 수 있도록 효율적이고 신뢰성이 있어야 한다.

다음은 네트워크 운영체제의 주요 기능이다.

- **자원 공유** : 네트워크에 연결된 서버와 클라이언트 간에 하드디스크나 프린터 등 자원을 공유할 수 있어야 한다.
- **액세스 권한 부여** : 사용자는 원격 사이트의 자원을 사용할 수 있도록 액세스가 가능해야 한다. 자격 있는 사용자만 특정 자원을 사용하도록 제한할 수 있다. 호스트 컴퓨터의 하드웨어 사항을 몰라도 되지만, 원격 시스템의 명령은 알아야 한다. 예를 들어, 사용자가 유닉스 시스템에 접속하려고 텔넷TELNET을 사용한다면 유닉스 컴퓨터에 접속한 동안에는 유닉스 명령어만 사용해야 한다.
- **파일 전송** : 한 컴퓨터에서 다른 컴퓨터로 데이터를 전송해야 한다.
- **데이터 보호** : 사용자별 적합한 권한(읽기 권한, 쓰기 권한 등)을 설정하고 데이터를 관리 · 보호하여 서버에 접근하는 클라이언트 사용자가 서버를 사용할 권한이 있는지 인증한다.
- **관리 제어** : 각 클라이언트의 네트워크 이용 정보와 네트워크에서 발생할 수 있는 여러 가지 문제를 해결하고 조절하는 관리 기능을 제공해야 한다.

이런 기능은 기종 차이가 심하고, 지역적으로 널리 분산된 대규모 네트워크 시스템에서 유용하다.

1.3 네트워크 운영체제의 운용 방법

네트워크 운영체제는 자원 운영 방법에 따라 [그림 11-13]과 같이 피투피peer-to-peer 모델과 클라이언트/서버 모델로 구분한다.

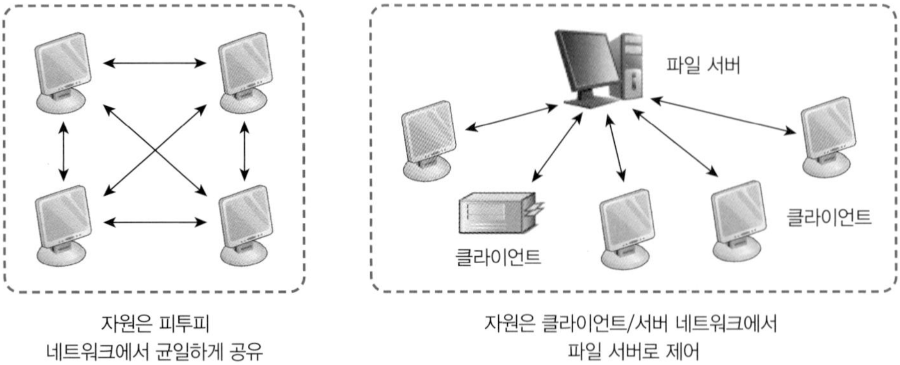

그림 11-13 **네트워크 운영체제 운용 형태별 자원 관리**

피투피 방법은 [그림 11-14]와 같이 동등하게 작동하는 LAN에 연결된 각 컴퓨터가 상황에 따라 클라이언트 또는 서버로 동작하는 방법이다. 예를 들어, 파일 서버는 대용량 디스크 시스템이면서 백업 장비도 될 수 있다. 또 소형 사무실이나 가정의 컴퓨터는 클라이언트이자 서버이며, 네트워킹은 별도의 장비 없이 개별 사용자가 서로의 파일에 액세스하고 전자우편을 보낼 수 있다. 따라서 파일 서버나 중앙집중식 관리 자원이 없으며, 모든 컴퓨터가 동일한 액세스 권한과 네트워크에 있는 사용 가능한 자원에 같은 권한을 갖는다.

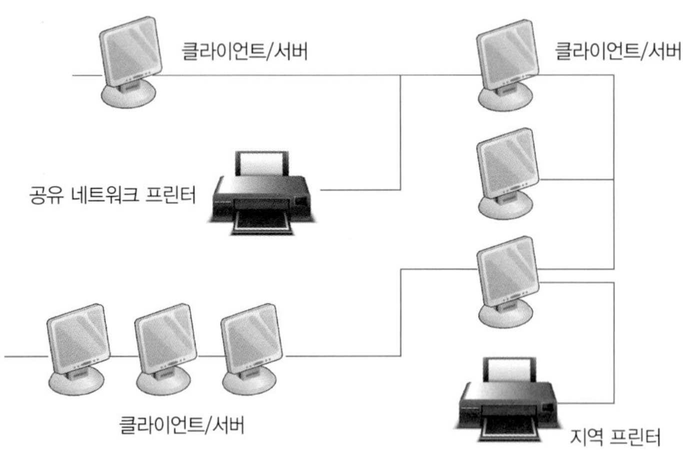

그림 11-14 **클라이언트/서버 동시 운용 컴퓨터**

표 11-1 **피투피 방법의 장점과 단점**

장점	• 적은 초기 비용 : 클라이언트/서버의 기능을 한 컴퓨터에서 구현한다. • 자원 : 자원의 활용 극대화와 자원을 각각 균일하게 공유한다.
단점	• 분산 : 파일과 응용 프로그램에 중앙 저장소 없이 분산되므로 관리하기가 어렵다. • 보안 : 서버와 클라이언트에 보안을 제공하지 못한다.

클라이언트/서버 방법은 [그림 11-15]와 같이 네트워크와 독립적이며, 네트워크에 접속하지 않은 컴퓨터 시스템은 자신의 환경에 맞게 변경 · 관리할 수 있다. 네트워크에 연결된 컴퓨터가 각각 임무, 즉 클라이언트는 클라이언트, 서버는 서버로서 역할을 수행하는 방법이다. 예를 들어, 네트워크는 제공하는 파일을 사용하여 라우팅 데이터를 프린터로 출력하거나 특정 명령을 실행할 수 있다. 서버는 작업을 수행하는 시스템으로 기본적으로 프린트 서버나 파일 서버로 참조되는 서비스를 제공한다. 클라이언트는 서비스를 요청하는 시스템으로, 특별히 클라이언트가 서버 서비스를 포함할 수 있다. 클라이언트/서버 모델이 워크스테이션 모델이면 클라이언트는 예외적으로 동시에 사용자 한 명이 사용할 수 있다.

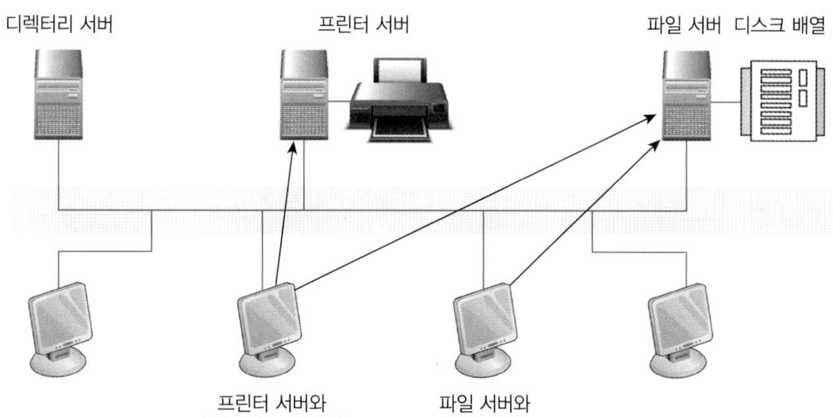

그림 11-15 **클라이언트/서버 구조**

클라이언트/서버 시스템은 중앙에서 관리하는 형태로 응용 프로그램에 전용 파일 서버를 허용한다. 파일 서버는 보안과 자원 액세스를 제공하는 시스템의 핵심이다. 개별 워크스테이션(클라이언트)은 파일 서버에 있는 사용 가능한 자원을 액세스한다.

표 11-2 **클라이언트/서버 방법의 장점과 단점**

장점	• 중앙집중식 : 서버에서 자원과 데이터 보안을 제어한다. • 유연성 : 새로운 기술을 시스템에 쉽게 통합 가능하다. • 접근성 : 서버를 여러 플랫폼이나 원격으로 액세스한다.
단점	• 비용 : 전용 서버에 초기 투자가 필요하다. • 소프트웨어 : 네트워크 운영체제 소프트웨어가 필요하다. • 의존성 : 서버가 다운되면 네트워크가 작업을 중지한다. • 유지 관리 : 대형 네트워크 작업을 효율적으로 동작할 수 있는 관리자가 필요하다.

2 분산 운영체제의 연산

분산 운영체제DOS, Distributed Operating System는 지역적으로 네트워크 운영체제의 자원을 관리하고 제어를 제한하는 방법에서 벗어나 시스템 자원을 전역적으로 제어하고 관리할 필요성을 느껴서 발전되었다. 분산 운영체제는 [그림 11-16]과 같이 네트워크가 공유하는 공동 운영체제로 사용자에게 시스템이 제공하는 여러 자원에 액세스할 수 있는 참조 투명성을 제공한다. 즉, 분산된 컴퓨터 간에 자원을 쉽게 공유하고 액세스할 수 있는 운영체제이다. 여기서 자원은 디스크, 프린터 등 하드웨어와 파일, 프로그램 등 소프트웨어를 의미한다.

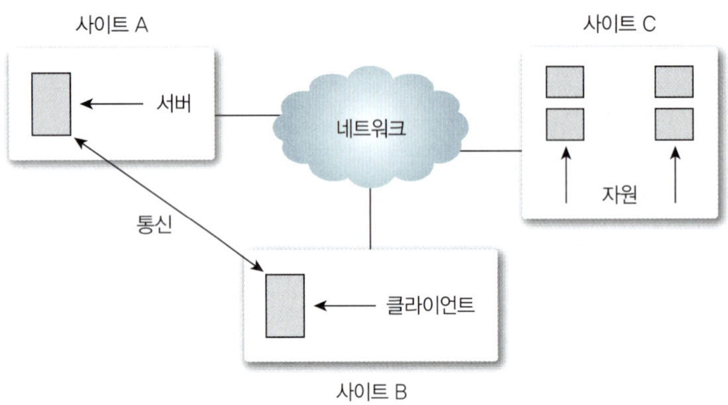

그림 11-16 **분산 시스템**

분산 운영체제의 제어하에 다음 데이터 이동, 연산 이동, 프로세스 이동을 수행한다.

■ 데이터 이동data migration

사이트 A에 있는 사용자가 사이트 B에 있는 파일 등 데이터에 액세스하려면 데이터를 다음 두 가지 방법으로 전송해야 한다. 파일의 일부분만 액세스하는 응용 분야에서는 두 번째 방법이 더 유리하다. 그러나 파일 대부분을 액세스할 때는 파일 전체를 복사하는 것이 더 효율적이다.

- 파일 전체를 사이트 A로 전송하는 방법이다. 이때 해당 파일에서는 지역적으로 모두 액세스한다. 사용자가 더는 파일을 액세스할 필요가 없을 때 수정했을지도 모르나, 파일 복사본은 사이트 B로 되돌려 보낸다.
- 실제로 작업에 필요한 부분만 사이트 A로 전송하는 방법이다. 사용자가 더는 그 파일에 액세스할 필요가 없으면 수정된 파일 일부분만 사이트 B로 되돌려 보낸다(요구 페이징 방법과 비슷하다).

■ **연산 이동**computation migration

어떤 환경에서는 데이터 이동이 아닌 연산 이동이 더 효율적이다. 예를 들어, 서로 다른 사이트에 있는 큰 파일 여러 개의 통계를 계산할 때는 파일이 위치한 사이트에 액세스하여 처리한 후 연산이 시작된 사이트에 원하는 결과를 보내는 것이 좋다.

이런 연산 방법으로 프로세스 P가 사이트 A에 있는 파일에 액세스하면 사이트 A에서 파일을 액세스하는데(원거리 프로시저 호출), 프로세스 P는 사이트 A에서 미리 정의된 프로시저를 불러 적절히 수행한 후 인자를 받는다(단, 다른 방법으로는 프로세스 P가 사이트 A로 메시지를 보낼 수 있다). 즉, 사이트 A의 운영체제는 미리 지정된 작업을 수행하는 프로세스 Q를 만들고, 프로세스 Q는 수행을 끝낸 후 그 결과를 P에 돌려준다.

이런 방법에서 프로세스 P는 프로세스 Q와 동시에 수행할 수 있으며, 사실상 여러 사이트에서 동시에 수행하는 여러 프로세스가 있을 수 있다.

■ **프로세스 이동**process migration

프로세스의 전체나 일부를 다른 사이트에서 실행하는 것이 다음 관점에서 유리할 때가 있다.

- **부하 균등화** : 프로세스(작업)는 네트워크로 작업량을 분산시킬 수 있다.
- **연산 속도 향상** : 다른 사이트에서 동시에 수행할 수 있는 여러 서브 프로세스로 나눈다면 전체 프로세스의 반환시간이 줄어든다.
- **하드웨어 이익** : 어떤 프로세스는 한 특징 프로세서에서 수행하기에 적합하다. 예를 들어, 역

행렬 계산 등은 초소형 프로세서보다는 배열 프로세서에서 계산하는 것이 효율적이다.

- **소프트웨어 이익** : 어떤 특정 사이트에서만 사용할 수 있는 소프트웨어가 필요하거나 소프트웨어는 이동할 수 없으므로 작업을 이동시키는 것이 효율적일 때도 있다.

프로세스 이동 방법은 크게 두 가지로 분류한다. 하나는 사용자가 모르게 시스템이 클라이언트에서 프로세스 이동 사실을 숨기는 방법이다. 이때 사용자는 이동을 한다는 외부 명령을 프로그램에 코딩할 필요가 없다. 따라서 부하 균등화와 연산 속도 향상에 사용한다. 그리고 다른 하나는 사용자가 직접 프로세스 이동 방법을 명시하는 요구나 허가하는 방법으로 하드웨어나 소프트웨어의 이점을 얻는 데 사용한다.

3 분산 운영체제의 구현

대부분의 분산 운영체제는 마이크로 커널 기반 구조이다. 단일 커널 중 프로세스와 스레드 관리, 메모리 관리, 프로세스 간 통신, 장치 관리와 시스템 인터럽트 처리 등 기본 부분만 커널로 유지한다. 나머지 기능은 마이크로 커널의 응용 프로세스로 취급한다. 분산 시스템은 해석하는 관점에 따라 프로세스 기반과 객체 기반으로 나눠서 구현할 수 있다.

■ 프로세스 기반 분산 운영체제

시스템의 모든 프로세스와 자원을 하나의 집합으로, 즉 시스템 서비스를 제공하는 프로세스의 집합으로 해석한다. 프로세스 간 동기화와 시스템 상태, 사용자 프로세스의 제어, 프로세스 생성과 스케줄링 등 프로세스 관리는 프로세스 간에 메시지를 교환하여 수행한다. 또 인터럽트도 해당하는 프로세스에 메시지를 전송하여 구현할 수 있다. 모든 자원은 관리인 서버가 제어한다. 서버는 각 자원에서 서비스 요청을 받아들인 후 다른 프로세스의 서비스 요청과 함께 공정하게 제공한다.

■ 객체 기반 분산 운영체제

시스템을 자원과 프로세스의 구성으로 해석하지 않고 객체의 집합을, 즉 각 종류의 하드웨어와 이것을 관리하는 소프트웨어의 집합을 독립된 객체로 해석한다. 따라서 객체는 프로세서, 메모리, 프린터, 디스크 등 하드웨어와 파일, 프로그램 데이터 등 소프트웨어로 표현하거나 모두 혼합한 의미로 표현한다. 시스템에서 각 객체에는 고유한 이름이나 식별자가 있다. 또 객체는 상태가 변화하며 정해진 패턴에 따른다. 프로세스 관리는 독립된 객체로 동작하는 프로세스의 객체 관리가 된다. 이때 프로세스 관리는 시스템에서 객체의 운영과 생성, 제거를 제어하는 커널 수준과 프로세스 관리자 요소가 필요하다. 커널은 동적으로 객체를 생성하고 삭제하는 능력과 함께, 객체를 생성하면 그 동작에 필요한 모든 자원을 할당받아 작업이 끝날 때까지 제어하는 권한을 갖는다. 작업이 끝나면 다음 실행을 결정하는 커널에 제어권을 넘겨준다.

4 분산 시스템에서 프로세스 관리

분산 시스템에서는 프로세스의 교착 상태 탐지와 복구가 더 복잡한 문제를 일으키므로 중요하다. 분산 교착 상태는 자원을 할당할 때 발생하는 자원 할당 교착 상태와 메시지를 전송할 때 발생하는 메시지 전송 교착 상태, 즉 통신 교착 상태로 구분할 수 있다.

4.1 자원 할당 교착 상태

자원 할당 교착 상태는 프로세스가 서버에 있는 데이터 객체나 입출력 자원에 액세스하려고 할 때, 이미 다른 프로세스에 할당된 자원을 요구하면 발생한다. 단일 프로세서 교착 상태의 네 가지 조건을 모두 성립할 때 발생한다. 분산 시스템에서 자원은 여러 사이트에 분산되어 있기 때문에 자원 액세스는 제어 프로세스의 지역 정보를 기반으로 결정해야 한다.

■ 교착 상태 예방

교착 상태가 발생하는 네 가지 필요조건인 상호 배제, 점유와 대기, 비선점, 순환 대기 조건 중 하나만 방지해도 분산 교착 상태를 예방할 수 있다. 교착 상태는 순환 대기 상태를 탐지하고, 탐지되면 이것을 복구하여 해결할 수 있다. 순환 대기 조건은 자원의 종류에 따라 선행적인 순서를 정의한다. 한 프로세스가 P 형태의 자원을 할당받았다면 다음에는 P 형태 다음의 자원을 할당받아야 순환 대기 조건을 방지할 수 있다. 물론 자원을 요청한 순서가 다르면 자원을 점유하는 상태가 발생할 수도 있다. 또 다른 조건인 점유와 대기 조건이 시스템에서 발생하지 않으려면 작업을 수행하기 전에 필요한 모든 자원을 각 프로세스가 한꺼번에 요구하고 동시에 허용할 때까지 프로세스를 보류해야 한다. 하지만 자원의 낭비가 심하고 긴 시간 동안 지연될 수 있다.

■ 교착 상태 탐지

교착 상태를 탐지하려면 시스템에서 모든 자원의 점유와 요구 사항을 자원 그래프로 표현하여 사이클 여부를 검사해야 한다. 분산 시스템에서 프로세스 간 의존관계는 대기 그래프로 나타낼 수 있다. 이 그래프에서 사이클을 방지하려면 주어진 프로세서가 실행에 필요한 자원을 확보할 때까지 실행을 지연시키면 된다. 다음 세 가지 방법으로 시스템을 제어하여 교착 상태를 탐지할 수 있다.

- **중앙집중형 제어** : 노드 하나가 교착 상태 탐지를 전담한다. 이때 모든 요구와 양도 메시지를 특정 자원을 제어하는 중앙 프로세서로 전송하면, 시스템의 상태를 모두 파악할 수 있으므로 교착 상태를 탐지할 수 있다. 구현하기가 쉬우며, 비교적 작고 통신 속도가 높은 LAN에 효율적이다. 그러나 자원 요청이 중앙 프로세서에 집중되어 병목 현상이 발생할 수 있다. 또 중앙 프로세서에 문제가 생기면 시스템의 노드가 모두 자원을 얻을 수 없다.
- **계층형 제어** : 노드를 계층 구조로 구성하고 한 노드가 루트 역할을 담당하게 한 후 종속된 노드들의 자원 할당 정보를 수집하여 교착 상태를 탐지한다.
- **분산형 제어** : 모든 프로세스가 협력하여 교착 상태를 탐지한다. 하지만 이것은 정보를 먼저 교환해야 하기에 상당한 오버헤드를 발생시킨다. 한 노드에 오류가 발생해도 다른 노드가 적절히 대응할 수 있으므로 장애 내구성이 높다.

■ 교착 상태 회피

분산 시스템에서 교착 상태 회피는 자원 할당 요구를 허용한 후 교착 상태 여부를 결정해야 하기 때문에 매우 어렵다. 특히 모든 노드가 시스템의 전역상태를 파악하고 유지해야 하는데, 저장소와 과도한 통신 오버헤드가 발생한다. 안전한 상태를 검사하는 것도 상당한 처리 오버헤드를 가져온다. 따라서 시스템은 실행하기 시작하면 다른 장치를 요구하지 않고 완료할 수 있는 트랜잭션에서만 실행을 허용해야 한다.

■ 교착 상태 복구

교착 상태 복구는 다른 프로세스에 필요한 자원을 많이 사용하는 프로세스를 선택하여 제거한 후 다시 처음부터 재실행하도록 조치한다. 그리고 제거한 프로세스의 자원은 다른 프로세스에 할당하여 실행한다.

4.2 메시지 전송 교착 상태

메시지 전송 교착 상태는 프로세스가 메시지를 기다리는 상태로, 상호 대기와 메시지 버퍼 미적용으로 발생할 수 있다.

■ **상호 대기**

상호 대기는 동일한 그룹에서 한 프로세스가 다른 프로세스가 보낸 메시지를 기다리고 있고, 전송 중인 메시지가 없을 때 발생한다. 시스템의 교착 상태는 WFG^wait for graph^라는 대기 그래프로 표현할 수 있다. 예를 들어, [그림 11-17]의 (a)와 같이 P_4는 P_2 또는 P_5에서 메시지를 기다리고 있다[($P_4 \rightarrow P_2$), ($P_4 \rightarrow P_5$)]. 이 중 P_5는 현재 기다리는 메시지가 없어 P_4에 메시지를 보내므로 링크가 제거되면서 교착 상태가 아니다. 그 결과로 (P_1, P_5)와 (P_1, P_2) 링크가 제거되어 교착 상태가 아니다. (b)에서 P_5는 P_2에서 메시지를 기다리고 있다($P_5 \rightarrow P_2$). 이때 P_2는 P_3에서 메시지를 기다리고($P_2 \rightarrow P_3$), P_3은 P_4에서 메시지를 기다리며($P_3 \rightarrow P_4$), P_4는 P_5에서 메시지를 기다린다($P_4 \rightarrow P_5$). 따라서 이 시스템은 교착 상태이다($P_2 \rightarrow P_3 \rightarrow P_4 \rightarrow P_5 \rightarrow P_2$).

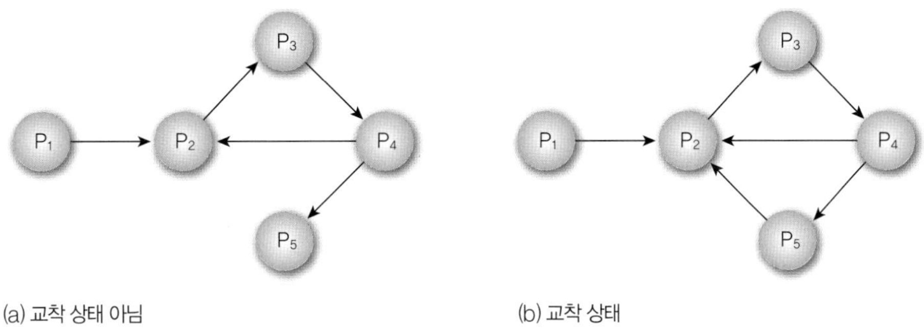

그림 11-17 **상호 대기로 발생한 교착 상태**

■ **메시지 할당 버퍼 불충분**

메시지 전송 과정에서 교착 상태는 전송 중인 메시지를 저장하는 버퍼 할당과 관련이 있다. 메시지 직접 저장-전송 교착 상태의 예는 [그림 11-18]의 (a)와 같다. 노드 A는 노드 B로, 노드 B는 노드 A로 버퍼가 모두 차면 더는 패킷을 수신할 수 없으므로 어떤 노드도 패킷을 전송하거나 수신할 수 없는 교착 상태가 된다. 그리고 메시지 간접 저장-전송 교착 상태의 예는 (b)와 같다. 각 노드의 버퍼가 근처 노드의 패킷으로 가득 차면, 다음 노드로 패킷을 보낼 수 없으므로 교착 상태에 빠진다. [그림 11-18]에서 노드 A는 이미 노드 D로 버퍼를 모두 사용하여 더는 패킷을 수신할 수 없으므로 노드 C에서 패킷을 수신할 수 없고, 노드 C로도 전송할 수 없게 된다.

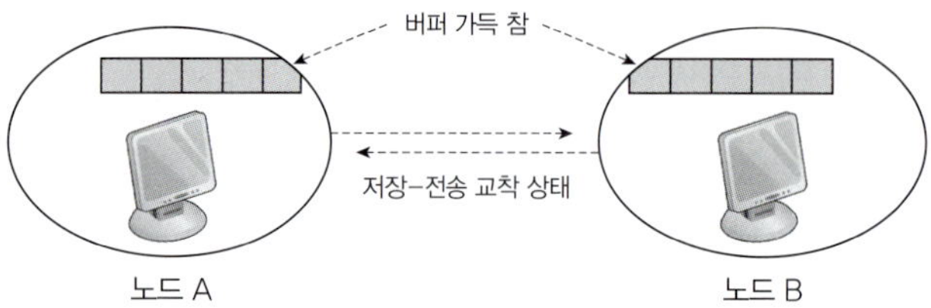

(a) 메시지 직접 저장-전송 교착 상태

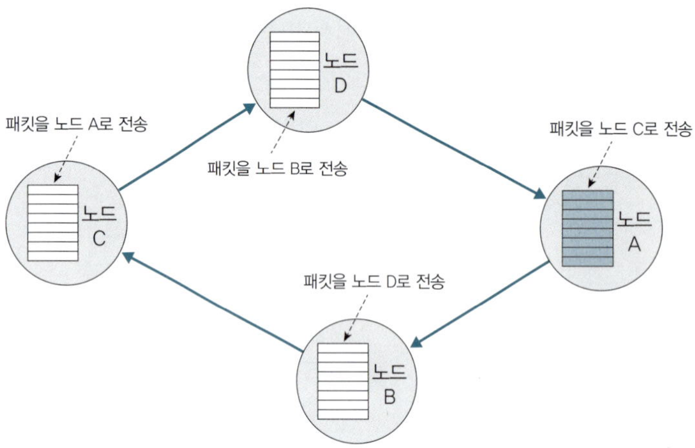

(b) 메시지 간접 저장-전송 교착 상태

그림 11-18 **메시지 버퍼 미적용으로 발생한 교착 상태**

이렇게 발생하는 교착 상태는 각 링크에 별도의 버퍼를 하나씩 사용하게 하여 예방할 수 있다. 물론 공동 버퍼를 사용해도 특정 링크가 버퍼 공간을 모두 사용하지 않는다면 교착 상태는 발생하지 않는다. 그러므로 시스템의 각 프로세스 간에 전송할 수 있는 메시지 수에 상한 값을 부여하여 필요한 버퍼를 할당하면 교착 상태를 예방할 수도 있다. 또 다른 방법은 계층화된 버퍼 풀pool을 사용하여 교착 상태를 제거하는 것이다.

5 클라이언트/서버 분산 컴퓨팅

5.1 클라이언트/서버 시스템의 정의

분산 시스템은 메인 컴퓨터 한 대가 모든 일을 처리하는 중앙집중화된 환경에서 컴퓨터 여러 대가 작업을 기능별로 분담하여 처리하는 분산 처리 환경으로 변했다. 대표적인 예는 [그림 11-19]와 같은 클라이언트/서버 컴퓨팅 환경이다.

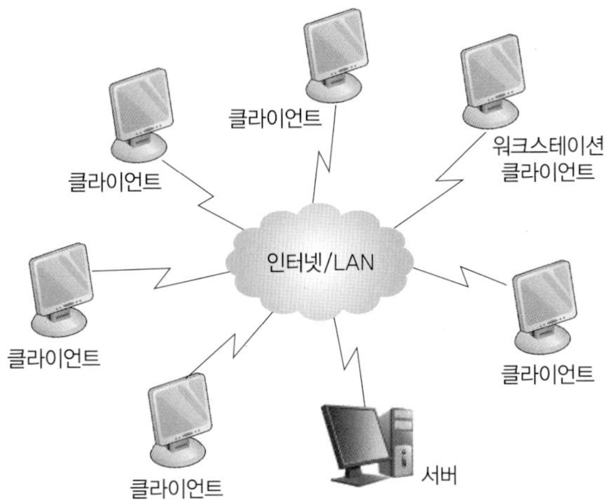

그림 11-19 **클라이언트/서버 분산 컴퓨팅 환경 : 클라이언트, 서버, 통신 네트워크로 구성**

네트워크를 이용한 자원 공유나 정보 교환을 해당 역할을 하는 컴퓨터에서 수행한다. 즉, 클라이언트는 다른 프로그램에 서비스를 요청하는 프로그램이고, 서버는 그 요청에 응답하는 프로그램이다. 예를 들어, 클라이언트 컴퓨터는 단일 사용자가 편리하게 사용할 수 있는 윈도우와 GUI를 제공한다. 서버는 클라이언트가 동일한 데이터베이스에 액세스하여 데이터를 공유할 수 있도록 데이터베이스를 관리한다.

클라이언트/서버의 분산 컴퓨팅 환경에서는 사용자, 응용 프로그램, 자원들을 네트워크(단일 LAN이나 WAN)로 서로 연결한다. 그리고 [그림 11-20]과 같이 서버에 있는 응용 프로그램 하나를 독립된 역할을 하는 다수의 작업으로 분할하여 클라이언트의 서비스 요청을 처리한다. 예를 들어, 클라이언트에는 데이터를 표현하는 처리 모듈을 두고, 서버에는 데이터를 관리하고 저장하는 처리 모듈을 두어 각 작업을 효율적으로 처리할 수 있는 컴퓨터에 할당하는 것이다. 따라서 클라이언트는 기본적으로 한 대 이상의 서버가 제공하는 서비스를 사용한다. 물론 기능과 역할이 하드웨어적으로 명확히 분리된 것은 아니다.

클라이언트/서버 구성은 일반 분산 처리와 달리 사용자 자신의 시스템에서 편리하게 사용할 수 있는 인터페이스와 응용 프로그램을 제공한다. 데이터베이스나 네트워크 관리, 유틸리티 기능은 중앙집중화되므로 복잡한 컴퓨터 기반 시설들을 유지해야 하는 부담을 덜어 준다. 또 데이터와 정보에 액세스하는 데 필요한 컴퓨터와 인터페이스 유형을 선택할 수 있다. 물론 네트워킹은 동작의 기본이므로 네트워크 관리 · 보안은 정보 시스템의 구성과 운영에서 우선순위가 높다.

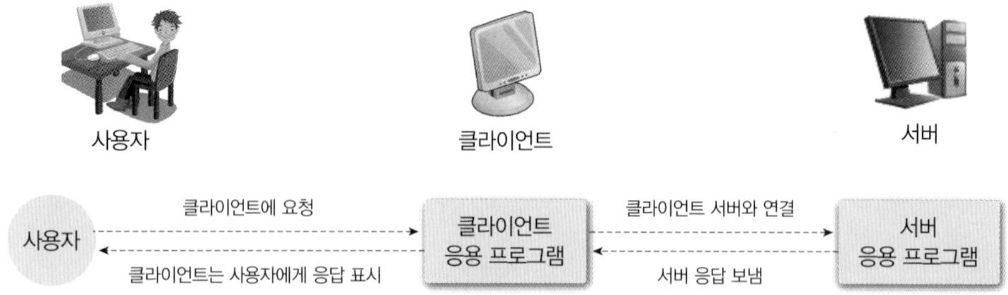

그림 11-20 **클라이언트/서버 컴퓨팅**

NOTE_ WAN(광역 네트워크)

WAN[Wide Area Network]은 지역적으로 넓게 분산된 네트워크 시스템이다. 통신 링크는 비교적 느리고 신뢰성이 낮다. 대표적인 통신 링크는 전화선, 마이크로웨이브 링크, 통신위성 채널 등으로, 특정 통신 프로세서로 제어한다.

클라이언트/서버 개념을 단일 컴퓨터에도 적용할 수는 있지만, 네트워크 환경에서 의미가 더 크다. 네트워크에서 클라이언트/서버는 여러 지역에 걸쳐 분산된 프로그램을 서로 연결시켜 주는 편리한 수단을 제공한다. 대표적인 클라이언트로 웹 브라우저가 있다. 웹 사이트의 웹 서버(IIS, Apache)가 서버 역할을 하고, 사용자가 쓰는 웹 브라우저가 클라이언트 역할을 한다. 그러나 요즘에는 네트워크 응용 프로그램의 기능이 고도화되어 클라이언트이자 동시에 서버인 예도 있다.

5.2 2계층의 일반적인 클라이언트/서버 구조

클라이언트/서버 시스템을 구축할 때 핵심 요소는 사용자와 시스템 간에 원활한 상호작용이다. 그리고 클라이언트 컴퓨터에서는 사용자 인터페이스 설계가 매우 중요하다. 사용하기 쉬우면서도 친밀한 인터페이스와 강력하고 유연한 GUI를 제공해야 한다.

클라이언트/서버는 2계층이나 3계층으로 구현할 수 있는데, 일반적인 2계층의 클라이언트/서버 구조는 [그림 11-21]과 같다. 클라이언트와 서버가 물리적으로 서로 독립된 시스템에 존재하는 형태로 구성되어 클라이언트와 서버의 플랫폼과 운영체제는 서로 다를 수 있다. 그러나 클라이언트와 서버를 상호 연동할 수 있게 하는 통신 소프트웨어(OSI 참조 모델과 TCP/IP 등)와 분산 응용 프로그램의 기반을 제공하므로(동일한 응용 프로그램 지원) 공유 자원, 작업을 클라이언트와 서버 간에 분할할 수 있다. 대부분의 응용 프로그램을 클라이언트에 설치하기도 한다. 클라이언트는 사용자와 인터페이스하는 화면 운용, 즉 프레젠테이션 서비스 모듈로 사용자에게 친밀한 인터페이스를 제공한다.

NOTE_ OSI와 TCP/IP

ISO International Standards Organization의 OSI 참조 모델 Open System Interconnection reference model은 이기종 시스템 간에 네트워크를 연결하려고 제안되었다. 이 모델은 네트워크를 계층 7개로 나눠서 네트워크 매체를 이용하여 응용 프로그램의 정보를 다른 컴퓨터의 응용 프로그램에 어떻게 전달하는지 설명한다.

TCP/IP Transmission Control Protocol/Internet Protocol는 현재 가장 널리 사용하는 네트워크 계층 프로토콜이다. 처음에는 프로토콜의 집합 중에서 인터넷 핵심 기능을 제공하는 TCP와 IP만을 지칭했으나, 현재는 TCP/IP 네트워크를 구성하는 데 필요한 기능을 제공하는 관련 프로토콜의 집합을 총체적으로 지칭한다.

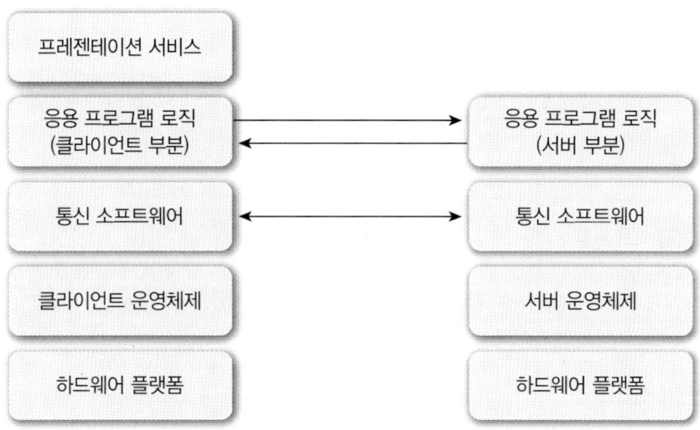

그림 11-21 **2계층의 클라이언트/서버 구조 : 일반적인 구조**

[그림 11-21]의 클라이언트/서버 시스템에서 응용 프로그램 처리 모듈의 예는 [그림 11-22]와 같다. 복잡한 계산이나 유형이 다른 데이터를 분석하는 소프트웨어 위치에 따라 팻 클라이언트와 씬 클라이언트로 구분할 수 있다.

■ **팻 클라이언트**

팻 fat 클라이언트는 클라이언트 기반 처리 방법이다. 최적으로 수행할 수 있는 데이터 확인 루틴과 데이터베이스 관련 로직 기능이 있다. 실질적으로 모든 응용 프로그램을 처리할 수 있도록 응용 프로그램 처리 모듈과 프레젠테이션 로직이 클라이언트에 위치한다. 작성한 SQL Structured Query Language문을 원격지 컴퓨터에 위치한 데이터베이스 서버에 전달하면,

서버가 데이터베이스 읽기/쓰기만 처리한 결과를 다시 클라이언트에 보내는 데이터 전송 형태의 원격 데이터베이스 액세스 모델이다.

■ 씬 클라이언트

씬thin 클라이언트는 서버에는 응용 프로그램 처리 모듈에 해당하는 저장 프로시저와 데이터베이스가 위치하고, 클라이언트에는 프레젠테이션 로직만 위치하는 구조이다. 클라이언트는 단순히 서버의 프로시저를 호출하는 기능으로 사용자 요구를 처리한다. 즉, 클라이언트는 화면이나 입출력 등 사용자 인터페이스만 담당하는 형태의 메시지 전달 기능을 한다.

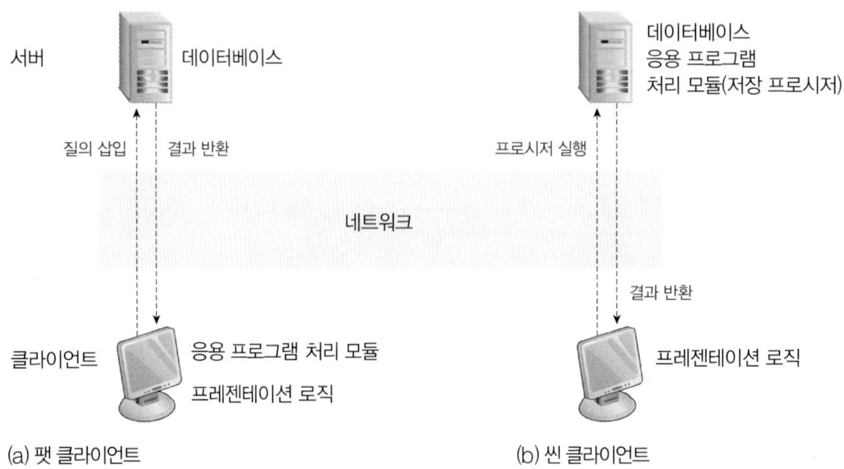

그림 11-22 **팻 클라이언트와 씬 클라이언트**

이런 2계층 모델은 다음 문제를 일으킬 수 있다.

- 클라이언트/서버 간에 네트워크 통신량이 증가하여 시스템의 성능이 떨어지고 네트워크 병목 현상이 발생할 수 있다. 특히 파일 서버를 사용할 때, 파일 입출력은 네트워크에서 발생하는 지연 때문에 지역 파일 참조에 비해 성능이 상당히 떨어질 수 있다. 파일 캐시를 사용하여 원격 서버의 접근 횟수를 감소시킬 수 있으나, 캐시의 일관성 문제를 해결해야 한다.
- 응용 프로그램의 논리적 구조와 물리적 구조를 완전하게 분리하지 않아 업무 프로세스나 업무 환경을 변경할 때마다 많은 부분의 소프트웨어를 수정해야 한다.
- 대부분의 응용 프로그램이 특정 데이터베이스에 종속되어 데이터나 응용 프로그램이 증가하면 통합하기가 어렵고 유연성이 떨어진다(확장성의 한계). 그리고 개발된 응용 프로그램의 이식성 한계로 한 서버에서 다른 서버로 프로그램 기능의 일부를 이동하기가 어렵다.

5.3 3계층의 클라이언트/서버 구조

2계층의 클라이언트/서버 구조 문제점을 해결하는 방안이다. 데이터베이스가 위치한 서버 부분과 사용자가 주로 사용하는 클라이언트를 완전히 분리하고, 응용 프로그램 로직을 모듈화해서 중간 계층에 별도로 두어 유연하고 확장 가능한 시스템이 3계층의 클라이언트/서버 구조이다. 특히 파일 캐시의 일관성을 유지할 수 있는 액세스 방법이다. 즉, 네트워크와 운영체제의 불일치를 극복할 수 있는 계층으로, 미들웨어를 포함하여 분산 클라이언트/서버 컴퓨팅을 실현할 수 있다.

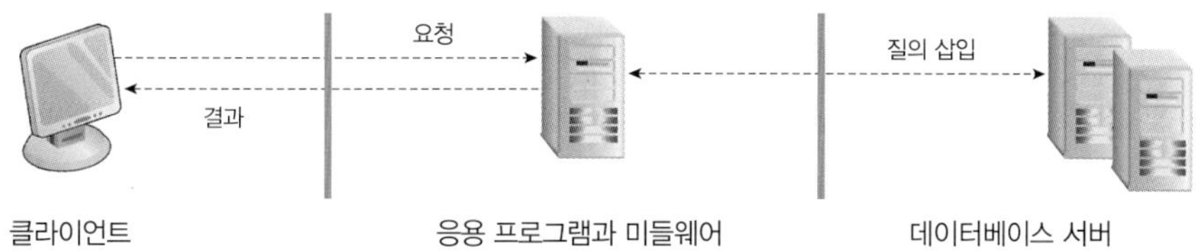

그림 11-23 **3계층의 클라이언트/서버 구조**

2계층의 클라이언트/서버 구조의 단점으로 지적된 클라이언트 증가에 따른 성능 저하 문제를 해결하려고, 응용 프로그램 서버에 중재 소프트웨어인 미들웨어를 적용하여 데이터베이스 위치와 상관없이 확장이 가능하다. 서버에 부하가 많이 걸릴 때 부하를 균등하게 분배하는 부하 분산load balancing(로드밸런싱)이 가능하다. 여러 클라이언트와 서버 사이에서 인터페이스를 처리한다. 응용 프로그램 로직을 분산시키는 구조로, 응용 프로그램 로직을 모듈화해서 중간 계층에 두어 이질적인 대규모 분산 환경에서 일관성 있게 액세스할 수 있도록 했다. 클라이언트가 수행했던 데이터 가공 작업을 중간 계층의 서버 시스템으로 이전한다. 중간 계층의 서버는 클라이언트 요구에 따라 데이터 관리 서버와 연동해서 클라이언트의 요구를 처리한 후 결과를 전달한다. 따라서 작업을 수행할 대부분의 응용 프로그램 로직은 중간 계층 서버가 유지하므로, 클라이언트와 서버 기능이 분산되어 어느 한쪽으로 기능이 비대해지는 현상을 막을 수 있다.

특히 서버 측 확장성이 용이하여 사용자 수가 급증하더라도 일정한 시간에 응답을 얻을 수 있다. 이런 3계층 모델의 주요 장점은 다음과 같다.

- 클라이언트의 작업 처리 부담을 덜고 응용 프로그램 서버가 작업 처리를 맡으므로 중간 계층은 프로세스 대기, 응용 프로그램 실행 등 많은 기능을 실행할 수 있어 시스템의 성능과 융통성이 많이 향상된다.

- 응용 프로그램 서버에 작업 로직을 배치하여 프로그래밍 언어와 관계없이 개발할 수 있고, 응용 프로그램 로직을 모듈화하는 방법으로 유지 관리하기가 쉽다.
- 확장성이 크게 향상된다. 데이터베이스 서버는 응용 프로그램 서버 기능을 하지 않고 데이터 작업만 수행하여 데이터베이스 서버의 처리 용량이 증가한다.

5.4 클라이언트/서버 구조와 미들웨어

클라이언트/서버 컴퓨팅 기술의 이점을 살리려면, 다른 환경에서 실행되는 응용 프로그램이 서로 원만하게 통신할 수 있고 개발자가 모든 플랫폼으로 시스템 자원에 액세스할 수 있는 도구가 필요하다. [그림 11-24]와 같이 클라이언트/서버 사이에서 교량 역할을 하며, 이런 서비스를 제공하는 소프트웨어를 미들웨어middleware라고 한다.

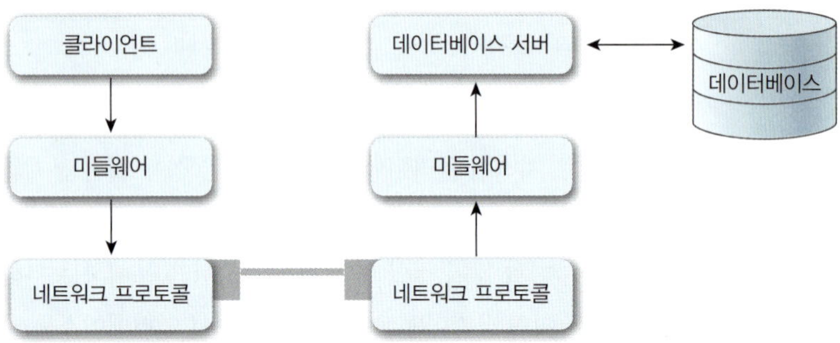

그림 11-24 **클라이언트/서버 구조에서 미들웨어의 위치와 역할**

미들웨어는 서로 다른 시스템 간에 상호 운영을 하는 데 필요한 소프트웨어, 즉 네트워크, 데이터베이스, 운영체제에서 호환성을 제공한다. 네트워크가 기본으로 구축된 분산 컴퓨팅 환경에서 사용자 컴퓨터와 네트워크에서 실행되는 응용 프로그램 간에 자유롭게 데이터를 이동하여 응용 프로그램 개발을 지원하는 소프트웨어이다. 3계층 클라이언트/서버 구조에서는 필수적인 기술이다.

미들웨어의 가장 큰 역할은 클라이언트와 서버 간 데이터 교환이다. 즉, 미들웨어의 기본 목표는 클라이언트에 있는 응용 프로그램이나 사용자가 서버 종류에 관계없이 각 서버에 있는 다양한 서비스를 이용할 수 있는 시스템 구축이다. 미들웨어는 단일 시스템 컴퓨팅처럼 쉽게 분산 컴퓨팅을 구현할 수 있도록 응용 프로그램의 구성 요소를 서로 결합하면서 클라이언트와 서버를 연결하는 수단을 제공한다. [그림 11-25]와 같이 운영체제와 응용 프로그램 사이에 위치한다.

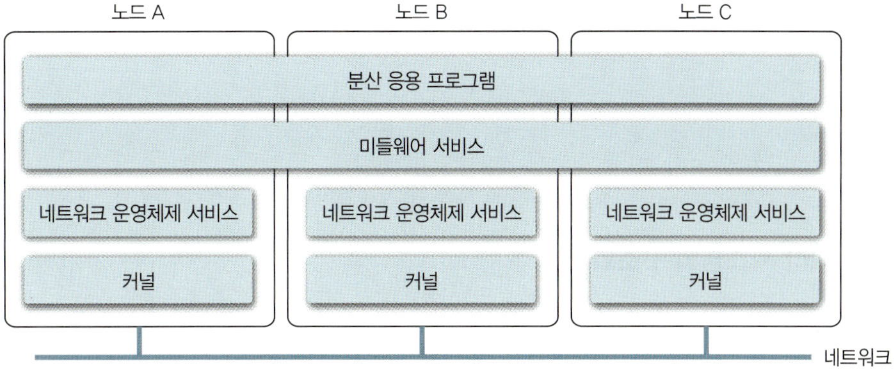

그림 11-25 **미들웨어를 이용한 분산 시스템의 일반적 구조**

특히 다른 데이터베이스 엔진과 클라이언트를 연결하므로 특정 데이터베이스에 액세스하려고 작성한 프로그램이 다른 데이터베이스에도 액세스할 수 있는 기능을 제공한다. 그리고 데이터베이스와 웹 서버를 연결시켜 데이터베이스에서 데이터를 검색하거나 사용자의 요청 내용에 따라 페이지를 동적으로 나타낼 수 있다. 미들웨어는 데이터베이스 관리 시스템DBMS, DataBase Management System뿐만 아니라 소프트웨어 개발을 지원하는 GUI, 각종 통신 소프트웨어 등을 모두 포함한다.

보통 미들웨어는 응용 프로그램 서비스의 액세스, 다른 시스템과 응용 프로그램을 지원하는 기능으로 구성되어 있다. [그림 11-26]과 같이 미들웨어는 개발 도구와 실행 환경, 관리 도구로 구성된다. 실행 환경은 각각 통신 서비스, 코어 서비스, 응용 프로그램 서비스로 나눈다.

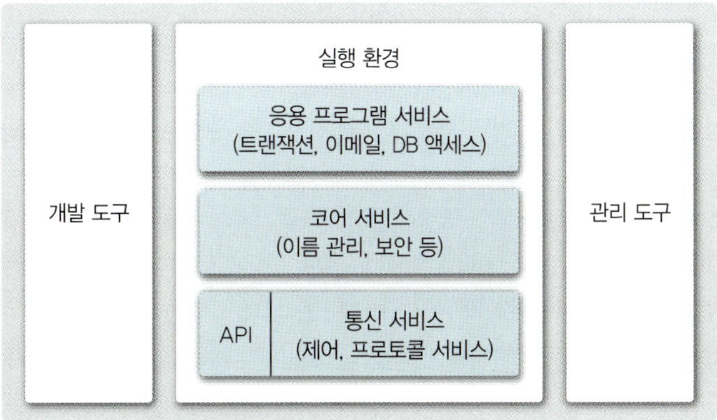

그림 11-26 **미들웨어의 구성**

03 다중 처리 운영체제

1 다중 처리 시스템의 구조와 원리

다중 처리multiprocessing는 병렬 처리라고도 한다. 다수의 프로세서를 동시에 수행하여 시스템 성능을 향상시키는 방법이다. 프로세서가 둘 이상인 다중 프로그래밍이 소프트웨어의 관점이라면, 다중 처리는 하드웨어 관점이다. 이 절에서는 다중(병렬) 처리 운영체제의 원리를 이해할 수 있는 몇 가지 개념과 대표적인 다중 처리 운영체제인 클러스터 컴퓨터를 간략히 소개한다.

다중 처리 시스템은 단위시간당 처리하는 양을 늘리는 것이 목적이므로, 각종 연산을 병렬 수행하려면 프로세서가 매우 많아야 한다. 그래서 병렬성parallelism 방법을 이용하면 주어진 프로그램을 가장 짧은 시간 내에 마칠 수 있으나, 다음 이유 때문에 병렬성 프로그램을 작성하기가 어려워 대부분의 프로그램은 순차적으로 실행한다.

- 인간의 사고는 병렬적으로 생각하기가 어렵다.
- 인간의 언어는 병렬성을 적절히 표현하지 못한다. 병렬성을 표현하는 Ada나 CSP/k, Concurrent Pascal 등 컴퓨터 언어도 있지만, 널리 사용하지 않는다.
- 병렬성 때문에 다중 처리를 만든 것이 아니라서 병렬성 경험이 부족하다.
- 컴퓨터 하드웨어는 순차적 처리에 익숙하다.
- 병렬 프로그램은 오류를 검색하기가 어렵다. 병렬 프로그램의 정확성을 증명하는 것은 순차적 프로그램을 검증하는 것보다 훨씬 더 복잡하다.

따라서 시스템은 많은 프로세서를 사용하여 신뢰성과 가용성, 컴퓨터 능력의 증가 등 여러 목적을 달성할 수 있다. 시스템에서 한 프로세서가 고장이 나도 다른 프로세서는 계속 작동하므로 신뢰성은 높고 계산 능력은 약간 감소하지만 전체적으로는 계속 작동한다. 또 여러 프로세서의 처리 능력을 결합하여 컴퓨터 능력을 높일 수 있다. 하드웨어의 비용이 줄어들면서 여러 마이크로프로세서를 연결시켜 다중 프로세서를 만드는 것도 보편화되었다.

다중 처리는 막대한 비용 없이 단일 프로세서 컴퓨터 시스템의 계산 능력을 높일 수 있는 방법을 제공한다. 또 시스템을 모듈식으로 설계함으로써 프로세서를 추가하여 전체 시스템의 능력을 확장시킬 수 있다. 다중 처리 시스템을 설계할 때 고려할 특징은 다음과 같다. 이 중 하나가 [그림 11-27]과 같이 프로세서를 여러 개 공유 메모리에 연결하는 방법이다.

- 다중 처리 시스템은 성능이 거의 비슷한 2개 이상의 프로세서를 포함한다.
- 모든 프로세서는 동일한 메모리를 공동으로 사용한다.
- 모든 프로세서는 입출력 채널과 제어장치, 그 외의 장치들을 공동으로 사용한다.
- 전체 시스템은 하나의 운영체제로 운영한다. 이 운영체제는 프로세스와 각 작업의 상호작용을 여러 단계에서 도와준다. 즉, 프로그램, 데이터 집합, 데이터 단위들의 단계에서 상호작용을 도와준다.

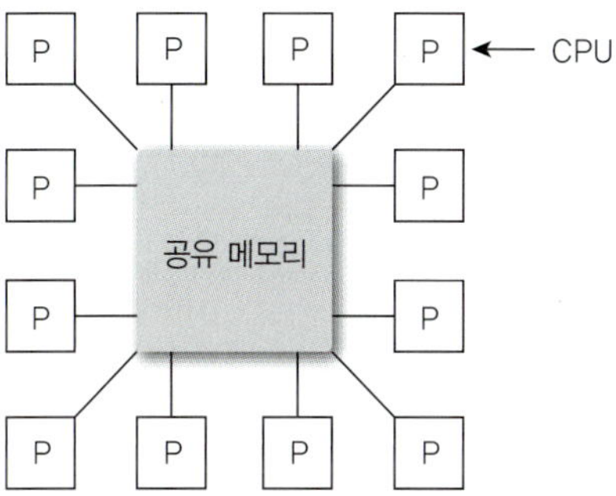

그림 11-27 **다중 시스템 설계 예 : 공유 메모리에 여러 프로세서 연결**

다중 처리 시스템의 장점은 프로세서 하나가 고장 나도 나머지 프로세서를 계속 가동할 수 있다는 것이다. 고장 난 프로세서는 다른 프로세서에 자신이 수행하던 일을 떠맡도록 알려야 하고, 정상 프로세서들은 고장 난 프로세서를 알아낼 수 있어야 한다. 또 고장이 나면 시스템의 전체 능력이 떨어지므로, 운영체제는 자원 할당 방법을 조정하고 시스템이 너무 과중한 부담을 받지 않도록 조치해야 한다.

2 다중 처리 시스템의 연결 방법

다중 처리 시스템은 연결하는 방법에 따라 공동 버스 시스템, 크로스바 교환 행렬 시스템, 다중 포트 메모리 시스템, 하이퍼큐브 시스템으로 구분할 수 있다. 각 시스템의 구조와 원리를 하나씩 살펴보자.

2.1 공동 버스 시스템

공동(공유) 버스common bus 시스템은 [그림 11-28]과 같이 프로세서, 메모리, 입출력장치 등 각종 장치 간에 하나의 공동 버스를 제공하는 방법이다. 공동 버스는 수동장치로, 각종 장치 간 정보 전송을 해당 장치의 버스 인터페이스가 제어한다. 데이터 전송을 원하는 프로세서는 버스와 상대방 장치를 사용할 수 있는지 검사하고, 상대방 장치에 데이터 처리 방법을 알린 후 데이터를 전송해야 한다. 데이터를 전송받는 장치는 버스에 실린 메시지가 자신에게 오는 정보라는 것을 알 수 있어야 하므로 전송장치에서 제어 신호들을 인식하여 따를 수 있어야 한다. 이 방법에서는 다음 기능을 제공해야 한다.

- **어드레싱** : 버스에서 모듈을 구별하여 데이터의 목적지를 결정할 수 있어야 한다.
- **중재** : 모든 입출력 모듈은 일시적으로 마스터 기능을 수행하며, 버스 제어는 우선순위 방법을 사용하여 경쟁적 요청을 중재하는 데 제공된다.
- **시간 공유** : 하나의 모듈이 버스를 제어할 때 다른 모듈은 잠김 및 버스 액세스를 달성할 때까지 작업을 일시 중단해야 한다.

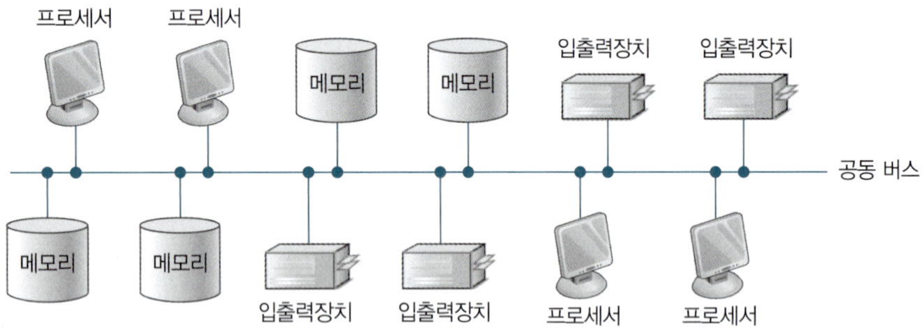

그림 11-28 **공동 버스 시스템**

공동 버스 시스템에서는 새로운 장치를 버스에 직접 연결하므로 장치를 손쉽게 추가할 수 있다. 각 장치는 어떤 장치를 버스에 연결했는지 알아야 장기간 교신을 할 수 있는데, 이는 보통 소프트웨어가 처리한다.

공동 버스 시스템에서는 다음 문제가 발생할 수 있어 경제적이고 간단하고 융통성이 있으나, 공동 버스의 한계 때문에 작은 규모에서 사용하는 다중 처리 시스템이다.

- 버스에 이상이 생기면 전체 시스템을 가동할 수 없다.
- 시스템의 전체 전송량이 버스 전송률에 따라 제한받는다.

- 시스템이 바빠지면 버스를 사용하려고 경쟁하므로 효율이 떨어진다.

2.2 크로스바 교환 행렬 시스템

크로스바 교환 행렬crossbar switch matrix 시스템은 공동 버스 시스템의 버스 수를 [그림 11-29]와 같이 메모리 수만큼 증가시킨다. 이 구조에서는 메모리마다 회선이 달라 서로 다른 메모리 2개를 동시에 참조할 수 있고, 충돌이 없다. 사실상 크로스바 교환 행렬 시스템에서는 모든 메모리를 동시에 전송 가능하다. 하드웨어가 매우 복잡할 수 있는데, 교환기가 복잡해지는 대신 각종 장치의 인터페이스를 간단하게 할 수 있다. 교차점에 있는 작은 원은 메모리 모듈로 프로세서에서 경로를 결정하는 스위치 포인트이다. 프로세서와 메모리 사이의 전송 경로를 설정하는 제어 로직이 있다.

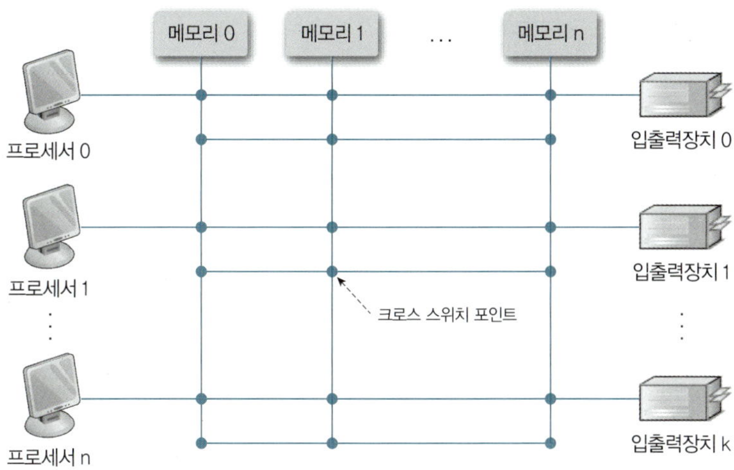

그림 11-29 **크로스바 교환 행렬 시스템**

크로스바 교환 행렬 시스템은 전송 경로가 여러 개라서 전체 전송률이 매우 높다. 장치를 추가하면 단위시간당 처리량을 더욱 높일 수 있다. 추가 논리회로를 두어 크로스바 교환기의 신뢰도를 높이고, 전송 경로가 다양하여 시스템을 분할하기가 쉽다.

2.3 다중 포트 메모리 시스템

다중 포트 메모리multiport storage 시스템은 [그림 11-30]과 같이 크로스바 교환기에서 제어 논리회로와 교환 논리회로, 우선순위 조절 논리회로를 빼서 각 메모리의 인터페이스에 설치한다. 각종 장치는 고유한 메모리 포트로 메모리를 참조할 수 있으며, 각종 장치마다 고유한 메모리 포트를 할당한다. 이처럼 프로세서와 메모리 사이의 다중 경로는 높은 전송속도를 얻을 수 있다는 장점이 있으나, 비싼 메모리 제어 논리와 케이블, 커넥터의 수가 필요하다는 단점이 있다.

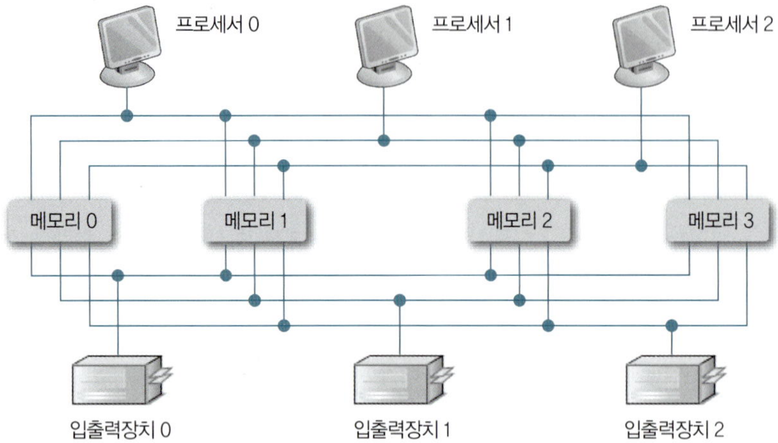

그림 11-30 **다중 포트 메모리 시스템**

다중 포트 메모리 시스템에서 메모리 포트는 보통 영구적인 우선순위를 할당받는다. 이것으로 동시에 동일한 메모리를 참조하려는 각종 장치 간의 충돌을 해결할 수 있다. 다른 방법으로도 구현할 수 있는데, [그림 11-31]과 같이 각 메모리 참조를 몇몇 프로세서와 입출력 프로세서로 제한할 수 있다. 따라서 프로세서가 어느 정도 메모리를 확보할 수 있으므로 매우 높은 안전성을 유지해야 하는 시스템에서 유용하다.

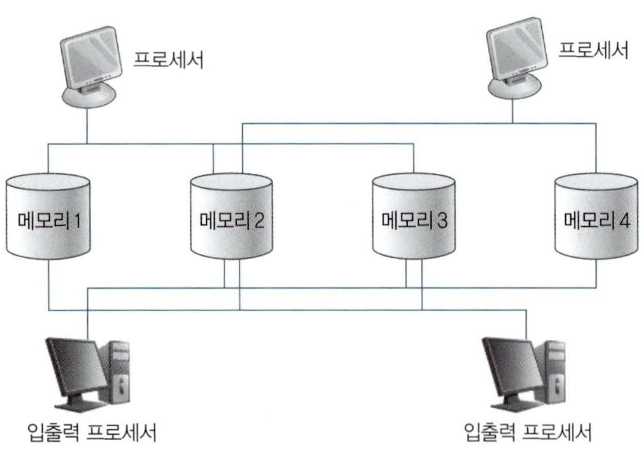

그림 11-31 **다중 포트 메모리 시스템**

2.4 하이퍼큐브 시스템

하이퍼큐브hypercube 시스템은 프로세서 $N=2^n$개로 구성된 약결합 시스템이다. 각 프로세서가 큐브의 노드를 형성한다. 프로세서가 필요한 각 노드를 참조하는 효과는 프로세서뿐만 아니라 지역 메모리와 입출력 인터페이스에도 포함되어 있다. 각 프로세서에는 인접한 다른 프로세서와 직접 통신하는 경로가 있다. 이 경로는 큐브의 가장자리에 대응되며, 프로세서에 할당할 수 있는 이진 주소는 2^n이다. 하이퍼큐브 n=1, 2, 3 구조의 예는 [그림 11-32]와 같다.

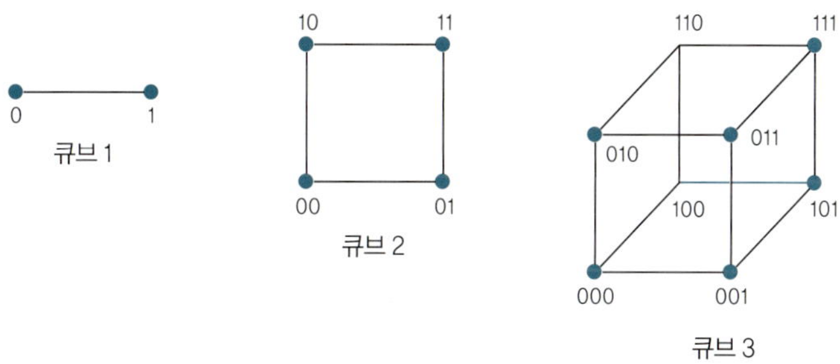

그림 11-32 **하이퍼큐브 시스템 구조 예**

큐브 구조 하나는 N=1, $2^1=2$이므로 경로 하나로 프로세서 2개를 상호 연결한다. 따라서 큐브 구조 2개는 N=2, $2^2=4$이면서 사각형으로 상호 4개의 노드를 포함한다. 큐브 구조 3개에는 상호 연결된 노드가 8개 있다.

3 다중 처리 시스템의 운영체제

다중 처리 시스템의 운영체제는 단일 프로세서 시스템보다 복잡하다. 다중 처리 시스템의 운영체제를 구성할 때는 주종, 분리 실행, 대칭 등 방법을 사용할 수 있다.

3.1 주종 운영체제

주종master/slave 운영체제는 가장 구현하기 쉬운 구조로, 현존하는 다중 프로그래밍 시스템을 간단히 고쳐서 구성할 수 있다. [그림 11-33]과 같이 프로세서 하나를 주(M)로 지정하여 운영체제를 실행하고, 나머지 프로세서는 사용자 수준의 프로그램을 실행할 수 있는 종(S)으로 지정한다. 주(M) 프로세서는 범용 프로세서로 연산뿐만 아니라 입출력도 담당하고, 종(S) 프로세서는 연산만 담당한다.

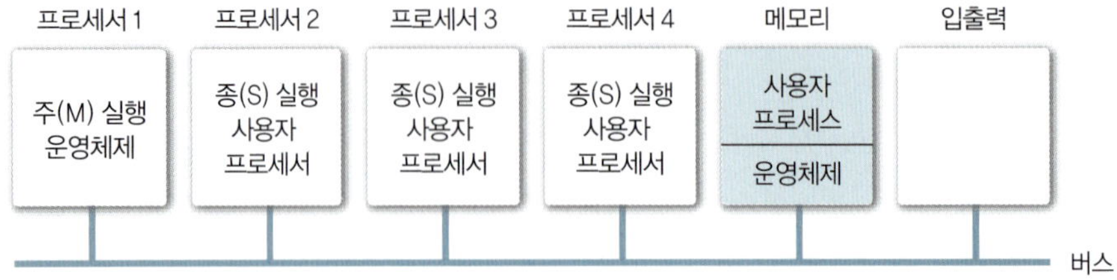

그림 11-33 **주종(M/S) 다중 처리 구성**

종(S) 프로세서에서 실행하던 프로세스에 운영체제를 개입할 필요가 있으면 인터럽트를 발생시켜 주(M) 프로세서가 해당 인터럽트를 처리한다. 종(S) 프로세서 수와 종(S) 프로세서가 발생시키는 인터럽트의 빈도수에 따라 주(M) 프로세서에는 대기 큐가 생길 수 있다. 운영체제는 한순간 한 프로세서만 사용하며, 한순간 사용자 한 명에게만 서비스를 한다. 시스템 테이블에서 상호배제 문제가 매우 간단해진다. 그러나 주(M) 프로세서에 고장이 나면 전 시스템을 가동할 수 없게 하므로 다른 방법보다 신뢰성이 낮다.

주(M) 프로세서가 종(S) 프로세서의 요구에 신속히 부응하지 못하면 종(S) 프로세서의 활용도는 무척 낮을 수 있다. 그러므로 이런 구조는 시스템의 부하가 잘 알려져 있을 때만 적합하다. 주(M) 프로세서의 스케줄링을 미리 정확히 조정할 수 있기 때문이다. 또 종(S) 프로세서가 주(M) 프로세서보다 성능이 훨씬 떨어지는 비대칭적 시스템에 적당하다.

종(S) 프로세서는 주(M) 프로세서가 작업을 줄 때까지 기다려야 하고, 종(S) 프로세서가 짧은 작업만 실행하면 주(M) 프로세서에는 과중한 부담이 발생한다. 주(M) 프로세서가 종(S) 프로세서들의 요구에 신속하게 응답하지 못하면, 종(S) 프로세서의 능력을 대부분 낭비하는 결과를 초래한다. 종(S) 프로세서들은 연산 위주의 작업을 효과적으로 처리할 수 있지만, 입출력 위주의 작업들은 주(M) 프로세서가 해야 하므로 비효과적이다.

신뢰성에서 종(S) 프로세서가 고장 나면 계산 능력은 떨어지나, 시스템은 계속 동작한다. 그러나 주(M) 프로세서가 고장 나면 전혀 입출력을 할 수 없으므로 몇몇 시스템에서는 입출력장치를 종(S) 프로세서에 연결한다. 그런 다음 종(S) 프로세서를 주(M) 프로세서로 재지정하여 다시 가동시켜서 문제를 해결한다.

주종 다중 처리의 가장 큰 문제는 하드웨어의 비대칭성이다. 모든 프로세서가 입출력 연산을 수행할 수 있는 대칭성이 있는 시스템과 달리 프로세서들이 동등하지 못하고 주(M) 프로세스에 종속되어 수행하므로 하드웨어를 최적으로 사용하지 못한다.

3.2 분리 실행

분리 실행은 각 프로세서마다 운영체제가 서로 다르며, 각 프로세서에서 발생하는 인터럽트는 해당 프로세서에서 해결하는 구성 방법이다. 전체 시스템에서 사용하는 정보를 저장하는 테이블에 액세스하는 것은 상호배제 방법을 사용하여 신중하게 조정한다.

분리 실행 구성은 주종 구성보다 신뢰성이 높아 한 프로세서가 고장이 났다고 전 시스템을 동작하지 못하는 것은 아니나, 고장 난 프로세서를 다시 가동하려면 많은 작업이 필요하다.

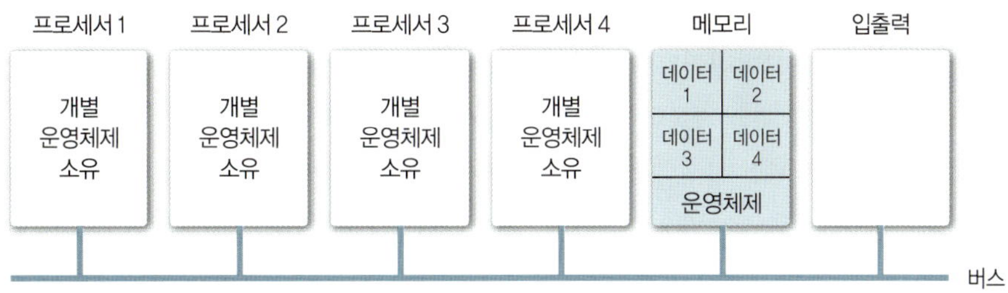

그림 11-34 **분리 실행 구성**

분리 실행 구성에서는 운영체제의 기능을 각 프로세서에서 비교적 독자적으로 수행하므로, 운영체제에서 공동 테이블 경쟁도 줄고 테이블도 가능한 각 운영체제에 분산한다. 각 프로세서는 자신에게 속한 입출력장치를 독립적으로 관리한다. 프로세스가 배당된 프로세서에서 프로세스 입출력 요구는 직접 수행하고, 입출력 인터럽트는 입출력을 직접 시작한 프로세서에 전달한다. 각 프로세서에 입출력장치를 직접 연결하므로 입출력장치는 수동으로 재구성해야 한다. 그러므로 다른 운영체제의 프로세서로 전환하여 입출력장치를 재구성해야 하는 등 번거로운 작업이 따른다. 분리 실행 구성에서는 프로세서들이 서로 도울 필요가 없으므로 한 프로세서가 바빠도 다른 프로세서는 유휴 상태로 있을 수 있다.

3.3 대칭

대칭 구성은 가장 설계하기가 복잡한 구조이면서 가장 강력하다. 모든 프로세서가 동등한 입장에 있으며, 운영체제는 모든 프로세서와 입출력장치, 기억장치를 사용할 수 있도록 관리한다. 이 구성에서는 여러 프로세서가 한 운영체제를 동시에 수행할 수 있으므로 재진입 코드와 상호배제가 필요하다. 그리고 대칭적이므로 다른 구성보다 작업 부하를 더욱 효과적으로 분산시킬 수 있다.

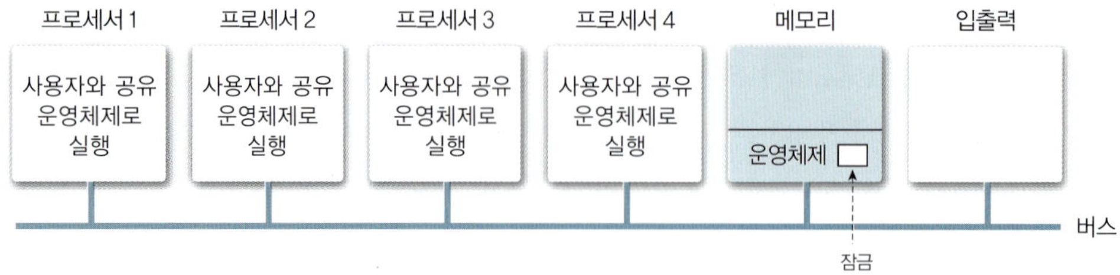

그림 11-35 **대칭 구성**

대칭 구성은 일반적으로 신뢰성이 가장 높다. 한 프로세서가 고장 나면 운영체제는 그 프로세서를 제거하고, 이 사실을 오퍼레이터에 알린다. 시스템이 고장 난 프로세서를 수리하여 약간 능력이 떨어진 상태에서도 계속 작동할 수 있다. 그리고 한 프로세서에서 실행 중인 프로세스를 다른 프로세서로 옮겨 계속 실행할 수 있고, 프로세서가 서로 협력할 수도 있다. 운영체제는 여러 프로세서로 옮겨 가며 실행하는데, 어느 시점에서 시스템 테이블과 시스템 기능을 책임지는 프로세서를 운영 프로세서라고 한다. 한순간에 프로세서 하나만 운영 프로세서가 되게 하여 시스템의 전체 정보를 통일성 있고 일관성 있게 운영할 수 있다.

대칭 구성에서는 다른 구성보다 자원을 더 잘 활용할 수 있다. 프로세스가 다른 프로세서로 옮겨 갈 수 있어 전체 시스템의 부하를 쉽게 조절할 수 있다. 하지만 동시에 여러 프로세서가 운영체제 상태에 있을 수 있어 심각해질 수 있다. 지나친 폐쇄를 방지하려면 시스템 테이블은 주의 깊게 설계해야 한다. 이런 충돌을 최소화하는 방법 중 하나는 시스템 데이터를 여러 독립적인 프로세서에 분산 수용하여 개별적으로 폐쇄할 수 있게 하는 것이다.

4 클러스터

4.1 클러스터의 구조

마이크로프로세서의 성능을 발달시키고, 고속 네트워크를 이용한 새로운 개념의 병렬 컴퓨터를 만드는 것이 가능하게 되었다. 이것이 바로 네트워크로 컴퓨터 여러 대를 연결하여 마치 단일 컴퓨터처럼 동작하도록 하는 클러스터cluster이다. 클러스터는 대칭형 다중 처리를 할 수 있는 대안으로 높은 성능과 확장성을 제공한다. 노드 여러 개로 구성할 수 있고, 다중 프로세서도 될 수 있다. 특히 새로운 컴퓨터를 클러스터에 추가하면 시스템을 확장할 수 있다. 또 클러스터 내의 각 노드는 독립형 컴퓨터이기 때문에 노드 하나에 장애가 발생해도 서비스를 제공할 수 있어 가용성이 높다.

최초의 클러스터는 1994년경 나사NASA에서 486 PC 여러 대를 네트워크로 연결하여 제작한 베어울프Beowulf 컴퓨터이다.

클러스터는 컴퓨터 여러 대를 서로 연결하여 마치 하나의 컴퓨터처럼 사용하므로 사용자에게는 하나의 시스템처럼 보인다. 또 백업과 사용자 관리 등 작업은 클러스터에 있는 개별적인 노드가 아니라 주로 시스템 전반에서 발생한다. 그러므로 네트워크 감시, 고장 탐지와 복구, 단일 시스템 관리 등 서비스를 제공하는 특정 클러스터 소프트웨어를 제공해야 하며, 이를 연결하는 서버가 필요하다.

클러스터의 기본 구조는 [그림 11-36]과 같다. 노드는 단일 시스템이거나 PC, 워크스테이션, SMP 등 다중 프로세서 시스템이 될 수 있는데, 물리적으로 분리되어 있고 LAN으로 연결한다. 네트워크 인터페이스 하드웨어는 통신 프로세서처럼 작동하며, 네트워크와 스위치를 경유하여 클러스터 노드 간의 데이터 패킷을 전송 · 수신할 수 있도록 한다. 클러스터에서 서버 노드는 외부 네트워크를 위해 공인 IP를 사용하고, 클러스터에서 통신하는 데 사용하는 IP는 모두 사설 IP이다. 통신 소프트웨어는 빠르고 신뢰성 있게 통신할 수 있도록 액티브 메시지와 같은 통신 프로토콜을 사용한다. 클러스터 미들웨어는 지역적으로 분리된 시스템, 즉 다수의

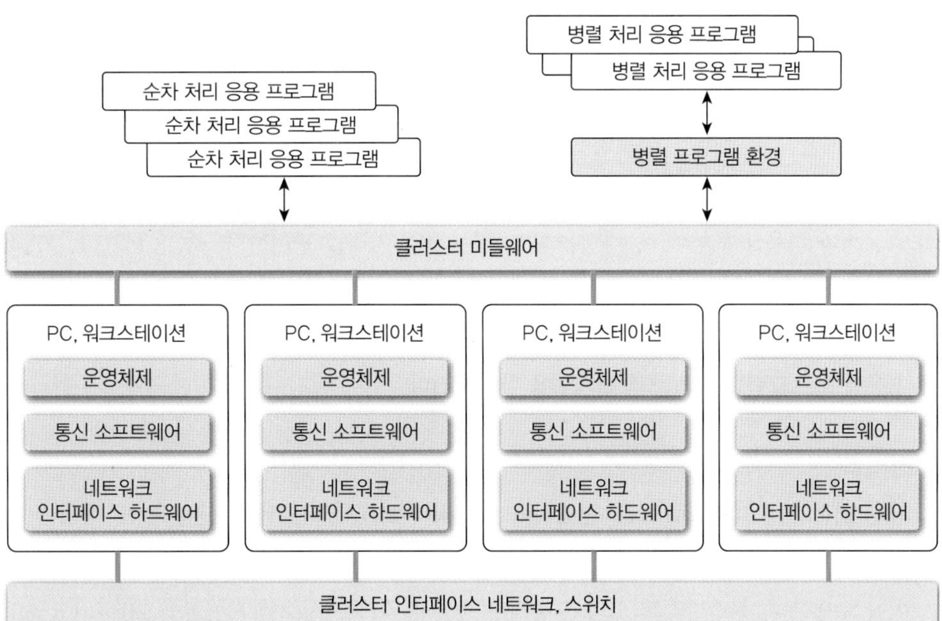

그림 11-36 **클러스터의 기본 구조**

컴퓨터로 구성된 클러스터 시스템을 사용자가 통합된 하나의 시스템으로 인식하도록 SSI^Single System Image^ 기능을 제공하여 사용률을 높인다. 따라서 복잡하고 세부적인 하드웨어와 소프트웨어의 구성, 동작 특성을 몰라도 시스템을 효과적으로 사용할 수 있다.

> **NOTE_ 액티브 메시지**
>
> 액티브 메시지^active message^는 병렬 분산 시스템에서 널리 사용하는 메시지에 기반을 둔 통신 시스템이다. 메시지는 핸들러를 포함하여 전송하므로, 메시지가 도착하면 핸들러가 메시지를 처리한다. 도착한 메시지를 핸들러가 동시에 처리하기에 버퍼링으로 오버헤드가 줄어든다. 또 비동기적으로 핸들러를 수행하기 때문에 병렬화 장점이 있다.

클러스터는 사용 목적에 따라 고성능 클러스터, 부하분산 클러스터, 고가용성 클러스터로 구분한다.

4.2 고성능 클러스터

고성능 클러스터^HPC, High-Performance Clusters^는 대규모 연산을 계산하는 데 사용하는 가장 일반적인 구조이다. 클러스터의 노드에 다양한 연산 작업을 분할하여 향상된 성능을 제공하고, 과학적인 응용 프로그램을 처리한다. 한 노드를 계산한 중간 결과를 다른 노드에서는 미래의 계산에 적용할 수 있다. 예를 들어, 기상 예측, 핵폭발 시뮬레이션 등 수치 연산이 목적인 분야와 3D 애니메이션, 영화의 특수 효과에도 사용한다. 대부분 과학기술 분야에서 사용하는데, 모두 슈퍼컴퓨터 응용 분야에 해당된다고 할 수 있다.

고성능 클러스터의 예로 자원 관리 시스템을 살펴보자. 자원 관리 시스템은 제한된 계산 자원의 효율성과 활용도를 높이고, 경쟁을 방지하는 작업 처리를 관리한다. 즉, [그림 11-37]과 같이 작업 스케줄러와 자원 관리자로 구성된다. 스케줄러는 가용성 자원의 스케줄링 결정과 연산 노드에 할당, 작업 큐 정보를 얻으려고 자원 관리자와 통신한다. 따라서 시스템에서 사용자 응용 프로그램의 처리량과 신뢰성을 향상시킨다.

■ **자원 관리자**

자원 관리자는 기본으로 노드 상태의 모니터링과 요청한 작업을 수신한다. 또 작업 요청을 노드에서 실행할 수 있도록 할당한다. 일부 자원 관리자는 기본 스케줄링이나 정책 제어를 수행한다. 복잡한 클러스터 환경에서 자원 관리자는 시스템 사용률을 20~70% 높일 수 있다.

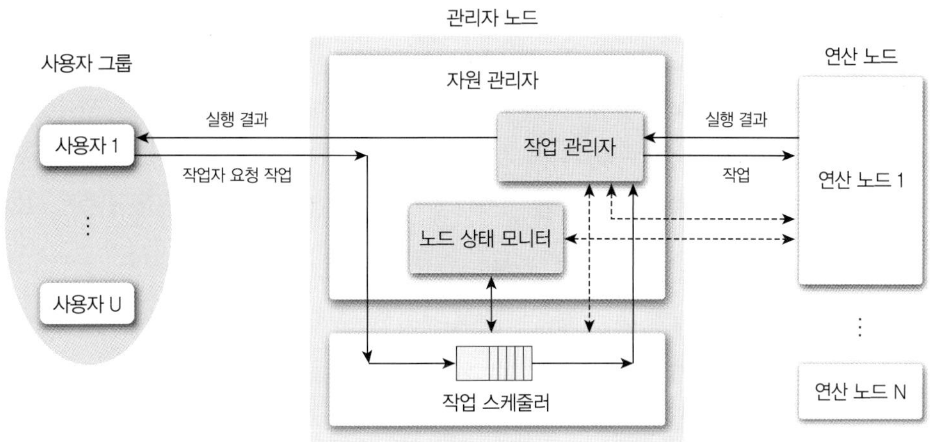

그림 11-37 **클러스터의 자원 관리 시스템**

■ **작업 스케줄러**

작업 스케줄러는 자원 관리자에게 작업을 언제, 어디서 실행할지 알려 준다. 즉, 우선 작업, 자원 스케줄링, 정책 및 조직의 목표 등을 통합하여 우선순위를 결정한다. 따라서 스케줄러는 사용자가 작업을 제시간에 빠르고 올바르게 처리할 수 있도록 도와준다. 스케줄러는 사용 가능한 자원과 작업 큐, 즉 자원 관리자에게서 입력받아 순서를 결정하고 스케줄을 확정한다. 그리고 작업을 실행한다.

과학 계산용 클러스터는 다음 두 가지 형태로 구현할 수 있다.

❶ **기본형 클러스터** : 모든 노드의 하드디스크에 독립적으로 운영체제를 모두 설치하여 각 노드가 시스템에 필요한 파일과 라이브러리를 자체적으로 해결할 수 있도록 구성하는 방법이다.

❷ **디스크 없는 클러스터** : 서버 노드 한 대에만 하드디스크가 있어 다른 노드는 서버 노드의 파일 시스템을 사용하는 디스크리스[diskless] 방법이다.

4.3 부하분산 클러스터

부하분산 클러스터[LBC, Load-Balancing Clusters]는 한 사용자가 요구하는 작업량은 크지 않지만, 동시에 사용자 수천 또는 수만 명이 요구하여 컴퓨터 한 대로는 처리할 수 없을 때 사용하는 구조이다. 부하분산 클러스터는 단일 서버를 사용할 때 발생할 수 있는 부하를 다른 노드로 분산시켜 웹 서버의 과부하를 해결할 수 있는 방법을 제공한다.

부하분산 클러스터에는 [그림 11-38]과 같이 외부 클라이언트의 작업 요청을 받아들이는 부하분산 서버, 즉 부하 분배기load balancer가 있다. 부하분산 서버는 사용자가 요구할 때마다 최적의 부하분산을 위해 서비스를 처리하는 여러 노드 중에서 현재의 부하량이 적은 노드를 선택하여 사용자의 요청을 전달한다. 또 특정 노드에 결함이 발생하면 나머지 노드를 적절하게 분배한다. 따라서 부하 분배 알고리즘은 시스템 전체의 성능을 좌우하기 때문에 신중히 고려해야 한다.

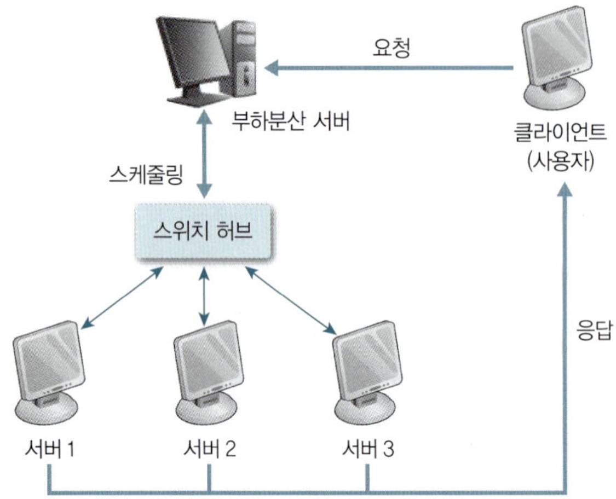

그림 11-38 **부하분산 클러스터**

부하분산 클러스터는 구현 방법에 따라 DR, NAT 등으로 구분한다.

■ **DR 방법**

DRDirect Routing은 클라이언트에 들어온 요청을 부하분산 서버가 다른 컴퓨터에 분배하고, 요청을 할당받은 컴퓨터가 직접 응답하는 방법이다. 부하분산 서버는 외부에서 들어온 요청을 스케줄링에 따라 단순히 실제 서버로 연결시켜 주고, 실제 서버는 보내온 요청을 처리하여 사용자에게 직접 응답한다. 이때 클러스터의 실제 서버는 모두 공인된 IP를 사용해야 한다.

■ **NAT 방법**

NATNetwork Address Translation 방법은 DR 방법과 비슷하지만, 클라이언트의 요청을 처리하는 실제 서버는 부하분산 서버를 이용하여 응답을 목적지에 보내는 것이 다르다. 부하분산 서버에서 요청을 전달받은 실제 서버는 요청을 처리하여 다시 부하분산 서버에 응답을 보내고, 부하분산 서버는 응답을 요청한 사용자에게 전송한다. 실제로는 서버가 모두 사설 IP를 사용하기 때문에 공인 IP가 실제 서버 수만큼 필요하지 않고, 부하분산 서버 한 대만 공인된 IP가 필요하다. 그러나 부하분산 클러스터에서 부하분산 서버가 정지하거나 고장이 발생하면 부하분산 클러스터의 작동이 멈추는 문제가 발생한다. 이런 문제를 해결하려고 부하분산 서버를 감시하여 정지 및 고장이 발생할 때 클러스터의 다른 컴퓨터가 대신 부하분산 서버의 역할을 할 수 있도록 하는 고가용성 클러스터를 함께 사용하기도 한다.

부하분산 서버가 응답하려고 실제 서버를 선택할 때는 순환 할당(라운드 로빈), 최소 연결least-connection 등 스케줄링을 사용한다.

■ **순환 할당 스케줄링**

순환 할당 스케줄링은 프로세스들이 자원을 공정하게 사용할 수 있도록 각 프로세스에 일정 시간을 할당하고, 할당된 시간이 지나면 그 프로세스는 잠시 보류한 후 다른 프로세스에 기회를 주는 라운드 로빈 방법을 사용한다. 클러스터의 구성 서버들은 서비스 처리 용량과 관계없이 동등하게 돌아가며, 각 노드에 모두 서비스 기회를 제공한다.

■ **가중치 기반 순환 할당 스케줄링**

가중치weighted 기반 순환 할당 스케줄링은 실제 서버에 처리 용량을 다르게 지정할 수 있다면 각 서버에 가중치를 부여하고 가중치에 따라 요청을 할당한다.

■ **최소 연결 스케줄링**

최소 연결 스케줄링은 가장 연결이 적은 서버에서 요청을 직접 연결하는 방법으로, 각 서버에서 동적으로 실제 연결한 숫자를 계산해야 하는 동적인 스케줄링 중 하나이다. 연결 부하가 클 때도 효과적으로 분산을 수행하는 장점이 있다. 그러나 처리 용량이 다양한 서버로 구성되어 있을 때는 효율적으로 부하분산을 하지 못할 수도 있다.

■ **가중치 기반 최소 연결 스케줄링**

가중치 기반 최소 연결 스케줄링은 최소 연결 스케줄링의 한 부분으로, 실제 서버에 성능 가중치를 부여하여 가중치가 높은 서버에 더 많은 요청을 할당한다. 즉, 가중치의 비율인 실제 연결자 수에 따라 네트워크 연결을 할당한다.

4.4 고가용성 클러스터

고가용성 클러스터HAC, High-Availability Clusters는 어떤 클러스터가 제공하는 서비스의 가용성을 기본적으로 개선하려는 목적에서 구현했다. 즉, 시스템이 실패하면 중복 노드를 운영하여 서비스를 제공한다. 예를 들어, 컴퓨터 두 대 이상으로 구성된 클러스터가 있을 때 이 중 컴퓨터 한 대 이상에서 고장이 발생하면, 여분의 컴퓨터를 미리 할당하여 전체 서비스 중단을 막는 방법이다. 여러 컴퓨터에 적용 가능하지만, 컴퓨터 두 대에서 사용할 때도 많다. [그림 11-39]와 같이 컴퓨터 두 대가 같은 기능을 수행할 수 있도록 동일한 하드웨어와 소프트웨어를 설치하고, 컴퓨터 두 대 사이를 고속 네트워크로 연결하여 서로 상대방의 현재 상태를 검사하도록 한다.

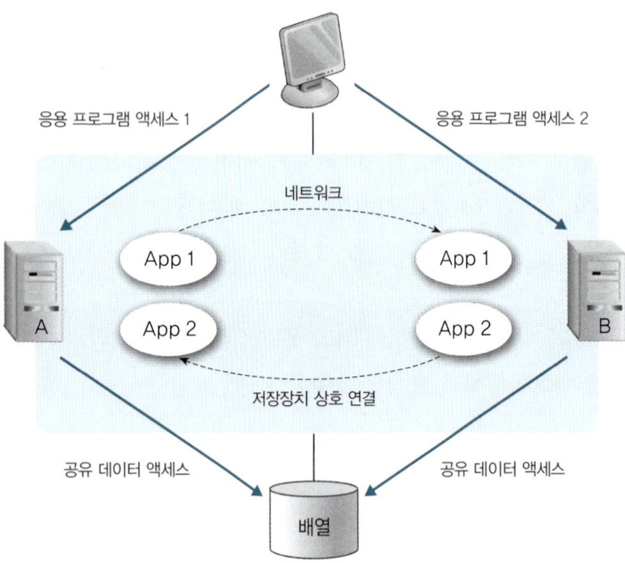

그림 11-39 **고가용성 클러스터**

서버 두 대는 전체 서비스를 분할하여 각각 일부 서비스를 제공한다. 상대방 컴퓨터에 고장이 발생하면 상대방의 서비스를 넘겨받아 계속 수행할 수 있다. 그리고 컴퓨터 한 대에서만 모든 서비스를 수행하고 나머지 한 대는 아무 작업도 하지 않다가 서비스를 제공하는 컴퓨터가 고장이 나면 모든 서비스를 넘겨받아 수행할 수도 있다.

4.5 클러스터의 성능에 미치는 요소

클러스터는 다수의 컴퓨터로 구성되어 있기 때문에, 즉 연결된 노드 수가 많으므로 관리하기가 어렵다. 클라이언트/서버 구조와는 달리 클러스터는 연결된 컴퓨터에 고장이 나면 전체 시스템의 성능이 떨어질 수 있다. 클러스터에 있는 노드들은 노드에 장애가 발생하면 부하 분배와 복구 등 기능을 제공하려고 모든 노드가 현황 정보를 공유하고, 클러스터의 상태를 지속적으로 모니터링한다.

클러스터 성능에 영향을 미치는 첫 번째 요소는 네트워크의 성능으로, 전송속도와 신뢰도를 포함한다. 클러스터의 각 컴퓨터끼리는 수시로 정보를 주고받아야 하므로, 이를 얼마나 빨리 대규모로 할 수 있느냐에 따라 클러스터의 성능은 다르다.

클러스터 성능에 영향을 미치는 두 번째 요소는 프로세서의 성능이다. 노드와 요청 작업이 많을 때 각 노드는 정보를 받으려고 대기하는 시간이 늘어난다. 이를 네트워크 병목 현상이라고 한다. 따라서 가용성과 성능을 향상시키려고 클러스터 시스템을 구성 · 확장할 때는 병목 현상이 발생하지 않도록 노드를 추가하거나 디스크 배열RAID 시스템을 추가한다. 그러면 클러스터가 증가하여 컴퓨팅 자원을 확장할 수 있다.

입출력 중심인 응용 프로그램은 클러스터의 어느 노드에서든 자신이나 원격 노드에 위치한 주변기기, 메모리(디스크)를 직접 액세스할 수 있도록 전역 입출력 주소 공간을 지원하는 단일 입출력 공간SIOS, Single I/O Space을 구현해야 한다. 또 여러 노드를 상호 연결하여 구성하는 클러스터 시스템을 통합된 자원으로 사용할 수 있도록 SSI 기능을 제공하여 편의성, 확장성, 신뢰성 측면에서 클러스터 이용률을 높인다.

요약

01 네트워크의 구성

네트워크는 몇 개의 독립적인 시스템이 적절한 영역 내에서 빠른 속도의 통신 채널을 이용하여 상호 통신할 수 있도록 지원하는 데이터 통신 시스템이다.

- **강결합**tightly coupled **시스템** : 프로세서들이 메모리를 공유하는 다중 처리 시스템이다.
- **약결합**loosely coupled **시스템** : 둘 이상의 독립된 시스템이 통신선으로 연결되며, 시스템은 자신만의 운영체제, 메모리, 프로세서, 입출력장치 등으로 독립적으로 운영한다.

02 네트워크 구조topology

- **망**mesh **구조** : 각 노드가 시스템(네트워크) 내의 다른 모든 노드와 직접 연결되는 완전 연결 구조, 네트워크의 각 노드는 하나 이상의 노드에 연결되나 서로 각각 모두 연결된 노드 없이 부분적으로 연결된 부분 연결 구조로 나눈다.
- **트리**tree **구조** : 트리 또는 계층 구조는 회사의 컴퓨터 네트워크에 사용되는 구조로 네트워크의 각 노드가 트리로 구성되어 있다.
- **성형**star **구조** : 모든 노드가 중앙 노드에 직접 연결되고, 중앙 노드 외의 다른 모든 노드는 서로 연결되어 있지 않다.
- **링**ring **구조** : 각 노드가 정확히 2개의 다른 노드와 연결된다.
- **버스**bus **구조** : 연결 버스(중앙의 통신회선) 하나에 모든 노드가 연결된다.

03 원격 프로시저 호출

원격 프로시저 호출RPC, Remote Procedure Call은 한 컴퓨터에서 실행되는 프로세스가 다른 컴퓨터에서 실행되는 프로세스의 프로시저(또는 함수)를 호출할 수 있게 하는 것으로 클라이언트/서버 모델을 전제로 한다.

04 분산 시스템

분산 시스템은 저렴한 노드 여러 개를 하나의 운영체제가 제어할 수 있도록 구현한 시스템이다.

- **분산 시스템의 구축 목적** : 자원 공유 용이, 연산 속도 향상, 신뢰성 향상, 통신 가능

- **분산 시스템의 투명성** : 시스템에 있는 각종 자원의 투명성transparency 보장이다. 투명성은 상호 연결된 컴퓨터를 사용자가 하나의 컴퓨터 시스템으로 인식할 수 있도록 분산을 감추어 사용자가 이에 대한 정보를 몰라도 작업을 수행할 수 있도록 지원하는 개념이다. 종류에는 액세스access 투명성, 위치location 투명성, 고장failure 투명성, 중복replication(복제) 투명성, 이동migration(이주) 투명성, 병행concurrency 투명성이 있다.

05 네트워크 운영체제

네트워크 운영체제NOS, Network Operating System는 통신을 제어하고 분산된 자원을 공유하면서 독립된 시스템들을 서로 연결하려고 개발되었다.

- **네트워크 운영체제의 주요 기능** : 자원 공유, 액세스 권한 부여, 파일 전송, 데이터 보호, 관리 제어
- **네트워크 운영체제의 운용 방법** : 네트워크 운영체제는 자원 운영 방법에 따라 피투피peer-to-peer 모델과 클라이언트/서버 모델로 분류할 수 있다.

06 분산 운영체제

분산 운영체제DOS, Distributed Operating System는 네트워크 운영체제의 지역적인 자원 관리와 지역 제어의 제한을 벗어나 시스템 자원의 전역 제어 및 관리의 필요성에 따라 발전되었다. 공동 운영체제로 사용자에게 시스템이 제공하는 여러 자원에 액세스가 가능한 참조 투명성을 제공한다. 분산된 컴퓨터 간의 자원을 쉽게 공유하고 액세스할 수 있는 운영체제이다.

07 분산 시스템의 교착 상태

분산 시스템의 교착 상태는 자원을 할당할 때 발생하는 자원 할당 교착 상태와 메시지를 전송할 때 발생하는 메시지 전송 교착 상태, 즉 통신 교착 상태로 구분할 수 있다.

08 클라이언트/서버 시스템

클라이언트/서버 시스템은 분산 시스템 환경이 한 대의 메인 컴퓨터가 모든 일을 처리하는 중앙 집중화된 환경에서 여러 대의 컴퓨터가 작업을 기능별로 분담하여 처리하는 분산 처리 컴퓨팅 환경이다.

09 미들웨어

클라이언트/서버 컴퓨팅 기술의 이점을 살리려면 서로 다른 환경에서 실행되는 응용 프로그램이 서로 원만하게 통신할 수 있고 개발자가 모든 플랫폼으로 시스템 자원에 액세스할 수 있는 도구가 필요하다. 이처럼 교량 역할을 하며, 서비스를 제공하는 소프트웨어를 미들웨어middleware라고 한다.

10 다중(병렬) 처리

다중 처리multiprocessing는 병렬 처리라고도 하며 다수의 프로세서를 동시 수행함으로써 시스템 성능을 향상시키는 방법이다. 연결하는 방법에 따라 공동 버스 시스템, 크로스바 교환 행렬 시스템, 다중 포트 메모리 시스템, 하이퍼큐브 시스템으로 구분할 수 있다.

11 다중 처리 시스템의 운영체제

- **주종**master/slave **운영체제** : 하나의 프로세서를 주(M)로 지정해 운영체제를 실행하고 나머지 프로세서는 사용자 수준의 프로그램을 실행할 수 있는 종(S)으로 지정한다.
- **분리 실행** : 각 프로세서가 서로 다른 운영체제를 가지며 각 프로세서에서 발생하는 인터럽트는 해당 프로세서에서 해결하는 구성 방법이다.
- **대칭** : 모든 프로세서가 동등한 입장에 있으며, 운영체제는 모든 프로세서와 입출력장치, 기억장치를 사용할 수 있도록 관리한다.

12 클러스터

네트워크로 여러 대의 컴퓨터를 연결하여 하나의 단일 컴퓨터처럼 동작하도록 구현한 시스템이다. 대칭형 다중 처리 대안으로 높은 성능과 확장성을 제공한다.

연습문제

01 다중 처리기 구조 중 강결합tightly coupled 시스템에 대한 설명으로 옳지 않은 것은?

① 프로세서 간에는 공유 메모리로 통신한다.
② 각 시스템에는 자신만의 독자적인 운영체제와 주기억장치가 있다.
③ 다중 처리 시스템이라고도 한다.
④ 공유 메모리를 차지하려는 프로세서 간 경쟁을 최소화해야 한다.

02 강결합 시스템의 특징에 해당하는 것은?

① 프로세서 간에는 공유 메모리로 통신한다.
② 각 시스템에는 자신만의 운영체제가 있다.
③ 각 시스템에는 자신만의 주기억장치가 있다.
④ 각 시스템 간에는 메시지 교환으로 통신한다.

03 다음과 같은 구조를 갖는 시스템으로 가장 적합한 것은?

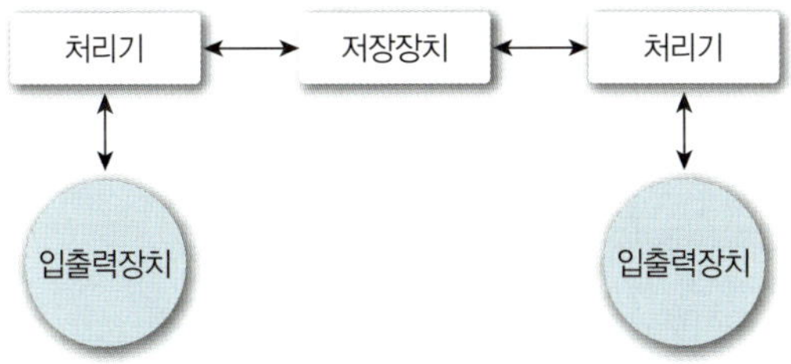

① 약결합 다중 처리 시스템loosely coupled multiprocessing system
② 강결합 다중 처리 시스템tightly coupled multiprocessing system
③ 단일 버스 다중 처리 시스템single bus multiprocessing system
④ 공유 버스 다중 처리 시스템shared bus multiprocessing system

04 약결합loosely coupled 시스템의 특성이 아닌 것은?

① 기억장치 공유
② 시스템마다 독자적 운영체제 보유
③ 통신망 사용
④ 프로세스 간 통신

05 분산 시스템에서 약결합 시스템의 특징이 아닌 것은?

① 프로세서 간에는 공유 기억장치를 이용하여 통신한다.
② 둘 이상의 독립된 컴퓨터 시스템을 통신 링크를 이용하여 연결한 시스템이다.
③ 시스템마다 독자적인 운영체제를 보유한다.
④ 프로세스 간에는 메시지 전달이나 원격 프로시저를 호출하여 통신한다.

06 강결합 시스템과 약결합 시스템에 대한 설명으로 옳지 않은 것은?

① 약결합 시스템은 각 시스템마다 별도의 운영체제가 있다.
② 강결합 시스템은 각 프로세서마다 메모리가 독립되어 있다.
③ 강결합 시스템은 운영체제 하나가 모든 프로세서(처리기)와 시스템 하드웨어를 제어한다.
④ 약결합 시스템은 메시지를 사용하여 상호 통신한다.

07 분산 운영체제의 구조 중 완전 연결fully connected에 대한 설명으로 옳지 않은 것은?

① 모든 사이트는 시스템 내 다른 모든 사이트와 직접 연결한다.
② 사이트 간 메시지 전달이 매우 빠르다.
③ 기본 비용이 적게 든다.
④ 사이트 간 연결은 여러 회선이 있으므로 신뢰성이 높다.

08 분산 운영체제의 구조 중 완전 연결fully connected에 대한 설명으로 옳지 않은 것은?

① 모든 사이트는 시스템 내 다른 모든 사이트와 직접 연결한다.
② 사이트와 사이트 간 메시지 전달에 통신 비용이 많이 소요된다.
③ 사이트 간 메시지 전달이 매우 빠르다.
④ 사이트 간 연결은 여러 회선이 있으므로 신뢰성이 높다.

09 분산 처리 시스템에서 완전 연결 구조에 대한 설명으로 옳은 것은?

① 각 노드가 시스템 내 모든 노드와 직접 연결되어 있다.
② 모든 사이트가 하나의 중앙 사이트에 직접 연결되어 있다.
③ 시스템 내 모든 사이트를 공유 버스에 연결한 구조이다.
④ 시스템 내 각 사이트를 인접하는 다른 두 사이트와 직접 연결한 구조이다.

10 분산 운영체제의 구조 중 완전 연결에 대한 설명으로 옳지 않은 것은?

① 하나의 링크가 고장 나면 모든 통신이 단절된다.

② 모든 사이트는 시스템 내 다른 모든 사이트와 직접 연결된다.

③ 사이트를 설치할 때 기본 비용이 많이 든다.

④ 사이트 간 연결은 여러 회선이 있으므로 신뢰성이 높다.

11 분산 처리 시스템의 위상topology에 따른 분류에서 성형star 구조에 대한 설명으로 틀린 것은?

① 터미널 증가에 따라 통신회선 수도 증가한다.

② 중앙 노드 외의 장애는 다른 노드에 영향을 주지 않는다.

③ 각 노드를 point-to-point 형태로 모든 노드와 직접 연결한다.

④ 제어가 집중되고, 모든 동작을 중앙컴퓨터로 감시한다.

12 분산 처리 운영체제 시스템의 구조 중 성형 구조에 대한 설명으로 옳지 않은 것은?

① 시스템 내 각 사이트를 인접한 다른 두 사이트와 직접 연결한 구조이다.

② 사이트 증가에 따라 통신회선도 증가한다.

③ 중앙 사이트가 고장 나면 모든 통신을 단절시킨다.

④ 비교적 간단한 구조이며, 유지 보수가 용이하다.

13 분산 처리 운영체제 시스템의 구조 중 성형 구조에 대한 설명으로 옳지 않은 것은?

① 자체가 단순하고 제어가 집중되어 모든 작동을 중앙컴퓨터로 감시하므로 제어기 하나로도 조절이 가능하다.

② 집중 제어로 보수와 관리가 용이하다.

③ 중앙컴퓨터가 고장 나도 전체 네트워크에는 영향을 주지 않는다.

④ 중앙 노드를 제외한 노드의 고장은 다른 노드에 영향을 주지 않는다.

14 중앙컴퓨터와 직접 연결되어 응답이 빠르고 통신 비용이 적게 들지만, 중앙컴퓨터에 장애가 발생하면 전체 시스템이 마비되는 분산 시스템의 위상 구조는?

① 성형star 구조　　② 완전 연결fully connected 구조

③ 계층hierarchy 구조　　④ 링ring(환형) 구조

15 분산 처리 시스템의 위상에 따른 분류에서 한 사이트의 고장이 다른 사이트에 영향을 주지 않지만, 중앙 사이트가 고장 나면 전체 시스템이 정지하는 형태는?

① tree 구조 ② star 구조
③ ring 구조 ④ mesh 구조

16 분산 운영체제 구조 중 특징이 다음과 같은 구조는?

- 모든 사이트는 하나의 호스트에 직접 연결
- 중앙컴퓨터에 장애가 발생하면 모든 사이트 간 통신 불가
- 통신사 링크는 최대 2개만 필요
- 통신 비용 저렴

① 링 연결 구조
② 다중 접근 버스 연결 구조
③ 계층 연결 구조
④ 성형 연결 구조

17 다음 설명과 가장 밀접한 분산 운영체제의 구조는?

- 모든 사이트는 하나의 중앙 노드에 직접 연결되어 있다.
- 통신 비용이 저렴하다.
- 중앙 노드에 과부하가 발생하면 성능이 현저히 감소한다.
- 중앙 노드가 고장 나면 모든 통신이 단절된다.

① ring connection ② star connection
③ hierarchy connection ④ partially connection

18 분산 운영체제의 구조 중 모든 사이트는 하나의 중앙 노드에 직접 연결되어 있고, 중앙 노드에 과부하가 걸리면 성능이 현저히 감소하며, 중앙 노드가 고장 나면 모든 통신이 단절되는 구조는?

① ring connection ② star connection
③ hierarchy connection ④ fully connection

19 분산 시스템의 위상에 따른 분류 중 성형 구조에 대한 설명으로 옳지 않은 것은?

① 집중 제어로 보수와 관리가 용이하다.

② 중앙컴퓨터가 고장 나면 전체 네트워크가 정지한다.

③ 중앙 노드를 제외한 노드에 고장이 나면 다른 노드에 영향을 준다.

④ 데이터 전송이 없는 터미널이 접속한 통신회선은 휴지 상태가 된다.

20 분산 시스템에서 각 사이트의 연결 위상에 대한 설명으로 옳지 않은 것은?

① 완전 연결fully connected 네트워크의 각 사이트는 시스템 내 모든 사이트와 직접 연결direct link된다.

② 계층 연결hierarchy connection 네트워크에서 각 사이트는 트리tree 형태로 구성된다.

③ 성형 연결star connection 네트워크는 구조가 간단하며, 중앙 노드의 고장이 나머지 노드 간 통신에는 아무런 영향을 주지 않는다.

④ 다중 접근 버스 연결multiaccess bus connection 네트워크에서 한 사이트의 고장은 나머지 사이트 간 통신에는 아무런 영향을 주지 않는다.

21 분산 운영체제의 구조 중 다음 설명에 해당하는 구조는?

- 각 사이트는 정확히 다른 두 사이트와 물리적으로 연결되어 있다.
- 정보 전달 방향은 단방향 또는 양방향일 수 있다.
- 기본 비용은 사이트 수에 비례한다.
- 메시지가 링을 순환하면 통신 비용은 증가한다.

① ring connection ② hierarchy connection

③ star connection ④ partially connection

22 분산 처리 운영체제 시스템의 구축 목적으로 거리가 먼 것은?

① 자원 공유의 용이성 ② 연산 속도 향상

③ 보안성 향상 ④ 신뢰성 향상

23 분산 처리 시스템의 장점으로 거리가 먼 것은?

① 확장성이 좋다. ② 보안이 용이하다.

③ 가용성이 높다. ④ 결함 허용이 가능하다.

24 분산 처리의 개발 동기가 아닌 것은?

① 신뢰성
② 자원의 공유
③ 연산 속도의 향상
④ 자료 중복성 배제

25 분산 처리 시스템에 대한 설명으로 옳지 않은 것은?

① 사용자는 각 컴퓨터의 위치를 몰라도 자원 사용이 가능하다.
② 시스템의 점진적 확장이 용이하다.
③ 중앙집중형 시스템에 비해 시스템 설계가 간단하고 소프트웨어 개발이 쉽다.
④ 연산 속도, 신뢰성, 사용 가능도가 향상된다.

26 분산 시스템에 대한 설명으로 거리가 먼 것은?

① 다수의 사용자가 데이터를 공유할 수 있다.
② 다수의 사용자 간에 통신이 용이하다.
③ 귀중한 장치를 다수의 사용자가 공유할 수 있다.
④ 집중형centralized 시스템에 비해 소프트웨어 개발이 용이하다.

27 분산 처리 운영 시스템의 설명으로 옳지 않은 것은?

① 시스템의 점진적 확장이 용이하다.
② 신뢰성, 가용성이 증대된다.
③ 자원의 공유와 부하 균형이 가능하다.
④ 중앙집중형 시스템에 비해 보안 정책이 간소하다.

28 분산 처리 운영체제 시스템에 대한 설명으로 거리가 먼 것은?

① 유용한 자원을 공유하여 사용할 수 있다.
② 시스템의 점진적 확장이 용이하다.
③ 사용자는 각 컴퓨터의 위치를 몰라도 자원 사용이 가능하다.
④ 중앙집중형 시스템에 비해 보안성이 향상된다.

29 분산 처리 운영 시스템에 대한 설명으로 적당하지 않은 것은?

① 시스템을 구성하는 소형컴퓨터들의 자율성을 보장하므로 전체 시스템의 통합적 제어 기능은 불필요하다.

② 하나의 대형컴퓨터에서 하던 일을 지역적으로 분산된 여러 소형컴퓨터에서 분담 수행하므로 시스템의 효율을 증대시킬 수 있다.

③ 데이터처리장치와 데이터베이스가 지역적으로 분산되어 있으며, 정보를 교환하려고 네트워크로 상호 결합된 시스템이다.

④ 자료가 중앙에 집중된 대형컴퓨터의 고장으로 업무 마비를 예방할 수 있다.

30 분산 운영체제 시스템에 대한 설명으로 옳지 않은 것은?

① 약결합loosely coupled으로 볼 수 있다.

② 업무량 증가에 따른 점진적인 확장이 용이하다.

③ 높은 보안성이 유지된다.

④ 제한된 자원을 여러 지역에서 공유 가능하다.

31 분산 운영체제에 대한 설명으로 옳지 않은 것은?

① 시스템을 변경하는 점진적인 확대 용이성

② 고가의 하드웨어를 여러 사용자 간에 공유

③ 빠른 응답시간

④ 향상된 보안성

32 다음 설명은 분산 처리 시스템의 장점 중 무엇에 해당하는가?

> 특정 시스템의 병목 현상을 제거하는 데 필요한 자원을 추가할 수 있으므로 선택적으로 성능을 향상시킬 수 있다.

① 통신과 정보 공유communication and information sharing

② 점진적인 확장incremental growth

③ 가용성availability

④ 고장 허용성fault tolerance

33 견고한 분산 시스템을 구축하려면 어떤 종류의 결함이 발생할 수 있는지 알아야 한다. 분산 시스템에서 발생할 수 있는 일반적인 결함으로 볼 수 없는 것은?

① 링크 결함
② 사이트 결함
③ 메시지 분실
④ 데이터 결함

34 분산 운영체제의 특징 중 다음 설명과 관계되는 것은?

> 여러 시스템 중 일부 시스템에 고장이 발생해도 전체 시스템을 정상적으로 운영할 수 있다.

① availability
② expandability
③ resource sharing
④ reliability

35 다중 처리 시스템의 일반적인 특징이 아닌 것은?

① 각 프로세서에는 자체적으로 계산하는 능력이 있다.
② 각 프로세서에는 여러 기억장소나 전용 기억장소가 있다.
③ 각 프로세서는 주변장치 등을 공동 사용한다.
④ 여러 프로세서(처리기)를 사용하여 신속한 처리가 가능하다.

36 분산 처리 시스템에서 분산의 대상을 잘못 설명한 것은?

① 공유 자원에 접근할 때 시스템을 유지하려면 제어를 분산할 필요가 있다.
② 처리기와 입력장치 등 물리적인 자원을 분산할 수 있다.
③ 분산 처리 시스템에서 분산의 대상이 되는 것은 하드웨어와 제어이며, 자료는 분산 대상이 아니다.
④ 시스템 성능과 가용성을 증진하려고 자료를 분산할 수 있다.

37 분산 처리 운영체제에서 구체적인 시스템 환경을 사용자가 알 수 없도록 하며, 사용자가 정보 없이도 원하는 작업을 수행할 수 있도록 지원하는 개념은?

① 네이밍naming

② 투명성transparency

③ encryption

④ locality

38 분산 시스템의 투명성transparency에 대한 설명으로 옳지 않은 것은?

① 위치location 투명성은 하드웨어와 소프트웨어의 물리적 위치를 사용자가 알 필요가 없다.

② 이주migration 투명성은 자원들이 한곳에서 다른 곳으로 이동하면 자원의 이름을 자동으로 바꾼다.

③ 복제replication 투명성은 사용자에게 통지할 필요 없이 시스템 내 파일들과 자원들의 부가적인 복사를 자유롭게 할 수 있다.

④ 병행concurrency 투명성은 다중 사용자가 자원들을 자동으로 공유할 수 있다.

39 분산 운영체제에서 사용자가 원하는 파일이나 데이터베이스, 프린터 등 자원들이 지역 컴퓨터 또는 네트워크 내 다른 원격지 컴퓨터에 있어도 위치에 관계없이 그 사용을 보장하는 개념은?

① 위치 투명성

② 접근 투명성

③ 복사 투명성

④ 접근 독립성

40 분산 운영체제에서 프로세스 P가 사이트 A에 있는 파일에 접근할 때, 프로세스가 원격 프로시저 호출remote procedure call을 이용하여 이동하는 이주 기능은?

① 데이터 이동

② 연산 이동

③ 프로세스 이동

④ 사이트 이동

41 분산 운영체제 시스템에서 서로 다른 컴퓨터 간에 많은 양의 파일을 처리하려고 액세스할 때 가장 적절한 이동 방법은?

① 프로세스 이동process migration　　② 제어 이동control migration

③ 데이터 이동data migration　　④ 연산 이동computation migration

42 다중 처리multiprocessing 시스템에 대한 설명으로 가장 적합한 것은?

① 요구 사항이 비슷한 여러 작업을 모아서 한꺼번에 처리하는 방법이다.

② 동시에 프로그램을 수행할 수 있는 CPU를 여러 개 두고 업무를 분담하여 처리하는 방법이다.

③ 시한성이 있는 자료가 발생할 때마다 즉시 처리하여 결과를 출력하거나 요구에 응답하는 방법이다.

④ 분산된 단말기 여러 개에 분담시켜 통신회선으로 상호 간에 교신 · 처리하는 방법이다.

43 클라이언트/서버 시스템의 장점이 아닌 것은?

① 자원 및 데이터 보안을 서버가 제어한다.

② 특별히 협동 처리하려고 설계된 분산 응용은 비분산보다 간단하다.

③ 서버를 여러 플랫폼에서 또는 원격으로 액세스할 수 있다.

④ 고성능 워크스테이션에서 가능한 GUI(그래픽 사용자 인터페이스)를 용이하게 쓸 수 있다.

44 클라이언트/서버client/server 시스템의 설명으로 적합하지 않은 것은?

① 사용자 중심의 개별적인 클라이언트 운영 환경이 가능하다.

② 시스템 확장이 용이하고 유연성이 있다.

③ 많은 자원을 공유할 수 있다.

④ 폐쇄적인 시스템으로 하드웨어와 소프트웨어 선택에 제약이 있다.

45 처리기를 연결하는 방법 중 공유(공동) 버스 방법에 대한 설명으로 옳지 않은 것은?

① 한 시점에 단지 하나의 전송만 가능하다.

② 처리기나 기타 장치의 증설 절차가 복잡하다.

③ 버스에 이상이 생기면 전체 시스템에 장애가 발생한다.

④ 버스를 사용하려는 경쟁 상태가 발생하여 시스템 성능의 심각한 저하를 가져올 수 있다.

46 분산 시스템의 위상에 따른 분류 방법 중 다음 설명은 어떤 방법인가?

- 공유하는 버스 하나가 시스템 내 모든 노드와 연결되어 있다.
- 통신회선이 한 개이므로 물리적 구조가 간단하다.
- 노드의 추가와 삭제가 용이하다.
- 한 노드의 고장이 나머지 노드에 영향을 주지 않으나, 버스 회선이 고장 나면 통신은 두절된다.

① ring connected
② multiaccess bus connected
③ partially connected
④ fully connected

47 분산 운영체제의 구조 중 다음 설명에 해당하는 것은?

- 모든 사이트는 공유 버스에 연결된 구조이다.
- 기본 비용은 사이트 수에 비례한다.
- 사이트의 고장은 다른 사이트 간 통신에 영향을 주지 않지만, 링크의 고장은 전체 시스템에 영향을 준다.
- 사이트의 추가와 삭제가 용이하다.

① multiaccess bus connection
② hierarchy connection
③ star connection
④ ring connection

48 크로스바 교환 행렬crossbar switch matrix에 대한 설명으로 옳지 않은 것은?

① 다중 처리기 시스템을 구현하는 하나의 방법이다.
② 공유 버스 시스템에서 버스 수를 프로세서 수만큼 증가시킨 구조이다.
③ 서로 다른 메모리 2개를 동시에 참조할 수 있다.
④ 하드웨어가 복잡해지는 단점이 있다.

49 프로세서의 상호 연결 구조 중 하이퍼큐브 구조에서 프로세서가 총 65,536개일 때, 하나의 프로세서에 연결되는 연결점수는?

① 4　② 16
③ 32　④ 65,536

50 하이퍼큐브에서 프로세서 하나에 연결되는 다른 프로세서 수가 3개일 때 필요한 총 프로세서 수는?

① 4 ② 8 ③ 16 ④ 32

51 CPU 128개로 구성된 하이퍼큐브에서 각 CPU는 몇 개의 연결점을 갖는가?

① 6 ② 7 ③ 8 ④ 10

52 하이퍼큐브에서 프로세서 하나에 연결되는 다른 프로세서 수가 4개일 때 필요한 총 프로세서 수는?

① 4 ② 8 ③ 16 ④ 32

53 다중 처리기 운영체제 형태 중 주종master/slave 처리기에 대한 설명으로 옳지 않은 것은?

① 주 프로세서와 종 프로세서 모두 운영체제를 수행한다.
② 구조가 비대칭이다.
③ 주 프로세서는 입출력과 연산을 담당하고 종 프로세서는 연산만 담당한다.
④ 주 프로세서가 고장 나면 시스템 전체가 다운된다.

54 다중 처리기 운영체제의 주종master/slave 구조에서 각 기능에 대한 연결이 올바른 것은?

① master : 입출력 담당, slave : 연산 및 입출력 담당
② master : 연산 담당, slave : 입출력 담당
③ master : 연산 담당, slave : 연산 및 입출력 담당
④ master : 연산 및 입출력 담당, slave : 연산 담당

55 다중 처리기 운영체제 형태 중 주종 처리기에 대한 설명으로 틀린 것은?

① slave만 운영체제를 수행할 수 있다.
② master에 문제가 발생하면 입출력 작업을 수행할 수 없다.
③ 구조가 비대칭이다.
④ 하나의 처리기를 master로 지정하고, 다른 처리기들은 slave로 지정한다.

56 다중 처리기 운영체제 형태 중 주종master/slave 처리기에 대한 설명으로 옳지 않은 것은?

① 종 프로세서가 운영체제를 수행한다.

② 주 프로세서가 고장이 나면 시스템 전체가 다운된다.

③ 하나의 프로세서를 주 프로세서로 지정하고, 다른 처리기들은 종 프로세서로 지정하는 구조이다.

④ 주 프로세서와 종 프로세서가 모두 입출력을 수행하기 때문에 구조가 비대칭이다.

57 다중 처리기의 운영체제 형태 중 주종master/slave 처리기에 대한 설명으로 옳지 않은 것은?

① 주 프로세서만 운영체제를 수행한다.

② 종 프로세서는 입출력이 발생하면 주 프로세서에 서비스를 요청한다.

③ 주 프로세서가 고장 나면 전체 시스템이 다운된다.

④ 구조가 대칭적이다.

58 다중 처리기 운영체제 구조 중 주종master/slave 처리기 시스템에 대한 설명으로 옳지 않은 것은?

① 주 프로세서는 입출력과 연산 작업을 수행한다.

② 종 프로세서는 운영체제를 수행한다.

③ 종 프로세서는 입출력이 발생하면 주 프로세서에 서비스를 요청한다.

④ 한 처리기는 주 프로세서로 지정하고 다른 처리기들은 종 프로세서로 지정하는 구조이다.

59 다중 처리기 운영체제 구성에서 주종master/slave 처리기 시스템에 대한 설명으로 옳지 않은 것은?

① 주 프로세서는 입출력과 연산을 담당한다.

② 종 프로세서는 입출력 위주의 작업을 처리한다.

③ 주 프로세서만 운영체제를 수행한다.

④ 주 프로세서에 문제가 발생하면 전 시스템이 멈춘다.

60 다중 처리기 운영체제 형태 중 주종master/slave 처리기에 대한 설명으로 옳지 않은 것은?

① 주 프로세서가 운영체제를 수행한다.

② 주 프로세서와 종 프로세서가 모두 입출력을 수행하기 때문에 구조가 대칭된다.

③ 주 프로세서가 고장이 나면 시스템 전체가 다운된다.

④ 하나의 프로세시로 지정하는 구조이다.

61 병렬 처리 시스템의 형태 중 분리 실행separate execution의 설명으로 틀린 것은?

① 한 프로세서의 장애는 전 시스템에 영향을 미치지 않는다.

② 하나의 주 프로세서와 나머지 종 프로세서로 구성된다.

③ 프로세서별 자신만의 파일 및 입출력장치를 제어한다.

④ 프로세서별 인터럽트는 독립적으로 수행된다.

62 분산 시스템의 장점은?

63 분산 시스템은 왜 미들웨어를 요구하는가?

64 주종 다중 처리기 운영체제 시스템의 구조와 특징을 설명하시오.

65 다중 프로세서 운영체제의 분리 실행을 설명하시오.

66 분산 시스템에서 요구되는 네 가지 유형의 투명성을 정의하고 각각의 예를 기술하시오.

Chapter 12

시스템 보안과 보안 운영체제

학습목표

- 보안의 개념과 보안 위협의 유형을 알아본다.
- 시스템 보안의 개념을 알아본다.
- 시스템 보안을 하려고 액세스를 제어하는 방법을 알아본다.
- 주요 시스템 보안 방법을 알아본다.
- 보안 운영체제의 발전 배경과 기능을 알아본다.

01 보안의 개념과 보안 위협의 유형

1 보안의 개념

컴퓨터 네트워크가 일반화되면서 정보를 도청하거나 전송 도중 가로채 전송하지 않는 문제가 발생했다. 또 정보에 액세스할 수 없는 제3자에게 정보가 노출되거나 제3자가 정보를 변조하는 사례도 발생했다. 컴퓨터 시스템에 있는 취약점을 이용하여 보안을 위협하는 프로그램도 급속도로 증가하여 매우 심각한 수준에 이르렀다. 여기서는 이런 컴퓨터 네트워크에서 발생할 수 있는 여러 보안 문제를 살펴본다.

자주 보안과 보호를 헷갈리는데, 이 둘의 개념에는 큰 차이가 있다. 먼저 보호는 컴퓨터 시스템에 저장된 프로그램과 데이터 액세스 제어 등 시스템 내적인 문제를 다룬다. 반면에 보안은 시스템뿐만 아니라 시스템이 작동하는 외부 환경과 더불어 내부 조직 구성원의 액세스를 제한하는 것도 포함한다. 따라서 보안은 광범위하며, 물리적이고 관리적인 제어뿐만 아니라 자동화된 제어도 포함하므로 운영체제가 아닌 관리 문제로 인식할 수 있다. 보통 보안은 [표 12-1]과 같이 기술적 보안, 물리적 보안, 관리적 보안으로 구분한다.

표 12-1 보안의 구분

구분	설명
기술적 보안	• 불법 공격을 막는 각종 하드웨어와 소프트웨어적인 조치, 정보를 보호하려고 액세스 제어에 사용하는 기술, 정책, 절차를 포함한다. • 서버, 네트워크, 데이터베이스[DB], 응용 프로그램, 컴퓨터 등을 대상으로 한다. • 네트워크의 액세스 제어, 암호화, 정보 유출 방지, 시스템(서버, DB, 응용 프로그램)의 사용자 인증, 암호화, 액세스 제어, 침입 차단 · 탐지 등이 해당된다.
물리적 보안	• 시설에 허가받지 않은 접근(사용)을 차단하고 모니터링하는 활동이다. • 물리적 시설에 출입을 제어한다. 스마트카드, 감사 추적, 접근 이력 관리, 침입 탐지 관리 등 기술적으로 제어한다.
관리적 보안	• 조직 내부의 정보 보호 체계를 정립한다. • 절차, 감시 조직, 사고 대책 수립 등 절차적 보안이다.

이처럼 보안의 범위는 광범위하다. 여기서는 기술적 보안 중 [그림 12-1]과 같은 컴퓨터 보안을 살펴본다. [그림 12-1]과 같이 네트워크로 데이터를 전송할 때는 신속하고 정확하게 전달할 수 있도록 전송 과정에서도 보안을 유지해야 한다. 사용자는 컴퓨터 시스템에 액세스할 때 사용자 인증 절차를 거쳐야 한다. 그리고 데이터의 훼손, 유출, 삭제, 변경 등으로 데이터의 무결성을 훼손하지 않도록 데이터 액세스도 제어해야 한다. 데이터베이스를 비롯하여 파일을 보호하는 별도의 보안 대책이 필요하다.

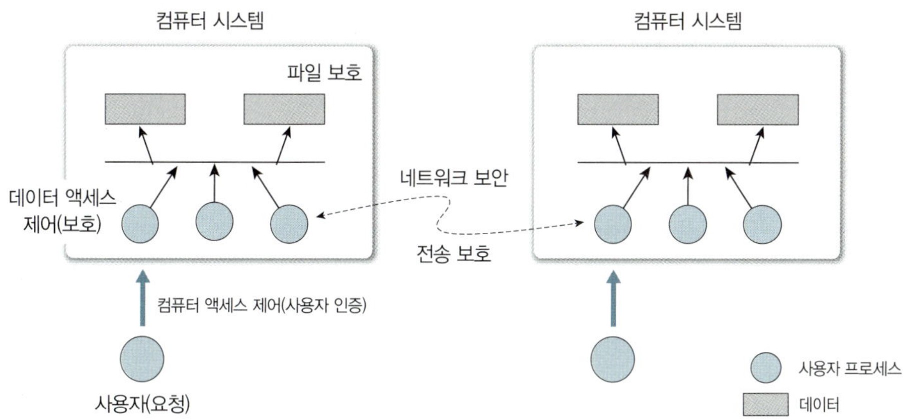

그림 12-1 **컴퓨터 시스템의 보안 범위**

2 보안의 요구 사항

시스템의 신뢰성을 유지하는 보안 요구 사항은 다음과 같다.

■ **기밀성(비밀성) 보장**

기밀성confidentiality은 인가authorization된 사용자만 정보 자산에 접근할 수 있다. 일반적인 보안 의미와도 일맥상통하므로 '자물쇠'를 연상하면 이해하기 쉬울 것이다. 자물쇠는 정보에 허가받지 않은 사람, 즉 비인가자의 접근을 막는 역할을 한다. 컴퓨터 시스템 정보는 오직 인가된 사용자만 액세스할 수 있도록 해야 하고, 비인가된 사용자가 정보를 전송하거나 불법적으로 복사 · 인쇄하는 것은 금지해야 한다. 보안과 관련된 많은 시스템과 소프트웨어는 기밀성과 밀접하게 연관되어 있다. 기밀성의 대표적인 예로 방화벽, 암호, 패스워드 등이 있다.

■ 무결성 보장

무결성integrity은 적절한 권한을 가진 사용자가 인가된 방법으로만 정보를 변경할 수 있도록 하는 것이다. 예를 들어, 지폐를 생각해 보자. 지폐는 오직 한국은행에서 정부(적절한 권한을 가진 사용자)만 만들거나(인가된 방법으로만) 바꿀 수 있다. 그렇지 않을 때는 위조지폐로 취급되어 법의 엄중한 처벌을 받는다. 또 다른 예로 메신저에 대화명을 설정했는데 누군가 임의로 바꿔서 원하지 않는 대화명으로 변경했다고 하자. 이 상황에서 대화명은 공개되는 정보이므로, 기밀성은 영향을 받지 않지만 무결성은 잃게 된다. 이처럼 무결성은 오직 인가된 사용자만 컴퓨터 시스템 정보를 수정할 수 있도록 보장하는 것이다. 이것으로 정보가 의도적 또는 비의도적으로 변조 · 파괴되지 않도록 할 수 있다.

■ 가용성 보장

가용성availability은 정보 자산을 필요한 시간에 접근하여 사용할 수 있는 것이다. 일상생활에서는 가용성을 상품화할 때가 종종 있는데, 그 대표적인 예가 24시간 편의점이다. 24시간 편의점은 낮이든 밤이든 필요한 물건을 항상 얻을 수 있는 '가용' 상태이기 때문이다.

■ 인증

인증authentication은 자신이 누구라고 주장하는 사람을 확인하는 절차, 즉 실제로 등록된 사람(사물)인지 판단하는 과정이다. 컴퓨터와 처음으로 연결할 때 필요하며, 네트워크에서는 대부분 로그온할 때 암호(비밀번호 또는 비밀키)로 인증한다. 따라서 사용자는 처음에 자신의 암호를 등록하고, 이후 로그온할 때는 등록한 암호를 사용해야 한다.

■ 액세스 제어

액세스 제어는 사용자가 정보를 사용할 수 있는 권한이 있는지 판단하는 것이다. 네트워크 관점에서 액세스를 통제한다. 보호가 필요한 자원에 사용자별로 사용 권한을 부여하거나 사용자에게 보안 등급과 사용 분야를 부여하여 권한을 제어한다.

■ 권한 부여

권한 부여는 각 사용자가 적절한 권한으로 적절한 정보에 액세스할 수 있도록 허용 범위를 정의하는 과정이다. 사용자의 시스템 액세스 여부와 파일 디렉터리의 액세스 범위, 액세스 허용 시간, 할당된 저장 공간의 크기 등 권한을 정의한다.

■ **자격 증명**

신분증(식별자) 및 신분증 증명이 포함된 정보로 자원에서 액세스를 얻는 과정이다. 사용자 이름과 암호, 스마트smart카드와 인증서 등을 사용한다.

3 보안 위협의 유형

컴퓨터 시스템에 가하는 보안 위협의 몇 가지 유형을 예와 함께 살펴보자.

■ **중단(흐름 차단)**

시스템의 일부를 파괴하거나 사용할 수 없도록 하는 가용성 공격이다. 하드웨어 파괴(디스크 파괴), 통신회선의 절단, 파일 관리 시스템의 무력화 등이 해당된다.

■ **도청(가로채기)**

권한이 없는 사용자가 컴퓨터 자원에 액세스하는 경우이다. 정보의 불법적인 획득이나 복사 등으로 하는 비밀성 공격이다.

■ **변조(수정)**

권한이 없는 사용자가 자원에 접근할 뿐만 아니라 내용을 변경하는 무결성 공격이다. 파일의 내용 수정, 프로그램 변경, 전송 중인 메시지 변경 등이 해당된다.

■ **위조(조작)**

권한이 없는 사용자가 정보의 전부나 일부분을 교체하거나 제거하고, 데이터 블록 순서를 바꿔 시스템에 위조 객체를 삽입하는 공격이다. 또 정보를 가로채 변조하여 원래 목적지로 전송하는 것으로, 무결성 공격 또는 인증 공격이다. 허위 메시지 삽입, 파일에 레코드 추가 등이 해당된다.

■ **사칭(가장)**

비인가된 사용자가 인가된 사용자로 가장하여 시스템에 부당하게 액세스하는 행위로 인증 공격이다. 수동적인 공격과 능동적인 공격으로 구분한다. 먼저 수동적인 공격은 사전 계획 없이 발생하는 위협이다. 전송 내용을 도청하거나 모니터하는 과정으로 데이터를 변경하는 것이 아니라 탐지하기가 어렵다. 그러나 공격자가 전송되는 메시지를 획득하더라도 그 내용은 추출할 수 없도록 암호화하면 예방할 수 있다. 통신 채널 사이에 전송되는 정보를 관찰하려고 도청하는 행위나 트래픽 분석 등이 해당된다. 그리고 능동적인 공격은 시스템 내부의 정보를 변경하거나 시스템의 상태와 작동을 변경하는 위협이다. 사칭(위장), 메시지 변경(수정), 서비스 거부 등이 해당된다.

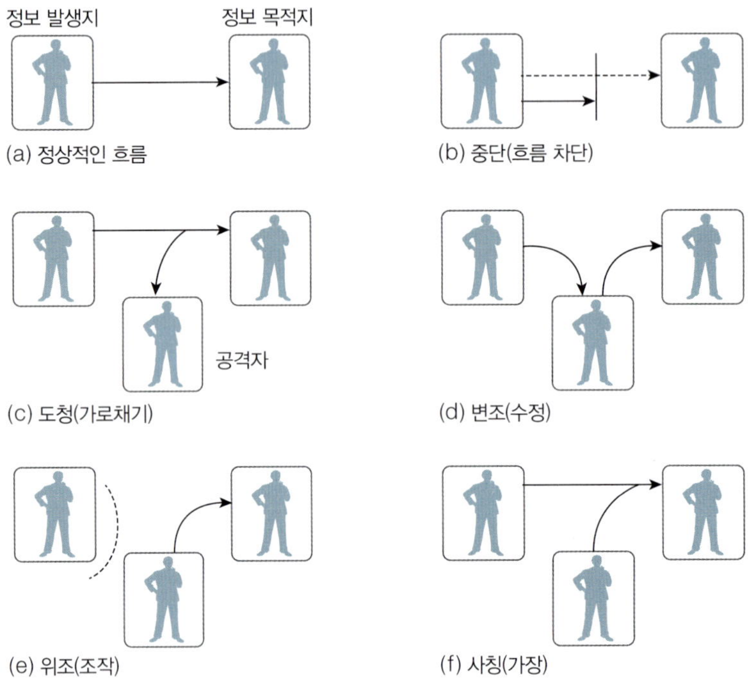

그림 12-2 **보안 위협의 유형**

4 소프트웨어 위협

소프트웨어 위협은 보통 악성 프로그램으로 발생하는 위협이다. 호스트 프로그램이 필요한 경우와 독립적으로 시스템에 위협을 가하는 경우가 있다. 컴퓨터 통신망을 이용한 사이버 테러cyber terror도 여기에 속한다.

4.1 컴퓨터 바이러스

컴퓨터 바이러스computer virus는 자기 자신을 스스로 복제할 수 있는 실행 가능한 명령 집합이다. 컴퓨터의 프로그램이나 프로세서의 서비스 영역에 자신 또는 자신의 변형을 복제하여 시스템에 영향을 준다. 대부분 네트워크에서 다운로드한 프로그램이나 다른 사람의 컴퓨터에서 복사한 파일이 바이러스에 감염되어 있을 때 전염된다. 또 바이러스는 수정해서 다른 프로그램을 감염시킬 수 있고, 컴퓨터 사용자의 사용 권리access rights를 이용하여 다른 컴퓨터 시스템의 컴퓨터 통신망(네트워크)에 퍼뜨릴 수도 있다.

컴퓨터 바이러스는 프로세서의 서비스를 받아야만 활동할 수 있는 프로그램이다. 그러므로 하드웨어의 논리적 파괴는 가능하나 물리적인 파괴는 불가능하며, 컴퓨터의 하드웨어가 작동하지 않으면 활동할 수 없다.

- **자기 복제(증식) 기능** : 다수의 시스템을 감염시키려고 자기 자신을 복제하여 다른 파일이나 시스템으로 감염을 확산시킨다. 최근에는 네트워크(인터넷) 환경을 이용한 이메일이 주요 매체이다.
- **은폐 기능** : 감염 사실이 들키지 않아야 다른 시스템에 접근하기 쉬우므로 파일 크기나 내용을 감염 전의 상태로 보이게 하여 백신 프로그램 등이 감지하지 못하게 한다. 그러나 이메일 등을 이용할 때는 확산 속도가 빠르기 때문에 이런 은폐 기능이 필요 없다.
- **파괴 기능** : 미리 작성한 프로그램으로 특정한 일이나 작업을 실행할 때 데이터 파괴, 시스템 동작 이상 등을 유발한다.

4.2 웜

웜worm은 컴퓨터 시스템에 해를 끼칠 수 있는 장소에 위치하는 바이러스나 복제 코드의 일종이다. 컴퓨터는 정상적으로 작동하면서 프로그램 자체의 전염성을 과시하는 바이러스이다. 시스템 자원을 사용하여 자신의 프로그램 복사본을 생성하고 다른 프로세스가 자원을 사용하지 못하게 한다. 웜은 특히 네트워크에서 강력한데, 이는 시스템 사이에서 스스로 재생하여 전체 네트워크를 멈추게도 할 수 있기 때문이다. 주로 다른 사람에게 스팸메일 등 쓰레기 메일을 보내거나 통신에 필요한 파일을 바꿔 통신할 수 없게 한다. 웜 파일은 이메일에 첨부하는 형태로 나타나는데, 웜 바이러스 파일을 삭제하는 것만으로도 치료가 가능하다.

4.3 트로이 목마 프로그램

트로이 목마trojan horse 프로그램은 유용한 프로그램이나 명령 프로시저로 호출했을 때, 해로운 기능을 수행하는 은폐된 코드를 포함하는 프로그램이다. 예를 들어, 게임 프로그램 등에 숨어 있다가 게임을 실행하면 디스크의 데이터를 파괴한다. 트로이 목마 프로그램은 자기 복제 능력은 없고 고의적인 부작용만 있다. 즉, 다른 사용자가 작성한 프로그램을 사용할 수 있도록 프로그램을 어느 특수한 영역으로 복사한다. 트로이 목마 프로그램은 고의적으로 포함했다는 점에서 프로그래머의 실수인 버그bug와는 다르며, 자기 자신을 다른 파일에 복사하지 않는다는 점에서 컴퓨터 바이러스와 구별된다. 따라서 어떤 프로그램을 실행했을 때 디스크 파일은 삭제하지만 다른 프로그램에는 복사하지 않는다면, 이것은 컴퓨터 바이러스가 아니라 트로이 목마 프로그램이라고 할 수 있다.

4.4 트랩도어

트랩도어trap door는 서비스 기술자나 유지 보수 프로그래머에게 액세스 편의를 제공하려고 시스템 설계자가 만든 통로이다. 사용자가 정상적인 보안 예방 조치를 통과하지 않고 바로 시스템에 들어갈 수 있도록 만든 비상 명령이다. 시스템 개발자는 보통 시스템을 개발하고 검사할 때 시스템에 쉽게 들어가려고 트랩도어를 만든다. 현장에서 서비스 기술자나 공급사의 유지 보수 프로그래머가 사용할 목적으로 제공한다. 따라서 시스템을 완성하여 실제 납품하기 전에는 반드시 닫아야 한다.

4.5 사이버 테러

사이버 테러는 정부 기관이나 민간 기관의 정보 시스템에 침입하여 중대한 장애를 발생하거나 파괴하는 범죄 행위로, 종류는 다음과 같다.

- **이메일 폭탄**email bomb : 이메일 사용자의 이메일 프로그램을 마비시키거나 다른 정당한 메시지의 수신을 방해할 목적으로 사용자의 이메일 주소로 일시에 다량의 이메일 데이터(메시지 길이가 매우 길고 개수가 많다)를 발송하는 것이다.
- **논리 폭탄**logic bomb : 특정 데이터의 출현과 소멸에 따라 동작하는 프로그램이다. 프로그램에 오류를 발생하는 프로그램 루틴을 무단으로 삽입하여 특정한 조건이 발생하거나 특정한 데이터를 입력하면 컴퓨터에서 부정행위를 실행한다. 따라서 프로그램에 전혀 예상치 못한 치명적인 오류가 발생한다.
- **시한폭탄**time bomb : 특정 사건이 발생하거나 컴퓨터 시스템 타이머를 시동할 때까지 시스템 내부에 잠복해 있는 프로그램이다. 일반적으로 바이러스나 트로이 목마 프로그램으로 운반한다.

02 시스템 보안의 개념과 액세스 제어

1 시스템 보안의 개념

책에서는 보안의 유형 중 기술적 보안을 중심으로 살펴본다. 기술적 보안의 대상인 운영체제, 응용 프로그램, 네트워크 장비, 데이터베이스 등은 모두 시스템으로 통칭할 수 있다. 시스템 보안은 권한이 없는(허가받지 않은) 사용자가 파일, 폴더, 장치 등을 사용하는 것을 제한하여 보호하는 시스템 기능을 의미한다. 시스템과 관련된 보안 기능은 다음 여섯 가지 주제로 집약할 수 있다.

❶ **계정과 패스워드 관리** : 적절한 권한을 가진 사용자를 식별하는 가장 기본적인 인증 수단이다. 시스템에서는 계정과 패스워드 관리부터 시작한다.

❷ **세션 관리** : 사용자와 시스템 또는 두 시스템 간에 활성화된 접속을 관리하는 것이다. 일정한 시간이 지나면 적절히 세션을 종료하고, 비인가자의 세션 가로채기를 통제한다.

❸ **액세스 제어** : 시스템을 다른 시스템에서 적절히 보호할 수 있도록 접근을 통제한다.

❹ **권한 관리** : 시스템의 각 사용자가 적절한 권한으로 적절한 정보 자산에 접근할 수 있도록 통제한다.

❺ **로그 관리** : 시스템 내부 또는 네트워크를 이용한 외부에서 시스템에 어떤 영향을 미쳤을 때 해당 사항을 기록한다.

❻ **취약점 관리** : 시스템은 계정과 패스워드 관리, 세션 관리, 접근 제어, 권한 관리 등을 충분히 잘 갖추고도 보안 문제를 발생할 수 있다. 이는 시스템 자체의 결함 때문에 발생하는데, 결함을 체계적으로 관리하는 것이 취약점 관리이다.

2 액세스 제어

액세스 제어access control(접근 제어)는 적절한 권한을 가진 인가자만 특정 시스템이나 정보에 접근할 수 있도록 통제하는 것으로, 시스템의 보안 수준을 갖추는 기본 수단이다. 크게 사용자 관점과 데이터 관점으로 구분한다.

2.1 사용자 액세스 제어

대부분의 컴퓨터 시스템 사용자는 식별과 인증 과정을 거쳐 시스템 사용을 시작한다. 식별과 인증은 각 시스템 자원을 보호하는 첫 단계로, [그림 12-3]과 같은 시스템 로그인이 일반적인 방법이다. [그림 12-3]은 사용자가 식별자[ID]와 암호를 입력하여 로그인을 요청하면 시스템에서 저장된 식별자 sun과 암호 alis-00을 찾은 후 일치하면 액세스를 허락하고 일치하지 않으면 거절하는 과정이다. 이 방법에서는 식별자나 암호를 노출하면 시스템도 쉽게 노출되므로 식별자와 암호 관리가 매우 중요하다. 그래서 식별자와 암호를 저장한 파일은 암호화 방법으로 보호한다.

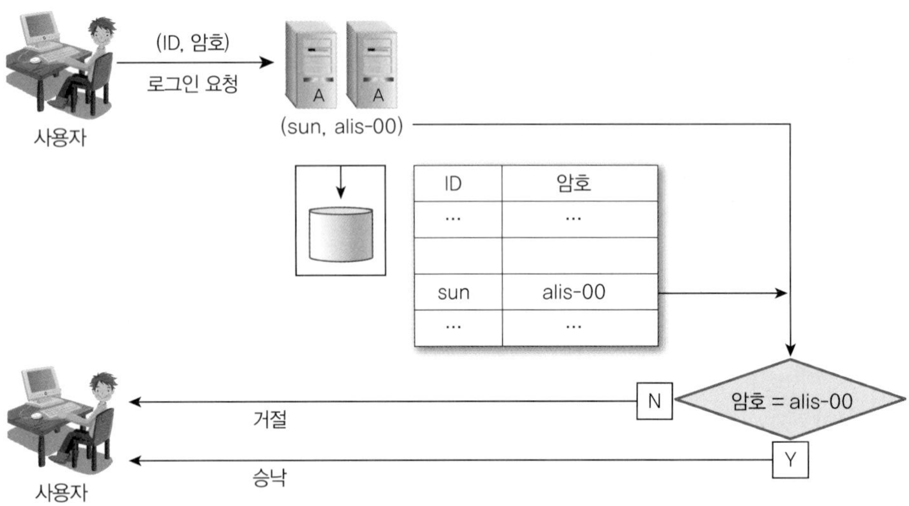

그림 12-3 **사용자 액세스 제어 예 : 시스템 로그인 과정**

네트워크에서는 로그인 과정에서 관련된 정보를 보호하기가 더 어렵다. 그래서 단일 사인 온SSO, Single Sign On이나 2단계 액세스 제어 단계를 거치도록 구성한다. 예를 들어, 개별 호스트의 자원과 응용 프로그램을 보호하는 로그인 과정, 전체 네트워크에 액세스할 수 있는 사용자만 액세스할 수 있도록 제한을 두는 로그인 과정으로 구성하는 것이다. 이때 각 자원에 액세스하려면 사용자는 몇 개의 식별자와 암호 쌍, 여러 등록 절차와 자격 증명을 갖춰야 한다. 이런 사용자가 많은 정보를 관리하는 문제를 해결할 방법이 있는데, 바로 [그림 12-4]와 같은 액세스 분산 서비스이다.

NOTE_ 단일 사인 온

한 번 인증받아 로그인하면 여러 컴퓨터 시스템이나 응용 프로그램에 액세스할 수 있도록 하여 인증 과정을 단순화한다. 따라서 단일 사인 온SSO 암호는 철저한 관리와 보호가 필요하다.

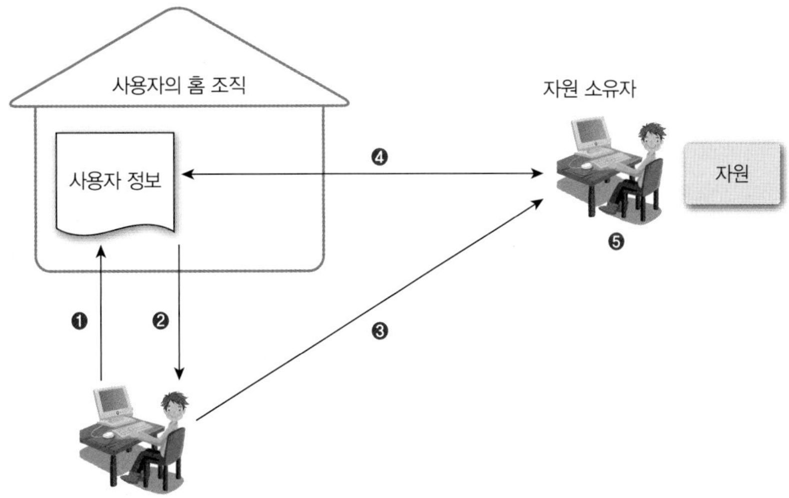

❶ 사용자가 자신의 정보를 사용자 홈 조직에 등록하면, 홈 조직에서 이 정보를 저장하고 업데이트한다.

❷ 사용자 홈 조직에서 사용자를 인증한다.

❸ 자원 액세스를 요청한다.

❹ 사용자 동의 과정으로 자원 요청에 따라 자원에 사용자 추가 정보를 전달한다.

❺ 인증 과정으로 사용자 정보를 검색한다.

그림 12-4 **인증과 권한을 부여하는 네트워크 액세스 분산 서비스**

2.2 데이터 액세스 제어

파일이나 데이터베이스 관리 시스템의 액세스 제어 보호 모델을 액세스 행렬access matrix이라고 한다. 액세스 행렬의 행은 주체이고, 열은 객체이며, 각 항은 액세스 권한의 집합이다. 주체의 대표적인 예는 사용자이고, 객체는 액세스 제어 대상이 되는 파일, 프로그램, 메모리 세그먼트 등이 될 수 있다. 사용자 4명과 객체 5개가 있다고 가정하고, 액세스 권한을 부여한 액세스 행렬의 예는 [그림 12-5]와 같다. 사용자 A의 프로세스를 수행할 때는 파일 F_1과 F_3을 읽을 수 있다. 그리고 사용자 D의 프로세스는 사용자 A와 권한이 같으면서 추가로 파일 F_1과

F_3에도 쓰기를 할 수 있다. 프로그램과 프린터는 사용자 B의 프로세스로만 액세스할 수 있고, 사용자 C의 프로세스는 파일 F_2를 읽거나 파일 F_3을 실행할 수 있다.

사용자 \ 객체	파일 F_1	파일 F_2	파일 F_3	프로그램	프린터
A	읽기		읽기		
A				실행하기	출력하기
C		읽기	실행하기		
D	읽기, 쓰기		읽기, 쓰기		

그림 12-5 **액세스 행렬의 구조 예**

[그림 12-5]와 같은 액세스 행렬은 간단하지만, 파일과 사용자 수가 많으면 행렬이 커져 대부분의 항목이 공백이 되므로 저장 공간이 낭비된다. 그러면 액세스 행렬은 어떻게 효과적으로 구현할 수 있을까? 일반적인 방법은 항의 대부분이 공백인 희소sparse 행렬을 이용하는 것이다. 희소 행렬을 나타낼 수 있는 데이터 구조도 있지만, 보호 설비의 특별한 사용법 때문에 별로 유용하지 못하다. 그래서 열을 액세스 제어 리스트로 나타내거나 행을 권한 리스트로 나타낸다. 가장 단순한 형태는 3개의 순서쌍 〈사용자, 객체, 권한〉 집합으로 구성하는 전역 테이블global table이다. 예를 들어, [표 12-2]는 [그림 12-5] 객체의 액세스 행렬에 대한 전역 테이블이다.

표 12-2 **전역 테이블**

사용자(D_i)	객체(O_j)	권한
A	F_1	읽기
A	F_3	읽기
B	프로그램	실행하기
B	프린터	출력하기
C	F_2	읽기
C	F_3	실행하기
D	F_1	읽기, 쓰기
D	F_3	읽기, 쓰기

어떤 동작(M)이 사용자(D_i)에서 객체(O_j)를 수행할 때마다, 즉 사용자 A가 객체 '프린터'를 수행할 때마다 전역 테이블의 〈사용자$_i$, 객체$_j$, 권한$_k$〉를 탐색한다. 〈A, 프린터, 출력하기〉를 발

견한다면 동작은 계속되지만, 그렇지 않으면 예외 조건이 발생한다. 이런 구현은 몇 가지 결점을 안고 있다. 테이블은 보통 매우 크기 때문에 메인 메모리에 보관할 수 없으므로 추가적인 입출력이 필요하다. 가상 메모리 방법을 테이블 관리에 이용할 수 있으나, 객체와 영역이 분류되어 있다는 점에서 이용하기가 어렵다. 예를 들어, 특정한 객체를 누구나 읽을 수 있으려면 모든 영역에 각각 별개의 항목이 있어야 한다. 테이블 크기 문제를 해결하려고 액세스 제어 리스트를 사용할 수 있다.

■ 액세스 제어 리스트

액세스 행렬의 열을 하나의 객체에 대한 액세스 제어 리스트access control list로 구현할 수 있다. 물론 공백 항목도 없앨 수 있다. 결과적으로 각 객체 리스트는 〈사용자, 권한〉 순서쌍으로 구성되는데, 이는 해당 객체에 액세스 권한이 있는 모든 사용자 영역을 정의한다. 액세스 리스트는 사용자의 요구와 일치하며, 사용자가 객체를 만들 때 객체에 액세스할 수 있는 영역과 허용하는 동작을 지정할 수 있다. 그러나 각 사용자에 대한 액세스 권한 집합을 결정해야 하는데, 액세스 권한이 지역화되지 않아 어렵다.

[그림 12–5]의 액세스 행렬에 대한 액세스 제어 리스트는 [그림 12–6]과 같다. [그림 12–6]에서 파일 F_1의 액세스 제어 리스트에 사용자 A와 사용자 D가 있으므로, 두 사용자는 파일 F_1에 액세스할 수 있다.

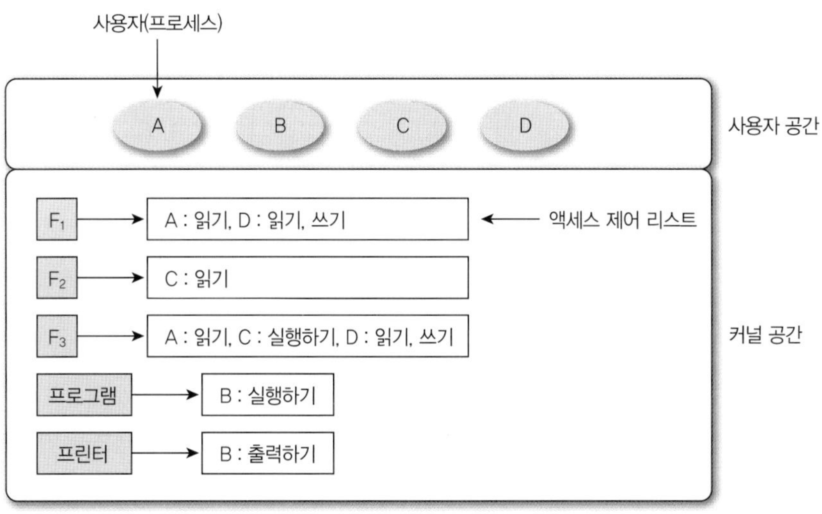

그림 12–6 **액세스 제어 리스트 예**

액세스 권한의 기준치 집합을 정의하려고 [그림 12-6]의 액세스 제어 리스트를 확장할 수 있다. 사용자(D_i)에서 객체(O_j)가 동작(M)을 시도할 때, '$M \in R_k$'인 $\langle D_i, R_k \rangle$ 항을 찾으려고 객체(O_j)에서 액세스 리스트를 탐색한다. 그 항을 발견하면 해당 동작을 허락하고, 그렇지 않으면 기준치 집합을 검사한다. M이 기준치 집합에 있으면 액세스를 허락하고, 그렇지 않으면 액세스는 거부하고 예외 조건이 발생한다. 효율성을 높이려고 기준치 집합을 먼저 검사한 후 나중에 액세스 리스트를 탐색하기도 한다. 따라서 액세스 리스트가 길 때는 탐색으로 많은 시간을 소비할 수도 있다.

■ 권한 리스트

액세스 리스트는 객체와 액세스 행렬의 열을 결합했지만, [그림 12-6]과 같이 각 행을 해당 사용자와 결합하여 [그림 12-7]과 같이 권한 리스트를 만들 수도 있다. 한 사용자의 권한 리스트는 객체와 그 객체에 허용된 동작의 리스트이다. 따라서 [그림 12-7]에서 사용자 A의 권한 리스트는 파일 F_1과 F_3의 읽기 동작이다.

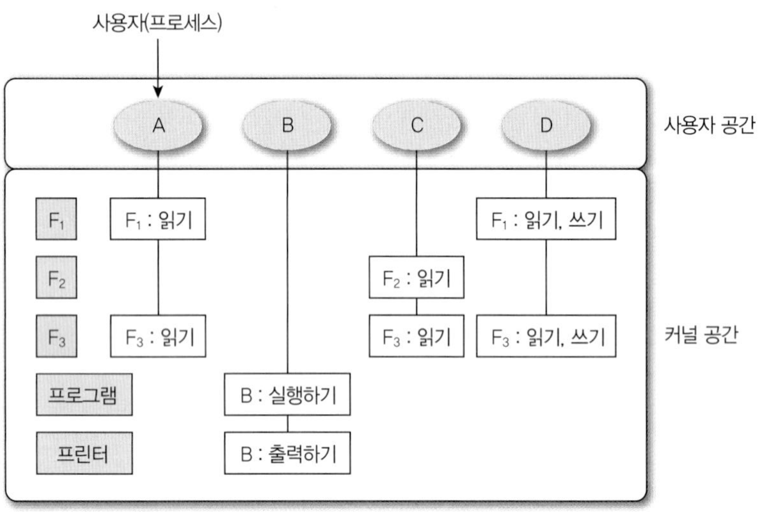

그림 12-7 **권한 리스트 예**

권한 리스트는 운영체제가 유지하고, 사용자는 간접적으로만 액세스할 수 있다. 권한 리스트는 사용자 요구와 직접적으로 일치하지 않을 수 있지만, 특정 프로세스 정보를 지역화시키는 데 유용하다.

권한이 기반인 보호는 사용자의 프로세스가 권한에 직접 액세스하여 내용을 변경할 수 없다는 사실에 바탕을 둔다. 그러므로 권한이 안전하면 보호하는 객체도 액세스에 안전하다. 권한은 보호를 기본으로 제공할 수 있도록 다른 객체와 구분할 수 있어야 하고, 고급 프로그램을 수행하는 추상적 기계로 번역해야 한다. 따라서 권한 취소는 비효율적이다. 보통 권한은 다음 두 가지 방법으로 데이터와 구분한다. 그리고 보호 시스템은 액세스하려는 프로세스가 액세스 권한을 제출하면 권한의 타당성만 검사하면 되므로 탐색 시간이 불필요하다.

- 각 객체에 권한과 액세스 가능 여부를 나타내는 태그tag를 부여한다. 태그는 응용 프로그램이 직접 액세스할 수 없는데, 비트를 하나만 사용하거나 더 많이 사용할 수 있다.
- 프로그램과 관련된 주소 공간을 두 부분으로 나눈다. 하나는 일상적인 데이터와 명령을 포함하여 프로그램이 액세스할 수 있는 부분이고, 다른 하나는 권한 리스트를 포함하고 있으므로 운영체제만 액세스할 수 있는 부분이다.

■ 락/키 방법

락/키lock/key 구조는 액세스 제어 리스트와 권한 리스트의 절충안으로 대부분의 시스템에서 사용한다. 락/키 방법에서 객체는 [그림 12-8]과 같이 락이라는 유일하고 독특한 비트 패턴의 리스트를 갖고, 프로세스는 키라는 유일하고 독특한 비트 패턴의 리스트를 갖는다. 그런 다음 수행 중인 프로세스가 객체의 락 중 하나와 일치하는 키를 가지고 있을 때만 해당 객체에 액세스할 수 있게 하는 것이다. 그러므로 키의 길이에 따라 융통적이거나 효율적일 수 있다. 키들은 사용자 영역 간에 자유롭게 전달할 수 있다.

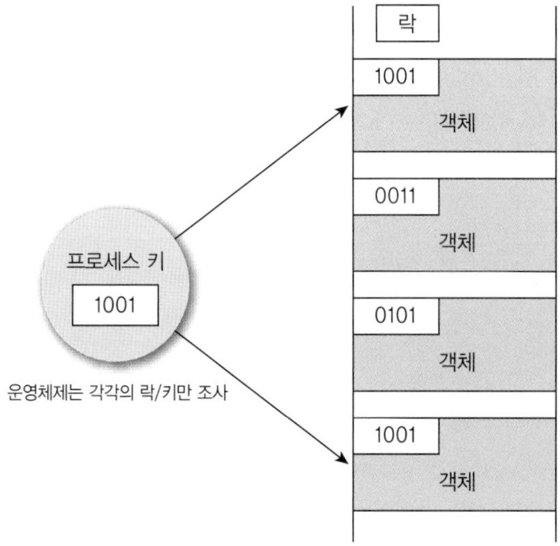

그림 12-8 **락/키 방법**

권한 리스트처럼 락/키 방법의 키 리스트를 운영체제가 관리한다. 즉, 사용자가 직접 키(또는 락) 리스트를 조사하거나 수정하는 것을 허락하지 않는다. 예를 들어, 파일 시스템에서 각 파일에는 액세스 리스트가 있으며, 프로세스가 파일을 열 때 디렉터리 구조로 파일을 검색한다. 그리고 액세스 허용 여부를 검사한 후 버퍼를 할당한다. 이런 모든 정보는 프로세스와 관련된 파일 테이블에 새로운 항으로 추가한 후 프로세스에 통보한다.

데이터 액세스 제어를 위한 액세스 제어 리스트, 권한 리스트, 락/키 방법을 비교하면 [표 12-3]과 같다.

표 12-3 **데이터 액세스 제어 방법의 비교**

구분	설명
액세스 제어 리스트	• 사용자 요구와 일치한다. • 각 사용자(영역)에서 액세스 권한 집합을 결정해야 한다(액세스 권한을 지역화하지 않아 어렵다). • 액세스 리스트 탐색이 필요하다(시간을 소비한다).
권한 리스트	• 사용자 요구와 불일치한다. • 특정 프로세스 정보를 지역화하는 데 유용하다. • 권한 취소는 비효율적이다. • 탐색 시간이 불필요하다.
락/키 방법	• 키에 따라 융통성 있고 효율적이며, 이 두 방법의 절충안이다. • 대부분 시스템에서 사용한다.

03 시스템 보안 방법

이 절에서는 시스템을 보안하는 기본적인 방법을 몇 가지 소개한다.

1 암호화

암호password는 좀 더 안전한 보호 방법이 없을 때 컴퓨터 시스템 객체를 보호하려고 이용한다. 예를 들어, 자원의 사용을 요구할 때마다 암호를 요청하고, 암호가 정당하면 액세스를 허락한다. 또 암호화encryption는 신뢰할 수 없는 링크를 이용하여 전송하는 정보를 보호하는 방법으로 가장 널리 사용한다. 정보를 전송하기 전에 암호화하고, 목적지에 도달하여 이미 제공된 비밀키로 데이터를 복호화한다면 안정적으로 정보를 전송할 수 있다. 이때 암호화된 정보에 허가받지 않은 사람이 액세스하더라도 그 사람은 복호화 방법을 모르기 때문에 쓸모가 없게 된다. 따라서 해독하기 어려운 암호화 방법을 개발하는 것이 중요하다.

암호의 기능을 요약하면 다음과 같다.

- **비밀성** : 통신망을 이용한 정보 전송이나 시스템에 저장된 정보의 노출을 방지한다.
- **인증** : 액세스하려는 사용자를 확인하고 시스템 액세스 권한이 있는지 보증한다.
- **무결성 검사** : 메시지나 파일을 변조하고 수정하지 않았음을 보장한다.
- **전자 서명** : 인증과 무결성 검사 기능으로 신원 확인과 정보가 보호된 상태에서 메시지나 파일을 생성하고 전송했음을 보장한다.

암호화는 크게 단일키를 사용하는 전통적인 대칭 암호화와 공개키를 사용하는 비대칭 암호화로 구분한다.

1.1 대칭 암호화

대칭(단일키) 암호화는 가장 널리 알려진 방법이다. [그림 12-9]와 같이 암호화하고 복호화(해독)하는 데 단일키를 비밀키로 사용한다.

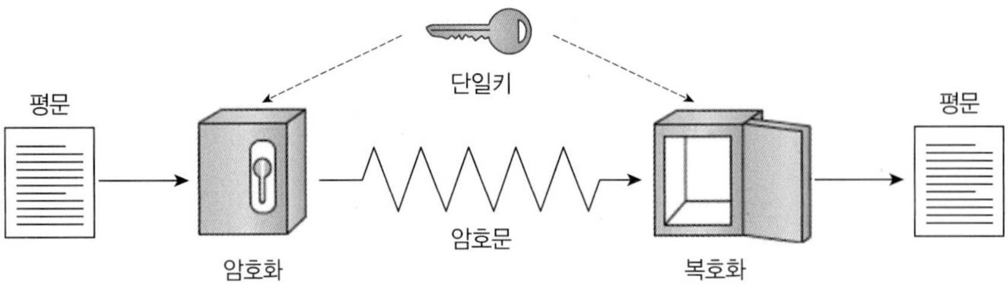

그림 12-9 **대칭(단일키) 암호화**

대표적인 대칭 암호화 방법에는 IBM이 개발하고 1977년에 NIST National Institute of Standards and Technology가 표준 암호화한 DES Data Encryption Standard가 있다. 그런데 DES는 비밀키 교환 문제라는 큰 약점이 있다. 대칭 암호화로 평문을 암호화하면 복호화하는 사람에게도 암호화된 키가 있어야 하므로, 암호문을 만든 사람은 복호화할 사람에게 암호화된 키를 전달해야 한다. 암호문을 만들어 보내는 대상이 적을 때는 키를 전달하는 데 문제가 거의 없다. 그러나 수많은 사람이 암호화된 통신을 사용하는 인터넷뱅킹과 같은 작업을 수행할 때, 매번 암호화된 키를 디스켓에 담아 직접 전달하는 방법을 쓸 수는 없을 것이다. 이런 키 전달의 문제를 해결하려고 등장한 것이 비대칭 암호화이다.

1.2 비대칭(공개키) 암호화

비대칭 암호화는 1976년 디피 Diffie와 헬먼 Hellman이 처음 발표한 암호화 알고리즘으로, 각 사용자는 공개키와 개인(비밀)키를 모두 가지고 있다. 공개키는 다른 사용자에게 공개하는 키로 암호화할 때 사용하고, 개인키는 소유자만 가져 복호화할 때 사용한다. 예를 들어, [그림 12-10]과 같이 송신자가 수신자에게 보낼 메시지를 수신자의 공개키로 암호화하여 전송하면, 수신자가 개인키로 복호화한다. 데이터 전송 중에는 누구도 메시지를 해독하여 읽을 수 없어 키 전달에서 안전을 유지할 수 있다.

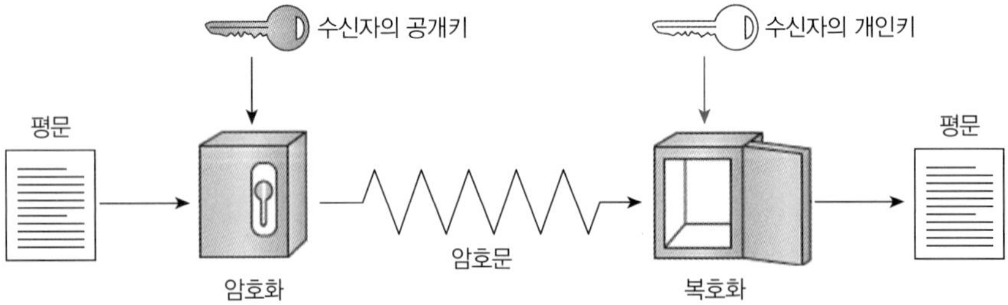

그림 12-10 **비대칭(공개키) 암호화**

비대칭 암호화 개념을 바탕으로 한 알고리즘으로 1977년 MIT의 로널드 라이베스트Ron Rivest, 아디 샤미르Adi Shamir, 레너드 애들먼Leonard Adleman이 제안한 RSA 암호화 알고리즘이 있다. 이 알고리즘은 간단하게 코드화할 수 있지만, 암호문을 해독하기가 아주 어렵다고 알려져 있다.

2 인증

운영체제에서 대부분의 보안 문제는 인증 문제이다. 보호 시스템은 수행 중인 프로그램과 프로세스들을 적절히 식별하는 능력에 의존하는데, 이는 결국 시스템의 각 사용자를 정확히 식별하는 능력이다. 인증은 서로 교환하는 정보의 무결성을 확인하는 메시지 인증과 송수신자의 정당성을 확인하는 사용자 인증 두 가지로 구분할 수 있다.

2.1 메시지 인증

메시지 인증은 메시지 인증 코드MAC, Message Authentication Code를 사용하여 메시지 전송 중에 수신자의 변경 여부뿐만 아니라 메시지 내용과 순서의 변경 여부도 확인한다. 메시지 인증 코드를 데이터가 변조(수정, 삭제, 삽입 등)했는지 검증할 수 있도록 [그림 12-11]과 같이 메시지에 덧붙인다.

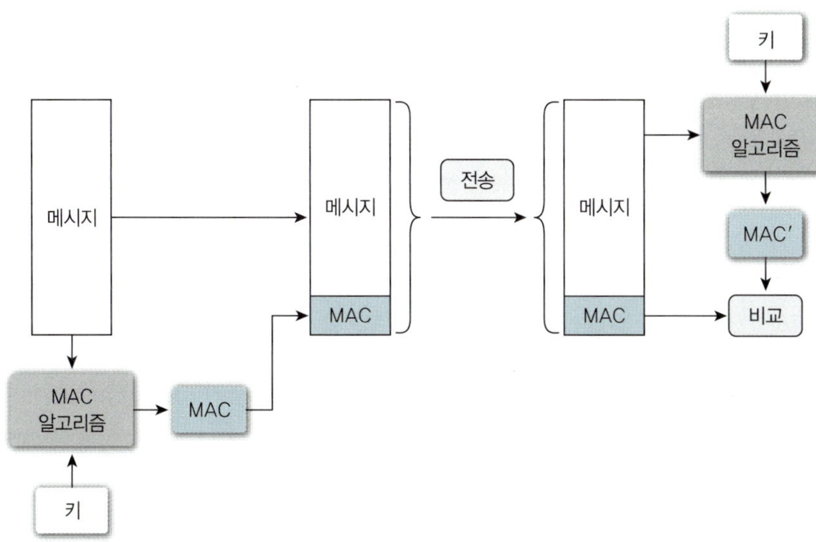

그림 12-11 **메시지 인증 코드를 이용한 메시지 인증**

종이는 편집 흔적이 남아 변조 여부를 바로 확인할 수 있지만, 컴퓨터 데이터는 데이터를 삽입 · 삭제해도 흔적이 남지 않는다. 이런 문제를 해결하려고 원래의 데이터로만 생성할 수 있는 값을 MAC으로 덧붙여서 확인하는 방법이 메시지 인증 코드를 이용한 메시지 인증이다. 그런데 변조한 데이터로는 메시지 인증 코드를 생성할 수 없으므로 메시지 인증 코드를 생성하고 검증할 때는 반드시 비밀키를 사용해야 한다.

전송받은 메시지의 무결성을 확인할 때는 MAC 생성에 사용한 비밀키로 MAC을 생성한 후 전송받은 MAC 값과 비교한다([그림 12-12] 참조). 따라서 MAC을 사용하려면, 통신하는 송신자와 수신자 모두 MAC에 사용할 비밀키를 공유하고 있어야 한다.

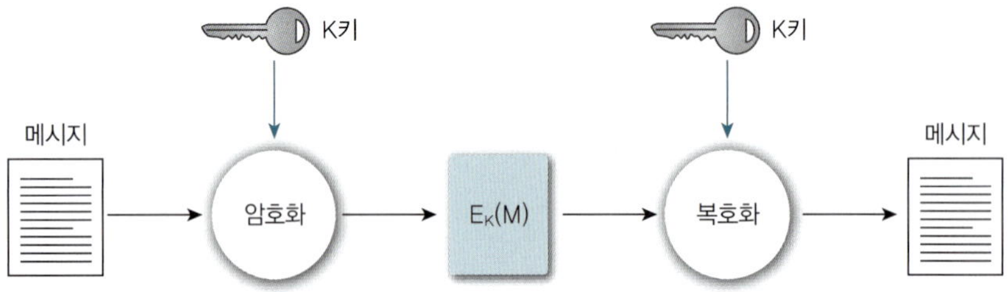

그림 12-12 **메시지 인증 코드의 생성**

MAC을 생성할 때는 해시 함수를 이용할 수 있다. HMAC은 해시 함수의 입력에 사용자의 비밀키와 메시지를 동시에 포함하여 해시 코드를 구하는 방법이다.

2.2 사용자 인증

사용자 인증은 아이디, 암호 입력 등 특별한 과정을 거쳐 서버의 특정 디렉터리를 사용할 수 있도록 하는 방법으로, 사이버공간에서 신원을 확인할 수 있게 한다. 메시지 암호화나 메시지 인증 코드를 이용하여 사용자를 인증할 수 있지만, 보편적인 방법은 사용자의 암호를 이용하는 것이다. 사용자에게 암호를 요구하여 사용자가 입력한 암호와 시스템에 저장된 암호가 일치하면 합법적인 사용자로 인증하는 것이다.

공개키를 이용하여 사용자를 인증하는 과정은 [그림 12-13]과 같다. A가 작성한 정보라는 사실을 확인받으려고 A의 개인키로 암호화한 메시지를 B에 전송한다. 그러면 B는 A의 공개키로 복호화하여 원래의 정보를 확인할 수 있다. 이때 다른 사람은 A의 개인키를 가지고 A의 공개키로 복호화할 수 있는 암호문을 생성할 수 없으므로 A의 신원을 확인받을 수 있다.

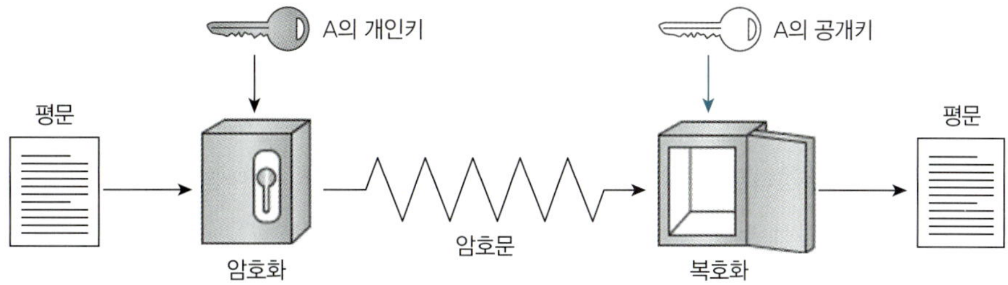

그림 12-13 **공개키를 이용한 사용자 인증**

3 디지털 서명

디지털 서명digital signature은 메시지를 송수신할 때 해당자가 송수신 행위를 부인하는 부인 봉쇄를 할 수 없게 하거나 인증 등 보안 서비스를 제공하는 데 사용한다. 메시지 인증 코드처럼 데이터의 변조를 검증하여 무결성을 유지하게 할 수 있다. 보통은 비대칭형 암호화를 사용하며, 비밀키가 있어야 데이터에 상응하는 서명을 작성할 수 있다. 비밀키가 없는 사용자는 서명을 작성할 수 없으나, 공개키를 이용하여 비밀키의 소유자인 데이터 서명자는 확인할 수 있다.

디지털 서명 과정은 [그림 12-14]와 같다. 먼저 송신자 B가 자신의 개인키로 암호화한 후 수

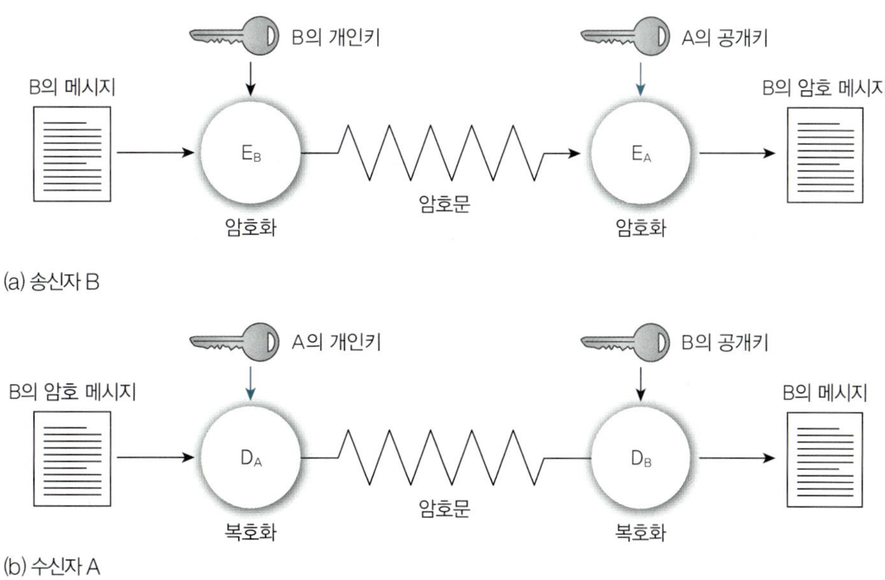

그림 12-14 **디지털 서명**

신자 A의 공개키로 다시 암호화하여 수신자 A에 전송한다. 그러면 암호 메시지를 받은 수신자 A가 자신의 개인키로 복호화한 후 송신자 B의 공개키로 다시 복호화한다. 송신자 B의 공개키로 복호화가 가능하다면 송신자 B가 보낸 메시지라는 것을 확인할 수 있고, 수신자 A의 개인키로 복호화가 가능하다면 수신자 A의 공개키로 암호화했다는 것을 확인할 수 있다. 이처럼 디지털 서명은 기밀성을 보장한 인증과 부인 봉쇄 기능을 제공한다.

디지털 서명은 각 데이터마다 서로 다른 서명을 작성하고, 자신 외에는 서명을 작성할 수 없으며, 자신의 서명을 누구나 검증할 수 있어야 한다. 따라서 전통적인 대칭 암호화의 비밀키 방법으로는 서명을 생성할 수 없고, 비대칭 암호화를 사용해야 한다. 비대칭 암호화와 반대로 메시지를 개인키로 암호화하는 것이 서명 작성이 되고, 암호문을 공개키로 복호화하는 것이 서명 검증이 된다. 비대칭 암호화를 이용하여 구현한 디지털 서명은 [그림 12-15]와 같다.

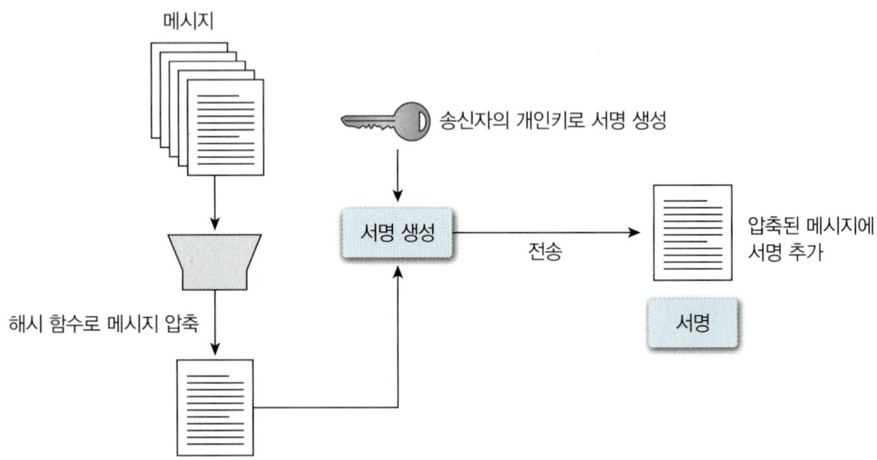

그림 12-15 **비대칭 암호화를 이용한 디지털 서명**

4 네트워크 보안

네트워크에서 보안을 유지하는 방법으로 방화벽, 침입 탐지 시스템, 트래픽 패딩 등이 있다.

4.1 방화벽

방화벽firewall은 다른 네트워크의 사용자에게서 네트워크 자원을 보호하는 프로그램으로 침입 차단 시스템이라고도 한다. 다음과 같이 도메인 확인이나 원격 접속 확인으로 공개하지 않은 자원에 외부 사용자가 액세스하는 것을 막고, 접속해야 할 외부 자원들을 통제하려고 설치한다. 방화벽은 라우터와 밀접하게 동작한다. 방화벽은 네트워크 패킷을 검사하여 허위 패킷을 걸러 낸 후 수신처로 전달할지 여부를 결정한다. 하지만 악의적인 내부 사용자에게서는 보호가 불가능하므로 이들은 내부 호스트의 강제 보안 방법으로 제한해야 한다. 예를 들어, 내부자가 악의적인 소프트웨어를 실행하는 것은 방화벽으로는 막을 수 없으므로 내부적으로 적절히 제한해야 한다.

- **도메인 확인** : 확인된 도메인 이름이나 IP 주소로 접속하는지 점검하여 접속을 허용한다.
- **원격 접속 확인** : 보안 접속 절차나 인증 확인 등을 이용하여 네트워크에 원격 접속할 수 있도록 허용한다.

4.2 침입 탐지 시스템

침입 탐지 시스템IDS, Intrusion Detection System은 적극적인 방어 방법이다. 침입한 사실을 빠르게 검출하고 침입자를 봉쇄하여 시스템 손실과 데이터 훼손을 최소화한다. 침입 탐지는 정보 시스템의 비밀성, 무결성, 가용성을 침해하는 모든 행위를 탐지하는 것이므로 침입 탐지 시스템은 침입을 탐지하는 보안 시스템이라고 할 수 있다.

침입 탐지 시스템은 네트워크나 시스템에서 의심나는 점을 감시하고 조사하여 필요한 조치를 취한다. 컴퓨터 시스템의 비정상적인 사용이나 잘못된 사용 등 기준이나 규정을 벗어나는 행위를 발견하면, 침입 과정을 로그에 기록하고 위험을 알린다. 또 방화벽 경계선을 통과한 공격이나 내부자 오남용도 탐지한다.

침입 탐지 시스템은 목적에 따라 여러 곳에 설치할 수 있다. 방화벽처럼 내부와 외부의 경계선에 있는 것이 아니라 네트워크의 어느 부분에나 설치할 수 있다. [그림 12-16]과 같은 네트워크 구성을 생각해 보자. 이때 침입 탐지 시스템은 ❶ 인터넷에 닿은 첫 번째 라우터 앞, ❷ 방화벽 전의 라우터 뒤, ❸ 방화벽 뒤, ❹ 클라이언트의 내부 네트워크 안과 ❺ 서버 네트워크에 설치할 수 있다. 이때 서버 네트워크에는 [그림 12-16]과 같이 별도로 운영하는 방화벽이 있다.

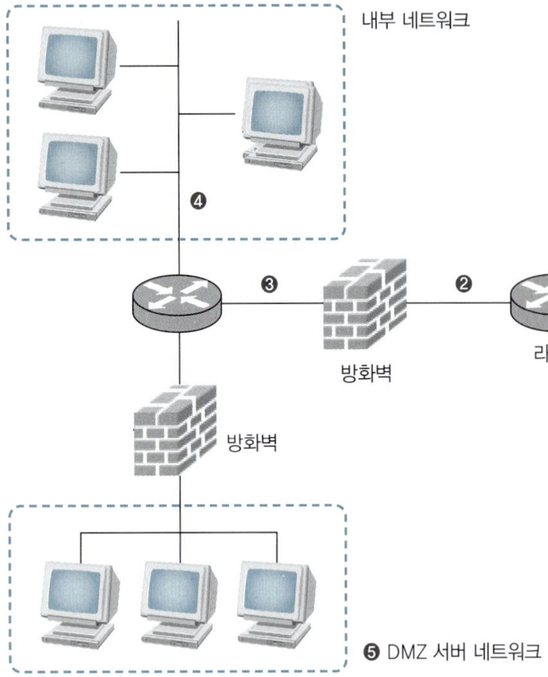

그림 12-16 **침입 탐지 시스템의 설치 위치에 따른 역할**

[그림 12-16]의 침입 탐지 시스템의 설치 위치에 따른 장단점은 다음과 같다.

❶ **패킷이 라우터에 들어오기 전** : 네트워크에서 실행되는 모든 공격을 탐지할 수 있어 공격을 의도한 패킷을 미연에 파악할 수 있다. 그러나 너무 많은 공격 데이터를 수집하고, 내부 네트워크로 침입한 공격과 그렇지 못한 공격을 구분하기가 어려워 공격에 효율적으로 대응하기가 어렵다.

❷ **라우터 뒤** : 라우터의 패킷 필터링을 거친 후 패킷을 검사한다. ❶의 패킷이 라우터로 들어오기 전보다는 공격 수가 더 적고, 의지가 더 강력한 공격자를 탐지할 수 있다.

❸ **방화벽 뒤** : 여기서 탐지하는 공격은 네트워크에 직접적인 영향을 주므로 탐지하는 공격 정책과 방화벽의 연동성이 가장 중요한 부분이다. 내부에서 외부로 향하는 공격도 탐지할 수 있는 곳이므로 내부의 공격자도 어느 정도 탐지할 수 있다. 네트워크 특성과 목적에 따라 조금 차이는 있지만, 침입 탐지 시스템을 한 대만 설치할 수 있다면 이곳에 설치해야 한다.

❹ **내부 네트워크** : 방화벽은 외부 침입을 일차적으로 차단하지만 내부에서는 거의 무방비 상태라고 할 수 있다. 이곳은 내부의 사용자가 해킹하는 것을 감시하고자 할 때 설치할 수 있는 곳이다.

❺ **서버 네트워크** : 일반적으로 외부 인터넷에 서비스를 제공하는 서버가 위치하는 네트워크이다. 내부와 외부 모두에서 보호해야 하기 때문에 높은 보안 수준을 요구할 때가 많다. 매우 능력이 뛰어난 외부 공격자와 내부 공격자가 중요한 데이터 손실이나 서비스 중단을 막으려고 여기에 침입 탐지 시스템을 설치한다. 중요 데이터와 자원을 보호하려고 침입 탐지 시스템을 별도로 운영하기도 한다.

4.3 트래픽 패딩

트래픽 패딩traffic padding은 트래픽양 분석 공격을 방어하는 수단으로, 정상적인 메시지 흐름이 멈췄을 때 가짜 암호 메시지를 계속 내보내는 것이다. 즉, 여분의 데이터를 삽입하여 데이터를 일정한 길이로 만들어 트래픽 분석의 위험을 방어한다. 평문이 없을 때는 암호문을 생성하고, 평문이 있으면 [그림 12-17]과 같이 평문을 암호화하여 내보낸다. 이때 여분의 데이터를 삽입한 데이터 길이는 실제 트래픽에서 발생하는 데이터의 최장 길이보다 길어야 한다. 그리고 프로토콜 데이터의 내용을 암호화하거나 변형하여 삽입된 데이터를 실제 데이터와 구별하지 않아야 한다.

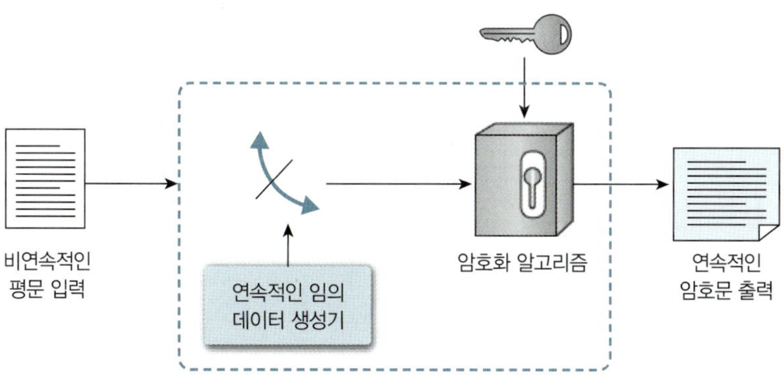

그림 12-17 **트래픽 패딩**

04 보안 운영체제

1 보안 운영체제의 개념

보안 운영체제secure OS는 운영체제에 내재된 결함으로 발생할 수 있는 각종 해킹에서 보호하려고 보안 기능이 통합된 보안 커널을 추가로 이식한 운영체제이다. 시스템 사용자 식별 · 인증, 강제적이고 임의적인 액세스 제어, 감사 추적audit & trail, 침입 탐지 등 강력한 보안 기능을 포함한다. 그리고 이런 보안 운영체제를 탑재한 컴퓨터를 신뢰 시스템trusted system이라고 한다.

방화벽이나 침입 탐지 시스템 등 다양한 보안 기술로는 막지 못한 외부 공격을 서버 운영체제에서 효과적으로 탐지하거나 차단할 수 있다. 특히 내부 사용자 보안을 강력하게 유지할 수 있다. 커널의 참조 모니터reference monitor 모듈을 이용하여 사용자가 파일, 디렉터리, 디바이스 등에 연산을 요청하면, 액세스를 제어해서 승인과 거절을 수행하는 보안 운영체제 시스템 예는 [그림 12-18]과 같다.

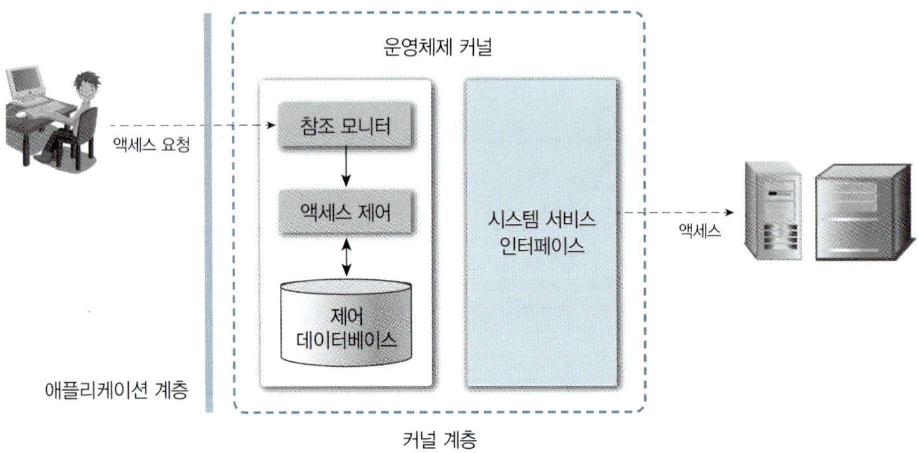

그림 12-18 **보안 운영체제 시스템**

보안 운영체제는 침입 탐지 기능인 위협 모니터링threat monitoring을 추가하여 끊임없는 보안 위반을 탐지하고 의심스런 행동도 검사할 수 있다. 예를 들어, 사용자가 시스템을 이용할 때 암호를 몇 번 이상 잘못 입력하면 암호를 추측하려는 부적절한 시도로 판단하여 액세스를 제한한다. 로그를 이용하면 프로세스 단위로 파일, 디렉터리, 디바이스 등 상세한 액세스 연산 등을 파악할 수 있는데, 로그 데이터 자체가 안전하지 못하다면 이를 변조하여 추적할 수 없도록 감출 수 있다. 그러므로 보안 운영체제는 감사 로그 기능을 운영체제 내부에 구현하여 이를 차단한다.

보안 운영체제를 탑재한 컴퓨터를 개발하려고 미국은 1983년 오렌지 북orange book이라는 신뢰성 컴퓨터 시스템 평가 기준인 TCSECTrusted Computer System Evaluation Criteria 초안을 제정했다. TCSEC은 [그림 12-19]와 같이 일곱 가지 등급(D~A1)으로 분류한다. 보안 정책, 신분 확인, 로그 추적 등 책임성, 보증, 연속적인 보호, 문서 부분 등 기본적인 컴퓨터 보안 요구 사항을 규정하여 보안 커널security kernel로 구현하고 있다.

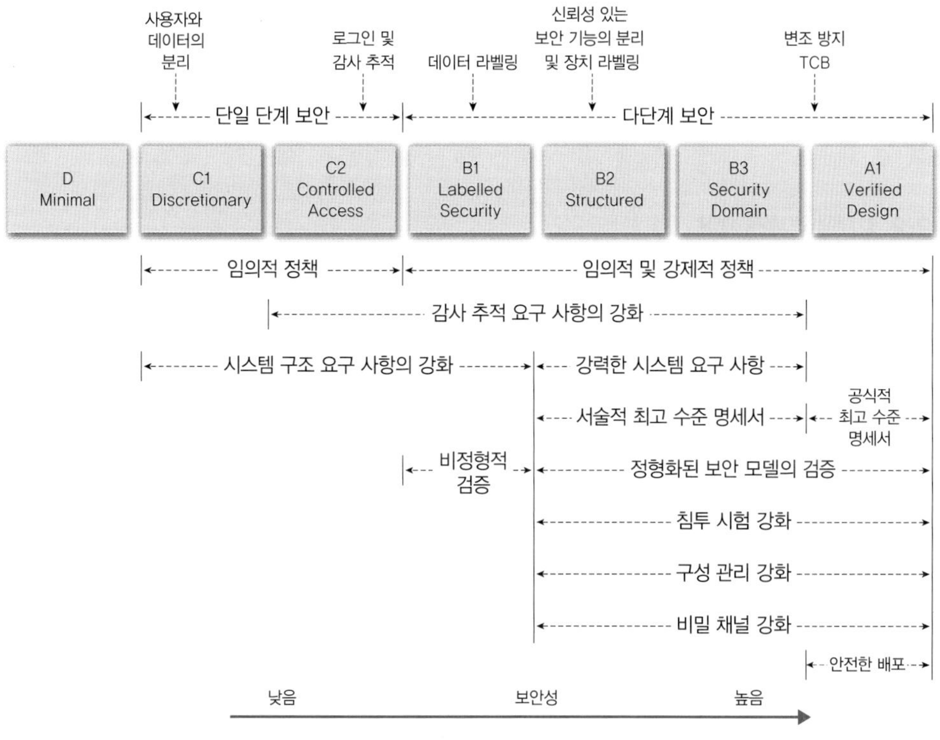

그림 12-19 **TCSEC의 등급별 특성**

2 보안 운영체제의 기능

시스템 보안은 앞서 설명한 식별과 인증처럼 기본적으로 구조를 변경하지 않는 방법으로 가능해야 하지만, 특별한 보호 기능은 강력한 시스템 구조가 필요하다. 보안 운영체제가 기존의 응용 프로그램 실행 환경은 그대로 유지하면서 시스템 차원의 강력한 보안 기능을 제공하려고 포함하는 기술은 영역 분리, 최소 권한을 유지하는 강제적 액세스 제어, 신뢰할 수 있는 경로, 참조 모니터, 감사 로그 추적이다.

2.1 영역 분리

영역 분리는 응용 프로그램이나 사용자 역할에 따라 액세스할 수 있는 정보 영역과 시스템의 제어 권한을 제한한다. 즉, 임의의 응용 프로그램이 자신과 무관한 정보 영역에 마음대로 액세스하거나 일반 사용자는 물론 루트 사용자라도 보안 운영체제가 정의하지 않은 관리 업무를 단독으로 수행할 수 없도록 통제하는 것이다. 예를 들어, 해커가 웹 서버 공격에 성공했더라도 웹 서버와 관계없는 데이터베이스 영역에 액세스하는 것을 제한하거나 프로세스가 부여된 최소한의 권한만 수행하도록 통제하여 피해를 최소화할 수 있다. 그러면 웹 서버와 관련된 프로세스는 자신이 사용하는 파일 외에 이메일과 관련된 파일은 수정할 수 없도록 차단한다.

2.2 강제적 액세스 제어

강제적 액세스 제어mandatory access control는 운영체제에서 자원 사용의 주체가 되는 사용자나 프로세스가 객체에 액세스할 때, 신분이나 규칙으로 해당 객체에 액세스하는 것을 제어하는 방법이다. [그림 12-20]과 같이 사용자나 응용 프로그램이 액세스할 수 없는 운영체제의 커널 수준에서 주요 정보 보안을 결정하도록 강제적으로 제어한다. 즉, 객체의 허용 등급을 나타내는 기밀 수준과 액세스 범위의 보안 등급을 사용자와 객체에 할당한다. 시스템에서 사용자와 객체 자신의 역할과 대응되는 사용자 등급은 신뢰도를 나타내고, 객체 등급은 정보의 부당한 사용으로 손상도를 고려하여 객체에 포함된 정보의 기밀성을 반영한다. 이때 사용자와 객체 사이에 검증된 관계를 확인하여 객체에 액세스하려는 사용자를 허용한다.

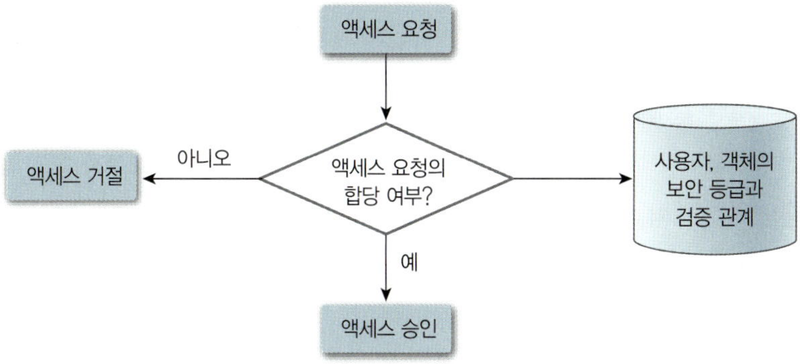

그림 12-20 **강제적 액세스 제어**

강제적 액세스 제어는 메모리에 가장 근접한 곳에서 액세스를 제어하므로 시스템 과부하를 감소시키는 효과를 얻을 수 있다. 그리고 시스템 내부의 요소를 좀 더 세분화하여 영역을 나눈 후 이들 간의 액세스를 커널 단계에서 강제로 제어하므로, 다음 몇 가지 정책을 포함한다.

- **액세스 제어 정책** : 운영체제의 제어하에 주체가 객체에 액세스하는 방법을 지정한다.
- **인증 사용 정책** : 사용자 인증에 사용한다.
- **암호 사용 정책** : 저장 · 전송하는 데이터를 보호하는 데 사용한다.

2.3 신뢰할 수 있는 경로(보호된 경로)

신뢰할 수 있는 경로trusted path는 소프트웨어와 함께 상호 동작하는 사용자를 허가하는 기능으로, 운영체제의 제어하에 주체가 객체에 액세스하는 방법을 지정한다. 이때 사용자의 신뢰할 수 있는 소프트웨어를 속이는 악의적인 응용 프로그램을 막을 수 있다. 예를 들어, 비밀번호를 변경하거나 액세스 권한을 변경하는 등 보안 관리 기능을 수행할 때는 신뢰할 수 있는 경로를 설정해야 한다. 신뢰할 수 있는 경로가 없다면 악의적인 소프트웨어는 안전한 소프트웨어로 가장하여 중요한 정보를 취득하거나 해당 사용자의 의도와는 상관없이 임의로 함수를 수행할 수 있다. 그러므로 소프트웨어 요소 간에 상호 보증할 수 있고 신뢰할 수 있는 보호된 경로의 채널이 필요하다.

2.4 참조 모니터

운영체제에는 파일 시스템 액세스를 제어하는 참조 모니터가 있다. 참조 모니터는 보안 운영체제의 가장 중요한 부분으로 [그림 12-21]과 같이 객체의 모든 액세스를 제어하는 추상적인 장치이다. 주체와 객체의 보안 매개변수를 이용하여 주변기기, 파일, 메모리, 프로세스 간의 통신 등 모든 자원 액세스 제어 기능을 수행한다. 감사, 식별과 인증, 보안 매개변수 설정(보안 허가 사항, 객체의 보호 속성) 등 다른 보안 방법과 데이터를 교환하면서 상호작용한다. 그래서 항상 호출되는데, 요구 사항은 다음과 같다.

- 참조 모니터에서 부정행위를 방지해야 하므로 액세스 제어 방법은 변조가 불가능해야 한다. 변조가 가능하면 침입자가 액세스 권한 검사와 인증을 제대로 시행할 수 없도록 손상시킨다.
- 액세스 요청은 모든 자원에서 발생해야 하며, 참조 모니터는 항상 수행해야 한다. 그렇지 않으면 참조 모니터 방법을 우회한 액세스가 가능하여 결과적으로 보안 정책이 실패한다.
- 다른 보안 방법과 상호 데이터를 교환하면서 대응 활동을 하므로 분석과 시험이 쉽도록 작아야 과부하가 줄어든다. 그러므로 부분적인 하드웨어 구성이 필요하다.

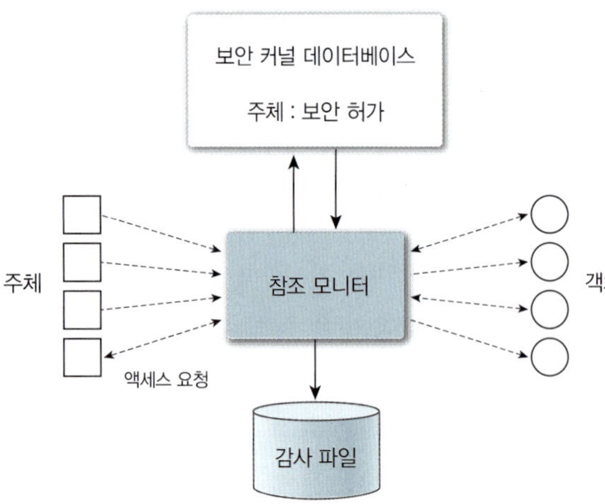

그림 12-21 **참조 모니터**

참조 모니터는 보안 운영체제와 보안 소프트웨어에 사용하여 그 효과를 인증받았다. 또 참조 모니터 데이터베이스의 정보를 바탕으로 액세스 권한을 확인한 후 객체의 액세스 허용 여부를 결정하는 주체와 객체의 중계자 역할을 한다. 이때는 보안 정책에 합당한 액세스 제어 정책을 적용한다.

2.5 감사 로그 추적

감사는 사용자가 시스템에 액세스한 후 입력한 검색어, 검색 대상의 활동 내역을 기록하고 저장하여 일련의 기록을 조사하는 것이다. 그리고 감사 로그audit log는 단순히 시간, 사용자, 객체에서 모든 액세스 형태를 기록한 파일로, 특정 서버의 로그 디렉터리에 위치한다. 보안 사용자가 있을 때 감사 로그를 이용하여 언제, 어떤 문제가 발생했는지와 피해 정보를 알아볼 수 있다. 이런 정보는 위반에 회복하고 발생할 수 있는 문제의 예방책으로, 좀 더 나은 방법을 개발하는 데 유용하게 사용할 수 있다.

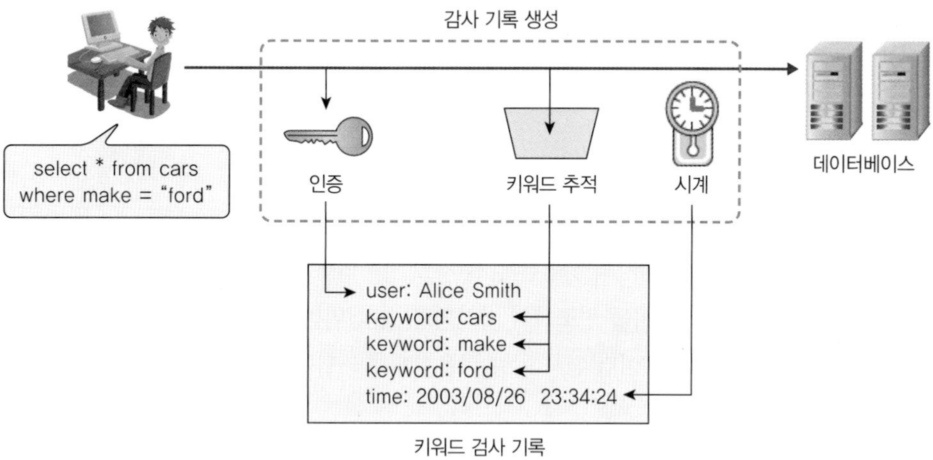

그림 12-22 **키워드 추적 감사 로그**

침입을 탐지하는 기본 도구는 감사 기록audit record으로 진행 중인 행위에서 모든 로그는 침입 탐지 시스템의 입력으로 유지된다. 탐지에 적합한 감사 로그 예는 도로시 데닝Dorothy E. Denning(1987년)이 개발한 모델이다. 다음 필드를 포함한다.

- **주체** : 행위의 개시자, 즉 터미널 사용자(프로세스)
- **행위** : 주체가 수행하는 동작(로그인, 읽기, 입출력 수행, 실행 등)
- **객체** : 행위의 수신자(파일, 프로그램, 메시지, 레코드, 프린터 등)
- **예외 조건** : 반환할 때 발생될 예외 조건
- **자원 사용량** : 프린터나 화면에 출력한 행 수, 읽고 쓴 레코드 수, 프로세서 시간 등
- **시간 검인**timestamp : 행위가 발생한 시간

주체와 실행되는 모든 프로세스의 객체 액세스 정보는 감사 로그에 모두 기록한다. [그림 12-23]은 감사 로그 예이다. 〈Library〉 디렉터리에 쓰기 허가를 받지 않은 상태로 명령을 내리면 복사 과정에 실패하여 (b)와 같은 감사 로그를 생성한다.

```
COPY GAME.EXE TO <Library>GAME.EXE
```

(a) 스미스(Smith)가 〈Library〉 디렉터리의 GAME 실행 프로그램을 복사하는 명령

```
(Smith, execute, <Library>COPY.EXE, 0, CPU=00002, 11058521678)
(Smith, read, <Smith>GAME.EXE, 0, RECORDS=0, 11058521679)
(Smith, write, <Library>GAME.EXE, write-viol, RECORDS=0, 11058521680)
```

(b) 생성된 감사 로그

그림 12-23 **감사 로그 예**

보안 운영체제가 제공하는 감사의 장점은 감사 자료 자체의 보안성이다. 감사 자료 자체가 안전하지 못하다면 침입자는 이를 변조하여 자신의 불법 행위를 추적할 수 없도록 감출 수 있다. 그러나 보안 운영체제는 이런 감사 기능을 운영체제 커널에 구현하여 행위를 근본적으로 차단한다.

요약

01 컴퓨터 보안

보안은 광범위하며, 물리적이고 관리적인 제어뿐만 아니라 자동화된 제어도 포함하므로 기술적 보안, 관리적 보안, 물리적 보안으로 구분한다.

- **보안 요구 사항** : 기밀성(비밀성) 보장, 무결성 보장, 가용성 보장, 인증, 액세스 제어, 권한 부여, 자격 증명
- **보안 위협의 유형** : 중단(흐름 차단), 도청(가로채기), 변조(수정), 위조(조작), 사칭(가장)

02 시스템 보안 기능

- 계정과 패스워드 관리
- 세션 관리
- 액세스 제어
- 권한 관리
- 로그 관리
- 취약점 관리

03 액세스 제어

액세스 제어access control는 적절한 권한을 가진 인가자만 특정 시스템이나 정보에 접근할 수 있도록 통제하는 것이다.

- **사용자 액세스 제어** : 식별과 인증으로 각 시스템 자원을 보호하는 첫 단계이다.
- **데이터 액세스 제어** : 전역 테이블global table, 액세스 제어 리스트access control list, 권한 리스트capability list, 락/키lock/key 등의 방법이 있다.

04 시스템 보안 방법

- **암호화**encryption : 신뢰할 수 없는 링크로 전송되는 정보를 보호하는 방법으로, 대칭(단일키) 암호화와 비대칭(공개키) 암호화로 구분한다.
- **인증**authentication : 시스템의 각 사용자를 정확히 식별하는 능력이다. 메시지 인증과 송수신자의 정당성을 확인하는 사용자 인증 방법이 있다.

- **디지털 서명**digital signature : 메시지를 송수신할 때 해당자가 송수신에 대한 행위를 부인하는 부인 봉쇄를 할 수 없게 하거나 인증 등 보안 서비스를 제공하는 데 사용된다.
- **네트워크 보안** : 네트워크에서 보안을 유지하는 방법으로 방화벽firewall, 침입 탐지 시스템IDS, Intrusion Detection System, 트래픽 패딩traffic padding 등이 있다.

05 보안 운영체제secure OS

각종 해킹에서 보호하려고 보안 기능이 통합된 보안 커널을 추가로 이식한 운영체제이다. 시스템 사용자 식별 · 인증, 강제적이고 임의적인 액세스 제어, 감사 추적audit & trail, 침입 탐지 등 강력한 보안 기능을 포함한다.

06 보안 운영체제의 기능

- **영역 분리** : 응용 프로그램이나 사용자 역할에 따라 액세스할 수 있는 정보 영역과 시스템의 제어 권한을 제한한다.
- **강제적인 액세스 제어** : 운영체제에서 자원 사용의 주체가 되는 사용자나 프로세스가 객체에 액세스할 때, 신분이나 규칙으로 해당 객체에 액세스하는 것을 제어하는 방법이다.
- **신뢰할 수 있는 경로** : 소프트웨어와 함께 상호 동작하는 사용자를 허가하는 기능으로, 운영체제의 제어하에 주체가 객체에 액세스하는 방법을 지정한다.
- **참조 모니터** : 보안 운영체제의 가장 중요한 부분으로 객체의 모든 액세스를 제어하는 추상적인 장치이다.
- **감사 로그 추적** : 감사는 사용자가 시스템에 액세스한 후 입력한 검색어, 검색 대상의 활동 내역을 기록하고 저장하여 일련의 기록을 조사하는 것이다. 그리고 감사 로그는 단순히 시간, 사용자, 객체에서 모든 액세스 형태를 기록한 파일로, 특정 서버의 로그 디렉터리에 위치한다.

연습문제

01 다음 중 천재지변이나 사고로 정보를 손실하거나 파괴하는 것을 막으려고 취할 수 있는 방법으로 가장 올바른 것은?

① 파일 시스템을 체계적으로 잘 정리한다.

② 백업backup을 주기적으로 실시하여 안전한 곳에 보관한다.

③ 컴퓨터에 안전 장치를 하고, 필요할 때만 조심해서 사용해야 한다.

④ 사고는 컴퓨터를 가동할 때만 발생하므로 사용 후에는 컴퓨터 전원을 반드시 꺼 놓는다.

02 보안 메커니즘의 설계 원칙에는 개방된 설계, 최소 특권, 특권의 분할, 메커니즘의 경제성 등이 있다. 이 중 개방된 설계의 의미를 가장 적절하게 설명한 것은?

① 알고리즘은 알려졌으나, 그 키는 비밀인 암호 시스템의 사용을 의미한다.

② 트로이 목마에서 피해를 제한하려면 모든 주체는 업무 완수에 필요한 최소한의 특권만 사용해야 한다.

③ 가능하다면 객체 접근은 하나 이상의 조건을 만족하게 해야 한다.

④ 가능한 한 기능 검증과 쉽고 정확한 구현을 할 수 있도록 간단히 설계한다.

03 컴퓨터 시스템의 일반적인 보안 유지 방법으로 거리가 먼 것은?

① 외부 보안external security
② 사용자 인터페이스 보안user interface security
③ 공용키 보안public key security
④ 내부 보안internal security

04 보안 유지 방법 중 사용자의 신원을 확인한 후 권한이 있는 사용자에게만 시스템에 접근하게 하는 방법은?

① 운용 보안
② 시설 보안
③ 사용자 인터페이스 보안
④ 내부 보안

05 보안 유지 방법 중 운영체제가 사용자의 신원을 확인한 후 권한이 있는 사용자에게만 시스템의 프로그램과 데이터를 사용할 수 있게 하는 방법은?

① 사용자 인터페이스 보안
② 내부 보안
③ 시설 보안
④ 운용 보안

06 사용자의 신원을 운영체제가 확인하는 절차를 거쳐 불법 침입자에게서 시스템을 보호하는 보안은?

① 외부 보안 ② 운용 보안
③ 사용자 인터페이스 보안 ④ 내부 보안

07 보안 유지 방법 중 하드웨어나 운영체제에 내장된 보안 기능을 이용하여 프로그램의 신뢰성 있는 운영과 데이터의 무결성 보장을 기하는 방법은?

① 외부 보안 ② 운용 보안
③ 사용자 인터페이스 보안 ④ 내부 보안

08 다음 설명에 해당하는 자원 보호 방법은?

> 보호하려는 대상에 영역별로 접근 권한을 나열한 리스트를 구성하여 사용한다. 접근 행렬의 열을 하나의 리스트로 묶어 놓은 것이다. 이렇게 하면 권한이 없는 셀 때문에 메모리를 낭비할 필요가 없어지므로 메모리를 효율적으로 사용할 수 있다.

① 전역 테이블 ② 접근 제어 리스트
③ 권한 리스트 ④ 잠금키lock/key

09 보안 메커니즘 중 데이터를 송수신한 자가 송수신 사실을 부인할 수 없도록 송수신 증거를 제공하는 것은?

① 인증 ② 암호화 ③ 부인 방지 ④ 위험 탐지

10 다음 설명에서 괄호 안의 내용으로 가장 적합한 것은?

> 컴퓨터와 네트워크의 급속한 발달은 일반 사용자들도 손쉽게 컴퓨터에 접속하여 사용할 수 있는 기회를 제공한다. 반면에 내부나 외부의 공격에서 시스템의 자원과 정보를 보호해야 하는 문제를 가져왔다. (　　)(이)란 물리적 · 환경적 취약점을 이용한 침입, 방해, 절도 등의 행위에서 객체를 보호하고 대응하는 일련의 정책과 행위를 의미한다.

① 보증 ② 제어 ③ 암호 ④ 보안

11 컴퓨터 시스템에서 전송 정보를 오직 인가된 당사자만 수정할 수 있도록 통제하는 것을 정보 보안에서는 무엇이라고 하는가?

① 기밀성 ② 인증 ③ 가용성 ④ 무결성

12 보안 메커니즘 중 합법적인 사용자에게 유형 또는 무형의 자원을 사용하도록 허용할 것인지 확인하는 제반 행위이다. 대표적인 방법으로 패스워드, 인증용 카드, 지문 검사 등이 있는 것은?

① cryptography
② authentication
③ digital signature
④ threat monitoring

13 다음 설명에 해당하는 자원 보호 방법은?

> 접근 제어 행렬에 있는 각 행, 즉 영역을 중심으로 구성한 것이다. 각 사용자 자격들로 구성되며, 자격은 객체와 그 객체에 허용된 연산 리스트이다.

① global table
② capability list
③ access control list
④ lock/key

14 컴퓨터 시스템에서 사용하는 자원(파일, 프로세스, 메모리 등)에 불법적인 접근 방지와 손상 발생 방지를 목적으로 하는 일반적인 자원 보호 방법이 아닌 것은?

① 접근 제어 리스트access control list
② 접근 제어 행렬access control matrix
③ 권한 리스트capability list
④ 권한 제어 행렬capability control matrix

15 자원 보호 방법 중 객체와 그 객체에 허용된 조작 리스트이다. 영역과 결합되어 있으나 사용자가 간접적으로 액세스하는 방법은?

① 접근 제어 행렬access control matrix
② 권한 리스트capability list
③ 접근 제어 리스트access control list
④ 자물쇠와 열쇠lock/key 메커니즘

16 다음 접근 제어 리스트에서 '파일 2'가 처리할 수 없는 것은? (단, R : 읽기, W : 쓰기, P : 인쇄, L : 공유)

종류	접근 제어 리스트(ACL)
파일 1	(A, RWP)
파일 2	(B, RWL)

① 읽기
② 쓰기
③ 인쇄
④ 공유

17 파일 접근 행렬access matrix은 어떤 목적에서 만든 것인가?

① 압축
② 스케줄링
③ 할당
④ 보호

18 다음과 같은 접근 제어 행렬에 대한 설명 중 옳은 것은? (단, E : 행, R : 읽기, W : 쓰기, NONE : 모든 권한 없음)

파일 사용자	김영수	이길동	최동규
인사 파일	E	REW	E
급여 파일	RW	NONE	R

① 김영수는 이사와 급여 파일에 읽기와 쓰기를 할 수 있다.
② 이길동은 인사와 급여 파일에 읽기를 할 수 있다.
③ 최동규는 급여 파일에 쓰기를 할 수 있다.
④ 이길동은 인사 파일에 실행, 읽기, 쓰기 권한이 있다.

19 암호법cryptography과 관계가 먼 것은?

① DES 알고리즘
② RISCReduced Instruction Set Computer
③ RSA 알고리즘
④ 공개키 시스템public key system

20 데이터 암호화 시스템 중 암호화된 키와 해독키가 따로 있어 암호화된 키는 공용키로 공개되어 있고, 해독키는 개인키로 비밀이 보장되어 있는 방법은?

① 비밀번호password
② DESData Encryption Standards
③ 공개키 시스템public key system
④ 디지털 서명digital signature

21 수신자가 메시지 전송 도중에 변경되지 않았음을 확인할 수 있으며, 메시지가 정당한 상대에게서 전달된 것임을 확인할 수 있는 방법은?

① 디지털 서명 방법digital signature mechanism
② 인증 교환 방법authentication exchange mechanism
③ 여분 정보 삽입 방법traffic padding mechanism
④ 접근 제어 방법access control mechanism

22 사용자 암호에 대한 설명이 아닌 것은?

① 추출 가능한 전화번호, 생년월일용으로는 구성하지 않는 것이 바람직하다.
② 암호가 짧을수록 추측으로 암호가 발각될 가능성이 희박하다.
③ 암호는 자주 변경하는 것이 바람직하다.
④ 불법 액세스를 방지하는 데 사용한다.

Chapter 13

유닉스 운영체제

학습목표

- 유닉스의 탄생과 구성을 알아본다.
- 유닉스 프로세스의 관리와 시스템 호출 인터페이스를 알아본다.
- 유닉스에서 메모리 관리를 알아본다.
- 유닉스의 파일 시스템을 알아본다.

01 유닉스의 탄생과 구성

1 유닉스의 탄생과 발전 과정

유닉스는 1969년 미국의 통신회사인 AT&T 산하의 벨Bell연구소에서 켄 톰슨Ken Thompson과 데니스 리치Dennis Ritchie가 개발했다. 처음에는 이전 운영체제처럼 어셈블리어로 개발했다가 1973년에 데니스 리치가 개발한 C 언어로 다시 만들어 고급 언어로 작성한 최초의 운영체제가 되었다. 데니스 리치가 이전에 연구한 멀틱스는 당시 복잡하고 거대한 구조 때문에 실패한 운영체제가 되었지만, 새로운 유닉스를 만드는 데 지대한 영향을 미쳤다. 유닉스Unix라는 이름도 멀틱스multics에 기반을 둔다.

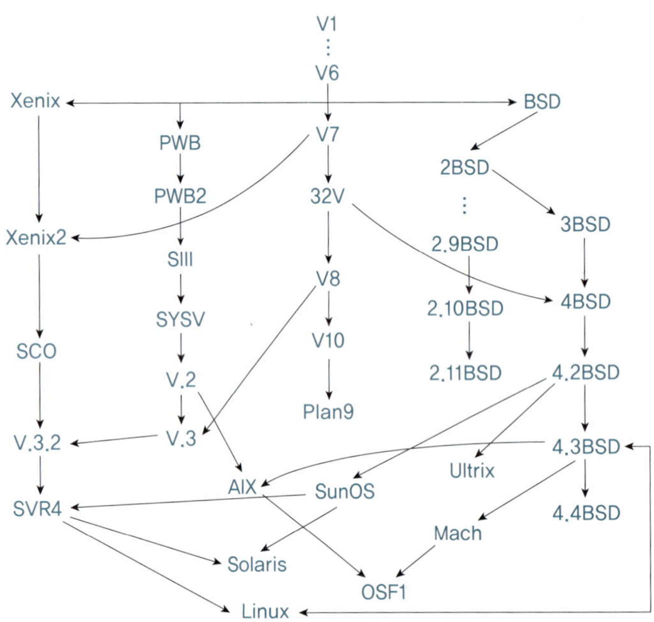

그림 13-1 **유닉스 버전의 역사**

유닉스를 개발한 얼마 후 소스 코드를 공개했고, 대학교나 기업에서는 이를 이용한 연구를 진행하여 다양한 기능을 추가했다. 이후 각각 AT&T의 상업용 유닉스(시스템 V)와 버클리대학교의 BSD^Berkeley Software Distribution^로 분리되어 발전했다. BSD 버전은 버클리대학교의 프로그래머들이 상당 부분 수정했는데, 특히 네트워크 기능을 추가한 점은 가장 주목할 만하다. BSD 버전의 유닉스는 HP(휴렛팩커드)나 2009년 오라클에 합병된 썬 마이크로시스템즈 등 컴퓨터 제조회사에서 많이 사용했다. 최근에는 이 두 계열의 장점을 결합한 형태로 개발된 SVR4를 기반으로 한 유닉스 제품들을 개발한다.

2 유닉스의 설계 원칙

유닉스 설계자들은 다른 운영체제 지식이 풍부했음에도 유닉스를 구현하기 전에 정확한 양식을 갖추지 못했다. 그래서 이런 부분이 몇몇 설계 원칙에 유연성 있게 드러난다.

먼저 유닉스는 시분할 시스템과 다수의 프로세스를 지원하도록 설계했다. 프로세스 하나가 새로운 프로세스를 쉽게 만들 수 있고, 프로세서 스케줄링에는 우선순위 알고리즘을 사용한다. 메모리 관리에는 대치 기능이 있는 가변 구역 알고리즘을 사용하고, 4.2 BSD는 메모리 관리와 프로세서 스케줄링 결정을 보조하는 방법으로 요구 페이징을 사용한다.

유닉스는 소형컴퓨터용 운영체제의 아주 좋은 본보기로, 설계자인 프로그래머의 편리성에 기초하여 운영체제의 크기가 작고 이해하기가 쉽다. 대부분의 알고리즘은 속도나 정교함보다는 단순성에 치중했으며, 유닉스는 소프트웨어 개발을 지원하는 운영체제를 개발하고 운영체제 알고리즘을 가능한 단순하게 구성하는 것이 단기 목표였다.

유닉스는 프로그래머를 위해 대화형으로 설계했는데, 프로그램 개발 기능에 좀 더 높은 우선순위를 부여한다. 표준 사용자 인터페이스는 간단하고, 다른 인터페이스로 대체도 가능하다. 파일 시스템은 사용자가 서브 디렉터리를 만드는 것을 허용하는 다단계 트리이다. 특히 디스크 파일과 입출력 장치를 가능한 동일하게 취급하려고 장치 의존성 등 여러 특성을 가능한 커널 하나에 포함시켰다. 그래서 사용자가 코드를 작성하는 데 필요한 유틸리티를 운영체제에 포함시키고, 각 유틸리티는 한 가지 기능을 수행하면서 완벽하게 실행할 수 있도록 단순하게 설계했다. 유틸리티를 서로 결합하여 사용할 수 있도록 설계해서 특정 작업을 수행하는 데 적절한 유틸리티를 선택할 수 있다. 이런 소규모 모듈로 구성된 유닉스 코드는 단순하고 간결한 구조로 표현했기에 쉽게 익힐 수 있었다.

유닉스의 장기 설계 목표는 운영체제에서 개발한 응용 프로그램을 기계에 쉽게 이식할 수 있도록 하는 것이었다. 이식성은 변환 비용과 하드웨어를 변경할 때마다 응용 패키지를 수정해야 하는 번거로움을 줄일 수 있다. 이런 목표를 달성하려고 유닉스는 C 언어를 채택했다. 어셈블리보다 유연한 C 언어를 사용하여 유닉스를 하나의 하드웨어 시스템에서 다른 시스템으로 옮기는 문제를 크게 단순화했다.

유닉스는 소스를 누구나 사용할 수 있도록 공개하여 개발자가 기본 시스템을 개발할 때 이를 사용할 수 있게 했다. 이런 개방성은 새로운 가능성과 구현 사항을 만들었을 뿐만 아니라 부족한 사항과 곤란한 문제점을 쉽게 발견할 수 있게 하여 유닉스의 다양화를 촉진시켰다. 따라서 프로그램에 이상이 생기면 다음 시스템을 발표할 때까지 기다리지 않고 국부적으로 고칠 수 있어 새로운 기능뿐만 아니라 수정 사항을 차기 시스템에도 첨가할 수 있었다.

3 유닉스의 특징

유닉스는 다른 운영체제와 마찬가지로 컴퓨터를 제어하는 많은 작은 프로그램으로 구성되어 있다. 특히 C 언어를 사용하여 모듈 형태로 작성하므로 다음 특징이 있다.

- **대화형 시스템** : 사용자는 유닉스와 대화를 나누면서 사용한다. 사람과 시스템 사이의 대화 형태를 '사용자' 인터페이스라고 하는데, 명령어 기반 사용자 인터페이스와 그래픽 기반 사용자 인터페이스로 분류한다. 유닉스는 대표적인 명령어 기반 사용자 인터페이스이다. 사람이 유닉스가 이해할 수 있는 '명령어'를 입력하면, 유닉스는 명령어 처리 결과를 화면에 출력한다. 따라서 유닉스를 사용하려면 이 명령어를 익혀야 한다.
- **다중 사용자 시스템** : 여러 사람이 같은 컴퓨터에 동시에 접속하여 데이터를 사용하는 것이다. 사용자는 네트워크나 컴퓨터에 직렬 회선serial cable으로 연결한 단말기로 유닉스에 접속하여 원하는 작업을 할 수 있다.
- **다중 작업용 시스템** : 다중 작업multitasking은 컴퓨터 한 대에서 여러 작업을 동시에 수행하는 것이다. 유닉스에서는 파일 편집 작업을 처리하면서 네트워크 서비스 제공, 출력 등 작업이 가능하다.
- **높은 이식성과 확장성 제공** : 유닉스는 운영체제의 대부분이 하드웨어에 따라 달라지는 어셈블리어가 아니라 고급 언어인 C 언어로 작성되어 있다. 그래서 다른 하드웨어로 이식해도 처음부터 다시 개발할 필요 없이 거의 그대로 사용할 수 있다. 또 각 기능을 모듈로 나눠 새로운 기능에 필요한 모듈만 추가하면 되므로 편리하다. 이를 이식성과 확장성이 높다고 표현한다.

- **계층적 트리 파일 시스템** : 유닉스는 계층적인 트리 구조를 사용하여 파일을 관리한다. 최상위에 위치한 루트 디렉터리를 정점으로 하위 디렉터리를 계층적으로 구성한다.
- **다양한 부가 기능 제공** : 유닉스는 운영체제의 기본 기능 외에 프로그래밍 및 디버깅 도구, 문서 편집 도구, 출력 관련 도구를 제공한다. 그리고 사용자가 필요한 기능을 쉽게 추가하거나 제거도 할 수 있다.

4 유닉스의 구성 요소

유닉스는 [그림 13-2]와 같이 크게 커널, 셸, 유틸리티, 파일 시스템으로 구성된다. 유닉스는 기능을 대부분 유틸리티로 제공하기에 커널을 극히 단순화하는 특징이 있다.

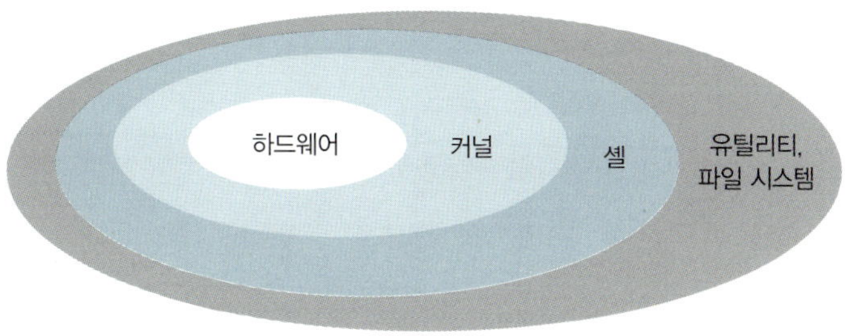

그림 13-2 **유닉스의 구조**

4.1 커널

[그림 13-3]과 같이 유닉스는 크게 커널과 응용 프로그램으로 구성된다. 커널kernel은 유닉스 운영체제의 핵심이다. 프로세스 관리, 메모리 관리, 파일 시스템 관리, 장치 관리 등 컴퓨터의 모든 자원을 초기화하고 제어하는 기능을 수행한다. 시스템을 최초로 구동할 때 커널은 메모리에 적재되는데, 메모리에 상주하면서 프로세스 스케줄링과 메모리, 디스크 드라이브, 네트워크 인터페이스 등 하드웨어 자원을 모든 사용자에게 할당하고 제어한다. 또 입출력I/O과 같은 복잡한 기능을 대신한다. 커널은 [그림 13-3]과 같이 파일 및 입출력을 담당하는 파일 서브시스템과 프로세스 제어 서브시스템으로 구성된다. 일부 모듈이 다른 모듈의 내부 연산과 상호작용하기에 실제와 다른 부분이 있으나 논리적 관점을 잘 보여 준다. 그리고 응용 프로그램은 시스템 호출system call로 커널에 컴파일과 파일 조작 등 기능을 의뢰한다.

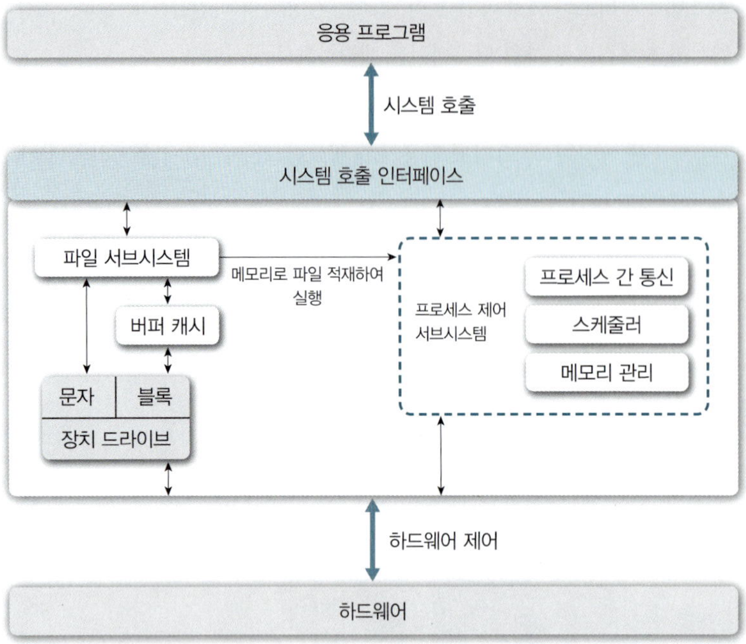

그림 13-3 **커널의 내부 구조도**

- **파일 서브시스템** : 메모리, 외부장치에 데이터를 전송하거나 블록 단위로 입출력을 실행할 때 메모리의 일부를 버퍼로 할당하고, 이것을 사용자의 주소 공간과 외부장치 사이에 두는 디스크 캐시 방법으로 파일을 관리한다. 그리고 파일 공간 할당, 자유 공간 관리, 파일 접근 제어, 데이터를 가져오는 역할을 수행한다. 프로세스는 시스템 호출을 하여 파일 서브시스템과 상호작용한다. 장치 드라이버는 주변장치를 제어하는 모듈로 다른 시스템을 임의 메모리로 보이게 한다.
- **프로세스 제어 서브시스템** : 프로세스의 동기화와 프로세스 간 통신, 프로세스 간 메모리 관리, 프로세스 스케줄링과 디스패칭을 담당한다. 프로세스를 제어하는 시스템 호출에는 fork, exec, exit, wait, signal 등이 있다.

유닉스는 [그림 13-4]와 같이 그동안 개발한 많은 기술을 통합하고 기능을 추가한 모듈 구조로 발전 중이다. 모듈로 구성된 핵심 기능 몇 개와 인터페이스를 이용하여 프로세스에 필요한 기능과 서비스를 제공한다.

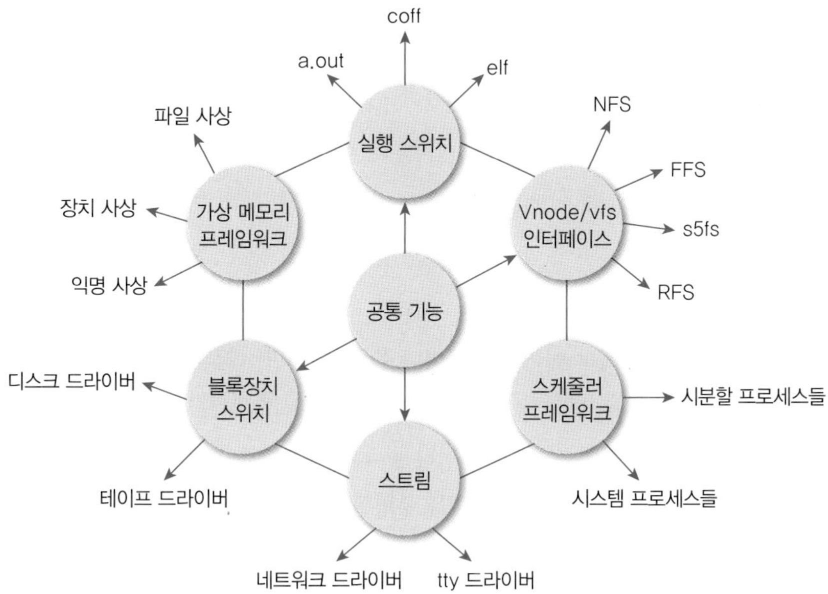

그림 13-4 **발전된 유닉스 커널**

4.2 셸

셸shell은 사용자와 커널 사이의 중간자 역할을 담당하는 특별한 프로그램이다. 셸은 사용자가 입력한 명령을 해석하여 커널에 넘겨준다. 그러면 커널이 명령의 수행 결과를 돌려주는데, 셸은 이것을 다시 사용자가 이해할 수 있는 형태로 바꿔서 출력한다. 유닉스에서 셸은 여러 가지이다. 최초의 셸인 본 셸sh, bourne shell을 비롯하여 C 셸csh, C shell, 콘 셸ksh, korn shell, 배시 셸bash, bourne again shell 등 다양하다.

4.3 유틸리티와 파일 시스템

유닉스는 각종 개발 도구, 문서 편집 도구, 네트워크 관련 도구 등 매우 다양한 유틸리티를 제공한다. 유틸리티는 사용자에게 편의를 제공하려고 준비한 시스템 프로그램으로, 유닉스 기본 명령어로 구성된다. 사용자가 작성한 응용 프로그램도 유틸리티로 취급한다. 그리고 유닉스는 계층적으로 구성된 파일 시스템을 사용하여 시스템 파일과 사용자 파일을 체계적으로 관리한다.

02 유닉스 프로세스의 관리

1 유닉스 프로세스의 종류

유닉스 프로세스는 프로세서가 기계어 명령으로 해석하는 바이트(텍스트), 데이터, 스택으로 구성된다. 프로세스는 자신의 스택과 데이터는 읽거나 쓸 수 있지만, 다른 프로세스의 스택과 데이터는 읽거나 쓸 수 없다. 프로세스 간 통신은 시스템 호출로 하며, 프로세스 0을 제외한 모든 프로세스는 fork 시스템 호출로 생성한다. 커널은 각 프로세스의 정수로 된 유일한 프로세스 식별자^ID^로 구분한다. 프로세스 0은 시스템을 부팅할 때 생성하고, 프로세스 0(스와퍼)은 프로세스 1^init^을 생성한다. 프로세스 1은 모든 프로세스의 조상^ancestor^이다. 다시 말해, 사용자가 로그인하면 사용자에게 사용자 프로세스를 생성하는 프로세스이다.

유닉스에는 다음 세 가지 종류의 프로세스가 있다.

- **사용자 프로세스** : 단말기의 사용자와 관련된 프로세서이다.
- **커널 프로세스** : 커널 모드에서 실행하며, 프로세스 0이 해당된다. 커널 프로세스를 변경하려면 커널을 재컴파일해야 한다.
- **데몬 프로세스** : 다른 사용자와 전혀 관련이 없지만, 전역 함수와 같이 네트워크 제어 · 관리 등 시스템을 지원하는 프로세스이다.

2 유닉스 프로세스의 상태

유닉스는 사용자 프로세스 환경에서 실행되므로 [그림 13-5]와 같이 사용자 모드와 커널 모드가 필요하며, 시스템 프로세스와 사용자 프로세스를 사용한다. 시스템 프로세스는 커널 모드에서 동작하며, 프로세서 할당과 프로세스 스케줄링, 메모리 할당, 프로세스 교환 등 시스템 관리 작업을 수행하는 운영체제 코드를 실행한다. 커널은 이런 작업을 실행하려고 프로세스 테이블을 유지한다. 반면에 사용자 프로세스는 사용자 모드에서 동작하며, 사용자 프로그램이나 유틸리티를 수행한다. 그러나 사용자 프로세스는 인터럽트 등이 발생하며, 시스템 호출을 하여 커널 모드로 들어간다. 프로세스를 크게 수행 상태, 준비 상태, 수면(대기) 상태의

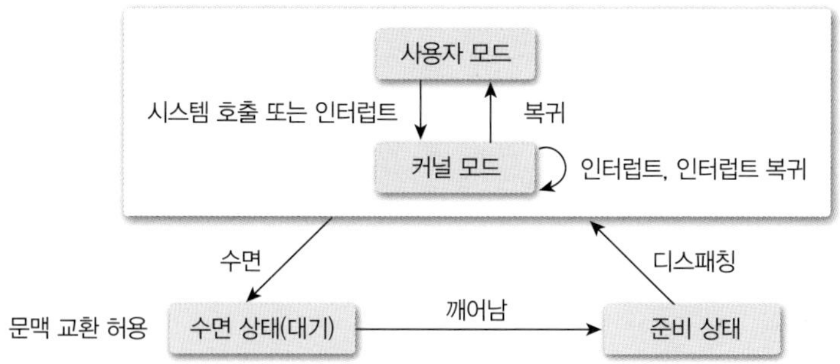

그림 13-5 **유닉스 프로세스의 상태**

집합으로 표현하면 [그림 13-5]와 같다.

- **수행** : 프로세스를 현재 사용자 모드 또는 커널 모드에서 수행 중이다.
- **준비** : 스케줄러를 선택하면 수행할 수 있는 준비 상태, 즉 실행 대기 상태가 된다.
- **수면(대기)** : 입출력 완료를 기다리거나 다른 프로세스가 종료하기를 기다리는 상태이다. 시스템 자원을 이용할 수 있을 때까지 기다리는 상태처럼 더는 수행할 수 없을 때이다.

[그림 13-5]의 프로세스 상태는 [그림 13-6]과 같이 아홉 가지로 더 세분화할 수 있다.

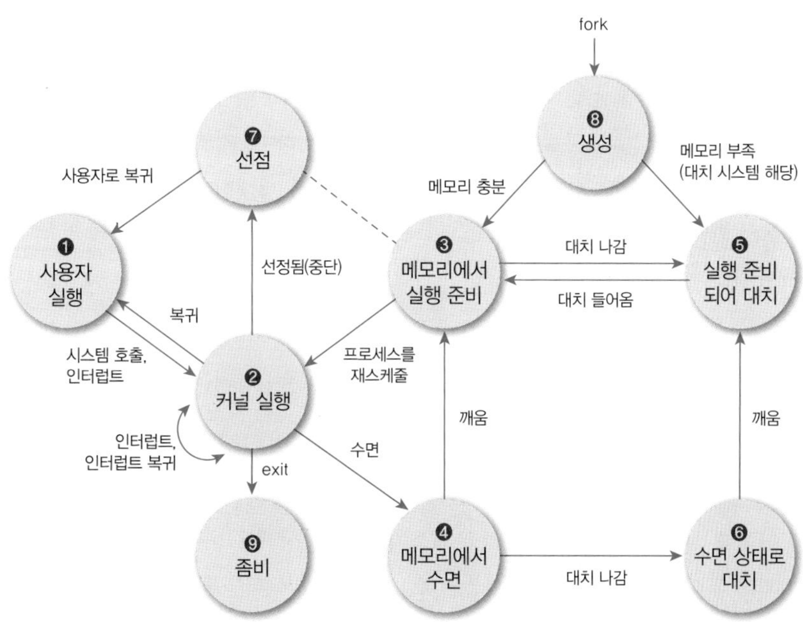

그림 13-6 **프로세스 상태 전이도**

❶ **사용자 실행** : 사용자 모드에서 실행한다.

❷ **커널 실행** : 커널 모드에서 실행한다.

❸ **메모리에서 실행 준비** : 프로세스가 실행 중이지는 않지만, 커널이 프로세스를 스케줄하면 바로 실행할 수 있다.

❹ **메모리에서 수면** : 메인 메모리에 있는 프로세스로 이벤트가 발생할 때까지 실행할 수 없다(대기 상태).

❺ **실행 준비되어 대치** : 프로세스가 실행할 준비가 되어 있지만, 커널이 이 프로세스를 스케줄링하기 전에 프로세스 0(스와퍼)을 먼저 메인 메모리에 저장해야 한다(대치).

❻ **수면 상태로 대치** : 메인 메모리에 있던 프로세스가 이벤트를 기다리다 보조기억장치로 이동한다(대기 상태).

❼ **선점** : 프로세스가 커널 모드에서 사용자 모드로 돌아왔지만, 커널이 그 프로세스를 선점하여 다른 프로세스를 스케줄하려고 프로세스 교환을 실행한다.

❽ **생성** : 프로세스를 새롭게 생성했지만 아직 실행 준비가 안 된 상태이다. 프로세스 0을 제외한 모든 프로세스의 시작 상태이다.

❾ **좀비** : exit 시스템 호출을 실행한 후 프로세스가 더는 존재하지 않지만, 부모 프로세스가 수집할 정보(exit 코드나 시간 통계 기록)를 가지고 있다.

부모 프로세스가 fork 시스템 호출을 하여 생성한 프로세스는 메모리에서 실행 준비 상태가 된다. 이때 프로세스 스케줄러는 그 프로세스를 실행하려고 선택하며, 커널 실행 상태가 된다. 그러면 프로세스 스케줄러는 fork 시스템 호출의 일부로 자신이 실행할 나머지 부분을 완료한다. 시스템 호출이 끝나면 프로세스는 사용자 모드에서 실행하는 사용자 실행 상태가 될 수 있고, 일정 시간이 지난 후 시스템 클록이 프로세서를 인터럽트하면 다시 커널 실행 상태가 된다. 그러나 커널이 다른 프로세스를 실행하려고 한다면 그 프로세스는 선점 상태로 변하여 다른 프로세스를 실행한다. 이때 선점 상태와 메모리에서 실행 준비 상태는 실제로 동일하다.

프로세스가 사용자 모드에 있는지 커널 모드에 있는지 나타내려고 실행 상태를 선택할 수 있다. 실행 상태(준비된 상태와 선점된 상태)가 기본적으로 동일하므로 [그림 13-6]에서는 점선으로 연결했다. 이렇게 차이를 두는 이유는 프로세스가 선점된 상태로 바뀌는 상황을 강조하기 위해서이다. 예를 들어, 인터럽트(클록, 입출력 등)가 발생하면 프로세스는 커널 모드에서 실행한 후 작업을 마치고 사용자 프로그램에 제어를 반환한다. 이때 커널은 우선순위가 높은 프로세스를 실행시키려고 현재 프로세스를 선점할 수 있다. 그러면 선점 상태가 된다. 따라서 선점은 프로세스가 커널 모드에서 사용자 모드로 이동할 때 발생하며, 프로세스를 커널 모드에서 실행하는 동안은 선점하지 않는다.

3 유닉스 프로세스의 구조

유닉스 프로세스의 구조는 [그림 13-7]과 같다.

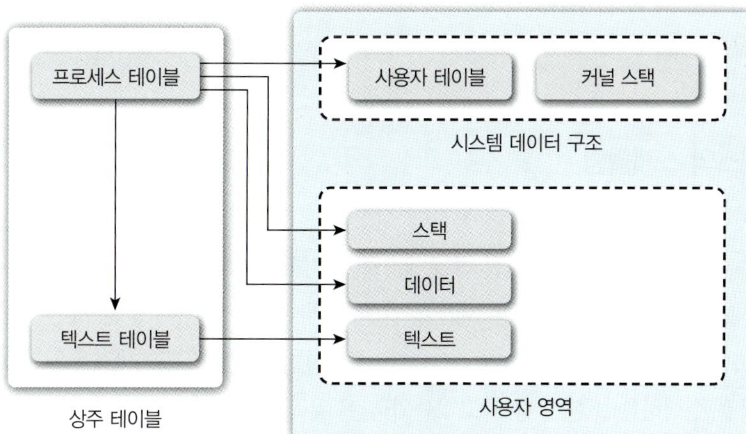

그림 13-7 **유닉스 프로세스의 구조**

프로세스 테이블은 프로세스 상태 필드(준비 상태, 실행 상태, 수면 상태 등), 사용자 영역 포인터, 프로세스 식별자(ID 또는 PID), 사용자 식별자(ID 또는 UID), 프로세스 크기, 이벤트 디스크립터, 스케줄링 매개변수 항목 등 정보를 프로세스마다 유지하며, 항상 메인 메모리에 상주한다. 또 공유 코드가 있는 프로세스에서 텍스트 테이블을 유지하여 공유 코드의 메인 메모리 주소(디스크 주소)와 이 코드를 사용하는 프로세스 수 추적 카운터 등 정보를 포함한다.

각 프로세스의 사용자 영역은 텍스트, 데이터, 스택으로 구분한다. 텍스트에는 프로그램의 명령어들을 저장하여 읽을 수만 있고, 데이터와 스택은 항상 동일한 주소 공간에 있지만 독립적으로 반대 방향으로 늘어난다. 사용자 영역에는 커널을 실행할 때 필요한 추가 정보가 들어 있다. 구체적으로 프로세스의 테이블 포인터, 시스템 호출 매개변수, 사용자 식별자, 사용자와 커널의 사용 시간, 시스템 호출을 할 때 발생하는 오류, 시스템 호출의 반환 값, 프로세스가 시그널을 수신했을 때 수행하는 동작, 입출력과 파일의 매개변수 등이 담겨 있다. 이 정보는 프로세스를 가상 메모리에서 페이징할 때도 사용한다.

사용자 테이블에는 프로세스가 대치되지 않고 메모리에 있을 때 필요한 정보를 보관한다. 그런 다음 해당 프로세스를 활성화할 때만 메인 메모리의 임시 영역에 적재한다. 사용자 테이블은 커널 가상 데이터 영역으로 매핑되며, 열린 파일의 테이블은 사용자 테이블에 유지된다.

모든 프로세스에는 사용자 측면과 시스템 측면이 있다. 대부분의 작업은 사용자 프로세스가 실행하지만, 시스템 호출은 시스템 프로세스가 실행한다. 시스템 측면과 사용자 측면을 동시에 실행하지 않으며, 시스템 프로세스는 사용자 프로세스와 다른 스택을 가질 수도 있다. 커널 스택과 사용자 테이블이 모여서 해당 프로세스의 시스템 데이터 구조를 구성한다.

4 유닉스 프로세스의 스케줄링

커널이 프로세스 여러 개를 스케줄링하므로 동시에 실행하는 것처럼 보이지만, 프로세스는 독립적인 명령을 순서에 따라 실행하고 다른 프로세스로 분기하지 않는다. 시분할 시스템에서 커널은 각 프로세스에 시간 할당량이라는 시간 동안 프로세서를 할당한다. 물론 시간 할당량을 초과하면 그 프로세스를 중단시키고 다른 프로세스를 스케줄링한다. 프로세스들은 프로세서 위주의 작업들을 수행하는 순환 할당 알고리즘과 같은 우선순위 알고리즘으로 프로세서의 시간 일부를 할당받는다.

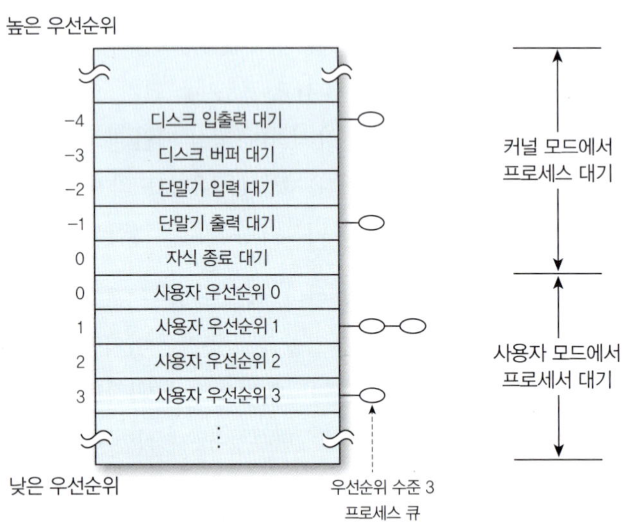

그림 13-8 **우선순위를 갖는 다단계 큐 구조**

유닉스 스케줄러는 다단계 피드백이 있는 순환 할당 스케줄러에 속한다. 따라서 커널이 프로세스에 프로세서 시간을 할당하고, 프로세스가 할당된 시간을 초과하면 중단한 후 여러 우선순위를 갖는 큐 중에서 우선순위가 가장 높은 것을 하나 선택한다. 프로세스의 우선순위는 [그림 13-8]과 같이 사용자 우선순위와 커널 우선순위로 분류할 수 있다. 각 우선순위 값에 해당하는 프로세스들의 큐가 있다. 사용자 수준의 우선순위를 갖는 프로세스들은 커널에서 사용자 모드로 돌아올 때 선점하며, 커널 수준 우선순위를 갖는 프로세스들은 수면 알고리즘에서 우선순위를 얻는다.

프로세스 A · B · C 스케줄링 예는 [그림 13-9]와 같다. 단, 조건은 (a)와 같다고 가정한다.

- 프로세스 A · B · C는 동시에 생성했으며, 초기의 우선순위는 60이다.
- 가장 높은 사용자 우선순위는 60이다(nice 값 무시).
- 클록 인터럽트는 1초에 60번 발생하고, 실행 중인 프로세스를 위해 계수기를 증가시킨다.
- 프로세스 A · B · C는 시스템 호출 루틴이 없으며, 다른 대기 상태의 프로세스도 없다.

(a) 가정 조건

시간	프로세스 A 우선순위	프로세스 A CPU 계수기	프로세스 B 우선순위	프로세스 B CPU 계수기	프로세스 C 우선순위	프로세스 C CPU 계수기
0–1	60	0 1 2 ⋮ 60	60	0	60	0
1–2	75	30	60	0 1 2 ⋮ 60	60	0
2–3	67	15	75	30	60	0 1 2 ⋮ 60
3–4	63	7 8 9 ⋮ 67	67	15	75	30
4–5	76	33	63	7 8 9 ⋮ 67	67	15
5–6	68	16	76	33	63	7

(b) 프로세스 A · B · C 스케줄링

그림 13-9 **프로세스 스케줄링 예**

[그림 13-9]에서 프로세스 A를 먼저 수행한다고 가정하자. 프로세스 A를 1초 동안 수행하면 프로세스 B · C가 더 높은 우선순위를 가지므로 프로세스 B를 수행한 후 프로세스 C를 수행한다. 즉, 다음과 같이 우선순위를 부여하고 순환 할당을 한다.

- **우선순위 부여** : 큰 번호는 낮은 우선순위를 나타낸다. 디스크 입출력이나 다른 중요한 디스크들을 수행하는 프로세스에는 음수의 우선순위를 부여하여 시그널로 중단할 수 없도록 한다. 프로세스가 프로세서 시간을 많이 사용할수록 번호는 크고 우선순위는 낮아진다.
- **순환 할당** : 과거의 유닉스 시스템에서 사용했다. 커널에서는 다른 프로세스로 프로세스를 선점할 수 없다. 4.3 BSD에서는 0.1초 단위로 프로세스들을 재스케줄링하면서 각 초 단위로 우선순위를 계산한다.

03 시스템 호출 인터페이스

시스템 호출 인터페이스는 여기서 소개하는 파일 조작, 프로세스 제어, 시그널 등을 이용하여 정의할 수 있다.

1 파일 조작

유닉스에서 파일은 바이트의 연속이지만, 커널 측면에서는 어떤 구조도 없다. 예를 들어, 일반적인 텍스트 파일은 개행문자newline 하나로 구분하는 ASCII 문자의 행들로 구성되어 있으나, 커널은 이를 전혀 모른다. 파일은 트리 구조의 디렉터리에서 생성하는데, 디렉터리는 다른 파일을 찾는 방법을 알려 주는 정보가 들어 있는 파일이다. 파일 경로명path name은 디렉터리 구조에서 파일에 도달할 수 있는 경로이다. 예를 들어, /usr/local/font에서 첫 번째 /는 루트root 디렉터리, usr은 루트의 서브 디렉터리, local은 usr의 서브 디렉터리이다. font가 파일인지 디렉터리인지는 경로명 형식으로 구별할 수 없다.

유닉스의 경로명은 절대 경로명과 상대 경로명으로 구분한다. 절대 경로명은 파일 시스템의 루트에서 /로 시작한다. 따라서 /usr/local/font는 절대 경로명이다. 상대 경로명은 현재 디렉터리에서 시작하고, local/font는 현재 디렉터리에 있는 local 디렉터리에서 이름이 font인 파일이나 디렉터리를 가리킨다. 디렉터리에서 '.'이라는 파일 이름은 디렉터리 자신을 가리키는 하드 링크이다.

NOTE_ 하드 링크(물리적 링크)

링크link는 파일이나 디렉터리를 직접 복사하지 않고, 기존 파일이나 디렉터리를 실제로 복사한 파일처럼 사용할 수 있도록 연결하는 기능이다. 하드 링크는 동일한 파일 시스템에서 원본 파일을 복사하여 사본을 생성한다. 원본을 삭제해도 원본과 내용이 동일한 파일이 있으므로, 자원을 공유하면서 데이터도 안전하게 관리할 수 있다. 하드 링크와 파일 복사는 비슷하다. 차이점은 파일 복사는 i 노드를 함께 복사하는 반면에, 하드 링크는 여러 파일이 i 노드 하나를 공유한다는 것이다.

하드웨어 장치도 파일 시스템에서 이름을 갖는 특수 파일이다. 이런 특수 파일들은 커널에서 장치 인터페이스로 인식하지만, 다른 파일처럼 시스템 호출이나 사용자가 액세스할 수 있다.

유닉스에서 일반적인 파일 시스템의 디렉터리 구조는 [그림 13-10]과 같다.

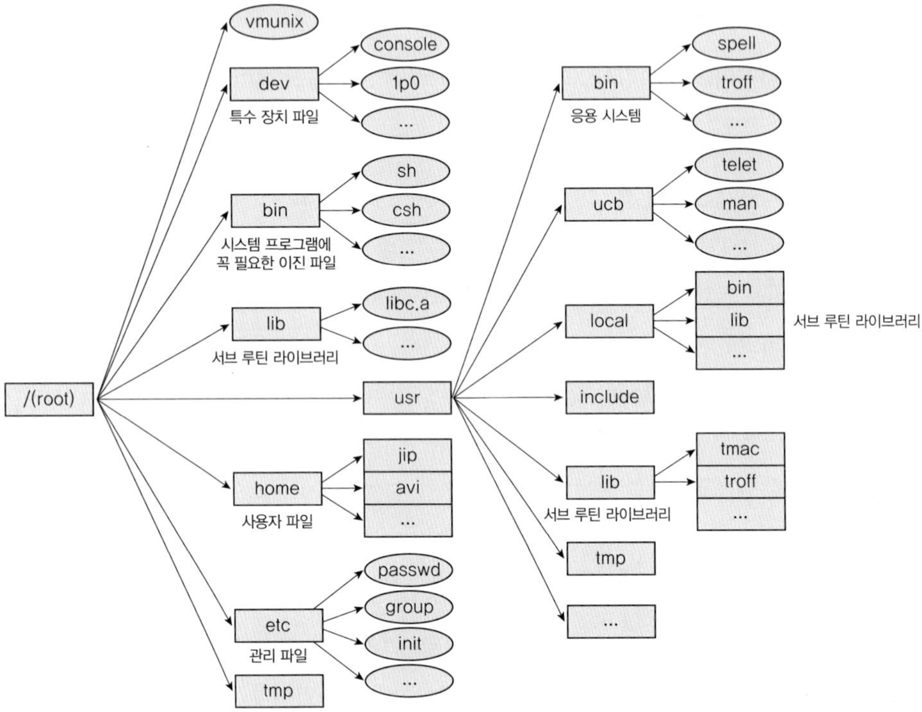

그림 13-10 **유닉스에서 일반적인 파일 시스템의 디렉터리 구조**

NOTE_ 파일 조작 관련 명령

- creat : 주어진 경로명에 파일(빈 파일) 생성
- open : 파일을 사용할 수 있는 상태로 준비
- close : 파일 닫기
- read/write : 파일에서 정보를 추출[read]하고, 버퍼에서 자료를 외부 파일로 복사[write]
- cat : 파일 내용을 화면에 표시
- rm : 파일 제거, 즉 파일 레이블 삭제
- cp : 파일을 복사하는 명령어
- mv : 파일 이름을 바꾸거나 파일을 옮기는 명령어

2 프로세스 제어

프로세스는 fork 명령어로 만들고, 부모 프로세스 주소 공간의 복사본(동일한 프로그램과 값이 똑같은 동일한 변수)으로 구성된다. 부모와 자식 관계의 프로세스는 fork 명령어를 수행한 후에도 계속 실행하지만, 새로운 자식 프로세스는 fork 명령어의 반환 값으로 0을 되돌려 준다는 점이 다르다.

execve 명령어는 가상 메모리에 새로운 프로그램을 대치하며, 부모와 자식 프로세스 중 한 프로세스를 생성한 후 사용한다. 프로세스는 exit 명령어로 종료하고, 부모 프로세스는 wait 명령어가 자식 프로세스를 종료하기 기다린다. 자식 프로세스에 오류가 발생하면 exit 명령어를 수행한다. 자식 프로세스가 존재하는 시간과 부모 프로세스가 wait 명령어를 끝내는 시간 사이에 프로세스는 아무 일도 하지 않는다. 즉, 부모 프로세스가 상태 정보를 수집할 수 있도록 계속 존재한다. 부모 프로세스를 자식보다 먼저 종료하면 자식 프로세스는 좀비 프로세스가 된다. 이런 방법들의 일반적인 사용 예는 [그림 13-11]과 같다.

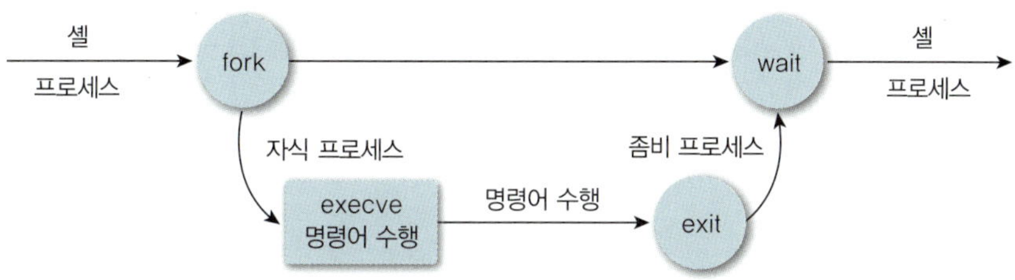

그림 13-11 **fork 명령어와 wait 명령어 수행 예**

모든 사용자 프로세스는 프로세스 식별자가 1인 init 프로세스의 후손이다. 각 단말기 포트는 init로 생성한 getty 프로세스를 갖는다. getty 프로세스는 사용자의 로그인 이름을 execve로 로그인 프로세스에 전달한다. 로그인 프로세스는 사용자 패스워드와 /etc/passwd 파일에서 얻은 암호화된 문자열과 비교하여 일치하면 사용자 접속을 허락한다. 로그인 프로세스는 로그인한 사용자 프로세스에 정수의 프로세스 사용자 식별자를 설정한 후 셸이나 명령어 해석기를 수행한다.

3 시그널

시그널은 소프트웨어 인터럽트와 비슷한 예외 조건들을 다루는 기능으로 다양한 시그널이 있다. 유닉스의 대다수 기능처럼 시그널의 사용 범위도 꾸준히 확장했다. 4.1 BSD에서는 작업을 제어할 때 요구에 따라 서브 프로세스들을 시작하고 마치는 데 시그널을 사용했다. 예를 들어, 하나의 셸로 사용자가 원하는 대로 프로세스의 시작 · 종료 · 후면 작업 등 여러 프로세스를 제어할 수 있다. 4.3 BSD는 썬 마이크로시스템즈(현재는 오라클로 합병)가 고안한 SIGWINCH에 시그널을 추가하여 프로세스에서 출력 표시용 윈도우 크기가 변화했다는 것을 알 수 있게 했다. 또 시그널은 네트워크를 연결할 때 긴급한 데이터를 전달하려고 사용한다. 예를 들어, 키보드 인터럽트, 잘못된 메모리 참조 등 프로세스의 오류, 타이머나 셸의 작업 제어 시그널 등 비동기 사건에 사용한다.

커널은 커널 모드에서 사용자 모드로 돌아가기 직전 또는 우선순위가 낮은 프로세스가 수면 상태로 들어가거나 깨어날 때 시그널의 수신 여부를 조사하며, 커널 모드에서 사용자 모드로 돌아갈 때만 시그널을 처리한다. 따라서 시그널은 커널 모드에서 실행 중인 프로세스에는 즉각적인 효과가 없다. 한 프로세스를 사용자 모드에서 실행 중이고 그 프로세스로 시그널을 보낸 인터럽트를 커널이 처리한다면, 커널은 인터럽트에서 돌아올 때 그 시그널을 인식하고 처리한다. 즉, 프로세스는 미해결 상태의 시그널을 처리하기 전에는 사용자 모드에서 실행할 수 없다. 시그널의 검사 및 처리 관계를 보여 주는 프로세스 상태도는 [그림 13-12]와 같다.

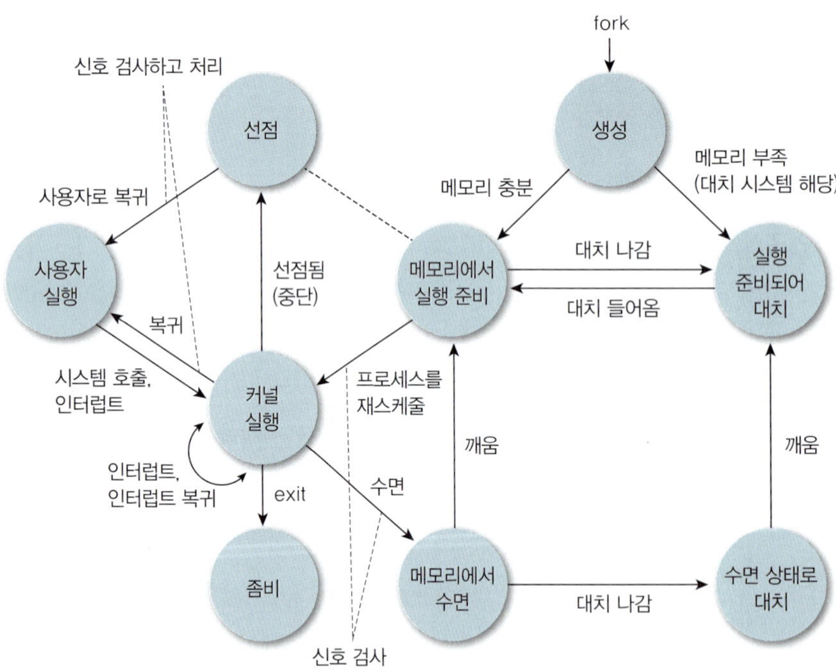

그림 13-12 **시그널의 검사 및 처리가 포함된 프로세스 상태도**

포직스 시그널의 예는 [표 13-1]과 같다.

표 13-1 포직스 시그널 예

시그널	설명
SIGINT	명령어 수행을 완료하기 전에 수행을 중지하려고 사용하는 인터럽트 시그널이다.
SIGQUIT	quit 시그널로, 현재 진행 중인 프로그램을 멈춘다. 메모리 이미지를 현재 디렉터리의 core 파일에 덤프시킨다.
SIGILL	불법적인 명령으로 생성한다.
SIGSEGV	프로세스의 합법적인 가상 메모리 밖의 기억장소에서 주소를 지정할 때 생성된다.

04 유닉스의 메모리 관리

1 유닉스의 메모리 관리 개요

유닉스는 처음에 단일 사용자를 위해 개발했지만, 나중에는 다중 사용자 환경에 적합하도록 발전했다. 다중 프로그래밍 유닉스에서는 메모리 관리 방법으로 대치나 페이징을 사용한다. 크기가 작은 작업은 대치를, 다수의 큰 작업은 페이징을 사용할 수 있다. 메모리 관리자는 각 프로세스를 메모리에 저장하는 동안 중첩되지 않도록 보호하며, 메모리에 상주하는 커널은 여러 프로세스가 메모리에 동시에 있도록 메모리 경계를 설정한다.

2 대치

유닉스는 메인 메모리와 대치장치 사이에 전체 프로세스를 전송하고, 고유 텍스트를 제외한 프로세스 일부만 전송하지 않는다. 그래서 대치를 구현하기가 쉽고 시스템 오버헤드가 적게 들지만, 메모리의 외부 단편화 문제가 심각하다. 커널이 단편화를 고려하지 않고 대치장치에 연속 공간을 할당하기 때문이다.

커널은 파일 시스템의 자유 공간을 슈퍼 블록에서 액세스되는 자유 블록의 연결 리스트로 관리하고, 대치장치의 자유 공간은 맵 테이블에 유지한다. 유닉스에서 메모리와 대치 공간의 할당은 최초 적합 전략을 이용한다. 하나의 맵은 배열로 할당 가능한 자원 주소와 그 위치에 있는 사용 가능 자원 수로 구성된다. 예를 들어, [그림 13-13]의 (a)와 같이 주소가 1부터 시작하고 블록 10,000개로 구성된 초기 대치 맵이 있다고 하자. (b)는 100개, 50개, 100개를 각각 할당할 때 변화하는 대치 맵으로, 앞에서부터 250개를 할당하고 251번지부터 시작하는 자유 공간이 9,750개 있다는 것을 나타낸다.

이때 커널이 101번지에서 시작하는 대치 자원을 자유 공간으로 할당하면, 대치 맵은 [그림 13-14]의 (b)와 같이 다시 새로운 항목을 만든다. 이어서 (c)와 같이 다시 1번지에서 시작하는 대치 자원도 자유 공간으로 변환하면 커널은 다시 조정된다.

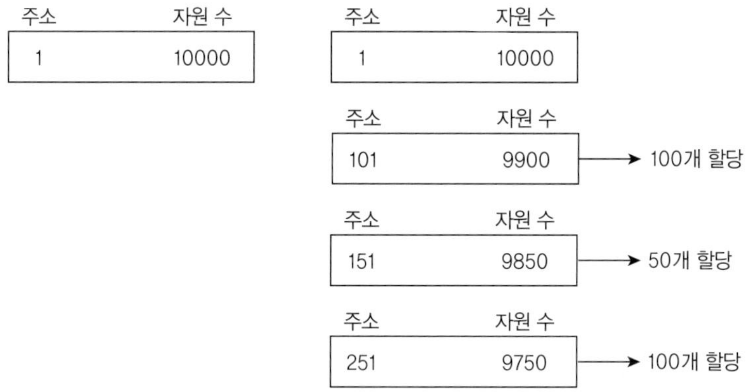

(a) 초기의 교체 맵 (b) 교체 공간의 할당

그림 13-13 **초기의 대치 맵과 대치 공간의 할당**

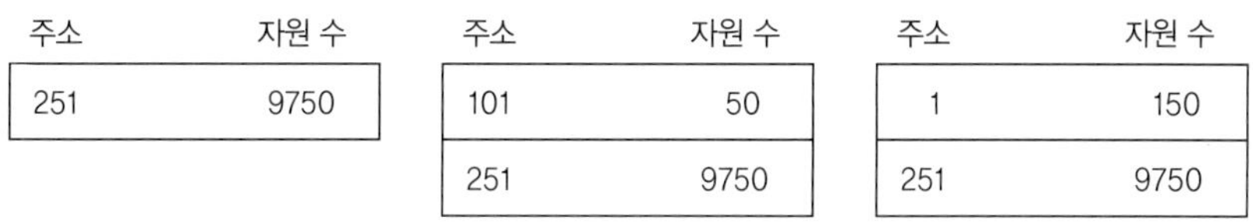

(a) 251번지 시작 자유공간 (b) 101번지 시작 자유공간 (c) 1번지 시작 자유공간(150)

그림 13-14 **대치 공간을 자유 공간으로 변화**

커널은 한 프로세스의 가상 주소 공간을 대치장치에 사용할 필요가 없다. 대신 프로세스에 배정된 물리적 주소를 대치장치에 복사하며, 배정되지 않은 가상 주소는 무시한다. 따라서 커널이 프로세스를 메모리로 다시 대치할 때 정확한 가상 주소에 재배정할 수 있도록 그 프로세스의 가상 주소 맵을 알아야 한다.

커널은 가상 주소 위치에 맞게 설정된 물리적 주소에서 데이터를 읽어 들여 데이터 버퍼에서 물리적 주소로 추가 복사를 하지 않는다. 한 프로세스의 메모리 이미지를 대치장치로 매핑하는 과정은 [그림 13-15]와 같다. 프로세스의 텍스트 영역은 2KB 가상 주소에서 끝나고(62KB 빈 공간), 데이터 영역은 64KB 가상 주소에서 시작한다. 따라서 커널이 프로세스를 대치해서 나갈 때 0, 1KB, 64KB, 65KB, 66KB, 128KB 가상 주소의 페이지를 대치한다. 이때 커널은 텍스트와 데이터 영역 사이 빈 공간(62KB)과 데이터와 스택 사이 빈 공간(61KB)의 대치 공간을 (a)와 같이 할당하지 않는다. 또 커널이 프로세스를 대치할 때는 그 프로세스의 빈 공간을 찾아내 (b)와 같이 물리적 주소를 할당한다. 이때 프로세스의 대치 전과 후 물리적 주소가 동일하지 않아도 가상공간의 내용이 동일하기 때문에 사용자는 변화를 느끼지 못한다.

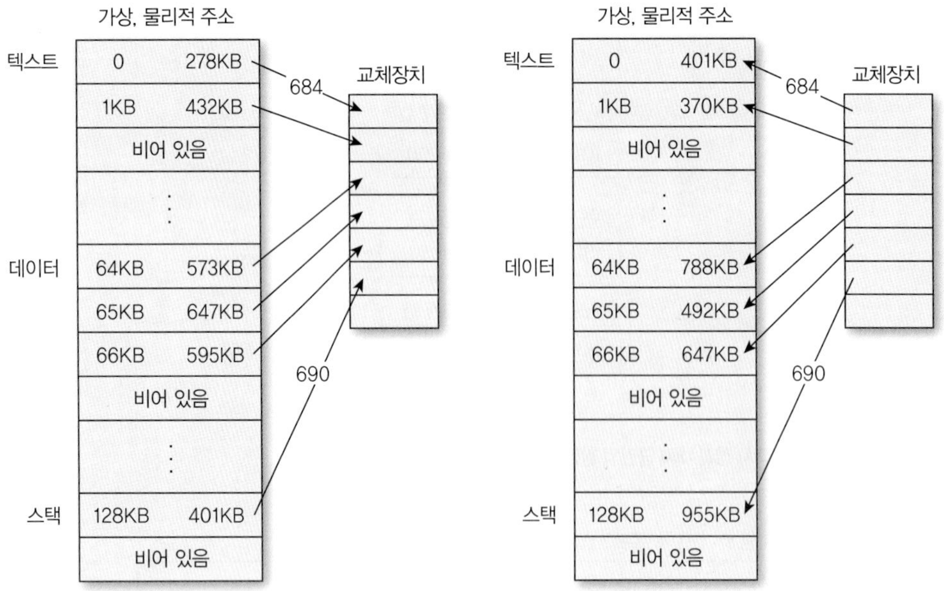

(a) 대치장치로 매핑

(b) 대치장치로 복귀

그림 13-15 **프로세스의 대치장치로 매핑과 복귀**

대치는 순환 할당 알고리즘을 사용한다. 작업의 시간 할당량을 종료하거나 입출력 인터럽트가 발생하면 대기 큐의 다른 작업 공간을 만들려고 전체 작업을 보조기억장치로 대치한다. 프로세스 수가 상대적으로 적을 때는 무리 없이 수행되지만, 잦은 대치로 전송량이 증가하면 시스템 속도가 감소한다. 프로세스 A · B · C · D · E가 대치하는 작업의 진행 과정은 [그림 13-16]과 같다. 단, 조건은 (a)와 같다고 가정한다.

[그림 13-16]에서 처음에는 프로세스 A와 프로세스 B가 메인 메모리에 들어 있고 다른 프로세스는 밖으로 대치된다. 처음 2초 동안은 어떤 프로세스도 2초 동안 메모리에 상주하거나 대치장치에 있지 않았기 때문에 스와퍼는 어떤 프로세스든 대치 나감 할 수 있다. 그러나 2초가 되면 프로세스 A와 프로세스 B는 대치 나감이 되고, 프로세스 C와 프로세스 D는 대치 들어옴이 된다. 또 프로세스 E도 대치 들어옴을 시도하나, 메인 메모리에 공간이 없어 실패한다. 3초가 되면 프로세스 E는 대치장치에 3초 동안 있었기 때문에 대치할 수 있다. 그러나 메모리 내 프로세스들의 상주 시간이 2초 이내이기 때문에 스와퍼는 이들을 대치할 수 없다. 4초가 되면 스와퍼는 프로세스 C와 프로세스 D를 대치 나감을 하고 프로세스 A와 프로세스 E는 대치 들어옴을 한다. 스와퍼는 프로세스가 대치 나감에서 대기한 시간을 바탕으로 대치 들어옴을 할 프로세스를 선택하는 것이다.

- 시간은 메인 메모리 또는 대치장치에서 보낸 것이다.
- 모든 프로세스는 시스템 호출 없이 프로세서만 사용한다.
- 문맥 교환은 1초마다 클록 인터럽트의 결과로 일어난다.
- 스와퍼는 1초마다 스케줄링 우선순위가 가장 높은 프로세스를 수행한다.
- 프로세스는 크기가 동일하고, 시스템은 동시에 프로세스를 최대 2개 메모리에서 가질 수 있다.

(a) 가정 조건

시간	프로세스 A	프로세스 B	프로세스 C	프로세스 D	프로세스 E
0	0 실행됨	0	대치 나감 0	대치 나감 0	대치 나감 0
1	1	1 실행됨	1	1	1
2	2 대치 나감 0	2 대치 나감 0	2 대치 들어옴 0 실행됨	2 대치 들어옴 0	2
3	1	1	1	1 실행됨	3
4	2 대치 들어옴 0	2	2	2	4 대치 들어옴 0 실행됨
5	1 실행됨	3	1	1	1
6	2 대치 나감	4 대치 들어옴 0 실행됨	2	2	2 대치 나감 0

(b) 대치 작업의 진행 과정

그림 13-16 **대치 작업의 순서**

3 페이징

페이징을 사용하면 메모리의 외부 단편화는 해결할 수 있지만, 내부 단편화가 발생한다. 또 페이징은 복잡한 하드웨어 구성과 시스템 오버헤드의 증가, 작업 부하가 크면 스래싱 현상을 일으킬 수 있다. 하지만 프로세스 및 디스크 블록 버퍼에 메인 메모리의 페이지 프레임들을 할당하는 가상 메모리 기능을 제공하여 사용자 프로세스와 디스크 입출력을 위해 효과적으로 메모리를 관리할 수 있다.

페이징 방법에 사용하는 페이지 프레임 데이터 테이블은 [그림 13-17]과 같다. 이 테이블은 대치 알고리즘에서 중요하다. 페이지 프레임 데이터 테이블은 각 메모리의 실제 프레임 정보와 프레임 번호로 인덱스를 보유한다.

페이지 상태	참조 횟수	논리장치	블록 번호	Pfdata 포인터

- **페이지 상태** : 프레임을 사용할 수 있는지 또는 연관된 페이지가 있는지 여부를 나타낸다. 예를 들어, 프로세스의 할당 여부를 나타낸다.
- **참조 횟수** : 페이지에 참조한 프로세스 수를 나타낸다. 프로세스들이 동일한 물리적 페이지를 공유할 수 있다.
- **논리장치** : 페이지의 물리적 사본이 들어 있는 디스크의 장치 번호를 나타낸다.
- **블록 번호** : 페이지 데이터가 있는 디스크의 블록 번호를 나타낸다.
- **페이지 프레임 데이터 포인터(Pfdata 포인터)** : 프레임 테이블로 빈 프레임의 단일 링크 리스트를 스레드로 사용하는 포인터 필드이다. 빈 페이지이면 이 포인트는 다음 빈 페이지를 가리킨다. 따라서 빈 리스트 할당에 유용하다.

그림 13-17 **페이지 프레임 데이터 테이블**

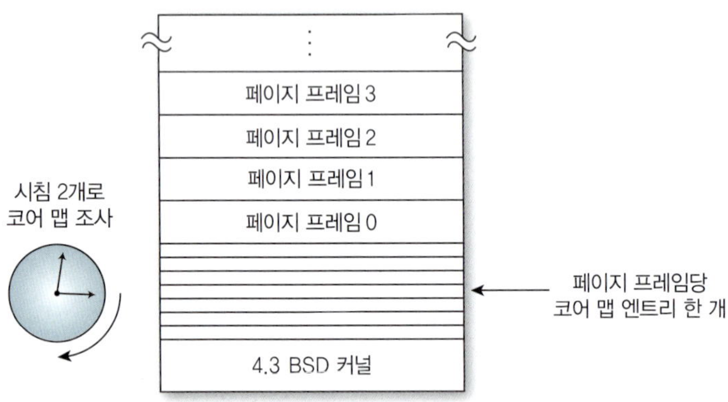

그림 13-18 **수정된 시계(2차 기회 대치) 페이지 대치 알고리즘**

페이지 대치 알고리즘은 실행 중인 프로토콜을 지원하며, 사용 가능한 프레임을 충분히 유지하려고 최근 최소 사용 알고리즘을 사용했다. 최근에는 수정된 시계 페이지 대치 알고리즘을 사용한다. 수정된 시계 페이지 대치 알고리즘은 페이지를 처음 메모리에 적재하면 0, 참조하면 1로 설정한다. 선시침이 대치 대상이 되는 페이지를 조사하여 각 페이지를 0으로 설정한다. 그런 다음 후시침이 동일한 페이지 리스트의 참조 비트를 조사하여 1로 설정된 프레임은 대치 대상에서 제외한다.

페이징을 구현하여 프로세스의 전체 가상 주소 공간을 메모리에 적재하지 않아도 수행이 가능해졌다. 따라서 프로세스의 가상 주소 크기가 시스템에서 이용 가능한 물리적 주소의 양을 초과할 수 있었다. 또 프로세스는 제한된 지역을 중심으로 참조하는 지역성 원리를 적용하므로, 프로세스가 참조한 페이지 집합을 작업 집합working set이라고 한다. 작업 집합은 전체 프로세스의 작은 부분으로 대치 시스템보다 많은 프로세스를 동시에 메인 메모리에 적재하여 대치량과 시스템의 스래싱 현상을 감소시킬 수 있다.

프로세스의 페이지 참조 순서에 따라 작업 집합을 윈도우 크기별로 나타내면 [그림 13-19]와 같다.

여기서는 최근 최소 사용 대치 방법을 채택한다. 프로세스를 실행하면서 프로세스의 메모리 참조 패턴에 따라 작업 집합을 바꾼다. 윈도우 크기가 클수록 작업 집합이 크며 프로세스의 페이지 부재는 덜 발생한다. 그러나 페이지 참조의 순서를 기억하는 비용이 많이 들기 때문에 순수한 작업 집합 모델을 구현하는 것은 비현실적이다. 대신 시스템은 프로세스가 페이지를 액세스할 때마다 참조 비트를 설정하고, 메모리 참조를 주기적으로 샘플링하여 개략적인 작업 집합 모델을 구현한다. 어떤 페이지를 최근에 참조했다면 해당 페이지는 작업 집합의 일부분이 된다. 아니면 대치될 자격이 생길 때까지 메모리에서 기다리게 된다.

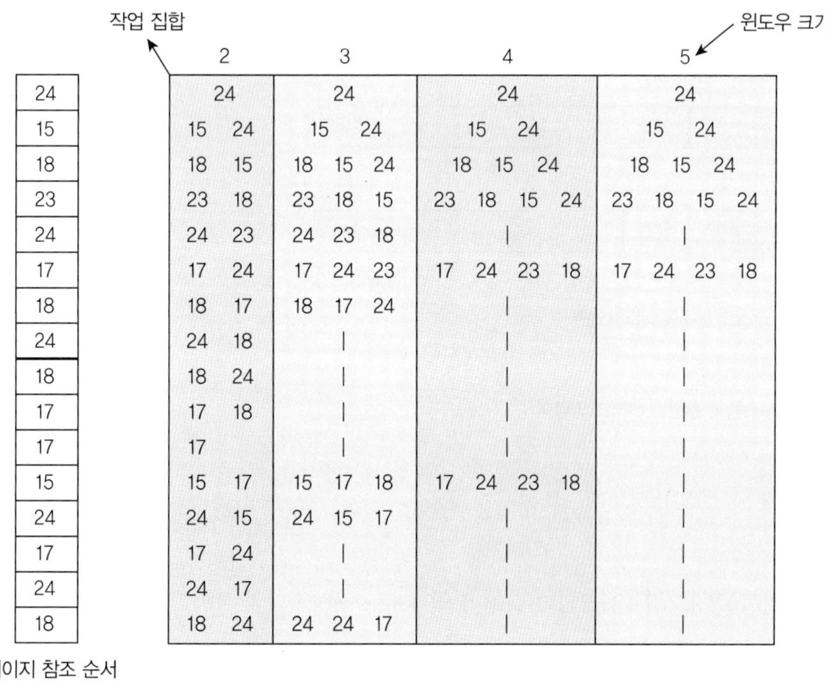

그림 13-19 **프로세스의 작업 집합**

05 유닉스의 파일 시스템

1 디스크 블록의 구조

유닉스에는 디렉터리 파일, 일반 파일, 장치 파일이 있다. 이 모든 파일은 트리 구조가 하나이며 계층적으로 관리한다. 유닉스 파일 시스템은 이런 파일을 디스크 블록이라는 논리적인 단위로 관리한다. mkfs[make file system] 명령어로 파일 시스템을 생성하면 [그림 13-20]과 같은 디스크 블록들을 연결 리스트 형태로 만든다. 각 디스크 블록은 자유 디스크 블록의 번호를 포함하는 배열 형태이고, 이 중 한 항목은 다음 디스크 블록의 번호를 가리킨다.

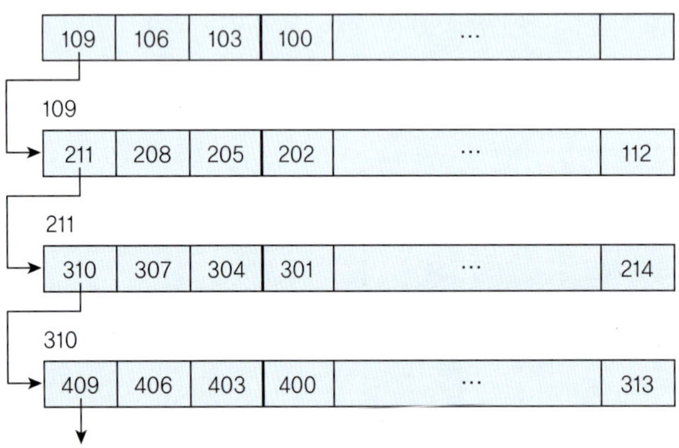

그림 13-20 **연결 리스트 형태의 디스크 블록**

NOTE_ 파일 시스템과 관련된 유닉스 명령어

- mkfs : 파일 시스템 생성
- mount : 파일 시스템 마운팅, 즉 파일 시스템 사용 준비

유닉스 디스크 블록은 [그림 13-21]과 같이 영역 4개로 구성된다.

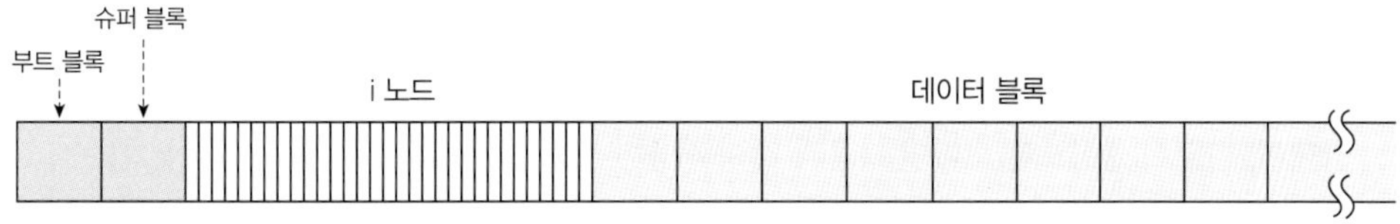

그림 13-21 **유닉스 디스크 블록의 구조**

- **부트 블록**boot block : 파일 시스템에 유닉스 커널을 적재시키는 프로그램을 포함하는데, 이런 프로그램을 부트 스트랩bootstrap 또는 부트 로더boot loader라고 한다.
- **슈퍼 블록**super block : 파일 시스템을 관리하는 다음 정보를 저장한다.
  - 파일 시스템에 있는 블록의 총수
  - 파일 시스템에 있는 자유 i 노드의 리스트와 i 노드 수
  - 파일 시스템에서 이용 가능한 자유 블록 리스트(비트맵)
  - 바이트 단위로 된 블록의 크기
  - 자유 블록 수
  - 사용 중인 블록 수
  - 자유 i 노드 리스트에서 다음 자유 i 노드를 가리키는 인덱스
  - 파일 수
- **i 노드** : i 노드 여러 개로 구성되어 있다. 파일 관리에 필요한 정보를 저장하며, 파일 하나에서 i 노드 한 개를 만든다. i 노드 번호라고 하는 번호로 구별한다. i 노드에는 [표 13-2]와 같은 정보가 저장되어 있다.

표 13-2 **i 노드 구조**

필드	바이트 크기	설명
모드	2	파일 형태, 보호 비트
N링크	2	i 노드에 대한 디렉터리 엔트리 수
사용자 식별자	2	파일의 개별 소유자
그룹 식별자	2	파일의 그룹 소유자
크기	4	파일의 크기(바이트 수)
주소	39	주소 정보[직접 블록(10), 간접 블록(3)]
생성자	1	생성 번호
액세스 시간	4	파일에 마지막으로 액세스한 시간
수정 시간	4	파일을 마지막으로 수정한 시간
변경 시간	4	i 노드를 수정한 마지막 시간

특히 i 노드 영역에는 디스크 주소가 13개 포함되며, 3바이트 주소(포인터) 13개로 구성된 39바이트 주소 정보가 들어 있다. 처음 주소 10개는 파일의 처음 데이터 블록(10KB) 10개를 나타내며, 파일이 블록보다 크다면 다음과 같이 사용한다.

- 열한 번째 주소는 단일 간접 블록이라고 하며, 다음 블록(256KB) 256개를 나타낸다.
- 파일이 더 많은 크기의 블록을 포함한다면, 열두 번째 주소는 이중 간접 블록을 가리킨다. 다시 말해, 각 블록은 다시 블록 256개를 나타내므로 256×256 블록으로 65MB 크기가 된다.
- 파일이 더 크다면 열세 번째 주소는 삼중 간접 블록을 가리킨다. 따라서 256×256×256 블록으로 16GB 크기가 된다.

• **데이터 블록** : 일반 파일이나 디렉터리 파일의 내용이 들어 있다.

2 유닉스에서 연속 파일 할당

유닉스에서 사용자가 디스크 블록이 10개씩 필요한 A · B · C 파일을 생성하여 블록을 연속적으로 할당한다면 [그림 13-22]의 (a)와 같다. 이때 파일 B를 블록 15개 크기로 확장하려면, 커널이 파일 B를 연속된 블록 15개가 있는 영역으로 복사해야 한다. 그러면 파일 B가 사용했던 공간은 (b)와 같이 블록 10개 이하의 파일에만 사용할 수 있다. 물론 이 단편화는 쓰레기 수집garbage collection으로 해결할 수 있으나, 시스템의 처리 능력을 떨어뜨리는 결과를 초래한다. 그리고 파일에 디스크 블록을 하나씩 할당하여 블록들이 파일 시스템의 여러 곳에 분산되도록 함으로써 융통성을 높일 수 있는데, 이런 할당 방법은 데이터를 찾는 알고리즘을 복잡하게 한다.

그림 13-22 **연속 파일 할당과 자유 공간의 단편화**

또 i 노드 리스트에 파일의 데이터가 들어 있는 블록 번호를 모두 담을 수 있지만, 이런 선형 목록은 관리하기가 어렵다. 블록 하나가 1K 데이터를 가질 수 있다면, 10K 파일은 블록 번호 10개의 인덱스가 필요하고, 100K 파일은 블록 번호 100개의 인덱스가 필요하다. 그래서 i 노드의 크기를 작게 유지하면서 비교적 큰 파일을 지원하려고 [그림 13-23]과 같이 직접 블록은 데이터 블록 주소를 직접 가지고 있다. 단일 간접 블록과 이중 간접 블록 등에는 데이터 블록 주소를 가진 블록 주소를 저장하는 방법을 사용한다.

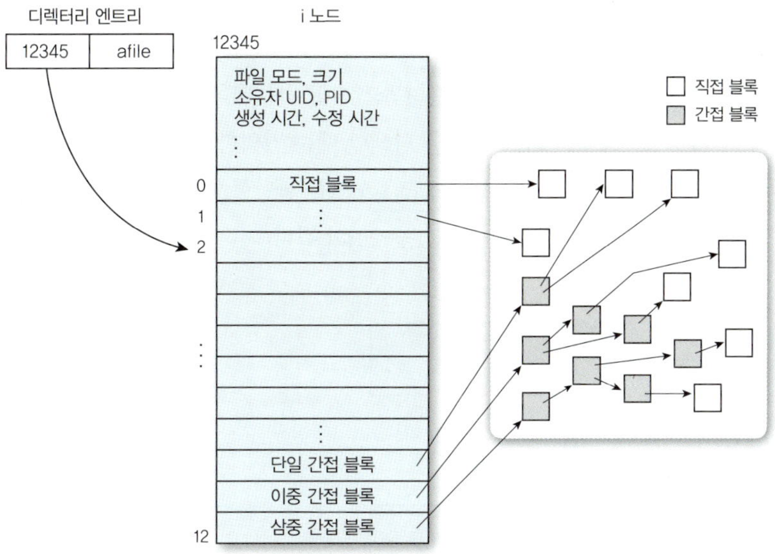

그림 13-23 **다중 블록 인덱스 파일 할당**

3 i 노드의 할당과 반납

여러 파일 이름은 i 노드 하나와 관련될 수 있으나, 활성화된 i 노드 하나는 정확히 파일 하나만 관련된다. 즉, 각 파일은 i 노드 하나로 제어한다. 그리고 i 노드의 내용을 디스크에 쓰기할 때와 파일의 내용을 디스크에 쓰기할 때는 차이가 있다. 파일의 내용은 파일에 쓸 때만 바뀌지만, i 노드의 내용은 파일을 변경할 때 또는 소유자, 허가 내용, 링크를 변경할 때도 바뀐다. 파일 내용을 변경하면 i 노드의 내용도 자동으로 변경되지만, i 노드의 내용을 변경했다고 해서 파일 내용을 변경하지 않는다.

메인 메모리에 있는 i 노드의 복사본은 디스크의 i 노드 내용과 함께 다음 추가 필드를 포함한다.

- **메인 메모리에서 i 노드의 상태** : i 노드의 잠김lock 상태 여부, i 노드의 데이터 변경 여부(디스크에 있는 i 노드와 차이)
- 파일을 포함하는 파일 시스템의 논리적 장치 번호
- i 노드 번호(커널은 디스크의 i 노드 번호를 배열 위치로 식별)

커널은 파일 시스템과 i 노드 번호가 이미 결정된 i 노드를 할당하려고 iget 알고리즘과 ialloc 알고리즘을 이용한다. 슈퍼 블록의 자유 i 노드 리스트가 비어 있으면 커널은 디스크를 탐색하여 가능한 많은 자유 i 노드를 찾아 자유 i 노드 리스트를 채운다. 그리고 자신이 찾은 가장 높은 자유 i 노드 번호를 기억한다. 이 i 노드를 기억된 i 노드라고 하는데, 마지막으로 슈퍼 블록에 저장한 i 노드이다. 따라서 커널이 자유 i 노드를 탐색할 때는 기억한 i 노드 번호부터 탐색을 시작하여 탐색 시간을 줄일 수 있다. 커널은 디스크 i 노드를 할당할 때마다 슈퍼 블록의 자유 i 노드 인덱스를 감소시킨다. 이런 과정은 [그림 13-24]와 같다.

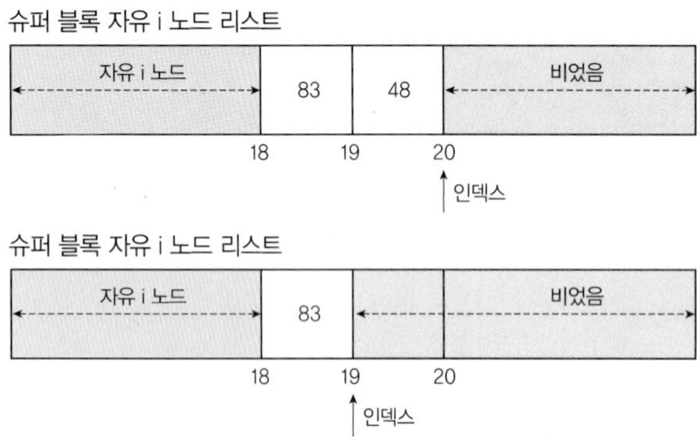

그림 13-24 **자유 i 노드 할당**

[그림 13-24]에서 i 노드 인덱스를 18로 감소시킨 후 i 노드 48을 할당한다. 그러나 슈퍼 블록이 [그림 13-25]와 같다면 커널은 자유 i 노드 리스트가 비어 있음을 발견하여 기억된 i 노드의 470부터 디스크를 탐색한 후 자유 i 노드 리스트를 채우고는 마지막 i 노드 번호(535)를 기억한다. 커널은 가져온 i 노드(471)를 배정하고 계속 진행한다.

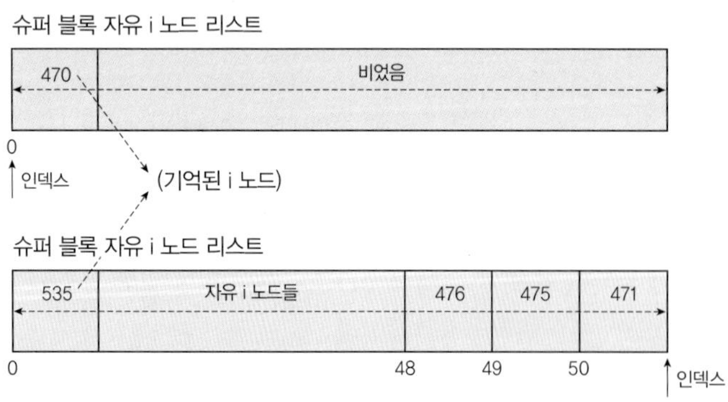

그림 13-25 **자유 i 노드 저장**

i 노드를 반납하는 과정은 간단하다. 먼저 파일 시스템에서 사용 가능한 i 노드 수를 증가시킨다. 커널은 슈퍼 블록에서 잠금lock 유무를 검사한 후 잠겨 있으면 즉시 복귀한다. 아니면 i 노드 리스트에 i 노드를 추가할 장소가 있는지 조사하여 i 노드 번호를 i 노드 리스트에 삽입하고 복귀한다. 자유 i 노드 리스트가 꽉 차면 커널은 막 반납된 i 노드 번호를 저장할 수 없다. 그래서 커널은 반납된 i 노드 번호와 기억된 i 노드 번호를 비교한다. 반납된 i 노드 번호가 기억된 i 노드 번호보다 낮다면 반납된 i 노드를 기억하고, 이전에 기억된 i 노드 번호는 슈퍼 블록에서 제거한다. 이전에 기억된 i 노드는 디스크를 탐색하면 찾을 수 있으므로 잃어버리는 것이 아니다. 커널은 항상 리스트의 마지막 i 노드가 기억된 i 노드가 되도록 슈퍼 블록의 리스트를 유지한다. 슈퍼 블록의 자유 i 노드 리스트에 [그림 13-25]와 같이 공간이 있으면 반납된 i 노드 번호를 넣고, 다음 자유 i 노드 인덱스를 증가시킨 후 진행을 계속한다.

그러나 [그림 13-26]의 (a)와 같이 자유 i 노드 리스트에 공간이 없으면 반납된 i 노드 번호와 다음 디스크 탐색을 시작할 기억된 i 노드를 비교한다. 예를 들어, (b)와 같이 i 노드 499를 반납하면, 499를 기억하는 i 노드로 만들고 535를 i 노드 리스트에서 제거한다. 다음에 커널이 (c)와 같이 i 노드 601을 반납하면 자유 i 노드 리스트에는 변함이 없다. 커널이 나중에 슈퍼 블록의 자유 i 노드 리스트을 모두 사용하면 499에서부터 다시 디스크를 검색하여 535와 601을 찾게 된다.

그림 13-26 **자유 i 노드 번호를 슈퍼 블록에 저장**

4 유닉스의 디렉터리

유닉스에서 파일과 디렉터리를 구현할 때 차이는 거의 없다. 디렉터리 내용은 데이터 블록에 있고 일반 파일처럼 i 노드로 표현하는데, i 노드의 형태 필드만 일반 파일과 디렉터리를 구분한다. 그런데 일반 파일에는 없으나, 디렉터리에는 특별한 구조가 있다. 예를 들어, 유닉스 버전 7에서 파일 이름은 14자로 제한되므로 디렉터리의 리스트는 i 노드 번호 2바이트와 파일이름 14바이트를 합쳐 16바이트가 된다. 경로명의 첫 글자가 /이면 루트 디렉터리이고, 그 외는 현재 디렉터리를 나타낸다. 사용자는 경로명으로 파일을 참조하고, 파일 시스템은 i 노드, 기억된 i 노드를 사용하여 파일을 정의한다. 따라서 커널은 사용자 경로명을 i 노드로 매핑해야 한다. 디렉터리를 사용할 때는 다음 규칙을 따라야 한다.

- 경로명이 /로 시작하면 루트 디렉터리에서 시작한다.
- 경로명에서 마지막 이름은 요청한 파일 이름이다.
- 경로명에 ., ?이 나타나면 .은 현재 디렉터리, ?은 상위 디렉터리를 의미한다. 따라서 모든 경로명은 이 둘을 제외하고 트리 아래쪽으로 진행한다.
- 경로명에는 공백이 허용되지 않는다.

디렉터리 내의 파일 리스트는 [그림 13-27]과 같다.

❶ 액세스 권한	❷ 링크 수	❸ 소유자	❹ 그룹	❺ 크기(바이트)	❻ 날짜(변경)			❼ 파일 이름
drwxr-xr-x	2	root	root	4096	Mar	21	2002	bin
drwxr-xr-x	17	root	root	77824	Aug	11	14:40	dev
drwxr-xr-x	69	root	root	8192	Sep	25	18:15	etc
drwxr-xr-x	66	root	root	4096	Sep	25	18:15	home
dr-xr-xr-x	46	root	root	0	Aug	11	10:39	proc
drwxr-x---	12	root	root	4096	Aug	7	2002	root
drwxr-xr-x	2	root	root	8192	Mar	21	2002	bin
drwxrwxrwx	6	root	root	4096	Sep	29	04:02	tmp
drwxr-xr-x	16	root	root	4096	Mar	21	2002	user
-rw-r--r--	1	root	root	802068	Sep	6	2001	vmlinuz

❶ 액세스 권한 : d는 디렉터리, -은 일반 파일, b는 블록 특수 파일, c는 문자 특수 파일 등을 나타낸다. rwx는 파일의 소유자, 소유자 그룹의 다른 사용자, 나머지 모든 사용자의 읽기(r), 쓰기(w), 실행(x)의 액세스 권한을 나타낸다.

❷ 링크 수 : 동일한 파일을 참조하는 링크 수로, 별명 수라고도 한다.

❸~❼ : 각각 소유자 이름, 그룹 이름, 파일 크기(바이트), 변경한 날짜와 시간, 파일 이름을 나타낸다.

그림 13-27 **파일 리스트(파일 이름을 알파벳 순서로 정렬)**

NOTE_ 디렉터리 관련 유닉스 명령어

- cd : 다른 디렉터리로 이동
- ls : 현재 디렉터리의 내용(파일 리스트와 서브 디렉터리)을 ASCII 값 순서로 표시
- mkdir : 새로운 서브 디렉터리 생성
- rmdir : 디렉터리 제거(삭제)
- chmod : 디렉터리(파일)의 액세스 권한 변경
- pwd : 현재 작업 중인 디렉터리 확인

5 유닉스의 시스템 파일 테이블

파일을 열 때 참조되는 시스템 호출은 파일 디스크립터를 인자로 전달하여 파일을 지정한다. 파일 디스크립터는 현재 프로세스가 참조하는 열린 파일의 테이블을 인덱스로 찾는 데 커널을 사용하며, 테이블의 각 항목에는 파일구조를 가리키는 포인터가 있다.

파일을 열면 해당 장치, i 노드 번호, 읽기 · 쓰기 포인터 등을 메모리에 상주하는 시스템 파일 테이블에 저장하고, i 노드가 인덱스된다. 따라서 파일을 생성하면 i 노드를 할당하고, 해당 파일 이름과 i 노드 번호로 구성된 디렉터리 항목을 생성한다. 파일을 링크하면(공유) 새로운 이름과 원래의 i 노드로 구성된 디렉터리 항목을 생성하면서 링크 인덱스를 증가시킨다. 공유 파일을 삭제하면 i 노드의 링크 인덱스가 감소된다. 0이 되면 디렉터리 항목을 삭제하고, i 노드 블록과 함께 그 파일에 할당했던 모든 디스크 블록을 해제한다. 이런 구조의 i 노드는 [그림 13-28]과 같다.

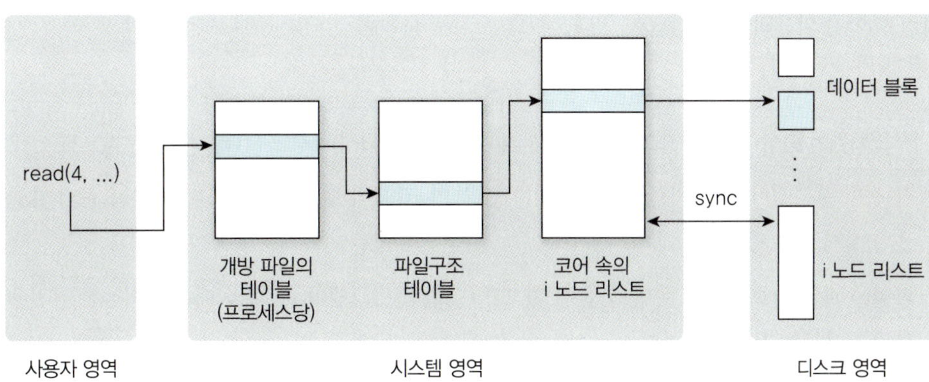

그림 13-28 **파일 시스템 제어 블록**

6 유닉스의 디스크 구조

사용자가 보는 파일 시스템은 일반적인 디스크의 데이터이다. 논리적 파일 시스템 하나는 대부분 여러 물리적 파일 시스템으로 구성된다. 따라서 디스크와 같은 물리적 장치는 여러 논리적 장치로 나눠서 물리적 장치를 정의한다. 논리적 장치로 매핑된 파일 시스템을 분할하는 과정은 [그림 13-29]와 같다.

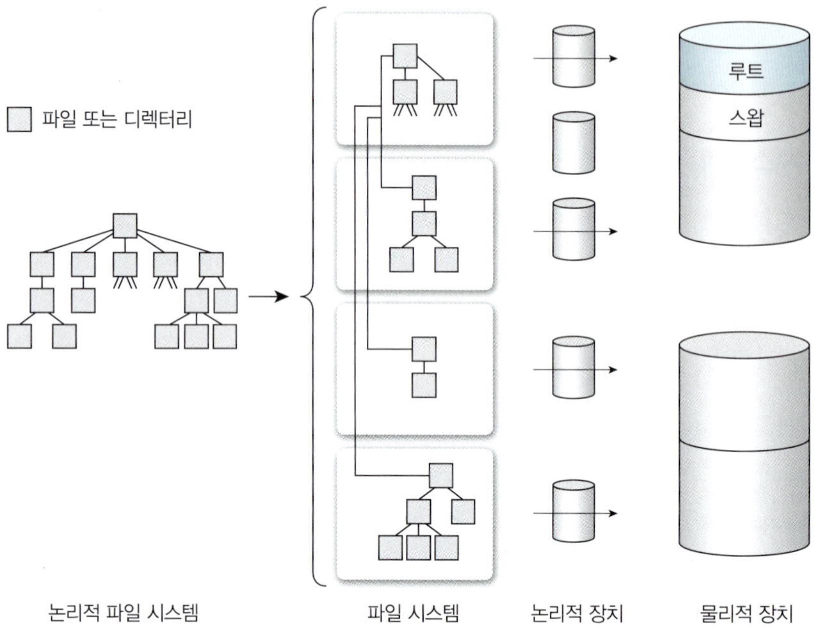

그림 13-29 **논리적 파일 시스템과 실제 물리적 장치의 매핑**

이런 분할은 다음과 같은 장점이 있다.

- 각 파일 시스템을 다른 용도로 사용할 수 있다.
- 소프트웨어 손상이 파일 시스템 하나에만 제한되므로 신뢰성이 증가한다.
- 각 분할 부분에서 파일 시스템 매개변수(예를 들어, 블록과 단편화 크기)를 변화함으로써 효율을 향상시킬 수 있다.
- 파일을 파일 시스템에 모두 분산할 수 없으므로, 한 프로그램이 큰 파일 때문에 가능한 공간을 모두 사용하는 것을 방지한다.

요약

01 유닉스의 탄생

유닉스는 1969년 미국의 통신회사인 AT&T 산하의 벨Bell연구소에서 켄 톰슨Ken Thompson과 데니스 리치Dennis Ritchie가 개발했다.

02 유닉스의 특징

- 대화형 시스템
- 다중 사용자 시스템
- 다중 작업용 시스템
- 높은 이식성과 확장성 제공
- 계층적 트리 파일 시스템
- 다양한 부가 기능 제공

03 유닉스의 구성 요소

- **커널**kernel : 프로세스 관리, 메모리 관리, 파일 시스템 관리, 장치 관리 등 컴퓨터의 모든 자원을 초기화하고 제어하는 기능을 수행한다.
- **셸**shell : 사용자와 커널 사이의 중간자 역할을 담당하는 특별한 프로그램이다.
- **유틸리티와 파일 시스템** : 유틸리티는 사용자에게 편의를 제공하려고 준비한 시스템 프로그램이다. 그리고 유닉스는 계층적으로 구성된 파일 시스템을 사용하여 시스템 파일과 사용자 파일을 체계적으로 관리한다.

04 유닉스 프로세스의 종류

- **사용자 프로세스** : 단말기의 사용자와 관련된 프로세서이다.
- **커널 프로세스** : 커널 모드에서 실행하며, 프로세스 0이 해당된다.
- **데몬 프로세스** : 네트워크 제어 · 관리 등 시스템을 지원하는 프로세스이다.

05 유닉스 프로세스의 상태

- **수행** : 프로세스를 현재 사용자 모드 또는 커널 모드에서 수행 중이다.
- **준비** : 스케줄러를 선택하면 수행할 수 있는 준비 상태, 즉 실행 대기 상태가 된다.
- **수면(대기)** : 입출력 완료를 기다리거나 다른 프로세스가 종료하기를 기다리는 상태이다. 시스템 자원을 이용할 수 있을 때까지 기다리는 상태처럼 더는 수행할 수 없을 때이다.

06 유닉스 프로세스의 구조

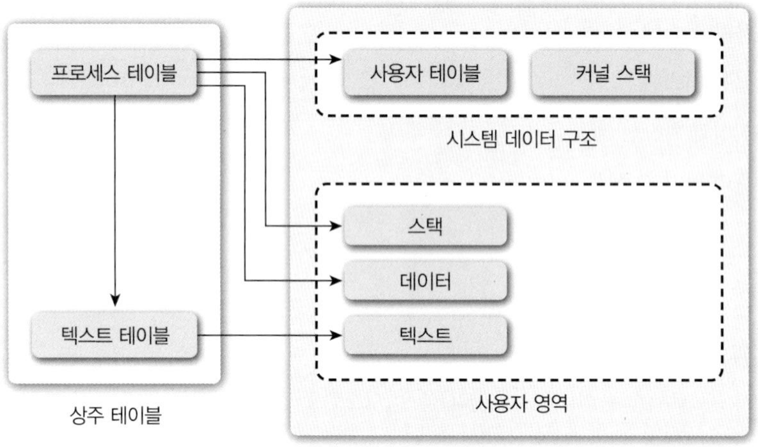

07 유닉스 프로세스의 스케줄링

유닉스 스케줄러는 다단계 피드백이 있는 순환 할당 스케줄러에 속한다.

08 시스템 호출 인터페이스

- **파일 조작** : 경로명path name은 디렉터리 구조에서 파일에 도달할 수 있는 경로이다. 절대 경로명과 상대 경로명으로 구분할 수 있다. 파일 조작 관련 명령에는 creat, open, close, read/write, cat, rm, cp, mv 등이 있다.
- **프로세스 제어** : 프로세스 제어와 관련된 명령에는 fork(프로세스 생성), exit(프로세스 종료), execve(가상 메모리에 새로운 프로그램 대치), wait(부모 프로세스가 자식 프로세스 종료 기

다리기) 등이 있다.

- **시그널** : 소프트웨어 인터럽트와 비슷한 예외 조건들을 다루는 기능이다.

09 유닉스의 메모리 관리

- **대치** : 메인 메모리와 대치장치 사이에 전체 프로세스를 전송하므로 구현하기가 쉽고 시스템 오버헤드가 적게 들지만, 메모리의 외부 단편화 문제가 심각하다. 대치는 순환 할당 알고리즘을 사용한다.
- **페이징** : 메모리의 외부 단편화는 해결할 수 있지만, 내부 단편화가 발생한다. 복잡한 하드웨어 구성과 시스템 오버헤드의 증가, 작업 부하가 크면 스래싱 현상을 일으킬 수 있다. 하지만 프로세스 및 디스크 블록 버퍼에 메인 메모리의 페이지 프레임들을 할당하는 가상 메모리 기능을 제공하여 사용자 프로세스와 디스크 입출력을 위해 효과적으로 메모리를 관리할 수 있다.

10 유닉스의 파일 시스템

유닉스에는 디렉터리 파일, 일반 파일, 장치 파일이 있다. 이 모든 파일은 하나의 트리 구조를 가지며 계층적으로 관리한다.

11 디스크 블록의 구조

- **부트 블록**boot block : 파일 시스템에 유닉스 커널을 적재시키는 프로그램을 포함한다.
- **슈퍼 블록**super block : 파일 시스템을 관리하는 정보를 저장한다.
- **i 노드** : 파일 관리에 필요한 정보를 저장한다.
- **데이터 블록** : 일반 파일이나 디렉터리 파일의 내용이 들어 있다.

12 유닉스에서 연속 파일 할당

연속 파일 할당으로 발생하는 단편화는 쓰레기 수집garbage collection으로 해결할 수 있으나, 시스템의 처리 능력을 떨어뜨리는 결과를 초래한다. 그리고 파일에 디스크 블록을 하나씩 할당하여 블록들이 파일 시스템의 여러 곳에 분산되도록 함으로써 융통성을 높일 수 있는데, 이런 할당 방법은 데이터를 찾는 알고리즘을 복잡하게 한다.

13 i 노드의 할당과 반납

- **i 노드의 할당** : 여러 파일 이름은 i 노드 하나와 관련될 수 있으나, 활성화된 i 노드 하나는 정확히 파일 하나만 관련된다. 즉, 각 파일은 i 노드 하나로 제어한다.
- **i 노드 반납** : 파일 시스템에서 사용 가능한 i 노드 수를 증가시킨다. 커널은 슈퍼 블록에서 잠금lock 유무를 검사한 후 잠겨 있으면 즉시 복귀한다. 아니면 i 노드 리스트에 i 노드를 추가할 장소가 있는지 조사하여 i 노드 번호를 i 노드 리스트에 삽입하고 복귀한다. 슈퍼 블록의 자유 i 노드 리스트에 공간이 있으면 반납된 i 노드 번호를 넣고, 다음 자유 i 노드 인덱스를 증가시킨 후 진행을 계속한다.

14 유닉스의 디렉터리

유닉스에서 파일과 디렉터리를 구현할 때 차이는 거의 없다. 디렉터리 내용은 데이터 블록에 있고 일반 파일처럼 i 노드로 표현하는데, i 노드의 형태 필드만 일반 파일과 디렉터리를 구분한다.

15 유닉스의 시스템 파일 테이블

파일을 열 때 참조되는 시스템 호출은 파일 디스크립터를 인자로 전달하여 파일을 지정한다. 파일 디스크립터는 현재 프로세스가 참조하는 열린 파일의 테이블을 인덱스로 찾는 데 커널을 사용하며, 테이블의 각 항목에는 파일구조를 가리키는 포인터가 있다.

16 유닉스의 디스크 구조

디스크와 같은 물리적 장치는 여러 논리적 장치로 나눠서 물리적 장치를 정의한다.

연습문제

01 유닉스에 대한 설명으로 거리가 먼 것은?

① 유닉스는 대부분 C 언어로 작성되어 있다.
② stand alone 시스템에서 주로 사용한다.
③ 다중 작업multitasking, 다중 사용자multiuser 시스템이다.
④ networking 기능이 풍부하다.

02 유닉스에 대한 설명으로 옳지 않은 것은?

① 셸은 사용자와 시스템 간 대화를 가능하게 하는 유닉스 시스템의 메커니즘이다.
② 루트 노드를 시발로 하는 계층적 파일 시스템 구조를 사용한다.
③ 커널은 프로세스 관리, 기억장치 관리, 입출력 관리 등 기능을 수행한다.
④ 파일 시스템에서 각 파일의 소유자, 크기, 생성 시간 정보는 데이터 블록에 저장한다.

03 유닉스에 대한 설명으로 틀린 것은?

① 상당 부분 C 언어를 사용하여 작성했으며, 이식성이 우수하다.
② 사용자는 하나 이상의 작업을 백그라운드에서 수행할 수 있으므로 여러 작업을 병행 처리할 수 있다.
③ 셸은 프로세스 관리, 기억장치 관리, 입출력 관리 등 기능을 수행한다.
④ 두 사람 이상의 사용자가 동시에 시스템을 사용할 수 있어 정보와 유틸리티를 공유하는 편리한 작업 환경을 제공한다.

04 유닉스 파일 시스템의 특징이 아닌 것은?

① 파일 소유자, 그룹, 다른 사람들에게서 사용자를 구분하여 파일을 보호한다.
② 디렉터리는 이중 레벨 구조이다.
③ 주변장치를 파일과 동일하게 취급한다.
④ 파일 생성, 삭제, 보호 기능이 있다.

05 유닉스의 특징으로 옳지 않은 것은?

① 대화식 운영체제이다.
② 소스가 공개된 개방형 시스템이다.
③ 다중 사용자, 다중 작업을 지원한다.
④ 효과적으로 구현할 수 있는 이중 리스트 구조를 사용한다.

06 유닉스의 특징으로 옳지 않은 것은?

① 다양한 유틸리티 프로그램들이 있다.
② 이식성이 높다.
③ 많은 네트워킹 기능을 제공하므로 통신망 관리용으로 적합하다.
④ 비순환 그래프 디렉터리 구조의 파일 시스템이 있다.

07 유닉스의 특징으로 적합하지 않은 것은?

① 트리 구조의 파일 시스템이 있다.
② 다중 작업은 지원하지만 다중 사용자는 지원하지 않는다.
③ 높은 이식성과 확장성이 있다.
④ 대부분 C 언어로 작성되어 있다.

08 유닉스 운영체제의 특징으로 볼 수 없는 것은?

① 대화식 운영체제이다.
② 다중 사용자 시스템이다.
③ 대부분의 코드를 어셈블리 언어로 기술했다.
④ 높은 이식성과 확장성이 있다.

09 유닉스에 대한 설명으로 옳지 않은 것은?

① 2단계 디렉터리 구조의 파일 시스템이 있다.
② 대화식 운영체제이다.
③ 다중 사용자와 다중 작업을 지원한다.
④ 이식성이 높으며, 장치와 프로세스 간 호환성이 높다.

10 유닉스의 특징으로 옳은 내용을 모두 나열한 것은?

> ㉠ 트리 구조의 파일 시스템이 있다.
> ㉡ 이식성이 높으며, 장치와 프로세스 간 호환성이 높다.
> ㉢ 대화식 운영체제이다.
> ㉣ 다중 사용자는 지원하지만, 다중 작업은 지원하지 않는다.

① ㉠, ㉢ ② ㉠, ㉡, ㉢
③ ㉠, ㉢, ㉣ ④ ㉠, ㉡, ㉢, ㉣

11 유닉스에 대한 옳은 설명 모두를 나열한 것은?

> ㉠ 두 사람 이상의 사용자가 동시에 시스템을 가용할 수 있어 정보와 유틸리티를 공유하는 편리한 작업 환경을 제공한다.
> ㉡ 상당 부분 C 언어를 사용하여 작성했으며, 이식성이 우수하다.
> ㉢ 셸shell은 프로세스 관리, 기억장치 관리, 입출력 관리 등 기능을 수행한다.
> ㉣ 사용자는 하나 이상의 작업을 백그라운드에서 수행할 수 있으므로, 여러 작업을 병행 처리할 수 있다.

① ㉠, ㉢ ② ㉠, ㉡, ㉢
③ ㉠, ㉡, ㉣ ④ ㉠, ㉡, ㉢, ㉣

12 유닉스 운영체제의 특징이 아닌 것은?

① 높은 이식성 ② 계층적 파일 시스템
③ 단일 작업용 시스템 ④ 다중 사용자 환경

13 유닉스에 대한 설명으로 거리가 먼 것은?

① 트리 구조의 파일 시스템이 있다. ② 대화식 시분할 운영체제이다.
③ 이식성portability이 높다. ④ 다중 작업multitasking 환경을 지원하지 않는다.

14 유닉스에서 명령을 백그라운드로 수행할 때 가장 큰 장점은?

① 기억장치를 적게 차지한다.
② CPU를 독점적으로 사용할 수 있다.
③ 해당 명령문의 수행 시간을 단축할 수 있다.
④ 수행 중인 명령문이 끝나기 전에 다른 명령문을 줄 수 있다.

15 유닉스 시스템의 구조 중 사용자와 직접 대화하는 시스템의 한 부분으로, 사용자의 명령을 입력으로 받아 시스템 기능을 수행하는 명령 해석기 역할을 하는 계층은?

① 커널kernel ② 셸shell 프로그램
③ 기억장치 관리기 ④ 스케줄러scheduler

16 유닉스 시스템에서 셸shell에 대한 설명으로 옳지 않은 것은?

① 명령어를 해석하는 명령 해석기이다.
② 프로세스를 관리한다.
③ 단말장치에서 받은 명령을 커널로 보내거나 해당 프로그램을 작동시킨다.
④ 사용자와 커널 사이에서 중계자 역할을 한다.

17 유닉스에서 파일 모드가 '-rwxr-x--x'일 때 옳은 설명은?

① 디렉터리 파일이다. ② 입출력장치 파일이다.
③ 어떤 사용자라도 실행할 수 있다. ④ 어떤 사용자라도 파일을 읽을 수 있다.

18 유닉스에서 파이프의 의미로 가장 적합한 것은?

① 분산 처리를 하는 임시 파일
② 프로세스 간 생산자-소비자 모델의 데이터를 전달하는 큐
③ 프로세스 간 통신을 하는 공유 메모리
④ 세마포로 공유를 제어하는 자원을 사용하려고 대기 중인 프로세스들의 큐

19 유닉스 시스템에서는 파일을 보호하려고 read, write, execute 등 세 가지 접근 유형을 정의하여 제한된 사용자에게만 접근을 허용한다. 이는 파일 보호 방법의 종류 중 무엇에 해당하는가?

① 파일의 명명file naming ② 접근 제어access control
③ 비밀번호password ④ 암호화cryptography

20 유닉스 시스템에서 명령어 해석기로 사용자의 명령어를 인식하여 필요한 프로그램을 호출하고 그 명령을 수행하는 기능을 담당하는 것은?

① 유틸리티 ② 셸 ③ 커널 ④ IPC

21 유닉스에서 사용자 명령어를 입력받아 시스템 기능을 수행하는 명령어 해석기로, 사용자와 시스템 간의 인터페이스를 담당하는 것은?

① 커널kernel ② 셸shell
③ 유틸리티utility ④ 포트port

22 유닉스에서 사용자와 시스템 간의 인터페이스를 담당하는 것은?

① shell ② exec
③ fork ④ Lex/YACE

23 유닉스의 셸에 대한 설명으로 옳지 않은 것은?

① 명령어 해석기이다.
② 시스템과 사용자 간의 인터페이스를 담당한다.
③ bourne shell, C shell 등이 있다.
④ 프로세스, 기억장치, 입출력 관리를 수행한다.

24 유닉스에서 도스의 'command.com'과 동일한 역할을 수행하는 것은?

① damon ② shell
③ kernel ④ utility

25 유닉스에서 셸에 대한 설명으로 옳지 않은 것은?

① 사용자 명령을 받아 해석하고 수행하는 명령어 해석기이다.
② 프로세스 관리, 기억장치 관리, 파일 관리 등 기능을 수행한다.
③ 시스템과 사용자 간의 인터페이스를 담당한다.
④ 커널처럼 메모리에 상주하지 않기 때문에 필요할 때 교체할 수 있다.

26 유닉스의 셸에 대한 설명으로 틀린 것은?

① 사용자와 커널 사이에서 중계자 역할을 한다.
② 스케줄링, 기억장치 관리, 파일 관리, 시스템 호출 인터페이스 등 기능을 제공한다.
③ 여러 가지 내장 명령어가 있다.
④ 사용자 명령을 입력받아 시스템 기능을 수행하는 명령어 해석기이다.

27 유닉스 시스템에서 커널에 대한 설명으로 옳지 않은 것은?

① 유닉스 시스템의 중심부에 해당한다.
② 사용자와 시스템 간의 인터페이스를 제공한다.
③ 프로세스 관리, 기억장치 관리 등을 담당한다.
④ 하드웨어를 캡슐화한다.

28 유닉스 시스템에서 프로세스 관리, 입출력 관리, 기억장치 관리 등 기능을 수행하는 것은?

① kernel
② fork
③ utility
④ shell

29 유닉스의 커널에 대한 설명으로 옳지 않은 것은?

① 컴퓨터 시스템을 관리하는 유닉스 시스템의 핵심 부분이다.
② 주기억장치에 적재되어 상주하면서 실행한다.
③ 명령어 해석기 역할을 한다.
④ 프로세스, 기억장치, 입출력장치 등을 관리한다.

30 유닉스에서 커널에 대한 설명으로 옳지 않은 것은?

① 컴퓨터가 부팅될 때 주기억장치에 적재된 후 상주하면서 실행한다.
② 프로그램과 하드웨어 간의 인터페이스 역할을 담당한다.
③ 기억장치 관리, 파일 관리, 프로세스 관리, 명령어 해석기 역할을 수행한다.
④ 유닉스의 가장 핵심적인 부분이다.

31 유닉스의 커널에 대한 옳은 내용을 모두 나열한 것은?

> ㉠ 명령어를 해석하여 실행한다.
> ㉡ 파일 시스템의 접근 권한을 처리한다.
> ㉢ 시스템의 기억장소와 각 프로세스의 배당을 관리한다.
> ㉣ 시스템에서 처리하는 각종 데이터를 장치 간에 전송하고 변환한다.

① ㉠
② ㉡, ㉢
③ ㉡, ㉢, ㉣
④ ㉠, ㉡, ㉢, ㉣

32 유닉스 시스템을 구성하는 요소 중 시스템의 하드웨어를 제어하는 임무로 메모리, CPU, 단말기, 프린터 등 시스템 자원 활용도를 높이려고 스케줄링과 데이터를 관리하는 핵심 요소는?

① 유틸리티utility
② 셸shell
③ 커널kernel
④ 명령command

33 유닉스에서 프로세스 관리, 기억장치 관리, 파일 관리, 입출력 관리, 프로세스 간 통신, 데이터 전송 및 변환 등 기능을 수행하는 것은?

① C shell
② utility program
③ kernel
④ korn shell

34 유닉스 시스템에서 사용하는 디렉터리 구조는?

① 트리 구조
② 단일 구조
③ 비순환 그래프
④ 이중 레벨

35 유닉스는 어떤 디렉터리 구조를 갖는가?

① tree structured directory
② two level directory
③ hashing structure directory
④ single level directory

36 다음 설명에 해당하는 디렉터리 구조는?

- 유닉스에서 사용하는 디렉터리 구조이다.
- 각 디렉터리는 서브 디렉터리나 파일을 가질 수 있다.
- 디렉터리의 생성과 파괴가 비교적 용이하다.
- 디렉터리의 탐색은 포인터를 사용하며, 경로명은 절대 경로명과 상대 경로명을 사용한다.

① 비순환 그래프 디렉터리 구조
② 1단계 디렉터리 구조
③ 트리 디렉터리 구조
④ 2단계 디렉터리 구조

37 유닉스에서 한 프로세스의 출력을 다른 프로세서의 입력으로 사용하는 것은?

① 셸shell ② 파이프라인pipeline

③ 커널kernel ④ 백그라운드background 처리

38 유닉스에서 프로세스 간 데이터 전송 수단으로 사용할 수 있는 pipe 시스템 콜에 대한 설명으로 가장 적절한 것은?

① 전송된 데이터는 LIFOLast In First Out 방법으로 상대방에게 전달한다.

② 전송된 데이터는 FIFOFirst In First Out 방법으로 상대방에게 전달한다.

③ 전송된 데이터는 내림차순으로 정렬하여 상대방에게 전달한다.

④ 전송된 데이터는 오름차순으로 정렬하여 상대방에게 전달한다.

39 유닉스 프로세서에서 프로세스가 사용하는 정적 자료를 저장하는 영역은?

① 데이터 영역data area ② 코드 영역code area

③ 스택 영역stack area ④ 사용자 영역user area

40 유닉스에서 프로세스 간 통신을 하는 데 주로 사용하는 것은?

① 소켓socket ② 공유 메모리shared memory

③ 세마포semaphore ④ 모니터monitor

41 유닉스 파일 시스템의 구조를 설명하는 내용으로 옳지 않은 것은?

① i 노드 테이블 : 파일 크기, 디스크 주소, 파일 유형, 사용 허가권, 생성 날짜 등을 기록한다.

② 실린더 그룹 블록 : 실제 데이터를 저장하는 공간이다.

③ 슈퍼 블록 : 파일 시스템 크기, i 노드 테이블 크기, free 블록 리스트 등 파일 시스템을 관리하는 데 필수적인 정보를 저장한다.

④ 부트 블록 : 부트 스트랩에 필요한 파일들이 있으며, 루트 영역 외에는 해당되지 않는다.

42 유닉스의 파일 시스템과 관련이 적은 것은?

① 부트 블록 ② 사용자 블록 ③ i 노드 ④ 슈퍼 블록

43 유닉스에서 각 파일 정보를 기억하는 자료구조로 파일 소유자의 식별 번호, 파일 크기, 파일의 최종 수정 시간, 파일 링크 수 등 내용이 있는 것은?

① 슈퍼 블록super block ② i 노드index node
③ 디렉터리directory ④ 파일 시스템 마운팅mouting

44 유닉스에서 i 노드는 한 파일이나 디렉터리 정보를 모두 포함하는데, 이에 해당하지 않는 것은?

① 파일을 처음 변경한 시간 및 파일의 타입 ② 파일 소유자의 사용자 번호
③ 파일을 만든 시간 ④ 데이터가 담긴 블록 주소

45 유닉스에서 파일 정보가 있는 i 노드의 내용으로 볼 수 없는 것은?

① 파일 크기 ② 최종 수정 시간
③ 소유자 ④ 파일 경로명

46 유닉스의 i 노드에 포함되는 내용이 아닌 것은?

① 파일의 사용 횟수 ② 파일 소유자의 사용자 식별
③ 파일의 크기 ④ 파일의 링크 수

47 유닉스 파일 시스템의 i 노드에서 관리하는 정보가 아닌 것은?

① 파일의 링크 수 ② 파일을 만든 시간
③ 파일의 크기 ④ 파일을 최초로 수정한 시간

48 유닉스의 파일 시스템에서 슈퍼 블록super block에 대한 설명으로 옳지 않은 것은?

① 사용 가능한 i 노드 수를 알 수 있다.
② 부트 스트랩할 때 사용하는 코드를 갖고 있다.
③ 파일 시스템마다 각각의 슈퍼 블록이 있다.
④ 사용 가능한 디스크 블록 수를 알 수 있다.

49 유닉스 파일 시스템에서 파일 소유자의 사용자 번호 및 그룹 번호, 파일의 보호 권한, 파일 타입, 생성 시기, 파일 링크 수 등 각 파일이나 디렉터리 정보를 모두 저장하는 블록은?

① 부트 블록　② i 노드 블록　③ 슈퍼 블록　④ 데이터 블록

50 유닉스 파일 시스템 구조에서 파일 크기 및 파일 링크 수를 확인할 수 있는 곳은?

① i 노드 블록　② 부트 블록　③ 데이터 블록　④ 슈퍼 블록

51 유닉스 파일 시스템 구조에서 파일 소유자의 사용자 번호 및 그룹 번호, 데이터가 저장된 블록의 주소 정보를 보관하는 것은?

① 데이터 블록　② i 노드 블록　③ 슈퍼 블록　④ 부트 블록

52 유닉스에서는 파일이나 디렉터리 파일을 생성하면 그 속성을 등록한다. 이런 파일의 속성을 나타내는 정보들을 저장하는 것은?

① 디렉터리　② 커널　③ i 노드　④ 버퍼

53 유닉스 파일 시스템 구조에서 데이터가 저장된 블록의 시작 주소를 확인할 수 있는 블록은?

① 부트 블록　② i 노드 블록　③ 슈퍼 블록　④ 데이터 블록

54 유닉스 파일 시스템 구조에서 디렉터리별 디렉터리 엔트리와 실제 파일에 대한 데이터가 저장된 블록은?

① i 노드 블록　② 슈퍼 블록　③ 부트 블록　④ 데이터 블록

55 유닉스 파일 시스템의 구조에서 전체 파일 시스템에 대한 종합 정보를 저장하는 블록은?

① i 노드 블록　② 데이터 블록　③ 슈퍼 블록　④ 부트 블록

56 유닉스 파일 시스템에서 부팅할 때 필요한 코드를 저장하는 블록은?

① 부트 블록　② 슈퍼 블록　③ 데이터 블록　④ i 노드 블록

57 유닉스 명령어의 기능 설명이 옳지 않은 것은?

① fork : 새로운 프로세스를 생성한다.
② getpid : 자신의 프로세스 ID를 얻는다.
③ getppid : 자식의 프로세스 ID를 얻는다.
④ exit : 프로세스 실행을 종료한다.

58 유닉스에서 파일에 대한 액세스(읽기, 쓰기, 실행) 권한을 설정하여 사용자에게 제한적인 권한을 주려고 할 때 사용하는 명령어는?

① chmod ② cp ③ cat ④ is

59 유닉스 시스템에서 사용자가 새로운 프로세서를 생성하려고 부모 프로세스를 복제하는 시스템 호출 방법은?

① getpid ② make ③ fork ④ exec

60 유닉스에서 프로세스를 복제하는 기능과 관계되는 것은?

① getppid ② getpid ③ fork ④ exec

61 유닉스 명령어 중 도스 명령어 'type'과 유사한 기능은?

① cp ② cat ③ ls ④ rm

62 유닉스에서 파일 내용을 화면에 표시하는 명령어와 파일의 보호 모드를 설정하여 파일의 사용 허가를 지정하는 명령어를 순서대로 옳게 나열한 것은?

① cp, rm ② open, chown
③ cat, chmod ④ type, mkdir

63 유닉스에서 파일을 조작하는 명령어로 거리가 먼 것은?

① cp ② mv ③ ls ④ rm

64 자식 프로세스의 하나가 종료될 때까지 부모 프로세스를 임시 중지시키는 유닉스 명령어는?

① exit ② fork ③ exec ④ wait

65 유닉스에서 파일 시스템의 무결성을 검사하는 명령어는?

① chown ② cat ③ fsck ④ mount

66 유닉스에서 현재 디렉터리 내의 파일 리스트를 확인하는 명령어는?

① ls ② cat ③ fsck ④ cp

67 유닉스에서 사용자 정보를 표시하는 명령어는?

① ls ② finger ③ ca ④ mkfs

68 파일을 삭제하는 유닉스 명령어는?

① rm ② delete ③ mkdir ④ mv

69 유닉스에서 파일 시스템을 생성하는 명령어는?

① mv ② open ③ mkdir ④ mkfs

70 도스와 유닉스에서 사용하는 명령어 중 서로 관련이 없는 것으로 짝지은 것은?

① dir – ls ② copy – cp ③ type – ca ④ cd – chmod

71 유닉스에서 기존 파일 시스템에 새로운 파일 시스템을 서브 디렉터리에 연결할 때 사용하는 명령어는?

① mount ② mkfs ③ fsck ④ mknod

ㅇ